本成果受到中国人民大学中央高校建设世界一流大学（学科）和特色发展引导专项资金支持

马克思主义哲学的时代探索丛书

中国人民大学哲学院 编　臧峰宇 主编

马克思恩格斯道德哲学研究

宋希仁 ◎ 著

人民出版社

责任编辑:毕于慧
封面设计:姚　菲
版式设计:东昌文化

图书在版编目(CIP)数据

马克思恩格斯道德哲学研究/宋希仁 著. —北京:人民出版社,2024.12
ISBN 978－7－01－026031－0

Ⅰ.①马…　Ⅱ.①宋…　Ⅲ.①马克思(Marx,Karl 1818－1883)-伦理学-研究
②恩格斯(Engels,Friedrich 1820－1895)-伦理学-研究　Ⅳ.①A811.63

中国国家版本馆 CIP 数据核字(2023)第 200328 号

马克思恩格斯道德哲学研究

MAKESI EN'GESI DAODE ZHEXUE YANJIU

宋希仁　著

人民出版社 出版发行
(100706　北京市东城区隆福寺街 99 号)

北京中科印刷有限公司印刷　新华书店经销

2024 年 12 月第 1 版　2024 年 12 月北京第 1 次印刷
开本:710 毫米×1000 毫米 1/16　印张:35.5
字数:503 千字

ISBN 978－7－01－026031－0　定价:160.00 元

邮购地址 100706　北京市东城区隆福寺街 99 号
人民东方图书销售中心　电话 (010)65250042　65289539

作者简介

宋希仁，中国人民大学哲学院教授、博士生导师。1993 年 10 月获国务院颁发高等教育突出贡献政府特殊津贴。主要著作有:《伦理学》(合著)、《西方伦理思想史》(合著)、《伦理与人生》、《人生哲学导论》、《伦理的探索》等;主编著作有:《道德观通论》、《当代外国伦理思想》、《西方伦理思想史》、《西方伦理学思想史》、《社会伦理学》、《治家名言点评系列丛书》、《干部素养读本》、《干部诚信建设读本》、《中国传统道德·规范卷》、《伦理学大辞典》、《中国伦理学百科全书·东方卷》、《中国伦理学百科全书·西方卷》;译作有《作为逻辑的辩证法》(合译);主持中国人民大学伦理学和道德建设研究中心重大项目两项:"现代化进程中的伦理秩序研究"、"马克思主义伦理思想研究";发表论文若干篇。

编者前言

近年来，与很多校友见面时，谈起人大哲学学科的发展历程，都会想起创建并推动学科发展的关键人物和重要时刻，关于人大马克思主义哲学学派的图景愈益清晰，我们在思考如何弘扬人大哲学传统，更好提高哲学研究和人才培养质量时，总会从中汲取精神力量。在此过程中，我们举办的"马克思主义哲学与中国式现代化——纪念萧前先生百年诞辰学术研讨会""走向历史的深处——陈先达教授从教五十五周年学术研讨会""新中国哲学教育与马克思主义哲学中国化时代化专题研讨会"等成为讨论此议题的重要场域，很多历史资料的呈现和很多校友的回忆丰富了人大哲学学科发展史的细节，成为我们出版这套丛书的最初动因。

在主编《我们的哲学年轮》与《人大哲学学科发展史》时，我时常将目光投向人大哲学学科发展的历史画卷，站在她的精神故乡，努力读懂她的思想年轮何以与中华民族的现代化进程相伴偕行。鉴往知今，我们方能理解人大哲学学人在多年执着探索中映现和生成的历史逻辑。自人大哲学学科创立以来，马克思主义哲学教学与研究团队逐渐形成了一个学术共同体，在教材编写、人才培养、学术研究等方面对国内学界产生了深远影响。毕业于这里的很多马克思主义哲学学者在国内知名高校和科研机构筚路蓝缕，不断促进我国马克思主义哲学教学与研究彰显时代精神气象，铭刻了人大马克思主义哲学学派的思想印记。

自中国人民大学命名组建伊始，就开设了面向全国高校的马克思主义研究生班，马克思主义哲学教学与研究开始发挥"工作母机"的作用。1956年，首任哲学系主任何思敬教授在《光明日报》发表《祖国为什么需要哲学干部》一文，介绍哲学系的教学规划。1960年，中国人民大学哲学系组织编写了《马克思主义哲学教科书》（内部使用），该教材部分编写人员同时参编了《辩证唯物主义 历史唯物主义》这部次年公开出版发行的哲学教科书。1963年，肖前先生在《人民日报》发表《把哲学变成群众手中的锐利武器》一文，受到毛泽东主席和周恩来总理的赞赏，周恩来总理还将这篇文章推荐给应届大学毕业生。可以说，站在新中国哲学发展前沿，人大哲学学者以思想的方式见证和创造历史，定格了新中国马克思主义哲学教学与研究演进的缩影。

改革开放以来，肖前、李秀林、汪永祥主编的《辩证唯物主义原理》和《历史唯物主义原理》（1983）、李秀林等主编的《辩证唯物主义和历史唯物主义原理》、肖前等主编的《马克思主义哲学原理》、陈先达等编著的《马克思主义哲学原理》先后出版并不断修订，发行逾千万册，哺育了几代大学生的心灵世界。在哲学原理教学与研究取得显著成绩的同时，马克思主义哲学史和经典著作教学与研究稳步开展，乐燕平的《〈路德维希·费尔巴哈和德国古典哲学的终结〉解说》、陈先达等的《马克思早期思想研究》、汪永祥等的《〈家庭、私有制和国家的起源〉讲解》、杨焕章的《〈唯物主义和经验批判主义〉讲义》、安启念的《新编马克思主义哲学发展史》等都给很多读者留下深刻印象，并流传至今。

马克思主义哲学是时代精神的精华与文明活的灵魂，人大马克思主义哲学学派之所以成为为学界认可乃至效仿的思想群像，关键在于对时代问题及其文明内涵的深刻洞察。1978年，马克思主义研究生班哲学分班毕业生胡福明撰写初稿，以《光明日报》"特约评论员"名义发表了《实践是检验真理的唯一标准》，为推动思想解放发挥了重要作用。改革开放以来，人大哲学学者在马克思主义哲学中国化时代化、历史观、认识论、价值论、实践唯物主义、马克思主义哲学体系改革、主体性哲学、公共性哲学、政治哲学、文化哲学、国外马克思主义等研究领域成果颇丰，其中涌现了萧前主编的《马克思主义认识论研究与我国社会主义现代化建设》、李秀林等主编的《中国现代化之哲学探讨》、夏甄陶等主编的《思维世界导论——关于思维的认识论考察》、陈先达的《走向历史的深处》、李德顺的《价值论——一种主体性研究》、郭湛主编的《社会公共性研究》等百余部产生重要影响的力作。

上述成果多年来为人们所津津乐道，在一定程度上代表了人大马克思主义哲学学派不胜枚举的学术著述，这些著述伴随着中国经济社会发展的历史走向。爱智求是，守正创新，以昂扬进取的精神姿态与时代同呼吸共命运，努力实现哲学的改革，不断探究改革的哲学，实现哲学中的问题与问题中的哲学的视域转换，这种锐意改革的精神境界和锲而不舍的执着探索使之迎来欣欣向荣的学术局面。在学术高地上"本于思""造于道"，几代学人共同塑就了人大马克思主义哲学学派的精神品格。今年，我们明确将建设人大马克思主义哲学学派作为学院发展和学科建设的重点，得到很多领导和校友们的肯定与支持，我们知道达此宏愿所要付出的学术艰辛，但也深知这是一种立足现实、告慰历史、面向未来的选择。

新时代新征程，弘扬人大马克思主义哲学学派的优良传统，呈现马克思主义哲学审思现实问题的时代表达，我们努力薪火相传、继往开来，面对世界百年未有之大变局和中华民族伟大复兴战略全局，坚持马克思主义立场、观点和方法，深入探究马克思主义哲学同中国具体实际、同中华优秀传统文化相结合的内在机理，对当代中国马克思主义哲学作出深刻的学理阐释。为此不断拓展理论视野，切实关注时代问题，基于对马克思主义哲学原理、马克思主义哲学经典著作、马克思主义哲学史的深入探赜，以人大马克思主义哲学学派的精神品格提出解析时代问题的哲学思想的内在主张。

首先，回答中国之问、世界之问、人民之问、时代之问，以思想对象化的方式探究我们时代重大的现实问题。2022年4月25日，习近平总书记在中国人民大学考察调研时指出，"哲学社会科学工作者要做到方向明、主义真、学问高、德行正，自觉以回答中国之问、世界之问、人民之问、时代之问为学术己任，以彰显中国之路、中国之治、中国之理为思想追求，在研究解决事关党和国家全局性、根本性、关键性的重大问题上拿出真本事、取得好成果。"今天，马克思主义哲学研究要以此为根本遵循，深入思考中国式现代化进程中的哲学问题，探究建设中华民族现代文明与创造人类文明新形态的内在逻辑。回应时代对哲学研究的现实需要，从思想深处研究我们时代的主要矛盾，将其具体化为时代发展进程中的重大问题，将现实中的问题转化为哲学中的问题，将哲学中的问题转化为问题中的哲学，提出有效解析问题的思路与方法。这反映了人大马克思主义哲学学派的传统，是我们进一步努力秉持的文化态度。

其次，在深入的学术研究中完善马克思主义哲学学科的基本结构，彰显中国马克思主义哲学的风格和气派。在夯实马克思主义哲学基础理论研究的同时，在跨学科对话中深化马克思主义应用哲学研究，呈现一种总体性的学术面向。具言之，要将马克思主义哲学原理研究、马克思主义哲学经典著作研究、马克思主义哲学史研究、马克思主义哲学中国化时代化研究、马克思主义哲学方法论研究、马克思主义政治哲学研究、马克思主义经济哲学研究、马克思主义文化哲学研究、国外马克思主义哲学研究等整合为一个"艺术整体"，以一种体现时代发展的整体性图景"回到马克思"，并不断丰富和发展马克思主义哲学。

再次，研究百余年来马克思主义哲学中国化时代化的探索历程，努力建构中国自主的马克思主义哲学知识体系。马克思主义哲学在中国百年传播，是随其同中国具体实际、同中华优秀传统文化相结合实现的，由此形成了中国马克思主义哲学的基本理论形态。我们知道，一切划时代的体系的真正内容都是由于产生这些体系的时期的需要而形成的。在以中国式现代化全面推进中华民族伟大复兴的历史进程中，马克思主义哲学作为理论先导，必将在"两个结合"的过程中进一步发挥思想的力量。为此，要聚焦马克思主义哲学理论的当代中国建构，深入研究习近平新时代中国特色社会主义思想的世界观和方法论，研究习近平文化思想的哲学境界，对其中的哲理做深入的学理阐释。开展立足中国式现代化的实践经验，面向现代化、面向世界、面向未来的马克思主义哲学研究，形成中国自主的马克思主义哲学学科体系、学术体系、话语体系，彰显中华民族的哲学自我，为世界现代化发展贡献中国方案。这是人大马克思主义哲学学派的自觉追求，也是今天我们传承和弘扬的哲学精神之所系。

摆在读者面前的这套丛书，既有陈先达先生等前辈学人的代表作，亦有张文喜教授等中年学人对前沿问题的沉思，也有青年学者的创新之作，由此呈现了人大马克思主义哲学学派中不同年龄作者的学术书写。而且，这套丛书的作者以马克思主义哲学学者为主体，包括从事马克思主义伦理学、马克思主义科技哲学、国外马克思主义研究的同人，实际彰显了人大马克思主义哲学学派的开阔视域。这套丛书处于丰富和完善的途中，希望她唤起我们的校友和关注人大马克思主义哲学学科建设的同人的一些学术记忆，为促进新时代马克思主义哲学研究贡献人大力量，令广大读者朋友们感到开卷有益。

臧峰宇

2024 年深秋

于中国人民大学人文楼

再版前言

《马克思恩格斯道德哲学研究》一书，是我承担的 2008 年教育部人文社会科学重点研究基地中国人民大学伦理学与道德建设研究中心重大项目"马克思主义伦理思想研究"的结项成果。本书于 2011 年入选"国家哲学社会科学成果文库"，在 2012 年 3 月由中国社会科学出版社出版发行。

这本书在中国社会科学出版社已过出版年限，我有意修订后再版，把这些年来思考的一些马克思主义伦理学问题写进去。正巧张霄教授也有此意将此书再版，列入中国人民大学哲学院推出的学术品牌文库。此次再版，我本想做一番较大的修改，但由于身体原因，我也只能望文兴叹了。寄希望于后辈学者，在认真研读马恩著作的基础上，好好钻研马克思主义伦理思想，加深对我们这个时代的道德理解，拓展丰富的道德实践。所以，此次再版，我对书中内容与观点没有作修改，只是对一些明显的错字、误用的标点及个别引文细节做了更正。此外，全书一仍其旧。

最后，感谢中国人民大学哲学院、中国人民大学伦理学与道德建设研究中心、人民出版社的协助与支持。

宋希仁

2024 年 7 月 21 日于北京

序　言

罗国杰

　　宋希仁教授将他所著《马克思恩格斯道德哲学研究》书稿示我，邀我为此书作序。我虽然体力不济，但义不容辞，仅书短文以为序。

　　我和宋希仁相识，是 1956 年就学于中国人民大学哲学系。当时，我是从机关"调干"到人大学习的，宋希仁是从高中毕业考入人大哲学系的。1960 年，我们两人都提前留校任教，我在伦理学教研室，他在逻辑学教研室。由于生活环境的局限和各自工作忙碌，所以接触不多。但经过多年同学相处和同事交往，给我留下了难忘的记忆。他诚恳、忠厚、深思、好学，对教学和研究一向认真、勤奋。"文革"那些年政治运动，生活不安定，中国人民大学也一度停办。1978 年人大复校后，百废待兴，几乎所有的学科都需要从头开始建设。同年 9 月，我承担了教育部的《伦理学》统编教材的主编工作，尽管伦理学教研室过去编写过教学大纲和讲稿，但内容、种类有限，教师力量也急需补充。在这个急需增加人才的时候，我首先想到的就是请宋希仁到伦理学教研室来，帮助我们编写伦理学教材和进行伦理学理论研究。不负所望，他到教研室后，立即投入到伦理学教科书的编写工作。他边学边作，努力补足有关伦理学的知识，不仅参与了书稿的编撰，并协助我进行全书的统稿工作。使该书能够比较顺利地完成。这本书作为教育部第一部统编教材于 1982 年出版，后来经过修订，于 1985 年出版了仍由我主编的《伦理学》教材。这本书多次再版，影响广泛，对社会主义道德建设起了重要作用，直到现在仍然作为高校伦理学专业的统编教材。1983 年，由我任总主编出版了大型《中国伦理学百科全书》，共 11 卷，450 多万字，几乎包括了伦理学的各个分支，全书撰稿者共有 200 多人。宋希仁担任《全书》的副总主编，同时担任了《东方卷》和《西方卷》的主编。可以说，那是我们伦理学队伍的一次大集合、大练兵、大会战。宋希仁以高度的责任心积极协助组织了全书的编纂工作，承担了相当繁重的任务。从 1983 到 1988 五年间，我们合作编著出版了两卷本 70 多万字的《西方伦理思想史》教材。1990 年宋希仁晋升教授，1993 年受聘为博士生导师，又独立主编出版了研究生教材《西方伦理思想史》（中国人民大学出版社）和《西方伦理学思想史》（湖南教育出版社）。1993—1994 年，由国家教委组编、我主编的《中国传统道德丛书》，我和宋希仁教授主编了《中国传统道德·规范卷》。从80 年代开始，教研室开设了人生哲学课程，宋希仁教授边讲边写，于 1989年出版了《不朽的寿律——人生的真善美》，15 年后又增订出版了新著《人生哲学导论》，把真善美统一起来，构建了独具一格的人生哲学体系。由此进一步上升到道德哲学的研究，在退休前的几年就开始了对马克思恩格斯道德哲学思想的研究，并逐步扩展，开设了一门研究生课程，发表了一些文章，但没有来得及形成教材。退休后，他就承担了"马克思恩格斯道德哲学研究"这个国家社科基金项目，从此一发不可收拾，沉浸于马克思恩格斯道德哲学思想的学习和研究之中。

在多年的编写教材和教学工作中，宋希仁教授的认真、负责、严谨、踏实的工作态度，他的善于思考、一丝不苟的学风，给我留下了深刻的记忆，也得到了师生的好评。在 40 多年的教学、科研生涯中，宋希仁教授对伦理学教材建设做出了突出贡献，取得了许多可喜的研究成果，成为我国伦理学学科领域的著名学者。

这里特别要提到的是，从 1978 年到现在，我和宋希仁教授共同工作的几十年，我逐渐地认识到，他对马克思恩格斯的著作，特别是其中有关伦理、道德的思想和理论，有着深入而独到的研究，阐发了许多前人未能阐明的疑难问题，使一些长期争论的难点问题得到比较稳妥、清楚的解说。

　　近几年来，宋希仁教授主持完成的国家社科基金项目"马克思恩格斯道德哲学研究"，为我们研究和探讨马克思主义的道德哲学思想，提供了难得的资料和思想启示，是一本经过深入思考的有理论价值和现实意义的学术著作。它以马克思恩格斯的文本为依据，系统地梳理和总结了马克思恩格斯的道德哲学思想，对马克思恩格斯不同时期的有关道德论述进行了具体分析并作出了理论概括，特别是深入地阐述了《资本论》的道德哲学和道德社会学思想，对把握资本与道德、历史唯物主义和道德哲学的关系，具有重要意义。该书的主要价值在于，对马克思恩格斯的道德哲学思想进行了系统的梳理、概括和总结，提炼出马克思恩格斯关于道德伦理的基本思想，并有针对性地回应了如何看待和评价马克思恩格斯道德哲学的重点和难点问题。总的来说，该书的内容厚重，论述比较充实，有说服力，也有启发性。通读全书，我们可以体会到如下几个特点：

　　第一，在重新研读马克思恩格斯的经典著作中，梳理和分析了马克思恩格斯道德哲学思想的理论意义，对推进我国社会主义道德教育和道德建设，具有特别重要的现实意义。当前，在社会意识形态领域出现了忽视和淡化马克思主义指导的倾向，并以此误导青年的价值观和人生观，我们有责任在研究马克思主义中国化的同时，深入研究马克思恩格斯的道德哲学和伦理思想，以马克思主义的世界观、人生观和价值观教育青年和广大人民群众，也教育我们自己，坚定马克思主义信仰，为建设中国特色文化和社会主义核心价值体系打下坚实的基础。

　　第二，该书坚持马克思主义的辩证唯物主义—历史唯物主义世界观和方法论，遵循逻辑与历史统一、思辨与实证结合、分析与综合兼顾的原则，力求在通读马克思恩格斯原著的基础上，根据马克思和恩格斯原著与相关文献进行道德哲学思想的梳理、分析和概括。本书的分析和概括，不是从概念和个别结论出发，而是根据当时的历史条件和社会环境，根据马克思恩格斯写作时的具体情况，深入地探讨马克思恩格斯提出的基本观点和结论的真正含义，使我们对其思想和结论原初的、确切的意义，能够得到准确的理解，并正确地加以宣传。

第三，该书的一个重要特点，就是把马克思恩格斯的伦理道德思想，梳理和概括出一个较为明确和清晰的发展线索，把马克思恩格斯道德哲学思想的形成同马克思主义的形成，有机地联系起来。马克思恩格斯的道德哲学思想，并不是离开马克思主义的发展而独立形成的，它把有关伦理道德的思想融入到马克思主义思想体系，成为马克思主义理论的不可分割的组成部分。

第四，该书的再一个重要特点，就是不回避疑点和难点的困扰，对马克思恩格斯伦理道德思想论述中的比较难以解释的问题，也作了认真的思考和解说。不容讳言，对马克思恩格斯道德哲学思想的有关论述，在学术界有着不同的看法和争论，由于马克思恩格斯在撰写自己的著作时，常常是在同论敌或对立面的争论中进行的，他们在直接表述观点的同时，有时候直接引用一些著名思想家的言论，作为自己论说的补充，有时候又引用对方的观点加以批判，而这些批判往往会被误解或被混淆。对这类疑点和难点加以正误，对进一步了解马克思恩格斯道德哲学思想，乃至学习马克思主义，都具有重要意义。

总之，《马克思恩格斯道德哲学研究》是一本高水平的学术著作。这样的著作，在我国还不曾出版过。我相信，它的问世，不论是对从事伦理学教学和科研，还是对从事哲学社会科学理论研究，都可以作为重要的参考文献，提升我们的马克思主义理论水平。

2012 年 2 月 11 日于北京海淀区世纪城远大园

目　　录

再版前言 ·· 1

序　言 ·· 罗国杰 1

导　言 ·· 1

第一章　早期人道主义道德理想 ··························· 14

　第一节　理想主义道德思考 ······························· 14

　　一、一个伟大理想的起点 ······························· 14

　　二、人道主义道德观念 ································· 19

　第二节　能动性原则的发现 ······························· 22

　　一、自我意识哲学的沉思 ······························· 23

　　二、呼唤自由的道德 ································· 29

　　三、批判道德专制主义 ································· 31

　第三节　精神自由的道德权利 ··························· 36

　　一、出版自由是人民的特权 ··························· 36

　　二、主义之争的道德良心 ······························· 41

　　三、人民精神和伦理意志 ······························· 47

　疑难问题讨论（一）　怎样理解"道德的基础是人类精神的自律"？ ······ 53

第二章　批判思辨幻想　关注现实道德 ……………… 64

第一节　关于森林法的道义辩论 …………………… 64

一、行为规定的法理和道德 ………………… 65

二、合理意志与道德正义 …………………… 71

三、等级社会的权利和义务 ………………… 73

第二节　伦理关系的现实性思考 …………………… 77

一、黑格尔国家伦理观批判 ………………… 77

二、市民社会伦理关系分析 ………………… 87

三、利己主义和人权 ………………………… 93

第三节　人的异化和人性的复归 …………………… 100

一、个人主体与社会联系 …………………… 101

二、劳动的异化和异化伦理 ………………… 105

三、人道主义和人性的复归 ………………… 111

疑难问题讨论（二）　怎样理解权利与义务互为条件 ……… 113

第三章　社会道德调查和道德观批判 ……………… 122

第一节　英国早期资本主义社会的道德 …………… 122

一、英国社会的发展和道德蜕化 …………… 123

二、英国工人的道德状况 …………………… 129

三、两种人生观和道德观 …………………… 138

第二节　青年黑格尔派道德观批判 ………………… 142

一、青年黑格尔派的思辨道德观 …………… 142

二、道德意识和利益的关系 ………………… 145

三、教养的道德及其思辨的秘密 …………… 149

第三节　"真正社会主义"道德观批判 ……………… 156

一、"真正社会主义"的一般性质 …………… 156

二、抽象"人性论""泛爱论"批判 ………… 161

　　三、对海因岑"道德化的批评"的批判 ……………………… 166

　疑难问题讨论(三)　怎样理解"从经验的、肉体的个人出发"? …… 176

第四章　历史唯物主义的道德思考 …………………… 181

　第一节　西方伦理学史上的道德思考 ……………………… 181

　　一、古代哲学思想中的道德观念 ………………………… 182

　　二、近代道德思考的特点 ………………………………… 185

　　三、思辨哲学的道德概念 ………………………………… 189

　第二节　历史唯物主义的道德思考 ………………………… 193

　　一、历史唯物主义道德观的产生 ………………………… 193

　　二、作为社会意识形态的道德 …………………………… 198

　　三、作为统治阶级思想的道德 …………………………… 202

　　四、作为历史发展过程中的道德 ………………………… 204

　第三节　现实的人与人的本质 ……………………………… 207

　　一、人的现实性及其本质 ………………………………… 208

　　二、个人利益与普遍利益 ………………………………… 213

　　三、集体主义与个人主义 ………………………………… 219

　第四节　共产主义道德理想 ………………………………… 231

　　一、政治斗争与道德理想 ………………………………… 232

　　二、为绝大多数人谋利益 ………………………………… 236

　　三、过渡时期的现实主义 ………………………………… 238

　疑难问题讨论(四)　怎样理解"利己主义与自我牺牲的对立" ……… 248

第五章　《资本论》的道德哲学(上) ………………… 262

　第一节　道德与道德社会学 ………………………………… 262

　　一、道德社会学研究的特点 ……………………………… 263

　　二、道德感与科学分析 …………………………………… 266

　　三、伦理关系的客观性 ·························· 271

　第二节　资本对雇佣劳动的剥削关系 ·········· 276

　　一、"原始积累"的历史和道德 ·············· 276

　　二、资本家与工人的雇佣关系 ·············· 281

　　三、剩余价值生产中的劳资关系 ············ 285

　第三节　资本主义生产过程的协作和管理 ······ 291

　　一、生产中的协作和集体力 ················ 292

　　二、资本主义企业管理的两重性 ············ 297

　　三、所谓"公平的工资" ·················· 301

　疑难问题讨论(五)　《资本论》价值概念之哲学意义 ·········· 306

第六章　《资本论》的道德哲学(下) ·········· 331

　第一节　商品交换中的伦理关系 ·············· 331

　　一、商品生产伦理关系的历史演变 ·········· 332

　　二、商品交换的伦理关系分析 ·············· 336

　　三、商品交换的目的和手段 ················ 341

　第二节　资本流通过程的伦理秩序 ············ 345

　　一、资本市场竞争的伦理特征 ·············· 345

　　二、资本流通中的信用和投机 ·············· 352

　　三、信贷道德的经济学评价 ················ 358

　第三节　商业资本的伦理形态 ················ 363

　　一、商业资本的历史考察 ·················· 364

　　二、商业资本伦理的论争 ·················· 367

　　三、"人人为我,我为人人" ················ 375

　疑难问题讨论(六)　关于"主观为自己,客观为他人" ·········· 381

第七章　家庭伦理的人类学研究 ┈┈┈┈┈┈┈┈┈ 394

　第一节　人类的生产和家庭伦理源头 ┈┈┈┈┈ 395

　　一、两种生产和伦理的起源 ┈┈┈┈┈┈┈┈ 395

　　二、前伦理时代的两性关系 ┈┈┈┈┈┈┈┈ 398

　　三、从野蛮到文明的规范意识 ┈┈┈┈┈┈┈ 400

　第二节　家庭伦理关系的演变 ┈┈┈┈┈┈┈┈ 402

　　一、道德感分化对家庭关系的影响 ┈┈┈┈┈ 403

　　二、家庭关系的质变和夫权 ┈┈┈┈┈┈┈┈ 406

　　三、家庭伦理关系的制度化 ┈┈┈┈┈┈┈┈ 408

　　四、家庭权利关系的转化 ┈┈┈┈┈┈┈┈┈ 410

　第三节　家庭伦理关系的调节 ┈┈┈┈┈┈┈┈ 413

　　一、自然选择和性关系禁制 ┈┈┈┈┈┈┈┈ 413

　　二、从习俗到规范调节 ┈┈┈┈┈┈┈┈┈┈ 417

　　三、婚姻离异的理论和实际 ┈┈┈┈┈┈┈┈ 419

　第四节　私有制和现代婚姻道德 ┈┈┈┈┈┈┈ 422

　　一、个体婚制的道德意义 ┈┈┈┈┈┈┈┈┈ 422

　　二、现代一夫一妻制的伦理 ┈┈┈┈┈┈┈┈ 426

　　三、对婚姻幸福主义的批判 ┈┈┈┈┈┈┈┈ 431

　　四、人类婚姻发展的前景 ┈┈┈┈┈┈┈┈┈ 435

　疑难问题讨论（七）　爱情的圣与俗以及婚外恋 ┈┈┈ 437

第八章　道德哲学思想体系 ┈┈┈┈┈┈┈┈┈┈ 445

　第一节　道德观的形成和发展 ┈┈┈┈┈┈┈┈ 445

　　一、杜林道德观的先验主义 ┈┈┈┈┈┈┈┈ 446

　　二、道德观基础和道德原则适用性 ┈┈┈┈┈ 452

　　三、善恶观的来源及其辩证关系 ┈┈┈┈┈┈ 457

　第二节　平等伦理观与社会公正 ┈┈┈┈┈┈┈ 465

一、所谓"平等的基本公理" ·············· 465

二、平等观的历史发展 ·············· 470

三、正义的根据和"自由社会" ·············· 475

第三节 意志自由和必然性 ·············· 484

一、自由意志和意志自由 ·············· 484

二、行为选择和责任能力 ·············· 491

三、自由和必然性的关系 ·············· 496

疑难问题讨论(八) 怎样理解道德的"应当"? ·············· 505

疑难问题讨论(九) 怎样理解伦理秩序? ·············· 522

主要参考文献 ·············· 538

后 记 ·············· 543

导　言

　　马克思恩格斯的思想是人类文明宝库中的奇葩。马克思和恩格斯所开创的科学社会主义事业，170 多年来跌宕起伏，波澜壮阔，显示了强大的生命力，已使近现代史深深打上了马克思主义的烙印。这使很多过去并不注意马克思的人开始寻找马克思，而一旦人们真正理解了马克思，就会感到人类的未来不能没有马克思，确切地说是不能忘记马克思，也不能忘记《马克思传》作者、杰出的马克思主义理论家梅林的忠告："马克思不是神，也不是半神，他也不是像教皇那样的无过失者。他是一个从根本上扩大了人类的认识限度的思想家，我们也就是珍视这一向前的步伐，但并不把它看作是人类认识的终点，而正因为这是向前的步伐，那是不能倒退回来的。"①

　　马克思主义道德哲学的研究当然也属于马克思主义研究。我们对马克思主义思想和对马克思主义道德哲学的研究一直都很重视，但对什么是马克思主义并不"完全清醒"，这其中当然也包括马克思主义道德哲学或伦理学。特别是处在重大的观念变革和思潮纷呈的特殊时期，我们在研究马克思主义中国化的同时，有责任追寻马克思和恩格斯的道德哲学思想，承担起研究马克思主义道德哲学，建设马克思主义伦理学的任务。这种研究不只是为了梳理已经过时的东西，而是与时俱进，为发展中国化马克思主义伦理思想提供必要的思想和理论根据。我们研究马克思恩格斯道德哲学思想的目的，就是要在新的时代背景下，对影响整个民族精神和未来社会价值导向的马克思主

---

① ［德］梅林：《保卫马克思主义》，人民出版社 1982 年版，第 301 页。

义伦理思想的源头，进行溯本求源的系统研究，以求搞清一些基本理论问题。

马克思恩格斯的道德哲学思想表述在他们的著述中，或集中或散见，内容博深，见解精辟。我们从中可以看到他们早期道德理想的启蒙和从思辨走向实践伦理的过程；看到他们对各种道德观的反思和批判，以及关于社会伦理道德发展规律的深刻论述；还可以看到马克思在《资本论》中所展现的道德社会学思想和恩格斯关于家庭伦理关系演变的人类学研究，以及他们共同构建的以辩证唯物史观为指导的道德哲学思想的系统阐述。

马克思恩格斯道德哲学思想的产生和发展不是偶然的，有它必然产生和发展的背景和条件。马克思生逢一个伟大的历史变革时代。这个时代需要杰出的人物，需要明智、义勇和坚定的人来达到它的崇高目标，而历史也确实造就了这样的人物。从 18 世纪初到 19 世纪上半叶，单就德国来说，就相继出现了莱布尼茨、沃尔夫、舒尔茨、莱辛、歌德、席勒、鲍姆嘉登、康德、费希特、黑格尔、海涅、费尔巴哈等大思想家、大哲学家和大作家，以及早期无产阶级革命思想家和领导人魏特林等。尽管他们在思想观点和学说体系方面各有缺憾，但他们唤起了自由、平等、民主和民族独立的启蒙精神，启发了劳苦大众的革命觉醒，深化了德国哲学的人文与科学、理性与现实相结合的传统，对马克思恩格斯道德哲学思想的产生和发展产生了深刻的影响。

马克思恩格斯的早期道德哲学思想，具有鲜明的理想主义和民主主义特征。马克思少有大志，思想早熟，在中学毕业论文中就提出了"人类幸福和个人自身完美"相统一的思想，表达了要为人民谋福利的愿望，并以理性的冷静看出他将面临人生的"应然"与"实然"的矛盾。读大学时期，他在给父亲的信中说："在这样的转变的时机，我们感到必须用思想的锐利目光去观察今昔"，"因为每一变化，既是绝笔，又是新的伟大诗篇"。在博士论文中，他从哲学史的研究中提出了"自我意识的能动性原则"，论证了人的主体性，并把自我意识与外部世界的关系归结为"改造世界"的关系，提出"如何创造世界"的问题。恩格斯中学毕业后，经商、从军、到大学旁听，同样勤奋好学、博学多才、思想激进。他直接批判宗教神秘主义和虔诚主义的"启示哲学"，从实际生活和理论批判中得出了同马克思一致的道德信念，表现出鲜明的人道主义和民主主义倾向。

马克思在参与社会实践后，积极地关注德国的政治、经济和思想领域的问题。他揭露普鲁士专制主义制度的虚伪，论证"出版自由"的正义性，维护人民表达"自己的精神面貌的权利"。他从法律和道德上为人民群众的经济利益辩护，认为不能把穷人当作不合道义的法律的牺牲品；正如人的良心不能转让一样，国家也不能把权利变成少数人的特权，放弃保护人民的义务。

马克思从法理上论证了"自由意志"与"合理意志"的关系，把黑格尔的辩证思维方法运用于道德哲学。恩格斯批评了"青年德意志"的"主观自律论"，肯定了黑格尔关于自律与他律统一的思想。他们分别在各自的研究领域解决了伦理学史上悬而未决的自律与他律的对立。他们重视道德的自律，但不同意康德的抽象"自律论"；他们赞扬黑格尔的他律思想，但反对他的绝对精神"他律论"。他们认为，与社会发展相联系的人的自由意志应有自由的权利，同时又要受到社会条件的制约，服从于历史发展的规律性。

人的本质问题曾经是德国道德哲学争论的一个焦点。马克思批判了在"人的本质"问题上的各种错误思潮观点，阐明人的本质的"社会特质""社会联系"和作为"社会关系的总和"的意义，批判抽象的人性论，也反对抽象地按人的本质规定职责和使命，而强调从人的实际生活条件出发，看到人们"实际怎样""能够怎样"和"应当怎样"，而且在一定条件下"必然怎样"，避免陷入唯心主义、机械论和教条主义。由此，马克思从资本主义经济制度的事实进一步揭示了资本和劳动关系的本质和人性的异化。马克思指出，在资本主义商品经济关系中，物的世界的增值同人的世界的贬值成正比。这一事实表明：劳动所生产的产品，作为一种异己的存在物，作为不依赖于生产者的力量同劳动相对立，从而成为统治劳动者的力量。但历史的发展，必将从人性的异化逐步实现人性的复归，在有保障的生产劳动的基础上实现社会的道德和正义，使权利与义务相统一，取消任何特权阶级的特权。

在马克思撰写哲学和经济学笔记时期，恩格斯出版了《英国工人阶级状况》的专著。他们的理论研究和社会调查的著作，促进了历史唯物主义世界观和伦理观的形成，并对气盛一时的青年黑格尔派"自我意识"道德哲学作了彻底清算。他们在合作的第一部著作《神圣家族》中，多方面地论及各种伦理道德问题，阐明了许多道德哲学的基本原理和概念，并以幽默、含蓄、讥讽的笔法，尖锐地批判了青年黑格尔派否定人民群众的主体性、阻碍革命实践的道德哲学。他们强调，"思想"不能离开"利益"，个人不能脱离群众；不能抽象地看人，把个人神圣化，把人的道德修养"宗教虚幻化"。在此期间，马克思和恩格斯还批判了对历史作"道德化的批评"的倾向，批判了抽象"人性论"和"泛爱论"，深刻地论证了人民群众的主体性和推动历史进步的伟大作用。

19 世纪 40 年代，马克思和恩格斯在《德意志意识形态》等著作中，完整地阐发了历史唯物主义基本原理，建立了科学的道德哲学的理论基础。他们从宏观的视角、历史地分析了道德的起源和发展规律，指出社会伦理关系和道德观念是历史发展和生活实践的产物，随着历史和社会生活的发展而发展，实质上是在一定经济基础上产生并与其上层建筑相适应的社会意识形式。马克思和恩格斯在论述交往关系和生活方式的过程中，论述了个人与他人、个人与集体、私人利益与公共利益、个人利益与阶级、国家利益的关系，以及个人的个性、人格全面发展等包含深度伦理思考的重要理论问题。马克思恩格斯重视道德发展的现实根据和条件，强调个人的自由是在对别人的关系中存在的；在阶级社会里个人隶属于阶级集体，"只有在集体中才能有个人自由"；只有在没有阶级和阶级对立的"真实集体"中，个人才能建立自由人的联合体，并通过这个联合体获得自由，使自己成为"有个性的全面发展的人"。所谓自由的人，就是使"成为自己本身的主人"的人。因此，在《共产党宣言》中，他们庄严地向全世界宣布："代替那存在着阶级和阶级对立的资产阶级旧社会的，将是这样一个联合体，在那里，每个人的自由发展是一切人的自由发展的条件。"①

值得注意的是，在1894年即《共产党宣言》发表46年以后，恩格斯晚年时，意大利社会党人请求恩格斯为《新纪元》周刊提供一段题词，并建议"用简短的文字来表达未来社会主义新纪元的基本思想，以别于但丁曾说过的'一些人统治，一些人受苦难'的旧纪元"。恩格斯在一封复信稿中说明："要用不多几个字来表述未来新时代的思想，同时既不堕入空想社会主义又不流入空泛辞藻，这个任务几乎是难以完成的。"尽管如此，他还是接受了这个请求，决意从《共产党宣言》中摘出上述马克思所写的那段话作为周刊题词，并在回信中说明："马克思是当代唯一能够和伟大的佛罗伦萨人相提并论的社会主义者。除了从《共产党宣言》中摘出下列一段话外，我再也找不出合适的了。"②《共产党宣言》中这段简短的文字所表达的思想，正是勾画出理想的未来和谐社会的蓝图，也表明恩格斯对这一题词内容的深刻理解和高度重视。

19世纪50—60年代，马克思集中精力撰写他的主要著作《资本论》。马克思在《资本论》中阐述的道德哲学思想，是按照资本运行的三个阶段发展过程展开的。马克思的论证并不是力图把道德要求引入经济，以道德的要求证明资本主义制度的非正义，而是用揭示资本主义生产方式和人类历史发展规律的科学研究，来证明资本主义发展的历史趋势及其必然前途。

公平互利是商品交换的原则，但在资本主义经济关系中劳动力商品买卖是否也遵循这样的原则呢？不同立场的人会得出截然相反的结论。马克思、恩格斯肯定资本主义生产方式的历史进步性，同时揭露资本对劳动的剥削和奴役的本质。马克思不是简单地指责资本家个人的动机，而是指出资本家作

---

① 《马克思恩格斯选集》第1卷，人民出版社2012年版，第422页。
② 《马克思恩格斯全集》第39卷，人民出版社1974年版，第189页。

为资本的人格化身，就其社会生产的特殊分工来说，表现为与生产者不同的当事人的专门职能，其获得利润的权利及其合理性根据，就在于产生它的资本主义生产方式和商品交换所包含的自由、平等原则。他们的行为动机和决定性的目的就是他们所预付资本的特殊增殖。在这里，资本的运动是一种社会力量，而不是个人力量。"总的说来，这也并不取决于个别资本家的善意或恶意。自由竞争使资本主义生产的内在规律作为外在的强制规律对每个资本家起作用。"① 因此，马克思认为这不是要由资本家个人对制约其生存方式的社会制度负责的。马克思着力揭示的是制约资本家个人行为动机的经济运动规律，着重阐明的是判断行为的正义和非正义的科学的历史的根据。马克思指出，经济交易的正义性是从生产关系的历史过程和结果中产生的。经济交易作为当事人的意志行为和共同意志的表示，其正义性并不决定于它的法律形式，而是决定于它的实际内容。"这个内容，只要与生产方式相适应，相一致，就是正义的；只要与生产方式相矛盾，就是非正义的。"② 资本主义生产方式本身要求自由、平等、公正，因此什么人要搞奴隶制和特权就是非正义的。市场经济遵循的是竞争和信用原则，因此什么人在商品质量上弄虚作假就是非正义的。马克思坚持的是历史的、科学的正义观。在这个问题上，英国学者肖恩，塞耶斯的评论有一定的参考价值。他说："马克思的方法不能被理解为建立在人类本质概念上的功利主义自然主义形式，也不能被理解为基于康德主义式的正义和权利标准。马克思的批判方法是内在的和历史的。"③ 就是说，马克思的方法是理性的、尊重历史发展规律的科学方法。

马克思恩格斯在对资本主义生产方式的分析中，深刻地阐明了关于善与恶的历史辩证法。《资本论》揭露了剩余价值的剥削本质，同时也肯定它创

① 《马克思恩格斯全集》第44卷，人民出版社2001年版，第312页。
② 《马克思恩格斯全集》第25卷，人民出版社1974年版，第379页。
③ Sean Sayers, http://www.kent.ac.ukseclphilosophy/articles/sayers/Marxism and morality. pdf.

造现代文明的历史意义:"它榨取这种剩余劳动的方式和条件,同以前的奴隶制、农奴制等形式相比,都更有利于生产力的发展,有利于社会关系的发展,有利于更高级的新形态的各种要素的创造。"① 由此,马克思分析了资本主义生产过程和管理的两重性,即共同劳动的经济过程要求的管理和劳资关系调节需要的管理,两者都是生产发展和资本主义社会伦理秩序的必要环节。

商品进入市场,即由生产领域进入流通领域,最主要的就是竞争和信用。竞争和信用是市场经济的两大支柱,也体现着资本主义社会的"道德温度"。马克思认为,竞争作为商品生产者基本的交往形式,是平等化的最大创造者。竞争在本质上是资本的竞争,而不是个人的竞争;自由也是资本的自由,个人的自由是由资本制约的。资本主义生产中有竞争,也有协作。竞争和协作的统一是事物发展的一般规律。商业信用是市场交易的保证,既能保障交易安全,又能提高交易效率。没有商业信用,交易行为将失去可预测性,市场秩序就会无章可循。但马克思同时也指出,信用或信贷又是以信用双方的互不信任为基础的。在资本主义经济关系中,"信贷是对一个人的道德作出的国民经济学的判断"②。所以,经济的信用与道德的诚信是有区别的,前者讲的是经济的生产关系和契约规定,后者讲的是"诚善于心"的道德规范和良心,二者既有联系又有本质区别。

马克思并不是"非道德主义者",更不是"反道德主义者"。为什么马克思没有明确的伦理学,或者说为什么马克思没有像他以前和他同代学者一样大谈道德?《分析马克思主义新论》的作者罗伯特·韦尔、凯·尼尔森等中肯地指出:当马克思这样表达道德怀疑主义,并倾向于把它看作一种重要的意识形态时,他是在这种严格的意义上来使用这一概念的,正如他在《资本论》德文版第一卷序言中所说:"我决不用玫瑰色描绘资本家和地主

① 《马克思恩格斯全集》第46卷,人民出版社2003年版,第927—928页。
② 《马克思恩格斯全集》第42卷,人民出版社1979年版,第22页。

的面貌。不过这里涉及的人，只是经济范畴的人格化，是一定的阶级关系和利益的承担者。我的观点是把经济的社会形态的发展理解为一种自然史的过程。不管个人在主观上怎样超脱各种关系，他在社会意义上总是这些关系的产物。同其他任何观点比起来，我的观点是更不能要个人对这些关系负责的①。"他认为，"这样的观点并不妨碍形成反映特定社会的社会关系和人民生活质量的理性的价值判断"②。他承认如果讨论马克思的理论对伦理价值的需要，就没有必要在狭义上讨论和评价个人行为善恶的方式即道德。不过，他对马克思是否肯定严格意义上的道德和个人道德责任持怀疑态度。预设进一步的探讨是可以的，但需要明确分析的条件。美国学者伍德认为，马克思并不是否认严格意义上的道德和个人的道德责任的思想家，那要看对待什么样的道德。他认为："马克思对日常生活的道德是持赞成态度的，而对政治中的道德则持批判态度。就政治道德而言，马克思是非道德的。"③"把马克思称作道德主义者是人为的扩大，并且错误地理解了马克思的观点。"④

马克思所关注的是社会发展的规律，是资本主义经济发展的特殊规律，那是一种自然史的过程，所以没有必要也不应该去归责于个人和个人行为的道德责任，也不能依据意识形态的道德分析经济规律。马克思在证明经济发展的客观规律时是排除脱离历史和社会实践的主观意见以及道德感因素的，但他和恩格斯一起，在分析造成社会道德败坏和伦理秩序的失常时，又非常关注社会的道德和法律的公平正义。马克思强调的是：必须根本改变资本主义制度，改变人们的经验生活条件，以有保障的劳动奠立正义和道德的基础，最终建立一个理想的符合人道的没有阶级剥削和阶级对立的"自由人

---

① 《马克思恩格斯全集》第 44 卷，人民出版社 2001 年版，第 10 页。
② ［英］理查德·诺曼：《什么是马克思主义中活的东西和死的东西?》，转引自［加］罗伯特·韦尔、凯·尼尔森编《分析马克思主义新论》，中国人民大学出版社 2002 年版，第 52—53 页。
③ Richard W. Miller, *Analyzing Marx*: *Morality*, *Power*, *and History*, Princeton University Press, 1984, pp. 16–17.
④ Richard W. Miller, *Analyzing Marx*: *Morality*, *Power*, *and History*, Princeton University Press, 1984, p. 157.

联合体"。共产主义社会的道德原则是团结友爱，并要按照《国际工人协会成立宣言》的规定，"努力做到使私人关系间应该遵循的那种简单的道德和正义的准则，成为各民族之间的关系中的至高无上的准则"①。对于这个理想来说，过去和现在所做的建立公有制度和和谐社会的实践，不论是失败的还是成功的，诚如恩格斯所说，"都带有实验的性质，但这是人类正义所要求的"。

恩格斯晚年继摩尔根和马克思之后，进一步研究了家庭、私有制和国家的起源，揭示了人类文明发展、演变的历程和规律性。这个研究本身包含了丰富的思想和史料，证明了人类爱情、婚姻和家庭伦理道德的发展变化，是与历史过程中的经济、政治、社会、文化的发展程度密切联系的，人类个体文明的程度同时也是人类文明进步程度的缩影。人类文明与动物的分界，两性关系"应怎样"的观念，就产生于意识到两性关系血亲婚配禁忌的那一界限上，也可以说是产生于由动物向人转变的那一界限上。这个界限上的道德表现，在两性间就是"宽容"，在不同辈分之间就是"尊敬"。实际上，有禁忌，又有宽容，正是人类伦理的自由及其秩序最初形成的道德条件。恩格斯引用摩尔根的话作了结论："社会的利益绝对地高于个人的利益，必须使这两者处于一种公正而和谐的关系之中。"他赞许地引用摩尔根的话说："社会的下一个更高的阶段"，"这将是古代氏族的自由、平等和博爱的复活，但却是在更高级形式上的复活"②。

《反杜林论》和《路德维希·费尔巴哈与德国古典哲学的终结》，综合阐述了由马克思和他共同创立的哲学和道德哲学思想体系。主要是阐明道德观念的来源和基础、善与恶的辩证关系、道德观的稳定性和相对性、道德观的历史发展、道德的阶级性和人性等基本理论问题。马克思和恩格斯当时面临着进行政治斗争和创立实现社会主义、共产主义社会的科学理论体系的任

---

①　《马克思恩格斯文集》第3卷，人民出版社2009年版，第14页。
②　转引自《马克思恩格斯选集》第4卷，人民出版社2012年版，第195页。

务，用历史唯物主义方法阐明道德的起源、本质、发展规律和社会作用等问题，而没有过细地、集中地谈论个体道德的理论问题。马克思曾想写一本伦理学的著作，但由于上述原因而未能如愿。在《反杜林论》中，恩格斯表达了他和马克思的共同愿望，批判了杜林的"永恒真理论"和"永恒道德论"，系统地阐述了"自由意志、责任、自由和必然的关系"的基本哲理和道德原则。恩格斯说："如果不谈所谓自由意志、人的责任能力、必然和自由的关系等问题，就不能很好地议论道德和法的问题。"① 这实际上是提出了道德哲学的基本思路和关键词。恩格斯指出，"自由是对必然性的认识"，"自由不在于幻想中摆脱自然规律而独立，而在于认识这些规律，从而能够有计划地使自然规律为一定的目的服务。这无论对外部自然界的规律，或对支配人本身的存在和精神存在的规律来说，都是一样的"。因此，"意志自由只是借助于对事物的认识来做出决定的那种能力"。恩格斯还强调，"自由是历史发展的产物"，"人类文化上的每一个进步，都是迈向自由的一步"，这里的"自由"不只是个道德的实践意志概念，也是与历史发展统一进步的理念。这些精辟的结论，既包含了马克思主义的唯物辩证的历史观和社会理想，也包含了本书所阐述的自由的道德和伦理，它概括了马克思恩格斯道德哲学的核心思想——自由及其秩序。②

有位思想家说过，并非一切相信进步的人都把进步绝对地强调为自由的获得，但是没有一个相信进步的人不以自由为理想。自由是崇高的，但正因为这样它又引起无数的误解和混乱。但自由正是在历史的进步中从无秩序产生出秩序，因为无秩序就无自由。马克思恩格斯的道德哲学的主要之点，并不在于真理和高尚的占有，而在于通往真理和向善的道路。它是每个人走向自由发展的道路，又是人类解放实现自由人联合体的历史过程。《理解马克思》一书的作者乔恩·埃尔斯特说得对："马克思从未在共产主义的主要吸

---

① 《马克思恩格斯选集》第 3 卷，人民出版社 2012 年版，第 490 页。
② 对这个结论性提法的解释，可参见本书第八章"自由与必然性的关系"和疑难问题讨论（十）"怎样理解伦理秩序"。

引力在于它使个人之全面自由的实现成为可能这一点上动摇过，但他也从未把个人置于通向共产主义阶段的解释过程的中心。"①

纵观全书，我们可以看到，马克思恩格斯奋斗一生的光辉历程。他们的思想、理论在实践中的发展过程和阶段。他们为之奋斗的人类解放事业也就是争取人类解放和自由的伟大事业。随着人类对自己历史进程的自觉把握和预期，"人终究要成为自己的社会结合的主人，从而也成为自然界的主人，成为自己的主人"，成为"自由全面发展的人"。由这样的人联合而成的自由和谐的共同体，就是《共产党宣言》所预言的"每个人的自由发展是其他一切人的自由发展的条件"的共产主义社会的共同体。这是理想的，但同时又是理想实现的实践过程。历史每前进一步，都意味着自由的提升和扩展，尽管要经过坎坷和曲折，但历史前进的每一步都"既是绝笔，又是新的伟大诗篇"。

本书的研究任务不是建构马克思恩格斯的伦理学或道德哲学。马克思恩格斯的道德哲学思想不是一般哲学思想和政治思想，也不是一般个人品德和行为规范的研究，尽管他们注重个体品德或操守的理解，几乎对所有的德性概念、用语都作了诠释。但这种理解或诠释都是从属于作为意识形态的道德观的批判分析的。应该说，他们的研究属于道德哲学的研究。而一种道德哲学的研究，其中也包括运用道德社会学方法对经济现象的研究和运用道德人类学对家庭伦理的研究，最后上升到道德哲学上作总体的综合概括把握。因此，本书没有从政治标准上划分马克思恩格斯道德哲学思想的发展阶段，也没有从他们的道德哲学思想发展中划出一个马克思主义者的思想阶段和非马克思主义者的思想阶段，而是从他们的道德哲学思想本身发展的过程和阶段上，作出具有道德哲学意义的分析和梳理，从中得出必要的道德哲学思想的价值评价及其引申意义。其实，在他们的道德哲学思想中，从早期到晚期，所有积极的有价值的内容，都融合在他们一生的思想发展过程之中，也都包

---

① ［美］乔恩·埃尔斯特：《理解马克思》，中国人民大学出版社 2008 年版，第 7 页。

含在他们作为马克思主义者的实践之中。不系统地了解他们的全部思想发展过程，就不能全面地评价他们的道德哲学。在这个意义上，我们研究的马克思和恩格斯道德哲学思想，就其肯定的道德哲学思想而言，如同马克思主义吸收了人类精神创造的一切优秀成果一样，都包含在马克思恩格斯的道德哲学思想之中。至于它的特点，应当且可以从不同侧面去揭示。因为从科学发展观上来看，他们的严谨态度和为真理而献身的精神是自始至终一以贯之的。

1865年，马克思的大女儿燕妮请马克思填写一个她设计的《自白调查》，其中有一项是问马克思："你的特点是什么？"马克思的回答："目标始终如一"。尽管马克思一生的思想发生过许多变化，经历了早期的激进自由主义阶段，后来又经历了革命的人道主义阶段，直到完全成熟的马克思主义思想阶段，基本的世界观、人生观和价值观只是一往直前。当代美国学者佩弗甚至说："马克思的思想变化背后的基本的规范性思想或价值观念（即自决的自由、人类共同体和自我实现三个价值原则）实质上没有任何改变。"① 马克思的这个回答也适用于恩格斯。他们两人从青年时期追求真理到确立科学的世界观和革命的人生观，共同向全世界宣告建立真正人道的共产主义社会，始终忠于共同确立的思想原则和价值目标，并保持终生的真挚友谊，他们的一生都在书写着他们的《自白》。这种"目标始终如一"，正是伟大思想和道德人格的典范。恩格斯说过，马克思有时会狂怒，但从来不消沉。在这个意义上，梳理马克思和恩格斯从早期到晚期的全部道德哲学思想，对把握马克思、恩格斯思想总体及其发展过程，无疑是绝对必要的、有益的。

马克思恩格斯的道德哲学思想同他们的人格和人生实践一样，最可贵的是他们的大智、大勇、坚定，同时还有他们的真诚友谊与密切合作。马克思和恩格斯两人，在相会之前的志向和思想一致，在相会合作之后的活动和思

---

① R. G. Peffer, *Marxism*, *Morality*, *and. Social Justicc*, Princeton University Press, 1990, chapter 1.

想更是饱含着两人共同的智慧和创造。两人相互合作的 40 多年间,可查的来往通信近 1600 封,仅此一点就已是友谊与合作的举世无双的典范了。细读那些坦诚而幽默、博学又深情的书信,自会感同身受,钦佩伟大人格的魅力,理解思想的历史意义。如果抛开两人的个性和文风特点,他们二位是高度密切合作的,如亲身交往并参与工作的他们的学生所说,"这一位的著作也就是那一位的著作"。因此本书对马克思恩格斯道德哲学思想的阐述,一般是以两个人共同的名义,只在必要的地方分别阐述,突出其特点与贡献,或者以另种表述说明或加深某一思想。马克思主义道德哲学的建立,标志着道德哲学发展的崭新的历史阶段,无论就其存在的思想体系及其所代表的社会力量而言,还是就其所肩负的历史使命及其所起的社会作用而言,都是当代最富有生命力的道德哲学。

我对马克思恩格斯道德哲学思想的研究和阐述,主要是以马克思和恩格斯的著作文本为依据,对马克思恩格斯的道德哲学思想进行系统的梳理和总结,对他们在不同时期有关道德伦理的论述进行具体分析,阐述马克思恩格斯道德哲学的基本思想,力求有所贯通,并有针对性地对一些疑难问题进行必要的讨论。本书的内容阐述以章节目的形式安排,各章后加了一个或两个附录,对原著理解上的疑难问题加以讨论,主要是在研究马克思恩格斯道德哲学思想过程中的文稿或发表过的阶段性研究成果,用在这里的文章,都作了修改、补充或删节。

最后,还应该说明,我对马克思恩格斯道德哲学思想的研究,除参考国外有关著作外,也参考了国内研究马克思恩格斯伦理思想的专家学者的著作。较早的有章海山教授的专著《马克思主义伦理思想发展的历程》和宋惠昌教授的专著《马克思恩格斯的伦理学》,以及罗国杰教授主编的《中国伦理学百科全书》的有关部分。在我的书稿完成后,又读到安启念教授的专著《马克思恩格斯伦理思想研究》。这些著作都对我的研究多有启发,同时也促使我明确地表达我的研究思路和观点的区别。

第一章　早期人道主义道德理想

本章所讲的马克思恩格斯早期伦理思想，主要是指马克思在中学、大学和最初参与社会活动时期的伦理思想；恩格斯在经商、服兵役和参与思想论争的伦理思想。他们通过学校学习、家庭自学和社会实践，形成自己的社会思想和道德观念，在历史转变的时机，"用思想的锐利目光去观察今昔"，怀抱造福社会、为人类幸福工作的远大理想，勇敢无畏地追求真理和正义，谱写了两位朝气蓬勃的青年人早期伦理思想的光辉篇章。

第一节　理想主义道德思考

马克思和恩格斯青少年时代的品格，有很多共同的地方：思维敏捷、勤奋好学、志向高远。他们热爱自由和平等，崇尚科学和人道主义，富有鲜明的善恶感和批判精神，同时又具有各自的特殊家庭环境、生活方式和性格特点。他们的共同目标使他们在青年时期就有了相当鲜明、稳定的道德思考，而他们各自的性格特点又给他们的道德思考增添了绚丽的光彩。

一、　一个伟大理想的起点

先说马克思。

马克思于1818年5月5日，生于德国北部教堂最多的古城特利尔。他的家族享有该地区几代犹太教拉比的盛名，祖父是犹太律法学者，父亲亨利希·马克思是特利尔市著名律师和司法参事，因信仰变化和职业需要改信了基督教。强大的家族传统和学识博积，思想开明的家教，还有 1775 年就创刊的激进的《特利尔日报》对少年马克思的影响，使他既有传统文化情结，又有时代精神变迁的熏陶。这种环境留给他的宝贵遗产是自由、平等观念，而特殊的氛围更使他常用批判的眼光观察社会现实。《卡尔·马克思传》作者戴维·麦克莱伦甚至说："他的思想和生活风格都有着先知传统的回声"，保持着被压抑的犹太人的"集体自我意识"。① 进入特利尔中学后，马克思受到典型的耶稣会学校的人道主义教育，也深受校长维腾巴赫的康德主义和浪漫主义思想的影响。中学时代的马克思，勤奋好学，思想早熟，富有激情，不仅表现了杰出的学识和才智，而且显示出他的道德观具有鲜明的理想主义色彩和深沉的历史感。

马克思于 1835 年 8 月在特利尔中学毕业，保留下来 7 篇毕业作文，其中有 3 篇关于宗教、历史、德语的作文涉及广泛的知识领域和道德思考。宗教课的作文主要是根据《约翰福音》，论述信徒同基督结合为一体的原因、实质和作用。马克思那时抱有对基督新教在启蒙时代淡化虔诚主义的肯定态度。他的志趣主要在于基督教道德、特别是新教的人道精神，重在从人的独立追求和人生价值方面把握基督之"道"：不是信仰上帝对人的"万能干预"，而只是表达对"基督之道"的尊重。在文章中，马克思提出"人同基督结合的必要性"问题，并作了多方面的论证。他的答案很明确，就是要与基督教道德的"爱"的原则相一致，"爱人如己，相互做出牺牲"，做一个道德纯洁、高尚的人。

马克思对基督教道德的这种理解，一方面是出于对新教家族传统的尊重，另一方面也是与他对现实生活的思考密切相联系的。他认为，人只有这样才能清醒地面对现实：泰然应对命运的打击，勇于处置欲望、冲动，忍受一切苦难的折磨，献身于博爱和高尚的事业。在他看来，这是基督教道德与

---

① ［英］戴维·麦克莱伦：《卡尔·马克思传》，中国人民大学出版社 2005 年版，第 5 页。

其他一切道德区别开来的分界线，也是使人摆脱自私和粗俗的局限而品德纯洁、温和与人道的根源。显然，马克思在论文中所要表达的，是借助于宗教道德抒发自己的道德理想，要证明基督教道德对人类道德全面发展的必要性。可以说他的思考不是依从宗教信仰、对神的虔诚，而是独立地、理性地、积极地面对现实。马克思虽然经过基督教洗礼，但他并不是基督教的信徒，他用心论证的并不是基督教信仰的必要性，而是对基督教道德精神结合、汲取的必要性。他强调的不是基督教神学道德的教义，而是世俗道德趋向纯洁和高尚的必要性，是对人格高尚的向往和追求。

这一点在论述奥古斯都元首政体的文章中也体现出来。少年马克思用好和坏两种类型政体的对比，肯定了奥古斯都时代的罗马帝国和君主政体。奥古斯都是罗马帝国皇帝屋大维的神化称号。他执政于公元前 27 年至公元 14 年，被史学家称为"奥古斯都时代"，亦称"罗马和平"时代。这个时代有它的辉煌成就，也有君权绝对化、重军轻农的致命弊病。少年马克思并未注意历史学家的争论，而是看重其辉煌成就，并据此表达了他自己向往和平、民主、正义和为人民谋福利的社会伦理观。他认为奥古斯都执政的 41 年是罗马帝国历史上最好的时代：社会和平、风尚淳朴，人民积极进取、官吏清廉执政。对比奥古斯都之后的尼禄时代（公元 54—68 年），他认为那是贪图个人权力、荒淫无度的最糟糕的时代。马克思之所以赞扬奥古斯都时代，主要在于屋大维虽然确立的是元首政治，权力集中于一人之手，但他以不滥施暴力、温和治国为标志，人民没有感到自由被剥夺，社会的风尚、自由和优异性没有受到损害和破坏，国家机构和法律起着积极作用，清除了元老院的腐败和罪行，又吸收了德才兼备的公职人员，在经过战乱后能够保障人民的自由。大概是根据他对奥古斯都时代政治社会的了解，马克思提出了幸福时代的四个标志：第一，能唤起人们去从事伟大的事业；第二，国家有实力，使敌人感到害怕；第三，不同阶层的公民之间开展良好的竞赛；第四，百姓和睦相处，讲究文明风尚，并能保障人民的自由。在少年马克思看来，一个国家权力是否正义，不在于它是否集权，而在于掌权者不贪图个人权力，"一心只想拯救国家"，在于它是否能保障"人民的自由"。① 应该说，这是少年老成的马克思对古代社会所作的政治伦理思考。在他看来，好的社会的伦理秩序，就是自由、和谐、幸福；好的国家权力的道德标准就是"为人民谋福利"，"保障人民的自由"。对于具有批判精神的马克思来说，这样的结论无异于从一种新的角度诠释了启蒙时代的民主主义伦理观。

"为人民谋福利"是马克思早期伦理思想的核心观念，也是贯穿他一生的人生观和价值观。马克思在《青年在选择职业时的思考》一文中，更进一步表明了这种远见卓识的道德理想和现实的人生选择。在这篇文章中，马克思首先明确地表达了与宗教论文中一致的观念："上帝给人指定了共同的目标，但让人自己去寻找达到目标的手段。"这是一个非常重要的思想，它在马克思思想的起点上就注入了人的独立、自由和能动性的意识。马克思借助基督的道德原则表明：人要有共同目标，要为共同目标而生活，同时又要像人一样做出现实的、独立的选择。共同事业是目标和个人积极主动的生活选择，只有为"共同目标"而劳动才能使自己变得高尚，只有自己积极主动的生活选择，才能有人的独立和尊严。

马克思清楚地说明，伟大目标的选择不应当出于虚荣心和名利考虑，不应被狭隘的欲念和幻想所支配，而应依靠深入的观察和经验，从全面和长远考虑，认清自己所应承担的重大社会责任和所选择职业的全部分量。如果生活条件允许，并经过认真的考虑，就应该选择建立在正确思想基础上的最有尊严的职业；应该选择能够为人类进行活动、接近共同目标的职业。所谓"尊严"，就是最能使人的活动具有高尚的价值，使自己的选择无可非议并受众人的钦佩。这种观念正是自启蒙运动以来的人道主义的理想，即个人的全面发展和社会共同体健康发展的结合。

马克思这样提出了青年选择职业时应遵循的主要指针："人类的幸福和

---

① 《马克思恩格斯全集》第 1 卷，人民出版社 1995 年版，第 464—465 页。

我们自身的完美"① 这是一个人类幸福与自我完美相统一的理想的人生价值取向，是一个理性的、高尚的择业原则。马克思认为，人类的幸福和自身的完美这两者不是相互冲突的，而是一致的。因为人们只有为人类工作、为同时代人的完美和幸福而工作，才能使自己也达到完美。只为自己的自私的人，也许能够成为著名学者、哲人、诗人，但是永远不能成为完美的伟大人物。马克思强调的一个中心思想是：职业选择不应局限在狭隘的利己主义小圈子里，而要寻求造福社会和人类的职业道路。他认为最向往的、最可取的职业是：从事这种职业时不是作为奴隶般的工具，而是"在自己的领域内独立地进行创造"，如果能确立坚定的信念和原则，从事抽象真理的研究，甚至为它牺牲生命，就是最高尚的职业。在这里，马克思表达了基于现实的、经过理性思考的高尚的人生理想和道德原则。《卡尔·马克思传》作者戴维·麦克莱伦不大欣赏那篇关于奥古斯都的作文，但对这篇关于职业选择的作文却给予了相当高的评价，说它"表现出了鲜明的个性"，"充满了理想主义色彩，洋溢着要通过一种方式把人的个性完全发展出来的热情，即规避权力和荣誉、用自我牺牲的精神来为人类整体服务"。② 这个评论是中肯的。

值得注意的是，马克思在强调理想的人生和职业选择时，不仅明确地讲要正确估计自己的能力，尊重父母的经验和提醒，冷静地研究所选职业的分量，而且同时指出，要考虑允许做出选择的社会生活条件。他说："我们并不总是能够选择我们自认为适合的职业；我们在社会上的关系，还在我们有能力决定它们以前就已经在某种程度上开始确立了。"③ 马克思的这个思想，不仅具有积极向上的生活热情，而且具有对现实社会的冷静的理性思考，他力求把理想和现实、热情和理性、个人选择和社会条件结合起来，做出现实可行的人生和职业选择。正是基于这样成熟的思想，年仅 17 岁的马克思，

---

① 《马克思恩格斯全集》第 1 卷，人民出版社 1995 年版，第 459 页。
② ［英］麦克莱伦：《卡尔·马克思传》，中国人民大学出版社 2005 年版，第 8 页。
③ 《马克思恩格斯全集》第 1 卷，人民出版社 1995 年版，第 457 页。

在论文的结尾深沉地写下了永远感动后人的人生信念："如果我们选择了最能为人类而工作的职业，那么，重担就不能把我们压倒，因为这是为大家作出的牺牲；那时我们所享受的就不是可怜的、有限的、自私的乐趣，我们的幸福将属于千百万人，我们的事业将悄然无声地存在下去，但是它会永远发挥作用，而面对我们的骨灰，高尚的人们将洒下热泪。"①

当然，尽管马克思少年老成，但那时毕竟还只有 17 岁。他还不知道理想和现实之间究竟有多大的距离，还不知道实现理想的道路要经过多么复杂的斗争，但他在思想发展之初就意识到"应有的东西"与"现有的东西"之间的对立，却是难能可贵的。他热切地期望着理想的"应有"，又冷静地估量着尚未深入认识的"现有"。如果说在马克思思想形成之初就站在了理想和现实的矛盾之中，那么可以说他的一生都是为解决这个矛盾而做的坚持不懈、持之以恒的奋斗，他的道德哲学思想就是他的生活实践和精神哲学的光辉折射。

二、 人道主义道德观念

现在来说恩格斯。

恩格斯比马克思小两岁，1820 年 11 月 28 日出生于莱茵地区的巴门。大环境与马克思相同，两家都住在工商业比较先进的莱茵地区；小环境不同，巴门比特利尔更工业化。恩格斯从小生活在当地名门望族的工业资本世家，也深受 19 世纪初期法国大革命和拿破仑改革后自由思想的影响，同时又处在一个没有自由的政治压抑时期，因此他比少年马克思更富有参与社会的激情和批判精神。恩格斯就读的中学是当地最好的中学，摆脱了基督教的神秘主义，在社会的政治压抑时期赋有崇尚自由主义的校风。他聪明好学，善于独立思考，酷爱文学和历史。他珍视独立、自由，热爱真理，具有鲜明的个性，绝不让自己的思想感情屈服于平庸的世俗生活。

---

① 《马克思恩格斯全集》第 1 卷，人民出版社 1995 年版，第 459—460 页。

　　但是，命运好像故意捉弄恩格斯。他中学毕业后没能像马克思那样继续读大学，不得不遵从严厉的父命到自家的商行事务所去学做生意。尽管如此，他并没有放弃自己的理想，依然保持着酷爱自由、追求真理的精神，在认真做好自己的商务工作之余，坚持学习文学、语言和各种科学知识。他面对复杂的社会现实，冷静思考，积极参与思想争论，表达自己反对封建专制和社会腐败的观点。如果说马克思在中学毕业论文中所表露的道德思考是从家庭的宗教传统中走出来，淡化宗教虔诚而更重做人之"道"，那么中学毕业就从父经商的恩格斯，同马克思一样，也是抱着拯救人类、使人类幸福的理想，从基督教道德走出来，寻求现实的幸福。17 岁的恩格斯在一首歌颂基督的短诗中写道："你来到这里，是为了拯救人类，让人类摆脱邪恶，摆脱死亡，给人类带来幸福，带来安康。"他在 18 岁时写的《德意志的七月时光》一诗中，愤怒的矛头直指汉诺威国王恩斯特-奥古斯特（1837—1851年执政）："恩斯特-奥古斯特，你首当其冲，我愤怒的目光要盯住你：/你这愚顽的暴君践踏法律，听，暴风雨在咆哮！/瞧，人民怒目相视，剑将出鞘。"① 19 岁的恩格斯从现实生活的观察中，开始了他对宗教信仰的怀疑。他在写给同学的信中说："我每天甚至整天都在祈求真理；自从我开始发生怀疑以后，我就这样做了，但我始终不能转向你的信仰。"② 于是，他开始公开批判基督教神秘主义和虔诚主义，同时也揭露虔诚派教徒和传教士的虚伪。

　　在《乌培河谷来信》一文中，恩格斯以细腻的笔触描写了宗教神秘主义和虔诚主义在乌培河谷一带的活动；揭露了虔诚派破坏人民的健康生活、阻碍教育事业发展的丑恶行径；尖锐地批判了虔诚派的虔诚主义和神秘主义。恩格斯指出，虔诚主义宣扬的是与理性相矛盾的荒唐学说。这种学说以基督教《圣经》为依据，宣传"人没有能力按照个人意愿期望幸福，更不

---

① 《马克思恩格斯全集》第 41 卷，人民出版社 1982 年版，第 513 页。
② 《马克思恩格斯全集》第 41 卷，人民出版社 1982 年版，第 509—510 页。

能创造幸福"，必须由上帝的意志赐予这种能力。传教士所宣扬的整个学说，就是建立在"上帝的干预"这种神秘主义武断基础上的。恩格斯用确凿的事实揭露了虔诚主义正统教派传教士的虚伪宣传和迫害手段，指出爱裴北特的宗教改革协会就是虔诚主义正统教派的代表，是虔诚主义和神秘主义的中心；揭露他们反对具有进步倾向的自由主义思想，同时对持有不同意见、不同信仰的人的言行进行监督、审问，甚至实行"立即宣判"。恩格斯指出，他们的欺骗宣传和威胁手段，致使人们思维混乱，常常在"事情原该是这样，但事情是不应当这样"的似是而非的说教面前迷茫、恐惧，以至丧失正常的理性判断能力。

值得注意的是，恩格斯特别强调了产生这种现象的原因。他认为，主要是工厂工人的贫困境地和工厂主的胡作非为，大大助长了这种现象。恩格斯用具体事实说明，工人从小就在恶劣的环境中生存，吸进的煤烟和灰尘多于氧气，或者蹲在自己家里做工，从早到晚，躬腰曲背，势必会失掉他们全部的力量和朝气。这些人的命运不是走向神秘主义就是无聊酗酒、穷困潦倒。这种粗暴的丑恶的神秘主义和恶劣的环境，必然会造成截然相反的极端，结果就形成了这样一种情况："那里的人不是'正派人'（人们这样称呼神秘主义者）就是放荡不羁的地痞流氓。这种向两个敌对营垒——不管这些营垒的性质如何——的分化本身就会断送人民精神的任何发展。"[①] 而厂主们特别是虔诚派教徒的厂主，却昧着良心虚伪地说他们的恶行是"为了工人不致酗酒"。

当恩格斯的政论文章《乌培河谷来信》受到巴门和爱裴北特地区反对派龙克尔博士的猛烈抨击时，恩格斯写了《给龙克尔博士的公开信》，有力地进行了反驳和辩护。龙克尔说恩格斯不了解情况，否定该地区的光明面。其实，恩格斯长时间住在巴门和爱裴北特，对各个阶层的生活有全面、细致的观察和了解。恩格斯不但用事实回答了龙克尔，而且非常巧妙、辩证地反

---

①　《马克思恩格斯全集》第 2 卷，人民出版社 2005 年版，第 44 页。

驳说:"就局部而言,我承认各方面都有好的东西,但是,在总的方面,我找不到一件完全光明的事物,这种完全光明的事物,我同样期待您来描述。"① 恩格斯不无讥讽地说,不能把无说成有,正如不能让乌培河的水倒流。

从刚刚进入青年时代的恩格斯的思想状况来看,他直接怀疑、批判宗教神秘主义和虔诚主义,揭露教主、教派、传教士的虚伪和罪恶行径,对工厂主的残酷行径表示义愤,对工人的悲惨境遇表示道义的同情,立场鲜明,情感激烈,不仅是直接导向伦理道德的申辩,而且更鲜明地表现出人道主义和对德国现实生活的批判精神。可贵的是,年轻的恩格斯在对虔诚主义的批判中,仍然抱着积极的愿望,呼吁人们"在同黑暗势力进行斗争的任何情况下,我们都应该团结起来"②。当然,在思想深处,恩格斯还无力与旧信仰决裂,这就促使他进一步去寻求真理和正义的答案。

第二节 能动性原则的发现

如果说马克思写中学毕业论文时的道德思考还带有少年时代的宗教影响和理想主义色彩,那么他在大学时期和博士论文中的道德思考就是成熟的哲学沉思了。马克思在柏林大学读书时主攻法学,间或涉猎历史、艺术和诗歌,尤其酷爱哲学。他博览群书,并通过自学积累了相当多的资料和诗歌创作成果。他一度倾向于康德和费希特哲学,但后来感到康德、费希特的理想主义不能解决他要解决的问题,于是转向注重理想和现实统一的黑格尔辩证法思想,同时也接受青年黑格尔派自我意识哲学的影响。在希腊哲学史的研究中,他以独特的眼光关注希腊后期自我意识哲学,并得出了影响他的整个

① 《马克思恩格斯全集》第41卷,人民出版社1982年版,第10页。
② 《马克思恩格斯全集》第2卷,人民出版社2005年版,第252页。

理论哲学和实践哲学的重要结论。

一、 自我意识哲学的沉思

所谓"自我意识哲学"，是古代希腊晚期的怀疑主义、伊壁鸠鲁主义、斯多亚主义三派哲学的统称。这些学派在思辨的深度上不如柏拉图，在知识的渊博上不如亚里士多德，因而在后来的哲学史中不受重视，甚至被贬低为"只是一些长于辞令、善于辩护的律师和塔西佗式的世俗道德"①。不过，这三派哲学有一个共同的意旨，即"解放那些因重大灾变而丧失了他们曾经依以为生的一切的个人，使他们超脱一切外界的事物，把兴趣集中于自己的内心生活，并教导他们在精神的宁静中去寻求幸福"②。这倒是那个时代的应时启示。19 世纪 40 年代从黑格尔哲学中分裂出的青年黑格尔派，就是这种自我意识哲学的崇拜者。它的领袖人物是布鲁诺·鲍威尔、费尔巴哈、施蒂纳。马克思和恩格斯也曾分别参加过这个学派的学术活动。

为什么青年黑格尔派崇尚自我意识哲学呢？从哲学思想和理论的发展来看，主要是 18 世纪启蒙运动精神在德国的集体意识表现。戴维·麦克莱伦恰当地指出，"他们的哲学最好称之为思辨唯理论，除了他们有浪漫主义和唯心主义的成分外，他们还带有启蒙运动的尖锐的批判的倾向和对法国革命原则的崇拜"③。这种精神对于当时的德国无疑具有重要的理论价值和现实意义。于是马克思决定对古希腊哲学中的自我意识哲学进行比较研究，对论题阈作了限定，确定了博士论文选题——《德谟克利特自然哲学和伊壁鸠鲁自然哲学的差别》。

马克思选择这样一个论文题目，绝不是出于偶然的兴趣和黑格尔式思辨，而是他后来一系列著作的先导，表明了他对待德国社会问题的鲜明的进步立场。马克思认为，当各种情况在较大的范围内普遍表现出来的时候就比

---

① ［德］黑格尔：《哲学史讲演录》第 3 卷，商务印书馆 1959 年版，第 6 页。
② ［德］梅林：《马克思传》（上），人民出版社 1965 年版，第 36 页。
③ ［英］戴维·麦克莱伦：《青年黑格尔派与马克思》，商务印书馆 1982 年版，第 9 页。

较容易说明；相反，如果情况没有普遍表现出来而又只做一般考察，就会使人怀疑所得出的结论是否在每一个个别场合都能得到证实。因此，他对自己的研究对象既要做出具体细微的比较，又要通过这种比较得出普遍的、原则性的结论。这就是马克思选择古代自我意识哲学进行比较研究的深刻原因。马克思在博士论文中提出了这样的问题：难道在柏拉图和亚里士多德之后出现这样的哲学体系——它们不以前者为精神形态的依据而是往上追溯，在物理学方面转向自然哲学，在伦理学方面转向苏格拉底学派——这不是值得注意的现象吗？正因为这样，马克思才在这块荒芜的土地上做了开拓性的研究。

在古希腊哲学中，作为自然哲学家的德谟克利特创立了唯物主义原子论学说。这种原子论认为，万物的始基或本原是原子。原子是独立存在的，是以坚实的、个体形式自己运动的物质微粒，世界就是由无数这样的原子构成的。德谟克利特认为，原子是在无限的虚空中不断垂直下降的，它们相互碰撞，形成必然性的物质运动。原子下降碰撞的原因，或者是由于下降的原子因重量、速度不同而导致碰撞，或者是因为原子之间相互排斥而偏离垂直线而导致碰撞。不仅如此，他还认为这种必然性运动就意味着人的命运和天意，是法和世界的创造者。他说他发现了必然性的因果联系就像得到波斯王位那样高兴。

继德谟克利特之后，伊壁鸠鲁也主张唯物主义的原子论，但对原子的结构和运动形式却有与德谟克利特不同的观点。在伊壁鸠鲁看来，原子的运动如果是德谟克利特所说的必然性的运动，而且仅仅是垂直线的下落运动，那么原子的运动就只是被确定的时间和空间规定的东西，因而它就不可能成为独立的、自由的物质运动。再者，如果原子只有直线的垂直运动，那么两条直线平行运动不会有会合、交错和碰撞，就不可能有原子本身的内在矛盾和自己运动的动力，而只能发生由外力推动的机械运动。如果把这种运动的原因推论下去，那就必然导致承认神是万物的原动力，人生也就只能是完全被动地服从命运的摆布。

伊壁鸠鲁看到了德谟克利特原子论的机械性缺陷，于是提出了反权威原子论的新观点，断言原子的运动既有直线运动，也有相互碰撞的偏斜，还有在原子下降过程中由于自身偶然的偏离直线而造成的相互碰撞。这种自身偶然的偏离运动是时间和空间都不确定的偏离直线的运动，其运动的性质正是与原子运动的必然性相对应的偶然性。这就是说，在德谟克利特的原子论只认识到原子存在的地方，伊壁鸠鲁的原子偏斜说则改变了原子的内部结构，揭示了原子运动本身的内在矛盾，即原子因自身偏斜和相互排斥的矛盾而自己运动。因此，原子的偏斜运动，是超出必然性的决定论的、不受神和命运束缚的独立运动，如卢克莱修所断言："偏斜打破了'命运的束缚'。"所以，马克思说，伊壁鸠鲁"最先理解了排斥的本质"；他发现了德谟克利特的经验论所没有发现的"经验的推动原则"。①

这样，伊壁鸠鲁也就从自然哲学转向了伦理学。在伊壁鸠鲁看来，偶然性给人类提供了多种选择的可能性，它有助于事物达到完善，使人在生命的运动中感到满足和幸福，从而达到人生的自由。世界所具有的唯一的善，就是旨在做一个不受制于世界约束的"自由人"。人的行为目的，就是要脱离痛苦和困惑，获得心灵的宁静。所以善就是逃避恶，而快乐就是脱离痛苦。当然，伊壁鸠鲁也注意到他的原则的应用范围。伊壁鸠鲁还把排斥的具体形式应用于社会伦理领域，提倡人与人之间的友谊，把友谊看作是最崇高的道德，把排斥应用于政治领域，第一次提出了社会契约的思想。据第欧根尼·拉尔修说，这种契约的内容规定就是："公正不是自在之物，而是一种在无论什么样的地区内在相互交往中产生的关于彼此互不伤害也不让双方遭受伤害的契约。"② 应该说，马克思在对伊壁鸠鲁自我意识哲学的研究中所揭示的自由、公正和友谊的道德要求，正是自由及其秩序的和谐伦理的基本精神，也是马克思道德哲学思想最初的逻辑起点。

---

① 《马克思恩格斯全集》第 1 卷，人民出版社 1995 年版，第 64 页。
② 《马克思恩格斯全集》第 1 卷，人民出版社 1995 年版，第 84 页。

　　我们看到，在两种原子论的比较中，马克思一方面强调了伊壁鸠鲁原子论与德谟克利特原子论的差别，肯定了伊壁鸠鲁的原子运动偏斜说，认为如果不是表面的，而是从内在联系上去把握原子运动脱离直线的偏斜，那就排除了自由与必然性的简单对立，使偏斜超出必然性的决定论，从而看到原子偏斜运动所表现的规律性就是自由。从这种意义上说，偏离直线就意味着自由意志的独立和自由。对这个分析，马克思还作了当时常用的思辨表述："抽象的个别性就以其最高的自由和独立性，把神抛在世界之外而成为全部的定在。"马克思借用黑格尔的"定在"概念，把这个思想表述为："抽象的个别性是脱离定在的自由，而不是在定在中的自由。"① 这里说的"定在"，是指被必然性决定的确定的存在。所谓"抽象的个别性"，即原子的偏斜和个体的意志自由。这就是说，意志自由不是在那种由必然性决定的定在中的自由，而是脱离这种必然性的定在的自由，即自由意志摆脱命运决定的自由。当然，这里说的"定在"是肯定伊壁鸠鲁强调反对机械必然性的那种"定在"，而不是在事物的普遍联系和发展中的必然性的那种定在，不是否定人的自由意志是在社会关系和伦理秩序中的自由。在马克思看来，人是在与他人的关系中存在的，一个人同另一个人发生关系，这个人才不单纯是抽象的、自然的存在，而是真正的现实的社会的存在。马克思批评"抽象的个别性"、孤立主体的"内心自由"，是脱离现实的定在的自由，而不是现实的定在的自由。真正的自由是在与外部世界、与人的交往之中的现实的自由，是在正确处理各种关系中的自由。这个思想可以说是马克思的唯物辩证伦理观的最初表达。

　　另一方面，马克思指出，德谟克利特强调的必然性是一种强制的盲目的必然性，他在原子运动的排斥中只注意到物质的被动方面，即在强制作用下的分裂和变化，而没有注意到"观念的主动方面"。重要的是"按观念方面

---

　　① 《马克思恩格斯全集》第 1 卷，人民出版社 1995 年版，第 50 页。

来说，在排斥中一切同他物的关系都被否定了，而运动被设定为自我规定"①。所谓主体的观念方面对自己行为的"自我规定"，意味着对对象及其运动的反思和抽象，通过反思和抽象把握对象的本质和规律性，这正是德国古典理性主义伦理学道德思考的传统。马克思清楚地知道，伊壁鸠鲁的原子论观点在物理学上还是很原始的，但是他力求从哲学上揭示它所包含的合理性。马克思认为，这一独特思想推翻了对神和外在必然性的宿命论，冲击了世俗的命运观念，为人类生存带来自由的希望；它在希腊民族精神发展的重要时期提出了"能动性原则"，使人们看到人的主动性、独立性和自由。在马克思看来，这是希腊社会精神解放的一次巨大启蒙。在理论上，正是这个思想构成了马克思后来形成的历史唯物主义哲学的核心思想。

这里需要特别说明，马克思这样做所遵循的原则，就是他在博士论文里提出的"道德态度应当与科学一致"的原则。这个原则按照《马克思传》作者梅林的概括就是："当一个哲学家有了某种牵强附会的缺点时，他的门徒不应责备老师，而应当用产生这种缺点的根源——原则之不完善——来解释这个缺点，从而使看来是良心上的收获变成学术上的收获。"②

马克思在这里强调的是要充分理解一个思想体系的"内在的本质的意识"，用它来说明那个体系的"外在的意识形式"。这样一来，"凡是表现为良心的进步的东西，同时也是一种知识的进步"。这并不是说哲学家本人的良心受到了怀疑，而是把他的"本质的意识"提高到一定的形态和意义，就是说既要看到哲学家道德良心的进步性，又要看到他所遵循的原则的历史局限性。

按照马克思自己的说法，他的论文是出于"对政治的兴趣"，也就是说，是出于反对宗教神学统治和普鲁士专制主义的批判意识。这种态度与当时青年黑格尔派的"思辨的唯理论"是不同的，这里也埋下了后来与这个

---

① 《马克思恩格斯全集》第 1 卷，人民出版社 1995 年版，第 38 页。
② ［德］梅林：《马克思传》（上），人民出版社 1972 年版，第 42 页。这段引文的意思可参见《马克思恩格斯全集》第 1 卷，人民出版社 1995 年版，第 74—75 页。

学派分裂的因缘。在理论和一般道德哲学上，则是马克思终生追求的自由思想和人的解放思想的深化。概括地说，其理论价值在于以下几点：

第一，它说明的是主体，而不是被证明的客体，它只要求对象是主动的，并不要求客体是必然的。马克思在这里所要揭示的就是主体的"自我规定"的能动性。当然，把必然性和偶然性对立起来是片面的，但是用偏离直线的偶然性否定机械决定论，证明原子的能动性，就为作为主体的人的自由争得地盘。马克思说，"偏离直线就是自由意志"，就是强调人的"自由意志"独立的原则。他幽默地说，只有偏斜运动才表述了原子的"真正的灵魂"，卢克莱修所说的"打破了命运的束缚"，这正是马克思的本意。

第二，它强调自我意识转化为实践才有力量。马克思重视"自我意识"，是重视能动的与外部世界联系的"自我意识"，并把这种与外部世界的关系归结为"改造世界""创造世界"的关系。马克思从伊壁鸠鲁原子论中揭示的是本质和存在、物质和形式的矛盾，用思辨的语言表达就是："在自身中变得自由的理论精神成为实践力量，作为意志走出阿门塞斯冥国，面向那存在于理论精神之外的尘世的现实"。① 这里说的就是自由的、能动的自我意识把自己潜在的本质对象化，并以自我意识的目的为原则把世界作为改造对象。按当时的思辨理解："哲学上的实践本身就是理论的"；用马克思两年后发表的《〈黑格尔法哲学批判〉导言》中的话说就是："理论一经掌握群众，也会变成物质力量。理论只要说服人［ad hominem］，就能掌握群众；而理论只要彻底，就能说服人［ad hominem］。所谓彻底，就是抓住事物的根本。"②

第三，它强调世界是人的世界，而不是神的世界。古代哲学曾有"神是人按照人的样子创造出来的"说法。按照 18 世纪法国哲学家的说法，神是"被夸大了的人"。德国思辨哲学不同，它把人创造的神看作"人的本质的异化"，即把宗教看作一种客观上是必然的现象。马克思当时也倾向于这

---

① 《马克思恩格斯全集》第 1 卷，人民出版社 1995 年版，第 75 页。
② 《马克思恩格斯文集》第 1 卷，人民出版社 2009 年版，第 11 页。

种观点，把宗教看作是人的"自我意识"的异化。博士论文正是以这种思维方法发挥伊壁鸠鲁的这一思想，肯定宗教就是人的自我意识的异化，神就是非人格的存在。马克思说，"只有在伊壁鸠鲁那里，现象才被理解为现象，即被理解为本质的异化，这种异化是在它的现实中作为这种异化表现出来的"①。这种异化思想体现着伊壁鸠鲁反对天神崇拜和对自然恐惧的合理的自觉，是伊壁鸠鲁对事物发展有其自身规律性的唯物主义世界观。因此，任何对神的存在的证明都不外是对人的本质的自我意识存在的证明；一切对神的存在的证明，都是关于神的不存在的证明；一切有关理性和思想的证明，都是对神的观念的反驳。按照这种思路，那么宗教产生的原因，就是因为没有按照理性安排自然和社会的结果，如果对自然和社会有理性的安排就不会产生宗教，即所谓"无理性就是神的存在"。这句话的另一面是：有人的理性存在就不容神存在。这一思想表达了近代启蒙思想的基本精神：世界是人的世界，而不是神的世界。人以及人的伦理、道德要摆脱宗教和神学的束缚，就必须回到人的现实中来，回到人自身。所以，当时的理论权威赫斯不无夸张地说马克思是"把最机敏的才智与最深刻的哲学严肃性结合起来"的"一位伟大的、也许是惟一现在还活着的真正的哲学家"。②

二、 呼唤自由的道德

恩格斯青年时代初期走的道路与马克思有所不同。他在服兵役时期经常到柏林大学去听哲学课。但是，两人殊途同归，同样通过对哲学的研究走向现实。不过，恩格斯虽然面对旧世界、旧思想常有义愤，但它仍然抱着探索真理的精神。他不仅抨击宗教神秘主义和蒙昧主义道德观，而且直指封建专制主义和资本家的剥削，以另一种更现实的方式呼唤自由的道德。

1839 年底，恩格斯在《时代的倒退征兆》一文中，批判贵族保守思想

---

① 《马克思恩格斯全集》第 1 卷，人民出版社 1995 年版，第 52 页。
② 中共中央编译局编：《回忆马克思》，人民出版社 2005 年版，第 271 页、270。

和蒙昧主义所谓"普天下没有什么新东西"的观点。他说,这种"伪真理"很走运,经历数百年仍被人津津乐道,而真正的真理却很难这样走运,它们必须斗争,必须忍耐,而且常常受到残酷的折磨。他尖锐地指出,"历史发展不是没有新东西,而是新东西多得很,只是如果它们不属于那种圆通的伪真理就要受到压制,甚至用武力进行镇压"。恩格斯已经看到在现实中探求真理和正义的艰难。

对于历史发展问题,有人又从另一个角度反对黑格尔的历史哲学,提出"历史的进程不过是一条时分时合的线条"的观点。恩格斯敏锐地讥讽这种观点是在历史面前鼠目寸光,裹足不前,开倒车。他说,"我宁愿把历史比作信手画成的螺线,它的弯曲绝不是很精确的";"历史从看不见的一点徐徐开始自己的行程,缓慢盘旋移动;但是,它的圈子越转越大,飞行越来越迅速、越来越灵活,最后,简直像耀眼的彗星一样,从一个星球飞向另一个星球,不时擦过它的旧路程,又不时穿过旧路程。而且,每转一圈就更加接近于无限。谁能预见到终点呢?"① 接着,恩格斯话锋一转,指出,我们现在就处在这样的历史转折点上。中世纪的封建专制主义制度、罗马的教阶制和蒙昧主义,相互争夺消灭自由思想的荣誉,企图把已经消亡了的特权再度强加给现代。但是,所有这些旧思想必将被前进的时代步伐踏得粉碎。这里透出一种恩格斯所特有的自由精神,批判封建贵族的保守主义和蒙昧主义,为新的自由道德观的发展呼吁。

恩格斯认为,当时的德国是愚昧、无知和蒙昧主义遥相呼应统治了人们的头脑。针对这种现实,他写了许多政治诗和论文,强烈地呼唤自由,声称自己是一个"施特劳斯主义者",亦即自称是一个崇尚自由的青年黑格尔派成员。他在一首诗中借赞颂印刷术的发明写道:

人是自由的!

这强有力的呼声,

---

① 《马克思恩格斯全集》第41卷,人民出版社1982年版,第32页。

响彻辽阔的天空。

神圣的召唤从空中掠过，

把一切障碍全都扫清；

回声鼓动起谷登堡创造的神翼，

挟着它神速飞行；

它振翅直上，自由地乘着长风，

刹那间盘旋在浪尖的顶峰。

暴君的吼叫吓不倒它，

"人是自由的！"

——天地间激荡着理性的强音。①

恩格斯同马克思一样，追求真理，崇尚科学精神。他针对普鲁士的文化专制规定"凡与宗教的一般原则相违背的事物一概不许存在"，针锋相对地申明："凡是科学所拒绝的东西，也不应再在生活中存在"，"凡是真的东西，都经得住火的考验；一切假的东西，我们甘愿与它们一刀两断"。② 从一定意义上说，恩格斯批判宗教神秘主义，走向科学和现实，比马克思更明快、更激烈，因为他本身不是处在大学讲堂里，也不是在图书馆里写博士论文，而是在商场，在兵营，在工厂，在哲学的论战中。他终其一生始终是活跃在忙碌的现实生活中，他的理论思考也始终没有离开复杂变动的现实生活。

三、　批判道德专制主义

说到这里，应该了解恩格斯在维护黑格尔思想方面最初所作的贡献。在马克思撰写博士论文期间，恩格斯正奔走在兵营和柏林大学之间，一方面服兵役，另一方面到柏林大学听谢林讲哲学，有时也参加青年黑格尔派的活动。那时黑格尔已经去世十几年，他的思想虽然还处于统治地位，但他的绝

---

① 《马克思恩格斯全集》第 41 卷，人民出版社 1982 年版，第 47—48 页。
② 《马克思恩格斯全集》第 41 卷，人民出版社 1982 年版，第 204—205 页。

对哲学已开始从内部分化，原来的大本营柏林大学已成为"思想斗争的舞台"。这时，享有盛名的哲学家谢林以他的"启示哲学"向黑格尔哲学发起挑战，为基督教辩护，宣传宗教神秘主义，同时也反对道德专制主义，以报复黑格尔对他的哲学的批判。不过，这里还需要加上一笔，谢林曾经有过激烈反对道德专制主义的思想。他在给黑格尔的信中说："如果那种道德专制主义再延续几年，还不知要造成多大损害。我们祖国的思想自由，受到道德专制主义的压迫要比政治专制主义大得多。无知、妄信、狂热都渐渐戴上了道德面具，更加危险的是，都戴上了开明的面具。这用不了多久，必定有人回头要那最黑暗的时代。"① 谢林气愤的是封建专制和教会统治时代不重视知识、见解和才能，只重视宗教道德和可靠的奴才品德。不平则鸣，话说得尖锐深刻，那时他刚从神学院毕业。可是在他成名登上权威宝座之后，就摇身一变，背弃追求真理的精神，宣扬宗教神秘主义，力图再树道德专制主义旗帜，不能不引起舆论的关注和独立思考的后学者的批判。

恩格斯听了谢林的讲课非常气愤，认为他对待黑格尔哲学极其不公和荒谬，立即决定对谢林哲学进行原则性的批判，要替伟大的死者应战。他把问题提得相当尖锐："如果你们现在，在这里，即在柏林，随便问一个哪怕稍微懂得一点精神统治世界的人，在政治和宗教方面争夺对德国舆论的统治地位即争夺对德国本身的统治地位的战场在哪里，他会回答你们说，这个战场在柏林大学，就在谢林讲授启示哲学的第六讲堂。"随后，恩格斯就用笔名发表了批判谢林的文章和小册子，立场鲜明地揭露谢林反对黑格尔的政治背景和卑劣手法，批判谢林的神启哲学，维护黑格尔的历史观和辩证法思想，并借维护黑格尔哲学高扬理性的权威，表现出参与理论批判和思想斗争的出色智慧和勇气。

恩格斯认为，谢林对黑格尔的批判，是一个虽然还活在世上但精神已死去30多年的人对一个虽然死去十多年但其思想仍有充沛的生命力的人的报

---

① 苗力田编译：《黑格尔通信百封》，上海人民出版社1981年版，第46页。

复。他特别对谢林为保全自己而歪曲德国古典哲学发展历程、牺牲亲密朋友的利己主义行为，表示了道义的愤怒。他揭露谢林的"启示哲学"是宣扬倒退的神秘主义，是企图再度把哲学降为神学的奴婢，把基督教教义及其信仰的道德宣布为绝对真理。总之，他说谢林是"彻底地背叛了自由"。恩格斯对比黑格尔与谢林的区别说：在黑格尔看来"一切合乎理性的也是现实的"，而在谢林看来"一切合乎理性的都是可能的"。按照黑格尔的原理得出的是现实的道德，而按照谢林的原理得出的是神启的道德。因为在谢林那里，理性只是没有意志自由的体现神意的可能性的"潜在力"，而在黑格尔那里，理性就是在现实中潜在的但将成为必然的意志能力。"如果说，黑格尔的范畴不仅被称为用来创造这个世界的事物的原型，而且也被称为产生这些事物的创造力，那么，这只不过意味着这些范畴反映了世界的思想内容，这证明世界是从理性的实存得出的必然结论。"① 而在谢林那里，他的全部活动的基础虽然都是"理性的实存"，但是他提出的要求却非常可笑，竟然"要现实的理性产生非现实的、仅仅是逻辑的结果"，这就好比是要一棵现实的苹果树仅仅结出逻辑的苹果，而不是结出实存的苹果。可笑的是谢林竟把结出非现实的、逻辑的苹果，看作是苹果树的"无限潜在力"。

　　恩格斯还批判了谢林的"奴婢道德"论。按照谢林的"神启哲学"，基督作为上帝和人类之间的中介者，具有神性的本质，同时又是人的意识的体现者。因此，人仍然要服从基督的意志，承受宗教的束缚，为上帝而牺牲。在这里，谢林所要表达的道德观是：人并没有自己的独立的自由意志，必须依靠基督的道德力量，才能作为人而有人的道德。基督的道德力是什么呢？谢林认为就是"对圣父的最大的顺从"。因此，人的最大的自愿顺从，从来不是绝对自愿的，而是中介者的顺从。人的自由只是"对上帝而言没有自由意志和罪过的自由"。② 恩格斯讥讽谢林的这种解释是"神意的最伟大的

―――――――――

① 《马克思恩格斯全集》第41卷，人民出版社1982年版，第230页。
② 《马克思恩格斯全集》第41卷，人民出版社1982年版，第258—259页。

奇迹"。实际上，谢林"启示哲学"的神秘主义和奴仆道德观，正是他的哲学和道德观与基督教和解、同流的工具。几年后，恩格斯再次提起谢林的泛神论时，更加明确地指出，"我们要求把历史的内容还给历史，但我们认为历史不是'神'的启示，而是人的启示，并且只能是人的启示"①。

在恩格斯看来，谢林的哲学和道德观完全是以信仰为转移并且为信仰而存在的，它力图贬低理性，扼杀自由。在谢林那里，道德已经不起什么作用，因为基督作为圣子的第二个本性即人性，是服从上帝这个第一本性的，也就是说人性以道德良心并不能与上帝和解，只有对上帝的"最伟大、最自愿、最恭顺的"服从才能与上帝和解。恩格斯指出，人的理性是不能压制的，因为把理性钉在十字架上要比把肉体钉在十字架上更困难。人的肉体毕竟要服从良心。良心是内心的法官，它不但要抑制欲望，而且要惩罚行为的罪恶，而理性与良心和谐相处就能抑制欲望和恶行。只有基督教教徒才把信仰加到理性头上，以信仰压制理性，泯灭良心。标榜启示哲学的谢林故作姿态，做出"好像他们还想承认基督教的道德"的假象，企图把假的说成真的。对此，恩格斯断然表示"甘愿与它们一刀两断"。②

恩格斯赞扬黑格尔哲学是"十九世纪最宏伟的思想"，"开辟了意识的新纪元"，那里有"秘密的美不胜收的珍宝"。他特别赞扬黑格尔用以观察思维领域和分析生活现象的那种"广泛、自由的眼光"，宛如无底的大海展现在人们面前；他赞扬黑格尔哲学的巨大成果已经引进民族意识中去，成为"德国的生活原则"。这是可以理解的，因为他的思想这时还处在一个从黑格尔向费尔巴哈的转折时期，其思想也是受黑格尔那句名言支配的："任何哲学只不过是在思想上反映出来的时代内容。"

恩格斯清楚地看到，黑格尔受到来自两方面的攻击，一方面是来自右面即谢林的批评，另一方面来自左面，即费尔巴哈的批评。因为那时，恩格斯

---

① 《马克思恩格斯全集》第3卷，人民出版社2002年版，第520页。
② 《马克思恩格斯全集》第41卷，人民出版社1982年版，第204—205页。

还处在批判谢林维护黑格尔哲学的特殊时期，因而对费尔巴哈批判宗教的革命意义还估计不足，仅仅把费尔巴哈的《基督教的本质》看作"黑格尔关于宗教思辨学说的必要补充"。但是有一点是看得准确的，那就是费尔巴哈把宗教的定义归结为"主观的人的关系"，得出一个结论："神学的秘密是人本学。"① 在这种意义上，恩格斯在历数了德国古典哲学的发展过程之后，激动地赞扬费尔巴哈人本学的出现，"宛若光辉的、自由的古希腊意识从东方的晨曦中脱颖而出，一个新的黎明、一个世界历史的黎明正在出现。太阳升起来了"，"我们从沉睡中醒来，压在我们胸口的梦魇消失了"。② 恩格斯解释说：过去看来曾经像监狱一样的世界，现在显露了真实的形态，犹如富人和穷人、贵族和平民都可以出入的王宫，自然界向人类敞开了大门，向人类宣布它没有放弃真理。它向人们证明："正是你们自己最内在的本质赋予我生命力和青春美。"③ 它证明人又在自己的头上戴上了"自由的桂冠"，这桂冠就是人类的"自我意识"。人类只是到这个时候才认识了真正的生活。过去只是模模糊糊追求的东西，现在就可以完全按照自己的自由意志获得了。恩格斯认为，这才是"人对人的启示，在这一启示中，任何批判的否定都包含有肯定的东西"④。正是在这里，恩格斯从对宗教神秘主义的批判中得出了同马克思一样的结论：人的"自我意识的主动性"。他欢呼"化腐朽为神奇的人民和英雄的风暴"的到来。他激动地说，让我们不要过分看重爱情、利益、财富，而要把力量和生命献给未来的"伟大的决战"。"如果我们放弃了精神和它的自由，那么我们就放弃了自己本身，就是出卖了自己最神圣的财富，就是扼杀了我们自己的生命力，我们也就不再有资格置身于欧洲国家的行列。"⑤ 这就是40多年后，恩格斯在《费尔巴哈论》中所回忆的思想解放的"狂飙时期"的"解放"精神。

---

① 《马克思恩格斯全集》第41卷，人民出版社1982年版，第266页。
② 《马克思恩格斯全集》第41卷，人民出版社1982年版，第266页。
③ 《马克思恩格斯全集》第41卷，人民出版社1982年版，第266—267页。
④ 《马克思恩格斯全集》第41卷，人民出版社1982年版，第268页。
⑤ 《马克思恩格斯全集》第41卷，人民出版社1982年版，第303—304页。

第三节　精神自由的道德权利

法国大革命的《人权宣言》（1789 年）问世后一个半世纪，关于自由的启蒙思想已经普及欧洲。按照《人权宣言》的精神，自由就是指"有权从事无害于他人的行为，个人权利的行使只以保证社会上其他成员能享用同样的权利为限"。但是在欧洲自由思想的启蒙时代，不但对自由的思想存在激烈的论争，而且对如何实现自由更是各国普遍存在的问题。就社会方面来说，自由的表现在不同的国家有各不相同的内容和形式。在资本主义经济发达的英国，主要表现为贸易自由，也有政治和社会自由问题；在民族矛盾和阶级矛盾突出的法国，主要表现为政治自由和社会自由问题；而在这两个方面的矛盾都存在的德国，自由则局限于个人的精神领域，诉诸自我意识和意志的自由。哲学不得不从自我意识开始，以道德哲学而告终，思想家们纷纷在道德哲学领域大显身手。这时马克思呼唤自由的深刻的批判精神，在德国以至于整个欧洲引起了思想界的关注。

一、 出版自由是人民的特权

马克思走上社会参与《莱茵报》编辑工作后，首先碰到的是争取出版自由问题。争取出版自由，在当时的德国是争取一切自由的前提，因为它最敏感地反映着自由与专制的矛盾，反映着人民的呼声和社会伦理秩序的善恶，是思想启蒙和思想解放斗争最核心的也是人们最关心的问题。

本来，普鲁士政府在 1819 年曾经颁布过书报检查的法令，1830 年又增加了一些检查措施。1840 年伊始，普鲁士的舆论要求代议制和新闻出版自由的呼声日益强烈和集中。为了应对形势的变化，普鲁士政府根据国王弗里德里希·威廉四世的敕令，于 1841 年 12 月 24 日又颁布了一个新的书报检查令。新书报检查令名义上是出版制度的"革新"，不限制作家的写作活动，实际上则是保存了旧制度，并加强了对书报出版自由的限制，而且由政府检察官和警察把持着书报检查的特权，使书报检查"将发展成专横的管制，发展成对社会舆论的地地道道的压制，最后导致令人极为担忧的官吏专制"①。据恩格斯说，有一个叫多里沙尔的愚蠢的检查官，把在《科隆日报》上刊登的关于翻译但丁《神曲》一书的广告删掉了，理由是"不应拿神圣的东西搞喜剧"。马克思所主笔的《莱茵报》甚至受到双重检查，在第一次检查后，还要经过行政区长官再检查一次。然而，当时很多人对新书报检查令抱有不切实际的幻想，以为那是"出版自由的新时代"的到来。在这种情况下，马克思积极地投入了批判新书报检查令、争取出版自由的斗争。在新书报检查令颁布后的两个多月，他就写出了第一篇政论性文章《评普鲁士最近的书报检查令》。没过一个月，又发表了《关于新闻出版自由和公布省等级会议辩论情况的辩论》等文章，敏锐、迅速地阐发了关于自由、民主的思想，揭露了普鲁士政府新书报检查令的非正义和虚伪性，论证思想自由的合理性和出版自由的正义性，在舆论界产生了极大的影响。这个斗争很重要，正如稍后恩格斯在《普鲁士国王弗里德里希—威廉四世》一文中所说，"普鲁士的舆论越来越集中在两个问题上，即代议制和新闻出版自由，特别是后者。不管国王怎样，人们首先要求他给予新闻出版自由，而人们一旦争得这种自由，再过一年就必然会争得宪法"②。当然，这只是恩格斯的理想愿望，《莱茵报》很快就被政府下令查封了。但对马克思主义思想的发展来说，重要的是在这个论战中，发挥并留下了马克思关于自由的极其宝贵的思想。

第一，"自由是全部精神存在的类本质"。马克思的这一思想是与德国古典哲学特别是黑格尔哲学有密切联系的。黑格尔曾说，"自由是精神的本质，更确切地说是精神的现实本身。"③ 马克思肯定了黑格尔的这一思想，

---

① 《马克思恩格斯全集》第2卷，人民出版社2005年版，第468页。
② 《马克思恩格斯全集》第2卷，人民出版社2005年版，第542页。
③ ［德］黑格尔：《精神哲学》，上海人民出版社1998年版，第310页。

认为人是精神的存在物，精神是自由的，因而人的本质就是自由。但是马克思的自由观与黑格尔的自由观有着本质的区别。黑格尔所说的自由是抽象的理念及其意志的自由，而马克思强调的自由是"按照事物的本质特征去对待各种事物"的那种真实的思想自由，是人民精神和实践的自由；只有这样的自由才是精神的本质和精神的现实本身。马克思把这种自由观用于批判普鲁士政府压制自由的书报检查令，认为限制出版自由就是对"人民的自由精神"设立关卡，压制人民的精神自由；宣传限制出版自由是"为了人民精神的发展"，实际上恰恰是力图阻止人民精神的自由健康的发展。人民精神的健康发展是不需要普设关卡的，没有政府的关卡和限制，德国精神仍然健康发展，成就了一番伟大事业。历史证明，在普鲁士政府实行书报检查制度的十多年间，书报检查制度不负责任地给德国精神的发展带来了不可弥补的损失。因此，这种制度绝不是什么"高尚艺术的导师"，而是套在人民精神自由身上的枷锁。

第二，"出版自由是人民的天赋特权"。因为自由是人所固有的本性，所以出版自由的权利是不能剥夺的基本人权。书报检查就是对基本人权的剥夺，因而也是根本违背人性的。马克思说："精神是公民的最高利益，报刊是人民精神的英勇喉舌和它的公开形式"；新闻出版应"围绕精神的天体——民族旋转"，而不应"围绕个别人物旋转"[1] 马克思严厉地质问普鲁士书报检查机关："你们赞美大自然悦人心目的千变万化和无穷无尽的丰富宝藏，你们并不要求玫瑰花和紫罗兰散发出同样的芳香，但你们为什么却要求世界上最丰富的东西——精神只能有一种存在形式呢？"[2] 借用黑格尔的话说："真理使精神自由，自由使精神真实"。[3] 承认某些个人的特权，同时就是否定其他人的人权，就是否定探求真理的自由。因此，书报检查是侵害公民的最高利益、侵害人民基本权利和真理的制度。

---

① 《马克思恩格斯全集》第 1 卷，人民出版社 1995 年版，第 153 页。
② 《马克思恩格斯全集》第 1 卷，人民出版社 1956 年版，第 7 页。
③ ［德］黑格尔：《精神哲学》，上海人民出版社 1998 年版，第 20 页。

第三，"自由不仅是主体的权利，也是客体的权利"。马克思认为，对真理的探讨不能是抽象的、被死板规定的。探讨的方式是随着探讨的对象改变的，而不应当是被指定的方式。因此应当尊重探讨者主体的权利，也应当尊重被探讨的客体的权利。道德的要求应当注意对象的性质，如对笑的探讨就是笑，对悲的探讨就是悲，不应像损害主体权利那样去损害客体的权利，不能不顾探讨的客观对象的性质而只顾书报检查者的主观要求，把笑说成哭，把哭说成笑。在马克思看来，自由不是孤立的主体自身的特性，它也是与它所处的关系密切联系的社会关系的规定，是社会秩序的客观要求，是主体与客体统一的特性。这里，马克思表达了一个与德国传统伦理学不同的重要观点，即认为道德并不只是德国传统伦理学所说的"主体意志的自我规定"，不仅仅是抽象的人的"类本性"，同时还有外部世界和社会关系的规定，是"定在中的自由"，即在客观关系和合理的伦理秩序中的自由。

第四，"新闻出版自由是其他一切自由的前提"。马克思把自由区分为"类自由"和"种的自由"。他把一般自由称为"类自由"，把各种具体的、特殊领域的自由称为"种的自由"或"自由的种"，如财产自由、行业自由、审判自由、出版自由、教学自由、宗教自由、信仰自由，等等。自由的各个种之间是互相制约的，只要失去其中之一，其他都要受到影响。因此，一方面，自由的特殊形式不仅是特殊问题，同时也是"特殊范围内的一般问题"。谈论种的自由，不能只局限于种本身，而必须把它与类的本质联系起来，才能看到种的自由的本质；另外，各种自由形式之间，又是互相区别的。自由的每一特定范围，就是每一特定范围的自由，有它自己的特殊规律，因此不能用一般自由代替种的自由。马克思认为，"没有新闻出版自由，其他一切自由都会成为泡影。自由的每一种形式都制约着另一种形式，正像身体的这一部分制约着另一部分一样。只要某一种自由成了问题，那么，整个自由都成问题"①。马克思特别指出，第六届莱茵省议会支持新闻

---

① 《马克思恩格斯全集》第 1 卷，人民出版社 1995 年版，第 201 页。

出版但忘记它的本质是自由，反倒宣判新闻出版自由有罪，因此这也就是宣判它自己有罪。

第五，"整治书报检查制度的真正而根本办法就是废除书报检查制度"。在马克思看来，出版自由属于精神自由的范围，出版物表现的是个人的精神自由，它注重的是理性和真理，不能把它归结为牟利自由的范围，更不能归于检查官的个人意志。书报检查的根本问题在于检查制度本身，是"制度本身的客观缺点"，因而也不能仅仅归结为检查官的低劣水平。只要有不合理的检查制度存在，就不可能有真正的精神自由和自由的秩序。另外，也不能以"人类的不成熟和不完善"为根据，实行严格的书报检查法，把人的精神"提交给隐蔽的纯否定的势力审判，这种势力不能被确立为法律，它怕见阳光，而且不受任何普遍原则的约束"。这种书报检查法不仅限制个别公民的现实行为，而且要限制普遍的公民个人和公众精神的行为，完全"违背公民的最高利益"。马克思指出，一切事物都是不完善的，而发展只有在死亡时才结束。人的成长、成熟，不能处于襁褓中，不能躺在摇篮里长大、成熟，正如人要学会走路就得学会摔跤，而且只有经过摔跤才能学会走路。① 法律应当保护公民的最高利益，即保护公民的精神自由。因此，马克思针对普鲁士的压制人民自由的书报检查制度提出，"整治书报检查制度的真正而根本的办法，就是废除书报检查制度"②，也就是废除那种压制人民思想自由和出版自由的不合理的书报检查制度。

那么，出版自由如何体现道德的本质和要求呢？在德国古典哲学传统中，自由既是人的本质，也是道德的最高原则，是人生中高于一切的最高目的。康德道德哲学的核心精神和最高原则就是自由。康德把文艺复兴，特别是卢梭以来提出的自由思想，演绎为思辨的道德哲学体系。按照他的体系，道德的意志是由经验的善意志与纯粹普遍法的形式综合而形成的"绝对命

---

① 参见《马克思恩格斯全集》第 1 卷，人民出版社 1995 年版，第 165 页。
② 《马克思恩格斯全集》第 1 卷，人民出版社 1995 年版，第 134 页。

令"支配的意志，因而是主体自己为自己立法同时又自己执法的意志，是自律的意志，自由的意志，亦即意志的自由。他把意志自由作为道德哲学的第一公设。在他看来，没有自由道德法则便不能成立，而论证了道德法则的成立，就是论证了自由的合理性。在康德看来，如果人不是自由地遵循道德的命令，那么道德律就失去了根据和意义。康德之后，费希特进一步强调自由是人的自我意识的本质特性，在生活中就是人民的根本权利。后来，黑格尔进一步建立了"自由"理念发展的法哲学体系。所以，在《评普鲁士最近的书报检查令》一文中，马克思在概括斯宾诺莎、费希特和康德的理性主义思想时说："道德的基础是人类精神的自律，宗教的基础是人类精神的他律"。文章在这个地方没有提到黑格尔的名字，因为在黑格尔看来，法、道德、伦理都是自由精神发展的环节，也就是"绝对理念"自我实现的环节。其实质是说，个体的自由意志不是抽象的、孤立的意志自由，它只是理念自由发展的一个环节，是同历史发展、社会发展相联系的自由发展的个体形式，归根结底它要服从于自由发展的社会伦理秩序，服从于历史发展的必然性。这样，就道德价值的根据来说，道德就不仅是自律的，同时也是他律的，是自律和他律的统一。当然，这一思想在黑格尔那里还没有说得这样明白，是马克思和恩格斯明确地阐述了这个基本原理（见本章附"疑难试解"）。这些自由的思想，对马克思道德哲学思想的发展有过深刻的影响，特别是黑格尔的历史观和辩证思维方法。

二、　主义之争的道德良心

欧洲自文艺复兴到 19 世纪，社会主义、共产主义思想已经在劳动者和知识界中有了广泛传播，在英法等国已成为社会舆论的潮流，但是直到 40 年代，在德国对这类思想和词汇仍然被定为违法的政治倾向。1842 年 9 月底至 10 月初，由于在德国公开报道了法国第十次关于共产主义和社会主义理论的学者代表大会，并出版了施泰因的《现代法国的社会主义和共产主义》调查报告性著作，《亚琛城日报》发表了《论共产主义》的文章，《来自瑞士的二十一印张》文集中发表了政论家赫斯的匿名文章《社会主义和共产主义》，《莱茵报》也刊登了赫斯写的通讯《柏林家庭住宅的共产主义》，如此舆论声势引起了人们对社会主义和共产主义的广泛关注。这时，保守投机的奥格斯堡《总汇报》发表了该报主编赫夫铿的文章，指责《莱茵报》无视普鲁士政府的法令，并把邻国的混乱引进了德国，于是挑起了《莱茵报》与奥格斯堡《总汇报》的论争。马克思在这次关于主义的论争中第一次表明了自己对共产主义的态度，并发挥出惊人的论辩才能和理论远见。

奥格斯堡《总汇报》是当时德国奥格斯堡地区代表官方的主要报纸，在欧洲乃至世界都有广泛影响。该报主编赫夫铿公开指责《莱茵报》进行关于共产主义的宣传，否认无产阶级普遍要求改善生活地位的事实，认为共产主义并没有成为法国和英国的"严重问题"，同时又把无产阶级的要求比作18世纪"第三等级"向贵族提出的权力、财产平等要求。他极力向普鲁士政府献媚，认为问题不在于社会主义和共产主义思想是否成为"严重问题"，而在于君主应该用有效的方式对思想加以控制，并指责《莱茵报》的自由主义倾向。针对奥格斯堡《总汇报》的指责，初任《莱茵报》主编的马克思发表了他的《共产主义和奥格斯堡〈总汇报〉》的论争文章，抨击了《总汇报》的观点，揭露了《总汇报》的道德虚伪。

马克思指出，不能无视英、法等国的事实，更不能无视德国社会的现实问题。随着英、法等国中等阶级战胜封建贵族而成为社会的统治阶级，德国也面临着享有特权的贵族在法国革命时的处境。不过那时在法国是中等等级要求享有贵族的特权，而现在的德国则是"一无所有的等级"要求平等的权利，如同英国的宪章运动和法国19世纪30年代的工人起义的要求。《总汇报》的态度实际是以敌视和沉默来规避普遍存在的事实。

那么，奥格斯堡《总汇报》为什么要敌视《莱茵报》呢？因为《莱茵报》公开说出了德国现实生活的事实、宣传了真实的共产主义，公开暴露出奥格斯堡《总汇报》也曾发表过宣传共产主义的文章随后就变脸的虚伪。

这种虚伪就是马克思在揭露《科伦日报》的虚伪时所说：如果有人指责自己的近邻犯了应该处以死刑的罪行，而这正是他自己也曾打算去做、只是由于外来的阻碍才没有亲自做成的事，这种指责并不是本心善良、举动谨慎，而是居心叵测、越出了"公共道德的界限"。① 就是说，《总汇报》的变脸行为是违背公共道德的。

不仅如此，马克思还以清醒的科学态度明确申明：《莱茵报》支持关于共产主义的宣传，但不等于它就承认并要实现目前所流行的共产主义，它"甚至不承认现有形式的共产主义思想具有理论上的现实性，更不会期望在实际上去实现它，甚至根本不认为这种实现是可能的事情"②。马克思在这里所说的"现有形式的共产主义思想"，显然是指当时流行的空想共产主义，如卡贝、德萨米和魏特林等人所宣传的平均共产主义，以及傅立叶、欧文等人所宣传的作为共产主义原则特殊形式的社会主义（当时共产主义、社会主义两词有时互用）。因此，马克思说《莱茵报》不但不相信这种形式的共产主义、社会主义思想的现实性，而且准备对它进行认真的批判。马克思特别指出，《总汇报》虽然对宣传共产主义思想感到惊奇，但是他们在惊奇之后却没有意识到：在德国不是《莱茵报》的自由主义搅乱了社会舆论，而是《总汇报》及其并不赞成共产主义的朋友在传播共产主义的原理方面发挥着作用，其中包括奉命撰写了《现代法国的共产主义和社会主义》调查著作的施泰因。

值得注意的是，在马克思发表文章之后，通过其他媒体可以看到，马克思表达了自己对待自由主义的态度：并不是反对任何自由的探讨，也不打算妨碍那些为某个阶级谋利益的人们所做的努力，而是以冷静的态度对待一切自由主义。马克思在这里所说冷静地对待自由主义，主要是指《莱茵报》所坚持的"自由的探讨"，即坚持思想自由和出版自由，同时也意味着与专

---

① 《马克思恩格斯全集》第 1 卷，人民出版社 1995 年版，第 405 页。
② 《马克思恩格斯全集》第 1 卷，人民出版社 1995 年版，第 295 页。

制主义采取对立的态度。这也是马克思参与社会思想和理论论争后所坚持的基本原则。

理解马克思所说的"自由主义",不能离开欧洲的历史发展和当时德国的社会条件。自由是历史的产物,自由主义的价值也依历史时机和社会条件而定。在近代欧洲思想史上,有反对封建贵族专制的资产阶级自由主义,有反叛教会统治的基督教自由主义,有反对绝对主义哲学的自由主义,也有以避免损害别人为原则的伦理自由主义,后来又有激进的政治自由主义,当然也有打着革新旗号与进步反向的虚伪的自由主义。正如诗人所说,"自由有时太老,有时太年轻"。从历史发展上看,最晚出现的共产主义的"自由主义"要比许多自由主义者所标榜的自由主义更加要求自由。在半封建专制主义的德国,争取革新的资产阶级自由主义虽然还没有成为思想舆论的主流,但是已经显示出它的积极意义,再以指责自由主义的手段来掩盖封建专制社会本身的客观弊病就是自由主义的虚伪了。因此,马克思申明了自己的态度,认为对于报纸宣传来说,必须结合具体历史情况并根据现存的社会条件进行思想宣传,要有条件地对待历史上出现的思潮和学说,而不能脱离具体历史发展和现实环境盲目地表示赞成或反对。正是在这种意义上,马克思认为,"不从自由主义与它所由产生的并赖以确实存在的现实利益的联系上去理解自由主义,那末,自然就要得出世界上最荒谬的结论"①。

马克思是自由主义者吗?马克思酷爱自由,不仅曾是主张自由主义的青年黑格尔派的重要成员,而且早在他的第一篇政论文章《评普鲁士最近的书报检查令》中,在反对把学术才能和地位权力扯在一起的书报检查时,就表明了他对自由主义的态度:"学术才能是一般要求,这是多么明显的自由主义啊!地位是特殊的要求,这是多么明显的非自由主义啊!把学术才能同地位扯在一起,这又是多么虚伪的自由主义啊!"② 在对黑格尔法哲学的

---

① 《马克思恩格斯全集》第 3 卷,人民出版社 1960 年版,第 215 页。
② 《马克思恩格斯全集》第 1 卷,人民出版社 1995 年版,第 129 页。

批判中已经得出了关于自由、民主的结论，认为"自由是精神存在的类本质"，"自由本身就是思想的体现"，"自由的体现就是肯定的善"，"对人来说，只有自由的实现的东西，才是好的"，等等，这都表现出他早期的自由观同文艺复兴以后的传统自由主义有着思想的渊源。

但是，马克思不是自由主义者。马克思的自由观有着与自由主义不同的特点，他认为自由的实现程度取决于社会发展的水平，实现自由不但是不断克服障碍的历史过程，而且是未来和谐社会的道德理想；他强调个人自由和他人自由的统一，反对侵犯公共利益的特权自由。马克思说："没有一个人反对自由，如果有的话，最多也只是反对别人的自由。可见，各种自由向来就是存在的，不过有时表现为特殊的特权，有时表现为普遍的权利而已。"①马克思之所以支持自由主义的舆论主张，在当时的条件下主要是出于策略上的考虑，要支持具有进步意义的自由主义，支持要求革新的资产阶级自由主义。在普鲁士国王以自由主义为自己的对立面、压制社会改革的情况下，马克思当然要支持自由主义。但是，如果主张把自由变成少数人的特权，那么他会坚决反对特权的自由，支持自由的普遍权利；如果用自由主义掩盖其危害公共利益和进步事业的话，他就会旗帜鲜明地反对一切虚伪的自由主义。在对待新闻报纸事业上，他并不像青年黑格尔派的极端自由主义者那样，把个人自由凌驾于同胞共同体之上；相反，他把理性的国家理解为"全体同胞的共同领域"，主张各种报纸都有同等的权利，都可以自由表达自己的观点和态度，只是应该尊重事实，坚持真理和正义，至少要有善良的前进愿望。

这里有必要提一下马克思的一段回忆。那是17年以后，马克思在《〈政治经济学批判〉序言》中回忆说："在《莱茵报》上可以听到法国社会主义和共产主义的带着微弱哲学色彩的回声。我曾表示反对这种肤浅言论，但是同时在和奥格斯堡《总汇报》的一次争论中坦率承认，我以往的

---

① 《马克思恩格斯全集》第1卷，人民出版社1995年版，第167页。

研究还不容许我对法兰西思潮的内容本身妄加评判。我倒非常乐意利用《莱茵报》发行人以为把报纸的态度放温和些就可以使那已经落在该报头上的死刑判决撤销的幻想，以便从社会舞台退回书房。"① 马克思就是马克思，犹如威廉·李卜克内西所说，"他是一个完全正直的人，除了崇拜真理，他不知道还要崇拜别的，他可以毫不犹豫地抛弃他辛苦得到的他所真爱的理论，只要他确认这些理论是错误的"②。

需要特殊解释的是《莱茵报》声明中的这样一段话："我们坚信，构成真正危险的并不是共产主义思想的实际试验，而是它的理论阐述；要知道，如果实际试验大量地进行，那么，它一旦成为危险的东西，就会得到大炮的回答。"③ 这段简短的话包含着这样几层意思：其一是说，已经进行过的共产主义试验，如欧文的共产主义试验和法伦斯泰尔建立的生产消费协作社的实验，毕竟是局部的、暂时的，并不能构成对现行资本主义统治的威胁。《莱茵报》不承认这种共产主义思想具有理论上的现实性，而且要批判这种思想；其二是说，一旦把共产主义试验上升到具有现实性的理论，作出关于共产主义的具有普遍意义的理论阐述，那就会对资本主义统治构成真正的威胁；其三是说，有了关于共产主义的现实性、科学性的理论，共产主义的实验就会大量地、坚定地进行，变成群众实践的强大力量，那就会成为对资本主义统治真正危险的事情了。到了那个时候，它就会得到"大炮的回答"，受到资产阶级的武力镇压。当然，那时马克思并没有提出暴力革命的问题，但这里逻辑地包含着被压迫阶级为了争取自由解放不得不"以其人之道还治其人之身"的结论。这也是影响马克思后来肯定暴力革命理论的重要思想基础。

马克思说："征服我们心智的、支配我们信念的、我们的良心通过理智与之紧紧相连的思想，是不撕裂自己的心就无法挣脱的枷锁"④。这里所说

① 《马克思恩格斯选集》第2卷，人民出版社2012年版，第2页。
② 《回忆马克思》，人民出版社2005年版，第55页。
③ 《马克思恩格斯全集》第1卷，人民出版社1995年版，第295页。
④ 《马克思恩格斯全集》第1卷，人民出版社1995年版，第295—296页。

的"思想"，就是马克思上面所说的"坚信的思想"，从全文来看也就是指马克思所主张的共产主义思想。作为"信仰"，它是一种发自内心的、对真理的真正确信和行动的指南，它就体现着与理性相结合的自我确信的良心。这样的良心作为道德感能知善恶，它与理智相联系并通过理智就能与思想结合在一起，也就是"理性把良心牢附在它的身上"，形成理智与良心合一的坚定信念，这也就是任何外力都不能左右的深藏于主体内心的道德权利。恰如新闻检查官圣保尔所说："马克思愿意为自己的思想牺牲自己，他绝对地深信自己思想的真理性。"① 正是在这种意义上，人的意志的这种规定就成为对意志的"枷锁"，成为持之以恒的意志坚定性，成为敢于与上帝抗衡的"魔"，即所谓"道高一尺，魔高一丈"。如果一个人的主观愿望与这种理性的规定相抵触，那就必然会使他产生良心与理性对立的人格分裂，从而产生良心的痛苦，而这种痛苦"只有撕裂自己的心才能摆脱"。这个意思用马克思 20 年后给库格曼信中的一句话说就是：良心"这东西是永远不能完全摆脱的"②，马克思讥讽《总汇报》当然没有这种"良心的痛苦"，因为它既没有自己的理智，又没有自己的见解，也没有自己的良心。

三、 人民精神和伦理意志

马克思与奥格斯堡《总汇报》的论战并没有因关于共产主义宣传的论争而结束，在这之后的论争仍在继续。《莱茵报》发表了《评奥格斯堡〈总汇报〉关于普鲁士等级委员会的文章》，进一步揭露和批判了奥格斯堡《总汇报》维护封建等级制的立场，论证了真正国家的人民精神和国家统一的伦理秩序。

普鲁士等级委员会是根据国王弗利德里希—威廉四世 1842 年 6 月 21 日的命令建立的。等级委员会的委员由省议会按照等级从议员中选举产生，然

---

① 转引自［英］戴维·麦克莱伦《卡尔·马克思传》，中国人民大学出版社 2005 年版，第 48 页。
② 《马克思恩格斯全集》第 32 卷，人民出版社 1974 年版，第 567 页。

后由国王召集各省等级委员会组成咨议性机构，即联合委员会。普鲁士政府力图以这种机构的改变来代替宪法的推行。这个事实标志着已经过时的普鲁士封建等级代表制在全国普遍复辟，因此引起了社会各界的广泛争议。

当时反对加强等级代表制的有各种不同的派别。其中一派要求在全普鲁士实行立宪代表制。另一派是以青年黑格尔派成员为代表的激进派，坚决反对恢复等级代表制，要求实现以全体公民政治平等为基础的人民代表制。还有一派是代表贵族利益的保守派，完全拥护恢复等级代表制。奥格斯堡《总汇报》遮遮掩掩的态度，实际上是站在贵族利益的立场上，支持恢复封建等级代表制。官方政界也在奥格斯堡《总汇报》上发表文章，为复辟普鲁士的封建等级代表制进行辩护。马克思这时虽然与青年黑格尔派已有政治原则上的分歧，但还没有与这个派别分裂，在关于等级代表制的论战中，基本上还是支持青年黑格尔派的观点。只是因当时的严格的检查制度和出于孤立《总汇报》的考虑，在观点表述上强调反对保守派关于国家制度的观点，而不是反对普鲁士国家制度本身。这正是马克思借以批判和孤立《总汇报》的策略理由。这样的理由意味着：《总汇报》并不代表国家制度本身而只是报纸的个人的意见，因此反对《总汇报》的观点并不等于反对普鲁士国家制度。实际上，马克思深刻地揭露了奥格斯堡《总汇报》维护封建等级制的实质，对封建等级制度作了尖锐的批判。马克思在连续三次发表的文章中，首先指明决定等级代表制性质的不是委员会组成的外部结构，而是它作为等级代表制的灵魂的宗旨。

在马克思参与政论论争的时期，德国思想理论界还常常流行黑格尔《法哲学》的用语，如"伦理意志""国家伦理"等。马克思有时也使用这类用语，但与众不同，也与黑格尔法哲学中的词意有原则区别，如"伦理意志"，不是指个人的道德意志，而是指客观存在的人民的群体的意志。所谓"国家伦理"，不是指国家道德，在黑格尔那里是指"客观精神"及其定在，是有理性融入其中的合理的社会秩序。在这个意义上，马克思也把国家秩序看作一种有理智调节的实体性伦理秩序，它应当是人民意志的体现。因此，要正确认识国家的等级秩序，就不能停留在主观的感性认识水平上，而必须上升到理性认识，做客观的、整体性的分析。马克思提醒社会各界注意，19 世纪 40 年代的普鲁士是半封建专制主义的政治统治，这种政治统治是以土地地产的等级为基础的。普鲁士国家的各个省的等级委员会和国家的联合等级委员会委员的推举以地产等级为一般条件，这种地产就代表着等级。强调理性认识和客观入理的分析，正是针对着这种普鲁士政治社会的客观现实的。马克思认为，不应把委员会的组成与它的宗旨分开，因为组成只是它的外部结构，而宗旨才是它的起指导和支配作用的内在灵魂，犹如一部机器的结构及其效用，不知道机器的效用就不可能准确评论它的结构。

普鲁士等级代表制的权利实质是什么呢？就是封建贵族的特权。维护和巩固这种特权就是它的宗旨。因此，就其组成来说，关键是等级代表制的权力在哪些人、哪个阶层和阶级的手里，而不在于其结构形式。马克思认为，地产不等于权利，不应把地产作为等级代表的唯一标准或条件，而只能作为一个一般条件。因为等级代表的条件还应包括工业繁荣、品行端正、智力状况、年龄和声誉，以及其他社会等级的成员。如果使地产成为唯一条件，或者成为起决定作用的条件，那就会使地产"本质普遍化"，从而弱化和扼杀其他条件，使等级代表制的权利成为贵族专有的"无限特权"。

在这里，马克思强调的是社会存在条件和国家制度，而不是单纯指责个人见解和态度。在这个问题上，马克思有个一贯的方法论原则，那就是：在研究国家生活现象时，不应走入歧途，即不应忽视各种关系的客观本性而用当事人的意志来解释一切。因为"存在着这样一些关系，这些关系既决定私人的行动，也决定个别行政当局的行动，而且就像呼吸的方式一样不以他们为转移。只要人们一开始就站在这种客观立场上，人们就不会违反常规地以这一方或那一方的善意或恶意为前提，而会在初看起来似乎只有人在起作用的地方看到这些关系在起作用"①。不难看出，马克思在与奥格斯堡《总

① 《马克思恩格斯全集》第 1 卷，人民出版社 1995 年版，第 363 页。

汇报》论战中所发表的这一思想，实际上是确定了研究社会政治现象的历史唯物论的一个极其重要的方法论原则。

按照马克思的分析，在当时的德国等级差别是客观存在的，等级代表制只能由等级差别来决定，而不能由与它无关的其他条件来决定，就像自然界中存在的各种元素的差别一样，问题只在于对这种差别如何认识。马克思认为，对自然界的差别的认识，应当从感性知觉提高到理性认识。如果只是停留在感性知觉的水平上，那就会把世界看成"混沌的统一体"；只有提高到理性认识，才能看到世界是一个"有生命的统一体"；只有提高到理性认识，才会看到它的组成元素不是静止的、分离的，而是不断相互联系和转化的生命有机体。同样，社会的等级也不是先在于社会的、固定不变的，而是不断发展变化的历史的产物。如果人的认识只是停留在感性知觉的水平上，那就同样会把社会看成"混沌的统一体"；如果提高到理性认识，就会看到社会是一个有机联系的"生命的统一体"，它的组成元素也不是静止的、分离的，而是不断相互联系和转化的"有生命的统一体"。所不同的是，自然界是物质的"无精神真实性的感性现象"，而国家和社会政治则是"有精神真实性的现象"。在马克思看来，这样的国家相对于自然界的"无精神真实性"来说，就是"自然的精神王国"，是有人的精神贯彻其中，并按照一定的社会意识组成的政治组织。因此不能像对感性现象那样从物质事实中去寻求它的真实本质，而必须在现实的精神与物质统一的辩证发展过程中把握其本质，并依据历史理性把握国家统一中的差别和差别中的统一。

鉴于上述对国家的策略考虑，马克思在这里还没有直接使用"国家阶级本质"的说法，虽然他正在评论着实质是阶级统治的普鲁士国家。马克思对国家这种"精神王国"的理解，常常透显出黑格尔哲学理念论的灵感，即从精神的能动性上把握客观世界和国家的发展，而不是机械论的物质实体的国家观，但也不是像等级代表制维护者那样把国家推崇为"神的世界秩序"。他所强调的是历史的理性和人民的精神，是体现着人民精神和意志的作为社会政治组织的"生命统一体"的国家。这也是他赞扬黑格尔"开始用人的眼光观察国家"的理由。

马克思强调的是人民国家的统一。在马克思看来，等级代表制对等级的划分不仅不符合德国的现实，而且实质上是重新恢复已经过时的封建等级制，破坏人民的"有机体的统一"，从而也破坏国家的统一。马克思认为，现实的普鲁士国家的各个活动领域，实际上已经是几个等级以多样形式活动的统一体结构，而不是官方公文所划分登记的过时的封建专制的等级结构。某些差别在统一体运动中的消失，只是国家发展的结果，而不是盲目的自然必然性和旧时代瓦解时强加给国家的。构成国家环节的差别只是发展的环节，而不是机械的组成部分；它们是在历史中运动的，而不是固定不变的状态；它们是"一个统一体"中的差别，而不是具有差别的"几个统一体"。既然普鲁士国家每天都在进行着常备军和后备军的强大运动，实际上是在进行一种"原生无机体的运动"，因而也就不能否定人民代表制的原则。因为那种所谓"原生无机体的运动"实际上就是"人民的运动"。因此，国家的基本机构，不能离开自觉繁荣的现实生活，而应当坚持不懈地、全面地健全国家机构，维护国家内部的统一，更不能"在应当成为国家内部统一的最高行为的行为中"使国家解体。国家的问题是普遍性的。在归根结底的意义上，国家的管理不取决于个人的意图、观点和眼光，而是时代前进的要求。在这里，它既要采取应有的措施，为人民创造成长、繁荣和自由生活的环境，同时又要以合理公正的制度，避免使国家成为特权者个人和特殊利益集团攫取私人利益的工具。

这里应该注意马克思在辩论前两个月评论《科伦日报》179号社论时所说的话："问题已不在于应该不应该一般地讨论它们，而在于应该在什么地方和怎样讨论它们"，"善意地还是恶意地、哲学地还是非哲学地、有成见地还是无成见地、有意识地还是无意识地、彻底地还是不彻底地、完全合理地还是半合理地。"① 什么是代表权？马克思认为，它就是代表和被代表的

---

① 《马克思恩格斯全集》第1卷，人民出版社1995年版，第223页。

关系。所谓"被人所代表",一般来说是受动的。只有物质的、无生气的、不独立的、受到危害的东西才需要这种代表权。马克思强调指出,国家的任何要素都不应当是物质的、无生气的、不独立的、受到危害的,就是说不应当把代表权理解为某种并非人民本身的事物的代表权,而只应"理解为人民自身的代表权,理解为一种国务活动"①。这种所谓"国务活动",并不是人民唯一的、独特的活动,而是表示人民国家生活内容的普遍性,即代表着最广泛的阶层和最大多数人的利益。在真正的国家生活中,只有公民的精神力量,才能作为自然力在政治生活中体现为主动性和生命力。"国家用一些精神的神经贯穿整个自然,并在每一点上都必然表现出,占主导地位的不是物质,而是形式,不是没有国家的自然,而是国家的自然,不是不自由的对象,而是自由的人。"② 马克思说的这一大段话,虽然带有德国思辨哲学的色彩,但它包含着对人民代表权的高度赞扬和深刻思考。这就是 1842 年 11 月马克思在《莱茵通讯》按语中所提出的"它应该争取实现一种同更深刻、更完善和更自由的人民意识相适应的崭新的国家形式"③。

在这里,马克思首先说的是理性的、理想的国家。只有理性的、理想的国家才不是非人民本身的事物的代表权,而是人民本身的事物的代表权。只有在理性的、理想国家的人民权利才能代表最广大的阶层,代表最大多数人民的利益,人民才有不被特权所左右的真正的代表权。

其次,马克思所说的"精神的国家"或"国家精神",正是强调了未来理性的、理想的国家原则,即普遍利益和特殊利益、权利与义务相统一的原则。人民的智力、人民的精神,也就是反映这种普遍利益和特殊利益、权利与义务相统一的精神。以人民的智力为原则,就等于以人民精神为原则。这种精神就像神经一样贯彻于人民的活动之中,与人民的国务活动统一起来,而不再是人民精神的异化,成为权利与义务分裂的压制人民的特权,人民的

---

① 《马克思恩格斯全集》第 1 卷,人民出版社 1995 年版,第 344 页。
② 《马克思恩格斯全集》第 1 卷,人民出版社 1995 年版,第 345 页。
③ 《马克思恩格斯全集》第 1 卷,人民出版社 1995 年版,第 306 页。

独立活动才不再是"包藏在他们所不知道的别人的活动中"。

基于这些思想，马克思在半年后所写的《黑格尔法哲学批判》中得出了这样的结论：只有在民主制的国家里，国家权力才"属于全体人民"，才能真正实现权利与义务的统一。只有在这里，"国家制度不仅自在地，不仅就其本质来说，而且就其存在、就其现实性来说，也在不断地被引回到自己的现实的基础、现实的人、现实的人民，并被设定为人民自己的作品"①。

疑难问题讨论（一）
怎样理解"道德的基础是人类精神的自律"？

1842 年 2 月初，马克思写了《评普鲁士最近的书报检查令》一文，其中写了这样一句话："道德的基础是人类精神的自律，而宗教的基础则是人类精神的他律。"② 人们经常引用这句话作为经典根据，来论证道德就是自律而不能是他律，认为他律就是宗教。由此还引申出其他一些类似的说法。这种引用需要有正确的理解，不然就会对马克思那句话造成误解。这里提几点讨论意见。

一

要正确理解这句话，首先需要了解马克思那篇文章的背景。普鲁士政府在 1819 年曾经颁布过书报检查的法令。1830 年又增加了一些检查措施。1840 年伊始，普鲁士的舆论要求代议制和新闻出版自由的呼声日益强烈，特别是对出版自由的要求越来越集中。为了适应形势的变化，普鲁士政府根据国王弗里德里希—威廉四世的敕令，于 1842 年又颁布了新的书报检查令，

---

① 《马克思恩格斯全集》第 3 卷，人民出版社 2002 年版，第 39—40 页。
② 《马克思恩格斯全集》第 1 卷，人民出版社 1995 年版，第 119 页。

即马克思文章所评论的"普鲁士最近的书报检查令"。这个新的书报检查令，表面上是放宽新闻出版自由，规定不得对作家的写作活动加以限制，但实际上却加强了书报检查制度，更加强了对写作自由和出版自由的限制。然而，当时的自由主义者却产生了不切实际的幻想，以为这是"出版自由的新时代"的到来。在这种情况下，马克思撰写了这篇文章，揭露普鲁士政府新书报检查令的非正义和虚伪性，论证思想自由的合理性和出版自由的必要性。在文章中，马克思说了这样一段话："根据这一检查令，书报检查应该排斥像康德、费希特和斯宾诺莎这样一些道德领域内的思想巨人，因为他们不信仰宗教，并且要损害礼仪、习俗和外表礼貌。所有这些道德家都是从道德和宗教之间的根本矛盾出发的，因为道德的基础是人类精神的自律，而宗教的基础则是人类精神的他律。"① 这段话清楚地说明：从道德和宗教的根本矛盾出发，把道德和宗教对立起来，认为道德是自律、宗教是他律。这种观点是康德、费希特和斯宾诺莎这些大思想家的观点。他们的基本哲学立场和伦理学体系有所不同，但在道德领域都是理性主义者，都不信仰彼岸的理论即宗教，也不尊重宗教的那些礼仪、习尚和礼貌。这种道德观点和对待宗教的态度，在当时是进步的，对于批判死守宗教旧道德原则的"书报检查令"，也是有力的武器。

为什么说把道德和宗教对立起来的观点是进步的？与宗教对立的道德又是什么道德？原因是由历史说明的。欧洲中世纪千年基督教统治，基督教神学和教义禁锢着人们的头脑，严重地束缚着思想和科学的发展。虽然有过摆脱中世纪基督教思想束缚的宗教改革的冲击，但并没有根本动摇神学信仰和教会权威，确立起理性和科学的权威。在宗教神学和教会的压制下，哲学只是神学的婢女。一切科学都要服从神学，变成神学的组成部分，有所谓"星象神学""岩石神学""植物神学""昆虫神学""烟火神学"，等等。如有违背教义或《圣经》的思想和行为，轻者监禁、流放，重者绞刑或火刑

---

① 《马克思恩格斯全集》第1卷，人民出版社1995年版，第119页。

处死。在道德领域，基督教认为信仰上帝是绝对的善，把人的肉体欲望看作罪恶，看作与人相异与上帝相对立的魔鬼，要求人们摆脱肉体欲望的罪恶，皈依上帝；宣扬上帝是道德价值的根据，是真善美的最高标准，把道德完全变成了对上帝的爱和宗教信仰。据此，基督教一方面要求人们服从上帝的律法和宗教教义的他律，另一方面又要求人们摆脱自然（包括人自身的自然欲望和外界的自然）对人的制约，反对人的肉体欲望对人的制约这种"与精神自律相异的他律"。其教义本身陷入矛盾和反人性，因而只能是空洞的、虚伪的道德说教。

在这种情况下，启蒙思想家举起了理性和科学的旗帜，主张把理性和信仰、科学和宗教分开，并使之对立起来；强调道德独立于宗教、道德以人类理性为基础、道德原则是"普遍理性"，也就是马克思在文章中所转述的"道德是本身神圣的独立范畴"。最早举起启蒙旗帜的，就是被称作"自由思想家"的法国哲学家比埃尔·贝尔。在他之后，相继在法国和德国兴起了启蒙运动。德国启蒙思想的最伟大代表是康德。康德提出了"自律"和"他律"概念，并建立了以自律为基础和核心的道德形而上学体系。康德在这里所说的"律"，是指规律，有法则、原则、准则意义。康德所说的自律，就是指遵照以普遍性、必然性的规律为准则去行动，或者用康德的话说就是："只要按照你同时认为也能成为普遍规律的准则去行动。"① 康德把这样的道德准则称为"绝对命令"。

那是个理性主义的时代。从康德到黑格尔以及后黑格尔学派，他们坚持以人类理性为原则的道德自律，强调道德的理性本质和理性对情欲的主导性；强调道德只服从具有普遍性、必然性的绝对命令，从而把理性的道德奉为"世界的原则"。按照这样的道德哲学，他们把"人类精神"看作道德和宗教的基础，所不同的是，道德的基础是人类精神的自律，即人作为类的精

---

① ［德］康德：《道德形而上学原理》，上海人民出版社 2002 年版，第 39 页。可参照康德《实践理性批判》关于自律的规定。

神"自我立法，自我执法"。宗教的基础是人类精神的他律，就是说宗教把人的类本质异化为统治自己的上帝，由上帝给人类立法，使人心服从上帝律法，从而陷入宗教的他律。按照康德的道德哲学，只有绝对自由的理性才能自律，自由才能自律，或者说只有绝对自由的存在物才能有自律。因此，理性主义的道德哲学要求必须使道德和宗教分离、对立起来，必须在理性的道德和信仰的宗教之间划出一个原则的界限。这样，他们就以独立的、理性的道德，侮辱了宗教的上帝原则和信仰的道德，同时也侮辱了宗教道德的礼仪和习俗。这也就是"书报检查令"所要制止的"侮辱道德"的理性道德。正是在这种意义上，马克思支持了这种与宗教信仰主义相对立的理性主义道德观，并把它作为批判"书报检查令"的武器。

值得注意的是，在康德之后、与费希特同代的美学家席勒，在论到事物的形式和内容、"规定"和"被规定"时指出："一个事物存在的内在原理，同时作为事物形式的根据来看待，就是形式的内在必然性。形式在最原始的意义上必然同时是自我规定和自我被规定。它不仅仅是自律，而且是他律。"① 他的这一思想克服了康德的形式主义，注意到形式和内容的统一，为黑格尔的自律他律统一论的产生做了准备。

这里需要注意，19 世纪德国哲学中的"道德"概念，与现代所讲的道德概念有所不同。在 19 世纪的德国道德哲学中，道德是指个体人的德，即所谓"主体内部的自我规定"，或者是"意志的自我规定"。在这种意义上，人在道德中是自主、自由的意志自律，人的道德意志是外力所不能左右的。所以，道德是"自由的理性"，它只服从主体自身理性确立的"绝对命令"，就是主体自为存在的自由。这种自由也就是主体的道德自律。在这种理性自主、自由的关系中，主体借以律己的道德准则内容如果是外在的，或者说是外在于实践理性的，那就是他律，这种主体自身的理性制约对自身欲望来说也是他律。严格来说，所谓"自律"或"他律"，就是指道德价值的根据在

① ［德］席勒：《美育书简》，中国文联出版公司 1984 年版，第 164 页。

哪里，是在主体自身的理性自身，还是在主体理性之外的什么力量，如上帝、权威、自然（包括感性自然）等。

马克思在文中所说的"人类精神"，并不是指人类的"共同利益"。

第一，如果说的是"共同利益"，那么这就是说道德是以人类共同利益为基础的，那么这恰好说明道德是他律的，其道德律令的客观内容的根据就是人类的共同利益。

第二，如果说"人类精神"是指人类的共同利益，那么说"宗教的基础是人类精神的他律"，也就意味着人类的共同利益也是宗教他律的基础，这也说不通。因为宗教的基础只能是"万能的上帝"。

第三，如果把"人类精神的自律"解释为人类精神自己为自己立法，自己约束自己，那就会陷入康德式的形式主义，把道德自律解释成没有实际内容的空洞的抽象，即普遍性对普遍性的关系，而不是普遍性对特殊性的关系。

马克思是很重视人类的共同利益的，但是在《评普鲁士最近的书报检查令》这篇文章里所讲的"人类精神"，却不是指人类共同利益，而应当按照当时德国理性主义道德哲学去解释。马克思写这篇文章时是24岁，大学毕业还不满一年，拿到博士学位证书还不到半年。毫无疑问，这是马克思的早期著作，带有他早期理论思维的特点。解释马克思早期著作中所说的话，要把它放到当时的社会状况、理论背景和他本人思想发展的特定阶段中去分析，不能按照他后来的思想或我们自己现代的理解随意解释。

那么，当时马克思的道德观是否也是这种理性主义的观点呢？这就要注意马克思道德哲学思想的发展。马克思撰写《评》文是1842年1月15日。这是马克思开始从事政治活动写的第一篇政论文章。那时，马克思正给新黑格尔主义左派杂志撰稿，哲学观点倾向于新黑格尔派，其道德观点也还没有摆脱理性主义的影响。从这个方面来看，说那段话是马克思的观点也未尝不可。但是，如果联系马克思在1835年写的中学毕业论文来看，应当说那并不是马克思的观点，而是马克思有意以德国道德哲学的理性主义观点来反驳普鲁士书报检查令的一种论据。因为，在中学毕业论文中，马克思就已经确立了这样的思想观点："我们并不总是能够选择我们自认为适合的职业；我们在社会上的关系，还在我们有能力决定它们以前就已经在某种程度上开始确立了。"① 这里说的职业选择当然也包含道德选择，而这样的道德选择显然既是自主的，但又是有社会内容和条件制约的，价值的根据既在选择者自身，同时其内容又在选择者自身之外。就是说，它的体现形式是自律的，而内容的根据是他律的，因而是自律和他律的统一。如果说这段话的意思还不够明显，那么马克思在博士论文中说到自我意识的绝对性时说："如果抽象的、个别的自我意识被设定为绝对的原则，那么，由于在事物本身的本性中占统治地位的不是个别性，一切真正的和现实的科学当然就被取消了。可是，一切对于人的意识来说是超验的东西，因而属于想象的理智的东西，也就全都破灭了。相反，如果把那只在抽象的普遍性的形式下表现其自身的自我意识提升为绝对的原则，那么这就会为迷信的和不自由的神秘主义大开方便之门。"② 这段话比较抽象，但意思是可以理解的，就是说不能把自我意识及其自由绝对化，那样就会否定揭示普遍规律的科学；但也不能把自我意识的普遍形式绝对化，那样就会限制自由并给神秘主义大开方便之门。这前一句话实际上是批评了把自我意识绝对化的费希特，后一句话实际上是批评了把普遍性自我意识绝对化的康德，同时也就是批评康德的道德自律的绝对化。事实上康德的道德自律的"绝对命令"，回避一切经验和特殊，不讲从特殊向一般的发展，也就否定了个人的道德自由和进步。他把道德自律的形式原则绝对化，最后不能不限于神秘主义，不得不求助于"自由"和"上帝"的假设和逻辑推论。

二

这样，我们再来看前面那段引文，就不能简单、直接地把它看作也是马

---

① 《马克思恩格斯全集》第 1 卷，人民出版社 1995 年版，第 457 页。
② 《马克思恩格斯全集》第 1 卷，人民出版社 1995 年版，第 63 页。

克思自己的观点，更不能看作是体现作为马克思主义的马克思的一贯的观点。事实上，马克思在 1843 年夏天所写的《黑格尔法哲学批判》中，就表明了自己不同于那些思想家的新观点。这里，有必要把马克思稍后写的文章的观点提到此处加以说明。

马克思在评论黑格尔关于权利和道德的观点时指出，按照黑格尔的法哲学体系，在客观精神发展的前两个阶段即抽象法和道德阶段，法和道德都是抽象的、虚幻的。但是黑格尔并没有由此得出结论，认为伦理只是这些抽象、虚幻东西的社会性，而是相反，认为这些抽象的、虚幻的东西只是客观精神即伦理发展的环节，也可以说都是从属于客观的社会伦理关系的。在黑格尔看来，道德就其自身而言，是"主体意志的内部规定"，良心是一种"主观的自我确信"。但这样的道德只是客观精神发展的主观环节，它必须进入客观的伦理关系，即进入客观的、现实的家庭、市民社会、国家伦理关系，才能扬弃道德的主观性和虚幻性，而成为与社会伦理关系相统一的真实的道德和真实的良心。这样的道德体现为个人的德，就是黑格尔所说"伦理的造诣"。黑格尔的另一说法叫作"确定自身的精神"①。这就是说，道德是社会的人的道德，是国家的成员的道德，或者说道德在其发展过程中终究要成为客观的、现实的个人确定自身的德，而不是虚幻的东西。因此，在黑格尔那里，道德是自律的也是他律的，是主观与客观、自律与他律的统一。尽管这种观点在当时遭到主张"道德应和国家分离"的观点的责难，但是马克思还是肯定黑格尔"给现代道德指出了它的真正的地位"，并强调"是他的一大功绩，虽然从某一方面（即这一方面：黑格尔把以这种道德为前提的国家冒充为伦理生活的实在观念）来说是不自觉的功绩"。② 显然，这里面包含着与"道德是人类精神的自律"这种观点不同的观点，它包含着更深刻的现实意识和历史感。

---

① 《马克思恩格斯全集》第 3 卷，人民出版社 2002 年版，第 317 页。
② 《马克思恩格斯全集》第 3 卷，人民出版社 2002 年版，第 135 页。

那么，黑格尔给道德指出的"真正地位"是什么呢？这要从黑格尔的《法哲学原理》中去找答案。黑格尔的法哲学就是他的伦理学，即关于伦理的学说。在他的伦理学说体系中，抽象法、道德、伦理构成了客观精神发展的相互联系的环节，黑格尔有时也把这说成是伦理发展的环节。在这个发展过程中，"道德"具有两方面的意义：一方面，作为伦理发展环节的道德，是指个体的道德，也就是当时伦理学家通常所说的"德"。从表现形式上看就是"主观意志的内部规定"，它体现着意志的主观性。如果仅仅停留在这个阶段上，那还只是康德式的道德，只是停留在主体主观领域的"应该"的意愿。所以它必须扬弃自身，进入客观的伦理，也就是进入社会关系和生活实践，使主观与客观、个人与家庭、个人与社会、个人与国家相统一，才能使应然变成实然，使意志的主观性变成"伦理的造诣"的"德"，使形式的良心变为真实的良心。另一方面，个体意志的内部规定的外在化、客观化，又表现为群体的、普遍的行为方式，也就是社会的道德风尚，乃至必然性的伦理秩序。作为客观精神，或者作为伦理精神，是一种普遍理性，也就是一种社会意识形态，它表现为国家精神、民族精神，乃至世界精神。显然，在黑格尔看来，道德不能只是意志的主观性，也不能只是个体的德，在本质上它是社会的、国家的、历史的，是一种社会意识、国家精神、民族精神。道德是主观统一于客观，个人统一于社会和国家，乃至进入历史的必然性。也就是说，在黑格尔看来，道德本质上是他律的。如果抛开黑格尔的神秘主义、唯心主义理念论，他的这一思想无疑包含着唯物史观的合理性和深刻性。正是在这个意义上，马克思肯定了黑格尔的自律和他律统一的思想。

值得注意的是，恩格斯在马克思写作《黑格尔法哲学批判》之前，即1842年6月15日，写了《评亚历山大·荣克的〈德国现代文学讲义〉》一文，批评荣克把黑格尔体系看作是"与自由主体和因循客体的他律相对立"的错误观点。恩格斯说："黑格尔要高超得多，他主张主体和客观力量相调和，他非常重视客观性，认为现实即存在比个人的主观理性要高得多，并且正是要求个人承认客观现实是合理的。黑格尔并不是荣克先生所说的宣扬那种在'青年德意志'派身上却表现得非常任性的主观自律的人。黑格尔的原则也是他律，也是主体服从普遍的理性，有时甚至是服从普遍的非理性，例如宗教哲学就是这样。"① 恩格斯还特别申明"不要把黑格尔和青年德意志派混在一起"。由于恩格斯是针对荣克的片面观点立论的，所以这段话在点出"自律""他律"这一关键点上，要比马克思的论述更直接说明了黑格尔道德观的他律性及其对现代道德的意义。至于青年德意志派也称"现代派"，在恩格斯看来他们没消化德国哲学，不过是一群傲慢不逊的作家，根本不能与黑格尔相提并论。

当然，马克思恩格斯在这个问题上的思想发展，还远不止于此。在他们建立了唯物史观之后，对道德的认识不仅不同于康德的"自律论"，也不同于黑格尔的"他律论"。如前所说，"自律"和"他律"原是康德伦理学的用语。它们的本来意义是指道德价值的根据在哪里，是在人之外，还是在人自身的理性？宗教伦理强调道德价值的根据在人之外的上帝那里，上帝的意旨就是最高的道德律法，是一切道德原则和规范的价值根据，也是行为善恶的绝对标准。欧洲文艺复兴以后，启蒙思想家的任务之一，就是要彻底改变这个原则，实现康德所理想的"哥白尼式革命"，就是从理论上清除上帝这个道德价值根据，回到人自身，回到理性自身，树立起人的理性的绝对权威，使道德价值的根据从上帝那里回到人的理性。他宣布：人是目的，人就是道德价值的绝对根据；道德是人的理性自己为自己立法，是人的意志自律。康德道德哲学的"自律"，就是强调道德意志是对理性"绝对命令"的尊崇，是理性为自己立法而又自执其法，将被动的外在强制他律变为自主的内在的意志自律，这就意味着道德就是自由。显然，在康德的伦理学体系中，自律是排斥他律的。康德的这种思想，就其反对教会神学和封建专制统治而言，具有积极的、革命的意义，可谓"哥白尼式革命"。但是康德在否定宗教和封建专制主义的同时，也否定任何外在的道德价值根据，否定道德

---

① 《马克思恩格斯全集》第 1 卷，人民出版社 1956 年版，第 523 页。

的任何意义上的他律，这就使道德自律成为无源之水，无本之木，使他的道德律"绝对命令"成为空洞的形式，使道德自由成为纯粹抽象的形式。因而他的伦理学体系本身并不能摆脱他的哲学二元论的不彻底性。在这一关节点上，席勒的批评也是一针见血："道德的目的是属于素材或内容的，不属于纯粹的形式"。① 黑格尔进一步批判了康德伦理学体系，肯定了他高扬人的主体性的伟大功绩，同时又批评他的伦理学的主观性、片面性和空虚性。但是，在黑格尔的伦理学理论体系中，法、道德、伦理都只是绝对精神的发展阶段，其道德他律的价值根据仍然是绝对精神，是绝对理念，实际上也还是人的精神，只不过他把人的精神客观化、绝对化，从道德的主观唯心论跳到了客观唯心论。马克思恩格斯批判地对待康德和黑格尔的伦理思想，清除其唯心主义和形而上学，用辩证的唯物史观，改造了他们的"自律论"和"他律论"，达到了自律与他律统一的道德观。无疑，这是西方道德哲学思想史上的深刻变革。

马克思和恩格斯认为，道德和其他意识形式一样，不是独立发生和发展的，它植根于社会的经济基础和人们的现实生活实践，并被人们的经济生活和社会关系所制约。在这里，马克思恩格斯从精神现象的总体上，把道德看作是一种反映人们生活过程的意识形式。"意识 [das BewuBtsein] 在任何时候都只能是被意识到了的存在 [bewuBte Sein]，而人们的存在就是他们的现实生活过程。"② 无论作为个体意识还是作为群体意识，道德作为精神现象都离不开人们的社会存在的前提，离不开人们的实际生活内容。因此，道德价值的根据不是在人们的头脑里，而是在人们的社会存在和生活实践中。这就是说，道德作为一种社会意识，或作为个人意识的动机、目的、意图等，就其根源和客观内容来说是他律的。个人借以律己的道德准则虽然是在个人脑子里形成，在个人的心中存在，但它的内容不是从娘胎里带来的，也

---

① ［德］席勒:《美育书简》，中国文联出版公司 1984 年版，第 155 页。

② 《马克思恩格斯选集》第 1 卷，人民山版社 2012 年版，第 152 页。

不是从天上掉在人的脑子里的，而是来自社会生活和个人的实践。道德的主观表现形式有它相对的独立性和复杂的个体性，但道德准则的形式不可能是纯粹的无内容的形式。任何内容都有与之相应的形式，任何形式都是有内容的。如果形式不是内容的形式，它就没有任何价值；同理，如果内容没有相应的形式，那么它就根本不可理解。

马克思恩格斯重视道德的他律性，并不轻视个体道德的自律。从个人的道德意识、观念、意志来说，他们更重视道德自律对个人的人格、境界和完善自身的重要性。马克思在讲到青年做出职业选择时说："认真地权衡这种选择，无疑是开始走上生活道路而又不愿在最重要的事情上听天由命的青年的首要责任。"后来所讲的"个人自由全面发展"，就更是善于自律和他律统一的人。实际上，没有道德的自律，一切道德规范和原则就都将成为虚设，而不能内化为个人现实的行为准则和道德行为，也不能变成社会群体的道德风尚。这里所说的道德自律，就是尊重事物的规律和法则，按照善良意志做人。在这个意义上，他律正是对个体的主体性、主动性的肯定，也是人的自我认识、自我完善的人格担当。一个人越是自觉地尊重社会发展规律的要求，把自由和必然性统一起来，他的主体性就越强，他的自律程度就越高。任何一个人都是在限制自己于事业的要求中发挥自己的能动性和创造性的。他越是能承担起巨大事业的社会责任，就越是显示出他的主体性、主动性和自律能力。相反，一个不能承担社会责任和义务的人，正是缺乏主体性和自律能力的人。

由此可见，道德的自律和他律是不可分离的。道德的自律和他律之所以不可分离，一方面是因为个体道德必须是自律的，社会道德的要求只能通过个人的自律得到实现；另一方面是因为个体的自律又包含着社会的他律为内容和根据。当我们说到他律的时候，不应忽视和否定道德必须通过自律去体现，必须转化为主体自觉、自主的自律，才能成为现实的道德行为。只有自律而无他律的道德，实际上是忽视了它借以律己的道德准则的客观根据，或者就是自以为是；只有他律而无自律的道德，只是客观的外部的规定内容，还没有外在条件发生作用的内因，因而只能是无效的道德说教或被强迫做出的行为。

第二章　批判思辨幻想　关注现实道德

在 1843 年到 1844 年初的这段时间内，马克思主要是从"物质的生活关系出发"，解释政治、法律、国家和意识形态问题，同时通过对黑格尔《法哲学》的批判进一步探索现实的伦理。《论犹太人问题》和《黑格尔法哲学批判》的写作，表明马克思已经开始形成唯物主义历史观。在这一时期，马克思虽然很少谈论道德，或者说不是从道德上批评资本主义社会现实，而是关注德国的解放，但是马克思还是对构成德国社会道德的基础和民族的伦理秩序进行了批判分析。恩格斯从经济、政治和社会意识上，研究了英国资本主义制度和工人阶级状况，同时以批判的精神审视资本主义社会的伦理道德，表现出与马克思总体一致的思想倾向和独立写作风格。

第一节　关于森林法的道义辩论

马克思到莱茵报工作后，迎头碰到的另一个问题就是关于森林法的辩论，也就是维护劳动人民物质利益和权利的辩论。马克思第一次挺身捍卫人民群众的物质利益和社会权利，开始从社会精神领域转到物质利益领域；从代表人类精神的要求批判书报检查制度，转向为人民群众的利益和权利进行辩护。这里不仅表现出马克思深刻的政治眼光和严谨的逻辑力量，而且进一步突破德国思辨伦理的空泛模式，为科学地解释社会伦理和道德现象找到了正确方向。由此，马克思的道德哲学思考，从个体道德主体进入社会伦理，从精神现象转到社会经济领域。这一行动虽然比恩格斯稍晚一些，但其思想更锐利、更深刻。

一、　行为规定的法理和道德

按照德国文化传统，特别是经过黑格尔哲学时代，在理论领域和上层社会意识中，通常是把伦理和道德两个概念区别对待的。伦理是客观精神和民族的精神，也是精神渗透其中的合理的社会关系和秩序。道德和法律都是维系和调节伦理关系和秩序的特殊方式。在德国伦理学中特别是在黑格尔的法哲学中，法就意味着客观精神的规定，法理与道理相通。个人道德就是"伦理的造诣"，道德的法和法律之法都是法的规定的特殊形式。马克思在这个时期的著作中还带有黑格尔法哲学思辨的痕迹，因此我们阐释经济冲突中的意志行为和伦理关系时，有时也使用这种统一的法的概念。

19 世纪 40 年代，在普鲁士还存在着这样的社会现象：小农、短工和城市居民因贫困和破产而不得不去采集森林中的枯木落枝，用做加热食品和取暖。按照传统惯例，这是他们的"习惯权利"，也是人的自然权利。但是林木所有者把农民捡拾林中的树木枯枝看作"盗窃"，要求用法律加以惩处，普鲁士政府决定颁发一种新的法律，惩治这种"盗窃"行为。于是，普鲁士莱茵省议会于 1841 年 6 月 15 日至 17 日，就"林木盗窃法草案"进行了辩论。这是一次具有重要意义的辩论，马克思把它看作省议会舞台上演出的"大型政治历史剧"。第一次是在精神领域即关于出版自由的辩论，这一次是发生在物质利益领域，辩论内容是真正现实生活问题。所以马克思又说，这一次是"在坚实的地面上演戏"。

所谓莱茵省议会属于德国普鲁士王国内的省级的等级会议。等级会议由四个等级的代表组成：诸侯和上层贵族代表（旧皇家家族）、骑士或下层贵族代表、城市的代表、农民和小农业主代表。拥有地产是参加省等级议会选举的主要条件。省议会的权限是商讨地方经济和省的行政管理问题，如森林、狩猎、牧场的治安和违禁等问题，有时也讨论政府提交的一些法案和提案。这次的六月辩论，显然是关于地方经济和行政管理的。从伦理的视角看，这次辩论包含着这样几个问题：（1）区别行为的道德和法律的界限；（2）特权、权利和义务关系；（3）行为意识的自觉或不自觉以及行为动机和后果；（4）围绕林木问题展现的社会伦理关系冲突的性质。

议会辩论一开始就发生了法律和道德、不法和犯罪的界限问题的交锋。下面列举两例：

辩论之一：偷拿林木是否属于盗窃？城市代表反对把普通的违反林木管理条例的偷拿林木行为归入"盗窃"范畴。骑士代表则反驳说："正因为不把偷拿林木行为算作盗窃，所以这种行为才经常发生。"马克思针对后一种观点反驳说：打耳光不算杀人，但能否说正因为打耳光不算杀人，所以打耳光才成为经常发生的现象，因此立法者就应当把打耳光的行为算作杀人？

辩论之二：偷拿枯木和树枝是否应同盗窃行为或同砍伐活树一样惩罚？城市代表认为，如果把偷拿枯木、树枝的行为都当作盗窃行为处理或同砍伐活树同样惩罚，那就会把并不是有意犯罪的好人推上罪人的道路。另一位代表反驳说：他们那个地方有人先把小树砍伤，等到它枯死后再当作枯树拿走，因此应该把这种行为当作同盗窃一样的行为对待。马克思针对后者反驳说：这是"为了幼树的权利而牺牲人的权利"。如果法律作出这样的规定，那就等于把不是存心犯罪的人"从活生生的道德之树上砍下来"，抛进犯罪、屈辱和贫困的境地。这是混淆道德问题和法律问题的界限，把本属道德范围的问题错误地当作法律问题去处理。

按照马克思的严格法律分析，必须区别捡拾枯枝与盗窃树木这两种不同性质的行为。两种行为的区别在于：第一，如果是占有了一棵活树，那就是用暴力截断或破坏树木各部分的有机联系。这种行为是明显地侵害树木的行为，也是侵害树木所有者的权利的行为。第二，如果砍伐的树木是从别人那里偷来的，那树木就已经是加了工的树木，同财产的天然联系已经让位于人工的联系，这样谁盗窃了已砍伐的树木谁就是盗窃别人的财产。这是行为事实本身的区别。这就是说，捡拾枯树、违反林木管理条例与盗窃林木，这三者的行为性质是不同的。捡拾枯树并不等于违反林木管理条例，更不是林木盗窃。林木盗窃者是擅自对别人的财产占为己有，而捡拾枯树者只是对已经不属于财产本身的枯木所作的选择（因为林木所有者只是占有林木本身，而不再占有从林木身上落下的树枝）。可见，捡拾枯木与林木盗窃是本质上不同的两回事。对象不同，作用于对象的行为也就不同，因而其意图的性质也一定有所不同。那么什么是判断行为者意图的标准呢？马克思指出，"行为的内容和形式就是衡量意图的客观标准"。如果不顾两种行为的本质区别及其表现，都当作盗窃对待并加以惩罚，那就不仅混淆了道德和法律的界限，而且必然会混淆是非、正邪的界限，造成错误的行为评价和错误的刑事处罚。

这里涉及法律和法理的关系。马克思认为，"法律不应该逃避说真话的普遍义务。法律负有双重的义务这样做，因为它是事物的法理本质的普遍和真正的表达者。因此，事物的法理本质不能按法律行事，而法律倒必须按事物的法理本质行事"①。马克思强调，不能要求法理本质按法律行事，而是相反，法律应当按照法理的本质行事。说真话是法律的普遍义务，就是法按照法理行事。在这里，马克思从各个角度深刻剖析了法律不按法理行事的荒谬和不义：法律如果把未必违反林木管理条例的行为称为盗窃林木，这种法律就是在合法但不合道义地扯谎，穷人就会成为这种合法但不合道义的扯谎的牺牲品；法律如果这样对待捡拾枯木者，就会使人民看到的不是罪行，而是看到对没有罪行的行为实施罪行惩罚；如果在不该用盗窃这一范畴的地方使用盗窃，就是在应该使用盗窃的地方掩饰了真正的盗窃；如果把任何侵犯财产的行为都看作盗窃，那就等于说任何财产都是盗窃；如果不考虑各种犯罪行为的差别，那就是把犯罪当作和法无关的东西，也就是否定了法本身；如果不考虑任何差别的严厉惩罚的法律手段，也会使法律的惩罚毫无效果，因为它不区分行为的不同性状，因而就等于取消了作为法的结果的惩罚。这

---

① 《马克思恩格斯全集》第 1 卷，人民出版社 1995 年版，第 244 页。

种善恶颠倒、是非混淆的判处，无异于把合法的行为变成罪行，而把罪行本身变成了合法行为。这种法律也就完全背离法理，失去了法律本身的合理性和正义性。

上述情况还涉及立法原则问题。马克思指出，明智的立法者预防罪行是为了避免惩罚罪行。但是预防的办法不是限制法的领域，而是给法提供实际的活动领域，这里需要的是立法者的仁慈。如果国家在这方面不够仁慈，那么立法者的起码义务就是：不要把那种仅仅由于环境造成的过错变成犯罪。立法者必须以最大的仁慈之心，把这种情况的发生当作社会秩序管理混乱来加以纠正，至多应该当作违反警章规定的行为来对待，而不能当作犯罪行为来惩罚。如果把那些因环境而造成的过错当作危害社会的罪行来惩罚，那就超出了法律正义的界限，使立法成为最大的不法，使正义变为不义。对此，经验的检验标准就是人民是否能够接受。法律处罚不应该引起比纠正过错更大的反感，犯罪的耻辱不应该成为立法的耻辱，否则就会破坏国家的法律基础。马克思特别强调："这是立法的首要规则"；认为有道德的立法者首先应当认定：把过去不算犯罪的行为列入犯罪行为的领域，是最严重、最有害而又最危险的事情。

从道义上说，立法的公正与否，决定于立法者。马克思说，"立法者不能是狭隘小气、愚蠢死板、平庸浅薄、自私自利的人"。这种人看事情只从自己的得失着眼，好像有人踩了他的脚鸡眼，他就把这个人看作天底下最坏的坏蛋，把他骂得狗血喷头。他把自己的脚鸡眼当作判断别人行为的标准，把别人接触自己的那一点当作那个人的本质。立法者不应该像这个被踩了脚鸡眼的人一样，用狭隘的私人利益眼光，把一个触犯某一规定的行为夸大为整个人都是恶的，就判他为罪人。如果这样，那就是把法律当作消灭老鼠的捕鼠器，而立法者就只是捕鼠者，完全不分是或非、善或恶、罪或过。这样还能有正义的法律和执法的正义吗？

马克思认为，"国家也应该把违反林木管理条例者看作一个人，一个和它心血相通的活的肢体，看作一个保卫祖国的士兵，一个法庭应倾听其声音的见证人，一个应当承担社会职能的集体的成员，一个备受崇敬的家长，而首先应该把他看作国家的一个公民"①。在立法这种崇高的事业中，一分钟也不能有狭隘的自私心理，而必须达到普遍和客观观点的理论高度；那种一想到自己的利益就浑身发抖并不择手段地保护自己利益的人，在利益对立中是不可能公正的。因此，马克思强调指出："任何人，甚至最优秀的立法者也不应该使他个人凌驾于他的法律之上。任何人都无权命令别人对自己投信任票，因为这种投票对第三者带来后果。"② 马克思质问：难道每一个公民不都是通过一根根命脉同国家有千丝万缕的联系吗？难道仅仅因为这个公民擅自割断了某一根命脉，国家就可以割断他的所有命脉吗？

在议会辩论中还有一个焦点，即如何对待儿童采集覆盆子的问题。有一位城市代表反对把儿童采集覆盆子归入盗窃法，为贫苦儿童作辩护。因为儿童采集覆盆子是自远古以来所允许的，这是儿童的习惯法。另一位代表反驳说，在他们那个地区野果已成为市场交易品，都是允许采集的结果，因此应禁止儿童采集覆盆子。马克思评论说：这是把穷人的习惯法变成了富人的独占权，是把公共财产变为私有财产的独占权。"我们要为穷人要求习惯法，而且要求的不是地方性的习惯法，而是一切国家的穷人的习惯法。"因为这种习惯法"按其本质来说只能是这些最底层的、一无所有的基本群众的法"③。

马克思认为，实行"森林法"的国家之所以不承认习惯法的正义，就在于习惯法的习惯不是特权者的习惯。特权者的习惯是与法相抵触的，就像动物习惯于不平等的关系一样。人类在自然史时期，分成若干特定的动物种属，决定他们之间的关系的不是平等，而是不平等，后来就是法律所确定的不平等。本来，人类的法应是自由的体现，动物的法是不自由的体现；自由的世界需要自由的法，不自由的世界需要不自由的法。如果人类世界的法是

---

① 《马克思恩格斯全集》第 1 卷，人民出版社 1995 年版，第 252 页。
② 《马克思恩格斯全集》第 1 卷，人民出版社 1995 年版，第 264 页。
③ 《马克思恩格斯全集》第 1 卷，人民出版社 1995 年版，第 248 页。

不自由的体现，那就无异于动物世界。马克思有时就把不平等的封建制度看作是"精神的动物王国"，是被分裂的人类世界。因为在封建制度下，每个人都被塞到一个固定的等级里，平等只是同一等级内的平等，而不是人之间的平等，即只是种的平等，而不是属的平等。在种与属之间，存在着激烈的等级冲突。当特权者不满于制定法而诉诸自然法时，他们所要求的并不是法的人类内容，而是法的动物形式，是没有现实性的"动物假面具"。贵族的习惯法是与通用性和必然性的法相对立的，它们无视普通法律的形态，而只重法律的特权内容。这种特权内容就是领主裁判权的制定：维护领主利益的奴仆同时又是宣判人；护林官是告发者、鉴定人，同时又是惩罚规定的估价人。这种荒谬的审判程序，完全体现着特权者的利益和权力。这就证明，他们的行为只是习惯的不法行为，而不是合法的行为习惯。因此，应该废除这种特权的习惯法，惩罚利用这种习惯犯法的不法行为。

这里应该注意，在实施普通法的时候，合理的习惯法是制定法认可的习惯，因为法并不因为已被确定为法律而不再是习惯，但是它不再仅仅是习惯，还有被规定为法律的法。对于一个守法者来说，法已成为他自己的习惯，而对违法者来说则是被迫守法，被迫改变他的不良习惯。被确定的法不再取决于偶然性，即不再取决于习惯是否合理；恰恰相反，习惯所以成为合理的只是因为法已变成法律，习惯已成为国家认可的普遍性的习惯。从这里的林木事件来说，习惯法存在的形态来说，贵族的习惯法是同合理的普通法相抵触的习惯，而贫民的习惯法则是同实在法的习惯相抵触的法。贫民习惯法的内容并不反对法的形式，而是反对习惯法的不定形态，反对把特权变成法，因为把特权变成法就意味着对贫民利益的损害。因此，特权等级的习惯法是不存在的，也不应当存在。马克思说："习惯法作为与制定法同时存在的一个特殊领域，只有在法和法律并存，而习惯是制定法的预先实现的场合才是合理的。因此，根本谈不上特权等级的习惯法。"① 就是说，特权等级

---

① 《马克思恩格斯全集》第 1 卷，人民出版社 1995 年版，第 250 页。

没有权利预示法律，因为法律已经预示了他们的权利可能产生的一切结果。

二、　合理意志与道德正义

马克思在关于森林法的辩论中，谈到"自由意志"与"合理意志"，以及行为的动机和后果问题。在议会辩论中，有人用"自由意志"反对任命制。理由是私人的自由意志不应受到任何限制。这样的理由就不只是关于森林法的问题，而且也是涉及普遍性的道德哲学问题。马克思认为，说人具有一种可以不受任何限制的自由意志，这很像是希腊神话的预言，只是脱离人间生活的想象。在马克思看来，自由意志是具体的，不是抽象的，因此认为自由意志就是不受任何限制的理由是不能成立的。在现实的林木争讼中，强调这种不受任何限制的自由意志，实际上就是维护强权者的利益，是为林木所有者辩护而损害民众利益的理由。林木所有者强调自由意志不能受任何限制，实际上是要求给予他们以不受任何限制的意志自由，使他们的意志能以最方便、最合适、最省钱的方式，来处理和惩罚违反林木管理条例者，以保障他们自己的利益。他们不仅要求有占有林木财富的特权，而且要求法律维护他们处理违反林木管理条例者的全权。在这里是逻辑的"充足理由律"被利益的诡辩牵着鼻子走。

马克思认为，实际上，反对者并不是反对限制自由意志，而是反对严格的限制方式。因为这种严格的限制方式不仅限制了违反条例者的自由意志，而且也限制了林木所有者的自由意志。林木所有者所要的自由意志是对他们忠实顺从、善于使自己的活动与特权者的活动相一致的自由意志，也就是使国家权威变成林木所有者的奴仆和工具，成为左右整个国家机构的灵魂。因此，林木所有者所要求的自由意志是与合理意志的精神相背离的。所谓"合理意志"，在德国传统道德哲学中，就是合乎理性的精神，它体现为履行正义原则的理性，而不是自私自利的不讲道义的理性。林木所有者所要求的自由意志正是一种自私自利的不讲道义的理性。国家在这种意志的影响和支配下，就不可能有正义的立法，也不可能有公正的法官和公正的执法。

法律体现的是国家权力。对于治理国家来说,最需要的是表达人民精神和意志的法律。法律若掺进特权的自私和狭隘,其危害要比道德的自私和狭隘更严重、更普遍。法律必须是大公无私的。如果法律是自私自利的,法官只能一丝不苟地表达法律的自私自利,无所顾忌地利用它为自己或自己的集团牟取私利,那么法律的所谓"公正"判决就必然是对公民的欺骗。在这种情况下,"公正"只是判决的虚假形式,而与判决的内容和实质无关。因为,内容已经被自私狭隘的法律事先规定了,或者已经包含在自私自利的执法行为中了。诉讼是法律的生命形式,也是法律生命的表现。如果形式不是内容的形式和生命的体现,那么法律诉讼就没有任何价值,或者说就只是被用来掩护腐败和罪恶的特权。

马克思认为,政府的这种立法完全是以强制的手段维护森林所有者的特权,是维护特权者与无权者的不平等的关系,是对一无所有的生命的剥夺,是对自由和人道的剥夺。在这里,剥削者的利益与被剥削者的利益的矛盾是根本对立的。对于森林所有者来说,"利益是没有记忆的,因为它只考虑自己。它所念念不忘的只是一件东西,即它最关心的东西——自己"①。森林占有者是目的,人民群众是手段。森林占有者代表私有制的利益,人民群众是为了私人利益。两者的利益是根本对立的。马克思在这里使用了"私人利益"和"私有制的利益"两个概念,显然是已经看到根本问题在于私有制。造成伦理秩序破坏和对立的就是私有制与人民利益的对立。森林占有者的利益和人民群众的利益虽然都是私人利益,但是这是两种性质不同的私人利益。森林占有者的"私人利益",实际上是私有制利益的体现。这种"私人利益"没有国家,没有全省,也没有伦理的共同精神,甚至连乡土观念都没有。它唯一的目的,就是他的私人的物质利益。因此只要有林木占有关系,那么不论在世界什么地方,它所造成的人与人的关系必然是根本利益对立的关系。维护这种利益关系的法律也一样,都是维护剥削者的利益,只是

———————————

① 《马克思恩格斯全集》第 1 卷,人民出版社 1995 年版,第 270 页。

颁布的地方不同、使用的文字不同而已。这是被分裂的世界，从本质上说它不具有人类世界的人道。

这里还有一个问题，就是公民与国家之间的权利—义务关系。从前面的所谓林木盗窃和惩罚来说，本来，在价值补偿和损失的特殊补偿后，盗窃者和林木所有者的关系已经结束了。林木所有者的利益在林木被窃时受到损害，是因为林木遭到损失，而不是林木所有者的权利受到侵犯。违法行为的可见的一面是侵犯了林木所有者的实际利益，而违法行为的实质则是对国家法律本身的侵犯，是不法意图的实现。因此，林木所有者有权对直接的利益损失提出要求，但无权对盗窃者的合法意图提出要求。因为林木所有者在被盗之前不是国家，在被盗后也不能变成国家。道理很简单，林木所有者只能收回被别人偷去的原属于他的东西，而不能收取属于国家的东西，即不能把国家的东西变成他的私有财产。公众惩罚与私人赔偿不同，它是用国家理性去消除罪行，它体现的是国家权力，不能转让给个人，正如人的良心不能转让一样。这里不能由于中间环节的介入而变成私人权利和关系；即使人们允许国家放弃自己的权利，国家也不能放弃自己的义务。

更重要的是，马克思在这里强调林木所有者不能从国家获得实行公众惩罚的私人权利，他本身也没有任何实行惩罚的权利。不仅如此，如果林木所有者以第三者的罪行为借口来窃取国家的权利，其罪名更加严重，是罪上加罪，因为它是林木所有者又利用盗窃林木者来盗窃国家财产和国家本身。这无异于盗用公共的国家财产的国事罪。国家对林木所有者不仅要罚款而且要治罪，不仅要人的钱袋，甚至还要以人的生命本身抵罪。

三、　等级社会的权利和义务

根据普鲁士国王 1842 年 6 月 2 日的命令，普鲁士各省成立了等级委员会。委员从参加省议会的各级代表中选出。在此基础上再由国王召集组成联合等级委员会。普鲁士政府以此代替宪法的推行，于是引起了社会舆论的广泛注意。这个问题不仅关系到国家的政治民主，也关系到如何确认社会的伦理秩序。

马克思认为，认识这种秩序不能停留在感性的水平上，而必须上升到理性认识。首先，就是要正视现实。19 世纪 40 年代的普鲁士，是封建专制的政治统治。这种政治统治是以土地地产的等级为基础的。普鲁士国家的各个省的等级委员会和国家的联合等级委员会委员的推举是以地产等级为一般条件的。地产就代表着等级。按照省议会组织法的规定，除完美无瑕的名声和三十岁的年龄，其他条件还有：（1）连续数年占有土地；（2）隶属于某个基督教会；（3）占有以往直接附属于皇帝的土地（属第一等级）；（4）占有帝国骑士领地（属第二等级）；（5）在市议会任职或操某种市民职业（属城市等级）；（6）以独立经营自有土地为其主要职业（属第四等级）。马克思强调理性认识正是针对着这种普鲁士的政治现实。马克思认为，不应把委员会的组成与其宗旨分开，因为组成只是外部结构，而宗旨才是起指导和支配作用的灵魂，犹如一部机器的结构和其动因，不知道机器的动因。就不能真实评论其结构的合理性。

马克思指出，不能把地产这一等级代表制的"一般条件"看作"唯一条件"。因为等级代表制只能由等级之间的本质差别决定，而不能由任何与这种本质无关的东西来决定。自然界没有停滞在现成的元素上，而是还在自己的生命的低级阶段就已证明这种差别不过是一种无精神真实性的感性现象，同样，国家这一"自然精神王国"，不应也不能在感性现象的事实中去寻找和发现自己的真实本质。因此，把等级差别视为"神的世界秩序"的最后的、终极的结果，这种对世界秩序的认识是肤浅的。马克思指出，"我们并不要求在人民代表制的问题上撇开现实地存在着的差别。相反，我们要求从由国家内部结构所造成和决定的那些现实差别出发，而不要从国家生活领域倒退到国家生活早就使其丧失意义的某些虚构的领域中去"①。

其次，是管理的集权问题。在国家管理问题中，如果每个省、每个乡镇都自己管理自己的事务，那么中央政府作为一个整体的权力，是否就只是在

---

① 《马克思恩格斯全集》第 1 卷，人民出版社 1995 年版，第 334 页。

涉及对外政策上代表国家整体权力才应当管理国家的各个部分？这就是集权问题。国家权力是否应当从一个点出发，即一个点是否应当成为行政管理的中心？马克思认为，问题不能这样提出来。解释国家问题不能脱离历史。历史本身除了提出新问题，处理老问题之外，没有别的解决办法。只要问题是实际的问题，就能够找到问题的答案。对问题的解答与个人的意图、观点、眼光有着很大的关系，但"问题就是公开的、无畏的、左右一切个人的时代的声音。问题就是时代的口号，是它表现自己精神状态的最实际的呼声"。也就是说，虽然与个人有很大的关系，但归根结底它不取决于个人的意图、观点、眼光，而是取决于历史发展的客观要求和时代的呼声。蒙昧主义常常把反动当作先进，而历史的发展终将使前进取代反动。

马克思的意思是不能抽象地提出问题，如"假定人民全都是正直的人，任何中央权力都是多余的"等，而应该历史地提出问题，现实地解决问题。例如，在关于森林法的辩论中，马克思提出了这样的问题：省议会关于森林法的表决应该为了保护林木所有者的利益而牺牲法的原则？还是应该为了保护法的原则而牺牲林木所有者的利益？结果是保护林木所有者的利益得了多数票。这样，省议会就把林木所有者的特殊利益当作自己的使命和最终目的，因而践踏了体现普遍利益要求的法。马克思由此得出了这样的结论：利益的本性是盲目的、无节制的、片面的，一句话，它具有无视法律的天生本能，但是立法的人却不能是盲目的、无节制的、片面的。无视法律的人不能立法，私人利益也不能因为被抬上立法者的宝座就能够立法。省议会的表决说明，一旦维护特殊利益的等级代表会议被赋予了立法使命，人民就不可能从那里得到公正的立法和法律判决。

马克思认为，从法律上说，省等级会议不仅受权代表私人利益，而且也受权代表全省的利益，在议会中战胜等级，战胜林木所有者。不管这两项任务是多么矛盾，但在两者发生冲突时却应该毫不犹豫地为了代表全省的利益而牺牲特殊利益。因为特殊利益既没有祖国意识，也没有省的观念，既没有理智，也没有感情，问题在于它的深远的影响和危害。在这里，马克思批评了某些作家的"理想的浪漫主义"和"道德的个人形式",指出他们的异想天开必然会破坏特殊利益和整体利益的统一。"把特定的物质和特定的奴隶般地屈从于物质的意识的不道德、不理智和无感情的抽象物抬上王位。"这也就是把少数人的特权变成国家的权力,变成对全社会的统治权。这种理论的直接结论就是:"讨论林木法的时候应该考虑的只是树木和森林,而且不应该从政治上,也就是说,不应该同整个国家理性和国家伦理联系起来来解决每一个涉及物质的课题。"① 马克思说,这是"下流的唯物主义","是违反各族人民和人类的神圣精神的罪恶"。

最后,权利和义务的关系问题。在林木法的规定和实施中,核心的问题是权利和义务的关系。林木所有者力图通过法律规定和维护他们的权利和特权,而规避和削减他们应尽的义务;相反,对于没有林木财产的无产者来说,现行法律的规定则严格限制他们维持自己的自然需要和正当需要的权利,无遗漏地规定他们的一切义务,就像债权人对债务人一样,使他们处于暂时的农奴状况。以罚款为例,林木所有者不仅要求把罚款归他个人所有,而且还要求把惩罚违反林木法条例者的国家权力也归他私人所有,从而取代国家的地位。就是说,他不只是把罚款当作获得金钱的来源,而且当作一种特有的具有法律意义的惩罚权,从而把公共权利变成了自己的私人财产,而且虚伪地、巧妙地掩盖了把惩罚权利本身归于自己所有的事实。

从道德哲学的视角来看,这里就深藏着权利与义务的割裂和不平衡,背离国家理性和合理的社会伦理秩序。按照德国道德哲学,法或权利,不能只理解为有限制的法律的法和权利,而是要广泛地理解为"自由的一切规定的定在"。这种规定作为普遍的规定,应当而且只能在主观意志中有其定在。就其为主观意志来说,既是他的义务,同时也是他的权利。在这种关系中,"凡是权利也都是义务,凡是义务也都是权利"。黑格尔解释道德义务说:"一般说来,道德义务是在我作为自由主体的内心,同时也是我的主观

---

① 《马克思恩格斯全集》第1卷,人民出版社1995年版,第289—290页。

意志、我的意向的一种法或权利。"① 他接着指出，"在伦理范围内这两方面达到了它们的真理，达到了它们的绝对统一性"②，就是实现了主观与客观、意向与现实性、特殊利益与普遍利益的统一。他举例说，就像家长对于家庭成员的权利同样是对他们的义务，孩子们服从的义务也是他们被教育成为自由的人的权利一样。尽管义务和权利好像是以必然性的方式通过中介而彼此回复到对方，达到两者的相互结合，而且表现出分歧、差别和多样性，但其价值本身是同一的：没有权利就没有义务，反之亦然。

第二节　伦理关系的现实性思考

按照马克思的实践和思想发展过程，从林木盗窃法的批判，进一步关注点是其背后的力量——国家。从这里切入客观伦理领域，就摆脱了黑格尔唯心主义的从道德向伦理过渡的三段式。从 6 月发表的《第 179 号"科伦日报"社论》来看，马克思认为，从前的谈论国家法的哲学家，往往是根据人的本能，如功名心、善交际等进行思考；或者也根据人的理性，但并不是根据公共理性，而是根据个人的理性。马克思说，与国家法哲学家不同，最新哲学持有更加理想和更加深刻的观点，它根据整体的思想构成自己对国家的看法。马克思所说的"最新哲学"，就是正在形成的历史唯物主义哲学。1843 年底，马克思到莱比锡主办《德法年鉴》，批判黑格尔哲学，在伦理学方面，马克思在理论和思想的批判中，阐发了他关于国家、市民社会和家庭的伦理观。

一、　黑格尔国家伦理观批判

黑格尔在《法哲学原理》中讲到个人自由权利时，提到希腊教育史上

---

① ［德］黑格尔：《精神哲学》，人民出版社 2006 年版，第 315 页。
② ［德］黑格尔：《精神哲学》，人民出版社 2006 年版，第 315 页。

的一次对话，说有一位父亲问："要在伦理上教育儿子，用什么方法最好"，毕达哥拉斯派的人曾回答说："使他成为一个具有良好法律的国家的公民。"黑格尔引出这一对话的用意是要说明，国家若有良好的法律，个人只要成为这种国家的公民，就能使自己成为权利和义务统一的好公民。这句话所表达的观点就是他着重阐述的这样一个一般命题："个人对国家尽多少义务，同时也就享有多少权利"，权利与义务是统一的。由于黑格尔这个观点强调的是国家普遍目的和个人特殊利益的统一，所以在德意志意识形态中成为绝对的政治原则和道德原则，受到普鲁士国家的青睐，也常被学者引用作为论证权利—义务关系的理论根据。但是，马克思却揭露了黑格尔这个命题中所包含的神秘主义和逻辑错误。

马克思的批判针对的是这样一个基本点，即国家是"自在自为的道德主体"。黑格尔是个国家主义者，他把国家绝对化、神秘化、精神化，认为国家是"绝对自在自为的理性的东西"①，是"实体性的合理绝对的不受推动的自身目的"②，"自在自为的国家就是伦理性的整体，是自由的现实化"，"国家是地上的精神"，"神自身在地上行进，这就是国家"。③ 就国家与家庭和市民社会的关系来说，黑格尔认为，国家是先于家庭和市民社会的，而家庭和市民社会则是由国家观念产生的，是从国家精神实体或共同体中分离出来的，因而它们是作为一般性的国家实体规定的"有限性、特殊性的存在"。也就是说，国家精神把自己"外化"为家庭和市民社会这两个领域，是为了通过它们返回自身，回归自为的绝对精神。这样，黑格尔按照他的国家学说，就规定了人在国家中的地位："人只有在国家中才有其合理的存在。人之所以为人均须归于国家；人只有在国家中始有其本质。人所具有的一切价值及所有精神现实均通过国家始能取得……国家非为国民而存在；不妨说，国家即是目的，而国民乃是其工具而已。"因此，正如国家对

---

① ［德］黑格尔：《法哲学原理》，商务印书馆 1961 年版，第 253 页。
② ［德］黑格尔：《法哲学原理》，商务印书馆 1961 年版，第 253 页。
③ ［德］黑格尔：《法哲学原理》，商务印书馆 1961 年版，第 259 页。

个人具有本质意义和最高权力一样，个人成为国家的成员也就是个人的最高义务和本质体现。

黑格尔的思想在下面这段话中做了进一步的表述："对私权和私人福利，即对家庭和市民社会这两个领域来说，国家一方面是外在的必然性和它们的最高权力，它们的法规和利益都从属于这种权力的本性，并依存于这种权力；但是，另一方面，国家又是它们的内在目的，国家的力量在于它的普遍的最终目的和个人的特殊利益的统一，即个人对国家尽多少义务，同时也就享有多少权利。"马克思对黑格尔法哲学的国家观的批判，就是从这里开始的。

这里有必要解释一下黑格尔《法哲学原理》中的"伦理"概念。黑尔在《法哲学原理》中按照概念本身的内在差别，把客观精神的发展过程划分为三个阶段：抽象法、道德、伦理。伦理是前两个发展环节的统一，它的发展又经过三个环节，即家庭、市民社会和国家。① 黑格尔论述的是精神的发展过程，是概念逻辑的展开，即绝对理念通过相应的概念展开自身，但按照他的"理念即概念加定在"的诠释，它的实体性体现（定在）就是现实的家庭、市民社会和国家及其关系。因此，黑格尔讲的精神发展过程经过辩证的发展又归于自身，即过程中的家庭和市民社会两个环节只是手段，国家则是它们的目的。

在这里，黑格尔把私人权利和福利归于家庭和市民社会两个领域，显然是在讲体现私人权利和福利的家庭、市民社会对国家的关系。在国家是"绝对目的""地上的神"这种前提下，如何规定权利—义务的关系呢？这里有两个方面：一方面，黑格尔按照他的思辨，把家庭和市民社会看作国家实体的产物，因此把家庭和市民社会对国家的关系归结为"从属"关系和"依存"关系。所谓"从属"关系，就是指国家对家庭和市民社会是一种

---

① 参见《马克思恩格斯全集》第3卷，人民出版社2002年版，第649页注释2。附见高兆明：《黑格尔法哲学导读》，商务印书馆2010年版，第426页。

"外在必然性"的关系，就像阳光对植物的关系一样。按照这种外在必然性，当家庭、市民社会的法律和利益同国家的法律和利益发生冲突时，前者必须依从于后者。所谓"依存"关系，就是指家庭和市民社会对国家属于部分对整体的关系，整体大于部分，部分从属于整体。在这种意义上，他认为国家普遍的最终目的和个人的特殊利益的统一，就在于"个人对国家的义务"和"国家赋予个人的权利"是同一的；换句话说，个人在对国家的关系中所受的约束同时也就是个人应有的自由。

另一方面，黑格尔又强调国家是家庭和市民社会的"内在目的"，当然也是个人的本质和"内在目的"。因为国家直接地存在于客观的伦理秩序中，间接地存在于单个人的自我意识和理性活动中。这种状况就体现着个人、家庭和市民社会对国家的态度，即对"自在自为的存在着的绝对目的"的渴望和希求。这样，在国家中，个人的义务和权利的结合就处在了"同一关系"中，即个人对国家的义务不仅是"从属"了外在的必然性，而且如同祈求神佑一样是个人自觉、自愿的内在希求。正是在这个意义上，他认为，"个人对国家尽多少义务，同时也就享有多少权利"这样一个原则不但是合乎伦理的，也是出自个人的道德良心的，用他的话说，就是"人们宁愿在这客观性中降为奴仆，完全依从"。马克思说，黑格尔的这种思辨既是"诡辩"，又是"露骨的神秘主义"，是把个人和家庭的自由变成国家的奴仆。这种批判不仅具有政治意义，而且是对黑格尔伦理观和道德观的深刻批判。

马克思认为，黑格尔的这种思想只有这样解释才是合理的：国家实际上是家庭和市民社会发展的产物，是真正从活动着的家庭和市民社会的成员这种群体中产生的。家庭和市民社会的独立、充分的发展是国家的前提，是国家赖以建立的基础，是不能由人的自由选择决定的。马克思在1846年12月28日给巴·瓦·安年柯夫的信中说："人们能否自由选择某一社会形式呢？决不能。在人们的生产力发展的一定状况下，就会有一定的交换和消费形式。在生产、交换和消费发展的一定阶段上，就会有相应的社会制度形式、相应的家庭、等级或阶级组织，一句话，就会有相应的市民社会。有一定的市民社会，就会有不过是市民社会的正式表现的相应的政治国家。"① 用他在《德意志意识形态》中的话说，"这种社会组织在一切时代都构成国家的基础以及任何其他的观念的上层建筑的基础"②。国家作为"政治共同体"，或"政治上组织起来的社会"存在于人类的历史长河中，但不是从来就有的，也不是永恒的。国家的看来是至高无上的独立的存在本身，不过是表面的，它只是在社会发展的一定阶段上才出现，一当社会达到迄今尚未达到的阶段它也会消失。对国家来说，家庭和市民社会不是什么外在力量的"规定"，而是它们自己在历史发展过程中的"自我规定"，它们是国家生存的原动力和基础。黑格尔只强调了同一性的一个方面，即家庭和市民社会从属、依从国家这个方面，而没有看到后一方面，因而把前提变成了依从，把被产生的东西变成了异化的绝对权利。这无异于说不是父亲生了儿子，而是儿子生了父亲。这就是马克思在批评黑格尔法哲学时说的：他完成了实证唯心主义，不仅把整个物质世界变成了思想世界，而且把整个历史变成了思想的历史。他并不满足于记录思想中的东西，他还试图描绘它们的生产活动。而他的所谓"生产活动"，在这里就是国家观念产生出家庭和市民社会。

不仅如此，马克思在批判黑格尔国家观同时还指出黑格尔陷入了二律背反：一方面讲国家对个人、家庭和市民社会的关系是"外在的必然性"，即强制的、表面的、外在的关系；另一方面说国家是个人、家庭和市民社会的"内在目的"，即个人、家庭和市民社会对国家的自愿的希求。在他那里，外在的又是内在的，普遍的又是特殊的，必然的又是偶然的，强制的又是自主的，从属的又是独立的。可以说，黑格尔满足于给自己想象出来的逻辑范畴找到相应的存在，而不问那种"从属"和"依存"关系是否合理，是否

---

① 《马克思恩格斯选集》第 4 卷，人民出版社 2012 年版，第 408 页。

② 《马克思恩格斯选集》第 1 卷，人民出版社 2012 年版，第 211 页。

合适。尽管黑格尔对市民社会中权利—义务关系的分析，常常表现出明智的历史眼光，强调权利—义务的统一，反对权利—义务分离的特权，但是在国家对市民社会的关系方面，"黑格尔给他自己的逻辑提供了政治形体，但他并没有提供政治形体的逻辑"。所谓"政治形体的逻辑"就是指国家和政治制度与市民社会、经济关系何者为决定性因素，是前者决定后者，还是相反；是从表面形式上看，还是从内容上看。如果从表面形式上看，市民社会的一切要求，一定要通过国家的愿望并以法律的形式取得普遍的效力，好像一个人的行动要通过他的大脑一样。但是，要看这个形式的愿望是什么内容的话，那就离不开市民社会的需要和社会统治阶级的优势地位，归根结底离不开社会的经济关系。

那么，为什么黑格尔没有提供出"政治形体的逻辑"呢？那是因为他的唯心史观使他不能提供这种逻辑。他是从绝对完善的国家观念出发来研究国家的起源和发展的。他的观念虽然也有对社会与国家对立的某种实际认识的内容，但那是通过思辨的逻辑推论，如亚里士多德的整体先于部分、城邦先于家庭的推论一样，所以只能得出国家与社会关系颠倒的逻辑结论。这样，在他眼里，构成国家主体和市民社会内容的人民，就只是国家观念实现自身的"材料"，完全是被动的、从属的、依存于国家主体的，就像亚里士多德说胳膊和腿都从属于人体一样。他在《法哲学原理》中对人民作了这样的描述："作为单个人的多数人（人们往往喜欢称之为'人民'）的确是一种总体，但只是一种群体，只是一群无定形的东西。因此，他们的行动完全是自发的、无理性的、野蛮的、恐怖的。"不难看出，以自己的思辨透视了国家整体性和普遍性本质的黑格尔，却看不到决定国家内容和力量的正是作为"总体"的人民。

黑格尔主张的是君主立宪制，同时也论证了贵族的必要性。在这样的制度下，人民是从属于君主专制权力的臣民，当然就没有独立自主的权力和权利，国家与人民的权利—义务关系就不能真正实现统一，而不可避免地陷入君主、贵族与广大人民的对立。马克思说黑格尔既想有中世纪的等级制度，又要现代意义的立法权，不过是"最坏的一种混合主义"①。马克思深刻地揭示了民主制与君主制的本质区别，指出民主制的每一个环节都是整体人民的环节，君主制是部分决定国家整体的性质，整个制度的构成必须适应一个固定不动的点；民主制是国家制度的类，君主制是国家的种，并且是坏的种；民主制的内容和形式是统一的，而君主制只是国家的形式，内容则是不真实的。

马克思指出，在君主制中，整体即人民从属于他们的一种存在方式，即政治制度，而在民主制中，国家制度本身只表现为一种规定，即"人民的自我规定"；在君主制中是国家制度的人民，在民主制中则是人民的国家制度，是一切国家形式的已经解开的谜。"在这里，国家制度不仅自在地，不仅就其本质来说，而且就其存在、就其现实性来说，也在不断地被引回到自己的现实的基础、现实的人、现实的人民，并被设定为人民自己的作品。国家制度在这里表现出它的本来面目，即人的自由产物。"② 马克思在这里所说的"人""人民""全体人民"，都是现实的人，是在民主制中的个人和由个人组成的人民，并不是黑格尔所说的"无定形的东西"。

有人说，在某种意义上，君主立宪制也是"人的自由产物"。马克思针对这种观点指出，"民主制独有的特点是：国家制度在这里毕竟只是人民的一个定在环节，政治制度本身并不构成国家"。就是说，在民主制里，自由是人民的现实的、实际的存在，而不只是精神形式和适应其形式的政治制度。马克思说："黑格尔从国家出发，把人变成主体化的国家。民主制从人出发，把国家变成客体化的人。正如同……不是国家制度创造人民，而是人民创造国家制度"③。应当说，民主制是一切国家制度的本质，在这里，作为特殊国家制度的社会化的人不再是抽象的类而是表现为现实存在的人。在君主制里人为法律而存在，法律是人的存在；在民主制里，法律为人而存

---

① 《马克思恩格斯全集》第3卷，人民出版社2002年版，第119页。
② 《马克思恩格斯全集》第3卷，人民出版社2002年版，第39—40页。
③ 《马克思恩格斯全集》第3卷，人民出版社2002年版，第40页。

在，人是法定的存在。在民主制中，国家制度、法律、国家本身，就国家是政治制度来说，都只是人民的自我规定和人民的特定内容。"不言而喻，一切国家形式都以民主为自己的真实性，正因为这样，它们有几分不民主，就有几分不真实。"① 联系马克思在一年前即 1842 年 11 月在《莱茵通讯》中的说法，民主制应该是"一种符合更深刻、更发达和更自由的人民意识的全新的国家形式"②。可以清楚地看出，马克思国家学说的政治伦理思想的发展过程，特别是关于民主制与君主制的区别的论述，对于理解自由与民主的关系，以及自由及其伦理秩序的历史生成规律，具有重要的理论意义。

马克思还揭露了黑格尔国家观的权利—义务关系的矛盾。在马克思从事理论活动的初期，德国哲学界仍然以黑格尔体系为标本，把市民社会归于国家伦理的一个环节。马克思在批判黑格尔的国家学说时，区分了"政治国家"和"非政治国家"。所谓"非政治国家"，又称"物质国家"，也就是进行物质生产和消费的市民社会。马克思认为，市民社会这一名称始终标志着直接从生产和交换中产生出来的社会组织。"社会"一词通常是指与国家不同的"公民社会"或"市民社会"。按照当时的德国哲学，市民社会是国家的前提和基础。国家依赖市民社会。国家作为普遍利益体系，与作为私人利益体系的市民社会是矛盾的。它表现为国家利益、集团利益和个人利益的矛盾。伦理的力量，就是使三者统一起来。按照黑格尔的唯心主义国家学说，国家是先在的，是市民社会和家庭的最高目的。市民社会和家庭只能服从国家的目的和意志。但是，国家对市民社会和家庭来说，是一种外在的必然性，同时又是它们的目的，是独立的主体。这两者是矛盾的。

如何解决矛盾？欧洲中世纪，存在着农奴、庄园主、手工业协会和学者协会等，但每个人和每个家庭、行会、团体，都属于政治领域，具有政治性质。换句话说，政治也是私人领域的特性，没有超出政治的私人领域。政治

---

① 《马克思恩格斯全集》第 3 卷，人民出版社 2002 年版，第 41 页。
② 《马克思恩格斯全集》第 40 卷，人民出版社 1982 年版，第 300 页。

和宗教是一体的。人民的生活和国家的宗教的政治生活是同一的。在中世纪虽然血缘、宗族温情脉脉，但社会、国家的原则是专制，而不是自由。一部分人只有权利而不尽义务，另一部分人则只尽义务却没有权利。权利和义务是分离的。哲学家们把这种现象称作"人的本质的异化"。

如何克服权利和义务的分离？按照当时的德国哲学，这个问题就是要把人当作人来对待，使人的本质实现。欧洲的历史是在资本主义商业和工业的发展中走向市民社会的。马克思当时从人的本质实现和社会化的人本主义观点出发，认为市民社会是向解决矛盾前进了一步。马克思认为，市民社会是人的本质实现的社会形式，它体现着中世纪伦理关系的根本改变，从非人的、不自由的存在形式变为人的自由的存在。这是个历史过程。演变的物质力量是资本主义工业、商业和贸易的充分发展，它使中世纪的家庭共同体、行会制度解体，使财产和利益关系发生了根本变化。而政治革命即"政治解放"，是从政治等级到社会等级的杠杆，是从"政治国家"向市民社会转变的契机。

国家伦理的核心是权利和义务的关系。所谓政治和法的"理性的实现"，就是说国家应该按照事物发展的规律和应有的道德、法律规范，处理人与人的关系。人是在社会关系中存在的，按照人的"社会特质的存在"，一方面是存在的权利，另一方面是存在的义务。一个组织合理的国家，应该使权利和义务统一起来。封建社会使人和人分裂使人不成其为人，使权利和义务分离，因而没有体现人的社会特质的存在和活动方式。马克思尖锐地批判封建制度，其用意显然是为了对照、抨击普鲁士国家使权利和义务分裂的事实，从根本上深刻揭示国家的本质。

与马克思不同，黑格尔则把国家看作"伦理理念的现实"，看作"显现出来的自知的实体性意志的伦理精神"。黑格尔在理论上对国家崇拜得五体投地，可是当它以实在的经验的形式出现时，他又把它们看得一钱不值。他的政治态度似乎有些暧昧，也许这里就包含着他后来对现实性与合理性关系的断言："凡是现实的都是合乎理性的，凡是合乎理性的，都是现实的。"

不过很少有人能够理解他的断言所含的蓄意。同英国、法国的伦理学不同，黑格尔通过理念的发展过程透视历史发展的辩证法，强调单个人本身的利益并不是人们相互结合的最后的目的，而是力求把握历史的综合。就国家和个人的关系来说，国家的使命并不是保护和保证个人所有权和个人自由，而是要使个人成为国家的成员从而具有客观性和伦理性，成为真正的国家公民。黑格尔所讲的客观性和伦理性，就是合理性、历史性、必然性，其中包含着应然性和理想性。在黑格尔看来，这是理念本身的性质。如何理解他所说的"用人的眼光观察国家"呢？看起来黑格尔的国家观好像超乎人之外、与人无关的，其实所谓"理念""伦理精神""国家精神"，都不过是把人的理性抽象化、绝对化，如同基督教把人的类本质绝对化为上帝一样。但是从另一方面来看，他又反对宗教，要用他的理念代替上帝；他强调理念不是纯粹的抽象，而是与实体结合着的定在，是概念与其定在的统一。在他那里，国家、社会、家庭是理念发展的环节，就其抽象性来看是精神的，但就其现实性来说，它们又都是实存的、具体的存在，即"定在"。

在马克思那里，这个思想是指：国家的目的是普遍利益，它包含特殊利益和个人利益。但就国家与个人的关系来说，国家利益是目的。没有这一目的，国家就不成其为现实的国家。马克思不像黑格尔那样，只在抽象概念上沉思，陷入绝对精神的迷宫。不过，马克思仍然用理性的观点，使用"伦理精神"概念，特别是坚持普遍与特殊统一的辩证法看待国家伦理。

马克思认为，国家是一个庞大的机构，在这个机构里，必须实现法律的、伦理的、政治的自由，同时，个别公民服从国家的法律也就是服从自己本身的理性即服从人类理性的自然规律。在国家与国家成员个人的伦理关系中，国家的调节职能不能建立在宗教基础上，不能奉行宗教原则和教规；也不能仅仅把国家职能理解为管理结构，或是教育机关。应该从其任务的内容来看国家的伦理职能。马克思当时认为，"国家应该是政治的和法的理性的实现"。用"理性的实现"这样的概念，显然带有黑格尔思辨的味道，但是，马克思强调国家"永远是社会组织的本质"，"国家的职能等等只不过是人的社会特质的存在方式和活动方式"。① 这样的概括，就使对国家和国家职能的理解，从黑格尔的思辨走向历史唯物主义国家观。

二、 市民社会伦理关系分析

这里说的"市民社会"是指其狭义，即资产阶级社会。欧洲 17 世纪和 18 世纪两次资产阶级革命，不只是某一个国家的革命，而且是整个欧洲的革命，甚至在更大的程度上反映着世界性的要求。马克思在研究德国民主革命时代的资产阶级时，对两次革命后的欧洲社会作了总体性分析。马克思认为，资产阶级两次革命的胜利意味着新社会制度的胜利：它是"资产阶级所有制对封建所有制的胜利，民族对地方主义的胜利，竞争对行会制度的胜利，遗产分割制对长子继承制的胜利，土地所有者支配土地对土地所有者隶属于土地的胜利，启蒙运动对迷信的胜利，家庭对宗族的胜利，勤劳对游手好闲的胜利，资产阶级权利对中世纪特权的胜利"②。这两次革命"因其站立于创造性的事业的顶峰而充满无限的自信"③。因此，它引起了整个欧洲经济、政治、社会和文化等各方面的全方位的变化。英国当然是这样的典型国家。

18 世纪 40 年代初期的英国，已经是资本主义占统治地位的国家。工业中心的伦敦已有 350 万居民，工业产品几乎占全世界工业产品的一半。在英格兰，运河与铁路互相连接，内陆与海港相通，一些大城市实际上已成为世界银行和世界工厂。从 1770 年到 1840 年的 70 年间，机器劳动普遍代替了手工劳动，迅速提高了社会生产力，英国的经济社会得到了迅速发展。据马克思在《哲学的贫困》一书中引用的数据说，1770 年，当时的大不列颠联合王国人口 1500 万，其中生产人口 300 万，机器生产力相当于 1200 万的生产力，生产力总额为 1500 万。这时，生产力比人口是 1∶1；技术成就的劳

---

① 《马克思恩格斯全集》第 3 卷，人民出版社 2002 年版，第 29 页。
② 《马克思恩格斯选集》第 1 卷，人民出版社 2012 年版，第 442 页。
③ 《马克思恩格斯选集》第 1 卷，人民出版社 2012 年版，第 443 页。

动生产率与手工生产率比是 4 ∶ 1。而到 1840 年，人口没有超过 3000 万，其中生产人口是 600 万，技术成就生产率已达 6 亿 5000 万人的生产力，与总人口的比例是 21 ∶ 1，与手工劳动生产率的比例是 108 ∶ 1。这就是说，70 年间，劳动生产率增加了 2700%，即 1840 年每天生产的是 1770 年的 27 倍。① 在这种社会生产力和社会结构变化的情况下，市民社会的经济、政治和伦理关系出现了新的特点：

第一，农村地主和农民的关系变化。自耕农是小土地所有者，在那个时期大约占英国人口的六分之一以上。他们感到自豪的是自给自足的独立性。但随着资本主义经济的发展，小地产逐渐被大地产吞噬，到 18 世纪中叶，自耕农就基本上消失了。这个被夸为"英国的光荣阶层"的消失，曾引起一些人的感伤，认为那是"独立的人消失了"。

第二，城市手工雇主与雇工关系的变化。作坊老板阶层的衰落。手工作坊老板兼工匠属于个体经营阶层，兼有劳动者和雇主双重身份，享有全部劳动生产品。但他们并无资本，而是靠劳动谋生。由于大机器生产的冲击，他们同自耕农一样，被迫与生产条件相分离，只有少数大作坊经过竞争进到资本家行列。

第三，商人的产业资本化。商人的发展比较缓慢，从流动小商贩到固定经营，都是在纯商业性范围内活动。随着市场经济的发展，商人也参与城乡生产联系，随之向产业资本转化，使小生产逐渐依附于商人，而商人也由包买商变为工业资本家。他们本人和他们的后代，也多跻身政界，进入了上流社会。

第四，中产阶级和大资产阶级的崛起。从 18 世纪下半叶到 19 世纪上半叶的欧洲，技术发明层出不穷，新兴行业与日俱增，整个社会处于新旧更替时期。人们都抱着狂热和奢望，纷纷投入竞争。其中出现了一批"暴发户"。进入这个阶层的还有其他有竞争能力的人。这个阶层经过一个世纪的

---

① 参见《马克思恩格斯全集》第 4 卷，人民出版社 1958 年版，第 135 页。

发展，便成为英国社会占统治地位的阶级了。特别是贵族阶层与实业阶层的结合，形成大资产阶级，更增强了资产阶级的力量。

第五，雇佣劳动大军和无产阶级的形成。资本主义的发展有两个前提，一是资本，二是自由劳动力。劳动力成为商品对于资本主义制度具有决定性意义。而劳动力成为商品的条件不仅要有劳动者的自由，还要劳动者一无所有。封建制度的崩溃已准备了这些条件。18 世纪前半叶，生产方式是多元的，雇佣劳动者还没有形成一个独立的阶级。工业革命后，大工业推向整个社会，雇佣工人随之成为与资产阶级对立的无产阶级。

阶级关系的变化，必然影响伦理关系和道德形态的状况。大工业形成的世界市场，一方面向世界各地传播了工业文明，为世界走向现代文明开拓了地盘①；另一方面也在殖民地和半殖民地打击了当地的民族经济。每种新机器发明后，很快就会运用到这些地区，夺去成千上万人的饭碗。原来是第三等级的资产者迅速成长，扩大了财富和势力，成为社会的第一阶级。僧侣和贵族失去了特权，行会和行东也随之失势。随着资本主义经济发展而发展起来的市民社会，确立了以等价交换为基础的自由竞争原则。18 世纪资产阶级所理解的"解放"，实际上就是竞争。随着竞争的发展，兴起了开拓精神和冒险精神。当时的流行说法叫作"航海是必要的，生命是其次的"，不似大清帝国那种"老子守着百亩田，儿子玩鸟抽大烟"的世态。马克思曾描述过那时德国的市民情况：拼命追逐财富，向前进取，开发矿山，建设工厂，修筑铁路，创办股份公司，进行股票投机，像潮水般涌起。社会各个阶层和阶级，从农民直到邦国国君，都被卷进狂潮，连思辨哲学家也成为善于蒙骗舞弊的能手。

正因为这样，资本主义自由竞争也造成了另一种结果：竞争达到尖锐程

① 例如对正处于封建社会末期的中国。马克思按照一般社会发展的历史过程曾预见，英国的印花布传到中华帝国即大清王朝时，必然会引起社会变革，如果英国人那时到中国去就可能看到中国大地上出现一个通行着"自由，平等，博爱"的"中华共和国"（《马克思恩格斯全集》第 7 卷，人民出版社 1959 年版，第 265 页）。

度，经济危机，工人失业，生活贫困，甚至死于贫困，于是不断地进行争取生存权的"饭碗运动"。19世纪上半叶，工业经常在繁荣和危机之间波动。每隔5至7年就有一次经济危机，给资本主义制度造成间断性震荡。激烈的竞争代替了四平八稳的宁静生活，一切社会关系都处在连续不断的震荡和长久的变动之中。英国的发展可以说比德国早了一个时代。与此同时，资本主义的矛盾也日益明显、尖锐地暴露出来，并强烈地促进落后的农业社会的变化。

从马克思对当时市民社会变化的分析来看，大致可以看到市民社会伦理关系的演变的主要趋势和特点。

第一，市民社会与政治国家的分离，即从"国家伦理环节"上的分离。马克思说，市民社会"撕毁了人的类联系，代之以利己的、自私的需要，把人的世界变为独立的个人的世界，使物质生活这种社会生活特性存在于国家范围之外"。这样一来，市民社会的人，就成为"现代国家制度的私人"，因而改变了中世纪政治国家的同一性，使社会国家分为两方面：一方面是个人，另一方面是构成个人生活内容和市民地位的物质要素、精神要素。即资产阶级革命后的国家改变了人，一方面把人变成了公民、法人，另一方面又把人变成独立的、利己的人。在市民社会里，人的关系通过个人关系表现出来，并表现为财产和教养的差别。这就是市民社会的个人的自由的权利，它"不是建立在人与人相结合的基础上，而是相反，建立在人与人相分隔的基础上。这一权利就是这种分隔的权利，是狭隘的、局限于自身的个人的权利"①。这种人权在个人对个人的关系上，是平等的、自由的。在对国家的关系上，则是尽多少义务就有多少权利。这是在国家伦理与社会伦理的交汇点上出现的伦理关系的历史性变化。这个变化的具体形态就是《人权宣言》所谓平等、自由、财产、安全。安全对市民社会来说，是最高的伦理。

第二，新的社会等级差别的出现。这种等级差别不再是特权、地位的政

---

① 《马克思恩格斯全集》第3卷，人民出版社2002年版，第183页。

治等级差别，而是社会等级，即金钱和教养。建立在这种基础上的差别，形成了新的尊卑贵贱的伦理关系。因此，市民社会的伦理关系调节原则，就是金钱和权力，可谓"钱以定伦，权以叙位"。它的实际要求就是需要和利己主义。市民社会的这种伦理使人成为独立原子式的个人主义者。个人的生存是唯一的目的，其他一切都是手段。因此，马克思又说，"现代的市民社会是实现了的个人主义原则"①。那么，以利己主义、个人主义为原则，如何实现由特殊利益向普遍利益的转移，如何使个人利益与共同利益统一？这就是托克维尔所说，要找到"两种利益相符合的相通之处"。资产阶级经济学家在自由经济中发现了"人为他人服务也在为自己服务"的"相通点"。黑格尔说，这种"相通"是一种"不自觉的必然性"；马克思说，这是"商品经济的必然事实"。正是这种"自然必然性"和"必然事实"，使人的特性、利益把市民社会的成员彼此联结起来。但是，它们之间的现实的联系不是政治生活的联系，而是市民生活的联系。因此，马克思说，"把市民社会的原子联合起来的不是国家，而是如下的事实：他们只是在观念中、在自己想象的天堂中才是原子，而实际上他们是和原子截然不同的存在物，就是说，他们不是超凡入圣的利己主义者，而是利己主义的人"②。因此，不是黑格尔所说"国家应当巩固市民生活，事实正好相反，是市民生活巩固国家"。

第三，市民社会使人二重化。人在政治国家里是公民，有公民权；在市民社会里是私人，有人权。市民社会使人成为平等的公民："既是私人，又是公人"。这种二重化表现在人格上，就是："政治人格与实在人格、形式人格与物质人格、普遍人格与个体人格、公人与私人的二重化。"因此，"现实的人只有以利己的个体形式出现才可予以承认，真正的人只有以抽象的 citoyen［公民］形式出现才可予以承认"③。这里所说的，就是马克思开

① 《马克思恩格斯全集》第3卷，人民出版社2002年版，第101页。
② 《马克思恩格斯文集》第1卷，人民出版社2009年版，第322页。
③ 《马克思恩格斯全集》第3卷，人民出版社2002年版，第188页。

始思考伦理关系时所提出的个体和类的矛盾问题。这个问题曾经是马克思头脑中的哲学难题。那时马克思提出"政治解放"问题，在理论上主要就是解决这个矛盾。他认为，资产阶级革命并没有解决这个矛盾，还必须进一步实现"人的解放"。公民只承认平等的公民权，"公民不承认以特权形式存在的权利"①。

第四，市民社会产生了新的矛盾。市民社会的主导规律，是建立在资本主义所有制基础上的市民等级的"内部分裂"。它消灭了中世纪的人身依附关系，又造成被物的关系、金钱关系控制的非人关系；它不仅产生了土地、劳动和资本之间的分裂，而且造成三者的每一种都发生分裂：一块土地与另一块土地对立，一个资本与另一个资本对立，一个劳动力与另一个劳动力对立。所以，恩格斯说："因为私有制把每个人隔离在他自己的粗陋的孤立状态中，又因为每个人和他周围的人有同样的利益，所以土地占有者敌视土地占有者，资本家敌视资本家，工人敌视工人。在相同利益的敌对状态中，正是由于利益的相同，人类目前状态的不道德已经达到极点，而这个极点就是竞争。"② 解决矛盾的根本出路何在？马克思形成了"在集体所有制基础上改变社会结构"的思想，并开始了经济学的研究；恩格斯提出"只有经过以集体所有制为基础的社会革命，才能建立符合他们的原则的社会制度"，两人都同时注意了政治经济学的研究。按照国内学者所作的研究和概述，这大体上就是马克思发现的市民社会的否定因素，即"随着私有制条件下分工和交往的发展，人格对人格的关系会转化为物象对物象的关系，商品和货币的关系转化为资本和雇佣劳动的关系，人格的、平等的市民关系会转化为无产阶级和资产阶级的对抗。其结果，市民社会必将转化为资产阶级社会，而资产阶级社会因其内部所包含的否定因素而必将被超越，取而代之的则是一个崭新的社会形态，即'自由人的联合体'。在这个意义上甚至可以说，

---

① 《马克思恩格斯全集》第 1 卷，人民出版社 1995 年版，第 156 页。
② 《马克思恩格斯文集》第 1 卷，人民出版社 2009 年版，第 72—73 页。

马克思在《德意志意识形态》中是借助于市民社会概念建立了历史唯物主义理论"①。

三、 利己主义和人权

19 世纪 40 年代初，在关于犹太人的政治解放问题上，发生了利己主义和人权的争论。1843 年鲍威尔出版了《犹太人问题》的小册子，认为犹太人的解放应该服从于一般的政治解放；犹太人作为德国人应该为德国的解放而奋斗，作为人应该为人的解放而奋斗，如果只要求犹太人的解放就是利己主义者。马克思读到鲍威尔的书后，认为他的观点不仅太抽象，而且很陈旧，几个月后发表了著名的《论犹太人问题》。在这篇文章中，马克思把批判集中于对资产阶级革命的剖析，把犹太人问题纳入反对资本主义社会制度的改造，同时深刻分析了资产阶级所谓普遍人权要求的利己主义性质和政治目的。

马克思认为，在政治国家中，按其本质来说，人的生活是与其物质生活相对的"类生活"。作为类生活，人是在国家的精神生活之中，人的意识和活动都是在国家之中进行的，而不只是利己的。只是他们的物质生活是为自己的和利己的生活。这种利己生活的一切前提和条件，当然都在政治国家的范围之外，即在市民社会的生产、交换和消费的活动之中。这样，"在政治国家真正形成的地方，人不仅在思想中，在意识中，而且在现实中，在生活中，都过着双重的生活——天国的生活和尘世的生活。前一种是政治共同体中的生活，在这个共同体中，人把自己看作社会存在物；后一种是市民社会中的生活，在这个社会中，人作为私人进行活动，把他人看作工具，把自己也降为工具，并成为异己力量的玩物"②。在这种意义上，马克思说政治国家对市民社会的关系，正像天国对尘世的关系一样，也是唯灵论的。就是

---

① 参见韩立新：《〈德意志意识形态〉研究的四个问题》，《学术月刊》2007 年第 4 期。
② 《马克思恩格斯全集》第 3 卷，人民出版社 2002 年版，第 172—173 页。

说，在这种关系中，人虽然是现实的个人，但在这种直接现实生活中却被看作是游离于人的本质之外的不真实的现象。而在国家中，即在人作为类存在物的地方，人又是想象的主权中的虚构的成员，是非现实的"本质的普遍性"。但是国家并不能靠唯灵论存在，它与市民社会的对立和用以克服对立的方式也同宗教克服尘世的矛盾的方式一样，要重新承认市民社会，恢复市民社会，服从市民社会的统治；还要以市民社会为前提，即以私有财产等物质要素和教育、宗教等精神要素为前提。

如何看待利己主义的问题，在当时的德国不仅仅是抽象的普遍性和特殊性问题，而且关系到人权问题。马克思不只是把这个问题简单地看作道德问题，而且从政治国家对市民社会的关系和政治解放方面阐发了人权的道义本质。马克思首先说明一个事实：所谓人权（droitsdelhotmme），不同于公民权（droitsducitoyen），它无非是市民社会的成员的权利，无非是利己主义的人的权利，也就是同其他人及同共同体分离开来的人的权利，如 1793 年《人权和公民权宣言》所说的平等、自由、安全、财产。这里所说的人是独立的个人，如果把这样的人纳入抽象的与其类本质的关系，那就是纯粹抽象的"单子"，无异于取消人的权利，取消现实的人的解放。

鲍威尔为什么认为犹太人不能获得人权呢？从上面的分析可知，他是从抽象的"人的本质"出发，认为利己主义的犹太人不具有作为人的"人的本质"。因为，人的本质是人与人的结合，而利己主义者却是狭隘的、特殊的、孤立的、自私的人。鲍威尔把这种狭隘性、特殊性、孤立性、自私性看作是犹太人的最高本质，因此它必然压倒个人与他人结合这种普遍的"人的本质"，以犹太人的特殊本质取代一般人的本质，所以他认为犹太人不能也不应当获得人权，犹如基督徒只有基督的本质而不能获得人的本质和人权一样。

能不能说利己主义的人就不应当有人权呢？如果只作抽象的推论分析，是不应当有人权。因为人是在与他人的关系中存在的，人与人的社会关系体现着人的本质。按照这样的推论，只有具有人的本质的人才应有人权，而利己主义的人是脱离了人应有本质的人，所以不应该有人权。但是，马克思认为这个问题不能做抽象的推论，而应当进行历史的具体分析：分析犹太人是怎样历史地形成并成为利己主义者的？又怎样才能历史地走出利己主义？利己主义不外是追求自我保存，实现自己的私利，在必要的时候不惜牺牲别人的利益。如果一个人追求自我保存而防止别人伤害，但并不伤害别人，或者是取得自己的利益而不损害别人利益，就不是利己主义者。在这里，作"人的本质"分析与作"人的历史"分析是统一的，因为现实的犹太人是从他们生活的历史中走过来的。人的关系不是抽象的，而是在具体历史发展过程中形成的，人的本质也是在历史发展过程中的人际关系中形成和展示的。人生活在不同的社会关系中就具有不同的社会本质。对人的利己行为作道德评价，同时也要作产生的生活条件的分析。例如，在经济关系、财产私有制的条件下，人与人的关系在本质上是分离的，因此自由这一人权就不是建立在人与人相结合的基础上，而是建立在人与人相分隔的基础上的。在资本主义社会关系中，人权就是这种使人与人之间以财产相互分隔的权利，这正是一种"狭隘的、特殊的、自私的、局限于自身的个人的权利"。在实际生活中，自由这一人权的应用，它的实际内容，就是私有财产这一人权。离开这种具体历史的分析，就会把人权看作脱离历史真实的抽象。

那么，私有财产这一人权又是什么呢？按照1793年《人权和公民权宣言》的规定："财产权是每个公民任意地享用和处理自己的财产、自己的收入即自己的劳动和勤奋所得的果实的权利。"马克思解释说："这就是说，私有财产这一人权是任意地（àson gré）、同他人无关地、不受社会影响地享用和处理自己的财产的权利；这一权利是自私自利的权利。"① 这种个人自由和对这种自由的应用就构成了市民社会的基础。用思辨的语言说，这种自由使每个人不是把他人看作自己自由的实现，而是看作自己自由的限制。不过，这里的"限制"与"规定"具有相近的意义：限制就是规定，而任何

---

① 《马克思恩格斯全集》第3卷，人民出版社2002年版，第184页。

"规定"同时也是"限制"。就人权来说，它首先宣布的是："任意地享用和处理自己的财产、自己的收入即自己的劳动和勤奋所得的果实的权利"，这就像孙悟空用金箍棒在地上画的圈一样，保障了自己，挡住了外面的侵犯。在这种意义上，它也就是法律所规定的不受他人限制和侵害的私人财产权利。

再说人权平等和安全。就其一般意义来说，平等就是上述自由的平等，每个人都同样是独立自在的个人，就像每个人都是上帝的羔羊一样。1795年《人权和公民权宣言》规定："平等是法律对一切人一视同仁。安全是社会为了维护每个人的人身、权利和财产而给予他的保障。"安全是关系私有财产的，因此是社会的最高概念，就是说整个社会就是个保证安全的警察。按照这个概念，整个社会的存在只是为了保障和维护社会的每个成员的安全。正是在这个意义上，黑格尔把市民社会称为"需要和理智的国家"。这就是说，市民社会没有借助安全这一内容超出利己主义；相反，安全则是市民社会的利己主义的保障。所以马克思说，"可见任何一种所谓的人权都没有超出利己的人，没有超出作为市民社会成员的人，即没有超出作为退居于自身，退居于自己的私人利益和自己的私人任意，与共同体分隔开来的个体的人"①。显然，在这种人权中，人不是作为类存在物，相反，类生活本身则显现为诸个体的外部关系，显现为对个体原有的独立性的限制。把诸个体连接起来的唯一纽带就是自然的必然性，即他们的需要和私人利益，是对他们的财产和他们的利己的人身的保护，犹如互不相识的商品买卖双方由于各自的自私需要而发生联系并立约一样。这正是犹太人的世俗生活方面，而不是其政治生活和宗教生活；是犹太人生活的现实方面，而不是犹太人的抽象的精神生活。因此，不应当否定其人权的自然必然性和伦理的正当性。

这里的问题在于：为什么一个刚刚开始解放自己、扫除各种成员之间的障碍、建立政治共同体的民族，在迫切需要献身精神、惩罚利己主义的时

---

① 《马克思恩格斯全集》第3卷，人民出版社2002年版，第184—185页。

候，竟然以他们的《宣言》宣布同他人以及共同体分离开来的利己主义的人的权利？为什么当公民身份、政治共同体被贬低为维护人权的手段，公民被宣布为利己的人的奴仆时，还把市民社会成员的利己的人看作是"本来意义上的人"，看作"真正的人"？

问题不难理解。政治革命是把政治社会看作目的，把市民社会看作手段；政治革命的目的是为了生活的社会，而在政治目的实现、热情和朝气已尽时，就宣布政治革命是手段，它要以社会生活为目的。因为，单靠政治精神不能造成新的社会局势和巩固的基础，还必须在新的政治条件下建设实际的社会的生活，关注人的财产、自由、享受、教育、安全，等等。但是，资产阶级革命的实践与它的理论之间摆脱不了这样的矛盾：一方面宣布安全是人权，另一方面又使侵犯人权成为普遍风气，危及市民正常生活的安全。一方面宣布不受限制的思想和出版自由是个人的人权，另一方面又借口"危及公共安全"而压制、取缔思想和出版自由，如此等等。这就是说，政治生活只是在理论上宣布人权，保障个人的种种权利或自由，而在实践上当人权和自由同政治统治权发生冲突时，它就不再是作为目的的权利，而是重新作为手段被抛弃。

为什么会发生目的和手段的颠倒呢？在马克思看来，问题在于政治解放同时也就是旧的统治者的权力和旧的社会制度的解体；也就是资产阶级的统治权取代封建贵族的统治权、资本主义制度代替封建主义制度。封建主义制度的特点是：旧的市民社会直接具有政治性质，即市民社会生活的要素如财产、家庭、劳动方式等都是以领主权、等级、同业公会的形式存在的，都上升为国家政治生活的要素。物质生活的社会被政治国家代替，二者一体，从属于政治国家。它们以国家政治生活要素的形式规定了个体人对国家整体的关系，即规定了个人同国家以及其他社会组成部分的从属关系。在封建主义制度下，市民社会的生活机能和生活条件是政治国家的，而不是市民社会的。就是说，这些生活的机能和条件使个体的特定的市民活动和地位变成普遍的活动和地位。这样，国家统一体就成为普遍的国家权力，使广大的民众成为国家统治者的奴仆和工具，从而使一小部分人成为具有特权的主人，只享受权利而不尽义务；另一部分人成为被役使的工具，只尽义务而没有权利。这种目的和手段、权利和义务的颠倒，也就是社会生活中的合理秩序和道德正义的破坏。

资产阶级的政治革命推翻了这种统治者的特权，把国家的事务提升为人民的事务，即组成为现实的国家。这种革命必然要摧毁封建的等级、同业公会、行帮等特权。于是，政治革命就革去了市民社会的政治国家性质，而显现出市民社会的本来面目：它一方面是独立存在和生活的个体，另一方面是构成这些个体生活内容和市民地位的物质要素和精神要素。这种政治革命，把分散、融化在封建社会死巷里的政治精神激发出来，把政治精神和市民生活统一起来，使它进入市民社会的生活领域，从而使政治精神具有了个体意义，而不再构成个体对政治国家的普遍依赖和从属关系。这样，公共事物本身反而成为个体的普遍事物，政治职能成为他们的普遍职能。这就是所谓国家的政治革命的完成，同时也就是市民社会的物质生活的完成。用马克思的话说就是："摆脱政治桎梏同时也就是摆脱束缚住市民社会利己精神的枷锁。政治解放同时也是市民社会从政治中得到解放，甚至是从一种普遍内容的假象中得到解放。"①

从上面马克思所作的分析中可以看到，历史是人的洗礼。封建社会一经瓦解，剩下的就是它自己的基础，即人；但这个作为它的真正基础的人却是利己的人。因此，这种利己的人、市民社会的成员，就成为代之而起的政治国家的基础和前提。这种利己的人就是国家通过人权予以承认且不能不承认的人。这正是开放的法治社会的一般人权状况。马克思说："利己的人的自由和承认这种自由，更确切地说，是承认构成他的生活内容的那些精神要素和物质要素的不可阻挡的运动。"② 承认利己的人也就是承认历史，不作历

---

① 《马克思恩格斯全集》第3卷，人民出版社2002年版，第187页。
② 《马克思恩格斯全集》第3卷，人民出版社2002年版，第188页。

史的分析就不能正确认识利己的人，就不能正确认识犹太民族的利己主义和人权。因此，在马克思看来，人没有摆脱宗教却取得了信仰宗教的自由；没有摆脱财产却取得了占有财产的自由；没有摆脱行业利己主义却取得了行业的自由。政治国家的建立和市民社会的分离，是通过同一种行为实现的。政治国家使市民社会分解为独立的个体，这些个体之间的关系通过法制的平权表现出来。这样，正像他是市民社会的成员一样，人被认为是本来意义上的与公民不同的人，因为他是具有感性的、单个的、直接存在的人，而政治人只是抽象的、人为的、法定的人。在这种意义上，马克思认为，"任何解放都是使人的世界和人的关系回归于人自身。政治解放一方面把人归结为市民社会的成员，归结为利己的、独立的个体，另一方面把人归结为公民，归结为法人"①。就是说，从政治解放到人的解放，是一个历史发展和人的提高过程。利己主义是犹太人的政治解放，但还不是人的解放。从政治解放到人的解放，还需要使私人、利己的人和公民、法人成为自觉的统一体，成为真正的人。

那么，是不是犹太人从实在的犹太教中解放出来，从做生意和金钱中解放出来，就是现代的自我解放呢？马克思认为，事情不是这样的。我们看到的是现代的反社会的要素，这种要素经由犹太人的热心参与的历史发展而达到了它必然解体的高度。马克思由此得出结论："犹太人的解放，就其终极意义来说，就是人类从犹太精神中得到解放。"马克思在这里说的"犹太人的方式"，就是指犹太精神的表达方式，即做生意、赚钱，就是实际需要和自私自利。马克思强调这种生活方式的价值不在于哲学家的看法，而在于它在世界历史中的意义：它在维也纳凭自己的金钱势力决定着整个帝国的命运；在德国一个最小的邦中毫无权利的犹太人却决定着欧洲的命运，这些犹太人的工业的大胆精神无情地嘲笑着中世纪的固执和僵化。这并不是个别的事实，而是一个犹太人族群用犹太人的方式解放了自己。不仅是因为他们掌

---

① 《马克思恩格斯全集》第3卷，人民出版社2002年版，第189页。

握了金钱势力，而且因为金钱通过犹太人、犹太人民族而成了世界的势力，犹太人的实际精神成为欧洲各国人民的正常生活的实际表现。犹太精神不是违反历史的，而是通过历史保持下来的推动人类进步的民族精神。

值得注意的是，马克思在分析了犹太人的政治解放后指出：不要对政治解放的限度产生错觉。因为人分为公人和私人，宗教从国家向市民社会的转移，从国教向个人信仰的转移，不是政治解放的一个阶段，而是政治解放的完成。因此，政治解放并没有消除人的实际的宗教笃诚，也不寻求消除这种宗教笃诚。马克思说："在人权这一概念中并没有宗教和人权互不相容的含义。相反，信奉宗教、用任何方式信奉宗教、履行自己特殊宗教的礼拜的权利，都被明确列入人权。信仰的特权是普遍的人权。"① 按照马克思的分析，人分解为犹太教徒和公民、新教徒和公民、宗教信徒和公民，这种分解并不是针对公民身份而制造的舆论，也不是对政治解放的回避，而是使个人从宗教中解放出来的政治方式，它就是人的政治解放本身。由此，马克思得出一个重要结论："只有当现实的个人把抽象的公民复归于自身，并且作为个人，在自己的经验生活、自己的个体劳动、自己的个体关系中间，成为类存在物的时候，只有当人认识到自身'固有的力量'是社会力量，并把这种力量组织起来因而不再把社会力量以政治力量的形式同自身分离的时候，只有到了那个时候，人的解放才能完成。"② 这里所说的"人的解放"，也就是从人的异化到人性的复归，就是实现人的自由全面发展的共产主义时代。

第三节　人的异化和人性的复归

对市民社会的分析，使马克思恩格斯深入思考了人的解放问题。但这时

---

① 《马克思恩格斯全集》第 3 卷，人民出版社 2002 年版，第 182 页。
② 《马克思恩格斯全集》第 3 卷，人民出版社 2002 年版，第 189 页。

的思考仍然贯穿着异化论。所不同的是，他们更进一步提出：异化的本质是什么？异化的根源在哪里？人的异化和人的关系的异化、社会伦理道德的异化，根源何在？进一步的思考促使他们去研究社会的经济和政治。恩格斯写了《政治经济学批判大纲》。马克思研究经济的初期成果是《1844 年经济学哲学手稿》。贯穿这两部著作的核心理论是劳动异化论，实质是关于人的异化和人性复归问题的哲学回答。

一、　个人主体与社会联系

进入 19 世纪的欧洲，矛盾深化，社会动荡，劳动者生活贫困，到处显示出劳动的非人的异常现象。用黑格尔的话说，"市民社会在这些对立中以及它们错综复杂的关系中，既提供了荒淫和贫困的景象，也提供了为两者所共同的生理上和伦理上蜕化的景象"①。有些经济学家和哲学家，已经看到了劳动的意义，有的人还提出了劳动价值论。但是，他们从对于劳动的肯定中得出了私有制、剥削合理的结论。他们对在广泛领域还正处在上升时期的资本主义制度，抱着盲目的乐观态度，只是肯定和赞扬。而马克思恩格斯则采取冷静的批判态度。他们认为，资产阶级学者所说的政治经济学，作为为资本主义制度论证的学问，就等于"排斥人性的纯赚钱术"，而不是科学。不过有一点是共同的，就是在资本主义经济关系中都看到了人的异化。

有一点值得注意，在哲学领域，从 18 世纪开始法国思想家就力图以人的自然权利为根据，建立自由、平等、博爱的社会原则。但是他们的机械论使他们看不到人的主体性和自由，而把自由和必然性对立起来，或者把自由归于机械的必然性。德国思想家不同，他们从异化的观点上，强调了人的主体性和自由，在道德领域特别高扬人的主体性和自由。马克思接受了德国传统的异化观点和方法，但眼光却注视着现实的、社会的制度和实践。马克思强调，人是社会联系的主体，是现实的、活生生的、特殊的主体。人的存在

---

① ［德］黑格尔：《法哲学原理》，商务印书馆 1961 年版，第 199 页。

不是法国哲学家所说的自然的机械的存在，不是黑格尔的神秘的自我意识，也不是费尔巴哈的抽象的类存在；人的存在是以相互的劳动和生产过程、需要为基础的社会存在，人的本质就是他的"真正的社会联系"。

在这里，个体和社会，个体生活和类生活不是对立的，而是统一的。社会由相互联系的个体组成。马克思认为，"应当避免重新把'社会'当作抽象的东西同个体对立起来。个体是社会存在物。因此，他的生命表现，即使不采取共同的、同他人一起完成的生命表现这种直接形式，也是社会生活的表现和确证"①。人是一个特殊的个体，并且正是他的特殊性使他成为一个个体，成为一个现实的、单个的社会存在物；同样，他也是总体，观念的总体，被思考和被感知的社会的自为的主体存在，正如他在现实中既作为对社会的直观和现实享受的主体而存在，又作为人的生命表现的总体而存在一样。

19世纪40—50年代，马克思对人、人的本质的思想有所发展。马克思在1843年夏天写的《黑格尔法哲学批判》中，一般地指出人的特质是"社会特质"。在1844年的《经济学哲学手稿》中，则明确地强调"人的本质是社会生产交往过程中的社会联系"。所谓"社会联系"，即不是自然的联系，不是物种的联系、人的类种联系，而是作为生产过程中相互联系的人的联系。从自然性和类本质上看人，在现象形态上好像看到了人的整体，实际上看到的只是孤立的个体。从"社会联系"上看人，虽然在现象上看到的是个体，但这种个体却是社会联系中存在的个体，因此在本质上对人的把握是整体，即把人看作社会的存在。在《手稿》中，马克思把劳动看作人的本质，因此把人的社会性同劳动联系在一起。人在劳动中必然要发生不以个人意志为转移的社会联系，单独的个人（应该说是自然人）不可能有劳动，只能是动物的活动，因此，人的"劳动"和人的"社会联系"有着共同的内涵。哲学家对上述思想做过这样的概括：人的社会关系"不仅有各种关

---

① 《马克思恩格斯全集》第3卷，人民出版社2002年版，第302页。

系之间的从属关系，而且有相互作用和相互影响的关系。在这些社会关系中，有思想和政治的关系，也有经济的关系；有家庭关系，也有各种形式的社会联系和交往；在生产过程中，更有人与人的社会生产关系，阶级社会中还有阶级关系，等等"。因此"在社会关系中，任何一个个体人都不可能在社会联系之外存在；在社会联系之内，则任何一个个体都不可能只是自然性的抽象的类存在"①。这种社会联系，是实在的联系，不是纯粹思辨的结果。它体现着实际存在的人和人之间伦理关系，不是黑格尔的自我意识与自我意识的关系，也不只是费尔巴哈所说男人和女人的关系。"它是由于有了个人的需要和利己主义才出现的，也就是个人在积极实现其存在时的直接产物。"② 这里所说的"利己主义"，不是指道德上的自私自利、损人利己，而是作为个人自我实现的形式使用的概念。在后来的《德意志意识形态》中就用了这样的提法，如"无论利己主义还是自我牺牲，都是一定条件下个人自我实现的一种必要形式"③。

马克思在这里提出"个人主体"概念，强调的是人的生产实践创造了人的社会联系，强调了人的社会性和社会本质。在马克思看来，个人只有在一定的社会关系的实践中才能成为人，否则就只是一个动物而不是人。这个思想比先前主体观前进了一大步，在对人、个人主体的理解上，已与黑格尔、费尔巴哈有了本质的区别。马克思道德哲学思想的发展呈现出这样的逻辑：自我意识——类个体——现实的人。这个演进的过程，是马克思的历史唯物主义道德哲学发展过程的关节点。当然，这时马克思的思想还没有形成理论体系，时而也还以"人的本质"为尺度来衡量社会的异化。如问"什么是异化的社会？"回答是："只要人不承认自己是人，因而不以人的样子来组织世界，这种社会联系就以异化的形式出现"，异化的社会就是"同自己的固有本质相异化"的社会，等等。不过，马克思不是只作这种抽象分

---

① 陈先达：《马克思早期哲学思想》，中国人民大学出版社 2006 年版，第 182 页。
② 《马克思恩格斯全集》第 42 卷，人民出版社 1979 年版，第 24 页。
③ 《马克思恩格斯全集》第 3 卷，人民出版社 1960 年版，第 275 页。

析，他更关注社会现实的分析，揭示资本主义制度的异化本质。而资产阶级经济学家只看到经济现象本身，如特拉西说，"社会是一系列的交换"，亚当·斯密说，"社会就是商业，每个人都是商人"，等等。

这里，可以看出马克思和恩格斯两人的道德哲学思想也有些区别。在1843 年至 1844 年 1 月的这段时间内，马克思主要是通过具体的经济问题批判现实的政治，批判黑格尔的法哲学。写作《论犹太人问题》和《〈黑格尔法哲学批判〉导言》，已经表明马克思形成了唯物主义历史观。在这一时期，马克思很少谈论道德，或者说不是从道德上批评资本主义社会现实，而是提出了武器的批判和德国的解放。但是，马克思还是注意了对构成德国社会各阶级道德的基础作了分析。他在《〈黑格尔法哲学批判〉导言》中说："德国的道德和忠诚——不仅是个别人的而且也是各个阶级的道德和忠诚——的基础，反而是有节制的利己主义；这种利己主义表现出自己的狭隘性，并用这种狭隘性来束缚自己。"[1] 指出这个基础就是"被压抑的利己主义"，这种利己主义故步自封，而且希望别人也能故步自封。因此，"德国社会各个领域之间的关系就不是戏剧性的，而是史诗般的"[2]。就是说它不是现实的而是历史的，不是理论的而是情感的、诗意的。而在这个时期，恩格斯在《国民经济学批判大纲》中则大量的谈论道德，把经济和道德结合起来批判，从道德上批判私有制资本主义商业。之所以问题集中在商业领域，是因为当时的国民经济学实际上被看作商业学，研究赚钱的科学。恩格斯对从重商主义到贸易自由主义商业的批判，是比照纯粹人性的道德、未来社会的高尚道德进行的，用恩格斯的话说就是："替我们这个世纪面临的大转变，即人类与自然的和解以及人类本身的和解开辟道路。"[3] 国民经济学的利己主义理论只不过是这个历史过渡的一个环节而已。因此，恩格斯是这样向他的批判对象提出问题的："你们什么时候做事情是从纯粹的人道出

---

① 《马克思恩格斯全集》第 3 卷，人民出版社 2002 年版，第 211 页。
② 《马克思恩格斯全集》第 3 卷，人民出版社 2002 年版，第 211 页。
③ 《马克思恩格斯全集》第 3 卷，人民出版社 2002 年版，第 449 页。

发，是从普遍利益和个人利益之间的对立毫无意义这种意识出发的呢？你们什么时候讲过道德，什么时候不图谋私利，不在心底隐藏一些不道德的、利己的动机呢？"① 从这里可以看到，恩格斯是以应有的道德为标准来衡量当时道德的。在行文上则是以批判的态度和口气述说了商业道德的历史性进步，但按照真正的道德标准来看仍然是不道德的，只是用伪善道德的手段掩盖着不道德的目的而已。恩格斯也许意识到他的这篇文章的局限性，当1871 年李卜克内西想在社会民主党机关报《人民国家报》刊登《国民经济学大纲》时，恩格斯表示"无论如何不行"，并通过马克思转告说，这篇文章"现在只具有历史价值，因而已经不适用于实际宣传"。看来，恩格斯主要考虑到在《资本论》问世后多年，《国民经济学大纲》已经不适用于实际宣传了。

二、 劳动的异化和异化伦理

马克思在论述异化问题时，先说明了一种方法，即从事实出发。马克思不赞成国民经济学用假设"虚构的原始状态"的方法来说明问题。他认为，这样的原始状态什么问题也说明不了。它只能使问题陷入五里雾中。例如，斯密为了说明分工，就假定有交换；为了使交换成为可能又以分工为前提。他把问题置于假设的原始状态，就是把应当加以推论的东西，即两个事物之间的联系假定为事实或事件。神学家也是这样用原罪来说明恶的起源，就是说，他把他应当加以说明的东西假定为一种具有历史形式的事实，实际上也还是把神学的虚构说成历史事实。

与这种虚构的假设相反，马克思从资本主义生产的事实来说明异化。马克思解释说，工人生产的财富越多，他的产品的力量和数量越大，他就越贫穷。工人创造的商品越多，他就越变成廉价的商品。物的世界的增值同人的世界的贬值成正比。劳动生产的不仅是商品，它也生产作为商品的劳动自身

---

① 《马克思恩格斯全集》第3卷，人民出版社2002年版，第448—449页。

和工人，而且是按它一般生产商品的比例生产的。这体现了资本主义商品经济关系中人的价值和人的贬值的关系。马克思说，"这一事实无非是表明：劳动所生产的对象，即劳动的产品，作为一种异己的存在物，作为不依赖于生产者的力量，同劳动相对立"①。

马克思在《1857—1858 年经济学手稿》中指出，亚当·斯密认为，劳动是自我牺牲。劳动绝不改变自己的价值，对工人来说始终是一定的量的劳动，在亚当·斯密看来，就是同样数量的牺牲。在通常的健康、体力和精神状态下，工人总要牺牲同样多的自由、安逸和幸福。就像上帝对亚当说："你必须汗流满面地劳动"一样，亚当·斯密把劳动也看作诅咒。在他看来，安逸是适当的状态，是与自由和幸福等同的东西。他不能理解，一个人在通常的健康、体力、精神、技能的状况下，也有从事一份正常的劳动和停止安逸的需求。马克思指出："诚然，劳动尺度本身在这里是由外面提供的，是由必须达到的目的和为达到这个目的而必须由劳动来克服的那些障碍所提供的。但是克服这种障碍本身，就是自由的实现，而且进一步说，外在目的失掉了单纯外在必然性的外观，被看作个人自己自我提出的目的，因而被看作自我实现，主体的物化，也就是实在的自由，——而这种自由见之于活动恰恰就是劳动，——这些也是亚当·斯密料想不到的。"②

在马克思看来，劳动如果不是外在的强制劳动，而是作为个人自我实现的劳动，它"会成为吸引人的劳动"。这种劳动不是娱乐、消遣，或像傅立叶所说浪漫女郎天真理解的那样。什么是劳动的对象化呢？"劳动的产品是固定在某个对象中的、物化的劳动，这就是劳动的对象化。"③ 这是一种劳动现实化。这种劳动的现实化在国民经济学的假设中只表现为工人的非现实化，即对象化表现为对象的丧失和被对象奴役，占有表现为异化、外化。"劳动的现实化表现为非现实化"，这一哲学的思辨性的语言所表示的事实

---

① 《马克思恩格斯全集》第 3 卷，人民出版社 2002 年版，第 267 页。
② 《马克思恩格斯全集》第 46 卷（下），人民出版社 1980 年版，第 112 页。
③ 《马克思恩格斯全集》第 3 卷，人民出版社 2002 年版，第 267—268 页。

就是：劳动产品即劳动的对象化。

这里需要说明一下，异化（Entfremdung）、外化（Entǎuβerung）这两个词，在马克思的著作中常常并列使用。表示交换活动从一种状态向另一种状态的转化和获得，亦即表示并非敌对性和异己性的关系的经济现象或社会现象。马克思说："异化既表现为我的生活资料属于别人，我所希望的东西是我不能得到的、别人的占有物；也表现为每个事物本身都是不同于它本身的另一个东西，我的活动是另一个东西，而最后，——这也适用于资本家，——则表现为一种非人的力量统治一切。"①

异化是社会关系和制度造成的，也是人在不同关系和制度下的存在状态。野人在自己的洞穴（这个自由地给他们提供享受和庇护的自然要素）中并不感到陌生，或者说，感到如鱼得水那样自在。但是穷人的地下室住所却是敌对的、具有异己力量的住所，他只有把自己的血汗献给它时才能居住。他不能把这个住所看成自己的家，相反，他是住在别人的家里，住在只要他不按时交出房租就被赶出门的陌生人的家里。当然，富人也还没有体验到财富是凌驾于他之上的完全异己的力量，而宁愿把它看作自己本身的力量。

异化是黑格尔哲学的主要概念。他使用这个概念有多种意思。按照《黑格尔小传》作者阿尔森·古留加的分析，"从广义上说，异化意味着精神的异在、疏隔、客体化。异化的扬弃就是疏隔的取消，也就是认识"。黑格尔有时从狭义上使用异化一词，表示一种社会关系。它意味着"这个世界之所以存在，正如自我意识之所以成为现实，乃是基于这样一个过程，即自我意识抛弃了自我的个性，从而创造了它的世界，并且把这个世界当作异己的世界来看待，以致它现在必须加以占有"②。古留加认为，黑格尔写的是一个特定的世界，即资本主义社会关系的世界。在这个世界里，每一个人

① 《马克思恩格斯全集》第3卷，人民出版社2002年版，第349页。
② ［苏］阿·古留加：《黑格尔小传》，商务印书馆1978年版，第54—55页。

对另一个人都是异己的；它在法国大革命前的专制主义下，就表现为贵人和穷人、压迫者和被压迫者的意识对立，后来又在服从国家的条件下沆瀣一气，并呈现出一个绝对圆滑的普遍自欺欺人的时代。

黑格尔提出了"劳动创造了人"的思想，并且意识到异化是同主体相联系的，也是同私有制相联系的。但是黑格尔重视的是精神的异化，是人的本质的异化，没有真正看到异化的社会本质。马克思讲的是资本主义制度下的劳动的异化。在马克思恩格斯以前的国民经济学，虽然看到了私有财产存在的异化的事实，但是他们并没有正确说明这个事实。他们把抽象的公式当作私有财产的规律，而不能理解这些规律怎样从私有财产中产生出来。他们的理论不能解释劳动和资本分离的原因，不能解释竞争的根源和本质。他们只把资本家的利益当最后的根据。马克思认为，要解释这种资本主义的事实，必须真正弄清私有制、贪欲同劳动、资本、地产这三者的关系；弄清交换与竞争、人的价值和人的贬值、垄断和竞争之间的关系。总之，就是要弄清这全部异化和资本主义货币制度之间的本质联系。有一个基本的事实：工人生产的财富越多，产品的力量和数量越大，他们就越贫穷。工人创造的商品越多，他们自己就越变成廉价商品。物的世界越增值，人的世界就越贬值。这个事实说明什么呢？在马克思看来，这一事实不过表明工人在资本主义制度下的劳动，回转过来成为反对工人自身的活动，成为异己的力量。这种异化意味着工人的劳动作为异己的力量不依赖于他而存在，以至作为敌对的力量同他相对抗，也就是要受资本的统治。

那么，从伦理关系和道德方面如何看待劳动的异化？马克思的《1844年经济学哲学手稿》对劳动异化所作的研究体现着他对道德哲学的深刻思考：

第一，从人与劳动对象的关系上看。工人得到劳动对象就是得到了工作和生存资料，因而他首先要作为一个工人，即成为劳动对象的奴隶，其次才能作为肉体的主体而生存。这种奴隶状态的顶点就是："他只有作为工人才能维持作为肉体的主体的生存，并且只有作为肉体的主体才是工人。"这就是说，在异化劳动的社会关系中，必然产生伦理关系的奴隶状态，主体依赖客体，成为客体的奴隶。在资本主义私有制下的劳动，为富人生产了一切供享受的财富，而为自己生产了贫穷；劳动创造了宫殿，而给工人创造了贫民窟；劳动用机器代替了手工劳动，但使工人变成了机器；劳动同它的产品的直接关系，是工人同它的生产的对象的关系。有产者同生产对象和生产本身的关系，不过是这种关系的结果和证实。

第二，从生产行为活动来看。劳动的异化不仅表现在结果上，而且表现在生产行为活动中。前一方面是物的异化，后一方面就是人的异化。如果劳动产品是外化的，那么生产本身就必然是人的活动的外化。在劳动对象的异化中，不过是总结了劳动活动本身的异化。异化劳动对工人来说，不是属于他的本质，而是外在的东西，它从人本身的需要变成使人痛苦的外在活动。工人在劳动中不是肯定自己，而是否定自己；不是感到幸福，而是感到不幸，感到遭受折磨和摧残。他们的劳动不是自愿的劳动，而是强制的劳动，因而它不是满足劳动的需要，而是满足劳动需要以外的需要的一种手段。劳动的外在性表明，劳动不是属于工人自己的，而是属于别人的。劳动活动也不是他自己的，而是实现别人目的的手段，是他自身的丧失。

工人在异化劳动活动中，失去作为人的自由。劳动外化的结果，使工人在运用自己的生理机能时，才觉得自己是自由的，而在运用自己的作为人的机能时，却觉得自己不过是动物。马克思说，"吃、喝、生殖等等，固然也是真正的人的机能。如果加以抽象，使这些机能脱离人的其他活动领域并成为最后的和惟一的终极目的，那它们就是动物的机能"①。

第三，从个体和类的关系来说，异化劳动使自然界、人本身的生命活动同人相异化，也就使类同人相异化，使人把类生活变成维持个人生活的手段。本来，生产生活是类的生活，这是产生人的生命的生活，不是个体的生活。人的这种类特性，就是"自由的自觉的活动"。动物的活动就是它的生

---

① 《马克思恩格斯全集》第3卷，人民出版社2002年版，第271页。

命活动，人则使自己的生命活动变成自己的意志和意识的对象，其生命活动是有意识的。正是由于这一点，人才是类存在物，他的活动才是自由的活动。异化劳动把这种关系颠倒了，也就是把目的变成了手段，把手段变成了目的。

异化劳动夺走了人的类生活，也使人失去了自己的本质。人和它的类生活的异化，就是人和自己的本质的异化。人作为有意识的类存在物，就是把类看作自己的本质，或者说把自身看作类存在物。人作为类存在物的本质，就表现在人的生产实践的全面性、间接性、主动性和内在性上。这种生产是人的能动的类生活。因此，失去这种类生活，就是失去人的类本质，失去人的主体性，它的直接结果就是人同人相异化。

人同人相异化，深刻地表现着人的伦理关系的异化。当人同自身相对立的时候，他也就在同他人相对立。因为一般地说，人同自身的任何关系，只有通过人同其他人的关系才能得到实现和表现。因此，人同它的本质相异化，也就是一个人同他人相异化，以及他们中的每一个人都同人的本质相异化；每一个人都按照他本身所处的那种关系和尺度去观察、评价他人。

第四，从异化劳动在现实中的表现来看，提出了异化的结果属于谁的问题。既然工人的劳动活动不属于自己，那么它必然属于另一个存在物。这个存在物不是神，也不属于自然界，而必然是与工人相对立的资本家。在这种关系中，工人同他的劳动产品即对象化劳动的主人的关系，就是异己的、敌对的关系。工人的活动就是替他人服务的、受他人支配的、处于他人强迫和压制之下的活动。按照马克思的说法，工人同劳动的关系产生出资本家同劳动的关系。劳动的外化就是私有财产的产生。因此，工人的工资并不表明劳动是目的，而只表明工人是工资的奴仆。提高这种工资并不会使工人获得人的身份和人的尊严。从这种异化劳动和私有财产的关系中，马克思得出这样的结论："社会从私有财产等等解放出来、从奴役制解放出来，是通过工人解放这种政治形式来表现的，这并不是因为这里涉及的仅仅是工人的解放，而是因为工人的解放还包含普遍的人的解放；其所以如此，是因为整个的人类奴役制就包含在工人对生产的关系中，而一切奴役关系只不过是这种关系的变形和后果罢了。"① 我们从这里可以看到，在资本主义制度下，劳动异化使人与人的关系异化，产生工人和资本家之间的敌对关系；这种关系是通过物连接并掩盖着的，经济学、伦理学应该揭露这个秘密；人对人的这种奴役关系的根源在于私有制和资本主义制度，要改变这种奴役关系就是要使工人解放、人类解放。人的解放和工人的解放是一致的。

三、 人道主义和人性的复归

马克思恩格斯道德哲学思想形成的早期，从人的本质理论出发，推论人性复归和人的解放，论证从人道主义走向共产主义的必然性。如前所说，马克思把异化和私有制联系起来，把劳动和异化劳动区别开来，力图揭示私有财产的起源和人类伦理演变的秘密。马克思并不是把人只看作伦理的主体，社会关系只是伦理关系的体现，而是把所有者与劳动者之间的关系看作根本的关系。私有财产是异化劳动的产物，又是劳动借以外化的手段和外化的表现。私有财产发展到最后阶段，即发展到资本主义私有制，充分暴露了这种相互作用的秘密。在资本主义社会，劳动发展为异化的根本原因在于私有制，在于资本、地产、劳动三者的分离。这种异化使人与人的经济关系、政治关系、伦理关系发生了根本的扭曲变化。

马克思在《1844 年经济学哲学手稿》中写到黑格尔的"扬弃"概念时说，"这种扬弃是思想上的本质的扬弃，就是说，思想上的私有财产在道德的思想中的扬弃"②。在黑格尔那里，把否定和保存即肯定结合起来的扬弃起着一种独特的作用。马克思把黑格尔的法哲学体系简括为如下公式：扬弃了的私法＝道德，扬弃了的道德＝家庭，扬弃了的家庭＝市民社会，扬弃了

---

① 《马克思恩格斯全集》第 3 卷，人民出版社 2002 年版，第 278 页。
② 《马克思恩格斯全集》第 3 卷，人民出版社 2002 年版，第 330 页。

的市民社会＝国家，扬弃了的国家＝世界历史。在现实中，私法、道德、家庭、市民社会、国家等依然存在着，它们只是变成了人的存在方式，这些方式不能孤立地发挥作用，而是互相消融，互相产生，等等。马克思在这里所说的"道德"就是在该笔记前面所写的"确定自身的精神，道德"（这句话的前面还有"真的精神，伦理。自我异化的精神，教养"）①。大体上就是黑格尔的《精神现象学》和《法哲学》思辨体现的关键词。

马克思在研究私有财产和需要时提出一个问题：需要和满足需要的资料的增长如何造成需要和满足需要的资料的丧失？经济学家（有经验的生意人）是这样论证的：（1）工人的需要是维持最必需的肉体生活的需要，工人的活动是机械的活动，这也是人的生活和人的存在；（2）人的最低生活是计算的普遍标准。因卧榻适用于大多数人，工人的超出标准的享受都是不能饶恕的奢侈。

进一步分析，马克思提出了这样的问题：人怎样使他的劳动异化？这种异化又怎样以人类发展的本质为根据？这就提出了异化劳动与人的发展的关系问题。马克思看到，从人的发展过程探寻异化劳动的原因，也就是从一个决定性的角度探求人类伦理关系和道德异化的根源和奥妙。伦理关系的异化，就历史发展来说，是封建宗法伦理变为资本主义伦理，是资本主义关系本身的异化。就其本身来说，是从人的伦理异化为非人的伦理、非伦理。马克思分析资本主义私有制异化的性质，就是不把人看作人，使人成为商品，把人当作具有商品规定的人生产出来，使人成为"精神上和肉体上非人化的存在物"。我们知道，封建专制主义制度把人不当人，把人当作奴役的工具，而资本主义劳动的异化也把人变成商品，把无产者变成资本的工具。两种社会制度下的异化有所不同，也有共同点。资本与劳动的对立，是资本主义社会伦理关系异化的根源。人的"理性迷误"像宗教对人一样，不是原因，而是结果。

---

① 参见《马克思恩格斯全集》第 3 卷，人民出版社 2002 年版，第 317 页。

疑难问题讨论（二）
怎样理解权利与义务互为条件

近代市民社会的一个历史功绩在于，它确立了权利和义务不可分离的原则，而这一原则也正是社会主义者所要争取实现的社会原则。在这种意义上，马克思在 1864 年 10 月为国际工人协会总委员会写的《协会临时章程》中，写下了这样一段话："一个人有责任不仅为自己本人，而且为每一个履行自己义务的人要求人权和公民权。没有无义务的权利，也没有无权利的义务。"并且宣布，"这个国际协会以及加入协会的一切团体和个人，承认真理、正义和道德是他们彼此间和对一切人的关系的基础，而不分肤色、信仰或民族"。①

马克思在《协会临时章程》中所申明的关于权利—义务关系的基本原理，不仅是当时国际协会的一切团体和个人行动的基本原则，而且是不分肤色、信仰或民族地对待一切人的关系的基本原则。遵行这样的原则对待权利和义务的关系，正是坚持正义和道德的基础。但是，马克思当时面对的还是资本主义生产方式下的社会状况，必须对资本对劳动的关系作出真实的、科学的解释。马克思认为，人是在一定的社会关系中存在的，按照人的"社会特质的存在"，一方面是人作为个人存在的权利，另一方面是在关系中存在应尽的义务，权利和义务是相对存在而不可分离的。譬如，工人在资本家的工厂里做工，工人有权利向作为厂主的资本家索取工资。反过来作为资本家的厂主付给工人工资，同时也就有权利要求工人完成他的劳动义务。在这里，权利和义务之间是互为条件的关系。实际情况当然不是这样简单。马克思几十年精心撰写的《资本论》，就包含着对这个问题的科学回答，它研究

---

① 《马克思恩格斯全集》第 16 卷，人民出版社 1964 年版，第 16 页。

了资本主义生产方式及其相应的生产关系和交换关系，并最终揭示出现代社会的经济运动和历史发展规律。当庸俗经济学家阿·瓦格纳曲解社会主义，说社会主义者把资本家的利润看作"仅仅是对工人的'剥取'或'掠夺'"时，马克思明确地回答他："在我的论述中，'资本家的利润'事实上不是'仅仅对工人的剥取或"掠夺"'。相反地，我把资本家看成资本主义生产的必要的职能执行者"①。

马克思明确地指出，资本家不仅"剥取"或"掠夺"，而且"帮助创造属于剥取的东西"，即帮助生产剩余价值。在这里，在等价物的商品交换情况下，资本家只要付给工人以劳动力的实际价值，就应有符合于这种生产方式的获得剩余价值的权利。就是说，在那个不是由资本家而是由工人的劳动构成的价值中，包含着资本家"有权"可以占有的部分，而且并不侵犯符合于资本主义生产方式下的商品交换原则。在马克思看来，资本家取得剩余价值的权利的合理性的根据，在于产生它的资本主义生产方式和商品交换所包含的自由、平等原则。"问题在于这些规律本身，在于这些以铁的必然性发生作用并且正在实现的趋势。"② 这里是经济规律的作用，而不是道德感的力量。

社会是一个有自己的权利和义务的负有责任的整体。一个组织合理的正义的国家，应该体现社会组织的本质和合理的伦理秩序，努力实现权利和义务统一的平等、民主、公正的合理状态。但是，权利和义务的统一并不是政治家和哲学家的理想安排。从普遍的人民利益来看，资本对劳动的私有权正如个人对土地的私有权一样，仍然是使权利和义务分离和对立的根源，问题仍然是要为没有权利的劳动人民争取权利。即使是现代社会，在全世界范围内，权利和义务的统一仍然是需要认真思考和切实解决的现实问题。这也是马克思和恩格斯在《共产党宣言》中所写下的共产主义者的历史使命，即

① 《马克思恩格斯全集》第19卷，人民出版社1963年版，第401页。
② 《马克思恩格斯全集》第23卷，人民出版社1972年版，第8页。

实现一个权利与义务相统一的"各个人的自由发展为一切人自由发展的条件"的和谐的理想社会。

有没有平等的权利和义务呢？有一段史实值得注意。还是在 1864 年的那个国际工人协会的《协会临时章程》中，马克思提出："工人阶级的解放斗争不是要争取阶级特权和垄断权，而是要争取平等的权利和义务，并消灭任何阶级统治"①。19 世纪 70 年代，有些社会主义者反对国际协会总委员会的意见（实际上是反对马克思的意见），他们在《协会临时章程》的法译文中写上了"平等的权利和义务"的要求，但是删去了《协会临时章程》中的"消灭阶级"这一具体要求。马克思于 1870 年 1 月写了《总委员会致瑞士罗曼语区联合委员会》的通告。在通告的第五部分指出，"平等的权利和义务"这种要求只是一个一般的提法，这种提法不过是"重复了近百年来几乎在所有民主主义宣言中都能遇到，而在不同阶级的代表人物口中却含有不同意义的一般词句"②。

问题在于在阶级社会里权利和义务的关系总是具体的，是有阶级性和阶级特征的，而不是抽象的一切人都一样的。如果抽去"消灭阶级"这一具体要求，那就使国际工人协会的章程流于空洞的形式。马克思认为，"消灭阶级"这一具体要求是实现"平等的权利和义务"的必要条件和前提。只有在消灭阶级和阶级特权的条件下，才能谈得上真正的"平等的权利和义务"。

所谓在阶级社会里的权利—义务关系是有阶级性和阶级特征的，主要就在于这种关系从根本上说是受权力制约的。一般地说，权力可以包含权利，但权利却不能包含权力。权力是一种授予，可以不与义务相对应，但权利与义务则必须是对应的。边沁在他的《道德与立法原理导论》中对这两个概念作了一个两千多字的注解，也还没有给出明确的定义，就因为他是处于

---

① 《马克思恩格斯全集》第 16 卷，人民出版社 1964 年版，第 15 页。
② 《马克思恩格斯全集》第 16 卷，人民出版社 1964 年版，第 442 页。

17—18 世纪之交的跨时代的人物，还没有看清新时代英国社会阶级权力和权利的关系。在废除封建主义特权的资本主义制度下，是否就能实现"平等的权利与义务"呢？这首先要看制约着社会权利—义务关系的权力，犹如在人与人的关系背后感到资本的无限力量一样。

有句话说，"人有了钱就想有特权"，这话不错；但是还有句话更值得注意，"有了权就要把它变成特权"。马克思在对资本主义政治经济制度的研究中，从资本与劳动的关系上，分析了权力转化为权利以及权利和义务的关系。在资本主义生产方式中，对于剩余资本来说，最初的条件就是把资本家所占有的一部分物化劳动，或者说属于资本家所有的那一部分价值，拿来同他人的活劳动能力相交换。但是，在剩余价值的形成过程中，资本家仅仅通过占有他人的劳动就代表了自为存在的价值，即代表了自为存在的货币和财富，这是因为剩余资本的每一种要素，即材料、工具、生活资料，都归结为资本家不通过等价交换就占有的他人的劳动，而且是有国家法律保护的占有。这种对劳动价值的占有权，不仅是资本的那种不可抗拒的购买的权力，而且是以法律保护的权力实现的权利。资本家用这种权利占有的价值的一部分，在形式上同活劳动能力相交换。所谓"在形式上"，就是说，只是形式上的交换而实质上并没有等价交换，因为被交换的活劳动还必须再把它所交换的价值归还给资本家，或偿还给资本家。马克思认为，这种价值不是从资本和劳动的关系中产生的，而是从资本占有劳动的权力中产生的。

还应注意的是，这种已经实现的对他人劳动的占有权力，在延续的发展中就表现为对他人劳动的继续占有的简单条件。资本家依据这种简单条件就能重新占有他人的活劳动，而这种活劳动能力就成为资本家越来越多地不支付等价物便占有他人劳动的唯一条件，也是资本家扩大他的资本权力的唯一条件。也就是说，资本家的已经到手的货币和财产又成为进一步占有现在正在进行的他人活劳动的条件。而这一切又都是按照等价交换的规律进行的，并且在法律上又是任何人对自己产品的所有权和自由支配权的规定。马克思并不是根据权利—义务的定义解剖资本主义市民社会的，而是依据历史辩证法去解剖资本主义社会现实及其历史演变。按照马克思的分析，"所有权在资本方面就辩证地转化为对他人的产品的权利，或者说转化为对他人劳动的所有权，转化为不支付等价物便占有他人劳动的权利，而在劳动能力方面则辩证地转化为必须把它本身的劳动或把它本身的产品看作他人财产的义务"①。

现在，所有权对于资本家来说，表现为占有别人无酬劳动或产品的权利，而对于工人来说，则表现为不能占有自己的产品。"所有权和劳动的分离，成了似乎是一个以它们的同一性为出发点的规律的必然结果。"② 在这种情况下，权利和义务的分离正表现为前面黑格尔所说的"在同一性的关系"之中，但合理的、公正的交换关系就完全不存在了，统一就成了虚伪的假象：权力使权利不尽义务就能得到不应得到的利益，而把奉献的义务推给没有权力的人。

为什么不能抽象地提出"平等的权利和义务"的要求呢？因为政治与权力是结合一体的，资本家和官僚是坐在一条板凳上的。在存在阶级和阶级对立的社会里，权利和义务的关系从根本上说是阶级力量对比的体现，离开这种实际社会条件和具体生活状况，就是抽象地看待权利和义务的关系。关于"平等的权利和义务"的抽象提法，在反对特权和专制方面表达着一定的民主愿望和平等的要求，所以在历史上几乎所有的民主主义者在他们尚未认识资本主义社会关系的本质之前，他们都只能举起"平等的权利和义务"这面旗帜。实际上，在资本主义社会即使民主国家的权利和义务也不可能是真正平等的。不仅在古代马尔克制度中"自由人"的权利和义务是不平等的，是在受国家保护的主人绝对权力下履行的权利和义务，而且在实现了政治解放的资本主义制度下，也是在资产阶级权力控制下的权利—义务关系，工人自由地出卖劳动力之后进入剩余价值生产过程时就变为失去自由的奴隶就是证明。工作日的正常化就包含着权利与权利的对抗。在剩余价值生产过

① 《马克思恩格斯全集》第46卷（上），人民出版社1979年版，第455页。
② 《马克思恩格斯全集》第44卷，人民出版社2001年版，第674页。

程中，资本家要坚持他作为买者的权利，要尽可能延长工人劳动的工作日，只要可能，他就会把一个工作日变成两个工作日；另一方面，工人作为特殊的劳动力也给它的买者规定了消费的界限，即自然界限和道德界限，就是说工人也要坚持他作为卖者要把工作日限制在一定的正常的、合理的界限内的权利。这两个方面在长期的历史过程中，经过或隐蔽或公开的斗争。在一般情况下，资本得到国家法律的保护，而在关系到生产力发展和税收保障的情况下，法律也规定并保障劳动的一定的界限。马克思说，这里出现了"二律背反"，即权利同权利相对抗，而这两种权利都同样是商品交换规律所承认的。因此，在平等的权利之间，力量就起决定作用。那个时代的工厂工人的劳动工作日，从 14 小时，减到 12 小时，再减到 10 小时，最后减到 8 小时，不是经过无数次的联合的力量较量而取得的吗？（当然，后来的工作日缩短和待遇的提高有后来的情况，但也不应忘记历史）所以，在资本主义生产的历史上，劳动工作日的正常化过程就表现为规定工作日界限的斗争，就是争取正常的劳动权利的斗争，同时也就成为资本家阶级和工人阶级之间的政治斗争。① 所以，当经济学家巴斯夏说那就是"和谐经济"或"经济和谐"时，马克思只好说它是"从贫乏的、紧张的、对立的反思中产生的夸张的产物"②。

马克思一贯主张，对权利的平等要作具体的历史的分析。马克思还特别说明，这种不平等在共产主义社会的第一阶段，也是不可避免的。因为在共产主义社会的这个阶段上，"它不是在它自身基础上已经发展了的，恰好相反，是刚刚从资本主义社会中产生出来的，因此它在各方面，在经济、道德和精神方面都还带着它脱胎出来的那个旧社会的痕迹"③。这就是说，在社会发展的这一阶段上，权利与义务的平等在很大程度上也还是形式的。一个人以一种形式给予社会的劳动量，又以另一种形式领回来，等价交换只是平

① 参见《马克思恩格斯全集》第 23 卷，人民出版社 1972 年版，第 262 页。
② 《马克思恩格斯全集》第 46 卷（上），人民出版社 1979 年版，第 8 页。
③ 《马克思恩格斯全集》第 19 卷，人民出版社 1963 年版，第 21 页。

均数，并不是在一切个别场合。这里通行的还是调节商品交换的同一原则。生产者的权利是和他们提供的劳动成比例的。马克思说，"在这里平等的权利按照原则仍然是资产阶级的法权"①。所以，就它的内容来讲，它像一切权利一样是一种不平等的权利。马克思认为，就其本性来讲，权利只在于使用同一的尺度。不同的个人要用同一的尺度去计量，就只有从同一个角度去看待他们，从一个特定的方面去对待他们。例如，在一定的劳动场合，首先把人只当作劳动者，再不把他们看作别的什么，这当然是平等的。但是，一个劳动者已经结婚，另一个则没有；一个劳动者的子女较多，另一个的子女较少，如此等等，就不可能是平等的。如果在劳动成果相同、从而由社会消费品中分得的份额相同的条件下，某一个人事实上所得到的比另一个人多些，也就比另一个人富些，也不可能是平等的。马克思认为，要避免所有这些弊病，权利就不应当是平等的，而应当是不平等的。"权利永远不能超出社会的经济结构以及由经济结构所制约的社会的文化发展。"② 所以，在资本与劳动存在对立的情况下，就不能抽象地期望有"平等的权利和义务"，不能抽象地把"平等＝正义"当成最高的原则和最终的真理。但是，马克思在肯定社会主义社会还存在资产阶级法权之后说，"原则和实践在这里已不再互相矛盾"③。这当然是马克思按照完全公有制社会和计划经济所作的逻辑推论，后来的历史发展证明，在社会主义制度下，原则和实践仍然存在着矛盾和冲突，仍然需要不断进行经济、政治和社会的改革，需要对新滋生的特权、腐败和各种恶行进行反复的斗争，去争取权利和义务的统一。最后，需要说一下关于对待自己本身的权利和义务问题。这个方面，马克思虽然讲得不多，但他的行动和思想却极为重要。在存在着不平等的资本主义社会制度下，马克思始终自觉地、积极地为争取坚持真理和正义的权利而斗争，同时忠实地履行与这种权利相一致的义务。他踏入社会，血气方刚，就积极参

---

① 《马克思恩格斯全集》第 19 卷，人民出版社 1963 年版，第 21 页。
② 《马克思恩格斯全集》第 19 卷，人民出版社 1963 年版，第 22 页。
③ 《马克思恩格斯全集》第 19 卷，人民出版社 1963 年版，第 21 页。

与争取思想自由和出版自由权利的斗争，维护探讨真理、表达真理、"表露自己的精神面貌""表达人民精神"的权利。他认为这也就是"真理探讨者的首要义务"①。

后来，在指导工人运动的过程中，他始终坚持批判错误倾向的权利。1875年5月，马克思批判爱森纳赫派"哥达纲领"的错误，在给白拉克的信中说："我的义务也不容许我即使只用外交式的沉默方法来承认一个我认为应当根本抛弃并且会使党瓦解的纲领。"② 当时面临着与闹分裂的爱森纳赫派合并的形势，促进合并本身会使工人满意，对社会民主党有利，这似乎是马克思应尽的义务。但是，当他想到一时的满意和有利将会损害原则、使革命事业付出更大的代价的时候，他就毅然决定首先要拿起手中的权利，抵制和批判错误纲领。更不用说，他用毕生的精力撰写《资本论》，为坚持伸张真理和正义的权利而宣布"走自己的路"，哪怕"在地狱的入口处"。在这方面，恩格斯坚持了马克思的原则。1894年俄国的流亡社会主义者克里切夫斯基未经恩格斯同意就翻译并准备出版马克思的著作。那时马克思已经去世，马克思著作的出版权都交给了恩格斯，而且克里切夫斯基要出版的著作恩格斯已经做了出版安排。当克里切夫斯基请恩格斯写序言时，恩格斯立即回信说明，根据《伯尔尼协定》③，版权归我所有。无论从党的事业还是从事情本身着想，"我仍然应当坚持自己的权利，否则，对于那些不称职或不能信任的人译成的东西的发表，我就要担负责任。此外，由于我已经对第三者负有责任，我感到自己有双倍的义务这样做"。信中明确地表示，"这就不单是礼貌问题，而是译者的责任和义务"，因此郑重地对他的做法提出抗议，并声明"保留自己的一切权利"④。权利与义务是对等的，是互为条件的，但是实际生活中却常常发生矛盾。这并不奇怪，因为理论和实际是存

---

① 《马克思恩格斯全集》第3卷，人民出版社2002年版，第110页。
② 《马克思恩格斯全集》第19卷，人民出版社1963年版，第13页。
③ 1886年由欧洲几个大国共同签订的保护文艺作品版权的协定。
④ 《马克思恩格斯全集》第39卷，人民出版社1974年版，第238页。

在矛盾的。理论上、逻辑上说权利和义务是相等的，原则上是一个人有什么样的权利就有什么样的义务，有什么样的义务就有什么样的权利。但是在实际生活中，情况就不会是这么简单明了；"原则的"是应该的、理想的，"实际的"却离原则和理想还有相当的距离。这不仅因为事情轻重缓急因而有处理的先后，更因为社会制度的弊端和利害冲突而发生的权利—义务关系失衡。这种理论与实践、实然与应然的矛盾的解决，绝对不只是认识的任务，而是现实生活的任务，诚如马克思所说，它的解决"只有通过实践方式，只有借助于人的实践力量，才是可能的"①。

---

① 《马克思恩格斯全集》第3卷，人民出版社2002年版，第306页。

第三章　社会道德调查和道德观批判

1844—1846 年，是马克思和恩格斯思想飞跃发展的关键时期。短短的两年时间，马克思撰写《1844 年哲学和经济学手稿》，恩格斯进行英国社会调查，出版《英国工人阶级状况》；两人合作撰写《神圣家族》，随后又合作撰写了《德意志意识形态》，对资本主义社会经济、政治、社会状况和精神世界，做了全面的调查和深入的研究，对黑格尔以后的德国唯心主义思辨哲学（包括费尔巴哈、施蒂纳所代表的德国哲学）以及各式德国社会主义，进行了全面的清理和批判，阐发了他们逐渐成熟的辩证唯物主义历史观，同时也在社会调查的基础上对思辨唯心主义道德观进行了原则性的批判，并用几部著作把新世界观作为历史和逻辑统一的必然继续阐发出来。

第一节　英国早期资本主义社会的道德

英国早期资本主义社会，是人类历史上最早出现的资本主义生产方式与社会形态比较成熟的国家。它在经济上的发展相应地成熟了资本主义的政治制度与社会运行原则，同时也呈现出资本主义社会的文化、精神的一切形式，包括社会的上层、中层与下层。这种状况不仅在那时恩格斯的著作中得到反映，而且在那个时代的许多思想家和作家的作品中也得到反映。那时的英国是研究资本主义早期道德伦理的历史典型。

一、　英国社会的发展和道德蜕化

18世纪到19世纪40年代的英国，资本主义生产方式已占据统治地位，经济的急剧发展使英国成为让世界惊羡的大帝国，其科学技术、财富实力超过了世界上任何一个国家。工业中心的伦敦和许多大城市已成为世界银行和世界工厂。英国的工业产品几乎占全世界工业产品的一半。在英格兰，运河与铁路互相连接，内陆与海港远近沟通。社会关系、政治制度、文化教育等已进入一个新的历史时代，从社会发展上看几乎超越德国一个历史阶段。与此同时，资本主义制度的矛盾也显露出来，社会的进步与腐败、豪富与贫穷、文明与野蛮的对立也日益普遍而尖锐。19世纪初，早期社会主义者约翰·格雷根据公之于世的统计数据，对英国社会的一般状况和各个阶级作了分析，相当明确地说明了英国社会制度的性质。①

近代文明的英国，"有教养的人"的财富和势力急剧膨胀。所谓"有教养的人"，并不只是黑格尔所说"显示自由、平等精神并有财产和知识"的人，那时英国"有教养的人"是属于特权阶级的人。在政治上，他们早已独立并有了显赫的社会地位；他们不为王权专制而恐惧已有百年历史。他们可以充分利用各种有利条件，发挥精明求实的开拓精神，推进英国社会的近代文明，建立君主立宪政体，实行代议制的民主，也创造了划时代的不列颠哲学、法律和文学艺术。应该说，君主立宪政体比起封建—宗教政制是历史性的进步，但是直到19世纪40年代，英国仍然保留着贵族的特权和世袭地盘。因此，所谓"君主立宪政体"不过是君主政体、贵族政体和民主势力三者的妥协，是与近代自由、平等、民主的社会道德趋势相悖的。所以，恩格斯说："三种不道德因素合在一起，就能够得到一个合乎道德的产物，于是他们就创立了立宪君主制。"②

---

① 见［英］约翰·格雷《人类幸福论》一书"对社会的一般概述"，商务印书馆1963年版，第11—29页。

② 《马克思恩格斯全集》第3卷，人民出版社2002年版，第561页。

　　这个所谓"道德的产物"到底是什么呢？君主立宪的首要原则是"权力均等"，但经验的事实与宪法的规定完全不符。君主被崇拜为"神"，是"国家本质"，但对现实的国家却"统而不治"：贵族占据着上院任命议员的世袭特权，把掌握立法大权的上院当作养老院，无所事事，却保留着封建时代最屈辱人的礼仪规定。所谓"民主"，作为颁布法律和管理国政的要素，本应体现出民主政治和平等人权，但实际上仍然原封不动地保留了体现封建特权的教区机构；下院议员的选举或者被某些有势力的个人和部门操纵，或者是通过贿赂手段争得选票，或者利用一些社会势力和阴谋手段扰乱正常选举；而创造社会财富的工人阶级的绝大多数人则被排斥在选民之外。真正的代议制在很大程度上已经名存实亡。

　　那么，是谁在统治着英国呢？恩格斯明确地回答：财产。财产使贵族能左右农业区和小城市的选举；财产使商人和厂主能影响大城市及部分小城市的代表选举；财产使二者能通过行贿来加强自己的势力。财产的统治以经由改革法案通过财产资格的规定所确认了。既然财产以及通过财产而形成的势力构成资产阶级的本质，既然贵族在选举中利用自己财产的势力，因之他不是以贵族的身份出现而是和资产阶级站在同等的地位，可见实际上整个资产阶级的势力要比贵族的势力强大得多，可见真正进行统治的是资产阶级。说统治英国的是财产，实际上说的是资产阶级。资产阶级在那时的英国属于上层阶级，是"有身份的人""上等人"。但问题在于：广大的人民群众还没有认清"财产"的这种本质，千年的宗教熏陶、宣传和实践的背离，使人们处于"精神睡眠状态"：这里是三位一体的立法，那里是富有者的横行霸道；这里是历史悠久的两院制，那里是操纵一切的下议院；这里是国王的至尊大权，那里是下院选出的内阁；这里是世袭立法者的上议院，那里是老朽议员休闲的养老院。名义上司法权和行政权完全独立，实际上则是集三权于一身。本来司法权是通过陪审员体现的国民的直接所有权，但实际上陪审员并不起实质性作用，即使事实确证的决议也仍然可以被推翻。所谓出版自由权利、集会结社权利、人身保护权利等，在实践上都不过是资产阶级和贵族的特权，根本不是作为上帝子民的普遍的平等权利。至于高度发达的英国陪审法庭，在制造法律谎言和不道德行为方面也达到了惊人的地步。所谓法庭的陪审裁定，实际上完全是听从于法官的授意。最典型的是刑法中保留的苦役流刑和单独监禁的规定，它从肉体、精神和道德上全面地摧残法律牺牲者，使之陷入道德败坏和无人性的禽兽状态。还有普遍的对罪行罚款，实质上也是虐待穷人庇护富人的办法，因为富人可以用钱免掉服刑，穷人只能以服刑免掉罚款。这种法律的运用比法律本身的虚伪规定更加不道德。恩格斯说，这种状况证明处于"精神睡眠状态"的英国人"还是心存恐惧的人，还不是真正的人，不是自由的人"。

英国社会处理人与人关系的基本的、普遍的原则是利己主义。恩格斯曾经描述过英国社会的世态炎凉：在伦敦的街头，人们彼此从身旁匆匆地走过，好像他们之间没有任何共同的地方，好像他们彼此毫不相干，每一个人在追逐私人利益时的这种可怕的冷淡，这种不近人情的孤僻就愈是使人难堪。虽然我们也知道，每一个人的这种孤僻、这种目光短浅的利己主义是我们现代社会的基本的和普遍的原则，可是这些特点在任何一个地方也不像在这里这样无耻，这样被人们有意识地运用着。人类分散成各个分子，每一个分子都有自己的特殊生活原则，都有自己的特殊目的，这种一盘散沙的世界在这里是发展到顶点了。可以说，一方面是不近人情的冷酷和铁石心肠的利己主义，另一方面是无法形容的贫穷。恩格斯把这种人与人之间相互敌对的关系与相互敌对的现实，用霍布斯的话称之为"一切人反对一切人的社会战争"。而这种社会战争并不是别的什么东西，它只不过是资本主义自由竞争原则的彻底实现。因为这个社会战争中的武器是资本。

在这种自由竞争中、在这种一切人反对一切人的战争中，人与人并不是站在同一的高度。因为是资本的统治，即生活资料和生产资料的直接或间接的占有权，所以很显然，这个战争中的一切不利条件都落在了穷人方面。穷人是没有人关心的，他一旦被投入这个旋涡，就只好尽自己的能力往外挣扎。结果是强者把弱者踏在脚下，资本家握有一切，而大批穷人却只能勉强活命。所以，这种人人为自己的利己主义原则不仅是资本主义经济关系的产物，而且在本质上也是有利于资产阶级的生存原则。因而资产阶级要维护这种利己主义，为它唱赞歌，为它建立系统的政治哲学和道德哲学。

恩格斯对英国社会文明的批判，特别集中于对商业道德的批判。恩格斯肯定了超越封建制度的资本主义制度给社会道德文明带来的进步，肯定了亚当·斯密的新经济学理论阐述了私有制下的经济发展的一些规律，也反映着资本主义文明发展的历史性进步。但是恩格斯认为，这种相对于旧制度的历史性进步，并不能掩盖资本主义现实商业实践的普遍的不道德。因为，当时的国民经济学不是从资本主义制度本身的事实中得出结论，而是直接从它的理论提出的"人道主义"概念推出"仁爱""博爱"的概念，给人们造成了一种现实社会也是仁爱、博爱的假象，致使加重了人们"精神睡眠状态"。在这种情况下，恩格斯撰写的《国民经济学批判大纲》，正是把经济和道德结合起来进行的使人们惊醒的批判。著名德国剧作家黑贝尔（1813—1863）读到恩格斯的《国民经济学批判大纲》后，激动地评论它"揭露了世界上各种交易的基础即令人难以置信的不道德"，并以组诗《给痛苦以权利》唤醒人们的"睡眠状态"，呼吁社会的公平和正义。

从当时英国社会的实际情况出发，恩格斯对资本主义商业道德作了历史的辩证的分析。他认为，亚当·斯密颂扬"商人的人道"是对的，因为世界上本来就没有绝对不道德的东西，商业也有对道德和人性表示尊重的一面。但是，这种"尊重"只是在历史比较的意义上，才是可以理解的。"但这是怎样的尊重啊！当中世纪的强权，即公开的拦路行劫转到商业时，这种行劫就变得具有人道精神了；当商业上以禁止货币输出为特征的第一个阶段转到重商主义体系时，商业也变得具有人道精神了。现在连这种体系本身也变得具有人道精神了。当然，商人为了自己的利益必须与廉价卖给他货物的人们和高价买他的货物的人们保持良好的关系。因此，一个民族要是引起它的供应者和顾客的敌对情绪，就太不明智了。它表现得越友好，对它就越有利。这就是商业的人道，而为了达到不道德的目的而滥用道德这种伪善方式就是贸易自由体系引以自豪的东西。"①

恩格斯肯定了近代商业曾经在打倒垄断、传播文明、减少战争方面所起的积极作用，同时对英国资本主义制度作了严肃的批判："不错，这一切你们都做了，然而你们是怎样做的啊！你们消灭了小的垄断，以便使一个巨大的根本的垄断，即私有制，更自由地、更不受限制地起作用；你们把文明带到世界的各个角落，以便赢得新的地域来扩张你们卑鄙的贪欲；你们使各民族建立起兄弟般的关系——但这是盗贼的兄弟情谊；你们减少了战争次数，以便在和平时期赚更多的钱，以便使各个人之间的敌视、可耻的竞争战争达到极端尖锐的地步！"② 最后，恩格斯从道义上尖锐地指责，资本主义商业什么时候做事情是从纯粹的人道出发，是从普遍利益和个人利益之间的对立毫无意义这种意识出发的呢？什么时候讲过道德，什么时候不图谋私利，不在心底隐藏一些不道德的、利己的动机呢？按照德国道德哲学的理解，"动机就是叫做道德的东西"，恩格斯正是从这种意义上，把社会道德的批判引向道德主体意识的深处，直指英国那些所谓"有教养的人"的虚伪的行为动机和图谋私利的道德意图。

恩格斯认为，要分析批判资本主义商业道德，既不能以资本主义经济为标准，也不能以旧经济制度为标准，而必须"从纯粹人的、普遍的基础出发来看问题"③。恩格斯所说的人，是指作为人类一员的人，从本质上说是"符合人这个字的含义的人"，而不是抽象概念的人。近代国民经济学不能对重商主义体系作出正确的评判，因为它本身就带有片面性，而且还受到重商主义体系的各个前提的拖累。只有摆脱这两种体系的对立，才能批判这两种体系的共同前提。其原因就在于，私有制下的商业利益是充满对立的，其冲突甚至带有势不两立的性质。"每一个人都知道另一个人的意图，知道另一个人的意图是和自己的意图相反的。因此，商业所产生的第一个后果：一

---

① 《马克思恩格斯全集》第 3 卷，人民出版社 2002 年版，第 448 页。

② 《马克思恩格斯全集》第 3 卷，人民出版社 2002 年版，第 448 页。

③ 《马克思恩格斯全集》第 3 卷，人民出版社 2002 年版，第 445 页。

方面互不信任，另一方面为这种互不信任作辩护，采取不道德的手段达到不道德的目的。"可以说，资产阶级的国民经济学是在昧着良心说话，在额角上带有最令人厌恶的自私自利的烙印。所以，恩格斯强调只能以"人性""纯粹的人""普遍利益和个人利益的统一"为标准，才能打破一切私有制道德的狭隘眼光和虚假的理论说教。

我们看到，恩格斯对商业道德的批判是用激烈的带有义愤的语言表达出来的。恩格斯那时所理想的商业道德应该是"从纯粹人道出发的"，"从普遍利益和个人利益之间的对立毫无意义这种意识出发的"，是"不图谋私利"，"不在心底隐藏一些不道德的、利己的动机"的"纯粹人性"的商业道德，否则就是欺骗和虚伪。他所认为的商业是什么呢？就是"贪婪的""伪善的""与自由的人性处于对立地位的""无人性的和充满敌意的"商业道德。总之，商人就是"自私自利的人"。在这种意义上，可以得出与空想社会主义者傅立叶所作同样的结论："商业就是合法的欺诈。"实际上，这就是当时恩格斯所批判的资本主义商业道德的本质。

恩格斯这样分析问题的旨意何在呢？主要在于指出：一方面，资本主义商业道德遵循着这样一条规律：商业的道德或不道德，是会在商品的价值和价格中表现出来的。为了使商业的不道德不过于明显地表现出来，就得保留一点假象，似乎价格和价值有某种联系。其实，价格是由生产费用和竞争的相互作用决定的。价值规律和私有制的竞争本身决定了资本的自由和资本家的贪欲。竞争的一个规律作为客观的法则是不以个人的意志为转移的，"一种原则一旦被运用，它就会自行贯穿在它的一切结果中，不管经济学家们是否乐意"[①]。另一方面，资本主义的自由竞争在人类发展史上只是一个历史阶段。自由竞争贯穿在人们的全部生活关系中，造成了穷富对立和奴役，但它同时也造成自身消亡的历史条件。"他瓦解一切私人利益只不过替我们这

---

① 《马克思恩格斯全集》第3卷，人民出版社2002年版，第449页。

个世纪面临的大转变，即人类与自然的和解以及人类本身的和解开辟
道路。"①

从这里可以看到，恩格斯对资本主义商业的理解与傅立叶的观点还是有
本质区别的。恩格斯并不是仅仅把资本主义商业理解为"合法的欺骗"，他
同时还看到这种商业道德产生的历史的、社会的根源，看重资本主义经济的
价值规律的作用，看到它所引起的矛盾虽然是历史的伤痛，但它将为通向人
与自然和解、人与人和解的共产主义社会开辟道路。

二、 英国工人的道德状况

工人阶级是 19 世纪社会运动的主要动力之源，也是马克思主义形成的
阶级基础和出发点。正如恩格斯所说，工人阶级是那个时代"存在的社会
灾难最尖锐、最露骨的表现"②。因此，工人的斗争是"唯一伟大的、唯一
站在时代高度的、唯一不使战士软弱无力而是不断加强他们的力量的斗
争"③。可是，在财富和势力急剧膨胀的英国社会里，又有谁能了解英国工
人阶级所处的实际悲惨状况和斗争的意义呢？当时的德国共产主义基本上是
从理论前提出发得出的认识，理论家们几乎都是通过对费尔巴哈和黑格尔哲
学的批判而接受共产主义的，但对资本主义社会工人阶级的真实状况却了解
得很少。然而，正如马克思所说，"一个不了解社会现状的人，更不会了解
力求推翻这种社会现状的运动和这个革命运动在文献上的表现"④。因此，
进行工人阶级状况的调查研究并将事实公之于世，对于正确认识资本主义、
工人阶级和共产主义就是非常必要的了。

为了了解英国工人阶级的状况，恩格斯利用在英国"欧门—恩格斯棉
纺厂"办事处工作的业余时间和有利条件，亲自深入工人群众和工厂中进

---

① 《马克思恩格斯全集》第 3 卷，人民出版社 2002 年版，第 449 页。
② 《马克思恩格斯文集》第 1 卷，人民出版社 2009 年版，第 385 页。
③ 《马克思恩格斯全集》第 35 卷，人民出版社 1971 年版，第 257 页。
④ 《马克思恩格斯文集》第 10 卷，人民出版社 2009 年版，第 52 页。

行调查，同时利用作为典型资本主义社会的英国大量的完整的官方文献进行系统研究。恩格斯在 1844 年 9 月到 1845 年 3 月参与撰写《神圣家族》期间，根据亲身观察和可靠的材料撰写了《英国工人阶级状况》。这本书问世半年后，恩格斯在对该书所作的"补充评述"中说，他的这本书主要是描述资产阶级和无产阶级的相互关系以及这两个阶级之间斗争的必然性，特别是要证明无产阶级的特殊作用及其斗争的合法性，揭露资产阶级的丑恶行径。因此公开申明："我写的这本书，从第一页到最后一页，就是对英国资产阶级的起诉书。"[①] 在送交出版社时，恩格斯还特别向出版商尤利乌斯·康培强调："我们的观点是共产主义的观点；我们在《德法年鉴》、《神圣家族》、《莱茵年鉴》等书刊上都代表这种观点；我的《英国工人阶级状况》一书也是用这种观点写的。您自己明白，这种观点根本不需要送交检查，因此我们也不会送审。"[②]

恩格斯在该书出版前"致大不列颠工人阶级"的信中，作了感人至深的自述："我曾经在你们当中生活过一个相当长的时期，对你们的状况有足够的了解。我非常认真地研究过你们的状况，研究过我所能弄到的各种官方的和非官方的文件，但是我并不以此为满足。我寻求的并不仅仅是和这个题目有关的抽象的知识，我愿意在你们的住宅中看到你们，观察你们的日常生活，同你们谈谈你们的状况和你们的疾苦，亲眼看看你们为反抗你们的压迫者的社会的和政治的统治而进行的斗争。我是这样做了。我抛弃了社交活动和宴会，抛弃了资产阶级的葡萄牙红葡萄酒和香槟酒，把自己的空闲时间几乎都用来和普通的工人交往；对此我感到高兴和骄傲"；"骄傲的是这样一来我就有机会为这个受压迫受诽谤的阶级做一件应该做的事情"。[③]《英国工人阶级状况》一书于 1845 年夏出版。尽管 42 年后，恩格斯在德文第二版序言中曾表示他 24 岁时写的这本书并不是成熟的著作，但是它如实地反映了

①　《马克思恩格斯全集》第 42 卷，人民出版社 1979 年版，第 278 页。
②　《马克思恩格斯全集》第 47 卷，人民出版社 2004 年版，第 359 页。
③　《马克思恩格斯全集》第 2 卷，人民出版社 1957 年版，第 273 页。

那个时代英国工人阶级的存在状况，说出了工人阶级的心里话。正如列宁所说："恩格斯第一个指出，无产阶级不只是一个受苦的阶级，正是它所处的那种低贱的经济地位，无可遏止地推动它前进，迫使它去争取本身的最终解放。"①

在《英国工人阶级状况》一书中，恩格斯以大量的事实和文件为根据，从工人生活的各个领域和侧面，揭露了资产阶级对无产阶级的残酷剥削和压迫，真实、具体地描述了英国工人阶级的生活状况。这里我们只是为了说明问题，仅从书中择取极有限的部分资料。

当时在大城市里住的主要是工人，资产者和工人的比例是一比二，常常是一比三，有些地方是一比四。这些工人根本没有什么财产，全靠工资过活，工资只能勉强糊口。这个冷酷的社会根本不关心他们，只让他们自己去养家糊口，但是又不给他们能够长期维持正常生活的手段。因此，每一个工人，即使是最好的工人，也总有可能失业，甚至有可能饿死，也确实有许多人饿死或因饥饿致病而死。② 每一个大城市都有一个或几个挤满了工人的贫民窟，工人的住房破旧脏乱、环境恶劣。工人常常是住在紧靠富人府邸的小窄巷里或破旧住房的地下室，一家人男女老少十来个人挤在一起。当时英国大城市的贫民窟几乎都是这样的。据英国统计学会会刊公布的材料：1840年，5366个工人家庭住在5294所住房里，男女老少挤在一起。其中四分之三的家庭只有一个房间。据牧师奥尔斯顿在《每周快讯》的报道：英国最大的工人区伦敦怀特柴泊和拜特纳，有1400幢房子，住着2795个家庭，共约12000人。常常是三代同堂挤在一间10—12平米见方的屋子里。他们的小屋既是作坊，又是吃饭和睡觉的地方。这位牧师说："只要亲眼看一下这些不幸的人们的苦难，看一看他们吃得多么坏，他们被疾病和失业折磨成什么样子，我们面前就会显现出这样一个无助和贫穷的深渊，仅仅是这个深渊

---

① 《列宁选集》第1卷，人民出版社2012年版，第91—92页。
② 参见《马克思恩格斯全集》第2卷，人民出版社1957年版，第391页（"死亡率"统计和分析）。

有可能存在，像我们这样的国家就应该引以为耻。"① 其实，他们也并非以此为耻，只是在做冷静的考量。正如马克思在批判施里加掩盖已被揭露的社会秘密时所指出的，"富人手下的学者即经济学家们就在这里传播关于贫穷这种肉体贫困和精神贫困的非常详细的见解。他们用安慰的口吻证明说，因为要保持事物的现状，所以这种贫困似乎也应保存下来。甚至他们很细心地计算出，穷人为了富人和自己本身的福利应该按什么比例通过各种死亡事件来缩减自己的人数"②。

伦敦有个著名的"乌鸦窝"。那里住的几乎全是工人，是穷人中最穷的人，掺杂着小偷、骗子和娼妓制度的牺牲者。他们无论在身体、智力和道德等各个方面，都处于悲惨难堪的地位：愚昧、沮丧、酗酒、纵欲、粗暴，以至偷盗、抢劫、卖淫，道德败坏。他们难以抵制贫穷和恶劣环境给他们的德行败坏造成的影响，而一天天地堕落。在这样的地方，人们不仅忽视健康和道德，而且也不顾平常的礼貌和颜面。恩格斯引用了当时资产者的报道，指出大城市在工人道德方面造成的有害后果：如果说 20 世纪西方的性解放还需要制造舆论来辩护的话，那么英国当时的工厂制度已经使"性解放"成为工人阶级中青少年的生活现实。随着工业的发展，犯罪事件也在增加，每年被捕的人数和加工的棉花包数量成正比。这种成正比的数量关系几乎可以称为资本主义社会犯罪规律。恩格斯说，在这种情况下，有些工人宁愿偷东西而不愿饿死或自杀那是不应奇怪的，而在工人中间也有许多人很讲道德，即使山穷水尽宁肯饿死或自杀也不愿去偷。

恩格斯认为，社会群体或社会阶级的道德状况，是与它们所处的社会生产方式和生活状况相联系的，如他后来所说，"工人阶级处境悲惨的原因不应当到这些小的弊病中去寻找，而应当到资本主义制度本身中去寻找"③。近代英国是一个讲自由的国家，可是在资本主义发展了的地方，无产者的

---

① 转引自《马克思恩格斯全集》第 2 卷，人民出版社 1957 年版，第 309 页。
② 《马克思恩格斯全集》第 2 卷，人民出版社 1957 年版，第 70 页。
③ 《马克思恩格斯选集》第 1 卷，人民出版社 2012 年版，第 67 页。

自由则完全被剥夺了。无产者是无助的。他们要是只靠自己，就连一天也不能生存下去。资产阶级垄断了基本的生活资料。工人所需要的生活资料都只能从这个受到国家法律保护的阶级那里得到。在资本主义制度下，无产者在法律上和事实上，都是资产阶级的奴隶，不是某一个人的奴隶，而是整个资产阶级的奴隶。资产阶级掌握着他们的生死大权。无产者除了资产阶级向他们提出的条件或者饿死、冻死，或者从一个资本家那里出来，再到另一个资本家那里去，接受同样的剥削，此外就再没有别的选择余地了。无产者用自己的劳动换回的"等价物"的大小，完全是由资产阶级规定的。他们的生活，如英国历史学家卡莱尔所描述："把他们的一切生路都弄得很不可靠，使他们陷入走投无路的境地；冷静、沉着、长期的安静，人类这些最起码的幸福他们是没有的……　对于他们，这世界并不是家，而是一个充满了荒唐而无谓的痛苦，充满了愤激、怨恨、对自己和对全人类的仇恨的阴森的监牢。"① 值得注意的是，恩格斯分析了产生这些现象的主要原因：

其一，使工人道德败坏的第一个根源是生活的贫困。穷困让工人在几条道路上进行选择：慢慢地饿死、立刻自杀，或者随便在什么地方见到他们所需要的东西，只要可能就去偷。穷到要饭和饿肚子的时候，就必然出现蔑视一切社会秩序的倾向。而当时的英国道德教育，总是和宗教教育联系在一起，其结果使道德教育和宗教教育掺杂在一起，工人得不到受教育的机会。国家用以教育的道德本来已经相当紊乱，又与宗教的天国说教掺杂在一起，使工人感到迷惑和反感。因此，工人阶级不愿奉行这种道德是没有理由指责的。

其二，使工人道德败坏的另一个根源是劳动的强制性。强制劳动是最残酷、最带侮辱性的劳动。"如果说自愿的生产活动是我们所知道的最高的享

---

① 转引自《马克思恩格斯全集》第 2 卷，人民出版社 1957 年版，第 402—403 页。

受，那末强制劳动就是一种最残酷最带侮辱性的痛苦。"①　恩格斯所说的这种劳动的强制性表现在这样几个方面：首先，它是被迫的劳动，不是自愿的劳动创造，而只是为了钱而不得不去干活。其次，是简单重复的劳动，长久地从事一种单调的令人厌烦的劳动，使人感到痛苦。再次，分工和不断重复的琐碎机械性操作，再加上恶劣的生活条件，大大增强了强制劳动的使人机械化、动物化的作用。最后，单调机械的劳动使人必须付出极大的注意力，而没有其他精神活动的余地，甚至连吃饭、睡觉也没有自由。这样的劳动简直是使人沦为牲口。"这样，工人还是必须在两条道路中选择一条：或者屈服于命运，做一个'好工人'，'忠实地'维护资产者的利益（如果这样做，他就势必要变成牲口），或者起来反抗，尽一切力量捍卫自己的人类尊严，而这只有在反抗资产阶级的斗争中才能做到。"②

其三，城市人口的集中也是道德堕落现象扩大的重要原因。大城市风俗败坏，是坏榜样的传染地，使道德堕落现象扩大，以至达到极点，严重影响工人和市民的道德。大城市创造了条件，使那些早已存在或处于萌芽状态的罪恶迅速而全面地发展起来。恩格斯说，"利己主义是我们现代社会的基本的和普通的原则，可是，这些特点在任何一个地方也不像在这里，在这个大城市的纷扰里表现得这样露骨，这样无耻，这样被人们有意识地运用着"③。正是生活条件的恶化使人道德堕落。有位半资产者的郡长托利党人艾利生，把充满恶习和腐败的大城市称作"人类堕落的大中心"。他认为，"大城市

---

① 《马克思恩格斯全集》第 2 卷，人民出版社 1957 年版，第 404 页。恩格斯有一个声明：他经常用德文中的"中产阶级"（Mittelklasse）一词来表示英文和法文的"资产阶级"（middle-class；bourgeoisie）。"资产阶级"（middle-class）这个词，就是通常所说"有产阶级"的意思，即与贵族相区别的有产阶级。这个词的用意在于说明资产阶级在英国和法国是直接掌权的阶级，而在德国"掌握国家权力"还只是"要掌握"的社会舆论。同样，他也经常把工人（working men）和无产者，把工人阶级即没有财产的阶级和无产阶级当作同义语使用（见《马克思恩格斯全集》第 2 卷，人民出版社 1957 年版，第 280 页）。

② 《马克思恩格斯全集》第 2 卷，人民出版社 1957 年版，第 405 页。

③ 《马克思恩格斯全集》第 2 卷，人民出版社 1957 年版，第 304 页。

道德堕落的主要原因在于坏榜样所具有的传染性，在于年轻一代很容易遇到、而且每天都会遇到恶习的影响，因而像流行的瘟疫很难抵御。如果说在广大的农村是慢性传染，那么在城市特别是大城市就是急性传染了。资产阶级的腐败和道德堕落自不必说，因为它本身就是瘟疫的发源地。他看得清楚，正是在大城市里，恶习和不正当的享乐布下了诱人的天罗地网；正是在这里，犯罪因渴望不受惩罚而得到鼓励，懒散因屡见不鲜的坏榜样而得到助长"。当上等阶级为了自己的利益把大批工人塞在一个小小的地方的时候，罪恶的传染就特别迅速而且不可避免。下等阶级，就他们现在的宗教和道德的水平而论，往往很难责备他们屈服于周围的诱惑，正如同很难责备他们成为伤寒的牺牲品一样。恩格斯在指出工人酗酒和纵欲的毛病时，作了这样一个判断："这个阶级既然处于无人过问的情况下，而又没有正当地利用这种自由所必需的手段，那么，这种恶习的产生就是无法改变的结果，是无可避免的必然。"① 因此，当时的舆论公认：统治和管理着社会的资产阶级对工人阶级不仅负有保障生命安全和生活条件的责任，而且对工人阶级的道德状况也应负有道义的责任。

在这里，恩格斯注意到一个基本问题，即国家和工人的关系。恩格斯揭露：当时工业发达的英国使人数众多的无产者特别是赤贫者成为它的负担，他们要生存和发展，但国家不管他们，甚至视为敌人，对他们进行压制和迫害，把那些因挨饿而偷抢、卖淫犯罪的人投进监狱，或是流放。这样，面包问题就和道德观念问题发生了必然联系。当国家把那些"犯罪的人"释放出来的时候，他们会看到："这些失去了工作的人变成了失去道德的人。"什么是主要的、中心的问题呢？恩格斯注意到，在现实生活中，经济利益对人们的思考和行动是影响最大的。矛盾、冲突的原因千头万绪，但归根结底是经济问题起着决定性作用。这是恩格斯反复思考的问题。恩格斯在谈到英国消除卖淫现象的做法时深刻地指出：我们现在所谈到的这些消灭卖淫现象

---

① 《马克思恩格斯文集》第 1 卷，人民出版社 2009 年版，第 442 页。

的努力全都是徒劳的。主要的错误在于不想抓祸害的根源，而这种祸害主要是产生道德问题的经济问题。只要人们还靠强制性的措施、警察的镇压，某个法律条文的修改或是感情用事的声明来铲除这个祸害，它就还会继续存在，因为它的根源仍旧继续存在。"应该善于干预，而且要大胆地干预现在在所有制和劳动方面普遍存在的经济混乱，对它们进行整顿，把它们加以改造，使任何人都不丧失生产工具，使有保证的生产劳动最终成为人们早就在寻求的正义和道德的基础。"①

在叙述工人阶级的精神状况时恩格斯指出，英国的教育设施和人口数目比起来，少得很不相称。工人阶级可以进的不多的几个日校，只有少数人才能进去，而且这些学校都是很差的。教师不但缺乏必要的知识，而且缺乏能够具备的道德品质，并且不受公众的监督。这里也受着自由竞争的支配，有钱人占便宜，穷人吃亏，因为对穷人来说，竞争恰恰是不自由的，他们没有必要的条件来做出正确的选择，没有一个地方实行义务教育。在工厂里的所谓义务教育也只是名义上的存在，实际上工人根本得不到所需要的教育。英国政府预算 5500 万英镑，用于教育的只有 4 万英镑。这样少量的教育经费根本抵不过宗教的影响，几乎所有的学校里都只有宗教教育，他们培养教派的仇恨和狂热的偏执，而一切智力、科学精神和道德的发展都被用各种理由忽视了。

在英国的学校里，道德教育总是与宗教教育连在一起的。恩格斯认为，这种道德教育所产生的结果并不好。人们用以调节人与人的关系的简单原则，由于现存的社会条件，由于残酷的生活竞争，本来就已经非常紊乱，而当这样的原则与宗教的专横训令混在一起的时候，就更使工人感到莫名其妙，学校的道德教育几乎完全被泯灭。工人作为无产者是处在各种各样的错综复杂的情况下生存的，他们只要能够勉强活下去就是幸运。为什么事情是这样的呢？因为工人受教育对资产阶级来说好处少，可怕的地方多，甚至是

---

① 《马克思恩格斯全集》第 45 卷，人民出版社 1985 年版，第 184 页。

危险的。工人是重视踏踏实实的教育的，但是资产阶级社会不给工人提供这样的条件。资产阶级给工人准备的唯一的东西就是法律，当工人把它逼得太紧的时候，它就用法律来对付他们。在这种情况下，工人如果不变得像牲口一样驯服，就只有靠着对这个阶级的憎恨和内心的激愤才能保持人类应有的意识和感情；只要他们还感到愤怒，他们就仍然是人，如果他们乖乖地让人把挽轭套在脖子上而不想摆脱，那他们就真的成为牲口了。恩格斯说，如果我们考虑到工人阶级在其他方面的生活条件，我们就无论如何也不能责备他们对统治阶级所抱的那种仇恨了。工人在学校里受不到的道德教育，也不会在其他的生活条件下得到，贫穷对于他们精神上所起的毁灭性的影响，正如酗酒对于他们的身体危害一样。

在总结工人阶级道德状况的社会结果时，恩格斯尖锐地提出了"社会谋杀"问题：如果一个人伤害了另一个人的身体，而且这种伤害引起了被伤害人的死亡，就叫杀人；如果杀人者事先知道这种伤害会断送人的性命，他的行动就叫谋杀。但是，如果社会把成千上万的无产者置于这样一种境地，即注定使他们不可避免地遭到过早的非自然的死亡，遭到如同被刀剑式枪弹所杀死一样的横死；如果社会剥夺了成千上万人的必要的生活条件，把他们置于不能生存的境地；如果社会利用法律的铁腕强制他们处在这种条件之下，直到不可避免的死亡来临为止；如果社会知道，而且知道得很清楚，这成千上万的人一定会成为这些条件的牺牲品，而它仍然不消除这些条件，那么这无疑也是一种谋杀。这和个人所进行的谋杀是一样的，只不过是一种隐蔽的阴险的谋杀。因为谁也看不到谋杀者，因为谋杀者是所有的人，同时又谁也不是；因为看起来被杀的人似乎是自然地死去的，因为这与其说是犯罪，不如说是渎职。① 这是恩格斯对"社会谋杀"提出的尖锐的指控和严谨的论证，它深刻地揭露了早期资本主义制度的非正义性和资本主义对工人剥削和压迫的非人性。这就是马克思和恩格斯强调社会的统治者和管理者对其

————————

① 参见《马克思恩格斯文集》第 1 卷，人民出版社 2009 年版，第 408—409 页。

被统治和管理的社会成员应负有道义责任的根本理由。用《人类幸福论》作者约翰·格雷的话说："在为个人做辩护的时候，我们要谴责制度，并且指出：'不公平是这种制度的主要基础'。"①

三、 两种人生观和道德观

马克思在 1844 年 7 月写的《评一个普鲁士人的〈普鲁国王和社会改革〉一文》中指出，"英国是个赤贫的国家，连赤贫这个词都是源自英文……在英国，工人的贫困不是局部的，而是普遍的，不只限于工厂区，而且扩展到农业区。在这里，反抗运动不是正在兴起，而是几乎整整一个世纪以来都在周期性地重复着"②。不同的社会地位和生活方式，必然产生不同的人生观和道德观。在典型的资本主义英国社会，资产阶级和无产阶级两大阶级的地位和生活方式是对立的，也必然会形成两种不同的、对立的人生观和道德观。马克思在 1853 年 9 月写的一篇政论通讯中这样写道："看一看英国的公众怎样时而对厂主老爷、时而对矿场主、时而对贩卖假药的小商人、时而又对代替了已经过时的拦路强盗的铁路主的道德，总之是对每一类资本家的道德表示愤慨，是很有意思的事情。从整个阶级来说，资本显然有它自己的特殊的道德，一种借口国家利益而规定的最高法律，至于普通的道德，那是仅仅适用于穷人的东西。"③

在资产阶级那里，归根到底唯一的决定性的因素还是个人利益，特别是发财的渴望。"在资产阶级看来，世界上没有一样东西不是为了金钱而存在的，连他们本身也不例外，因为他们活着就是为了赚钱，除了快快发财，他们不知道还有别的幸福，除了金钱的损失，也不知道还有别的痛苦。"④ 恩格斯说，有一次，他同一个资产者走在曼彻斯特大街上，他向那个人谈到工

① ［英］约翰·格雷：《人类幸福论》，商务印书馆 1963 年版，第 30 页。
② 《马克思恩格斯全集》第 3 卷，人民出版社 2002 年版，第 379 页。
③ 《马克思恩格斯全集》第 12 卷，人民出版社 1998 年版，第 350 页。
④ 《马克思恩格斯全集》第 2 卷，人民出版社 1957 年版，第 564 页。

人区的恶劣的不合卫生的建筑体系，谈到这些地区的可怕的居住条件。那个人静静地听完恩格斯的讲话，在走到路口拐弯地方要告别的时候甩出一句话："但是在这里到底可以赚很多钱"。工人的恶劣生活条件可以不顾，"可以赚很多钱"才是他的生活目的，是他唯一的衡量是非、善恶的标准。这句顺口说出的话，不是无意识的，而是积淀在资产者意识中的利己主义人生观和道德观的真实表露。

恩格斯在《英国工人阶级状况》一书中，还尖锐地揭露了资产阶级的拜金主义人生哲学。这种人生哲学把追求金钱视为人生的目的、人生的价值、人生的快乐与幸福；能否追求到金钱，成为衡量一切活动、一切观念的最高标准。恩格斯说这是英国资产阶级的堕落、腐朽、自私到不可救药的表现。资产阶级对工人的残酷剥削，完全是为了自己获得更多的钱财。在一心想赚钱的欲望支配下，他们不把自己和工人的关系看成人与人的关系，而仅仅把工人当作能赚钱的工具。英国资产阶级对自己的工人是否挨饿毫不在乎，只要他自己能赚钱就行。一切生活关系都以能否赚钱来衡量，凡是不赚钱的都是蠢事，都是不切实际的幻想。除了现钱交易外，他不承认人和人之间还有其他任何联系。资产阶级之所以把全部力量、情感都投入对金钱的追求，是因为金钱对他们的作用、金钱在他们心目中的地位，与金钱在无产阶级手里的作用和地位是完全不同的。恩格斯对比了无产者和资产者对金钱的不同态度，指出虽然无产者比有产者更迫切地需要钱，但他们并不像资产者那么贪财。对他们来说金钱的价值只在于能用它来买东西，可是对资产者来说，金钱却具有一种特殊的价值，即偶像的价值。这样，金钱就使资产者变成了贪婪的财迷，为了多赚钱不惜采取任何手段。"所以工人比资产者偏见少得多，看问题清楚得多，不戴上自私的眼镜来看一切。"①

恩格斯所说的金钱对于资产阶级有一种"偶像的价值"，就是说金钱是资产阶级崇拜的偶像，资产阶级是拜金主义者。这一方面是由于他们要用这

---

① 《马克思恩格斯全集》第2卷，人民出版社1957年版，第411页。

些钱作为赚钱的资本，去赚取更多的钱；另一方面，是因为当他们把装满自己的钱袋视为生活的目的时，金钱的多少就与人的社会地位成为等价的东西了。所以，在资产阶级眼里，"金钱确定人的价值：这个人值一万英镑（he is worth ten thousand pounds），就是说，他拥有这样一笔钱。谁有钱，谁就'值得尊敬'，就属于'上等人'（the better sort of people）……而且在他那个圈子里在各方面都是领头的"①。也正是因为金钱对于资产阶级来说具有这种特殊的作用，所以金钱就是资产阶级的上帝，而资产者则是金钱的奴仆。

恩格斯在揭露资产阶级的拜金主义人生观、道德观之后，概括出资产阶级判断人生价值的逻辑公式就是："供应和需求"。就是说，在英国这个社会中，"人生"也是一种具有商品属性的东西，人生的价值与商品的价值是一样的，看它是否有用、是否能满足需要。这样，人生这个本来应当包含着丰富的道德内容和精神生活的东西，就完全被物化和商品化了；用来判断人生价值的公式与判断一匹马、一头猪的价值的公式就完全是一样的了。在这里，人已经不仅是人的奴隶，而且也变成了物的奴隶；人和人之间的关系被彻底歪曲。"资产阶级道德就是资产者对其存在条件的这种关系的普遍形式之一。"②

从另一方面去看，资本主义大工业生产，使劳动社会化和社会劳动专业化。这种趋势使每个工业部门的资本家减少，使工业部门的数目增多，这就使许多分散的生产过程融合成为一个生产过程。这样，生产者之间的联系日益加强和扩大，生产者不得不结成一个互相依赖的整体，不断增强着他们的社会意识和集体意识。大生产和城市人口的集中，不仅使资本主义得到发展，而且也有利于工人阶级的发展。生产集中的结果，使工人们感到自己是一个整体，是一个阶级；使他们意识到单个人微不足道，联合起来就是力

---

① 《马克思恩格斯全集》第2卷，人民出版社1957年版，第566页。
② 《马克思恩格斯全集》第3卷，人民出版社1960年版，第196页。

量。这就促进了工人阶级的觉醒，产生了影响资本主义世界的大宪章运动和社会主义精神。

恩格斯指出，英国工人几乎都不会读，更不会写，但是他们自己的和全民族的利益是什么，他们却知道得很清楚。资产阶级的特殊利益是什么，他们能够从这个资产阶级那里得到些什么，他们也是知道的。虽然他们完全不了解教士们费尽心机给他们讲的"天国幸福的教义"，可是他们很了解人间的政治和社会的现实问题。当然，现实的问题很复杂，工人的思想也很复杂，但在表面现象背后，还是存在着阶级共同体思想的原则。这个原则就是工人的"集体意识"。这种"集体意识"在宪章运动中就表现为激进的民主主义原则，并开始形成自己的与资产阶级对立的人生观和道德观，那就是进行反对资产阶级、争取解放的斗争。工人阶级的政治运动必然会使工人认识到他们除了社会主义以外，再没有别的出路。工人之间的竞争停止的时候，就是所有的工人都不再让资产阶级剥削自己的时候，也就是资本主义私有制王国的末日。正是在这种斗争的实践中，工人阶级增长了智慧和坚韧的英雄气概，保持了英国民族性格的最优秀的品质。正如恩格斯所说，"如果德国的中等阶级已经表明自己非常缺乏政治才能、纪律、勇气、活力和毅力，那么，德国工人阶级则充分证明了自己具备这些品质"①。又说："只有在德国形成了现代无产阶级以后，才出现了一个几乎完全没有感染这种德国遗传病的阶级，这个阶级在斗争中显示出它目光远大，精力充沛，态度乐观，意志顽强"。② 正是基于这一点，恩格斯称赞英国工人阶级："你们是认识到自己的利益和全人类的利益相一致的人，是伟大的人类大家庭的成员"，是"真正符合人这个词的含义的人"。③

马克思在记述法国联合起来的手工业工人的精神状态时所说，"吸烟、饮酒、吃饭等等在那里已经不再是联合的手段，不再是联系的手段。交往、

① 《马克思恩格斯文集》第 3 卷，人民出版社 2009 年版，第 522 页。
② 《马克思恩格斯全集》第 35 卷，人民出版社 1971 年版，第 444 页。
③ 《马克思恩格斯文集》第 1 卷，人民出版社 2009 年版，第 384 页。

联合以及仍然以交往为目的的叙谈，对他们来说是充分的；人与人之间的兄弟情谊在他们那里不是空话，而是真情，并且他们那由于劳动而变得坚实的形象向我们放射出人类崇高精神之光"①。"人们只有了解英法两国工人的钻研精神、求知欲望、道德毅力和对自己发展的孜孜不倦的追求，才能想象这个运动的合乎人道的崇高境界。"②

第二节　青年黑格尔派道德观批判

1844 年 8 月底 9 月初，恩格斯从英国到德国，在途经巴黎时拜访了马克思。由于这时他们两个人都通过各自的道路，完成了从唯心主义向唯物主义、从激进的民主主义向共产主义的转变，所以在各个重大的、基本的问题上思想完全一致。这次会面，他们就开始合作清算鲍威尔等人的"批判的批判"的思辨，公开阐明他们自己的观点，以马克思为主笔，共同撰写了《神圣家族，或对批判的批判所作的批判。驳布鲁诺·鲍威尔及其伙伴》。在这部书中，马克思恩格斯阐发了辩证唯物主义和历史唯物主义哲学的许多重要思想，批判了青年黑格尔派的唯心主义道德观。在此期间，他们还对"真正社会主义"思想进行了深刻的批判，为新世界观、道德观的形成做了思想和理论的准备。

一、 青年黑格尔派的思辨道德观

黑格尔哲学解体后，分化出一个独立的思想流派，其中有阿·卢格、布·鲍威尔、路·费尔巴哈、莫·赫斯等著名理论活动家和思想家，他们以青年人追求自由、民主的激情对宗教迷信和封建专制进行猛烈的批判，因而

---

① 《马克思恩格斯全集》第 3 卷，人民出版社 2002 年版，第 348 页。
② 《马克思恩格斯文集》第 1 卷，人民出版社 2009 年版，第 290 页。

对德国当时的意识形态和社会生活产生过积极的影响。黑格尔左派中有一个被称作柏林"自由人"的分支，主要代表人物是鲍威尔兄弟（即布鲁诺·鲍威尔和埃德加尔·鲍威尔），还有梅因、施蒂纳等。他们定期聚会讨论各种理论问题和社会上发生的一切事情，带有明显的抽象思辨和自由主义色彩。他们信奉自我意识哲学，赞同布·鲍威尔关于自我意识万能、通过批评达到自由的思想。在道德观方面，他们虽然带有各自的特殊性，但总体上实质是唯灵论原则，宣传没有上帝的基督教道德观。他们影响的时间不长，其内部思想也不稳定，因此随着社会政治形势的变化也倾向于保守和倒退。马克思和恩格斯早期也曾参加过青年黑格尔派的活动，与"自由人"成员也有一定的友谊交往，后来因政治、理论的原则分歧而分道扬镳。在马克思、恩格斯转向唯物主义和共产主义以及政府当局的压制和迫害，这个政治哲学派别也随之而解散。

黑格尔哲学解体后出现的青年黑格尔派哲学，是以推崇"自我意识""独立性""唯一者"，反对黑格尔的"绝对理念"为基本特征的。鲍威尔沿着黑格尔哲学思辨，把自我意识提升为自我意识的实体，或作为实体性的自我意识，于是这种自我意识就从人的属性变成作为实体的独立主体。因此，这种自我意识的本质就成为人化了的理念，因而成为无限的绝对精神，人的一切属性就这样神秘地变成了想象的"无限的自我意识"的属性。正因为如此，鲍威尔才认为，"一切事物都在无限的自我意识中找到其起源和其解释，即找到其存在的根据"①。

马克思深入地解剖了这种黑格尔式思辨方法。黑格尔的思辨第一步是，先确定具体对象的共同性，如从苹果、梨、草莓、扁桃中得出"果实"这个一般概念。再进一步设定从现实的果实中得出"果实"这个抽象概念就是存在于苹果、梨、草莓等本身的"真正本质"。于是就宣布"果实"是苹果、梨、草莓等的"实体"（本质），而决定苹果是苹果、梨是梨、扁桃是

---

① 《马克思恩格斯文集》第1卷，人民出版社2009年版，第341页。

扁桃等的那些实在方面都是非本质的。如是，作为苹果、梨、草莓等的本质的并不是它们那种可以感触得到的实在的方面，而是从它们中通过思维抽象出来又加给它们的抽象本质，即观念中的本质"果实"，于是就宣布：苹果、梨、草莓、扁桃等是"果实"的简单存在形式和样态。这是典型的黑格尔式唯心主义思辨。

诚然，人的有限的、基于感觉能够辨别出苹果不同于梨、扁桃、草莓等，但是思辨哲学却说这些感性的差别是非本质的、无关紧要的。思辨的理性在苹果、梨、草莓、扁桃中间看出其共同性"果实"，因此具有不同特点的现实的实在果实因而就只是虚幻的果实，而它们的真正的本质则是"果实"这个概念（"实体"）。马克思说，用这种方法是得不到对象的内容丰富的规定的。正如一个矿物学家看到任何一种矿物都只是说"这是矿物"一样，他的矿物学的学问只是"矿物"这个词，而没有说出实在的矿物的任何特殊内容。

第二步，从想象的、抽象的、一般的"果实""实体"，返回到现实的各个特殊的平常的果实，返回到千差万别的实在的苹果、梨、草莓、扁桃等上去。但是，这一步要比从现实的、实在的、具体的果实得出抽象的"果实"这一步困难得多。因为要从抽象转到抽象的对立面即具体存在，要实现这个转变就必须抛弃"抽象"。如何抛弃呢？思辨的方法就是：设想"一般果实""实体"并不是僵死的、无差别的、静止的本质，而是活生生的、自相区别的、能动的本质。思辨哲学认为，普通果实的千差万别只是"统一的果实"的生命的不同表现而已。就是说，"一般果实"让自己像苹果一样存在，让自己像梨一样存在。于是就不能再说苹果、梨、草莓是"果实"，而只能说"果实"确定自己是苹果，是梨，是草莓，如此等等。现实的苹果、梨、草莓等的差别，正是"果实"自身的自我差别。这种差别正好成为现实的具体的果实的生命过程的千差万别的环节。这样，"果实"就不再是无内容的、无差别的统一体，而是作为各个环节的"总和"、作为各种果实的"总体"的"统一体"，直到最后成为更丰富发展了的活生生的

"统一体"。马克思说，这个"统一体"的秘密就像变戏法一样，把单个的果实消融于自身中，又从自身中生出各种具体的现实的果实。好像每一个单个的果实不是从物质的世界产生出来，而是从思辨的头脑中产生出来的，只是理智的抽象产物。

思辨哲学之所以能完成这种"创造"，只是因为它把人们所熟知的苹果、梨、草莓等的属性当作他们自己发现的规定，然后又把他们本人的概念推移的活动，说成"一般果实"这种绝对主体的自我活动。这种方法，用思辨的话来说，"就是把实体了解为主体，了解为内在的过程，了解为绝对的人格。这种了解方式就是黑格尔方法的基本特征"①。

二、 道德意识和利益的关系

鲍威尔等人认为，人的"自我意识"是脱离人而独立存在的主体，它在历史发展进程中起着决定性作用。不仅如此，他们还认为，不是人人都具有这种独立的"自我意识"，而是只有他们这些具有"批判精神"的杰出人物才具有这样的"自我意识"，只有他们这些人才是历史的创造者。与过去黑格尔的"批判"相比，绝对的批判必然是绝对的个体，是主体，而布鲁诺·鲍威尔就是这个主体的化身。布鲁诺·鲍威尔认为，历史上的一切伟大的活动之所以一开始就是不成功的和没有成效的，正是因为它们引起了群众的关怀并唤起了群众的热情。历史上伟大的活动之所以必然得到悲惨的结局，只是因为作为其基础的观念是指望博得群众的喝彩。这就是说，只有满足他们所说的思想，符合他们思想的那种理解才是理性的或理性的批判。他们以为人和历史之所以存在只是为了使真理达到"自我意识"。实际上，这正是"批判的批判"对真理的庸俗化和对群众的无知。

针对布鲁诺所表达的"批判的批判"的代表性观点，马克思深刻地阐述了关于思想和利益、热情和行动、革命原则和群众实践的关系的历史辩证

---

① 《马克思恩格斯文集》第 1 卷，人民出版社 2009 年版，第 280 页。

法。马克思指出，历史上的活动和思想都是"群众"的活动和思想。群众的思想和利益是不可分离的。问题在于要区分两个方面：一方面，在历史的发展中，"群众对目的究竟'关注'到什么程度，群众对这些目的究竟怀有多大'热情'。'思想'一旦离开'利益'，就一定会使自己出丑"①。另一方面，要避免一种历史的错觉。"任何得到历史承认的群众的'利益'，当它最初出现于世界舞台时，总是在'思想'或'观念'中远远地超出自己的实际界限，很容易使自己和全人类的利益混淆起来。这种错觉构成傅立叶所谓的每个历史时代的色调。"②

马克思以 1789 年法国资产阶级革命为例，证明它取得成功的原因正是它代表了群众的实际利益，引起了群众的关怀并唤起了群众的热情。这种热情使得包括了广大无产阶级与其他劳动群众在内的第二、三等级的人，都积极参与了这一革命。资产阶级正是借助于广大群众的力量，才使革命获得成功的。它压倒了一切，并获得了实际的成效。"这种利益是如此强大有力，以至胜利地征服了马拉的笔、恐怖主义者的断头台、拿破仑的剑，以及钉在十字架上的耶稣受难像和波旁王朝的纯血统。"③ 而这场革命之所以能引起广大群众的关怀和热情，也正因为它在刚开始的时候，是以社会共同利益的代表的面貌出现的。群众以为这一历史行动是他的利益所在。这是一种常见的历史现象。只有当这一革命的高潮过后，在领导这一革命的阶级的利益确立之后，参与运动的群众便被这一阶级抛弃。因为他们的根本利益是不一致的。如果说革命不成功，那是对于这一部分在革命成功后被抛弃的群众而言的，并不是对所有的阶级而言的。但是，对于这些道理，鲍威尔是无法理解的。鲍威尔是个主观唯心主义者，他不懂得历史发展的真实内容，不懂得人们从事活动的目的、动力是什么。马克思讥讽他们是"某种超验的存在物"。

---

① 《马克思恩格斯文集》第 1 卷，人民出版社 2009 年版，第 286 页。
② 《马克思恩格斯全集》第 2 卷，人民出版社 1957 年版，第 103 页。
③ 《马克思恩格斯文集》第 1 卷，人民出版社 2009 年版，第 287 页。

"历史活动是群众的事业。"马克思进一步分析指出："如果说能够代表一切伟大的历史'活动'的革命是不成功的，那末，其所以不成功，是因为革命在本质上不超出其生活条件的范围的那部分群众，是并不包括全体居民在内的特殊的、有限的群众。如果说革命是不成功的，那末，并不是因为革命'唤起了'群众的'热情'，并不是因为它引起了群众的'关怀'，而是因为对不同于资产阶级的绝大多数群众来说，革命的原则并不代表他们的实际利益，不是他们自己的革命原则，而仅仅是一种'观念'，因而也仅仅是暂时的热情和表面的热潮之类的东西。"[1] 绝对的批判把群众看作"精神"的真正敌人，其出发点是"精神"的绝对权威信条，是"精神"独立于世界和群众之上的信条。它把"精神""进步"与群众对立起来，变成凝固不动的本质和概念，变成一种永恒不变的教条。其实，"'历史'并不是把人当做达到自己目的的工具来利用的某种特殊的人格。历史不过是追求着自己目的的人的活动而已"[2]。

"批判的批判"突出强调"自我意识"独立性，还有另一种意义，那就是个人与群众的对立。在"批判的批判"思想体系中，这种对立表现为代表"积极精神"的少数杰出人物与代表"精神空虚"的多数群众和人类其余部分的对立。这是历史问题，也是道德问题。鲍威尔的"虚幻的人格化"，实际上是黑格尔历史观的翻版。鲍威尔所发现的精神和群众的关系，不过是黑格尔历史观的漫画式的完成，而黑格尔的历史观又不过是基督教德意志思辨的表现。在黑格尔那里，历史是绝对精神的发展过程，群众仅仅是这种精神的有意识或无意识的承担者，因而历史也就成为抽象的、彼岸的精神的历史。这种倾向同法国复辟时期以基佐为代表的空论派一样，意图宣布理性的独立自主与人民的独立自主相对立，其目的是排除群众的力量，实现他们少数杰出人物的独裁统治。马克思说："如果说现实的人类的活动也就

---

① 《马克思恩格斯全集》第 2 卷，人民出版社 1957 年版，第 103—104 页。
② 《马克思恩格斯全集》第 2 卷，人民出版社 1957 年版，第 118—119 页。

是一群单个的人的活动，那末抽象的普遍性即理性、精神反而应该仅仅在少数单个的人身上得到抽象的表现。每一个单个的人是否愿意去冒充这样的'精神'代表者，这要取决于他的地位和想像力。"① 鲍威尔与黑格尔不同的地方在于：在黑格尔那里，绝对精神创造历史，哲学家是事后才意识到这个创造历史的绝对精神；而在鲍威尔这里，"批判"就是绝对精神，他自己就是"批判"，即创造历史的绝对精神。于是，改造社会的伟大事业就不再是群众的事业，而是作为"批判的批判"的大脑活动。这种极端观点要比法国空论派有过之而无不及，甚至是比黑格尔的理念论更彻底的历史唯心论。

马克思恩格斯坚决反对这种"去群众性"的论调，认为"群众"并不是人类之外的、抽象的、彼岸的人格，它是那些作为社会积极成员的个人所进行的真正的人类活动。这些个人也是人，同样有痛苦，有感情，有思想，有行动。因此，"他们的批判同时也贯串着实践，他们的共产主义是这样一种社会主义，在这里面他们提出了显明的实际措施，这里面不仅体现着他们的思维，并且更主要的是体现着他们的实践活动"②。正如一位记者对"批判的批判"所作的道德评论所说，他们崇拜极端，崇拜批判，能够树立和运用极端的思想，"这种分裂的主导原则不外就是利己主义和傲慢"。③ 当埃德加尔发出"工人什么东西都没有制造，所以他们也就一无所有"这样的言论时，恩格斯气愤地反驳说："这种论点简直就是疯话。"其实，"批判的批判什么都没有创造，工人才创造一切，甚至就以他们的精神创造来说，也会使得整个批判感到羞愧……工人甚至创造了人，批判家却永远是不通人性的人"④。在这里，"批判的批判"制造"精神"和"群众"的对立，其根本用意在于使群众归附于"批判的天堂"，使每个人的个人自由、意志和天性

---

① 《马克思恩格斯全集》第 2 卷，人民出版社 1957 年版，第 108 页。
② 《马克思恩格斯全集》第 2 卷，人民出版社 1957 年版，第 195 页。
③ 参见《马克思恩格斯全集》第 2 卷，人民出版社 1957 年版，第 201—203 页。
④ 《马克思恩格斯全集》第 2 卷，人民出版社 1957 年版，第 22 页。

符合"批判"的精神创造，像基督教教义一样在上帝和人的天性之间确定"先定的和谐"。

三、　教养的道德及其思辨的秘密

什么是教养？"批判的批判"提出这样的问题：普遍理性是不是有教养的人的社交谈话的话题？是不是只有对人的爱的韵律和节拍才使这个社会成为和谐的整体？我们称之为一般教养的东西是否就是普遍的、永恒的、理想的东西的形式？按照牧师的教导："只要爱情不再是结婚的本质、一般伦理的本质，情欲就成为爱情、道德和有教养的社会的秘密。这里的情欲不应该仅作狭义的理解，即理解为神经的颤动、血管中的热流，而且还要作更广义的理解，即理解为它提高到精神力量的外观，提高到支配欲、虚荣心、求名欲……而这种情欲就是有教养的社会的秘密。"① 牧师说得一针见血：要克制情欲首先就得克制神经传达的血液循环。"只要神经传达一终止，血管里的血液一冷却，这罪恶的肉体，这情欲的栖息之所，就成了一具尸首，而灵魂们也就能顺利无阻碍地彼此谈论'普遍理性'、'真正的爱情'和'纯正的道德'。"然而，这样一来也就扼杀了真正的性爱，把人变成了只有抽象理智的抽象的人。

这里可以看出，马克思巧妙地利用欧仁·苏的小说来比照"批判的批判"的思辨，因为欧仁·苏的小说有广泛的影响，这比用现实的材料更能生动、方便地说明问题，也更有利于揭露"批判的批判"所谓"正直和虔敬的秘密"的秘密，即德意志的基督教情感的秘密。

施里加要把教养和文明变成贵族的教养，再把贵族的教养变成世界的公共财产。在他看来，教养和文明就等于贵族的教养。他把基督教变成个人的特质，即虔敬；而把道德变成另一种个人的特质，即正直。他把这两种特质即虔敬和正直结合在一个人身上，并把这个人命名为雅克·弗兰，其实雅

---

① 《马克思恩格斯全集》第2卷，人民出版社1957年版，第82页。

克·弗兰并没有这两种特质，而只是假装出这种样子。于是，雅克·弗兰就成了"正直和虔敬的秘密"。也可以说是体现着道德虚伪性的秘密。

这里说的不是国家的秘密，教养的秘密，商品的秘密，香水的秘密，而是"抽象"本身的"秘密"。这是人们头脑中的和心底的秘密，它比海底的秘密更深不可测，更不易揭露。他不仅想把动机掩盖起来，而且要把作恶的事实也掩盖起来。这种思辨教养的道德正直、虔敬是虚伪的，犹如欧仁·苏小说的"看门人"，表面上是"看门人"，实际上是秘密警察的主要代理人，是密探。

这里的思辨的秘密，是说人怎样成为动物的主宰。像本节开始所说的思辨一样，马克思用动物来说明思辨的抽象：假如有六种动物，如狮子、鲨鱼、蛇、牛、马、哈巴狗。从六种动物中抽出"一般动物"这个范畴。把"一般动物"想象为独立存在物，把狮子、鲨鱼、蛇、牛、马、哈巴狗看作一般动物的体现，这样我们就可以把这种抽象的一般动物看作现实的存在物，从而成为动物的主宰。于是就可以把一个浪漫女子理想化。把她的个性、棱角、性格特点磨掉，也就是消除她对结婚形式的轻视，对大学生和工人的淳朴关系。可是正是在这种关系中，她和那些虚伪、冷酷、自私的资产者的太太、整个官方形成了真正的人性对比。

请看，鲁道夫改造杀人犯刺客的过程，即把杀人犯改造成"有道德的生物"的过程。

第一阶段，鲁道夫用"道德感化"手段，改造刺客。他认为，动机的性质决定行为的性质，"下流的勾当如果出于'善良的、道德的'动机，就不算是下流的勾当"①。刺客的一切德行都是狗的德行，即对主人的忠顺。

第二阶段，刺客成为彬彬有礼的有道德的生物。但他不是在自己的人类个性中寻找自己的行为动机，而是到鲁道夫贴在他嘴上的那句标签式的话"你有心肝和骨气"中去寻找这种动机。他以自己的长处证明自己的道德修

① 《马克思恩格斯全集》第2卷，人民出版社1957年版，第209页。

养，高谈仁义道德，因而成为"有道德的看家狗"。

第三阶段，鲁道夫把刺客派到非洲给不信神的人做榜样。从此他所表现的就不是他自己所固有的人性，而是基督教的教义。成为有礼貌的典型小市民。

第四阶段，刺客实现了道德上的转变，成为温顺、谨慎、世故，并能节制的人。

第五阶段，刺客的道德修养达到这样的程度，他以文明的方式领会他对鲁道夫的那种狗式的忠顺。

第六阶段，刺客在救人时被人刺死，刺客完成了忠实的有道德的看家狗式的一生。死时对鲁道夫自白："我们彼此算是了清宿债了。"最后说出了真实的动机。

这样，我们就可以进一步揭露"批判"教养的宗教的秘密：

按照"批判的批判"的道德感化和道德修养过程，本来是独立的、有个性的、有人性的人，经过"批判的批判"的改造，就会变成一个虚伪的、假造的、无人性的、贴着"高尚道德"标签的"有道德的看家狗"。只有在临死时的那一瞬间，在他回复到人性的意识时，回复到真实的他自己时，他才回到人类之中，才是一个真实的、实在的人。从这里，我们可以看到标榜人道主义的"批判的批判"在道德教化方面所体现的基督教唯灵论的本质。

再看看玛丽花经过批判改造的变态。

玛丽花是酒吧间老板娘的奴仆，只有 17 岁，因卖淫坐过牢，生活艰辛。尽管她处境屈辱，但她仍有人性的落拓不羁；她朝气蓬勃、精力充沛、愉快活泼、生性灵活。因此她能在非人的境遇中合乎人性地成长。她也很勇敢，用剪刀去抵抗侮辱她的刺客，勇于捍卫自己的权利。她对鲁道夫谈起她的过去时很后悔、伤心，渴望做个诚实的人。但是对她来说，实现这样的愿望谈何容易！于是她提出一个既是斯多葛主义又是伊壁鸠鲁主义的生活原则：过去的事情就让它过去吧，从现在开始重新生活。可是，思辨道德学家却把她只是当作黑格尔式主客体统一的秘密，看作"观念的体现"，让她从现在回到过去，再实现深刻的道德改造。

鲁道夫与玛丽花第一次散步，就使她认识到自己的过去不是她"自由创造的结果"，而是"不应该遭遇的命运"，但这种命运是可以改变的。这时候，她对善和恶的理解还是比较具体的，而不是抽象的道德概念。鲁道夫认为她之所以善良，是因为她不曾害过人，有纯洁无瑕的天性，能够合乎人性地对待非人性的环境。而恶的境遇给她一种反常的强制，使她不能有人性的表露，不能实现她的人的愿望，使她生活痛苦、毫无乐趣。在禁锢她生活的锁链脱去之后，她就可以自由地表露自己固有的天性，流露出蓬勃的生趣、丰富的感受以及对大自然美的欢喜若狂。"所有这一切都证明，她在社会中的境遇只不过伤害了她的本质的表皮，这种境遇大不了是一种厄运，而她本人则既不善，也不恶，就只是有人性。"①

以上所说是玛丽花的本来的、非批判的形象，经过这样的分析后，鲁道夫就安排了牧师教士拉波特对玛丽花进行批判改造。改造过程的第一步就是按照《圣经》的教导，唤醒她自己有罪的意识，给她戴上十字架，使她认识到自己的一切人性的表现都是罪孽，必须赎罪，从而具有基督教的道德感。于是，牧师成功地使玛丽花对自然的喜爱变为对基督教的崇拜，把自然变为基督教化的自然，把她本有的道德变为基督教化的道德。这种批判化的道德，"把人身上一切合乎人性的东西一概看做与人相左的东西，而把人身上一切违反人性的东西一概看做人的真正的所有"②。经过牧师的道德教育，玛丽花就达到了具有"自己有罪"这种意识的奴隶。如果说以前她还知道在自己身上培养人类的个性，在屈辱的环境中还知道自己的人的本质是自己的真正本质，那么现在，"罪人"就成为她的内在本质，"自责和赎罪"就成为她的义务，乃至成为她存在的目的。如果说以前她的生活原则是"过去的事情就让它过去"，那么现在对她来说，"折磨自己"就成为她应有的

① 《马克思恩格斯全集》第2卷，人民出版社1957年版，第217页。
② 《马克思恩格斯全集》第2卷，人民出版社1957年版，第221页。

美德，"忏悔"则成为她的荣誉。这样，她必须死心塌地地成为"圣徒"，她的人类的爱必须转化为宗教的爱，对幸福的追求必须转化为神圣的希望，同人的交往必须转化为与神的交往。后来，她安全脱离了尘世，进了修道院，并得到了修道院院长的职位，她的世俗德行就变成了福音德行。然而，修道院的生活根本不适合于玛丽花的本性，不久，她就死在了修道院。

这样，鲁道夫首先把玛丽花变为悔悟的罪女，然后再把她由悔悟的罪女变为修女，最后就把她变为死尸。教会赐给她的墓碑词是："她怀着人所罕有的内心纯洁而与世长辞了。"但"批判的批判"的拥护者却说，"她本人还是没有什么需要宽恕的"，因为在他们看来，对待她的不是她这个人而是"从精神上拯救他的灵魂"，因为人的灵魂是神圣的，属于天国，所以按照"批判的批判"只能得出这样的结论：只有灵魂是人的真正本质。

后来，鲁道夫捉住了罪犯"校长"，想批判地改造他，树立一个使用刑法的典型。他让医生弄瞎了校长的眼睛。按照"批判的批判"的思辨，灵魂是人的本质，肉体是人的非本质，因此要拯救的是校长的灵魂，而不是他的肉体。这样，拯救校长的手段就是消灭他犯罪的身体的力量，眼睛作恶就挖掉眼睛，手作恶就砍掉手，肉体作恶就消灭他的肉体。总之，要治愈人性的疾病就必须消灭人性本身，这就是鲁道夫的法学和神学结合的刑法理论。按照这种实质上是基督教教义的必然结论，要使一个罪人改邪归正，就要使他脱离感性外在世界，强制他沉没于抽象的内心世界，集中于自己的唯灵论的"我"，这就体现了"批判的批判"所理解的真正的德行。这也就是使惩罚成为他"自己制裁他自己"的行为的法官，亦即宗教的所谓"道德自律"。

从法律上说，这种理论也就是黑格尔的"自我定罪"的惩罚理论，一种经验刑罚的思辨解释，也是康德视之为法律上唯一的刑法理论。这种抽象的刑罚理论很容易被主观武断所代替，因此具体的判刑还是要由道貌岸然的法官来决定。其实，按照黑格尔的设想，在合乎人性的人与人的关系中，刑罚将只是犯了过失的人自己给自己宣布的判决。谁也想不到要去说服他，使他相信别人加在他身上的外部强力就是他自己加在自己身上的强力。

这样，鲁道夫的"纯批判的改造"就害了三个人：一是使刺客失去人的独立性，成为看家狗；二是使玛丽花失去本性，受"自己有罪"的意识的折磨；三是使校长失去眼睛，学会祈祷。但在"批判的批判"的鲍威尔看来，这里的道德诡辩、道德说教、道德自律、道德感化，都是"道德的奇迹"。因为，鲁道夫给犯罪行为找到了行为的"道德原因"，找到了"道德的动机"和"道德的理由"，作了道德的解释，可是它一旦和恶习斗争就遭到失败。马克思说鲁道夫"甚至还没有提高到至少是建立在人类尊严这种意识之上的独立道德观点"；相反，他的道德是建立在傅立叶所说的"道德是人类的软弱无力"这种意识之上的。他是神学道德的代表，当然他的"慈善事业""无比忠顺""克己""忏悔""善与恶""赏与罚""可怕的惩治""隐遁""拯救灵魂"等，不过是滑稽戏而已。

被指定的牧师拉波特对她进行批判改造。他竭力唤起玛丽花的有罪的意识，如果她有道德感的话她是不会堕落的。他把玛丽花对大自然的纯真的喜爱变成了对宗教的崇拜。于是玛丽化领悟到自己的一切天性的表现都是罪恶的，而且是罪恶深重、自惭形秽。在这里，她已经为宗教的伪善所支配，"这种伪善把我对别人的感恩拿过来归之于上帝，把人身上一切合乎人性的东西一概看做与人相左的东西，而把人身上一切违反人性的东西一概看做人的真正的所有"①。于是她学会了用宗教的观点来谴责自己，自责成为她的义务，折磨自己成为她的美德，忏悔成为她的荣誉。

玛丽花既然已经领悟到使她解脱非人的境遇是神的奇迹，那么要配得上这种奇迹，自己就必须成为圣徒。她对人的爱必须转化为宗教的爱，对幸福的追求必须转化为对永恒福祐的追求，世俗的满足必须转化为神圣的希望，同人的交往必须转化为同神的交往。她被送进了修道院，得到了修道院长的职位。她的世俗德行变成了福音德行，或者说，她的实际德行采取了福音、

---

① 《马克思恩格斯全集》第 2 卷，人民出版社 1957 年版，第 221 页。

漫画的形式。修道院的生活不适合于她的个性，她很快就死去。"基督教的信仰只能在想像中给她慰借，或者说，她的基督教的慰借正是她的现实生活和现实本质的消灭，即她的死。"① 所以校长叙述与世隔绝的人的情形说：一个人如果将感性世界变成了赤裸裸的观念，那么他就会反过来把赤裸裸的观念变为感性的实物。他想象中的幻影变成了人的有形实体，变成了一种可以触摸到、可以感觉到的世界。这就是一切虔诚的梦幻的秘密，也就是疯癫的共同的表现形式。这种疯癫证明了，在基督教的自认有罪这种意识和神经错乱之间有真正的联系。这里也暴露了纯批判与基督教的道德感化的秘密。这种秘密也就在于人变成幻影，人的生活变成一连串的幻梦。鲁道夫就这样先把玛丽花变为悔悟的罪女，再把她从悔悟的罪女变为修女，最后把她由修女变为死尸。她的墓碑上写的是："她怀着人所罕有的内心纯洁而与世长辞了。"由此可见，鲁道夫所谓人的灵魂神圣、人的肉体非神圣的道德说教，只是把灵魂看作人的真正的本质，而把人看作无灵魂、无生命的实验品。因此要医治人性的疾病就必须消灭人性。因此在他那里，"世俗的惩罚同时必须是基督教道德教育的手段"②。

什么是真正的德行？按照鲁道夫的道德教育论，从基督教的教义中所得出的必然结论就是充分实现人和世界隔绝并集中精力于自己的唯灵论的"我"，这就是真正的德行。这就清楚地说明，他的道德愤懑，不过是世俗的狂怒和道德诡辩。作为道德密探不过实施基督教道德监督。他的道德的憎恨无非是伪善的口实，是用不确定的道德幻影对确定的不道德事实的掩饰。

最后，马克思引用了傅立叶的话得出一个重要结论："某一历史时代的发展总是可以由妇女走向自由的程度来确定，因为在女人和男人、女性和男性的关系中，最鲜明不过地表现出人性对兽性的胜利。妇女解放的程度是衡量普遍解放的天然标准。"③

---

① 《马克思恩格斯全集》第 2 卷，人民出版社 1957 年版，第 224 页。
② 《马克思恩格斯全集》第 2 卷，人民出版社 1957 年版，第 227 页。
③ 《马克思恩格斯全集》第 2 卷，人民出版社 1957 年版，第 249—250 页。

第三节　"真正社会主义" 道德观批判

19 世纪 40 年代中期，哲学的、政治的自由主义在德国社会主义运动中形成一种思潮。这种思潮把从英国和法国接受的某些共产主义、社会主义思想同德国哲学前提相混合，形成一种很有影响的德国式社会主义，并自称为"真正的社会主义"。因为它直接影响到正在兴起和发展的社会主义运动，所以马克思和恩格斯在《共产党宣言》中专章批判了"真正社会主义"思潮及其道德观。

一、"真正社会主义" 的一般性质

这里有必要了解 18 世纪末"真正社会主义"出现以前的德国社会意识特点。大体上可以说，德国的社会意识状况反映在康德的著作《实践理性批判》中，其核心观念就是"善良意志"。马克思恩格斯作过这样的比较："当时，法国资产阶级经过历史上最大的一次革命跃居统治地位，并且夺得了欧洲大陆；当时，政治上已经获得解放的英国资产阶级使工业发生了革命并在政治上控制了印度，在商业上控制了世界上所有其他地方；但软弱无力的德国市民只有'善良意志'。"① 所谓"善良意志"，按照康德的界定，就是它本身即是善的理性意志，也就是纯粹理性意志的"自由"。康德特别注明："这里所谓自由是取其绝对意义而言的。"② 它是具有内在价值的、无条件的、绝对的善，归结为一个意义就是自由的。康德解释说："如果道德法则不是预先在我们的理性中被明白地思想到，那么我们就决不会认为我们有正当理由去认定某种像自由一样的东西（尽管这并不矛盾）。但是，假使没

---

① 《马克思恩格斯全集》第 3 卷，人民出版社 1960 年版，第 211 页。
② ［德］康德：《实践理性批判》，商务印书馆 1999 年版，第 1 页。

有自由，那么道德法则就不会在我们心中找到。"① 所以，康德只谈"善良意志"，哪怕这个"善良意志"毫无效果他也心安理得。因为善良意志本身就具有绝对价值，理性的最高使命就是产生善良意志。这正是宗教改革以后，德国社会意识集中体现为理性主义道德哲学的重要原因。

康德的道德哲学，还表现为以小资产阶级利益为基础的法国自由主义在德国的特殊形式。不管是康德或德国市民，都没有觉察到资产阶级的思想力量是以物质利益和以物质生产关系所决定的意志为基础的。因此，康德能够把这种理论的表达与它所表达的利益割裂开来，并把法国资产阶级意志的有物质内容的规定变为"自由意志""自在和自为的意志""意志纯粹自我规定"，从而就把这种意志变成纯粹思想上的概念规定和道德的"绝对命令"。② 可是，当强有力的资产阶级自由主义的实践以政治和资本的统治出现时，德国的小资产阶级就在这种自由主义的实践面前畏缩倒退了。经过拿破仑统治下的改革，既抱怨又赞扬的德国小市民中普遍呈现出一种幻想的气氛。马克思说，在幻想方面有特权的等级——思想家、教书匠、大学生，以及作为政治团体的"道德协会"会员，在这方面起着带头作用，"用夸张的形式去表达普遍的幻想和对利益的不关心，并表现出非常独特的局限性"；直到 1840 年以后，在欧洲各国加剧竞争中的德国小市民开始考虑共同利益，并形成了带有民粹主义性质的流派即"真正社会主义"和柏林"自由人"。③

"真正的社会主义"思想的产生，正是适应着德国社会的生活条件和小资产阶级运动的实际需要。它脱离英国的经济革命思想和法国的政治革命思想，把德国道德哲学看作是纯粹思想的产物，轻视英国法国哲学的"粗俗"，同时又把"真正的社会主义"看作揭示共产主义和社会主义真理的"德国科学"。实际上，这种"真正的社会主义"力图成为当时德意志意识

---

① ［德］康德：《实践理性批判》，商务印书馆 1999 年版，第 2 页注①。
② 参见《马克思恩格斯全集》第 3 卷，人民出版社 1960 年版，第 213 页。
③ 参见《马克思恩格斯全集》第 3 卷，人民出版社 1960 年版，第 539—540 页。

形态的代言人，但并没有看清他们与德国现实的关系，而是幻想用德国的特别是黑格尔哲学、费尔巴哈哲学思想为原则来阐述社会主义和共产主义。其特点是多以诗歌、散文、小说的形式和文艺活动来宣传他们的哲学理论和政治主张。马克思也说它是"在党派利益以外产生的社会文学运动的完美的表现"，恩格斯说，"它以美文学的词句代替了科学的认识，主张靠'爱'来实现人类的解放……一句话，它沉溺在令人厌恶的美文学和泛爱的空谈中了"①。但是，"真正的社会主义者"不但没有理解德国哲学文献，同时又不了解英国和法国那些批判性、论战性的共产主义著作的真义，只是在他们的著作中混合着青年黑格尔派的观点，以及其他一些空想共产主义思想观点等。他们一方面把那些著作同它们所反映的现实运动割裂开来；另一方面又任意地把它们同德国哲学联系起来。他们始终一贯地把各个具体的一定的个人间的关系变为抽象的"人"的关系，并这样来解释这些个人关系的思想，好像这些思想是关于一般"人"的思想。所以他们也就很容易用"绝对的"思想方法虚构出幻想的联系，任意构造出共产主义与德意志意识形态的联系，于是就形成了所谓"真正的社会主义"。

"真正的社会主义"的观点主要集中于两点：一是强调"人的本质"，由此而引申出抽象的人道主义；二是强调绝对的自由，由此引申出"自由的道德活动"。这两点都是在道德领域歪曲共产主义、社会主义的表现。例如他们说，"共产主义没有把各原子联合成一个有机的整体"，"共产主义把人的依赖性引导到极端的、最粗暴的关系，引导到对粗暴的物质的依赖，即引导到劳动和享乐之间的分裂"②，等等。他们把他们所理解的共产主义和社会主义变成两种对立的抽象理论和原则，然后再使它们消融在人道主义之中。他们指责共产主义"没有达到无条件的、无前提的自由"，不能使人达到"自由的道德活动"。实际上，这都不过是德意志意识形态所提出的"无

---

① 《马克思恩格斯选集》第4卷，人民出版社2012年版，第229页。
② 转引自《马克思恩格斯全集》第3卷，人民出版社1960年版，第540、541页。

条件的、无前提的自由”的公设，其自由也不过表达康德式的“无条件的、无前提的思维”的实践公式。

　　“真正的社会主义”反对法国“粗暴”的、“依赖物质的”共产主义，特别强调共产主义不能使人们认识“人的本质”。他们继承德国思辨哲学的传统，根据人的本质来判断一切，而不是像法国人那样，从实际出发根据现实的人及其实际关系来观察一切。法国人的思考和行动是为了自己所处的时代，而“真正社会主义者”的思考和行动却是为了抽象的“永恒”。他们不能理解，一切划时代的思想内容都是由于产生这些思想的那个时代的需要而形成和发展起来的，并不是用思想体系的“独断性”和“独裁性”所能解释的。他们也不了解，德国没有英法两国那种发达的社会关系和阶级关系，它只能以它自身的等级生活条件为确立其思想体系的基础，所以德国唯一存在的共产主义思想体系只能在受小生产局限的范围内发展。这样，“真正的社会主义者”就可以宣布：“对人类的道德核心充满信赖精神的社会主义”，并以“两性的结合是爱的最高阶段”为范型；宣布“只有自然的东西才是真正的东西，而真正的东西才是道德的东西”①。这样，“真正的社会主义者”对任何现实的社会问题，对无产阶级和资产阶级对立的现实，就都可以用“人的特性”“人的自由的道德活动”，亦即用“纯粹的抽象活动”去解决了。至于什么是共产主义者，什么是社会主义者，他们认为没有区分的必要，因为他们都关系到“人”，两者的统一就是“人道主义”。马克思严肃批判了真正社会主义的荒谬逻辑。按照“真正的社会主义”的逻辑，我们从此就可以进入“人”的境地了，全部社会历史还有什么意义呢？照此说来，为什么要分出什么人、兽、植物、石头呢？只要说“我们都是物体！”不就可以了吗？②“真正的社会主义者”的逻辑必然归于这种荒谬的结论。

---

　　① 《马克思恩格斯全集》第 3 卷，人民出版社 1960 年版，第 545 页。
　　② 参见《马克思恩格斯全集》第 3 卷，人民出版社 1960 年版，第 550—551 页。

　　这里有个值得注意的观点，就是所谓"社会主义的建筑基石"。按照这种理论观点：人是自然界的镜子，人就在自然界中认识自身，在自然的生命中认识自我的生命。既然人同样是自然界的物体，与一切物体有共同性，所以人要消灭劳动和享受、生命和幸福的二重性。由此得出进一步的结论：在单个的生命和普遍的生命的对立中，单个的生命力求使外部世界服从自己，利用外部世界来享受生活的幸福。因此，自卫的本能、个人的幸福、自由、快乐的追求，乃是生命的自然的、合理的表现，个人也有权要求把自己个人的"独自性"作为社会机构的基础。不仅如此，以人所共有的"对人的本性的意识"和"内在人类本性"，也可以成为爱、友谊、正义以及一切社会美德的基础。这就是所谓"真正的社会主义"的社会哲学和道德哲学的核心。

　　恩格斯说，"真正的社会主义"是一个很大的抑郁症患者，因为它从抽象"人"的观点上难以理解复杂的社会现象。例如，莱比锡新市区的房屋建造者为了追求高额租金建造高价房，使租房者不得不租赁超过自己需要和财力的房屋而自遭破产，增加了负债、查封、拒付证书等社会问题。撒克森派"真正社会主义者"认为，建造新房屋和新市区应当是使人类快乐的事情，但却使人类悲伤，成为一些人、一个阶级破产的原因。其原因在哪里呢？他们认为，原因在于建造房屋的投机商的心太恶毒。在他们看来，莱比锡建造和出租高价房不是商品市场竞争规律的体现，而是房屋建造投机商个人的恶毒和专横。马克思说，这是把苍蝇当大象，把住宅市场供求的失调当作常态，甚至当作小资产阶级破产的原因。他们同其他"真正的社会主义"派别一样，进行的不是社会主义的宣传，而是自由主义的宣传。马克思不无讥讽地说，这种"真正的社会主义者"的天真是可以原谅的，因为他们做的是"人"值得做的事。但是实际上"真正的社会主义"是醉心于构造形而上学公式的"思辨妙想"，他们把破坏当作"伟大的时代口号"和"调和纠纷的唯一法宝"；他们那种"闯进胡说八道泥潭的无畏精神"，实在是要"冒险制造一次世界大火灾"，"放火烧掉全世界"。

二、 抽象"人性论""泛爱论" 批判

在《德意志意识形态》第二卷中，马克思和恩格斯对"真正社会主义"思想进行了全面的批判，其中包括对卡尔·格律恩道德观的重点批判。恩格斯在《诗歌和散文中的社会主义》一文中也批判了格律恩的抽象人性论。

格律恩认为自然科学是"唯一实际的科学"，同时"也是人道的人完善化的表现"。在这里，他并没有说出什么自然科学本身的内容，但是有一点值得注意，就是他提出从必然性到自由的过渡问题。我们知道，法国唯物主义者是主张自然物质运动的必然性的，这种必然性也包括人自身的自然必然性。霍尔巴赫在他的《自然的体系》一书中论述过这种必然性。他说，在自然中所发生的一切运动，都遵循着不变的自然法则，"物理学家在吸引和排斥、结合和抗拒、亲和力或联系这些名称之下所表示的活动方式，就是建立在物质和物体彼此之间的这种倾向之上的。道德家就用爱、恨、友谊、厌恶这类名称，去表示这种倾向及其产生的结果"①。格律恩是如何解释霍尔巴赫的发现的呢？他说：自然必然性是如何转变为人的自由和自决的，是怎样突然终止在从神经系统中冲出来的那一点上的？他认为，就具体的神经活动过程来说是物理、化学的反应，但就其产生和形成来说，那是人的意识产生的。因此格律恩要从"人的观点"来解释事物，就离开了法国唯物主义者尊重实际的唯物主义原则。格律恩甚至说歌德的《少年维特之烦恼》中的维特之所以没有成为"主体的人"，就是因为他没有这样的脊椎骨。这就更是背离人的社会本质的谬论了。这样，格律恩关于人的"唯一实际的科学"就得出了完全脱离实际的结论："自然界的核心存在于人的心里。"②

格律恩不承认政治经济学是实际的科学，他完全离开社会关系看人的经济活动，把经济领域存在的竞争看作个人之争，认为由于"个人反对个人，

① ［法］霍尔巴赫：《自然的体系》（上），商务印书馆 1977 年版，第 39 页。
② 《马克思恩格斯全集》第 4 卷，人民出版社 1958 年版，第 247 页。

于是就产生了普遍竞争"①。竞争的原因既然出自个人，那就意味着一旦产生了这种即使是模糊的竞争观念，就必然产生普遍竞争。那么货币自由的原因是什么呢？格律恩认为，原因在于打破了"道德的枷锁"，用他的话说就是："金钱在中世纪还受到忠、爱、诚等的约束；16 世纪打碎了这些枷锁，金钱就获得了自由。"② 在政治领域，格律恩不仅把历史的法和以理性为基础的法对立起来，而且在论法国大革命的意义时，认为革命没有研究"人"这个概念，而在他看来，革命就是人性的恶的体现，"就是马基亚弗利主义的实现"。恩格斯不无贬义地说，这是格律恩对所有一切没有研究过"人"这个概念的人们敲起的警钟。

在谈到 18 世纪的法国时，恩格斯批评了格律恩关于法国"用人权对抗神权"的观点。恩格斯指出，如果对"人"这个概念有所研究的话，那么就应当知道，人权并不是同神权对立的，而是同现实的国王、贵族和僧侣的权利相对立。恩格斯指出，格律恩在这里犯了"人的"毛病，即不负责任、不讲信义的毛病。因为格律恩当年在《莱茵年鉴》上发表文章歪曲马克思的人权概念，即"人权是市民社会成员的权利"时，咒骂人权是小商人、小市民等人的权利，而现在又突然把它变为抽象的"人的权利"和"人所固有的权利"，然后又把它变成"天赋人权"；再把"天赋人权"变为"自然权"，变为"从内心决定自己的行动和享受自己的成果的权利"。格律恩不仅曲解了马克思的"人权"概念，而且也曲解了歌德的人权思想。歌德讲的人权，是直接与恶的旧制度的传统权利相对立的权利，是不以时效为转移的、不可让渡的人权，而绝不是格律恩所说的抽象的"人所固有的权利"。

共产主义最初的宣传是要消灭私有制的，因此有些共产主义者就从人性自私方面去理解共产主义，把共产主义理解为与人性的自私相对立的东西。这样的典型就是德国记者、"真正的社会主义"代表人物海尔曼·克利盖

---

① 转引自《马克思恩格斯全集》第 4 卷，人民出版社 1958 年版，第 248 页。
② 转引自《马克思恩格斯全集》第 4 卷，人民出版社 1958 年版，第 248 页。

（1820—1850）。这个仅活了 30 岁的青年人，在 40 年代的后半期，领导了德国"真正的社会主义者"集团，是《人民论坛报》的主笔。克利盖大肆宣传"爱的共产主义"；在《告妇女书》中，使用了 35 种表现的"爱"，把共产主义描写成"爱的王国"；认为共产主义是与利己主义相反的"由互爱结合起来""用爱把所有人团结起来"的"爱的世界"。他把具有世界历史意义的共产主义运动归结为这样的两极对立：爱和恨，共产主义和利己主义，完全沉溺于令人厌恶的美文学和泛爱的空谈之中。

鉴于克利盖在美洲所造成的恶劣影响，1846 年 5 月 11 日，马克思和恩格斯发表了《反克利盖的通告》。在《通告》中，批评克利盖把共产主义说成"爱的宗教"，指出他宣传的倾向不是共产主义，而是以共产主义的名义、用幼稚夸大的方式宣传伤感主义的"爱的呓语"。这种宣传不仅会使男女青年神经衰弱，而且会削弱工人阶级的意志。

马克思恩格斯对克利盖"爱的宗教"的批判主要集中在下面几点：

第一，关于历史合理性与人类幸福。马克思恩格斯指出，历史合理性是对事件和行动所作的具体历史分析，是在事物发展过程中评价事物，而克利盖则是完全脱离实际空谈人类幸福。当时发生的美国民族改良运动，是无产阶级运动在一定条件下的必要的初步形式。他们反对一般土地私有制，特殊地说是美国的土地私有制，在当时所能达到的直接结果是促进资产阶级社会工业制度的发展。既然它是与无产阶级的生活状况相联系的，那么它的历史发展最终会有利于推进共产主义运动。尽管他们看到在现阶段它是与共产主义相矛盾的，但他们仍然明确地肯定了这种运动的历史合理性。克利盖与当时侨居纽约的德国共产主义者一起参加了美国抗租运动，但他竟用一些流行的共产主义术语和华丽的词句粉饰这个运动的事实，而不去深入考察运动本身的内容。他根本不了解这个运动与美国社会的关系，却把具有次要意义的运动形式夸大为一般的共产主义事业，把运动的特殊目标说成一切运动的最终的最高的目的。他在说明"我们要求的是什么"时，说不出实际的内容，只是空洞地宣传土地是"全人类的公共财产"，要求立法机关保留"全人类不可让渡的公共财产"，宣扬土地运动将要使"全人类获得幸福"。马克思恩格斯尖锐地指出，"克利盖的共产主义宣传只会使一切实际问题变成虚幻的词句"。

从"爱的共产主义"的幻想出发，克利盖接受了民族改良派的计划：用绝对平均主义的办法，给每一个农民（不管来自哪个国家），都分配160英亩土地，允许其自耕，用以维持生活。克利盖把每160英亩土地都看成一样的，认为可以用一项法律禁止这种土地分配发生的后果，即土地集中、工业进步等。他认为，在经济上，在保留私有制和高利贷的条件下，只要每个穷人分得平均的土地并能耕种，就能一举消灭贫困和犯罪现象。在道德上，只要用"爱的心灵""彼此互爱"，人们就能和睦相处，联合起来，在大地上建设起"充满天国的爱的村镇"。马克思恩格斯指出，克利盖的"新共产主义政策"纯粹是书呆子的幻想。他本来应该懂得，想用一道法律来阻止宗法制度发展为工业制度，或者使东海岸工商业各州倒退到宗法的野蛮状态上去，这是立法者根本办不到的。他不懂得，每个人分得的土地虽然数量相等，但土地的质量和价值是不同的。在以后的产品交换中，就会发生一些人由于土地的肥沃和劳动技能的差别而富起来，虽然没有资本，但他同样可以使另外一些农民成为他的雇农，社会必然会出现剥削和被剥削的关系，从而发生穷富对立和两极分化。这中间不可能用"爱"来抹去不平等的关系，也不可能消除对立阶级之间的仇恨；相反，它必然要抹去人和人之间的爱，产生并增强人与人之间的恨。在这里，正是经济关系决定着人们的道德感，而不是相反。

马克思和恩格斯指出，克利盖宣传"每一个人必须在每一种行业里学会这样一种技巧，以便必要时可以不靠旁人的帮助而能独立生活"。这对普通人的实际生活来说也不失为一种实在的生活忠告，但是对于共产主义运动来说，这却是一句不着边际的空话。不消说，大谈"爱"和"克己"，比起研究现实关系的发展和实际问题要容易得多。但对于人的生存来说，只谈爱呀，克己啊，也是无用的。必须切实地考虑和解决生存和生活的条件，而首先的和根本的就是社会基本的经济制度和政治制度。

第二，关于个人与人类的关系问题。克利盖在《人民论坛报》上发表了一系列文章，极尽形而上学的夸大，宣扬"每一个人单独生活"，"现在整个人类只是体现在个体中"，"事物现状的终止"必然取决于"人类创造精神的意旨"。马克思批评这是"非逻辑的戏法"，"简直是废话"。"永恒的和无处不在的精神就是共性精神"，"这种精神根本就不存在"。克利盖的共产主义宣传实际上是把争取共产主义社会的斗争变成对抽象的"共性的伟大精神"的探求，变成向教友发光的"圣灵"。他把共产主义的目标描绘成这样："每个人身上都带有人类的烙印，按照人类的目标来确定自己的目标。"在他看来，"人类不是一个有自己的目标的人"，"为了将目前和将来的自己全部献给人类，才力图完全成为自己"。实际上只是在一种虚幻的怪影面前的自我牺牲和自卑自贱。

克利盖是在共产主义的幌子下宣传陈旧的德国宗教哲学的幻想，而这种幻想是和共产主义截然相反的。他所宣扬的信念，即对"共性的圣灵"的信念，这正是共产主义为求本身实现时最不需要的东西。他关于爱的高谈阔论不过是浸透了宗教思想和心情的大言不惭的表白。

第三，关于爱的宗教。克利盖宣扬，"使爱成为宗教的真理"，"使天国居民共同体变成现实"；"在爱的王国不可能有任何鬼怪。人们完全融在相爱者的社会中"。"为了爱的宗教，我们要求：饿的人有饭吃，渴的人有水喝，裸体的人有衣穿"；"教会人表现爱、领悟爱"；"无限的爱"，"舍己为人的决心"，"对共同体的神圣的渴望"等等。马克思恩格斯指出，这一切都不过是"共产主义者的最隐蔽的宗教"。不仅如此，克利盖还向全世界宣布："我们要用爱把人类联合起来，教会人类共同劳动和共同享用劳动果实，使早就预言的乐园终于来临。"[1] 他对金钱权力充满义愤，他发誓要首先把金钱权力变成"玛门偶像"，向人们证明他的宗教的心，不是因现实的

---

① 《马克思恩格斯全集》第4卷，人民出版社1958年版，第16页。

贫困而变得残酷，而是充满幸福的幻想的心。他本人并不需要共产主义，他之所以参加斗争，只是因为"他的宽宏大量的、自我牺牲的忘我精神"。他把这种崇高情感、善良的心，当成了消除万恶世界一切不幸的灵丹妙药。马克思和恩格斯在 1846 年的《反克利盖的通告》中，对克利盖的道德观作了这样的结论：克利盖的道德与无限怜悯的、无限自我牺牲的宗教是一致的。克利盖的宗教观就是他的道德观。

三、 对海因岑"道德化的批评" 的批判

海因岑是德国共和主义激进派理论家，也可以说是非共产主义者激进派的代表。1847 年 10 月 21 日，他在《德意志—布鲁塞尔报》上发表了《共产主义者的"一个代表"》一文，以直接批评恩格斯的形式，发出了全面攻击共产主义者的"宣言"。恩格斯当即发文回击了海因岑。一个月后，马克思发表了长文《道德化的批评和批评化的道德》，揭露了海因岑理论的荒谬和反共产主义的实质。马克思在维护共产主义基本思想的同时，阐释了历史唯物主义道德哲学的基本观点。马克思声明说，他发表文章不是为了回答海因岑对恩格斯的攻击，因为从这方面说海因岑的文章不值得回答。他之所以发表文章，是因为海因岑的"宣言"为共产主义者的理论分析提供了值得重视的材料。

马克思说，海因岑以"一个非共产主义者代表"的姿态，一亮相就以"高尚道德"的坚定性，"把精神上的负号变成道德上的正号"，即把他的行为的不道德性变成了"道德的高尚"。事情是这样的：海因岑原来是自由派的小官吏，拥护宪法范围的共和制。他曾从德国理论家卢格那里接受过费尔巴哈人道主义以及黑格尔、施蒂纳哲学的影响。在政治态度上，他是一个信念一贯、坚定不移的共和主义者，但是他并非一向就是革命者，有时表示出反对资本主义统治的革命态度，有时又随着形势的变化见风使舵。可是，他却认为他的这种见风使舵的"转变"不仅具有道德的性质，而且是他的自觉的"自我改正"。不仅如此，他还攻击恩格斯对政治时局看法常常变化，

而对共产主义的信念"顽固不化""不可改正",因而"不再具有崇高道德的性质"。马克思指出,在这里,海因岑把事情的性质完全弄颠倒了。对他所说的"转变"和"固定"两者应如何作道德评价?海因岑在此玩弄了相对主义诡辩手法,说"转变"或"固定"不管情况和性质如何,既是道德的,又是不道德的;从他自己这方面来看是道德的,从他的敌手方面来看就是不道德的;反之亦然,并没有什么客观标准。马克思说,海因岑作为"批评化的佣人",善于把白的说成黑的,把黑的说成白的。他的高明之处就在于"善于在需要的时候说需要说的话"。

海因岑不懂得历史的辩证法,竟用他自己对历史的无知当作"老实人的谦虚",把事物的发展变化和历史中的否定性,一概看作道德上的"背弃"。比如,他反对君主制,说君主制是"一切灾难和贫困的祸首"。那么君主和君主制是怎样产生的呢?在他看来,道理很简单,就是个道德问题。在他看来,古时候,人民"为了公共利益",选出最优秀的人物作为自己的首领。后来,由于利己主义作祟,这个地位就在一个家族中世袭下去了。再后来,由于人们智力愚蠢和道德的堕落,于是权力的"滥用现象得以维持数百年之久"。马克思讥讽地说,海因岑批评君主制的理由简直就是幼稚的儿戏。在有些地方废除了君主制,能不能用这种理由把废除君主制解释为人民愚蠢透顶、根本不讲道德呢?马克思指出,问题的关键在于说明反对者的理智和道德品格来自何处?由这种理智和道德维持的历史又怎能顽强地延续几百年?马克思断言:用理智和道德方面的老生常谈来论证君主制的产生和发展是无济于事的。历史的回答恰恰相反,没有这样的理智和道德的历史也过了几百年。马克思说:"数百年的理性和道德同君主制相适应而不是同它相矛盾。我们这个时代的'人的理智'所不能了解的正是以往数百年的这种理性和这种道德。它不了解它们,可是却看不起它们。它从历史的领域逃到道德的领域,所以,它在这里也可以把自己的道德愤怒的重炮全部放射出来。"①

----

① 《马克思恩格斯全集》第4卷,人民出版社1958年版,第338—339页。

海因岑的"道德化批评",实质就是"从历史领域逃到道德领域"的道德历史论。他对历史不作客观的辩证的分析,而是发泄道德的愤懑,自以为自己道德高尚,因而他的"批评化的道德"也就根本违背了道德。

海因岑按照他的道德历史论,不能理解在历史发展的一定时期,在君主制社会里出现了暴虐和反动角色意味着什么。历史的辩证法确凿地显示:那只是表明在旧社会秩序中产生了反对暴虐和反动角色的新的社会力量,即对旧社会制度的否定性、破坏性因素。这种否定性、破坏性因素,必然是人民感到旧制度已经不合理,要求必须把它改变,因而也就是新的社会力量的发展。在这里,马克思指出一种带有规律性的现象:"这些新的破坏性社会因素越不发达,旧政权的即使是最凶猛的反动派也越保守。这些新的破坏性社会因素越发达,旧政权的即使是最无关紧要的保守意图也越反动。君主权力的反动性并不证明这种权力创造旧社会,倒是相反地证明,只要旧社会的物质条件消亡,君主权力本身也就消灭。"① 因为旧社会仍然是官方的社会,因此也仍然是权力的官方享有者或官方权力的享有者的社会。当社会生存的物质条件发展到迫切需要变革它的官方政治形式的时候,旧政权的整个面貌就要发生变化了。用道德来解释历史的发展变化,就好像说君主制的产生是人的理智考虑不周的结果,犹如说宗教的产生是由神甫的狡诈一手造成的一样荒谬。

怎样看待社会呢?海因岑根据他的"道德化批评",很自然地得出君主和社会的联系的结论:由于君主自私而把权力抓在自己手里,让人民在物质方面和道德方面为他和他的家族牺牲,并且为了自己的利益把人民分成等级,使他们互相为敌。海因岑认为,社会的基础就是由君主的上层大厦创造出来的,并且每天都在创造它的基础,就像政治机关创造了资产阶级社会、宗教偶像创造了世俗世界一样,德国君主创造了德国社会。马克思针对海因岑的谬论指出,海因岑把作为社会的公开表现的政治机构和制度看作社会的

① 《马克思恩格斯全集》第4卷,人民出版社1958年版,第341页。

创造者，就如同说苹果创造了苹果树一样荒谬。人类历史和德国历史都证明：是历史创造了君主制，而不是君主制创造了历史；社会是君主政治大厦的基础，而不是君主政治机构创造了社会基础。君主专制的产生，有其经济根源及其历史生长期，君主制是旧的封建等级趋于衰落、市民等级正在形成资产阶级的过渡时期的产物。马克思指出，德国的君主专制形成较晚，且维持较久，只能以德国的近代经济发展和市民社会的畸形发展来说明。人民在自己的发展过程中，使君主专制过渡到君主立宪制，就是否定自己承受的从前的政治存在形式。这种否定就是历史的进步，也就是制度存在的基础对制度存在的政治形式的否定，可以说是社会道德的进步，而不是道德的"背弃"。

　　海因岑遵照他的"道德化的批评"原则，设计了一个"人道化的社会"。在这个社会里，他要使财产分配合乎"中庸"之理，"人人所有既不太多也不太少"，要用人道的办法避免财产占有和分配的极端。他认为，用这样简单的办法就可以解决社会的全部经济矛盾。因此马克思讥讽地说："他在合乎道德高尚的大丈夫的正义感的合理基础上对财产进行了调整。"海因岑拿一无所有的无产者和拥有千万不义之财的资产者相比较，认为这种极端不平等是违背道德良心的，不合乎中庸之道。马克思指出，海因岑不懂得，财产关系是历史地形成的，财产关系的正义性是它由以形成的经济规律的体现。"合理调整"财产关系的力量，正是那些在冷酷的必然性面前把一切正义感化为灰烬的"经济规律"，而不是合乎中庸之道的道德良心。海因岑不了解"阶级间的关系的变化就是历史的变化，是整个社会活动的产物，总之，是一定'历史运动'的产物"[1]。海因岑用道德、道德感来代替社会发展的经济规律是一种唯心主义的历史观和庸俗的道德观。马克思说，我们时代的社会问题很多，如财产问题作为世界性的历史性的问题，是与工业发展的不同阶段和各国工业发展的特殊阶段相适应的，并因此而成为这个或那

---

① 《马克思恩格斯全集》第4卷，人民出版社1958年版，第352页。

个阶级的切身利益问题，绝不能把它归结为"一个人拥有一切，而另一个人一无所有"这样的问题，"也不能归结为类似的简单的良心问题和关于公平的词句"。①

在马克思看来，如果资产阶级靠政治权力来维持财产关系的不公平，那是不会成功的。因为财产关系的不公平，是以现代分工、交换、竞争、积聚等为前提的，是资本主义生产方式发展的结果，而不是政治权利和道德良心的结果。在资本主义生产方式尚未达到它足够的发展时，改变封建生产关系的束缚只是暂时的，要达到真正公正的关系，必须创造新社会关系的物质条件。在尚未创造出这种物质条件之前，任何强大的思想和意志力量，都不能使它们摆脱这个历史命运。在这里，"必然性的物质力量表现得更加强烈"②；在这里，合乎必然性的就是合理性的。理论的合理性，就是要反映历史发展的必然性。任何与历史必然性、合理性相悖的道德伤感和愤懑，都是无济于事的。现代英国学者塞耶斯看得比较清楚，"在马克思那里，道德的价值建立在社会理论基础之上，这种理论不是纯粹的乌托邦和道德论，而是拥有坚固的、客观的和科学的基础（历史唯物主义）"③。

马克思指出，海因岑的方法是形而上学的。他"在事物的统一中看不出差别，在差别中看不出统一"，如金钱和权力、财产和权力、获得金钱和获得权力的关系。他规定一方面的概念，就把它规定死了，僵硬了。如果碰到两者的矛盾相互撞击，两种势力相互作用，直到两者合而为一，他就认为是诡辩。他完全不懂辩证法。而他一旦形成了自己的教条，建立起他的"永恒真理"，他就立刻向反对者"倾泻自己的道德愤怒"。

海因岑宣扬"不变的人性"，用抽象的人性来反对现实的阶级差别和阶级矛盾。他承认"人性"不总是以"阶级"或"钱包大小"为转移，有一

---

① 《马克思恩格斯全集》第 4 卷，人民出版社 1958 年版，第 334 页。
② 《马克思恩格斯全集》第 27 卷，人民出版社 1972 年版，第 210 页。
③ S. Sayers, "Analytical Marxism and Morality", *Canadian Journal of Philosophy*, Supplementary Vol. 15, 1989, pp. 81–104.

定的事实根据，但是他攻击共产主义者"不面向人们，只面向'阶级'，唆使不同'行业'的人们互相反对"① 就是他的偏见了。马克思指出，海因岑的错误在于把阶级差别看作钱包大小的差别，把阶级矛盾看作行业间的争吵，把他自己的局限性看作共产主义者的局限性。马克思指出，历史事实证明中世纪的行会是在"行业差别"的原则上互相对立的，但是现代社会的阶级差别却不是建立在行业差别基础上，而是建立在资本主义生产方式分工的基础上，在同一个阶级内部的分工也有不同的工种、不同的行业。单独的个人很可能不以他所属的阶级为转移，但这并不足以影响整个阶级之间的矛盾和斗争，正如少数贵族转移到第三等级方面并不足以影响法国革命一样。国君和臣民、特权者和非特权者之间的差别，本质上并不是"道德力的表现"，他们之间不仅有着政治差别，而且存在着阶级间的社会差别。在阶级和阶级斗争存在的条件下，人的阶级差别并不会在人性中消失；只有在阶级和阶级差别消灭后，阶级性才会在人性中消失，才能有没有阶级性的人性，或如恩格斯所说"纯粹的人性"。

马克思恩格斯指出，共产主义者之所以"面向阶级"，是因为在阶级社会里，是阶级的关系和力量影响和决定着社会的发展，只有正确地把握社会关系的本质和运动方向，才能肩负历史使命和负责任地"面向人们"。马克思说，如果海因岑先生认为，以不以自己的意志为转移的经济条件作为存在的基础，并以这些条件而彼此处于尖锐的对抗中的各阶级，可以靠一切人们所固有的"人性"而越出本身存在的现实条件，那么，某一个君主要靠自己的"人性"而使自己超出自己的"君主的权力"，超出自己的"君主的行业"该是多么容易呵！海因岑要用"人性"抹杀德国人的差别，又要在德国人中间确立差别，以便进行政治说教，不仅难以自圆其说，而且也违背历史的真实。他把德国人划分为国君和臣民，在他看来这种做法是一种道德力量的表现，是"具有个人胆量、政治头脑、激动的人的感情、严肃态度、

---

① 《马克思恩格斯全集》第 4 卷，人民出版社 1958 年版，第 343 页。

远见和值得敬佩的勇气的明证"①。他甚至认为"政治等级是降低人格的阶梯"②。显然，他之所以强调人性、人性的无差别，就是要掩盖阶级性和阶级的差别。马克思讥讽这位激进派理论家看不出差别和强调差别都是他的"道德的伟大"，其实只是一个"批评化的庸人"。

海因岑从抽象的人性出发，宣扬"历来的治国艺术"都是"为了人"，"为了好人"，"为了人道的人"，因而主张建立人道的、合理地调整财产关系的北美式的"联邦共和国"。马克思说，海因岑的主张是给社会开出的"使社会人道化的药方"就是要把国家纳入抽象的人道主义框子里。共产主义者的历史观和道德观并不是忽视人和否定人，恰恰相反，共产主义者的理论和实践，正是为了人，为了人的自由、平等和解放，才力求摆脱空谈和幻想，为追求真理和正义而斗争。马克思认为，恩格斯把海因岑的这种主张看作"纯系捏造的美化世界的庸俗幻想"，是完全正确的。正因为这样，马克思才和恩格斯一道明确表示：共产主义者要"采取自主态度"，因为"我们总是比这些空谈家更革命些，因为我们学到了一点东西，而他们却没有，因为我们知道自己所要做的是什么，而他们却不知道"。马克思在文章的末尾用这样一段话揭示了海因岑的道德人格："尽管这位神圣的粗汉非常愚蠢和卑鄙，但是他在道德上却有他自我安慰的地方，这就是他在自己的信念上是愚蠢和卑鄙的，也正因为如此，他才是一个首尾一贯的统一体。"也就是说，海因岑在愚蠢和错误的信念上保持了他首尾一贯的人格。

马克思是肯定人的个性的，甚至延续着西方道德哲学传统强调人的个性，但是他和恩格斯一样，始终明确地反对抽象地讲人的个性，批评抽象的人性论。马克思强调的是个人生存和活动的具体的社会环境条件。他说："各个人的出发点总是他们自己，不过当然是处于既有的历史条件和关系范围之内的自己，而不是意识形态家们所理解的'纯粹的'个人。"③ 这样说

① 《马克思恩格斯全集》第4卷，人民出版社1958年版，第345页。
② 《马克思恩格斯全集》第4卷，人民出版社1958年版，第345页。
③ 《马克思恩格斯选集》第1卷，人民出版社2012年版，第199页。

来，同处在一定的历史条件下是否会都是一样的个人呢？那也是不可能的。因为在历史发展过程中，每一个人的个人生活条件是不同的：他们所屈从的某一劳动部门不同，与之相关的各种条件的生活不同，因而各个人之间的生活条件就必然存在差别。这就是说，在分工条件下，社会关系成为独立的力量，以它的具体关系和环境制约和决定着个人的个性。在等级社会条件下，个人的个性与他们自己的生活条件是结合为一体的，贵族与平民特性，都是与他们的生活条件不可分割的品质。因为，他们作为与他们的生活条件相联系的个人，有他们各自的特殊情况，因而也决定着他们的特殊的个人特性或个性。换句话说，在等级社会条件下，有个性的个人和阶级的个人差别还不明显。但在资本主义社会条件下，有个性的个人与阶级的个人就出现了分离。工人本身虽然不再从属于哪一位贵族老爷，似乎是自由了，可以发挥自己作为人的个性了，但是加在他们身上的是更加强大、更难以摆脱的雇佣劳动的枷锁。在与资本家阶级的对立中，他们是作为阶级的成员而存在的。他们的个性与他们的阶级性是一体的，因而他们的个人的个性只能是在阶级解放的条件下才能得以实现。

马克思恩格斯在这里以农奴为例作了一个比较：农奴对他的贵族老爷的关系，虽然是从属的，但毕竟是个人对个人的关系；对农奴来说那是偶然的关系，他可以逃跑到别处去生活，保持他过去的劳动方式，尤其是掌握了某种手艺的农奴，有可能进一步发展，积累自己的地产或资本，以致有可能成为"半市民"①。这样的农奴在等级社会范围内，有可能实现个人的解放，同时加入新的等级。相反，对于无产者来说，压在他们身上的是整个资本主义生产方式和资本主义制度，社会的全部生存环境、劳动、个人的生存条件是无产者个人甚至组织都是无法控制的。因此，单个无产者的个性与强加于他们身上的生存条件即劳动之间的矛盾，与农奴就有明显的、本质的区别。意识到这种区别，也就意识到他们自己是这个制度的牺牲品，也就是说，在

---

① 《马克思恩格斯选集》第 1 卷，人民出版社 2012 年版，第 201 页。

这种制度和阶级关系内是没有机会获得个人的解放的。

由此可见，逃亡农奴是力求自由地发展和巩固他们现有的生存条件，归根结底只是达到自由劳动。而无产者要实现自己的个性，就必须改变他们的生活条件，消灭他们所处的整个社会的生活条件。在这个意义上，马克思恩格斯说，消灭强加于他们身上的生存条件，就是"消灭劳动"。因此，他们也就与作为国家的整体直接对立起来，这就意味着应推翻国家，消灭阶级，摆脱作为阶级成员的身份，实现自己作为个性的个人。这就是马克思、恩格斯在《德意志意识形态》中所说的"个人与集体的关系"，是指共产主义时代自由的个人组成的"自由人的共同体"。这一思想后来在《共产党宣言》中就表述为"每个人的自由发展是其他一切人自由发展的条件"。把这个命题用到资本主义时代和刚刚脱离资本主义的社会主义时代，都是错误的。

"真正社会主义者"还以人的自然性来抹杀和模糊人的阶级性。他们认为，"单个的生命"对"综合的生命"有自己的权利，因此，满足需要、发展天资、对自己的爱等，乃是生命的自然的、合理的表现。社会不符合自己的"原形"和"本性"，即不符合"人"的自然，"真正的社会主义者"要求社会依据自然界来安排个人。他们用植物作例子，来证明自己有权利提出这样的要求，并根据这一要求，"认为自己有权来要求把他的个人的'独自性'作为社会机构的基础"①。

按照"真正社会主义者"的逻辑，普遍性按次序表现为：自然界、无意识的总和生命、有意识的总和生命、普遍生命、世界的机体、包罗万象的统一、宇宙的有机统一体、普遍幸福等；个别性则表现为：无意识和有意识的单个生命、个人幸福、自身福利等。因此，"真正的社会主义者"认为，承认人类平等，承认每个人生存的权利，是以一切人所共有的对人的本性的意识为基础的，正像爱、友谊、正义以及一切社会美德是以对人类自然联系

---

① 《马克思恩格斯全集》第3卷，人民出版社1960年版，第563页。

和一致的感觉为基础的一样。如果把它们称为义务，要求人们来履行这些义务，那么在不是以外界的强制为基础的，而是以对内在人类本性的意识为基础的社会中，它们就会变成生命的自由的、自然的表现。因此，在符合人类天性的、合理的社会中，一切成员的生活条件都应当是相同的，应当是普遍的。他们从人的普遍的本性中引申出"人类平等"和共同性。同样，他们认为人类的一切美德是以"对人类的自然联系和一致的感觉"为基础的，虽然无论封建制义务也好，奴隶制也好，或者历来的一切形式的社会不平等现象也好，都是以"自然联系"为基础的。马克思指出，一切人所共有的关系在这里成为人的本质的产物，而实际上，这些关系像对于平等的意识一样是历史的产物。真正社会主义者所说的这种"人类自然联系"是每天都在被人们改造着的历史产物，这种产物向来都是十分自然的，——虽然它不仅在"人"看来，而且在任何一个革命的后代看来，都会显得多么惨无人道和违反自然。"'真正的社会主义者'标榜一种'以对内在人类本性的意识即理性为基础'的理想的真正社会。因而，这种社会是以意识的意识、思维的思维为基础的。这位'真正的社会主义者'甚至在表达方法上也和哲学家没有区别了。他忘记了：不管是人们的'内在本性'，或者是人们的对这种本性的'意识'，'即'他们的'理性'，向来都是历史的产物；甚至当人们的社会在他看来是以'外界的强制'为基础的时候，他们的'内在本性'也是与这种'外界的强制'相适应的。"① 可以说，这种观点不过是18世纪流行的那种企图以人类本性的特征来说明全部历史过程的学说的一个变种。这种观点与唯物主义历史观是不相容的。按照唯物主义历史观，"社会的人的本性是随着社会关系的变化而变化的。因此，人类本性的一般特征并不能解释历史"②。

---

① 《马克思恩格斯全集》第3卷，人民出版社1960年版，第567—568页。

② 《普列汉诺夫哲学著作选集》第2卷，生活·读书·新知三联书店1961年版，第279页。

疑难问题讨论（三）
怎样理解"从经验的、肉体的个人出发"？

恩格斯在 1844 年 11 月 19 日给马克思的信中，说过这样一段话：我们必须从"我"，从经验的、肉体的个人出发，不是为了像施蒂纳那样陷在里面，而是为了从这里上升到"人"。① 怎样理解这段话？

从信中可以看到，恩格斯措辞严厉地批评了施蒂纳在《唯一者及其所有物》一书中所宣扬的利己主义。② 恩格斯指出，施蒂纳的原则，就是英国功利主义者边沁的利己主义，而且是比边沁更彻底的利己主义。因为在边沁那里，上帝还在个人之上，而在施蒂纳那里，个人则是高于上帝的至上的存在者。施蒂纳所标榜的"理性利己主义"不过是资本主义社会和被这个社会所规定的"现代人"的自我意识的表现，是资本主义社会用以反对共产主义的"最后论据"，同时也是为"现存的愚蠢事物"辩护的理论的顶峰。正因为这样，它必然走向自身的反面。

但是，在作了上述批评之后，恩格斯接着又说，"这种原则里的正确东西，我们也必须吸收"。"这里正确的地方是，在我们能够为某一件事做些什么以前，我们必须首先把它变成我们自己的事，利己的事"。③ 在这段话的后面，与这段话相联系，恩格斯又说了本文开头所引出的那段话。因此，在这里我们首先应当弄清楚，恩格斯为什么或在什么意义上，肯定施蒂纳的原则里还有正确的东西。从当时德国哲学斗争的背景来看，恩格斯的看法显然是同批评基督教神学的历史任务相联系的。在恩格斯看来，在当时的德国意识形态领域虽然已经开始了阶级思想的斗争，但是对基督教的批评仍然是

---

① 参见《马克思恩格斯全集》第 27 卷，人民出版社 1972 年版，第 13 页。
② 参看本书第四章疑难问题讨论。
③ 《马克思恩格斯全集》第 27 卷，人民出版社 1972 年版，第 12 页。

一切批评的前提。在这方面，费尔巴哈做了具有转折意义的工作，起了解放思想的巨大作用。他的《基督教的本质》一书，完成了从神学向人本学的转变。他把神还原为人，宣布"上帝的本质就是人的本质""人是人的最高本质"。但是，当时费尔巴哈所理解的人，还是从上帝的否定中引申出来的抽象的人，还带着"抽象概念的神学光轮"。施蒂纳看到了费尔巴哈人本学的这个弱点，批评他抛弃"神的宗教"又建立起"人的宗教"，即把抽象的"类"奉为人的本质。施蒂纳要克服费尔巴哈的这个弱点，就把抽象的人还原为个体的人、个人，宣称人的本质不是"类"，而是"个人""我"。他的结论是："我是我的本质""我是高于一切的"。这样，施蒂纳就摒弃了费尔巴的带着神学光轮的人，而把人降为经验的、肉体的、物质的存在。在这个意义上，恩格斯才对施蒂纳的观点作了一定程度的肯定。但是，恩格斯的肯定意见，并不意味着施蒂纳对人的认识是正确的。恩格斯随后就指出，尽管施蒂纳把人理解为经验的、肉体的人，但仍然是抽象的，不过是从"唯心主义的抽象"跳到"唯物主义的抽象"。

尽管他把人抬高到上帝之上，但他对人的认识仍然一无所获。因为，他所说的人仍然是脱离一定社会关系规定的人，是抽象的、非现实的人。恩格斯肯定施蒂纳原则中的正确东西，绝不是肯定利己主义，而是从当时德国哲学发展的一般水平上，肯定施蒂纳强调从经验出发，重视个体人的活动等思想的合理因素。因为人做一切事情，都是通过每个个人的具体活动，同时也都是在一定的社会关系中进行的，不可能靠抽象的人去进行。对于每个个人来说，也就是在特定的环境中通过个人的自我意识和具体活动去完成。不仅如此，人们做任何事情，总是同人们的某种需要相联系，不可能以抽象的"概念"的方式去做事。这也就是所谓"把欲做的事变成自己需要的事、利己的事"。这个意思在《德意志意识形态》中是这样表述的："对于各个个人来说，出发点总是他们自己，当然是在一定历史条件和关系中的个人，而不是思想家们所理解的'纯粹的'个人"；"任何人如果不同时为了自己的某种需要和为了这种需要的器官而做事，他就什么也不能做"。这话通俗地说就是，人不是神，而是有局限性的，是有一定需要的个体存在；任何人不吃不喝就无法生存，因而就什么事也不能做。仅此而已。决不能由此得出"人性自私""人人都是为自己的利己主义者"的结论。即使从人的行动离不开自我意识这一点来看，也绝不能得出人的行动都是利己主义的结论。

如果一个人把他人利益和社会利益作为自己的理想，并为之献身，那么他的"自我意识"就不会是利己主义的。所以，仅仅根据人们的行为必然伴随自我意识和需要、从自己出发这一点，就作出利己主义的结论，这就意味着用混乱的思维去模糊理论原则的明确性。值得注意的是，恩格斯在信中反复地说"从我出发，从经验的、肉体的人出发"，肯定施蒂纳原则的正确东西。但是在说了这些话之后又强调说："这一切都是老生常谈"，"都是些不言而喻的道理，费尔巴哈已经分别地谈到过它们"。这就是说，这些观点，就其基本思想内容来说，并不是什么新东西，不过是费尔巴哈唯物主义所达到的思想内容。那么恩格斯又为什么去重复那些费尔巴哈式的观点和语言呢？他在信中说明了原因：主要原因是要反驳赫斯对唯物主义的攻击。恩格斯说："若不是赫斯痛骂经验主义，特别是痛骂费尔巴哈和施蒂纳，我也就不会重复这些话了。"

赫斯原是《莱茵报》编辑，在政治上基本上是空想社会主义观点，哲学上信奉黑格尔主义，但他在当时的知识分子中居于领头地位，因此恩格斯不能不注意他的理论影响。赫斯把一切事物都归于抽象的范畴，不谈实际，只讲抽象的"人"；反对强调个人需要和利益，甚至宣扬基督教的"自我牺牲"；反对讲肉体的爱，宣扬人与人之间的精神"爱"。实际上，赫斯的思想回到了中世纪基督教教义，只讲为上帝献身，爱就是 agape（神爱）。不仅如此，赫斯宣扬的"爱"的抽象思辨，在当时的德国并不是个别的。在思想界和知识分子之间，这种思想几乎是根深蒂固的，以至于马克思和恩格斯不得不用很大的精力去支持批判基督教神学的斗争，清算这种思辨哲学的影响。针对这种情况，恩格斯肯定了费尔巴哈唯物主义自然观和认识论的基本点；肯定了他强调经验、自然、个体、肉体等思想，并从认识论和人的行为过程上，肯定了个体人的出发点，即认识要从感性经验出发，从个别引出一般的唯物主义思想路线。他既要批评费尔巴哈，又要小心谨慎地保护费尔巴哈的唯物主义。

再一个值得考虑的因素是，当时马克思和恩格斯对费尔巴哈哲学的认识，还是刚刚脱离黑格尔主义不久的时候，还是很崇敬费尔巴哈对解放思想的作用的时期。那时，他们对费尔巴哈的评价是相当高的。如当时马克思在写的哲学手稿中，谈到费尔巴哈的伟大功绩在于"创立了真正的唯物主义和现代的科学"，因为"费尔巴哈使人与人的社会关系成了理论的基本原则"。还说，费尔巴哈"把基于自身并且积极地以自身为基础的肯定的东西，同自称是绝对的东西对立起来"，说他在解释黑格尔的辩证法时，"论证了要从肯定的东西即从感觉确定的东西出发"。这些评价进一步印证和解释了恩格斯的信所说的话，同时也说明马克思和恩格斯当时对费尔巴哈的评价与42年后在《费尔巴哈与德国古典哲学的终结》一书中对费尔巴哈的评价，显然是有很大区别的，尤其是对费尔巴哈伦理思想的批评，后来的批评更加严厉。

有一点值得注意，恩格斯当时虽然还没有对费尔巴哈哲学进行全面批判（马克思的《费尔巴哈提纲》也是次年才写的），但是，恩格斯当时已经超越了费尔巴哈，已经站到更高的水平上，批判唯心主义和对待费尔巴哈的唯物主义了。从恩格斯的信中可以看到，恩格斯强调，人们不应当去研究那些幻影，而应当去研究"真实的、活生生的事物，研究历史的发展和结局，那么情况就完全不同"。这里所强调的精神很清楚，至少有下面两点值得注意：第一，要研究"真实的，活生生的事物"，而不是去研究抽象的幻影。就是说，要从真实的、现实的人出发，而不要从抽象的思辨的幻影的人出发。第二，去研究历史的发展及其结果，而不要单纯注意肉体的个人的活动。只有历史中发展着的人、现实的人，才是真实的。单纯肉体的人，虽然不是概念、幻影，但脱离历史和社会关系，仍然是抽象的、非现实的人。这就是说，恩格斯所批评的"幻影"，不仅是被基督教神化了的人，被唯心主义抽象化了的人，而且包括被费尔巴哈和施蒂纳自然主义、人本主义所庸俗化了的人。恩格斯说："还没有现实化的人在现实化以前也是一个幻影。"把这句话同次年他们合写的《德意志意识形态》联系起来就可看得更清楚：马克思和恩格斯的唯物主义，已经与费尔巴哈的唯物主义有了本质的区别，更不用说施蒂纳的庸俗唯物主义的东西了。在恩格斯看来，抛开对社会历史的"现实化"，单纯讲个体的、肉体的人，不过是"从唯心主义抽象概念跳到唯物主义抽象概念"。这就是施蒂纳虽然把人抬到了上帝之上，但仍然对人的认识一无所获的原因所在。

肤浅地理解恩格斯的信，只是从字面上看到恩格斯同施蒂纳和费尔巴哈一样在谈"个人、我、经验的、肉体的个人"，认为这就是马克思主义观点，实际上是倒退到费尔巴哈、施蒂纳的思想水平。事实是，恩格斯肯定这些，一方面是为了建立哲学斗争的唯物主义路线的统一战线，另一方面也是为了理解现实，找到现实社会根本改造的途径，找到实现共产主义原则的"良好土壤"。为此，他注意的不是个人和个人的活动，而是"具有普遍本质的人"，即能够变利己主义的人为大写的人。可见，马克思的思想与费尔巴哈、施蒂纳的思想有本质的区别。费尔巴哈也称自己是共产主义者，但是他的共产主义是以抽象人本主义为根据的。他强调人是类存在物，作为类彼此互相需要，因此共产主义就包含在人的"类本质"中。对于马克思和恩格斯来说，虽然当时他们也使用了"共产主义是人的本质的复归"这样的提法，但他们并不是直接从人的类本质中，而是深入私有制内部，深入资本主义社会内部，从资本主义社会的发展规律中，引申出新的理论和社会制度，并找到实现新社会的现实力量。马克思恩格斯所主张的共产主义运动，必然要在所有制的变革中，在经济运动中，找到理论的经济基础，为社会主义、共产主义从空想到科学的发展找到现实的支撑点。这就是恩格斯1844年11月19日写给马克思那封信的重大意义。

第四章　历史唯物主义的道德思考

马克思恩格斯的历史唯物主义世界观和方法论的产生，具有划时代的意义。它不仅使马克思恩格斯的哲学思想从唯心主义转变到唯物主义，从人道主义达到科学社会主义和共产主义新阶段，而且也给道德哲学思想的发展史增添了崭新的内容，给人类观察和分析道德现象提供了科学的观点和方法。尽管在后来的哲学、伦理学思潮中对历史唯物主义理论有一些怀疑、质疑，提出某些问题的讨论、批判或重构①，但是从根本上说来，任何人都不能否定它对时代主题所作出的有力的、明确的回答，以及它在实践中产生的巨大力量。冷静地去看，关于它的一切讨论和争议，不过是人类经过几个世纪的实践历练而对伦理道德的反思和再前进的追求。

第一节　西方伦理学史上的道德思考

在阐述马克思恩格斯的历史唯物主义道德观之前，有必要回顾一下西方伦理思想史中对道德的思考。这将有助于我们更好地理解马克思恩格斯道德哲学思想的历史继承性和它所实现的革命性变革。借用黑格尔一句话说："历史里面有意义的成分，就是对'普遍'的关系和联系。看见了这个'普

---

① 参见［英］乔治·莱尔因：《重构历史唯物主义》，中国社会科学出版社 1991 年版。该书对马克思的历史哲学作了分析，提出了他的质疑和批判；虽然我并不完全赞成该书的观点，但赞成它的独立思考精神和有益的直言批评。

遍'，也就是认识了它的意义。"①

一、 古代哲学思想中的道德观念

对任何一个对象，都可以作两种研究和阐释：其一，它怎样；其二，它是什么。对于前一方面，就是要对对象进行描述，要得到关于对象的具体内容的知识；后一方面，则是要得到关于对象是什么的抽象的质、本质的知识，也就是要得到对象的定义。在道德研究的历史上，对于"道德"概念的思考大体上有两种趋向：一种是讨论道德的产生、发展、功能和运行机制，以及风尚、习惯。这是把道德作为事实客体来认识的。另一种是分析道德概念、道德判断，道德评价标准和方式，阐明道德的本质。这是把道德作为逻辑主体对待的思考。相应地也可以看到有两种基本的定义"道德"概念的途径：一种是通过描述人类道德生活经验，分析道德现象和人的体验，描述道德的特点；再一种是从理论上分析道德思想的内容，概括道德的本质特征，从而揭示道德的本质。一般说来，前者得出的是描述性定义，后者得出的是种加属差定义。

对"道德"概念作定义性规定，只有在一门学科的理论本身有相当的发展并具有完整的系统时才有可能。有一个惊人的事实：人类对道德现象研究了两千多年，伦理学也是人类最古老的学科之一，它所研究的对象几乎人人知晓，天天接触，但对"道德"的严格科学的逻辑定义，却从未确定下来，或者说始终没有一个统一的普遍认同的逻辑定义。一个学科的基本概念的逻辑明确性，是该学科能够具备并保持科学思维的首要条件。但在很长的历史时期，甚至直到德国古典哲学之前，并没有人想去对"道德"概念作出严格规定，也没有人对"道德"和"伦理"两个概念作出严格的区分。人们对伦理道德的描述、思考、理解、解说、争论，不断地进行着，但问题在于对伦理道德的复杂现象进行分析，对伦理道德的理论进行反思，对两者

① ［德］黑格尔：《哲学史讲演录》第 1 卷，商务印书馆 1956 年版，第 11 页。

合之统称为"道德"的基本特征和本质作出逻辑概括。这就需要深入道德现象的内部，去反思众多的、复杂的道德本身的问题，这是"对思想的思想"这个问题的解决，是以思考和研究者清楚地、深刻地意识到自己面对的内容和意义为前提的，同时也是以对人类道德史和道德思想史的系统分析、综合为前提的。

在西方伦理学史上，从古希腊到中世纪，人们对道德的认识已有了许多进展，但还是初步的认识。古希腊关于道德的讨论，在亚里士多德之前，主要是寻求具有合理的基础和目的的生活行为原则。那时的道德思考，常常把道德伦理的问题同生理的、心理的、政治的、法律的问题混在一起。苏格拉底对道德的讨论有所区分，偏重于个体的自我发现、自我完善的理性思考。从柏拉图开始到亚里士多德，两人从不同的哲学基础上，使道德思考诉诸社会经验，而不是诉诸宇宙本质和自然哲学原理。他们论说德性和公正的著述，都表明他们已经进入对道德的社会性的理解。亚里士多德创立的伦理学已经看到，人的品质只有意识到普遍善并对城邦有益时才成为美德，只有合乎中道原则地发挥个人的理性功能才能成为美德。他们都把道德看作公民和城邦的优良德性。从他们把理性当作美德的基础与自然感性相对立、强调善的目的、正义的社会关系这些方面来看，可以说他们开始意识到道德作为意志自我规定和社会关系规定性相统一的本质特征。但那时尚未达到对道德是"什么"作出逻辑定义的思辨程度。

可以说，古希腊伦理学几乎没有自觉地从逻辑上提出"什么是道德"这个问题。他们把道德划分出来作为独立的科学学科，并构造了作为理论体系的伦理学，但只是给出了一些不确定的、模棱两可的甚至自相矛盾的关于"道德"的概念。什么是道德？那时对这个问题的理解可以归纳为这样几种：（1）道德是个人按人的本性和自然法则而生活的活动；（2）道德是按理性原则磨炼意志、控制情欲的行为方式；（3）道德是遵从理性求得内心宁静、自由的状态；（4）道德是智者按照善的指导的处世能力；（5）道德是按理性和城邦秩序在个人活动中培养的品质。综合这些关于道德的思考，可以看到古代希腊的思想家比较全面地认识到道德的特性：他们意识到道德是自觉、自主选择的行为，是个人的欲望、情感、意志的协调，是人的理性功能的发挥，是向善的、对他人和社会有益的行为，是服从逻各斯的普遍原则和公共利益实践活动，是理性按照中道原理做出的选择并在实践中形成的品质，等等。

亚里士多德第一个提出了区别于其他社会调节方式的意志自由和选择自由问题。他探讨了人的意愿行为，认为一个意愿行为的始因在行为者自身，其意愿是由他自身的原因而起，其行为选择取决于他自身理性的成熟和把握中道的程度。道德选择是理性的选择，是"应当"的选择，以"应当的时间，应当的地点，应当的目的，应当的手段，应当的方式"的选择。道德选择是为所当为，戒所当戒。在这里，他不把选择和意志自由看作是有自然或超自然前提的，而是看作与个人品质、具体环境和社会关系相联系的，是在人的行为实践活动中实现的。他把人的自主选择和道德行为纳入了客观条件、社会关系要求的范围，这就相当深入地把握了道德的特性，并接近了对客观伦理的把握，可以说达到了古希腊道德思考的最高点。但是，他在《尼各马可伦理学》中也只是对"德性"概念下了定义，而没有给出一个明确的"道德"概念定义，或者说他就把德性、美德看作道德，也没有区分个人的和社会的。他的著作和思想后来被湮没了上千年，直到13世纪才被重新发现，得到传播发扬。

值得注意的是，自古希腊伦理学之后，发生了历史性的"道德思考的催眠"，尽管伦理学家们对道德众说纷纭，但有一个共同点：以为他们的任务就是要去发现一个终极的、究竟的目的，去发现至善或一个至高无上的绝对的法则，如对国家权威的忠诚，对统治者的意志的服从，对社会优秀人物的尊崇，对最高神的意志的崇拜和信仰，等等。他们致力于寻求道德善的源头，即使不能在现实中找到这样的源头，也倾向于作出最后、最高善的假设。这样，道德思考经过希腊化和罗马时代的演化，就为基督教神学道德观提供了适宜的思想和理论，并在阿奎那手里发挥出庞杂的神学伦理学体系。

不过，神学很少关心道德的本质特性这样的问题，而只是注重宗教的上帝原则。因为欧洲中世纪只承认一种宗教，就是基督教；只承认一种意识形态，就是神学。它的基本思考方式是寻求统一的、绝对的价值根据和善恶标准，并建立严格地约束人的行为和相互关系的规范体系；与这种绝对价值标准的道德观相联系，更通过上帝法、国家法来加强道德规范和戒律的强制性。但总的说来，中世纪转向把道德理解为客观的超越个人主观性的规范体系，其异端也在反叛中推进着人道精神、科学精神和个体的独立自主精神。这种历史性转向的道德思考，也包含着一定的积极因素，为近代的思想启蒙和世俗道德观的确立作了准备，只是与宗教神学联系在一起而扭曲了它的社会历史意义。

二、　近代道德思考的特点

在摆脱了千年基督教统治后的近代西方，经过广泛、持久的文艺复兴和思想启蒙，伦理学出现了一种历史性的回归：从对神的信仰回到对自然的崇拜和对人的崇拜，力图从人自身引申出道德，或从自然引申出道德，将道德的重量负荷移到人的经验和理性上，以便科学地勘定道德的位置。但是这种道德思考，仍然不是向着道德的社会本质及其特殊性，而是试图从抽象的人性、人的天然本性找到解释道德的根据。不过，风俗派作家蒙田，已从社会生活的戏剧性冲突中认识到个人与社会生活的冲突，因此力图从个人与社会的结合处去观察、分析道德生活问题。16 世纪末，社会冲突加剧，那种以为可以从人自身得到道德原则的自然主义、个人主义倾向受到了冲击，蒙田敏锐地捕捉到时代的关键问题。他看到：如果人人都从自身的任性出发，擅自裁夺，独行其是，那样就会出现社会的分裂，反复无常。他看到：道德不在个人的自然本性之中，而在于社会生活之中。他对道德大体区分了两个方面：一方面是社会协调行为和人际关系的领域，表现为社会风俗和规范；另一方面是主观情感、理智、信念和自由意志的领域，表现为德性。但是，他还不能完全理解这两个方面的联系和过渡。因此，他的结论是：社会利益与道德是两个不同的东西，道德既不能依据个人利益，也不能依据社会利益。那么，道德依据于什么呢？他和他那个时代的哲学、伦理学还不能科学地回答这个问题。对个人实际有利的、对社会生活有益的、自由意志本身所要求的，这三者是什么关系？这是当时最困难也是最关键的问题。但思维不能停止，总要找出一种答案，哪怕是个假设性的回答。于是就出现了思维的惰性，再次迂回，诉诸人的天性。社会需要与个人需要同出一源，都是人的需要，需要就是人性的本质，因此人性是道德的基础，道德价值的根据就在人性自身。这些结论也都是合乎逻辑的，但还是抽象的，与真理还有距离。

17、18 世纪的欧洲伦理学，继续这种人性论的道德思考。首先是与资本主义经济、科学技术和唯物主义哲学相联系的，是英国的经验主义伦理思想。其表现形式有培根的幸福论、霍布斯的幸福论，洛克的快乐论、休谟的情感论、剑桥派的直觉主义等。它们的共同点、也是一个优点，是把伦理学看作研究人的学问。他们重视经验和观察，寻求结果的原因和原因的结果。他们运用自然科学的方法，如霍布斯，几乎把一切科学包括道德科学，都看作寻求"运动的原因以及原因的原因"的研究。这一切都是建立在对人性的认识基础上。不论是快乐论、幸福论、情感论、直觉论，或折中论，都试图从人的自然本性来解释道德，寻求道德发展的根据、规律和调节原则。他们一般都主张人的本性自私，趋乐避苦，然后再指出通过理性使个人与他人、个人与社会结合，实现个人幸福，并通过教育提高人的德性，用法律保障社会秩序，实现社会幸福和最大多数人的最大幸福。他们虽然也提出了不少重要思想和理论观点，但是都没有根本解决那个时代所存在的道德概念定义问题。

在 18 世纪，人性论是所有启蒙哲学、道德哲学反对宗教神学的最有力的武器。"道德"一词也在广泛的意义上被使用，主要还是延续着传统的道德概念意义。在英国、法国，"道德"常指一般的精神领域，表示与自然的、物理的领域相区别的人的特有的精神领域。在心理学产生之后，又进一步从人的心理、情感、理性、意志等精神特征上理解道德。法国启蒙思想家和唯物主义者仍然热衷于用自然主义观点解释道德，往往把道德学归为人类学、自然心理学，甚至归为生理学、实验物理学。伏尔泰在《风俗论》中说："世上一切都已变化，唯有道德万古不易。道德犹如太阳的光辉……永远纯净，永远不变。""万物皆可以在人类的本性中找到它的根源。"① 他考虑问题的根据就是万古不变的人性。霍尔巴赫的《自然的体系》一书，副题是"论物理世界和精神世界的法则"，其逻辑思路就是要把物理学作为道德学的基础，找到其中的规律。他们虽然有时也说道德是生活于社会的人们的关系的科学，但实际上他们还是力图以抽象的人性或以人的自然本性为基础，建立一种像自然科学那样的"科学"的道德学。

法国唯物主义者怎样理解道德呢？爱尔维修把道德理解为美德。他是这样解释的：在美德问题上，不应当只是简单地规定或责成人们干什么，而应从"事实"上升到"原因"，从现存的人与人的关系的必然性中引申出道德的规则，弄清在什么条件下责成和规定人们的东西能够变成事实。他们批评基督教道德只讲应该、上帝的律法和义务，而科学伦理学应当做的则是寻求解释美德或恶德的原因，研究人的行为机制。就是说，要用关于人的行为自然机制的科学代替传统的宗教道德说教。他们说，如果肉体世界服从运动的规律，那么精神世界同样要服从利益的规律；要成为高尚者，就应当对利益感兴趣，如果道德不能向人们指出他的最高利益，使他成为有用的人，那么道德就是空洞的科学。这样，道德就被看作审慎地获得利益和幸福的理论和方案。通过这种科学指导，向人们提供行为学法则，把应有的归为现实的，把"应当"的研究变为"是什么"的研究。这就从休谟对"应当"的发现回到了"现有"的道德社会学和道德自然科学。这样一来，人就不用对自己的行为负责，按其必然性和行为条件，人的罪恶或不道德行为的原因就都在于社会环境，在于客观条件，而不在人性本身，不在于个人本身。这在政治上可以得出革命的结论，但在道德理论上却是片面的，这种片面性在德国

① ［法］伏尔泰：《风俗论》，商务印书馆 1995 年版，第 174—175 页。

的道德哲学中得到了思辨的解决。

从整个 18 世纪伦理学的发展来看，"道德"这一概念，是一个表示规律性的概念，但对它的内涵和外延却没有做出明确的逻辑规定。在 18 世纪法国伦理学中，道德或者被归结为人的动机的心理机制，或者被归结为技术性的、人为的审慎的行为规范，或者被归结为与法律混合的国家调节方式。英国人谈经济，法国人讲政治，都没有对道德的本性作出切实、明确的概念规定。归结起来大致有这样几种倾向：

1. 作为特殊的现象领域，道德被看作对人的本性的认识和对人的需要、利益的认识，这就使道德学成为一般人学。

2. 道德被看作人的行为、动机的技巧，看作对自然的向往或厌恶、爱好或激情的表现。道德学只能解释人的行为动机的原因和结果，而不具有"应当"如何的命令性，不能告诉人们应当做什么；人在行动上，受自然动机和原因的支配。这样，伦理学就被归结为心理学、自然科学、社会学。

3. 把道德看作人的要求，是人的本质和本性的表现，而不看作是社会的要求；道德在于教育、控制自然情感，在于遵循理性，达到利益和幸福。于是，道德又被归结为关于人的本性和获得幸福的学说。

既然如此，那么有道德的人，就可以归结为一个合理利己主义者。道德作为人的不可缺少的知识、技能、精明，就是生活的技巧、训诫和艺术，是在生活中获得成功和幸福的本领，是使自己为获得幸福而与别人协调起来的技术。在这种意义上，公利就是私利的总和，伦理学只是一种功用、功利的学问；道德要求只不过是一种外表合理性的建议、技术指导和处世之道。这就为后来的功利主义、实用主义伦理学开了路。或者，推高到理想性规定，把道德看作是社会制度的合理性、正当性的标准或理想人格的模式，这引发了后来的道德理想主义思潮。

按照时间顺序，卢梭应在爱尔维修、霍尔巴赫之前，但按其思想理论发展的逻辑来说，卢梭的道德哲学思想已达到了爱尔维修和霍尔巴赫之后的更高形态。他通过"从人到社会"的自然主义，进一步达到了"从社会到人"

的历史主义的高度，提出个人道德与社会道德结合体系的尝试，具体阐述了契约伦理学，同时又以文学的形式，描述了爱弥尔从自然到社会、从个人到群体的道德提高过程。他的思想构成了与那个时代的前进方向相一致的、具有深刻意义的环节。

从 18 世纪中叶起，伦理学理论的内容和形式都向前迈进了一步。但是，道德的本质和特性问题，仍然未能从理论上提出并得到科学的规定，也没有把伦理和道德两个概念加以区分，没有提出综合的科学分析的定义。这个任务就有待于德国古典道德哲学去作进一步的探索。德国古典哲学和伦理道德学说，可以说比以前的哲学和道德学都更自觉地意识到这个问题，担负起这个理论发展的任务，并以德国人的方式提出了对问题解决的方案和理论体系。

三、 思辨哲学的道德概念

在很长时间里，理性主义者也依靠心理学解释道德。如笛卡尔《心灵的感情》，把道德看作人的心理结构特性及其显现，认为"美德就是心灵的习惯"。斯宾诺莎进了一步，从最宽泛的形而上意义上理解道德。他的《伦理学》批评了把自然界、现存世界道德化的倾向，强调自然的必然性和遵循必然性的理性生活方式。因此，他认为道德并不展示关于事物的任何实际的东西，而只是人们理解自然、表达情感的方式，美德只是根据对自然必然性的认识而作出行为的能力。他基本上是延续着"知识即道德"的路子思考的，对道德的规定基本上属于自然科学。这样，道德的特殊规定就被唯理主义、自然主义、心理主义掩盖了。于是"道德"概念泛化了，被扩大为本体论的问题。道德只是从他的实体哲学中推演出来的一种理性生活方式和行为原则。因此，其结果与宗教道德殊途同归：自然被规定为与上帝同一的观念。斯宾诺莎主义的失误在于没有注意道德的特殊性，没有正确理解道德的特殊本质。这个缺点被近代英国经验主义伦理学注意到，并有所改进。从理性主义、经验主义的发展来看，已经显露出自然主义方法的缺陷，抽象人性论也陷于困境，于是伦理学的探索开始寻求新的途径。

18世纪中叶，德国道德哲学兴起，开始扭转先前道德哲学陷入的困境。一个是向着宇宙系统的，一个是向着价值本体的；一个是向着人性心理的，一个是向着行为功效的。这四个方向都在改变先前的和现有的伦理学理论基础，并力求创建新的道德哲学体系。从这时起，哲学家开始了对道德认识的综合，并在综合分析的基础上，力图给道德作出严格的规定，这就是德国古典哲学和道德哲学所做的工作。19世纪的德国哲学、道德哲学已具备了这样的条件。这是一个很复杂的问题，需要相当长的历史时期，经过几代人的智慧才能有所推进。德国思辨哲学有个优点，就是重视并且善于进行严格的哲学发现和逻辑推演，把对象作为逻辑主体来对待，宏观与微观结合地把握，构建严谨的道德理论体系，最典型的就是与自然主义、经验主义对立的康德道德哲学体系。

康德以《实践理性批判》和《道德形而上学》思辨的先验主义，反对自然主义和经验主义，当然也包括以它们为基础的功利主义。但康德没有充分估计到自己的理论对立面的长处。他在对自然主义和经验主义的批判中，不仅否定了"自然人"和"自然本性"概念，同时也否定了道德的一些社会特性，否定了"社会人"及其社会生活道德的功利内容。他同情感觉论者、经验主义者、功利主义者，神学论者、斯宾诺莎理性主义者论战，反这些道德学说。但是他的道德哲学，先天综合判断的绝对命令，却导致超社会的、超功利的抽象的道德解释，本质上同宗教道德观并无二致，如梅林所说，像是"摩西十诫的翻版"。他研究道德的方法是纯思辨的，形式主义的。他的道德理论被称作"道德形而上学"，道德被看作纯粹理性的意志和精神，而不是社会活动和关系的反映。因此他所揭示的道德的"应该"，并没有超出主观意识领域，始终只是一种善良愿望。费希特正是从康德的自我意志向着主体的、主观的方面发展，使康德道德哲学的意志自律成为构造先验唯心主义体系的方法。由此发展出一种理想主义、浪漫派思潮，更把道德同大众生活对立起来，把理想的与现实的对立起来，把应该的和实存的对立起来。因此，在当时德国的理论界，如何理解道德的本质问题，就成为首要解决的问题。它不仅是对自然主义、经验主义、功利主义和先验主义进行批判的问题，而且要对脱离社会生活实践的倾向，对抽象现象学方法进行批判。这时的道德哲学面对的困惑是：道德要么是一个绝对的个体自我意识的活动，是不依赖社会而产生的绝对命令；要么是一种具有社会实践意义的和由社会决定的行为方式。从理论上说，道德理论要么是经验的社会学、人类学，要么是思辨的形而上学。正是这种分野，使后来的西方伦理学分裂为两大领域——道德社会学和道德哲学。正是这种分野，使后来的黑格尔道德哲学得到一种实现理论和方法综合的契机。

在批判法国道德思想的时候，黑格尔不是指向他们对道德的社会性解释，而是批判他们在理解道德时的机械性和局限性。他的哲学和道德哲学首先是克服法国唯物主义者的机械性，重视人的主动性、意志自由。在这方面他坚持着康德开辟的道路。但是再进一步，他就与康德分道扬镳，力求摆脱康德陷入的困境，按照他自己的理路、以自己的方式，回答了自康德以来存在的有关道德的问题，明确地提出了"道德"概念的界定，并形成了自己的形式思辨内容实在的道德哲学体系。

按照黑格尔的道德思考，道德指的是这样的意志，这种意志是自在自为的，是在自身中的反思和自为的存在的统一。它把人规定为主体。在这里要肯定"作为主观意志"的意志，因为它是单个人的自为地存在，自由通过这种意志才能成为现实的，才能成为"作为自为地存在的自由的道德"。用黑格尔的话说，"道德的观点就是自在自为地存在的自由"①。他解释说，"这个主观的或道德上的自由，正就是欧洲人所理解的特别称之为自由的那个东西"②。在黑格尔的法哲学体系中，道德和伦理各有不同的内容同时又是统一的发展过程。在道德领域，它是主观的但因其发展的要求而成为应然的东西；在伦理领域，它却显示出人类共同体的、实体性的有机形式——家

---

① ［德］黑格尔：《法哲学原理》，商务印书馆 1961 年版，第 111 页。
② ［德］黑格尔：《精神哲学》，人民出版社 2006 年版，第 323 页。

庭、市民社会、国家，以及世界史。在这种意义上，可以说道德哲学研究的
是必然性和偶然性统一的规律，并非只是应然的道德或道德的应然。就是
说，道德领域的意志是自由的，但这只是在主体之内的自由，还必须走到现
实的生活中去，在家庭、社会和国家生活和事业中，实现善的伦理秩序，成
为历史中永恒的活的善。这样说来，黑格尔所理解的客观意义上的道德，即
与伦理精神统一的道德，就不只是主观的、片面的、自以为是的道德，而是
主观与客观、内在与外在、自在与自为统一的真实的道德，所以黑格尔有时
把它们统一起来称作伦理。他认为，只有这伦理才是永存的东西，才是支配
个体生命的力量。这种道德哲学的兴起也从一个侧面说明：对人的能动方面
的研究是德国唯心主义哲学的基本贡献。

这个思想透示出黑格尔道德哲学的深刻的历史感。虽然他的历史观是唯
心主义的，但他毕竟在唯心主义的形式中对道德、伦理这种社会现象作出了
历史的分析，对"道德"概念有其"定在"的相应描述，接近于达到对道德
的社会历史性认识，甚至说历史唯物主义思想在他那里已有萌芽或思辨形式
的预示。尽管他在体系构造上有时牵强附会，但他的整个思想体系毕竟在实现
着一个理论上的综合；尽管他的道德哲学是以近乎晦涩的思辨体系表达的，但
是就其实际内容来说却是通达西方道德哲学乃至人类道德思考的"新大陆"①。

---

① 实际上，真正想给道德概念作出定义性规定只是 20 世纪中叶后的事。20 世纪 60 年
代，苏联哲学和伦理学界比较集中地探讨了"道德"概念的定义问题，发表了许多
文章和著作。其中，O. Г. 德罗勃尼茨基的《道德概念》（1974 年）是最有名的代表
作。德罗勃尼茨基在《道德概念》一书中，详细地分析了道德史和伦理思想史中对
道德概念的使用和解释的演变过程，在继承前人思想成果的基础上提出了自己的规定
"道德"概念的原则。他不同意西方伦理学把道德看作个人品性的观点，或根据某一
特征并把这一特征看作道德的本质的观点，也不同意苏联 60 年代把道德看作社会意
识形态特殊形式的观点，因为道德是普遍的现象，不只是一个特殊领域的现象。他没
有否定道德是行为规范的总和的观点，但他更把道德看作是包括道德活动概念、道德
关系概念和道德意识概念的系统结构。他概括了道德现象的多种表现，认为道德有着
极其复杂的结构，它既是行为的、关系的、价值的、心理的，又是思维的、语言的多
层次的构成物。但是它究竟是什么，能否给它一个明确的逻辑定义？他的回答是：期
待一个关于道德的完备的、严格的逻辑定义势必会失望。他自称他的研究只是给道德
概念作出科学定义的工作开了个头，这个任务还要由忠实、勤奋的后继者来完成。

第二节　历史唯物主义的道德思考

1845 年，马克思撰写了被称作"新世界观的第一个天才文件"的《关于费尔巴哈的提纲》。同年同恩格斯合作主笔撰写《神圣家族》，开始了对"现实的人及其历史发展"的新哲学的思考。随后，又与恩格斯合作撰写了《德意志意识形态》，进一步充实和系统阐发了唯物主义历史观，并运用唯物史观科学地论证了道德的历史性和社会性基础，论证了道德作为社会意识形式的本质，使道德理论建立在科学的哲学理论基础上，启动了道德哲学思想发展史上的重大转折和变革。不过，《关于费尔巴哈的提纲》《神圣家族》和《德意志意识形态》，当时都没有出版，所以历史唯物主义哲学思想的阐述也没有公之于世，直到 1847 年马克思的《哲学的贫困》出版，历史唯物主义的基本思想才第一次公之于世。但马克思的唯物史观按恩格斯的说法却是"在 1845 年初就已大致上完成了"，这就是马克思的预示着新世界观的《关于费尔巴哈的提纲》产生的时间。马克思曾建议将那两三年完成的《哲学的贫困》和《共产党宣言》一起作为《资本论》的引论，可见其重要理论价值和历史意义。

一、　历史唯物主义道德观的产生

在西方伦理学思想史上，从古代到近代，几乎所有的伦理学家或道德学家，都是围绕着人性善恶、道德行为品性、行为规范和生活目的之类的问题，进行道德思考，或创造自己的伦理学体系。马克思和恩格斯则另辟蹊径，他们在长期研究资本主义社会经济、政治和文化的历史发展和现实问题的基础上，运用历史唯物主观点和方法，从个人意识和社会意识的统一过程中揭示作为社会意识形式的道德的本质及其发展规律，阐发了社会道德哲学或哲学的道义论。

现在我们来看看，马克思和恩格斯在阐释"道德"概念的时候，所面临的新时代的特殊形势。了解了那时的运动实践和思想理论形势，才能更好地理解历史唯物主义道德哲学思想产生的历史条件。

首先，持续千年的基督教神学道德观念。尽管它包含着深厚的世俗道德内容，但其教义的本质精神是根深蒂固的神秘化的道德观念，以至于在德国甚至在欧洲不批判宗教神学就不能对其他一切领域进行有效的批判，就难以使自然科学和社会科学向前推进。在马克思恩格斯看来，"对宗教的批判是其他一切批判的前提"。因为"对宗教的批判使人不抱幻想，使人能够作为不抱幻想而具有理智的人来思考，来行动，来建立自己的现实"，"真理的彼岸世界消逝以后，历史的任务就是确立此岸世界的真理。……于是，对天国的批判变成对尘世的批判，对宗教的批判变成对法的批判，对神学的批判变成对政治的批判"。①

其次，思辨唯心主义和形而上学唯物主义在道德领域留下的哲学影响。虽然唯物主义排斥宗教和唯心主义，有些唯心主义哲学也排斥宗教，包含着一定的唯物主义内容。它们看到社会的发展是有一定规律的过程，但当说到历史发展的动力时，它们就求助于伟人、圣人的头脑，或乞援于"自我意识""绝对理念"，乃至假设万能的上帝。它们都不能科学地解释道德的起源和本质，而形而上学唯物主义哲学在历史领域本质上还是唯心主义的。即使像费尔巴哈这样杰出的唯物主义哲学家，因为缺乏唯物主义历史观，局限于形而上学的人本主义，因而在历史领域也不能摆脱唯心主义，其道德哲学理论最终还是与宗教道德殊途同归。至于费尔巴哈之后的唯我主义者施蒂纳，更是通过"自我一致的利己主义"把道德引向极端唯我论和神秘主义。

最后，近代德国哲学在意识形态上的表现主要是在道德领域，如马克思恩格斯所说，"德国哲学是从意识开始，因此，就不得不以道德哲学告终，

_____

① 《马克思恩格斯选集》第1卷，人民出版社2012年版，第1、2页。

于是各色英雄好汉都在道德哲学中为了真正的道德而各显神通"①。不仅哲学大师们，如康德、费希特、谢林、黑格尔、费尔巴哈等，都已在道德领域创立和展现自己的宏大体系，而且许多有影响的共产主义者如魏特林、克利盖、格律恩等，也把共产主义思想看作"爱"的道德宣传。因此，究竟什么是道德，道德的起源和本质是什么？道德在历史发展中究竟处于什么样的地位和作用？就成为当时必须回答的理论前沿问题，甚至成为推动共产主义运动顺利进展的关键问题。

以上三种情况涉及道德领域的问题，大体上就是道德的起源，道德的本质，道德的作用问题。如何回答这些问题？马克思恩格斯认为，"必须要有一种严格科学的思想和建设性的学说"。他们的方法是在批判旧世界中发现新世界，在批判旧道德观中阐发新道德观；用科学的历史唯物主义观点和方法来回答关于道德的起源、本质和作用等问题。在对待具体的实际道德现象或道德行为时，他们的观点也是很明确的，就是回到现实，回到现实生活中的人，就是他们在《德意志意识形态》中所说："从思辨的王国回到现实生活中来，就会从人们设想什么回到人们实际是什么，从人们想象什么回到他们怎样行动并在一定条件下必须行动的问题上来。"所谓"历史发展的产物"，放到个人身上，就是一个人生活过程的产物；所谓社会生活的反映，放到个人身上，就是个人生活经验条件的反映，是每个人的实际生活决定他的具有个人特点和个性的道德意识。

在这种情况下，马克思恩格斯一方面意欲清理一下自己的思想理论"库存"，另一方面也深感肩负回答时代课题的重大义务。正如马克思恩格斯所说，德意志意识形态不是按照人们实际存在和应当存在的状况来认识自己和建立人们之间的关系，而是按照宗教灌输的"上帝要求的人"，或者按照德意志国家塑造的"模范人"来审视自己并建立人们之间的关系。这样就使人们的头脑被一些虚假的观念统治着，人们却在这些观念的枷锁之下呻

---

① 《马克思恩格斯全集》第3卷，人民出版社1960年版，第424页。

吟，而德国的哲学家们却断言"现实世界是观念世界的产物"。在这种情况下，马克思恩格斯给自己提出了一个具有重大历史意义的任务，就是反抗这种思想的统治，彻底批判德意志意识形态，把人们从幻想、观念、教条和想象的虚假观念的统治下解放出来，给道德以应有的地位。恰在此时，青年黑格尔学派的施蒂纳发表了他的《唯一者及其所有物》一书。这为他们提供了一个发表新思想的契机（本章后面有专题阐述）。

这里的根本的问题就是社会意识与社会存在的关系问题。具体来说，就是德国哲学家们从来也没有想到的德国哲学与德国现实之间的关系问题。但是在当时德国的社会意识形态领域，从费尔巴哈到施蒂纳的整个哲学批判的矛头所向，都局限于对宗教观念的批判：一方面把他们想象中占统治地位的政治的、法律的、道德的观念都归入宗教观念；另一方面又把政治的、法律的、道德的意识宣布为神学的意识，而把政治的、法律的、道德的人，即"一般的人"，宣布为宗教的人。一切现存的统治关系，都被宣布为宗教的关系，直到把它们神圣化。马克思恩格斯对德国近代哲学的批判首先针对的就是这种畸形的德意志意识形态。①

马克思恩格斯从相反的方面切入问题的思考，即从人的社会生活和交往关系去看人们的思想意识和道德意识。如果说德国哲学是从天上降到地上，那么马克思和恩格斯则是从地上升到天上。就是说，他们采取了与德国哲学根本不同的方法，不是从人们所幻想、想象、设想的人出发去理解人的现实及其相互关系，而是从处在一定社会条件下从事实际活动的人出发，从他们的现实生活过程中可以描述出生活过程在意识形态上的反射和反响的发展。另外，他们也不同于抽象的经验论者，从僵死不变的事实材料中形而上学地观察事物和人的关系，而是从处在一定社会条件下的、可以通过经验观察到

---

① "意识形态"这一概念，希腊文原意是观念、形象、概念和学说。19 世纪初，法国哲学家德斯杜特·德·托拉西在《意识形态概论》中首先使用了这个概念，并创立了意识形态学，作为一种与天主教对立的考察观念的普遍原则和发生规律的学说。这种学说对天主教教义来说是"突然的造反表现"，但问题在于当时德国意识形态本身的状况。

的实践着的人出发，描绘出他们的能动的生活过程，从而认识与物质生活相联系的意识的必然升华。

马克思恩格斯在揭露施蒂纳关于"人的历史"的秘密时，明确系统地阐发了他们的基本观点和结论："不言而喻，人们的观念和思想是关于自己和关于人们的各种关系的观念和思想，是人们关于自身的意识，关于一般人们的意识（因为这不是仅仅单个人的意识，而是同整个社会联系着的单个人的意识），关于人们生活于其中的整个社会的意识。人们在其中生产自己生活的并且不以他们为转移的条件，与这些条件相联系的必然的交往形式以及由这一切所决定的个人的关系和社会的关系，……在意识中表现为从一般人的概念中、从人的本质中、从人的本性中、从人自身中产生的规定。人们是什么，人们的关系是什么，这种情况反映在意识中就是关于人自身、关于人的生存方式或关于人的最切近的逻辑规定的观念。"①

就是说，人和人们之间的关系"是什么"和"应是什么"，是直接与人们的实际生活条件和发展过程相联系的。这里说的不是仅仅单个人的意识，而是同整个社会联系着的单个人的意识，是关于人们生活于其中的整个社会的意识。这样，那些发展着自己的物质生产和物质交往关系的人们，在改变自己的这个现实的同时，也改变着自己的意识和意识的产物。因此，就意识形态对社会生活的关系来说，结论只能是："不是意识决定生活，而是生活决定意识。"②

马克思恩格斯指出，这里有两种不同的考察方法。前一种方法是从脱离实际生活的意识出发，把生命的意识看作是有生命的个人。这种方法的前提是意识，是先有意识而后才有人。后一种方法是从现实的、有生命的个人出发，把意识仅仅看作是有生命的个人的意识。这种方法的前提就是"现实的人"，即"处在现实的、可以通过经验观察到的、在一定条件下进行的发展过程中的人"。它注重的是人们的实践活动和实际发展过程。前者是历史

---

①　《马克思恩格斯全集》第3卷，人民出版社1960年版，第199—200页。
②　《马克思恩格斯选集》第1卷，人民出版社2012年版，第152页。

唯心主义方法，后者是历史唯物主义方法，这种方法是历史唯物主义所体现的基本的科学方法，马克思把它看作是"真正的实证科学开始的地方"①。

二、 作为社会意识形态的道德

按照历史唯物主义方法考察道德，就是要把道德纳入社会意识形态领域。这样，首先要注意的一个前提就是"现实的人"。这是人类生存和社会历史的第一个前提。这个前提就是："人们为了能够'创造历史'，必须能够生活。但是为了生活，首先就需要吃喝住穿以及其他一些东西。因此第一个历史活动就是生产满足这些需要的资料，即生产物质生活本身，而且，这是人们从几千年前直到今天单是为了维持生活就必须每日每时从事的历史活动，是一切历史的一种基本条件。"② 即使这个基本条件被思辨哲学看得像一根棍子一样微不足道，但它仍然必须以生产这根棍子的活动为前提，即必须为历史提供世俗生活的基础。

不仅如此，人们已经得到满足的第一个需要本身还要引起新的需要。这种新的需要的产生是人类的第一个历史活动。与此同时，还有由人口的生产而形成的家庭关系和社会关系。已经发展起来的工业史、商业史和市民社会史，都提供着充分的证明。由此可见，人们之间一开始就是有物质联系的，这种联系是由需要、分工、所有制和生产方式决定的，它的历史和人的历史一样长。这也证明：一定的生产方式或一定的工业阶段是与一定的社会生活和历史发展阶段相联系的，人们所达到的生产力的总和决定着相应的社会状况。因此，马克思恩格斯强调指出："任何历史观的第一件事情就是必须注意上述基本事实的全部意义和全部范围，并给予应有的重视。"③

马克思恩格斯在分析了历史的基本前提之后，进一步分析了构成人类历史的四个因素，即生命的存在、生命的生产（通过劳动的生命生产和通过

---

① 《马克思恩格斯选集》第 1 卷，人民出版社 2012 年版，第 153 页。
② 《马克思恩格斯选集》第 1 卷，人民出版社 2012 年版，第 158 页。
③ 《马克思恩格斯选集》第 1 卷，人民出版社 2012 年版，第 159 页。

生育的生命生产），以及人与自然的关系和人与社会的关系；证明人们之间一开始就有物质的联系，这种联系就是由需要和生产方式决定的。这也就证明，人类一开始并没有纯粹的、独立的、先在的意识或精神。用一句形象的话来说，"'精神'从一开始就很倒霉，受到物质的'纠缠'"①。它的意思是说，人的意识与语言同时产生并因而是既为别人存在又为自身而存在的现实意识。因此，"意识一开始就是社会的产物，而且只要人们存在着，它就仍然是这种产物"②。当然，意识也有它发生和发展的过程。当生产力进一步发展、分工也从自然分工发展到社会分工时，物质劳动和精神劳动发生了分离，从这时候起意识才能摆脱物质世界而去构造纯粹的理论、神学、道德、哲学，等等。

不仅如此，如果这种理论、神学、道德、哲学等与现存的关系发生矛盾，那么这仅仅是因为现存的社会关系和现存的生产力发生了矛盾。这种历史观就在于："从直接生活的物质生产出发阐述现实的生产过程，把同这种生产方式相联系的、它所产生的交往形式即各个不同阶段上的市民社会理解为整个历史的基础，从市民社会作为国家的活动描述市民社会，同时从市民社会出发阐明意识的所有各种不同的理论产物和形式，如宗教、哲学、道德等等，而且追溯它们产生的过程。"③ 马克思恩格斯这里突出了"市民社会"概念，把市民社会看作理解社会历史和整个上层建筑的基础。这就表达出唯物主义历史观的基本点。按照这种新的历史观，市民社会的经济因素是主要的，在历史的发展过程中，归根结底是主导的因素、起决定作用的因素。

与此相联系，马克思恩格斯也指出，个人的发展取决于和他直接或间接交往的其他人的发展。人们彼此发生关系的个人世世代代是相互联系的，后代的肉体的存在是由其前代决定的，后代继承着前代积累起来的生产力和交

---

① 《马克思恩格斯选集》第 1 卷，人民出版社 2012 年版，第 161 页。
② 《马克思恩格斯选集》第 1 卷，人民出版社 2012 年版，第 161 页。
③ 《马克思恩格斯选集》第 1 卷，人民出版社 2012 年版，第 171 页。

往形式，这就决定了他们代与代的相互关系。发展不断地进行着，单个人的历史决不能脱离他以前的或同时代的个人的历史，而必然是由这种历史以及社会关系决定的。根据这一理论，马克思恩格斯认为，社会生活在本质上，是以生产物质生活资料的生产活动为其存在和发展的基础的。人们为了维持自己的生存，就必须进行物质生活资料的生产活动。而一进行物质生产活动，人就处于两种关系之中；一方面是人与自然发生关系，人要利用自然。人利用自然的能力就是生产力；另一方面是人要与他人发生关系，要相互配合。人们在生产中的相互配合就是一种交往形式、交往关系。而人与自然的关系制约着人与人的关系，人与人关系又影响到人与自然的关系。从这种意义上说，人的现实关系与历史延续就是不以人的意志为转移的自然历史过程。

历史的考察可以发现，人们的交往形式、交往关系起初与人利用自然的能力是相适应的，"后来却变成了自主活动的桎梏，这些条件在整个历史发展过程中构成各种交往形式的相互联系的序列，各种交往形式的联系就在于：已成为桎梏的旧交往形式被适应于比较发达的生产力，因而也适应于进步的个人自主活动方式的新交往形式所代替；新的交往形式又会成为桎梏，然后又为另一种交往形式所代替"①。这里的交往关系、交往形式，就是后来所说的生产关系。也就是说，由于生产力的发展，引起了生产关系的变化。历史就是一系列的物质生产方式的变革。这种变革的最终推动力，是人征服自然的能力。一切"历史冲突都根源于生产力和交往形式之间的矛盾"，"生产力和交往形式之间的这种矛盾（正如我们所见到的，它在以往的历史中曾多次发生过，然而并没有威胁这种形式的基础）每一次都不免要爆发为革命，同时也采取各种附带形式——表现为冲突的总和，表现为各个阶级之间的冲突，表现为意识的矛盾、思想斗争等等、政治斗争等等"。②

---

① 《马克思恩格斯选集》第 1 卷，人民出版社 2012 年版，第 204 页。
② 《马克思恩格斯全集》第 3 卷，人民出版社 1960 年版，第 83—84 页。

　　这种唯物主义历史观的基本原理的完整表述，就体现为马克思在 1859 年的《政治经济学批判》序言中所作的精辟结论："人们在自己生活的社会生产中发生一定的、必然的、不以他们的意志为转移的关系，即同他们的物质生产力的一定发展阶段相适合的生产关系。这些生产关系的总和构成社会的经济结构，即有法律的和政治的上层建筑竖立其上并有一定的社会意识形式与之相适应的现实基础。物质生活的生产方式制约着整个社会生活、政治生活和精神生活的过程。不是人们的意识决定人们的存在，相反，是人们的社会存在决定人们的意识。"① 这就是马克思对唯物主义历史观的经典概括。

　　在马克思和恩格斯一生的伟大理论创建中，最重要的当属马克思创立的他们共同坚持的唯物主义历史观。有眼光的善于思考的理论家应该作出这样一个判断：唯物史观第一个用批判的意识认识社会生活的规律性，它已经成为他们共同的伟大事业的理论基础。不理解他们所依据的这种历史观，就无法理解他们的社会主义、共产主义思想，也无法理解他们在道德哲学中所实现的革命性的变革。这种历史观对于道德的分析来说，首先在于肯定人们的物质生产方式和交往形式构成的社会存在决定着人的社会意识，而不是相反。道德作为社会意识或精神生产，其产生和内容都取决于人们的物质活动和物质交往关系。"人们的想象、思维、精神交往在这里还是人们物质行动的直接产物。表现在某一民族的政治、法律、道德、宗教、形而上学等的语言中的精神生产也是这样。"② 因此道德和其他意识形式不是独立性的形式，而是进行物质生产或物质交往的人们在改变自己的现实生活的同时改变着自己的思维和思维的产物。因此，青年黑格尔派把道德意识看作独立于社会存在、有自己不依赖于现实的独立历史的观点，是他们的唯心主义哲学世界观的表现，是根本错误的。

---

　　① 《马克思恩格斯选集》第 2 卷，人民出版社 2012 年版，第 2 页。
　　② 《马克思恩格斯选集》第 1 卷，人民出版社 2012 年版，第 151—152 页。

三、 作为统治阶级思想的道德

马克思恩格斯在《德意志意识形态》一书中，对意识形态领域中的诸多关系进行了历史的全面的研究，提出了"统治阶级的思想在每一时代都是占统治地位的思想"① 这一著名论断。

马克思恩格斯首先肯定一个历史事实：在人类历史的发展过程中，统治阶级在其上升阶段行使着积极的、确定的社会职责，这是一个基本的事实。这也就是这些阶级所具有的暂时存在的历史权利。这样就可以理解：为什么统治阶级的思想在每一个时代都是占统治地位的思想，被统治阶级的思想为什么不能占据统治地位。对于社会道德来说，也存在同样的道理。马克思恩格斯认为，这是因为"一个阶级是社会上占统治地位的物质力量，同时也是社会上占统治地位的精神力量。支配着物质生产资料的阶级，同时也支配着精神生产的资料，因此，那些没有精神生产资料的人的思想，一般地是隶属于这个阶级的"②。这个道理是社会存在决定社会意识这一基本原理的一个具体化。这个思想表明，一个阶级的思想，是不能脱离本阶级生存的物质条件的状况独立存在的。就其内容而言，马克思和恩格斯认为："占统治地位的思想不过是占统治地位的物质关系在观念上的表现，不过是以思想的形式表现出来的占统治地位的物质关系；因而，这就是那些使某一个阶级成为统治阶级的关系在观念上的表现，因而这也就是这个阶级的统治的思想。"③所谓"这个阶级的统治的思想"，指的是反映统治阶级利益和统治关系的思想，就是统治阶级的统治思想。道德虽然与这种一般思想有所不同，它本身还有属于被统治阶级的思想，有一般社会成员的世俗思想，也有作为具体人的独特的个性意识，但就其本质和主要内容来说，上面所说的思想意识也有某些相通的内容。

---

① 《马克思恩格斯选集》第 1 卷，人民出版社 2012 年版，第 178 页。
② 《马克思恩格斯选集》第 1 卷，人民出版社 2012 年版，第 178 页。
③ 《马克思恩格斯选集》第 1 卷，人民出版社 2012 年版，第 178 页。

马克思恩格斯从统治阶级的思想统治过程这一角度，还说明统治阶级的思想如何占据了统治地位。他们认为，统治阶级的思想统治，是通过统治阶级的一个个成员的精神生产与传播的途径实现的。"构成统治阶级的各个个人也都具有意识，因而他们也会思维；既然他们作为一个阶级进行统治，并且决定着某一历史时代的整个面貌，不言而喻，他们在这个历史时代的一切领域中也会这样做，就是说，他们还作为思维着的人，作为思想的生产者进行统治，他们调节着自己时代的思想的生产和分配；而这就意味着他们的思想是一个时代的占统治地位的思想"①。所谓调节着自己时代的思想的生产和分配，就是说精神生产和精神产品的传播，也有一个"调节"的问题，即必须有管理、提倡、鼓励、限制，或禁止等一系列手段的运用。否则，这个阶级的思想，就难以占据统治地位。因为在阶级利益对立的社会里，统治阶级的思想失去其合理性和正当性时，统治阶级的思想统治就会被质疑，或被反对。在这里，再一次充分体现出："道德、宗教、形而上学和其他意识形态，以及与它们相适应的意识形式便不再保留独立性的外观了。它们没有历史，没有发展，而发展着自己的物质生产和物质交往的人们，在改变自己的这个现实的同时也改变着自己的思维和思维的产物。不是意识决定生活，而是生活决定意识。"②

马克思和恩格斯坚决反对把统治阶级的思想和统治阶级割裂开的观点。他们指出："在考察历史进程时，如果把统治阶级的思想和统治阶级本身分割开来，使这些思想独立化，如果不顾生产这些思想的条件和它们的生产者而硬说该时代占统治地位的是这些或那些思想，也就是说，如果完全不考虑这些思想的基础——个人和历史环境，那就可以这样说：例如，在贵族统治时期占统治地位的概念是荣誉、忠诚，等等，而在资产阶级统治时期占统治地位的概念则是自由、平等，等等"③。也就是说，如果把统治思想和统治

---

① 《马克思恩格斯选集》第 1 卷，人民出版社 2012 年版，第 179 页。
② 《马克思恩格斯选集》第 1 卷，人民出版社 2012 年版，第 152 页。
③ 《马克思恩格斯选集》第 1 卷，人民出版社 2012 年版，第 179—180 页。

阶级割裂开，就会得出统治世界的只是某一种精神，而不是某一个阶级，不是某一阶级所依赖的物质生产方式。"把占统治地位的思想同进行统治的个人分割开来，主要是同生产方式的一定阶段所产生的各种关系分割开来，并由此得出结论说，历史上始终是思想占统治地位，这样一来，就很容易从这些不同的思想中抽象出'思想'、观念等等，并把它们当做历史上占统治地位的东西"①。这样一来，就变成社会意识决定社会存在，思想、观念是人类社会和历史的基础。这正是唯心主义历史观的主要表现及其产生的主要根源。

四、 作为历史发展过程中的道德

历史唯物主义不仅注重从社会关系观察事物及其在思想意识中的反映，而且注重事物在历史发展过程中的连续性、统一性和发展的规律性。唯物主义历史观的意义在于，它使人们把一切时代的历史现象看作统一的连续发展的过程，它不是仅仅注意发展的人的经济活动因素和经济基础，也不仅仅是注重各种历史现象的堆积和排列，而是把历史发展看作复杂现象的综合所体现的内在联系，把握其发展和演变的内在逻辑，从而把历史发展看作有规律性的发展过程。它不是历史研究的简单化，而是历史研究的复杂化，是把握使复杂现象联系起来的逻辑链条，追求整个历史过程的研究中的统一性。在这种意义上，通过历史发展的链条的把握，也是把纷繁复杂的历史简单化为统一的纲，纲举而目张。如果不了解历史，不理解经济的发展规律，就难以真正理解马克思的唯物主义历史观的理论体系。历史唯物主义或唯物主义历史观，应该理解为既是唯物观又是发展史观，是唯物辩证的历史观。

马克思对1852年法国发生的波拿巴政变所作的跟踪分析，是对重大历史事变进行历史唯物主义科学分析的典范。马克思的分析不仅有深知法国历史的基础，而且考察了事变前后过程的一切细节，搜集了必要的可靠的材

---

① 《马克思恩格斯选集》第1卷，人民出版社2012年版，第181页。

料，以其对历史事变发展过程的透彻的洞察力，把握了事变全部进程的内在联系。马克思要证明的是："法国阶级斗争怎样造成了一种局势和条件，使得一个平庸而可笑的人物有可能扮演了英雄的角色。"① 正因为这样，马克思对路易·波拿巴政变所做的分析，既避免了雨果式的把事变看作偶然的个人暴力行为的肤浅，也避免了蒲鲁东式的把事变描述为历史演变的客观结果的片面性；既不是把波拿巴看作历史发展偶然产生的英雄，也不是为波拿巴的政治行为进行历史性辩护。马克思洞察和把握的是法国历史发展规律。正因为这样，马克思紧接事变之后就以清晰简练的《路易·波拿巴的雾月十八日》，叙述了二月事变过程中法国历史全部进程的内在联系，揭示了一个平庸可笑的波拿巴当了皇帝的奇迹发生的原因和结果。恩格斯在《雾月十八日》的 1885 年第三版序言中说："正是马克思最先发现了重大的历史运动规律。根据这个规律，一切历史上的斗争，无论是在政治、宗教、哲学的领域中进行的，还是在其他意识形态领域中进行的，实际上只是或多或少明显地表现了各社会阶级的斗争，而这些阶级的存在以及它们之间的冲突，又为它们的经济状况的发展程度、它们的生产的性质和方式以及由生产所决定的交换的性质和方式所制约。"②

唯物主义历史观不仅在于从直接的物质生产过程出发，来考察现实的产生过程，并把与该生产方式相联系的交往形式，即各个不同阶段上的市民社会，理解为整个历史的基础，同时也从市民社会出发来阐述各种不同的意识形式，如宗教、哲学、道德等的产生过程。不仅要完整地描述它们的产生过程，而且要描述过程的各个不同方面的相互作用。这种历史观始终是站在现实社会的基础上，站在历史发展的高度，而不是从观念出发来解释现实，从思想观念出发来解释历史。这种历史观表明：历史并不是作为产生于精神的精神"消融在"自我意识中，并外化为历史；相反，历史的每一个阶段都

---

① 《马克思恩格斯选集》第 1 卷，人民出版社 2012 年版，第 664 页。
② 《马克思恩格斯选集》第 1 卷，人民出版社 2012 年版，第 667 页。

遇到有一定数量的生产力总和，一定的物质结果和文化条件。人和自然以及人与人之间在历史上形成的关系，都遇到有前一代传给后一代的大量生产力、资金和环境，尽管一方面这些生产力、资金和环境为新一代所改变；但另一方面，它们也预先规定了新的一代的社会环境和历史条件，使其得到的发展具有一定的特殊性。这种情况不仅意味着人创造环境，同时也意味着环境也创造人。每个个人和每一代当作现成的东西承受下来的生产力、资金和社会交往形式的总和，是哲学家们想象为实体和人的本质的东西的现实基础，这种基础尽管遭到"自我意识"哲学和"唯一者"哲学的抵制，但是它对人们的发展所起的作用和影响却丝毫也不会削弱。生活的生产不仅表示保证单纯的生存或获取食物，而且也表示保证一定的生活水准和文化面貌。这就是说，道德的发展也是有社会历史条件的，而不是偶然的任意的，或单靠理论上的演绎就能成就的。

马克思恩格斯认为，人类的一切意识形式最初是在制约着它们的经济基础上成长起来的，归根到底要用历史唯物主义的观点来说明。很清楚，马克思恩格斯的观点是在"归根到底"的意义上，而不是直接地简单化地根据经济关系去说明当时社会出现的一切思想。在这种意义上，马克思恩格斯强调了精神发展的历史性和继承性，认为任何一种意识形式都不可能完全与过去的思想形式无关，因此任何思想史都不应该只限于把思想同当时的经济关系联系起来，只是根据一个时代的经济状况阐明该时代的全部思想内容。所以，恩格斯在解释马克思的思想时明确指出，经济关系只在归根到底的意义上才是世界历史的决定因素。他在1890年给约·布洛赫的信中说："根据唯物史观，历史过程中的决定性因素归根到底是现实生活的生产和再生产。无论马克思或我都从来没有肯定过比这更多的东西。如果有人在这里加以歪曲，说经济因素是唯一决定性的因素，那么他就是把这个命题变成毫无内容的、抽象的、荒诞无稽的空话。"①

---

① 《马克思恩格斯选集》第4卷，人民出版社2012年版，第604页。

马克思恩格斯反复说明，这里表现出一切因素间的交互作用，包括经济的反作用；而在这种交互作用中归根到底是经济运动作为必然的东西通过无数偶然性事件向前发展。恩格斯在给瓦博尔吉乌斯的信中更明确地指出："政治、法、哲学、宗教、文学、艺术等等的发展是以经济发展为基础的。但是，它们又都互相作用并对经济基础发生作用。这并不是说，只有经济状况才是原因，才是积极的，其余一切都不过是消极的结果，这是在归根到底不断为自己开辟道路的经济必然性的基础上的相互作用……所以，并不像人们有时不加思考地想象的那样是经济状况自动发生作用，而是人们自己创造自己的历史，但他们是在既定的、制约着他们的环境中，是在现有的现实关系的基础上进行创造的，在这些现实关系中，经济关系不管受到其他关系——政治的和意识形态的——多大影响，归根到底还是具有决定意义的，它构成一条贯穿始终的、唯一有助于理解的红线。"①

第三节　现实的人与人的本质

长期以来，有一种误解，以为马克思的唯物主义历史观忽视了人，甚至无视人。这种误解可能出自某种看问题的角度差异，也可能因为没有读到应读或必读的有关著作。马克思不单在《关于费尔巴哈的提纲》中拟定要全面阐述人的实践、人的活动、人的异化、人的本质等问题，而且开宗明义地明确地申明历史唯物主义的前提就是"现实的个人"。马克思恩格斯说："我们开始要谈的前提不是任意提出的，不是教条，而是一些只有在臆想中才能撇开的现实前提。这是一些现实的个人，是他们的活动和他们的物质生活条件，包括他们已有的和由他们自己的活动创造出来的物质生活条件。因

---

① 《马克思恩格斯选集》第4卷，人民出版社2012年版，第649页。

此，这些前提可以用纯粹经验的方法来确认。"①

一、 人的现实性及其本质

关于人的现实性和人的本质，马克和恩格斯阐述过许多深刻精辟的思想观点。马克思在"包含着新世界观的天才萌芽"的《关于费尔巴哈的提纲》中，批判费尔巴哈和旧唯物主义对人的直观的、抽象的理解，强调指出的就是费尔巴哈和旧唯物主义者不能正确地理解人，不能正确理解人的现实性和人的本质。

首先谈谈人的现实性。马克思说的"人的现实性"，就是指人的社会现实性；所强调的"现实的个人"，就是指社会现实性的个人。马克思指出，人的思维、感情、宗教感情本身是社会的产物；"个人是属于一定的社会形式的，不是抽象的"。这样的人不是人的概念，人的幻影，而是社会生活中的实践的人。马克思强调，"全部社会生活本质上是实践的"；不能抛开历史的进程和社会的实践，把人看作抽象的、孤立的人的个体；人的活动本身是对象性的活动，也就是实践性的活动；离开社会实践和历史过程就只能达到"对单个人和市民社会的直观"。②

其次是关于人的本质。马克思批评费尔巴哈把宗教的本质归结于人的本质，把宗教感情理解为固定的、独立的东西；把人看作孤立的抽象的人的个体。费尔巴哈结束和批判了黑格尔的思辨体系，消解了形而上学的绝对精神，完成了对宗教的批判。但是他并不是使人变为立于社会的人，而是变为"以自然为基础的现实的人"③。因此，他只能把人的本质理解为"类"，理解为一种"把许多个人自然地联系起来的"抽象的普遍性。正是针对费尔巴哈的这种片面观点，马克思又特别强调："人的本质不是单个人所固有的

① 《马克思恩格斯选集》第 1 卷，人民出版社 2012 年版，第 146 页。
② 《马克思恩格斯文集》第 1 卷，人民出版社 2009 年版，第 502 页。
③ 《马克思恩格斯文集》第 1 卷，人民出版社 2009 年版，第 342 页。

抽象物，在其现实性上，它是一切社会关系的总和。"① 从马克思关于人的本质的规定，可以理解人的社会现实性和人的本质是相通的、一致的。不仅如此，马克思还把问题提到革命实践的高度，认为费尔巴哈所不理解的正是人作为主体的能动性方面。"他不了解'革命的'、'实践批判的'意义"；他也不理解"环境的改变和人的活动或自我改变的一致，只能被看作是并合理地理解为革命的实践"。马克思把上述思想的分歧归结为两个不同的立脚点：前者的立脚点是"市民社会"，后者的立脚点是"人类社会或社会化的人类"。这就是马克思对人所作的哲学分析，也是对历史唯物主义道德哲学的创建开拓了理论与实践密切结合的坦途。

马克思的这些纲领性的思想，为《德意志意识形态》的产生和唯物主义历史观的全面阐发奠定了基础。在这个基础上，马克思恩格斯合作发挥理论批判的智慧，展开了对历史唯物主义哲学体系和道德哲学思想的全面阐发。

马克思恩格斯在《德意志意识形态》一书中，开宗明义，首先提出的是"有生命的个人的存在"，明确地指出："全部人类历史的第一个前提无疑是有生命的个人的存在。因此，第一个需要确认的事实就是这些个人的肉体组织以及由此产生的个人对其他自然的关系。……任何历史记载都应当从这些自然基础以及它们在历史进程中由于人们的活动而发生的变更出发。"任何思考和研究人的人都明白，对人的认识是多方面的，可以从不同角度去思考，可以从各种学科的需要去研究，过细的甚至可以说有无限的选项。毫无疑问，马克思恩格斯对人的研究，即使确定了对历史的研究和对人的研究，也只能是服从研究的一定目的和需要，不可能照顾到人的研究的一切方面。马克思恩格斯对人的研究，首先强调的是最基本的、作为生存基础的东西，即个人生产必需的生活资料的生产方式和生活方式。马克思恩格斯得出的基本结论是："个人怎样表现自己的生命，他们自己就是怎样。因此，他

---

① 《马克思恩格斯选集》第 1 卷，人民出版社 2012 年版，第 146—147 页。

们是什么样的,这同他们的生产是一致的——既和他们生产什么一致,又和他们怎样生产一致。因而,个人是什么样的,这取决于他们进行生产的物质条件。"① 这种物质的经验的事实,如马克思恩格斯所说,"每一个过着实际生活的、需要吃、喝、穿的个人都可以证明这种行动"②。

马克思恩格斯还指出,除了个人这个前提还有一个前提,就是生产活动要有个人之间的相互交往。生产力、分工和内部交往关系的发展也决定着民族间和民族内部关系的发展以及社会结构发展的不同阶段,甚至说社会结构和国家经常是由一定个人的生活过程中产生的。但是马克思强调,"这里所说的个人不是他们自己或别人想象中的那种个人,而是现实中的个人,也就是说,这些个人是从事活动的,进行物质生产的,因而是在一定的物质的、不受他们任意支配的界限、前提和条件下活动着的"③。这就是说,人们是物质生活资料的生产者,同时也是自己的观念、思想和精神交往的生产者。因为,"意识在任何时候都只能是被意识到了的存在,而人们的存在就是他们的现实生活过程"④。马克思强调这是一个"能动的生活过程"。这个能动的生活过程,既不是抽象的经验论者所认为的那种僵死事实的聚集,也不像唯心主义者那样想象的主体的想象的意识活动。正是在这个意义上,马克思进一步论述了人的本质问题。

这里说"进一步",是说"关于人的本质"的思想在此之前有个形成和发展过程。早在 1840 年撰写博士论文期间,马克思就提出"自我意识是人的本质"的观点。在《莱茵报》工作期间又把"自我意识"延伸为"理性和自由"。在批判黑格尔法哲学过程中,马克思曾接受费尔巴哈的思想,把人的本质归结为"人本身",即"人是人的最高本质"。但在对费尔巴哈的研究和后来对经济学的研究过程中,马克思突出地注重人的社会联系和社会

---

① 《马克思恩格斯选集》第 1 卷,人民出版社 2012 年版,第 147 页。
② 《马克思恩格斯文集》第 1 卷,人民出版社 2009 年版,第 541 页。
③ 《马克思恩格斯选集》第 1 卷,人民出版社 2012 年版,第 151 页。
④ 《马克思恩格斯选集》第 1 卷,人民出版社 2012 年版,第 152 页。

关系，因而强调人的本质的社会性并对人的本质作了更明确的表述。马克思说："因为人的本质是人的真正的社会联系，所以人在积极实现自己本质的过程中创造、生产人的社会联系、社会本质，而社会本质不是一种同单个人相对立的抽象的一般的力量，而是每一个单个人的本质，是他自己的活动，他自己的生活，他自己的享受，他自己的财富。"① 马克思把人的社会的本质同单个人的本质统一起来，肯定人的本质就是"他自己的活动、他自己的生活、他自己的享受、他自己的财富"。但在这个时期，马克思开始从费尔巴哈的影响中摆脱出来，同时也在批判费尔巴哈和施蒂纳的利己主义思想过程中（可参看本书疑难讨论问题三），进一步丰富了人的本质是社会关系总和的认识。在《资本论》的整个写作过程中，马克思又进一步把人的本质问题与人的需要和劳动价值的思考联系起来，认为"价值是人的活动（劳动）的社会存在方式"，"人的需要即人的本质"。到此，可以说马克思关于"人的本质"的思想有了基本的结论。

这里附带说明两点：

第一，所谓"社会关系总和"，是指各种社会关系的有机统一，而不是各种社会关系的机械相加。一般来说，人的社会关系包括经济关系、政治关系、社会文化和和思想关系等，都会影响和作用于实践活动着的个人，使个人形成有别于他人的特殊性和个性，也使个人具有与他人相同或相一致的共同性。在复杂的社会生活中，人和人的联系有的是最根本的联系，有的则是从属的、派生的联系；有的联系之间是决定与被决定的关系，有的则只是一种均衡平等的关系。在诸多社会关系之中，经济关系是最根本的关系，是归根结底起决定作用的关系。它制约着人的政治关系、社会文化关系和思想关系，乃至决定家庭关系和朋友关系。在阶级社会中经济关系还集中表现为阶级关系和带有政治性关系，所以它使人的本质属性也一定程度地带上阶级性和政治性的烙印。

---

① 《马克思恩格斯全集》第 42 卷，人民出版社 1979 年版，第 24 页。

第二，人性的社会性与自然性的关系。人的自然性与社会性是密切联系的。因为人的构成包括社会性方面和自然性方面，不仅包括人区别于动物的社会属性，诸如有理性、有道德、有情感意志、会劳动、能创造等，而且也包括人的诸如求温饱、追求异性等并非纯自然性的类自然属性。从人性的构成来看，可以说还存在着或多或少的动物性或兽性，但谈论人性的本质就必须把人与动物加以区别，因为人在社会生活中已经被社会化，其行为中虽然还有某种生物性、动物性特征，但是正如马克思所说，饮食男女是人的自然属性，如果排除掉饮食男女中的社会内容，使它成为"最后的和惟一的终极目的，那它们就是动物的机能"①。人的社会属性，使人的自然属性社会化是历史的必然。正是在这一点上，在马克思恩格斯坚持实践唯物主义、历史唯物主义的地方，费尔巴哈却滑到历史唯心主义方面去了。

由此可见，人的本质这个概念的内涵比人性的内涵更深刻、更丰富。不仅不能停留在人的自然属性上理解，而且也不能停留在对人的一般社会属性的直接概括上。它不仅要把人与动物区分开，而且要把人的不同历史时代、不同社会阶级、不同阶层等本质方面的差异区别开。要能把这些差异区别开，只能把人的本质归结为"一切社会关系的总和"。简单地说，人的本质就是社会关系的规定。

关于"人的本质是社会关系的总和"这个规定，通常有两种常见的理解。一种是把马克思说的"社会关系"概念转换为经验主义的"个人关系"概念，如生活中的亲戚朋友关系，或职业中的同事伙伴关系等。这样就会离开历史唯物主义的基本方法，只做经验社会学的观察，而忽视其背后的、深层的社会关系，如经济关系和政治关系。再一种是把"人的本质"概念偷换成"人的个性"概念，如个人的脾气、习性、癖好、秉性等。这样就会将对人的本质的分析归结为个人的主观心理，甚至归结为个人的隐私，忽视其深层社会关系和社会思想的影响。这两种理解都没有看到人的本质的社会

① 《马克思恩格斯全集》第3卷，人民出版社2002年版，第271页。

化过程，因而都不能正确理解马克思所说的"在其现实性上，人的本质是社会关系的总和"这个规定的本义。

值得注意的是，从经验主义和折中主义的理解，有可能进一步走向自觉的诡辩。马克思恩格斯在《德意志意识形态》中特别点到施蒂纳关于"人性"的诡辩：

"人"的概念不是现实的人。

"人"的概念＝"人"。

"人"＝非现实的人。

现实人＝不是人＝非人。

施蒂纳的结论就是：现实的人不是人。马克思在这里不只是揭露以施蒂纳为代表的诡辩，更重要的是揭露"青年黑格尔学派"人性论的唯心主义实质。他们把人的概念和存在、人的本质和现象彼此割裂开来。当他们说"概念"的时候，就说出了同"存在"不同的东西。当他们说出"本质"的时候，就说出了同"现象"不同的东西。按照施蒂纳的诡辩说法："某人看起来像人，但不是人。"意思是说，他"这个人"（个别）不符合"人"（一般）的概念，那么"这个人"怎样才算符合"人"的概念呢？照他的说法，就是符合"人的本质"这种标准的人。"人的本质"就是施蒂纳给人创造出的"人"的理想标准，也就是恩格斯所说，他力图把《唯一者及其所有物》整本书塞进别人脑子里去的关于"人"的幻影。正因为这样，马克思恩格斯在《德意志意识形态》的序言中，向社会呼吁：要把人们从"幻象、观念、教条和臆想的存在物的枷锁下"解放出来。①

二、 个人利益与普遍利益

个人利益与普遍利益问题，也就是个人利益与共同利益的关系问题，是道德哲学的核心内容和基础。不管各种道德学说的表现形式如何，这种内容

---

① 参见《马克思恩格斯文集》第 1 卷，人民出版社 2009 年版，第 509 页。

总是事实的存在，利益矛盾的对立的实质和调节手段也是与一定社会制度和历史条件相联系的。对这种联系，在不同民族中的表现是不同的。就一般民族特征的比较而言，比较功利的英国人不讲普遍利益，只讲个人利益，而在思维严谨的德国人那里，则以不同形式强调普遍利益的必要性。这并不是一个民族的偏见，而是历史和各国特殊发展的事实，在那个时代完全是英国资本主义的发展比德国早了一百多年的缘故。在社会关系方面，英国无疑地远远超过了其他所有的国家。但是，英国工业经过革命化的第一个结果，却是利益被提升为人的统治者，人与人之间的一切关系都被归结为商业功利关系。恩格斯认为，把私人利益提到至高无上的地位，并不是一种纯粹的道德现象，就其本质来说，它是社会的经济运动所造成的，是物质生活领域的实际关系在人的头脑中的反映。但这也并不是坏事，正如恩格斯所说，"只有在英国，个人本身才促进了民族的发展并且使发展接近完成，而没有意识到要代表普遍原则。只有在这里，群众才作为群众为自己的单个利益进行活动；只有在这里，原则要对历史产生影响，必须先转变为利益"①。这就是市民社会的私人追求个人利益的积极的创造力量。

另外，恩格斯这段话也是针对特定的历史情况而言的，它在深层意义上说的是一种私有制的异化现象。只要异化的主要形式即私有制仍然存在，利益就必然是私人利益，而且利益的统治必然表现为财产的统治。在马克思和恩格斯看来，这种异化现象绝不是人类的理想状态，它不过是人类历史发展的一个阶段的现象。人类分化为一大堆孤立的、互相排斥的原子，这种情况本身就意味着一切同业公会利益、民族利益以及一切特殊利益已被取消，人类面临着自由联合以前所必经的最后阶段。人在金钱统治下的完全异化，必然要过渡到人将重新掌握自己的时代。这种"重新掌握自己"的根据就是：个人利益与他人利益、普遍利益的必然联系。个人与那些同他交往、从而与他一起构成社会的其他人，必然处在相互需要、相互依赖的关系之中。

---

① 《马克思恩格斯全集》第3卷，人民出版社2002年版，第531—532页。

从人类发展史上看，在人类形成社会之初，个人利益与普遍利益或共同利益是融为一体的。那时不存在个人利益与普遍利益的分裂、对立的情况。一方面，这是由于客观上利益没有分化，低下的生产力迫使个人与氏族共同体之间密切联系，相互依存；另一方面，主体的自我意识尚未发展起来，尚不能把自我从社会共同体中区分、独立出来。后来虽然有了自我意识，但在观念上也还没有形成私有观念，没有个人财产观念。个人利益与普遍利益或共同利益的分化，以至严重对立，是出现分工以后的事情。按照马克思的说法，"分工和私有制是相等的表达方式，对同一件事情，一个是就活动而言，另一个是就活动的产品而言"①。分工和私有制出现以后，社会共同利益出现分裂，"社会分裂为单个的、互相对立的家庭"②，个人利益与普遍利益或共同利益之间也产生了日益复杂的矛盾和对立。

那么在社会分裂以后，社会成员之间还有没有共同利益存在呢？马克思恩格斯的回答是肯定的："分工的发展也产生了单个人的利益或单个家庭的利益与所有互相交往的个人的共同利益之间的矛盾；而且这种共同利益不是仅仅作为一种'普遍的东西'存在于观念之中，而首先是作为彼此有了分工的个人之间的相互依存关系存在于现实之中。"③ 就是说，随着私有制的出现，尽管人与人之间在利益上出现分裂，出现对立，但是在个人与社会之间仍然存在着相互依存和联系的关系。这种谁也离不开谁的相互依存和联系的关系，就是人们之间的共同利益产生的必然性。

不过，在社会分裂以后，彼此分工的人们之间虽然在客观上存在着共同利益，但是从主观感觉来说，却很少有人感觉到、或认识不到这一点。因为人们之间的共同利益即那种必不可少的相互依存关系，并非是人们的主观意愿的结果，不是人们自觉的、带着明确的目的活动的结果，而是一种客观的规律所使然，犹如亚当·斯密所说"看不见的手"的推动，使"主观为自

---

① 《马克思恩格斯选集》第 1 卷，人民出版社 2012 年版，第 163 页。
② 《马克思恩格斯选集》第 1 卷，人民出版社 2012 年版，第 163 页。
③ 《马克思恩格斯选集》第 1 卷，人民出版社 2012 年版，第 163 页。

己"的行为，产生了"客观为他人"的结果。这种现象并不难理解，任何一个正常的商品交换行为及其结果，都是交换双方从利己的考虑而达到互利的结果的。在这种意义上，马克思甚至说，利己心是使两个互不相识的人发生联系和关系的唯一动力。

这里还有更深一层的意思，就是个人利益的发展不仅成为对他人有利的事情，也会成为集团的联合和阶级的力量，成为与个人对立的、统治个人的力量。马克思恩格斯指出："个人利益总是违反个人的意志而发展为阶级利益，发展为共同利益，后者脱离单独的个人而获得独立性，并在独立化过程中取得普遍利益的形式，作为普遍利益又与真正的个人发生矛盾"①。这里所说的"个人的意志"，是说在私有制的条件下，人与人的利益相互排斥，人人都是从利己的角度考虑问题，不是自觉地相信有共同利益。可是个人利益又为什么会朝着个人意志的相反方向发展呢？是什么力量推动这种发展呢？那是因为"在个人利益变为阶级利益而获得独立存在的这个过程中，个人的行为不可避免地受到物化、异化，同时又表现为不依赖于个人的、通过交往而形成的力量，从而个人的行为转化为社会关系，转化为某些力量，决定着和管制着个人"②。可见，个人利益之所以会违反个人意愿转变为共同利益，是因为受到人的利益关系和转化规律制约的，总体来说，也是不以个人意志为转移的。

这就是说，在历史上，个人利益总是违反个人的意志而发展为共同利益。这种共同利益发展起来之后，就脱离单独的个人而获得独立性，并在独立化的过程中与个人利益发生矛盾。在这个矛盾中，普遍利益就被想象成为理想的，甚至是宗教的、神圣的利益。从阶级的利益关系上看，在个人利益变为阶级利益而获得独立存在的过程中，个人的行为不可避免地要受到物化、异化，同时又表现为不依赖于个人的、通过交往而形成的力量，从而转

---

① 《马克思恩格斯全集》第 3 卷，人民出版社 1960 年版，第 273 页。
② 《马克思恩格斯全集》第 3 卷，人民出版社 1960 年版，第 273 页。

化为阶级关系，转化为某种强势社会力量，决定和统治着个人，成为"不可抗争的命运"。马克思恩格斯指出，只要人们从抽象的思辨回到具体的现实中来，人们就会从"想象什么"回到"实际是什么"中来；就会从"想象什么"回到"怎样行动"并在一定条件下"必须行动"的问题上来。这样，人们也就会把觉得是思维的产物理解为实际生活的产物；就会懂得不是原则创造出生活，而是生活创造了原则。

马克思恩格斯认为，共产主义理论家突出的地方正在于，他们能够历史地辩证地对待物质利益的矛盾。实际上，"共同利益"在历史上任何时候都是由作为"私人"的个人利益造成的，两者的对立只是表面的。因为这种对立的一面即所谓"普遍的"一面，总是不断地由另一面即私人利益的一面产生的，它绝不是一种具有独立历史的独立力量而与私人力量相对抗的。所以这种对立在历史的实践中总是产生了消灭，消灭了又产生。因此，"我们在这儿见到的不是黑格尔式的对立面的'否定统一'，而是过去的由物质决定的个人生存方式由物质所决定的消灭，随着这种生存方式的消灭，这种对立连同它的统一也同时跟着消灭"①。未来的共产主义社会，将在生产力高度发展和公有制的基础上，使个人得到全面的发展，从而形成个人和集体、个人和社会协调发展的自由人的联合体。

这里，可以借用黑格尔的思辨来作一注解。黑格尔个体的行动目的与客观的内容是一个统一链条上的环节。一方面，客观的内容内在地存在于作为主体的实行者里，只有通过实行者的行动才能释放出来，变为客观的普遍的内容；另一方面，客观的普遍的内容，只有在个体主体那里才有自己的创造者、行动者和实行者。正因为这样，个别性作为客观内容的实现者，必须在客观目的实现中得到满足，必然要求自己的特殊利益。就是说，"我作为这个个体不希望、也不应当在目的的实现中毁灭。这就是我的利益"。黑格尔说，"这种利益不可以与利己主义混淆起来；因为比起客观的内容来利己主

①　《马克思恩格斯全集》第3卷，人民出版社1960年版，第276页。

义更喜欢其特殊的内容"①。利己主义在认识上属于主观性，只想到一个片面；在对利益的盘算上偏于自己的个人利益，甚至更要求自己欲求的但并非合理的、应有的私利。所以，不能把"个人利益"和"利己主义"混淆。

这样说，并不是说对利己主义可以放任自流，个人可以自以为是、独行其是。这只是说，它们的产生、存在和转化是有条件的，人们可以创造条件促进事情向好的方面转化。一个公正的社会，不但能够保障个人的自我实现，而且也能有效地阻止和消除妨害人的自我实现的因素，限制和打击那些不人道、不正当、不合理的行为。正是在这种意义上，马克思恩格斯主张建立人道的、公正的、合理的社会，并在建立这种社会的实践中，建设新道德，实现人自身的改造，而不是简单地否定、反对利己和利己主义的道德说教或法律惩戒。

不过，在这里，马克思并没有具体地肯定道德在这种利益调节的历史过程中的作用，更多的是对资本主义制度下的利益分配权利和道德的批判，这难免常有反对者的批评："马克思本人似乎忽视了道德和利益可以通过同一种声音说话的可能性，而道德在这种可能性中是可以发挥作用的。"② 但同一书又说："有一点是重要且需要强调的，即那些把对马克思主义的兴趣限制在道德问题上的哲学家们，如果忽视正在快速演进的理性选择与制度分析理论的发展，那将是危险的。这样做就等于忽视了马克思的一个重要的洞见，即任何值得思考的道德观念必定不是乌托邦式的。"③

马克思肯定了在私有制下的市场经济的历史作用，但是他并不停留在这里，而是进一步要求根本改变私有制生产方式和社会制度的性质，设想用计划经济代替市场经济，以彻底杜绝利己主义和非人道的现象，以至于最终建

---

① ［德］黑格尔:《精神哲学》，人民出版社 2006 年版，第 307 页。

② Allen E. Buchanan, *Marx and Justice: the Radical Critique of Liberalism*, Methuen & Co. Ltd, 1982, p. 97.

③ Allen E. Buchanan, "Marx, Morality, and History: An Assessment of Recent Analytical Work on Marx", *Ethics*, Vol. 98, No. 1, October 1987, pp. 104-136.

立一个"没有阶级和阶级对立的、以各个人的自由发展为一切人自由发展的条件的自由人联合体"。值得注意的是，恩格斯还有这样一段话："迄今存在过的联合体，不论是自然地形成的，或者是人为地造成的，实质上都是为经济目的服务的，但是这些目的被意识形态的附带物掩饰和遮盖了……未来的联合体将把后者的清醒同古代联合体对共同的社会福利的关心结合起来，并且这样来达到自己的目的。"① 恩格斯强调只有把利己与关心社会福利结合起来，才是合乎道德和正义的联合体。

三、 集体主义与个人主义

集体主义与个人主义问题，从一般哲学层面言来说，就是探究个人与他人、社会的关系，考察个人如何联合他人组成社会，以及如何进行社会性活动问题。不过在马克思恩格斯那里，它是个历史性考察和批判性分析的问题，或者说既是现实社会结构问题，又是理想社会的生活方式问题。马克思、恩格斯对异化的资本主义社会采取了历史的批判态度，同时又阐发走向理想社会自由及其秩序的联合体。重要的是，他们是在社会生产方式、社会交往关系中具体理解与把握这种社会与个人关系。从《德意志意识形态》到《共产党宣言》，都贯穿着这样一种基本思想。对"集体主义"与"个人主义"概念和相关命题，在马克思恩格斯的著作中直接、集中的论述不多，但其深刻的思想和方法却是贯穿于他们的思想始终的。

在 19 世纪的德国，一般把"集体"看作社会的组成部分或社会群体的一种存在方式。社会是一个大群体，社会内部形成许多利益不同的小社会或团体，都可以看作大小不同的集体。逻辑的概念界定就是：集体是由一定的利益基础和相应的组织形式构成的共同体。例如，在德国工人运动初期形成的"正义者同盟"和后来的"共产主义者同盟"等，有的以秘密形式存在，或者从秘密转为公开，都属于这样的集体。

---

① 《马克思恩格斯全集》第 21 卷，人民出版社 1965 年版，第 447 页。

从理论上说，构成集体的要素首先是其成员的共同利益，它构成共同的价值目标的基础，体现为集体的意志和力量。没有这种基础和内在联系纽带，要形成一个真正的集体是不可能的。其次要有一定的组织方式和形式。组织是形成集体并发挥集体作用的必要条件。一个群体若没有一定的组织就只能是没有统一性的松散的群体。这样的群体，其中的个体可能呈现出多种个性和能力，但合之则难以形成集体的、持久的力量。再次要有构成集体的自觉意识和意愿。一切有共同利益的人形成群体的共同性是客观存在的，而且与群体的每个成员都利害相关，但是如果作为群体成员的个人对共同的利益和组织没有自觉意识，对共同的目的没有主动的意愿和热情，那个集体就是乌合之众；如果再缺乏适当的组织和明确的宗旨，就不可能形成自觉的、成熟的集体。从这种意义上说，阶级也可以说是较大的集体。在马克思恩格斯的道德哲学思想中，关于集体的观念都包含这些基本点。马克思和恩格斯注重对集体的性质、组织形式及其社会历史作用的考察，特别是作为阶级存在和进行阶级斗争的集体。

19世纪上半叶，马克思恩格斯在批判地研究资本主义特别是英国资本主义社会的过程中，比较集中地考察了工人阶级这个集体从自在到自为的发展过程。19世纪40年代前后，英国工人在斗争中除初期的罢工外，还建立同盟性组织"工联"即工人联合会。罢工、组织同盟都是与工人的政治斗争同时并进的，经过大宪章运动就形成了较大的具有鲜明政治性的政党，这些都为劳动者的集体或工人阶级的联盟成为自为的阶级准备了条件。马克思说："经济条件首先把大批的居民变成劳动者。资本的统治为这批人创造了同等的地位和共同的利害关系。所以，这批人对资本说来已经形成一个阶级，但还不是自为的阶级。在斗争（我们仅仅谈到它的某些阶段）中，这批人联合起来，形成一个自为的阶级。他们所维护的利益变成阶级的利益。而阶级同阶级的斗争就是政治斗争。"① 政治斗争就是经济利益对立的集中

---

① 《马克思恩格斯选集》第1卷，人民出版社2012年版，第274页。

表现。

　　为什么在私有制的互相竞争的人们之间会形成比较稳定的阶级集体呢？马克思恩格斯认为，某一阶级的个人之所以结成一个阶级的集体，最根本的原因是构成这种集体的个人在阶级存在条件下有着共同利益，有着面对共同对立势力的利害关系。用马克思的话说就是，"单个人所以组成阶级只是因为他们必须为反对另一个阶级进行共同的斗争"①。在这种集体里，个人不是作为普通的个人隶属于这个集体，只是由于他们还处在本阶级的生存条件下才隶属于这个集体；他们不是作为个人而是作为阶级成员的个人处于这种关系中。就是说，一个人之所以隶属于某个阶级，是因为他的生存条件与这个阶级的其他成员的生存条件是相同的或相当的，因而与他们有着共同的利害关系。在整个阶级的生存条件得不到改变时，他们个人的生存条件也得不到改变。因此，为改变个人的生活条件而改变整个阶级的生存条件，就成为该阶级的每一个成员的共同任务，因而"任何一个新兴的阶级的实际任务，在这一阶级的每一个人看来都不能不是共同任务"②。这是个人与阶级集体相统一的方面。

　　另外，阶级对各个人来说又是独立的，因此各个人可以看到自己的生活条件是早已确定了的：阶级决定他们的生活状况，同时也决定他们的个人命运，使他们的命运被异己的力量所支配。在马克思恩格斯看来，个人受阶级的支配、阶级决定个人的命运这一状况，与个人屈服于社会分工是同类的现象，只能通过消灭私有制的办法来消灭，以联合起来的阶级力量来驾驭这种异己的力量，否则个人是不可能控制和驾驭这种力量的。因此，他们在《共产党宣言》中说："只有在共同体中，个人才能获得全面发展其才能的手段，也就是说，只有在共同体中才可能有个人自由。"③ 道理不难理解，作为被奴役的阶级，只能依靠整个阶级采取各种形式进行斗争，才能改变被

---

①　《马克思恩格斯选集》第 1 卷，人民出版社 2012 年版，第 198 页。

②　《马克思恩格斯全集》第 3 卷，人民出版社 1960 年版，第 327 页。

③　《马克思恩格斯选集》第 1 卷，人民出版社 2012 年版，第 199 页。

奴役的状况，得到个人的解放和自由发展的条件。

马克思恩格斯对集体本身作了虚构集体和真实集体的区分。所谓虚假集体，就是那些没有共同利益基础、存在着剥削和阶级对立关系的"集体"，也可以说是"冒充的集体"。在这种虚构冒充的集体中，并不是人人都能得到应得的利益和自由发展，只是在统治阶级范围内生活的个人才能得到这样的条件。真实的集体是以共同利益为基础的、消除了剥削和阶级对立的集体。在真实的集体中，每个个人在自己的联合中并通过这种联合获得平等、自由和尊严。"在这个共同体中各个人都是作为个人参加的。它是各个人的这样一种联合（自然是以当时发达的生产力为前提的），这种联合把个人的自由发展和运动的条件置于他们的控制之下。而这些条件从前是受偶然性支配的，并且是作为某种独立的东西同单个人对立的。"① 这就是马克思恩格斯在《共产党宣言》中所说的，"没有阶级和阶级对立的、每个人的自由发展是其他人自由发展的条件的共同体"。不过，马克思恩格斯在那里没有使用"集体主义"概念，也没有提出集体主义道德原则或行为规范，因为在存在阶级和阶级对立的社会里，个人和集体及其相互关系是异化了的。在严峻的阶级斗争、政治斗争和思想意识对立条件下，没有必要做空想社会主义式的未来社会道德的具体设计。

马克思恩格斯始终关注的聚焦点是决定道德的经济基础，是生产资料所有权和政权问题。从《共产党宣言》到后来的基本理论和纲领性文件，这都是一以贯之的思想。例如，马克思在研究俄国农村公社的论著中，提出过土地"集体占有制"和大规模的"共同劳动"等概念。马克思说，俄国农民历来习惯于劳动组合关系，这使他们有可能易于从小块地劳动过渡到集体劳动，而且在公有草地上、在排水工程以及其他公益事业方面已经在实行集体劳动了。"要使集体劳动在农业本身中能够代替小地块劳动这个私人占有的根源，必须具备两样东西：在经济上有这种改造的需要，在物质上有实现

---

① 《马克思恩格斯选集》第 1 卷，人民出版社 2012 年版，第 202 页。

这种改造的条件。"① 这些思想都提供了后来的马克思主义者对集体主义原则产生的根据和实现条件的思考。

又如，马克思在 1875 年公布的《哥达纲领批判》（《德国工人党纲领批注》）中，第一次提出"刚刚从资本主义社会中产生出来的共产主义社会的初级阶段"。马克思说："在一个集体的以生产资料公有为基础的社会中，生产者不交换自己的产品：用在产品上的劳动，在这里也不表现为这些产品的价值……个人的劳动不再经过迂回曲折的道路，而是直接作为总劳动的组成部分存在着。"② 马克思在这里说的社会主义社会，就是以生产资料公有制为基础的、集体劳动的、实行计划经济的社会主义社会。这里虽然没有使用"集体主义原则"这样的用语，但实际上已经包含了集体主义含义，或者说集体主义原则已呼之欲出了。

再如，1880 年 5 月，法国工人党通过拉法格请求马克思和恩格斯给他们党制定一个竞选纲领。马克思撰写了《法国工人党纲领导言》，即纲领的理论部分。在那里，马克思提出了"生产者只有在占有生产资料之后才能获得自由"的思想，更简明地说明生产资料属于生产者所有只有两种方式：第一种是个体占有方式。马克思说这种方式从来没有作为普遍现象存在过。第二种是集体占有方式。马克思说，资本主义社会本身的发展为这种方式创造了物质的和精神的因素。马克思指出："这种集体占有制只有通过组成为独立政党的生产者阶级——无产阶级的革命活动才能实现……法国工人社会主义者提出其经济方面斗争的最终目的是恢复全部生产资料的集体所有制"③。

这里应当注意的是，"个体占有方式"与"私有制"是不同的概念。后者是在阶级社会存在的生产资料和财富的各种方式的私人占有，这对按照马克思恩格斯所规定的共产主义社会之前的各种社会来说，是普遍存在的现象。前者是消灭了剥削和阶级对立的、生产资料公有的作为"自由人联合

---

① 《马克思恩格斯选集》第 3 卷，人民出版社 2012 年版，第 828 页。
② 《马克思恩格斯选集》第 3 卷，人民出版社 2012 年版，第 363 页。
③ 《马克思恩格斯全集》第 19 卷，人民出版社 1963 年版，第 264 页。

体"的共产主义社会的占有方式，就像个人财物一样属于个人的占有，所以它在共产主义社会之前"从来没有作为普遍现象存在过"。在讲到"共产主义"时，马克思说："它们受联合起来的个人的支配"，"它排除一切不依赖于个人而存在的东西，因为现存制度只不过是个人之间迄今所存在的交往的产物。"马克思提出共产主义制度中的个人是"有个性的个人"，认为有个性的个人与偶然的个人之间不仅是逻辑的差别，而且是历史的事实。这可能是马克思没有简单地规定和提倡集体主义，也没有视共产主义和集体主义同义的深层理论思考。不过，以上所说并不等于说马克思恩格斯在任何条件下都不赞成集体主义。他们注重的是集体主义产生和存在的经济基础及其真实性。

值得注意的还有恩格斯对英国农业工人联合会和农村的集体主义运动的分析。恩格斯于1877年6月14日写给意大利社会主义者的信①，简明地阐述了关于集体主义的基本概念。在这封信中，恩格斯描述了英国农业工人联合会发起的农村集体主义运动。

据恩格斯信中说，19世纪70年代，欧洲被一股社会主义思潮和革命思想所激动，在经过一次普遍的农业危机之后，英国农民和农业工人开始探索发展农业的社会主义道路和方式。1871年，演说鼓动家约瑟夫·阿奇领导成立了农业工人联合会，使英国无产阶级中最落后的阶层投入了有组织的运动。这一创举很快传布全国，在三四年间，联合会就发展到5万多会员。阿奇领导的农业工人联合会的会员们，一方面抵制政府的危害农民利益的战争政策；另一方面，积极地进行争取提高工资和扩大选举权的斗争，在必要的时候组织集会和罢工。当时罢工的规模曾达到3万人，影响波及整个英国的农村和城市。然而，土地在英国历来被视为纷争和苦难的源泉，而社会经济问题又是资产阶级感到最困难和最重要的问题。为了保护自己的利益，并同

---

① 原载于1877年6月18日的《人民报》。中译文见《马克思恩格斯全集》第45卷，人民出版社1985年版，第181页。

贵族争夺对工人阶级和农民的领导主动权，资产阶级抓住工农大众的要求，提出土地国有、扩大选举权和实施人民教育的主张，极力把工农劳动者的要求置于自己的影响之下，扭到适合于自己所需要的方向。这样，持续了几年的联合斗争就逐渐缓和下来。

恩格斯在评价这个农业工人联合会时指出，阿奇领导的农业工人联合会，实质上是一个改良主义组织。阿奇从未提出过改变土地私有制的要求，甚至在农村的集体主义运动发展起来时，他还宣传农民和农场主之间的和解，把运动只限于对上层贵族的抨击。因此，当时争取土地集体所有的斗争，几乎是由脱离了阿奇的改良主义组织的人进行的。正因为这样，恩格斯认为英国的社会运动，虽然是"前进的运动"，但只是"改良的运动"，而不是"革命的运动"。为了使意大利社会主义者对英国工人联合会和它领导的运动能有正确的认识，恩格斯于工人运动初期写信给意大利社会主义者，论述了英国农业工人联合会和农村的集体主义运动的经济、政治内容，以及它在社会主义运动史上的意义。

在这封信中，恩格斯从经济到政治，到思想，相互关联地使用了"集体主义""革命的集体主义"这样的词汇，阐述了"集体主义"一词在不同领域和活动中的意义。信中所说的"争取集体所有制运动"，是指土地的集体所有制。集体主义运动首先是在经济领域发生的，首先是要求改变旧的土地私有制，建立土地的集体所有制。恩格斯把这个争取土地集体所有的斗争称做"农村的集体主义运动"。这个运动表现为经济的斗争，同时也是反映农民、农业工人同地主、农场主之间的斗争，是农民和农业工人摆脱被剥削、被奴役的社会地位的政治斗争。在斗争中，自然形成两种根本对立的思想以及对立思想之间的调和倾向。反映农民和农业工人的土地集体化要求的就是"集体主义思想"，反映地主和农场主土地私有要求的，就是与集体主义对立的思想（信中没有提出个人主义思想）。阿奇采取调和的态度，因而在集体主义思想面前感到自己是"保守者"，行动也不太积极。

从运动态势上看，反映集体主义要求的集体主义思想一经产生，就成为经济斗争和政治斗争的思想原则和行为原则，它体现着进步与保守、前进与倒退的斗争，反映着一种新的善恶、正邪观念与旧的善恶、正邪观念的斗争。这里就包含着一种新道德观与旧道德观的对立。从整个信的思路上来看，恩格斯对"集体主义"一词的使用，不仅具有经济、政治意义，而且也具有道德的意义。例如，在如何建立土地集体所有制的问题上，农业工人联合会尽管没有做出改变私有制的革命创举，但也提出了一些改良的措施。其中办法之一就是"赎买"，即按照立法程序，剥夺土地私有者的土地，转交给土地公有的代表机关，同时给予土地私有者以一定的土地赎金。对此，恩格斯指出，"这种剥夺的办法应当做得符合劳动人民的利益"，而符合劳动人民的利益同时也是"符合未来农业发展的利益的"。恩格斯以"符合劳动人民的利益"为标准，来评判农业工人联合会提出的土地赎买措施，实际上也就是赋予了集体主义原则的具体内容和基本精神，并赋予了这种集体主义原则的合理性和正当性。

总之，恩格斯在这封不长的信中，提出了"集体主义所有制""集体主义运动"和"集体主义思想"这样三个有内在联系的关于集体主义的概念，在一定程度上，肯定了意大利乃至欧洲出现的社会主义要求，提出了从经济到政治到思想的社会主义价值体系。恩格斯在信中对"集体主义"运动的阐述和概念使用，虽然没有直接提出"集体主义道德"或"集体主义伦理秩序"的概念，但其思想已包含着这种原则性的基础意义。

实际上，在早期欧洲共产主义、社会主义运动中，"集体主义"这一概念开始使用时是比较混乱的。据1869年10月30日马克思给恩格斯的信说，巴枯宁在《平等报》上暗示，德国和英国的工人不要求保持个性，而接受权威主义。他把共产主义曲解为权威主义，并与此相对地提出了"无政府主义的集体主义"，他就是这种集体主义的代表。① 1871年10月2日拉法格给恩格斯的信说：当时有些来自瑞士的参加过巴枯宁秘密同盟的人深信：

---

① 参见《马克思恩格斯全集》第32卷，人民出版社1974年版，第360页。

"巴枯宁用集体主义的名称把共产主义引入了国际"①，还说抱有这种看法的人不仅有工人，有社会主义者，还有共和党的首领。后来，在 1872—1873 年间，拉萨尔在马德里创办《被判罪者》周报时，把"集体主义"写进社会主义民主同盟的纲领，并提出了三项美德，即"无神论、无政府状态、集体主义"。在这个纲领中已经赋予集体主义以道德意义。在法国的社会主义运动中，社会主义者主张生产资料归社会公有和工人积极参加政治斗争，并建立了法国工人党。1880 年 5 月，法国工人党通过拉法格请求马克思和恩格斯给他们党制定一个竞选纲领。马克思撰写了《法国工人党纲领导言》，即前面已叙述的"纲领的理论部分"。由此，法国工人党被称作"集体主义纲领派"。拉法格大体上也是在这个时期宣传集体主义思想的。如在"共产主义—集体主义"一文中，明确使用了"集体主义"概念，并且把集体主义和共产主义联系起来。他说，"我在 1880 年……试图使用'共产主义'这个词来代替原先的'集体主义'这个词，集体主义只是在《平等报》以后在法国成了共产主义的同义词，现在我利用公民马隆给我提供的机会声明，马克思和恩格斯是共产主义者，而不是贝魁尔和科林那种意义上的集体主义者"②。拉法格要给集体主义划一条界线，分清共产主义意义上的集体主义，空想社会主义的集体主义、无政府主义的集体主义和密谋组织的集体主义等。正是在这种特殊意义上，恩格斯在 1882 年 11 月 2—3 日给伯恩斯坦的信中说："诚然，法国的所谓'马克思主义'完全是这样一种特殊的产物，以致有一次马克思对拉法格说：'有一点可以肯定，我不是马克思主义者。'"③ 马克思的话是有所特指的，马克思批评过法国的"集体主义党"，而且对"集体主义"用语也没有直接给予肯定。这一点是与当时的复杂情况有很大关系的。

---

① 《保尔·拉法格、劳拉·拉法格通信集》（一），人民出版社 1979 年版，第 10 页。
② 《拉法格文选》（上），人民出版社 1985 年版，第 263 页，转引自夏伟东《集体主义：社会主义道德的基本原则》，《教学与研究》1994 年第 3 期。
③ 《恩格斯与伯恩斯坦通信集》，人民出版社 1982 年版，第 192 页。

从上述情况大体上可以说，最早在社会主义运动中使用集体主义用语的是巴枯宁、拉萨尔，但赋予马克思主义的集体主义概念内涵的是马克思，最早在共产主义意义上使用集体主义概念的是恩格斯。拉法格在分清马克思主义集体主义与非马克思主义集体主义问题上作出了重要贡献。

关于个人主义问题，应该作历史的分析。马克思恩格斯并非在任何时候都是否定个人主义的，而是历史地对待个人主义在不同时期的不同意义和作用。马克思没有说过集体主义是社会主义或共产主义的道德原则，但明确说过个人主义（而且是"彻底的个人主义原则"）是资本主义的基本原则。历史地看，在资本主义还处在发展的时期，个人主义就具有历史的进步意义和现实的积极作用。在马克思看来，私有制是在劳动资料和外部条件属于私人的地方才存在。私有制的性质，依据私有者是劳动者还是非劳动者而反映着两极间的各种中间状态，因此表现出无数的色层。借用斯大林说过的一句话，"要知道社会主义和个人主义并不是像黑与白那样水火不相容。它们之间有着许多中间阶段"①。

在马克思恩格斯看来，资本主义原则是个人主义或彻底的个人主义，这可以在双重意义上理解。他们并没有彻底否定个人主义，因为相对于封建主义来说它是进步的，具有积极意义。资本主义制度被批判和否定，不是因它重视个人、个性和个人权利，而是因为它一方面抽象地把个人原子化，往往陷入自我的绝对性或绝对自我；另一方面，它仍然没有摆脱个人从属于阶级的局限，仍然是被异化的个人。这种性质的社会状况，从人对人的利己主义的竞争，到实现全面发展的个人之间的自由联合的共同体，只有通过生产方式和交往方式变革的社会革命才能真正实现。

不过，马克思还是对资本主义时代的个人主义作了明确的规定。在

---

① 《斯大林选集》（下卷），人民出版社 1979 年版，第 354 页。在同一篇文章中，斯大林还说到社会主义社会的个人利益与集体利益的关系没有而且也不应当有不可调和的对立。在这个意义上，斯大林说："'个人主义'和社会主义之间没有不可调和的对立。"（参见斯大林 1934 年和英国作家赫·乔·威尔斯的谈话，《斯大林选集》（下卷），人民出版社 1979 年版，第 351—355 页。）

《黑格尔法哲学批判》中，马克思在谈到市民社会的等级时，说"享受和享受能力是市民等级或市民社会的原则"①。接着，在一个括号里写下了这样一句话："现代的市民社会是实现了的个人主义原则；个人的存在是最终目的；活动、劳动、内容等等都只是手段。"② 马克思在《哲学的贫困》中批评蒲鲁东所说的"与权威主义相适应的是 16 世纪，与个人主义相适应的是 17 世纪"说法的错误，指出："与 17 世纪相适应的是权威主义，与 18 世纪相适应的是个人主义。"这就是说，个人主义是与 18 世纪普遍兴起的资本主义生产方式和竞争相适应的意识形态，是历史的产物。在资本主义制度下，个人主义原则的主要的、基本的意义在于个人的生存是最终目的，他的活动以及生活的其他内容都是为了实现个人生存目的的手段。这是与当时的社会发展与个人的生活条件是一致的。马克思恩格斯至少事实上区分了"利己主义"与"个人主义"。他们鲜明批判的均是"利己主义"，但对"个人主义"只是在它是资本主义原则的立场上把握，这与黑格尔及更早的思想家一脉相承。如果在他们对待资本主义的历史主义与辩证思维的态度角度来看，是不难理解的。

对待个人主义也应作社会的实证的分析。恩格斯晚年，在论述欧洲裁军问题时曾做过这样的分析：传统的俄国军队士兵非常适应于密集队形进攻的战术。因为他们的全部生活经验都教导他们同自己的伙伴紧密结合；无论是在乡村半共产主义的公社，还是在城市劳动组合中的合作劳动，到处都是伙伴们彼此互相负责，紧密团结互助，只靠个人的主动精神就会孤立无援。历史造成的这种特点，体现在军事上就是以同乡同伴为营，保持坚固的整体。这种整体不但可以增强他们的战斗力，而且可以补偿士兵素质低的许多缺陷。这种"整体主义"在拿破仑远征时代是适应的，可是在 19 世纪就过时了，甚至成为直接的危险。因为这时各自不同的部队都掺混在一起，指挥官

---

① 《马克思恩格斯全集》第 3 卷，人民出版社 2002 年版，第 101 页。
② 《马克思恩格斯全集》第 3 卷，人民出版社 2002 年版，第 101 页。

也常常交换，官兵之间互不了解，因此战术进行已经不是密集队形，而是保持各自分散的散兵线之间的联系，发挥个人的智力和主动精神。恩格斯说："现在每个士兵都要善于独立地采取在当时情况下所要采取的行动，同时不失掉同整个分队的联系。这种联系不能依靠俄国士兵原始的群居本能来建立，而只有在每一个人智力发展的情况下才能建立；只有在西方资本主义民族中存在的那种比较高的'个人主义的'发展阶段，我们才能看到这种智力发展的前提。"①

在这里，作为一个理论研究的例子，谈谈普列汉诺夫在他成熟的马克思主义著作中关于"伦理个人主义"的观点，对理解这个问题会是有益的。

19 世纪，俄国理论界发生了关于利己主义和利他主义的争论。这种争论使人们对 20 世纪初期宗教哲学思潮的"伦理个人主义"发生关注。有人断言，赫尔岑第一个指出了由"伦理个人主义"到"社会学个人主义"的正确道路。普列汉诺夫认为，这种说法是不对的。因为赫尔岑在否定利己主义和利他主义的对立时，只是简单地重复了黑格尔的思想。赫尔岑是黑格尔的学生，曾仔细研究过黑格尔的哲学，对个人和社会的关系说得很清楚。他认为个人和社会之间的和谐不是从此一下子能做到的，它是由每个时代，几乎每个国家形成的，并且和一切生物一样，是随着环境而改变的。这里不可能有普遍的准则、普遍的解决办法。假如人们像赫尔岑那样仔细研究过黑格尔哲学，那么他会了解，"个人主义的问题完全不允许作任何抽象的解决，并且只有从一定的历史条件方面来考察的时候才具有一定的意义"。普列汉诺夫说："个人与社会的关系在一定历史时期采取什么形态，这归根到底以这一时期的社会经济制度为转移。社会经济制度的发展是由社会生产力的发展决定的，而完全不是由这个或那个理论家如何看待个人主义的问题决定的，因为理论家自己的观点是由社会经济制度的进程决定的。如果理论家们不认识到这一点，如果他们在抽象的、哪怕是社会学的体系方面去寻找个人

---

① 《马克思恩格斯全集》第 22 卷，人民出版社 1965 年版，第 453 页。

和社会的和谐，那么，这样一来，他们只能表明他们仍然是空想主义者。"①"实际上，只有唯心主义才允许把道德要求看成是一种不依赖于一定社会中现存具体的人与人之间的关系而独立存在的东西。"②

普列汉诺夫的话也是批评赫尔岑的，因为尽管赫尔岑按照黑格尔哲学方法认识个人和社会的关系，但是他仍然想去寻找一般的解决办法，以解决利己主义和利他主义的对立，以及伦理个人主义问题。所以，在这个问题上他并没有完全摆脱空想主义，他仍然在抽象的基础上对待道德问题，因而不能不陷入明显的逻辑矛盾。所以，普列汉诺夫不无讽刺地说，"当一个人对于不容许作一般解决的问题，希望找出一般解决办法来的时候，他会不知不觉地变成一个束手无策地在自己的定义中弄得昏头昏脑的烦琐议论者"③。

普列汉诺夫作为一个马克思主义者，并不主张个人主义。他在评论尼采、基尔克戈尔（克尔凯郭尔）、易卜生时，曾尖锐地批评"精神贵族"的个人主义，指出："环境把他们造成个人主义者，而且他们一旦成了个人主义者，就按照那个著名的法国成语，把需要变成美德，把个人主义提高为原则，把他们在小资产阶级社会中的孤立状况的结果当作自己个人的力量的标志。"④ 普列汉诺夫的理解是符合马克思恩格斯的道德哲学思想的。不过，普列汉诺夫还是坚持了辩证法和唯物史观，强调道德进展与历史进程的一致性，认为道德的解放只有通过社会的解放才能达到。

第四节　共产主义道德理想

1845 年以后，马克思恩格斯进入实际的革命斗争，加入"共产主义者

① 《普列汉诺夫哲学著作选集》第 5 卷，上海人民出版社 1984 年版，第 668 页。
② 《普列汉诺夫哲学著作选集》第 5 卷，上海人民出版社 1984 年版，第 748 页。
③ 《普列汉诺夫哲学著作选集》第 5 卷，上海人民出版社 1984 年版，第 669 页。
④ 《普列汉诺夫哲学著作选集》第 5 卷，上海人民出版社 1984 年版，第 550 页。

同盟"，组织工人协会共产主义者委员会，创办《新莱茵报》。他们用历史唯物主义世界观观察资本主义社会和人类历史，批判地对待资本主义社会的经济、政治和道德，在资本主义市场经济条件下形成了共产主义道德观；1845 年恩格斯撰写了《共产主义原理》，两年后按共产主义者同盟大会的要求，由马克思和恩格斯共同起草了《共产党宣言》，于 1848 年 2 月在伦敦公开发表，宣告了共产主义者实现共产主义社会的最高纲领和道德理想。

一、 政治斗争与道德理想

马克思在 1844 年所写的经济学手稿中，专题分析过"私有财产的关系""私有财产和劳动""私有财产和共产主义"。通过这些分析，马克思认为，在资本主义生产关系中，"生产不仅把人当做商品、当做商品人、当做具有商品的规定的人生产出来；它依照这个规定把人当做既在精神上又在肉体上非人化的存在物生产出来。——工人和资本家的不道德、退化、愚钝"。但是，工人阶级对自己所处的社会地位及其根源并未真正从其剥削和对立的内在本质上认识，当然无产阶级之外的其他社会阶层的人们对劳动和资本的对立关系也缺乏必要的认识。因此，正如马克思所说，"无产和有产的对立，只要还没有把它理解为劳动和资本的对立，它还是一种无关紧要的对立，一种没有从它的能动关系上、它的内在关系上来理解的对立，还没有作为矛盾来理解的对立"①。

恩格斯于 1845 年 2 月 8 日在爱北裴特的演说中，深刻地分析了资本主义制度和经营方式的弊病，热情地阐发了共产主义社会的理想制度和道德。恩格斯认为，资本主义自由竞争所造成的社会秩序的根本问题，是个人利益和他人利益、社会利益的对立。混乱的经营方式和无政府状态，鄙视社会公共福利，造成两极分化，社会财产日益集中在少数人手里，大多数人日益贫困，因此产生了尖锐的阶级对立和社会危机。社会困境的原因何在？恩格斯

---

① 《马克思恩格斯文集》第 1 卷，人民出版社 2009 年版，第 182 页。

说，"就是人们的利益彼此背离"①。从这里出发，恩格斯阐述了消除人们的利益分离和对立的共产主义制度和道德。他认为，未来的共产主义制度要消除生产资料的私人占有，在社会和公有制基础上，组织生产、分配和消费；把个别的力量联合成社会的集体力量，并以这种集中为基础来安排一切；社会管理机构按照需求来调节生产，杜绝资源浪费和经营过程中的种种中间人的投机活动，从而使人们之间的利益关系得到合理的协调。他认为，共产主义运动的目的就是要对资本主义制度和经营方式"根据较为合理的原则进行改组"②。

恩格斯认为，共产主义道德要建立在人们的文化水平普遍提高和社会高度文明的基础上。未来的社会道德不仅要消除侵害公共利益的暴力行为，而且要消除因利益和因情欲而犯罪的现象。要使人们懂得："只有维护公共秩序、公共安全、公共利益，才能有自己的利益"③，在利益共同已经成为基本原则、公共利益和个人利益相融合的社会里，才会有真正的幸福。他的这些思想在后来撰写的《共产主义原理》中作了进一步的系统阐述。后来，在马克思恩格斯合著的《共产党宣言》中作了更为成熟的全面的系统阐述。

19 世纪，即使在先进的资本主义国家，包括英国在内，还是一个需要革命的时代，1848 年发生的革命，就是一个震惊资本主义世界的预示。马克思不能不面向自己时代的迫切需要，由研究革命而形成革命的理论，指导革命的运动。马克思和恩格斯在《共产党宣言》中，对无产阶级反对资产阶级斗争的发展过程，作了警示性的概括阐述，提出了"一切阶级斗争都是政治斗争"④ 的著名论断。马克思和恩格斯在这里所讲的"一切阶级斗争都是政治斗争"，是把阶级斗争作为一个完整的过程来论述的。它指出了阶

---

① 《马克思恩格斯全集》第 2 卷，人民出版社 1957 年版，第 605 页。
② 《马克思恩格斯全集》第 2 卷，人民出版社 1957 年版，第 603 页。
③ 《马克思恩格斯全集》第 2 卷，人民出版社 1957 年版，第 609 页。
④ 《马克思恩格斯选集》第 1 卷，人民出版社 2012 年版，第 409 页。

级斗争发展的趋势必然是政治斗争。阶级斗争虽然在不同时期和国度有各种不同深度和范围的表现，但它或迟或早总是要发展为政治斗争的。因为只有解决政治统治权的问题，才能解决其他一系列的问题。反过来说，阶级斗争若不能发展为政治斗争，解决政治权力问题，对要求解放的阶级和人民群众来说，就没有太大的意义。只有通过政治斗争，解决政权问题，才能使集中的阶级矛盾得到根本解决；才能解决"把人当做既在精神上又在肉体上非人化的存在物"的社会制度问题。这样，处于阶级斗争中的政治斗争就不能不影响、决定道德的性质和马克思所说的"道德的温度"。

马克思和恩格斯在《共产党宣言》中之所以这么重视阶级与阶级斗争的问题，一方面是由于要论述社会主义必然取代资本主义、无产阶级必然要消灭资本主义制度与资产阶级统治的需要，是论述历史唯物主义理论的需要；另一方面是为了彻底肃清空想社会主义、"真正社会主义"以及其他社会主义流派错误思想的影响。因此，共产主义者不会忽略教育工人尽可能明确地确立起共产主义的历史观和社会政治观。

另外，在共产主义者同盟成立之前，马克思和恩格斯的思想在整个共产主义运动中，尚未占据主导地位，而是作为诸多社会主义、共产主义流派之一的身份出现的。其他一些流派各在不同的范围，发生着大小不等的影响。在那些流派中，很少有用科学的阶级斗争理论来分析问题的。相反，有许多流派反对阶级斗争的理论，反对无产阶级通过暴力夺取政权，反对无产阶级专政。他们主张阶级调和，希望通过劝说资产阶级、使资产阶级接受他们的主张。他们总是不加区别地向整个社会呼吁，而且主要是向统治阶级呼吁道德。他们以为，人们只要理解他们的体系，就会承认这种体系是最美好的社会的最美好的计划。因此，他们拒绝一切政治行动，特别是一切革命行动，主张通过和平的途径达到自己的目的。马克思恩格斯认为，类似这样一些空想社会主义和空想共产主义的东西，将会对工人运动产生极大的危害。同时，马克思恩格斯也提倡在革命队伍和组织中发扬民主，开展批评和争论。恩格斯极有远见地指出："每一个党的生存和发展通常伴随着党内较为温和的派别和较为极端的派别的发展和相互斗争，谁如果不由分说地开除较为极端的派别，那只会促进这个派别的发展。工人运动的基础是最尖锐地批评现存社会，批评是工人运动生命要素，工人运动本身怎么能逃避批评，禁止争论呢？难道我们要求别人给自己以言论自由，仅仅是为了在我们自己队伍中又消灭言论自由吗？"①

　　除了空想社会主义和共产主义的影响外，费尔巴哈的人本主义影响也很大。一些人认为，以费尔巴哈的"人道主义"为基础的社会主义富有人性味，有现实感。其中以海尔曼·克利盖为代表的"真正的社会主义"派别，以正义者同盟的名义鼓吹一种以"爱"为基础、"陶醉于爱"的共产主义。巴黎正义者同盟的领导人艾韦贝克对批判克利盖也不理解，还在兴致很高地学习克利盖的人本主义。当时出现这种情况，表明费尔巴哈的人本主义，在一些工人组织中深有影响。当然，这种情况与《德意志意识形态》在当时没有能公开出版发表是有关系的，至于《关于费尔巴哈的提纲》，连恩格斯也还不知道。就是说，马克思和恩格斯对费尔巴哈的批判，在当时还没有被人所了解。所以费尔巴哈的人本主义和施蒂纳的利己主义影响一直没有得到彻底清算。

　　政治斗争与道德思想是密切联系的，只是在不同历史时期和不同的国度，其内容和强大的程度有所不同，例如 17 世纪的英国，适应资本主义经济发展的要求，道德所肯定和提倡的是经济，是物质利益，是竞争；利己主义成为压倒的强势观念；功利主义道德学成为显学，"竞争就是道德"成为流行的口号。那个时代的英国著名的道德学家差不多都是经济学家。而且他们的道德哲学就包括经济学、法律学、道德哲学。他们甚至说"社会科学是一门伦理科学，立法问题又是其最重要的项目之一"②。在 18 世纪的法国，国内各个阶级正在进行着争夺权力的斗争，同时在进行争取民族独立的

---

① 《马克思恩格斯选集》第 4 卷，人民出版社 2012 年版，第 595 页。
② ［英］威廉·汤普逊：《最能促进人类幸福的分配原理的研究》，商务印书馆 1986 年版，第 16 页。

斗争。那时法国道德的主要内容就是政治，相应地，法国的哲学家、道德哲学家大多数都是政治家。

以上情况都表明，有必要把阶级、阶级斗争的理论加以系统阐述；有必要对资本主义社会阶级、阶级斗争状况，加以详细分析，以此来批判各种错误思潮，教育每一个共产主义者确立起科学的历史观。马克思和恩格斯的这一用意，贯穿《共产党宣言》的全文。

二、 为绝大多数人谋利益

《共产党宣言》是马克思恩格斯代表共产主义者发布的庄严的政治宣言，是共产主义者的理论和实践的纲领。《宣言》包含着深刻、广泛的政治理论，也包含着深刻的道德哲学思想。在这里，主要从道德哲学意义上阐述两个基本点：一是要为绝大多数人谋利益；二是要建立没有阶级对立和剥削的自由人联合体，实现人的自由全面发展。前者是从共产主义者个人方面讲的；后者是从作为共产主义者奋斗目标的社会理想方面讲的。

马克思和恩格斯在《共产党宣言》中提出的一个核心思想，就是为绝大多数的人谋利益。"无产阶级的运动是绝大多数人的，为绝大多数人谋利益的独立的运动。"[1] 在斗争中，共产党人特别重视和坚持无产阶级的不分民族的共同利益。这一思想首先提出了无产阶级运动的根本目的和共产党人的宗旨。它既是无产阶级政党的建党原则，也是共产党人的革命道德的依据。

从根本上说，无产阶级的运动之所以成为为绝大多数人谋利益的运动，是因为无产阶级的利益同全人类的利益是一致的，只有解放全人类，才能使自己最终获得解放。无产阶级之所以被称之为无产阶级，是因为它失去了一切财产，只剩下自己的两只手、自己的劳动力。它只有消灭私有制，才能使自己得到解放。但是无产阶级所要消灭的私有制、资本主义制度，并不是仅

---

[1] 《马克思恩格斯选集》第1卷，人民出版社2012年版，第411页。

仅给无产阶级带来了贫困，它也是整个现代资产阶级社会不公平的根源。无产阶级所承受的非人的待遇，并非只是无产阶级所独有的困苦，而是资本主义社会所造成的普遍的贫困在无产阶级身上的集中体现，是"集中表现在它本身处境中的现代社会的一切违反人性的生活条件"①。正是在这个根本性质上，恩格斯才在最初关于共产主义的演说中宣称，"共产主义不仅不同人的本性、理智、良心相矛盾，而且也不是脱离现实的、只是由幻想产生的理论"②。

马克思在《黑格尔法哲学批判》导言中，把无产阶级称为一个普遍受苦受难的"领域"。这个受苦受难的领域是"一个若不从其他一切社会领域解放出来从而解放其他一切社会领域就不能解放自己的领域"。③ 就是说，无产阶级的利益与全人类的利益是一致的。无产阶级进行革命，并不是"要求享有任何特殊的权利"④。"过去一切阶级在争得统治之后，总是使整个社会服从于它们发财致富的条件，企图以此来巩固它们已经获得的生活地位。无产者只有废除自己的现存的占有方式，从而废除全部现存的占有方式，才能取得社会生产力，才能解放全人类并在人类解放中最后解放无产阶级自己。"在这个意义上，理论家、政治家们常把马克思的道德观称为"解放的道德"。因此，法权的道德，"在马克思看来是一种意识形态，是应该被抛弃的过时的东西，而解放的道德才是真正的应该被提倡的道德观点"⑤。

"解放的道德"是无产阶级和劳动人民的道德。它不仅要解放自己，而且要在解放人类历史过程中解放自己。因此无产阶级不仅要有坚定的兄弟团结和合作，而且负有帮助其他民族抵抗侵略、维护社会正义的责任。在这种历史背景下，马克思代表"国际工人协会"（即后来通称的第一国际）发表了《成立宣言》。马克思称赞工人阶级在资本主义条件下进行合作劳动的伟

---

① 《马克思恩格斯全集》第 2 卷，人民出版社 1957 年版，第 45 页。
② 《马克思恩格斯全集》第 2 卷，人民出版社 1957 年版，第 614 页。
③ 《马克思恩格斯全集》第 3 卷，人民出版社 2002 年版，第 213 页。
④ 《马克思恩格斯全集》第 3 卷，人民出版社 2002 年版，第 213 页。
⑤ *Steven Lukes*, *Marxism and Morality*, Clarendon Press, 1985, p. 29.

大社会试验证明，大规模的生产没有雇主阶级也能够进行；雇佣劳动"注定要让位于带着兴奋愉快心情自愿进行的联合劳动"①。并指示工人群众"洞悉国际政治的秘密，监督本国政府的外交活动"，抵制和揭露它的罪恶行径。马克思号召工人阶级"努力做到使私人关系间应该遵循的那种简单的道德和正义的准则，成为各民族之间的关系中的至高无上的准则"②。

为绝大多数人谋利益的原则，应当是每一个共产党人的言行始终坚持的原则。在这一方面，马克思和恩格斯为全世界的共产党人做出了光辉的榜样。他们将自己毕生的精力包括自己的整个家庭，都无私地献给了无产阶级的解放事业。马克思在中学毕业时，就抱有为人类谋利益的志向。当他由一个民主主义者转变为共产主义者后，他决心为解放无产阶级和全人类而奋斗终生。他为全世界无产阶级留下了无法估量的精神财富，而自己却一贫如洗。他为无产阶级奋斗到生命的最后一分钟，长眠在写字台前的椅子上。马克思和恩格斯实践了他们在《共产党宣言》中所提出的为绝大多数人谋利益的伟大誓言，他们是全世界无产阶级和革命者的光辉典范。正如马克思当年的同事威廉·布洛斯在《马克思的人格》一文中所说，"他为社会主义者的相互关系规定的口号是：'真理、正义和道德！'他自己就为此树立了榜样"③。

三、 过渡时期的现实主义

马克思曾设想在资本主义社会之后的社会阶段就是共产主义社会，并没有后来所分析的要经过一个社会主义社会过渡阶段，但是马克思那时说的共产主义社会的低级阶段，也就是社会主义社会。马克思在《哥达纲领批判》中，批判了拉萨尔主义观点，阐发了科学社会主义的基本原理，丰富和发展了科学社会主义理论。马克思第一次划分了共产主义社会的两个阶段，并阐明了两个阶段的基本特征。马克思在《德国工人党纲领批注》中是这样说

---

① 《马克思恩格斯文集》第3卷，人民出版社2009年版，第12—13页。
② 《马克思恩格斯文集》第3卷，人民出版社2009年版，第14页。
③ 《回忆马克思》，人民出版社2005年版，第327页。

的："我们这里所说的是这样的共产主义社会，它不是在它自身基础上已经发展了的，恰好相反，是刚刚从资本主义社会中产生出来的，因此它在各方面，在经济、道德和精神方面都还带着它脱胎出来的那个旧社会的痕迹。"①

也就是说，在从资本主义社会脱胎出来的社会主义社会中，还存在着旧社会留下的问题：它还存在着资产阶级法权；存在着从属的由分工决定的服从关系；还没有消除脑力劳动和体力劳动的对立；劳动在很大程度上还是谋生的需要；个人的全面发展还没有足够的条件。当然，在不同的民族和国家历史发展不同，旧的"痕迹"也不同，甚至相差一个历史阶段。在这里，马克思坚持的是"现实主义观点"，而不是脱离实际的空想社会主义观点。同时，马克思在批判中阐述了社会主义社会的道德要和作为共产主义社会高级阶段的道义精神，批判了《纲领》所表现出的狭隘、虚伪和卑劣的机会主义。

马克思在《哥达纲领批判》中，首先批判了拉萨尔关于分配问题的错误观点，即所谓"劳动是财富和文化的源泉"。马克思指出，在存在私有制和剥削的资本主义社会里，劳动并不是一切财富和文化的源泉。因为，个人一开始就以所有者的身份来对待自然界这个一切劳动资料和劳动对象的第一源泉、把自己当做属于他自己的东西来处置，他的劳动才能成为使用价值的源泉，因而也成为财富的源泉。否则他不但不能创造自己的财富，甚至也不能生存。正如马克思所说，"一个除自己的劳动力以外没有任何其他财产的人，在任何社会的和文化的状态中，都不得不为另一些已经成了劳动的物质条件的所有者的人做奴隶。他只有得到他们的允许才能劳动，因而只有得到他们的允许才能生存"②。

再说，人的劳动是社会的劳动，只有在社会中和通过社会，才能成为社会的财富和文化的源泉。孤立的劳动即使能创造使用价值，却既不能创造财

---

① 《马克思恩格斯文集》第3卷，人民出版社2009年版，第434页。
② 《马克思恩格斯文集》第3卷，人民出版社2009年版，第428页。

富,又不能创造文化。不仅如此,还有一种情况也同时存在,即随着劳动的社会性的发展,以及由此而来的劳动之成为财富和文化的源泉,劳动者方面的贫穷和愚昧和非劳动者方面的财富和文化也发展起来。马克思说:"这是直到目前的全部历史的规律。"① 正是在这样的历史条件下,社会主义社会表现出祛旧出新,为共产主义的高级阶段创造基础,生长出新的自由、平等、民主和公正的社会主义精神。

马克思所说"在自身基础上发展了的社会","就是一个集体的、以生产资料公有制为基础的"作为共产主义初级阶段的社会主义社会。马克思设想,在这个社会里,生产者不交换自己的劳动产品,用在产品上的劳动,也不表现为这些产品的价值,不表现为这些产品所具有的某种物的属性,因为这时个人的劳动不再经过迂回曲折的道路,而是直接作为总劳动的组成部分存在着。这也就是社会主义社会建立后所实行的计划经济。在这种经济制度中,劳动得到了保障。实行按劳分配制度,每个生产者在做了各项扣除之后,从社会领回的,正好是他给予社会的;他给予社会的,就是他个人的劳动量。这种制度消除了特权和任何中间剥削。这里避免了生产资料私有制,通行的是等价交换原则,保证了分配的平等和公正。

所谓"等价交换",就是一种形式的一定量同另一种形式的同量劳动相交换。就等价交换的原则来看,它同资本主义商品交换原则是一样的,是商品经济经济关系决定的、适应这种经济关系的法律原则。所以,马克思说它"仍然是资产阶级权利"。资本主义的商品交换的实践和它的原则是矛盾的,即等价物交换的平均值和交换的每个个别场合不等比,更有虚假和欺诈。社会主义社会在计划经济条件下,商品调节的等价物交换的实践和原则是一致的。但这种等价交换并没有超出资产阶级法权范围。因为,这里的平等就是以同一的尺度(即劳动)来计量。生产者的权利与他提供的劳动成比例,即权利和义务的关系是合理的、相对应的。这就是按劳分配的分配原则。但

---

① 《马克思恩格斯文集》第 3 卷,人民出版社 2009 年版,第 430 页。

是，这种平等是相对的。对于能力和天赋不同的劳动者来说，它是不平等的权利。等价交换原则在形式上是平等的，但就其内容来说则是一种不平等的权利。平等只是使用同一个尺度，取一个特定方面进行比较。所以从实际情况来看，加上各种具体的个人条件，就必然在事实上存在所得多少的不同，因而会出现穷富差别。马克思想到这种情况，所以又说，"要避免所有这些弊病，权利就不应当是平等的，而应当是不平等的"[①]。

什么是"公平的分配"？马克思批驳了拉萨尔所谓"公共财产、集体调节"，"不折不扣按照平等权利属于社会一切成员"等观点，是一种不现实的开倒车的思想。马克思指出，在社会发展的这个阶段上是不可能的。因为，任何一个社会消费资料的分配，都不过是生产条件本身分配的结构，而生产条件的分配则表现出生产方式的性质。马克思在这里作了一个历史的比较：在资本主义生产方式基础上，作为生产资料的资产和地产掌握在资本家和地主手中，人民大众只有作为生产力的人身条件，因此消费资料的分配必然与这种分配相适应，它不能是属于社会的一切成员"不折不扣"的分配。在社会主义社会，生产资料属于劳动者的集体财产，那就必然会产生与它不同的消费资料的分配方式。所谓"不折不扣的劳动"，所谓社会中一切成员的"平等的权利"，显然都只是一些空话。

马克思指出，如果把劳动所得理解为劳动产品，那么集体的劳动所得就是社会总产品。这里有必要和应当扣除：用来补偿消耗掉的生产资料的部分；用来扩大市场的追加部分；用来应付不幸事故自然灾害等的后备基金或保险基金。但是，这种扣除根据现有的物质和力量，根据概率计算，是不可能按照公平原则不折不扣地计算的。在总产品中作为消费资料的部分在进行个人分配之前也得从中扣除：同市场没有直接关系的一般管理费用；用来满足公共需要的部分；为丧失劳动能力的人等等设立的基金即所谓官办济贫部分。只有现在才谈得上在集体中的各个生产者之间进行有折有扣的分配那部

---

① 《马克思恩格斯文集》第3卷，人民出版社2009年版，第435页。

分消费资料。再说，在这个带"旧社会痕迹"的社会里，迫使个人服从分工的情况还没有消失；脑力劳动和体力劳动的对立没有消失；劳动还是谋生的手段，远远还没有成为生活的第一需要；还没有比较充分的条件保障个人的全面发展；特别是生产力还没有极大增长提供集体财富的一切源泉。问题的实质在于生产资料所有制和劳动者的劳动所得，以及消除一切祸害的政治的、社会的和文化条件的保障。这一切只能看历史的发展和社会的实际，不能只做想象的、抽象的规定。因此，马克思在批判拉萨尔关于"平等的权利"和"公平的分配"的错误观点时，强调要与这种教条主义和空想主义划清界限，维护"已在党内扎了根的现实主义观点"①。只有扎根在坚实的现实主义基础上，看清现实和发展的条件，才能实事求是地把握发展的规律性和过程，并预见未来的结果。马克思说："但是这些弊病，在经过长久阵痛刚刚从资本主义社会产生出来的共产主义社会第一阶段，是不可避免的。权利决不能超出社会的经济结构以及由经济结构制约的社会的文化发展。"②马克思关于未来共产主义社会分配原则的预见，就是遵照现实主义分析各种根本性条件做出的预见："在共产主义社会高级阶段，在迫使个人奴隶般地服从分工的情形已经消失，从而脑力劳动和体力劳动的对立也随之消失之后；在劳动已经不仅仅是谋生的手段，而且本身成了生活的第一需要之后；在随着个人的全面发展，他们的生产力也增长起来，而集体财富的一切源泉都充分涌流之后，——只有在那个时候，才能完全超出资产阶级权利的狭隘眼界，社会才能在自己的旗帜上写上：各尽所能，按需分配！"③ 这就是说，要改变旧的社会制度，必须使旧制度发生根本性变革，首先是生产资料所有权。

有一段史实值得注意，还是在 1864 年的那个国际工人协会的临时章程中，马克思提出："工人阶级的解放斗争不是要争取阶级特权和垄断权，而

---

① 《马克思恩格斯文集》第 3 卷，人民出版社 2009 年版，第 436 页。
② 《马克思恩格斯文集》第 3 卷，人民出版社 2009 年版，第 435 页。
③ 《马克思恩格斯文集》第 3 卷，人民出版社 2009 年版，第 435—436 页。

是要争取平等的权利和义务，并消灭任何阶级统治。"19 世纪 70 年代，有些社会主义者反对国际协会总委员会的意见（实际上是反对马克思的意见），他们在《协会临时章程》的法译文中写上了"平等的权利和义务"的要求，但是删去了《协会临时章程》中的"消灭阶级"这一具体要求。马克思于 1870 年 1 月写了《总委员会致瑞士罗曼语区联合委员会》的通告。在《通告》的第五部分指出，"平等的权利和义务"这种要求只是一个一般的提法，这种提法不过是"重复了近百年来几乎在所有民主主义宣言中都能遇到，而在不同阶级的代表人物的口中却含有不同意义的一般词句"。问题在于在阶级社会里权利和义务的关系总是具体的，是有阶级性和阶级特征的，而不是抽象的一切人都是一样的。如果抽去"消灭阶级"这一具体要求，那就使国际工人协会的章程流于空洞的形式。马克思认为，"消灭阶级"这一具体要求是实现"平等的权利和义务"，实现"公平分配"的前提和必要条件。只有在消灭阶级和阶级特权的条件下，才能谈得上真正的"平等的权利和义务"，才能实现"公平分配"。

所谓在阶级社会里的权利—义务关系是有阶级性和阶级特征的，主要就在于这种关系从根本上说是受权力制约的。权力是一种授予，可以不与义务相对应，但权利与义务则必须是对应的。边沁在他的《道德与立法原理导论》中对这两个概念作了一个两千多字的注解，也还没有给出明确的定义，就因为他是处于 17—18 世纪交界的跨时代的人物，还没有看清新时代英国社会阶级权力和权利的关系。在废除封建主义特权的资本主义制度下，是否就能实现"平等的权利与义务"呢？这首先要看制约着社会权利—义务关系的权力。这种权力对处于这种条件下的人来说，犹如在人与人的关系背后感到资本的无限力量一样。

有句话说，"人有了钱就想有特权"，这话不错；但是还有句话更值得注意，"有了权就要把它变成特权"。马克思在对资本主义政治经济制度的研究中，从资本与劳动的关系上，分析了权力转化为权利以及权利和义务的关系。在资本主义生产方式中，对于剩余资本来说，最初的条件就是把资本家所占有的一部分物化劳动，或者说属于资本家所有的那一部分价值，拿来同他人的活劳动能力相交换。但是，在剩余价值的形成过程中，资本家仅仅通过占有他人的劳动就代表了自为存在的价值，即代表了自为存在的货币和财富，这是因为剩余资本的每一种要素，即材料、工具、生活资料，都归结为资本家不通过等价交换就占有的他人的劳动，而且是有国家法律保护的占有。这种对劳动价值的占有权，不仅是资本的那种不可抗拒的购买的权力，而且是以法律保护的权力实现的权力。资本家用这种权力占有的价值的一部分，在形式上同活劳动能力相交换。所谓"在形式上"，就是说，只是形式上的交换而实质上并没有等价交换，因为被交换的活劳动还必须再把它所交换的价值归还给资本家，或偿还给资本家。马克思认为，这种价值不是从资本和劳动的关系中产生的，而是从资本占有劳动的权力中产生的。因此，马克思在《德国工人纲领批注》中，特别注意到国家问题，批判了拉萨尔所谓"自由国家"观点。

拉萨尔在"纲领"中提出，"德国工人党从这些原则出发，用一切合法手段去争取建立自由国家和社会主义社会"。马克思指出，这是一种轻率、妥协的纲领。"使国家变成自由的"，这绝不是已经摆脱了"狭隘的臣民见识"的工人的目的。所谓"狭隘的臣民见识"，是在德国流行的说法，意即应当服从国王，不应以个人的眼界度量国王行为的臣民意识。这当然不是工业时代成长起来的工人的意识。当时的德意志已经是专制统治的帝国了，这样的国家几乎同俄国专制帝国一样的"自由"，即高居于民众之上实施统治的自由。对于一个革命的政党来说，应当怎样对待国家的自由和变革呢？马克思认为，应当颠倒过来说："自由就在于把国家由一个高居于社会之上的机关变成完全服从这个社会的机关。"马克思还补充说，"而且就在今天，各种国家形式比较自由或比较不自由，也取决于这些国家形式把'国家的自由'限制到什么程度"①。马克思认为，拉萨尔的错误在于，他肤浅地领

---

① 《马克思恩格斯文集》第3卷，人民出版社2009年版，第444页。

会社会主义，不把现存的社会看作国家的基础，反而把国家当作一种所谓"具有自己的'精神的、道德的、自由的基础'的独立存在物"。这样，他就陷入黑格尔式的抽象，把"现代国家"和"现代社会"都看作这样的"独立存在物""伦理的现实"。其实，不是什么"精神的、道德的、自由的基础"，它们就是限制人民和革命政党活动的代表资产阶级权利的国家。

马克思认为，所谓"现代社会"，就是存在于一切文明国度中的资本主义社会，它一定程度地摆脱了中世纪的杂质，一定程度地随着历史的发展改变了形态，或多或少地有了发展。所谓"现代国家"，这种称谓不过是对"国家的一种虚构"。现代所谓文明国家，不论形式多么复杂多样，却有一个共同点：都是建立在现代资产阶级社会的基础上的，只是各个国家的资本主义发展程度不同罢了。在它们具有某些根本性的共同特征这个意义上，可以说"现代国家制度"，但不能用同样的眼光去看未来的国家。因为未来社会随着资本主义的根基消亡、建筑在它上面的国家也就随之消亡。这就是恩格斯在这之前给倍倍尔的信中所说："自由国家变成了人民国家。从字面上看，就是可以自由对待本国公民的国家。即具有专制政府的国家。应当抛弃这一切关于国家的废话，特别是已经出现了不是原来意义上的国家的巴黎公社以后。"恩格斯说，"当无产阶级还需要国家的时候，它需要国家不是为了自由，而是为了镇压自己的敌人，一到有可能谈自由的时候，国家本身就不再存在了"①。在那封信里，恩格斯建议，把"国家"一词改称成"共同体"（Gemeinwesen），这是一个很好的古德文词，相当于法文的公社。

值得注意的是，正是在批判"自由国家"的错误时，在谈到共产主义初级阶段的国家制度时，马克思提出这样一个问题：在共产主义时代有哪些同现在的国家职能相类似的社会职能保留下来呢？拉萨尔主义者惯于使用"人民国家"概念，但这个问题只能科学地回答；否则，即使把"人民"和"国家"两个词连接一千次，也丝毫不会对这个问题的解决有所帮助。根据

---

① 《马克思恩格斯文集》第3卷，人民出版社2009年版，第414页。

历史发展、工人运动的经验和科学的理论分析，马克思明确地作出一个历史性判断："在资本主义社会和共产主义社会之间，有一个从前者变为后者的革命转变时期。同这个时期相适应的也有一个政治上的过渡时期，这个时期的国家只能是无产阶级的革命专政。"① 在作出这种历史性判断时，马克思并没有简单地否定在当时瑞士、美国实行的普选权、直接立法、人民权利、国民军等，而是用了一个颇带幽默意味的词语，说它们那些"美妙的玩意"。马克思说，"因为人民只要他们没有的东西，那么，它就不应当忘记主要的一点，就是说，这一切'美妙的玩意'都建立在承认所谓人民主权的基础上"。马克思认为，"它们只有在民主共和国内才适宜"，也就是说"只有在民主共和国里才有意义的东西"。为什么马克思对那种民主形式没有从内容上表示直接的肯定呢？因为，那里所说的东西"既不诚实、真实，且采取了不体面的手法"，它只是"一个以议会形式粉饰门面、混杂着封建残余、同时已经受到资产阶级影响、按官僚制度组成、以警察来保护的军事专制国家"。② 这里主要的东西不是没有对那些"美妙的玩意"使用否定词，关键是要求"人民主权"，把那些"美妙的玩意"建立在人民主权的基础上，并以诚实、真实的形式和制度实现并保障人民主权。

事实上，拉萨尔宣扬他的"铁的工资规律"，反对雇佣劳动制度的努力，不过是一种愚蠢行为。工资不是表面上的东西，不是劳动的价值和价格，而只是劳动力的价值和价格的隐蔽形式。如前所述，整个资本主义制度生产体系的中心问题，就是用延长工作日、提高生产率、增强劳动力的紧张程度等办法，来增加无偿劳动的剩余价值，那么雇佣劳动制度就是一种奴隶制度，不管工人得到的报酬较好或是较坏，实质是一样的。拉萨尔的"纲领"就像是这样一个民间传说：一个奴隶发现了自己受奴役的秘密，他决定反叛主人，举行起义。可是，在起义的纲领上他写道：奴隶制必须废除。

---

① 《马克思恩格斯文集》第 3 卷，人民出版社 2009 年版，第 445 页。
② 《马克思恩格斯文集》第 3 卷，人民出版社 2009 年版，第 446 页。

因为在奴隶制下，奴隶所得到的给养最多不能超过某种非常低的标准。拉萨尔的"救世良方"就像这个奴隶一样跪着造反。

这里可以联系到恩格斯所写《卡·马克思〈1848年至1850年的法兰西阶级斗争〉一书导言》。恩格斯说，马克思在那本书里，第一次提出了世界各国工人政党都一致用以扼要表述自己的经济改造要求的公式，即"生产资料归社会所有"。在讲到劳动权时马克思作了这样的概括："其实劳动权就是支配资本的权力，支配资本的权力就是占有生产资料，使生产资料受联合起来的工人阶级支配，也就是消灭雇佣劳动、资本及其相互间的关系。"①恩格斯说，马克思在这里表述了与形形色色的社会主义不同的"现代工人社会主义"，与空想的、自发的共产主义所提出的"财产公有"的模糊观念根本不同的原理。"如果说马克思后来把这个公式也扩大到占有交换手段上，那么这种扩大不过是从基本原理中得出的结论罢了，况且，按《共产主义宣言》来看这种扩大是不言而喻的。"②

顺便说一下，这里使用"工人社会主义"一词，实际上是与"科学社会主义"一词同义的。这是马克思在此前批评巴枯宁的《国家制度和无政府状态》一书时就说明了的："'科学社会主义'，也只是为了与空想社会主义相对立才使用，因为空想社会主义力图用新的幻想欺蒙人民，而不是仅仅运用自己的知识去探讨人民自己进行的社会运动"③。

马克思还针对拉萨尔期望于劳动人民监督国家、由国家帮助工人建立合作社、完善工厂视察法和实行平等的国民教育等观点，作了重要批注。马克思认为，要排除政府和教会对学校的影响，因此与其说是要由国家教育国民，不如说"需要由人民对国家进行极严厉的教育"④。在教育问题上，马克思提出了一个重要思想，就是"生产劳动和教育的早期结合是改造现代

① 《马克思恩格斯文集》第4卷，人民出版社2009年版，第536—537页。
② 《马克思恩格斯文集》第4卷，人民出版社2009年版，第537页。
③ 《马克思恩格斯文集》第3卷，人民出版社2009年版，第407页。
④ 《马克思恩格斯文集》第3卷，人民出版社2009年版，第447页。

社会的最强有力的手段之一"①。这个思想是社会主义社会进行国民或公民教育的指导方针，具有重要的历史意义。

疑难问题讨论（四）
怎样理解"利己主义与自我牺牲的对立"

在《德意志意识形态》一书中，马克思恩格斯写下这样一段话："对我们这位圣者来说，共产主义简直是不能理解的，因为共产主义者既不拿利己主义来反对自我牺牲，也不拿自我牺牲来反对利己主义，理论上既不是从那情感的形式，也不是从那夸张的思想形式去领会这个对立，而是在于揭示这个对立的物质根源，随着物质根源的消失，这种对立自然而然也就消灭。共产主义者根本不进行任何道德说教，施蒂纳却大量地进行道德的说教。共产主义者不向人们提出道德上的要求，例如你们应该彼此互爱呀，不要做利己主义者呀等等；相反，他们清楚地知道，无论利己主义还是自我牺牲，都是一定条件下个人自我实现的一种必要形式。"② 对这段话，理论界有过各种解释，有的把它解释为马克思主义者不应提出道德要求，有的认为是说马克思主义者不要批判利己主义，也不要宣扬自我牺牲。究竟应当如何解释这段话的思想和意义，需要认真讨论。

一

马克思恩格斯所说的这位"圣者"，就是 19 世纪的德国哲学家约翰·卡斯巴尔·施米特（1806—1856）。麦克斯·施蒂纳是他的笔名，因为他前额比较高，得绰号"施蒂纳"。他是青年黑格尔派的成员，也是恩格斯的朋

---

① 《马克思恩格斯文集》第 3 卷，人民出版社 2009 年版，第 449 页。
② 《马克思恩格斯全集》第 3 卷，人民出版社 1960 年版，第 275 页。

友，一位"书生气十足的哲学家"。1844 年 10 月底，他出版了《唯一者及其所有物》一书。这本书是表达青年黑格尔派道德哲学思想的重要著作，也是无政府主义的代表作，表现出"不顾任何道德准则以抬高自我和反对任何国家的无政府主义倾向"，并使无政府主义上升到"最高的意义"的哲学。① 恩格斯说他是一个善良的人，远非像他自己在《唯一者》书中把自己描写得那么自私透顶。不过，他的这本书影响不好，因为巴枯宁的支持而使追随他的无政府主义者也都成为十足的"唯一者"，以至于"他们唯一到这种程度，以至于在他们中间找不到两个可以和睦相处的人"②。

在这本书里，施蒂纳从作为"自我""唯一者"的个人出发，宣扬绝对自由的极端利己主义和唯我主义，用虚构和夸张的宣传把"利己主义"和"自我牺牲"对立起来。他的极端言论，引起了理论界和官方的注意。信息灵通、思想敏锐的恩格斯在该书出版十几天后，便写信给马克思通报信息，并对该书作了简要评论。恩格斯认为，这本书对于他们的批判工作是重要的，要把它当作"现存的荒谬事物的最充分的表现"加以利用。随后，马克思回信谈了自己的看法（原信没有保留）。1845 年 1 月 20 日，恩格斯回信说他"完全同意"马克思的看法，还坦诚地说此前受该书直接印象的影响，经过思考以后也发现了马克思发现的问题。马克思究竟发现的是什么问题，谈了什么看法呢？几个月后两人合写的《德意志意识形态》系统表达了他们共同的思想观点。《德意志意识形态》发挥了马克思《关于费尔巴哈的提纲》的思想，全面、系统地阐发了历史唯物主义的基本原理，同时对黑格尔以后的费尔巴哈、鲍威尔和施蒂纳所代表的德国哲学以及各式各样的德国社会主义进行了系统的批判，其中对施蒂纳的批判占了十分之七的篇幅。可以说，施蒂纳的《唯一者及其所有物》一书，为马克思、恩格斯阐发唯物史观和批判工作提供了一个极好的契机。

---

① 参见《马克思恩格斯全集》第 7 卷，人民出版社 1959 年版，第 489 页。
② 《马克思恩格斯全集》第 37 卷，人民出版社 1971 年版，第 287 页。

这里先谈谈施蒂纳的利己主义。

恩格斯在评论《唯一者及其所有物》一书时说，他对该书的直接印象就是宣扬利己主义。他认为，施蒂纳的原则就是边沁的利己主义，只不过是比边沁更彻底的利己主义。因为在边沁那里上帝还凌驾于个人之上，而在施蒂纳那里则把个人置于上帝之上，宣称个人是至高无上的、万能的。在《德意志意识形态》中，马克思、恩格斯共同肯定了这个观点，认为施蒂纳著书立说的方法就是在他的整本书中到处见到的唯一的"利己主义"。

那么，施蒂纳在他的书中宣扬的利己主义是什么呢？

施蒂纳在《唯一者及其所有物》一书中宣扬：世界上的一切事情，不论它打着什么招牌，都是以利己主义为指导原则的，每个人都是纯粹的利己主义者。"我的一切就是我，我就是唯一者。我们没有任何社会义务，我们不必为社会去牺牲，即使做点牺牲也是为我们自己。"① 施蒂纳认为，人同一切事物一样都是利己的，无论是神或人类，都只关心自己的事；无论是资产者或是共产主义者，都是利己主义者。他在书里说了一大堆利己主义者，什么"庸俗的利己主义者""通常理解的利己主义者""唯实的利己主义者""自我牺牲的利己主义者""唯心的利己主义者""纯粹的利己主义者""真正的利己主义者""神圣的利己主义者""自我一致的利己主义者"等。归结起来主要就是三种利己主义者，即"通常理解的利己主义者""自我牺牲的利己主义者"，以及二者归一的"自我一致的利己主义者"。

所谓"通常理解的利己主义者"，就是庸俗的利己主义者，也被称作"唯实主义的利己主义者"，实际上指的是资产者。这种利己主义者"依赖于事物"，一心为己，斤斤计较私人利益，因而不是真正的利己主义者。所谓"自我牺牲的利己主义者"，他也称作"唯心主义的利己主义者"，实际上指的是他所想象的"共产主义者"。他认为，这种利己主义者是"依赖于精神"的人，是"为了一个目的、一个意志、一个欲望而牺牲掉其他欲望"

① ［德］麦克斯·施蒂纳：《唯一者及其所有物》，商务印书馆1989年版，第4—5页。

的利己主义者，其所作所为是片面的、不开展的、局限的，因而也不是真正的利己主义者。以上两种利己主义者都是片面而不真实的，只有经过两者的否定的统一，即"自我一致的利己主义者"，才是真正的、神圣的利己主义者。

什么是"自我一致的利己主义者"呢？按照施蒂纳的规定，就是"把世界的一切归于我"的"唯一者"，就是本身体现着自我的"独自性"的利己主义者，所以是"真正的、神圣的利己主义者"。施蒂纳以夸张的思想形式，把作为"自我"的个人特点归结为"独自性"这个普遍范畴，归结为一般解脱和自由的否定，从而把自我归结为虚构出来的绝对自由的、万能的"唯一者"。正如恩格斯所说，这样的"自我""唯一者"只是"纯粹思想上的存在"，是"柏林小市民的虚构"，因而也是比边沁的利己主义更彻底的利己主义。

不仅如此，施蒂纳又进一步虚构出利己主义和自我牺牲的对立。按照施蒂纳的逻辑，现实世界是观念的产物，因此依赖于精神的"自我牺牲的利己主义者"要统治依赖于事物的"通常的利己主义者"。这样，这两种利己主义者就成为对立的两面。因此，这两者都是有缺陷的、片面的：一者计较世俗的利益，一者痴迷于理想的精神，因而在历史发展中都先后失去自己，否定自己。经过"双重否定"，即两个片面性的自我舍弃和彻底否定后，必然走向"自我一致的利己主义者"。后者是前两者"对立产生的否定的统一"，"是全新的东西"，"是过去的全部历史的目的"。因此，在施蒂纳看来，人类历史就是自我意识不断展开、演进，从而走向"自我一致的利己主义者"的过程。在这个过程中，自我从现实的物质世界达到普遍的精神世界，再达到"自我一致的利己主义"的自我意识，这就是理想的人和理想社会的实现。这样，个人利益与共同利益、利己主义与自我牺牲的对立，就可以作为精神、观念的对立，从人们的头脑中消失，社会改革和革命就成为无谓之举了。显然，这套逻辑不仅是荒谬的，而且是与共产主义理论和实践根本对立的。

施蒂纳按照"自我一致的利己主义者"这个虚构的尺度，以为为了一个欲望而牺牲掉其他的欲望时，并没有为了这个欲望而把一个人成为确实是自己的那种因素牺牲掉，就是说："我为了一个欲望而牺牲其他欲望时，我还是我。"马克思恩格斯指出，问题在于一个人尽管为了一个欲望可以牺牲六个欲望、七个欲望，仍然不失其为是他"自己"，但是对于一个现实的人来说，如果他牺牲掉九个或九个以上的欲望时，那还能保持他确实还是他"自己"吗？显然，无论是谁都不可能在失去必要的生存条件的情况下保持确实是他"自己"。所以，施蒂纳的"自我"只是一个虚构的"自我"概念，而不是现实的个体的人。现实的人是活生生的、有各种欲望的人，又是在一定社会关系中活动着的人。这样的人之所以是人，就因为他是由一定社会关系和生活条件规定的实践着的人。一个人保留着他"自己"的哪些欲望，放弃哪些欲望，是由他的必要的生存和生活条件决定的。无论是谁，也无论人们各自为了什么欲望和牺牲了什么欲望，都是实际存在的、由一定生活条件决定的有个性的人，因而也是独一无二的人。这种"独一无二"与施蒂纳的"独自性""唯一者"是有本质区别的。施蒂纳的"独自性""每个人都成为万能的我"这个貌似崇高的道德主张，可以说是集中了"自我一致的利己主义者"的全部荒谬。

与"吝啬者"相反，施蒂纳把"贪得者"归于"通常理解的利己主义者"，认为这样的人不是理想的"自我牺牲的"人，而是"一心为己、斤斤计较的自私自利者"，是"不纯洁、凡俗的人"。他特别丑化凡人，说凡人长着"顽固的头脑"，与"无私"背道而驰；说"通常理解的利己主义者"在行为中半像僧侣、半像凡人，是"既为上帝也为财神服务"的人。但是神和上帝却要求"自我舍弃"。因此"通常理解的利己主义者"必须否定自己的"渺小"，"纯洁"自己的思想，成为"自我牺牲的利己主义者"。这样，他又把"利己主义"和"自我牺牲"与"利己"和"无私"抽象地对立起来了。在施蒂纳的道德学里，或者是利己主义，或者是爱、怜悯和施舍，二者必居其一。对他来说，在这种二难推论之外和之上，什么也没有。

在这里，施蒂纳是一个独断主义者，在利己主义和自我牺牲的对立中，他只找到一条出路，就是抓住事情的一面（而且是抽象理解的一面），把它硬加在个人头上，而对另一面则表示厌恶。即使这另一面，也部分是简单的"精神状态""自我牺牲"，部分只是"原则"，而"不是个人以往的自然形成的生存方式所必然产生的关系"。所以，按照施蒂纳的理想，也只有把这个"原则""从头脑中挤出去"，才能解决问题。所以施蒂纳得出了这样几个相互连贯的原则：不遵守任何规则；没有任何牢固的立场；我应当掌握精神，而不是精神掌握我；应当倾听自己肉体的呼声。最后，他认为应当倾听的只有自己的肉体的呼声。为什么呢？他的回答是："因为只有倾听自己肉体的呼声，人才能完全理解自己，而只有完全理解自己，他才是理智的或理性的。"① 施蒂纳抱着这种抽象的形而上学的对立，就搞不清楚那些主张个人利益的利己主义者为什么经常要顺应共同理想的利益，不能理解历史上表现出来的特殊利益和普遍利益、个人利益和公共利益的矛盾，因而常以牧师的姿态用基督教的道德说教劝告人们要"忏悔自我"，"在自身中寻找过错"。所以，在这里，与其说无知是他的道德哲学的支柱，不如说他的道德哲学是玩弄思辨概念的诡辩。

施蒂纳的逻辑诡辩的另一种表现是：把实际的冲突即个人同实际生活条件的冲突，变成思想的冲突，即变成个人自己脑子里产生的或塞进自己脑子里的冲突。这样，个人所遇到的现实矛盾变成了个人和自己的观念的矛盾，变成了个人和观念本身的矛盾。于是，他得出了一个结论：问题不在于消除实际的冲突，而仅在于抛弃这种冲突的观念。他以道貌岸然的道学家的姿态号召人们抛弃这种观念，那就不难理解了。

施蒂纳还创造了关于自由的两种规定：一种是把它说成是个人生活于其中的各种境况和关系的权力，所有的唯物主义者都是这样的观点。另一种是把它看作自我规定，看作脱离尘世，看作精神自由（只是臆想的）

---

① 《马克思恩格斯全集》第 3 卷，人民出版社 1960 年版，第 174 页。

所有的唯心主义者特别是德国唯心主义者对自由的看法都是这样的。施蒂纳有时是前一种观点，即编造唯心主义的、脱离尘世的自由，为他的自我一致的利己主义寻找根据；有时是后一种观点，即认为自由就是对决定他的境况的权利。自由就是反抗自己的意志自由，就是独自性。用他的话来说，"独自性就是我的全部本质和存在，就是我自己"①。"利己主义就在于：不认为事业有其固有的或'绝对的'价值，而是在我之中寻找事业的价值。"②

施蒂纳认为，个人之间的交往应当是纯粹私人的交往，而不应当通过某种第三者、某种特殊的东西，也就是现代社会关系所决定的个人彼此间的地位。例如，两个个人以资产者和无产者的地位相互对立。他也反对资产者比无产者先有的那种"特殊的东西"。他希望他们之间保持着一种单纯的私人关系，只作为个人进行交往。马克思恩格斯认为，事实上，在分工的范围内，私人关系必然地不可避免地会发展为阶级关系，并作为这样的关系固定下来。因此，施蒂纳的空谈只是他的一个虔诚的愿望。怎样实现这种愿望呢？办法就是劝告这些阶级的个人把他们的对立和特权观点从头脑里挤出去。这里要注意施蒂纳的方法，怎么能挤出去呢？在施蒂纳的一切命题中，一切都被归结为人们对自己的看法如何，他们对他们的看法如何，人们希望什么和他希望什么。一切都只是各人的看法如何。因此，要消灭对立和特殊的东西，就只需改变一下个人的"看法和愿望"。其实，施蒂纳的方法完全是主观的幻想。首先，在资本主义时代，某一个人比另一个人先有的东西，也是社会的产物，在其实现时也一定会在竞争中表现为另一种特权；其次，就个人自身来考察个人，个人就是受分工支配的，分工使他成为片面的人、畸形的人、受限制的人，并不是他所想象的自我与他人、与社会无关的绝对的"唯一者"。

---

① ［德］施蒂纳：《唯一者及其所有物》，商务印书馆 1989 年版，第 168 页。
② ［德］施蒂纳：《唯一者及其所有物》，商务印书馆 1989 年版，第 181 页。

二

为什么在当时德国的思想理论界要把"利己主义"和"自我牺牲"对立起来呢？应该说，这是与 19 世纪 40 年代德国社会和社会意识的状况密切联系的。19 世纪 40 年代的德国由于资本主义的发展，正在实现从政治国家向资本主义市场经济国家的转型，政治国家与市民社会逐渐发生分离。国家宣布个人的出身、等级、职业和文化程度为非政治差别，不承认教会和封建特权，而只承认人权和公民的平等，同时强调政治国家的普遍利益。国家以普遍利益代表的精神，要求市民社会的个人应尽到自己的义务，作出自我牺牲，而市民社会的物质生活则表现为在国家政治生活之外的实际需要和利己主义。德意志国家的这种转型，一方面把人变成市民社会的成员，变成利己的、独立的个人；另一方面把人变成公民，变成政治的人。因此，政治国家和市民社会的关系，不外就是普遍利益和特殊利益、共同利益和个人利益、公共利益和私人利益的关系，不外就是这些利益之间的矛盾和冲突。当时的社会意识和道德哲学，不能不反映这种社会矛盾，但是它们又不能理解和解决这种矛盾；理论家们不但片面地看待这种社会矛盾，而且力图用道德说教向人们游说，或者让人们把矛盾从脑子里挤出去，或者劝人们回到内心去忏悔自我。施蒂纳的《唯一者及其所有物》就是一个典型。

哲学的情况怎样呢？德国哲学在经过对中世纪神学的批判后，以不同的方式得出一个共同的结论：神就是人。他们把人还原为神，并以人的原则代替了上帝的原则。什么是人呢？从康德到黑格尔都把人看作理性、精神、自我意识，把人的发展变成了抽象概念的逻辑发展。后来，费尔巴哈用他的人本主义哲学批判了唯心主义思辨，从思辨的人回到感性的人，实现了一次哲学的思想解放。但是他从"类本质"上理解的人仍然是抽象的人，在历史领域他还是一个唯心主义者。黑格尔哲学解体后的青年黑格尔派，一反黑格尔的绝对精神论，推崇自我意识。他们极力向人们提出一种道德要求，要人们用人的、批判的或利己的意识来代替他们的现实意识，从而消除束缚他们的种种限制。青年黑格尔派的才子施蒂纳则不仅否定费尔巴哈的"类人"，强调实在的个人，以至于把作为个人的"我"推到极端，宣布我是"唯一的"，我是"高于一切的""万能的"，而且用他的利己主义理论来曲解共产主义。不仅如此，当时在德国特别是在柏林，脱离真实的事物和历史发展、追求抽象概念的风气很普遍，甚至像赫斯那样重要的理论家在谈到理论问题时，也总是把一切归结为范畴。他反对费尔巴哈，反对施蒂纳，憎恨形形色色的利己主义，但他又不得不像他们一样宣扬"对人的爱""怜悯"和"施舍"，实际上又退回到基督教的"自我牺牲"的道德说教。

更为严重的是，各种错误思潮在影响着工人运动。当时英国的伦敦、法国的巴黎和德国的柏林，都已是社会主义、自由主义思潮的中心，思想活跃但也很混乱；不仅有表现小市民伤感和革命失败情绪的流行小说，而且有各种空想社会主义、共产主义学说，有基督教仁爱主义说教和小资产阶级社会主义思想，还有各种各样的自由主义者、个人主义者、无政府主义者在活动。

曾经领导过烧炭党人秘密组织的基督教社会主义者毕舍，在工人中进行夸张的狂热宣传。他对工人说，"我们要求一切人自我牺牲"，"我们应为社会而牺牲一切"，"自我牺牲是履行义务的唯一办法"，"我们每一个人都必须随时随地牺牲自己。凡是由于利己主义而拒绝履行其自我牺牲的义务的人，必须被迫这样做"。① 毕舍号召所有的人："牺牲自己吧！"甚至要求把一切不想牺牲自己的人宣布为敌人。法国共和派的狂热者还反对"为自身幸福"而劳动，鼓吹"人为劳动而生""必须完成道德责任"，责难共产主义者不讲"义务""自我牺牲""道德事业"和"人的责任"。施蒂纳把共产主义曲解为"诉诸人们的自我牺牲和资本家的自我舍弃精神"，这种宣传同上述言论如出一辙。实际上，他们是在替普鲁士国家和资产阶级政府做宣传，搅乱人们的健康理性，破坏正在兴起的工人运动。

---

① 《马克思恩格斯全集》第3卷，人民出版社1960年版，第249页。

在这种情况下，马克思恩格斯不得不通过批判黑格尔以后的德国哲学，阐发他们已经酝酿成熟的历史唯物主义哲学，不得不通过批判青年黑格尔派特别是施蒂纳的狂妄言论，说明他们的思想与各种错误思潮之间的本质区别。

三

不难看出，在施蒂纳的诡辩辞藻和社会思潮的浮夸下面掩盖着的问题，是如何认识个人利益和普遍利益的关系问题，而根本上说来则是社会历史观问题。对此，马克思恩格斯作了系统、深刻的分析。正是从历史唯物主义基本原理出发，解开了施蒂纳布下的利己主义的迷魂阵。

马克思恩格斯的理论出发点是：从事实际活动的人及其实际活动过程中的具体的历史变化和发展。按照历史唯物主义的观点和方法去认识"利己主义"和"自我牺牲"的对立，那就应当注意问题的两个方面：一方面，从社会意识来说，不能单纯在道德情感或思辨理论的形式上去理解，也不能用坚持一个方面、反对另一个方面的方法去解决，而应当去研究它们存在的社会根源和条件，从其产生、发展的根源和条件上去理解和解决它们的对立。社会存在决定社会意识，只有消除社会意识存在的根源，才能消除由根源产生的结果。所以说，"共产主义者既不拿利己主义来反对自我牺牲，也不拿自我牺牲来反对利己主义，理论上既不是从那情感的形式，也不是从那夸张的思想形式去领会这个对立，而是在于揭示这个对立的物质根源，随着物质根源的消失，这种对立自然而然也就消灭"①。

另一方面，从个人意识上说，也不能靠道德说教解决问题，而是要注重个人的现实生活条件。因为在历史唯物主义看来，现实的个人就是他们的活动和他们的物质生活条件，包括他们得到的现成的和由他们自己创造出来的物质生活条件。"如果这个人的生活条件使他只能牺牲其他一切特性而单方

---

① 《马克思恩格斯全集》第3卷，人民出版社1960年版，第275页。

面地发展某一种特性，如果生活条件只提供给他发展这一种特性的材料和时间，那末这个人就不能超出单方面的、畸形的发展。任何道德说教在这里都不能有所帮助。"① 正是在这个意义上，马克思恩格斯指出："个人总是并且也不可能不是从自己本身出发的，因此桑乔指出的两个方面就是个人发展的两个方面，这两个方面同样是个人生活的经验条件所产生的，它们不过是人们的同一种个人发展的表现，所以它们仅仅在表面上是对立的。至于由发展的特殊条件和分工所决定的这个个人的地位如何，他比较多地代表矛盾的这一面或那一面，是更像利己主义者还是更像自我牺牲者，那是完全次要的问题，这个问题也只有在一定的历史时代内对一定的个人提出，才可能具有任何一点意义。否则这种问题的提出只能导致在道德上虚伪骗人的江湖话。"② 在这个意义上，马克思恩格斯才得出结论："共产主义者根本不进行任何道德说教"，"共产主义者不向人们提出道德上的要求"。因为他们清楚地知道，"无论利己主义还是自我牺牲，都是一定条件下个人自我实现的一种必要形式"。③ 很清楚，马克思恩格斯强调的是从实际出发，用历史唯物主义的观点和方法对待问题，而不要用唯心主义、形而上学的观点和方法看问题，不能把克服利己主义和自我牺牲的对立以及反对利己主义的道德要求，建立在想象的、幻想的基础上，而是要把它建立在现实的基础上。

不难看出，所谓"利己主义"和"自我牺牲"的对立问题，在历史中实际上是个人利益和公共利益的关系问题。在人类历史上，个人利益总是违反个人的意志而发展为阶级利益，发展为共同利益。这种共同利益发展起来之后，就脱离单独的个人而获得独立性，并在独立化过程中取得普遍利益的形式，与个人利益发生矛盾。因此，在一定的生产方式内，总有某些异己的、不以人的意志为转移的实际力量统治着人们。只要人们领会到这一点，不管人们把它想象为宗教理想，还是想象为"自我一致的利己主义"，就都

---

① 《马克思恩格斯全集》第 3 卷，人民出版社 1960 年版，第 295—296 页。
② 《马克思恩格斯全集》第 3 卷，人民出版社 1960 年版，第 274 页。
③ 《马克思恩格斯全集》第 3 卷，人民出版社 1960 年版，第 275 页。

可以无所谓地对待这些想象的东西。这就是说，只要人们回到具体的现实中来，人们就会从"想象什么"回到"实际是什么"中来，就会从"理想什么"回到"怎样行动"和"必须行动"的问题上来。这样，人们也就会把他们觉得是思维的产物理解为生活的产物。

这样说来，共产主义者是不是就不重视道德、不提出任何道德要求呢？不是的。认为共产主义不重视道德，不提出任何道德要求，这完全是对马克思恩格斯思想的一种误解。马克思恩格斯强调的是，应按照历史唯物主义观点和方法对待"利己主义"和"自我牺牲"的对立。为什么"既不拿利己主义来反对自我牺牲，也不拿自我牺牲来反对利己主义"呢？就因为"无论利己主义还是自我牺牲，都是一定条件下个人自我实现的一种必要形式"。在资本主义制度下，向资产者和无产者、剥削者和被剥削者宣传"你们要无私啊"，"不要自私啊"，那完全是脱离实际的幻想，是极其幼稚可笑的。马克思恩格斯认为，要注重现存的经济制度和人们的实际生活条件，只有改变产生这种道德及其观念对立的社会根源和条件，才能改变道德及其观念的对立。因此，共产主义者不像施蒂纳那样进行道德说教，不向人们提出脱离实际的道德要求。显然，这里说的"不进行道德说教""不提出道德上的要求"，是指青年黑格尔派、施蒂纳等人宣扬的那种道德说教，如"要彼此互爱呀"，"不要利己主义呀"，"要随时自我牺牲"等，而不是指任何道德和道德要求。如工人的解放不可能是个人的行动，而必须依靠联合的力量，为了千百万被压迫者的解放作为自己的伟大任务。这就要求工人阶级联合起来，发扬集体主义精神，反对利己主义。这种要求不仅是合理的，而且是正义的。

再者，马克思恩格斯在这里所说的"利己主义"也是指个人利益，强调要注意其中包含的人们不能不追求的个人利益，并不是在应当反对利己主义的时候也不反对利己主义。从这一点来说，恩格斯甚至认为要吸收施蒂纳的正确思想，即"在我们能够为某件事情做些什么以前，我们必须首先把它变成我们自己的事，利己的事"，就像要做事必须首先为了自己的胃而吃饭一样。但是，他强调不能陷在利己主义的"个人"之中，而要从利己主义的"个人"成为社会化的、高尚的人，恩格斯甚至说他和马克思也是"从利己主义走上共产主义的"。这并不奇怪，因为人的道德和道德的人，都是在社会生活实践中发展的。施蒂纳式的思想方法，一开始就是建立在对现实人和现实关系的错觉上面的。因此，要清除唯心主义、独断主义在意识形态领域和工人运动中的影响，就必须根本改变旧的世界观和方法论，建立辩证唯物主义的历史观和方法论，这当然包括改变旧道德，进行新的道德教育，全面建设新道德。

这里还需要解释一下"个人自我实现的必要形式"。个人的自我实现，是个人生存和发展的过程。这个过程具体采取什么形式，是与各个个人的具体的生活条件相联系的，也与社会发展的状况密切相关。马克思恩格斯肯定个人的自我实现，是与他们的人道主义思想一致的。人道主义一般原则强调社会应当使人自我实现；但个人如何自我实现则决定于个人的主观思想状况和实践活动，取决于个人主观活动与社会环境的相互作用。因此，自我实现既可能是为己、利己的，也可能是为他、利他的，还可能是为己、利他或己他两利的。在这个问题上，不只是马克思持这样的观点，在马克思之前就已有这种观点。例如，主张合理利己主义的斯宾诺莎就认为，如果一个人不先欲求活着，他就不能欲求正当地行为、正当地活着。这样的观点说的是生活的实际，这个观点当然是对的。但他同时也认为，一个人也会欲求更好地活着，以便去实现一种必须牺牲自己的生命而成就的事业。这里说的也是生活的实际，这个观点也是对的。他认为，这种不同的选择——利己主义或自我牺牲，都是个人自我实现的必要条件，这对理性的人来说完全是可以理解的。就马克思恩格斯所论的内容来看，他们认为这些不同的境界或表现，并不是像施蒂纳所说的根本对立，而是依据社会条件和个人具体情况造成的。它们可能表现在同一个人的身上，也可能表现在不同的个人身上，这个人更倾向于利己或利己主义，那个人更倾向于利他或自我牺牲，这都是个人自我实现的形式。不可能是一种人只利己而完全不利他或有所牺牲，另一些人只利他、自我牺牲，而完全没有利己。这种片面性是施蒂纳所设想的抽象的人，并不是现实的人。这样说，并不是说马克思恩格斯主张放任自流，个人可以自以为是、独行其是；恰恰相反，个人的自我实现必须是符合人道的，必须是正当的、合理的，那才是真正人的自我实现。正是在这种意义上，马克思恩格斯主张建立人道的、公正的、合理的社会，并在建立这种社会的斗争实践中，建设新道德，实现人自身的改造和自由全面的发展。

第五章 《资本论》的道德哲学（上）

1848 年革命失败后，马克思和恩格斯得出一个共同的认识，从现实的政治斗争中获得令人快慰的经验之后，将逐渐不得不转向"关注现代斗争的真正内容"。这个"真正内容"当然就是导致政治斗争的经济制度和根本利益之争。在经过七年的颠沛流离生活之后，马克思来到世界商业的中心、"资本的首都"伦敦，纵观现代社会的经济、政治和文化动态，继续进行他的政治经济学研究。从 1850 年到 1853 年，马克思在伦敦大英博物馆日夜兼程研究政治经济学。1859 年出版了《政治经济学批判》，1865 年完成了《资本论》草稿。从 1866 年 1 月到 1867 年 3 月，马克思把《资本论》第一卷的草稿加工成一部精湛的巨著，同年 9 月正式出版了《资本论》第一卷。马克思和恩格斯这一时期的通信说明，恩格斯在一定程度上也参与了《资本论》的创作过程。从道德哲学研究的角度看，《资本论》在已经建立的历史唯物主义世界观和方法论的基础上，在解剖资本主义经济和社会发展规律的过程中，同时包含着对资本主义经济关系中的道德社会学性质的研究及其精辟结论。

第一节 道德与道德社会学

马克思用毕生精力所作的《资本论》，并非只是用以阐明资本主义生产方式，应当说它同时也是理解资本主义和人类历史的辩证唯物史观的科学方法，它是这种历史观的富有成效的辉煌证据。作为一部百科全书式的伟大著作，它承载着可以从不同意义上去运用的丰富的文献资料，包含着极为深刻的道德哲学思考。认真通过《资本论》去理解马克思对道德的社会学阐释，不仅有助于全面理解马克思的哲学、政治经济学和科学社会主义理论，而且对理解马克思关于伦理[①]、道德的经济学证明和道德哲学思想，也具有特殊的重要意义。

一、 道德社会学研究的特点

一般来说，对伦理、道德的研究，可以有三类：一是理论伦理学、道德哲学研究；二是应用伦理学研究；三是伦理、道德的社会学研究，也可以简称为伦理社会学研究或道德社会学研究。伦理、道德的社会学的研究具有社会学研究的性质，但在理论概括性程度和反映规律的特殊性上，又不同于前二者。在特殊意义上，可以说有伦理社会学研究和道德社会学的研究。[②] 伦理、道德的社会学性质的研究，大体上说可以归纳为以下几个特点：

第一，它把伦理、道德现象及其发展过程，作为社会结构和社会运行的组成部分去研究，注重它们同整个社会关系及其发展过程的联系，即把伦理、道德作为社会运行系统和社会秩序的构成因素，研究决定伦理、道德存在、发展的社会根据和条件，以及伦理、道德在社会发展和伦理秩序形成中的作用。它重视实证的研究，不是把它们独立出来作为元伦理学、规范伦理学进行研究。

第二，道德社会学对伦理关系和道德行为的研究，着重于现实社会中的

---

① 马克思在早期著作，特别是在关于家庭的论著中，常使用"伦理""伦理关系"概念，后来就常用道德概念，基本上不使用伦理概念了。原因如本书所论，马克思对道德的关注和研究，主要不是针对个人的心性和情操，虽然也都有涉及，且有独到见解。他的研究重点在于社会道德的根基、本质和发展规律，在于社会意识的更新和社会的改造。在这里，在道德社会学意义上使用道德概念，以区别马克思恩格斯伦理思想意义上的阐述，显示马克思《资本论》中道德哲学思想的独特价值。

② 参见［苏］阿尔汉格尔斯基：《马克思主义伦理学》，中国人民大学出版社 1989 年版，第 163—165 页。

基础和条件的分析，研究关系和行为在客观因果关系制约中的必然的、合乎规律的表现；研究人的行为和伦理关系对社会关系和具体条件的依赖关系。它研究经济关系中的人，既不是把人只看作一个抽象概念，看作纯粹的道德人，也不是把人看作包含一切内容的综合体，而只是把人看作经济关系的规定，"只是经济范畴的人格化，是一定的阶级关系和利益的承担者"①；它不只是注重人们"想什么""行为的动机如何"，而是更注重人们"实际是什么""怎样行动""能够怎样行动"，以及在一定条件下"必须怎样行动"。

第三，道德社会学的研究，由于注重伦理、道德所受社会条件和发展规律制约的研究，因而带有综合性和变动性。它在研究某种伦理、道德现象时，总是联系多种有关社会历史因素以至自然因素，并把它放到客观事物的发展过程中加以考察。它不是只盯住伦理、道德的"应该如何"，进行思辨的推论，或者述说那些不变的伦理原则和道德规范，而是更注重"应该如何"由以产生和提出的"实事如何"，事物本身的矛盾如何发展，即现实社会的伦理、道德发展的根据和条件以及发展的具体状态。可以说，就是从实事的发展中求其"是"，一求其真理，二求其正义。

恩格斯在为《资本论》第一卷所作的书评中说："自从世界上有资本家和工人以来，没有一本书像我们面前这本书那样，对于工人具有如此重要的意义。资本和劳动的关系，是我们全部现代社会体系所围绕旋转的轴心，这种关系在这里第一次得到了科学的说明，而这种说明之透彻和精辟，只有一个德国人才能做得到。欧文、圣西门、傅立叶的著作现在和将来都是有价值的，可是只有一个德国人才能攀登最高点，把现代社会关系的全部领域看得明白而清楚，就像一个观察者站在高山之巅俯视下面的山景那样。"② 这是一种伦理的或道德的哲学高度。

---

① 《马克思恩格斯选集》第 2 卷，人民出版社 2012 年版，第 84 页。
② 《马克思恩格斯选集》第 2 卷，人民出版社 2012 年版，第 70 页。

　　例如，马克思研究在资本主义生产方式中表现出的勤劳、节约、禁欲之类的道德，认为它们是资本和劳动的关系的表现：工人让出了对自己劳动的支配权，只能用自己的劳动力在与资本家的交换中得到他们能够得到的货币，再把极有限的货币节约积攒起来。也就是说，工人只能限制自己的物质欲望，通过禁欲或制欲，紧缩自己的消费，以至于放弃自己必要的休息，放弃作为工人之外的生活享受，只是作为工人靠艰苦勤劳维持生活。这并不是工人自觉自愿地要求如此，而是资本家和资本主义生产方式给工人造成的社会条件，向工人提出的要求，或者说在那样的生活条件下工人不得不如此生活。可见，勤劳节约之类的道德要求，并不是向所有人提出的要求，不是向资本家提出的，而只是向工人提出或规定的要求。这当然是不正常的要求：应该禁欲的不是以攫取财富为交换目的的人，反倒是以必要的生活资料为交换目的的人。由此可以说，这些本来是人道的正义的要求，在资本主义生产方式中就成为社会经济结构的要素和造成剩余价值的必要条件。但是从另一方面看，资本家攫取和享受资本的剩余价值，也是资本主义生产方式和经济结构的必然因素和历史过程。马克思在分析资本"节欲论"时指出，资本家进行资本积累的动机之所以不是使用价值和享受，在其发展的早期，只是由于资本主义生产方式的暂时的必然性。他的绝对的致富欲，为生产而生产，从而去发展社会生产，并不是他们个人的狂热，而是因为"资本家不过是这个社会机制中的一个主动轮罢了"①。这显然不是对个人品质、性格的道德计较，而是把伦理与科学、价值与事实统一起来的深刻的哲学思考（这一点后面有专题分析）。

　　这样说来，道德社会学是处在伦理学、道德学和社会学的交汇处。它既具有伦理学、道德学的特征，又有社会学的特征；它既要描述伦理道德在一定社会制度范围内的存在形态，又要揭示人们的行为活动特点、相互关系的平衡和冲突，并通过大量的实证材料，揭示伦理秩序的实质和道德的现实形

---

　　① 《马克思恩格斯全集》第44卷，人民出版社2001年版，第683页。

态和规律性。如果说一般道德学会表达对病人的同情和安慰，那么道德社会学的研究就要像医生那样，认识人的肌体的病理现实，找出伦理关系和道德行为的原因、过程和结果。因此，这样的研究必然是对已成事实及其发展过程的研究，是对社会的人的活动、人们的行为方式和生活方式的科学分析，从根本上来说是从社会结构和发展过程中对主体的道德和伦理进行的历史唯物主义的研究，也就是道德哲学的研究。这种研究之所以有价值，还在于作为一种贯彻着历史唯物主义观点和方法的实证研究，正如普列汉诺夫所说，"它能够决定这些或那些'伦理学'的现象的社会学的等价物"①。

这种研究完全是合乎马克思恩格斯的思想、理论发展进程的。1848 年革命的振荡后，迫使马克思恩格斯"只好用冷静的眼光"来看待工人运动的现实条件和自己的生活处境，决定采取自主态度，保持独立，对各种错误理论进行坚决的批判。1851 年 2 月 13 日，恩格斯在写给马克思的信中说："在经历了最近三年来的所见所闻以后，我们对待一切会比任何同这一切有利害关系的人更冷静得多。"② 在这种情况下，他们尽量摆脱一切外界的干扰，潜心关注和分析形势变化，同时进行系统的理论研究。这也就是前面所说的马克思愿意享受的"舐犊之乐"。

二、 道德感与科学分析

《资本论》的任务就是用严谨的科学方法，研究资本主义生产方式以及与它相适应的生产关系和交换关系，揭示资本主义社会经济运行规律。通过这种研究，把资本主义社会的基础连同它的上层建筑，包括伦理、道德、风尚习俗、人情世故，都和盘托出。恩格斯说：这种研究，是直接对资本主义社会的活的肌体解剖和科学诊断：如果它是健康的，那就说明它健康运行的

---

① 《普列汉诺夫哲学著作选集》第 2 卷，生活·读书·新知三联书店 1984 年版，第631 页。

② 《马克思恩格斯全集》第 27 卷，人民出版社 1972 年版，第 211 页。

状况和规律，以便使它更好地发展；如果它是有病的，那就说明它疾病的原因和前景，制定治病救世的理论和方策。这种研究是对活机体的解剖，是对与整个人类历史的发展联系着的一个最复杂的社会形态的解剖；它是洞彻古今、担当道义、惊天动地的科学研究。

道德社会学的研究从哪里出发，归宿于哪里？马克思以前的社会学家从抽象的人、人的天性出发，解释社会历史、社会制度和精神现象都直接或间接地乞援于人的天性。历史学家研究历史现象从人的天性出发，把历史中的事件归于人的道德品性和心术，归因于某种偶然因素的作用。经济学家从人口出发，争论地租、资本、价值等条件，完全忽视社会阶层和阶级划分的事实，或者发现了阶级划分的事实但并不把它作为研究的重要根据。空想社会主义学者在制定自己的理论和理想社会蓝图时，也是从人的天性、人的个性或人权原则出发，根据这些抽象概念规定财产关系应该怎样，设想未来的理想社会制度和道德标准。于是，他们纷纷从历史领域跳到道德领域，或主张批判化的道德，或进行道德化的批判，甚至以"道德高尚的庸人"的优越感歪曲发展着的历史，颂扬他们自己内心想象的人性，诉诸道德感。如曾经是青年黑格尔派成员的施蒂纳，曾经描述过向地主争取"应得的工钱"而暴动的雇农，认为他们应得的工钱不是在一定的生产方式中由劳动市场的状况决定的，而是通过雇农们的道德上的愤怒或道德良心决定的。因此，雇农应当向地主辩白："指导他们行动的不是卑鄙的利益，不是破坏性的意图，而是最纯洁的道德的动机。他们要求的只是价钱公道，并用自己的人格和良心保证：要做到对较高的工资是受之无愧的。"① 马克思对施蒂纳等人的理论批判，其中一个重要问题就是揭露抽象人性论的本质和危害，阐明对待人和人性的科学观点，特别是阐明科学的经济学观点。马克思的伟大功绩在于，完全从与人性论相反的方面即历史运动本身去接近问题，把人的天性看作是历史运动的不断改变着的结果。马克思认为，人类为了生存，必须从外

---

① 《马克思恩格斯全集》第3卷，人民出版社1960年版，第451页。

部自然界取得所需要的物质资料，必须作用于外部自然界，进行生产实践，并不断改变着人的社会性内容和表现。因此，正是"一当人开始生产自己的生活资料，即迈出由他们的肉体组织所决定的这一步的时候，人本身就开始把自己和动物区别开来"①。马克思的这个著名论断，包含着他所做的全部社会学研究的结论，体现着历史唯物主义理论的本质和基本原则。在这个方面，美国学者阿·布坎南的忠告值得注意："那些把对马克思主义的兴趣限制在道德问题上的哲学家们，如果忽视正在快速演进的理性选择与制度分析理论的发展，那将是危险的。这样做就等于忽视了马克思的一个重要的洞见，即任何值得思考的道德观念必定不是乌托邦式的。"②

什么是科学观点？科学的观点即尊重客观事实，从事实的发展过程中揭示其本质和发展规律的观点。马克思是实事求是，遵循历史唯物主义方法得出理论的结论。马克思认为，在政治经济学中，任何时候都绝不能仅仅根据一年的或短期的统计材料就得出一般性、普遍性规律。马克思在进行这种规律性研究时，常常引证六七年的平均数字，来说明和证明。也就是说，需要在现代工业生产经过繁荣、过剩、停滞、危机等各个阶段而完成它必然的周期过程时，引证这样的必然周期过程内的平均数字，才能证明和说明一般经济规律。同时，他又强调，"概念和现象的统一是一个本质上无止境的过程"③。在阐述"一般生产"问题时，马克思将探索的主题界定为"社会决定的个人生产"，拒绝像亚当·斯密和李嘉图那样以独立于社会之外的个人作为出发点。因为，在马克思看来，亚当·斯密和李嘉图认为个人不是历史的结果，而是历史的起点。"按照他们关于人性的观念，这种合乎自然的个人并不是从历史中产生的，而是由自然造成的。这样的错觉是到现在为止的每个新时代所具有的。"④

---

① 《马克思恩格斯选集》第 1 卷，人民出版社 2012 年版，第 147 页。
② Allen E. Buchanan，"Marx，Morality，and History：An Assessment of Recent Analytical Work on Marx"，*Ethics*，Vol. 98，No，1，October 1987，pp. 104-136.
③ 《马克思恩格斯选集》第 4 卷，人民出版社 2012 年版，第 668 页。
④ 《马克思恩格斯选集》第 2 卷，人民出版社 2012 年版，第 684 页。

但是，当李嘉图从人类观点出发看待生产时，马克思则是给予充分肯定的。有一个典型事例：李嘉图把资本主义生产方式看作最有利于生产、最有利于创造财富的生产方式，而且主张"为生产而生产"。表面看来，这个观点似乎不符合唯物史观的科学观点。但是马克思认为，对于他那个时代来说，李嘉图是完全正确的。为什么这么说呢？马克思认为，生产本身也是目的。所谓"为生产而生产"，"无非就是发展人类的生产力，也就是发展人类天性的财富这种目的的本身"。① 在这种意义上，可以说李嘉图正是以人类为本、从人类的观点也就是从价值与历史统一的观点出发来看待生产的发展和进步的。在历史的发展过程中，生产达到什么样的方式，那是人类生存和财富的价值追求本身所要求的，并不只是哪一个阶层、哪一个阶级所要求的。李嘉图并不是没有看到阶级的存在及其与生产目的的关系，但是他的态度正是表达着资本主义生产方式的历史意义，表达着以人为本的价值诉求，因而它在整个人类生产发展的历史上是正确的，在道义上也是合理的、正当的。李嘉图说："如果因考虑到某一个阶级的利益而使国家财富和人口的增长受到阻碍，我将感到非常遗憾。"② 李嘉图认为，拥有或保持资本只是手段而不是目的，我们所需要的是商品的富足，即一般财富的增加。对于李嘉图来说，生产力的进一步发展是毁灭土地所有权还是毁灭工人，这是无关紧要的。如果这种进步使工业资产阶级的资本贬值，李嘉图也是欢迎的。如果劳动生产力的发展使现有的固定资本贬值一半，那就会使人类的劳动生产率提高一倍。这正是李嘉图所期望的。马克思认为，"李嘉图的这种毫无顾忌不仅是科学上的诚实，而且从他的立场来说也是科学上的必要"。怎样理解这种科学上的诚实和必要呢？马克思作了明确的解释，如果说李嘉图的观点整个来说符合工业资产阶级的利益，这只是因为工业资产阶级的利益符合生产的利益，或者说，符合人类劳动生产率发展的利益，并且以此为限。凡是

---

① 《马克思恩格斯全集》第 26 卷 II，人民出版社 1973 年版，第 124 页。
② ［英］李嘉图：《论谷物的低价对资本利润的影响》，1815 年伦敦第 2 版，第 49 页。

资产阶级同这种发展发生矛盾的场合，李嘉图就毫无顾忌地反对资产阶级，就像他在别的场合反对无产阶级和贵族一样。发展生产力、提高劳动生产率、符合人类的利益，这就是李嘉图评价经济现象的基本原则。从这种意义上，有两位西方学者的看法是公正的，普林斯顿大学教授罗伯特·塔克尔认为，"马克思没有认为资本主义经济制度是非正义的"①；但是在具体的分配关系上，美国学者胡萨米说，马克思则是以"贡献原则"和"需要原则"这两个分配性概念去谴责资本主义社会对工人劳动的剥削，因而"资本主义社会在马克思那里是不公正的社会"②。

李嘉图思想的反对者从个人福利的立场出发，反对李嘉图的"为生产而生产"的观点，认为生产本身不是目的；也就是说，生产的目的不是人类利益，而是个人福利。这种观点把个人福利和人类利益对立起来，那就是主张为了保证个人福利而应该使人类的发展受阻碍，犹如说不能进行任何战争，因为战争会造成个人死亡。马克思认为，这种观点不是科学观点，因为它没有理解这样一个道理："人"的类才能的这种发展，虽然在开始时要靠牺牲多数的个人，甚至靠牺牲整个阶级来实现，但在发展的过程中它会逐渐削减这种对抗，并最终克服这种对抗而同每个人的发展相一致。马克思不是在一个平面上把个人与人类对立起来进行比较，而是在历史发展过程中看待个人和类的关系变化。在人类历史发展的客观规律面前，只能遵照历史发展的客观规律看问题，在这里对个人福利的感伤主义无济于事。因为在这里，人类的发展也像动植物一样，种族的利益总是要靠牺牲个体的利益来为自己开辟道路的。

马克思在批评德国激进的理论家海因岑面对历史和现实的道德伤感时指出，在经济和历史发展领域，"必然性的物质力量表现得更加强烈"，它不以人的道德意志力为转移，并以其物质必然性的力量制约着道德和伦理的关

① Robert C. Tucker, *The Marxian Revolution ary Idea*, New York：Norton, 1969, p. 36.

② Z. I. Husami, "Marx on Distributive Justice", *Philosophy and Public Affairs*, Vol. 8, No. 1, Fall, 1978, pp. 27-64.

系和秩序。在这里，合乎必然性的就是合理性的，合乎必然性、合理性的观点就是科学的观点，也是合乎人道和伦理秩序的观点。理论的合理性、正当性就是要反映历史发展的必然性，历史发展的辩证法就应当是理论合理性的逻辑。马克思认为，在这里，人的理智和道德不能决定历史，正如数百年的理智和道德同君主制相适应而不是同它相矛盾一样，亦如著作家可以成为历史运动的表现者但不能创造历史运动。恩格斯在批评杜林时也说过，对科学的事实表示愤怒和道德感伤并不能使科学前进一步的。"这种厌恶和恼怒的表示，可以用于任何时候和任何地方，正因为如此，它们在任何时候和任何地方都不中用。"①

但是，这并不是说探究经济规律的科学不具有道德意义。探求每一历史时期的发展规律是唯物主义历史观的本质特征。为什么这样的历史观被看作无产阶级的历史观呢？如果是作为学术理论和方法，唯物史观当然不只是属于无产阶级的，它也是属于任何其他阶级或全人类的。但是它揭示出每一社会形态的生产方式都是受历史条件制约的，其发展规律仅仅适用于某一定的历史时期。既然是揭示资本主义生产方式的经济规律，那么它的基本原理必然使它有利于要求废除剥削制度的阶级，并且能够为它服务。当然这种"服务"并不能证明这种理论在科学上的正确与否，但是它却可以说明历史科学的进步和科学态度。历史科学不仅要探究历史发展的一般规律，而且能揭示每一社会形态的特殊规律，揭示资本主义社会的特殊规律，展示它作为科学结论所包含的道义精神，因此它自然会受到被剥削的无产阶级及广大人民群众的认同和支持，从总体上看也是与全人类的利益和历史发展一致的。

三、 伦理关系的客观性

研究《资本论》中蕴藏的道德哲学思想，是在《资本论》阐发的经济

---

① 《马克思恩格斯选集》第3卷，人民出版社2012年版，第433页。

思想中梳理出其中的经济伦理：它的伦理关系和秩序，它的维系和调节方式，它的行为活动方式以及它的形成和发展规律，等等。因此，这里必须明确伦理关系的客观性。

这首先是一种历史的考察。人类在物质资料生产中所发生的关系，是不通过人们意识而形成的社会关系。所谓"不通过思想"，并不是说人在进行生产活动时没有思想，或者说可以不动脑子。而是说人类的生产活动是由吃、穿、住这种物质生活条件决定的，思想活动也是为实现和创造这些物质生活条件服务的。物质的需要和活动是第一性的，思想意识是第二性的，是被物质需要决定的。人类的物质资料生产方式形成后，人的需要的内容、满足需要的方式和途径，都要受制于一定的生产方式，人只能在一定的生产方式决定的条件下表现其本性。人性是被人的生产方式决定的，是随着生产方式的变化而变化的，而不是相反。人类的伦理关系，从男女结合的原始形式，一开始就以客观的、物质性的关系为基础，而不是纯粹精神性的关系。从抽象的人性中、从精神中，不能找到社会伦理关系的合理解释，也不能直接引申出人类社会的伦理关系。

当然，人类初始关系的形成，离不开精神条件。这里有两个方面：一方面是意识和语言的伴随；另一方面要有对自然、对他人、对自我的意识。人的意识起初只是对可感知的环境的意识，包括对自然和对他人的关系的意识。这种意识是开始意识到自身的与以外的其他人和物的狭隘联系的一种意识。这就是说，人意识到必须和周围环境打交道，必须和其他人来往，这就有了自我与环境、自我与他人的区别意识，也就开始意识到自己作为人是生活在他人和社会之中的。这就为形成有一定社会意识渗透其中的社会伦理关系造成了思想条件。伦理关系就是由客观关系和主体意识统一形成的关系。

人类的伦理关系是人对人即主体对主体、主体与客体的关系。只有人意识到自己的主体性，并成为主体，才能真正形成伦理关系。人之所以异于禽兽，且因而异于一般自然，即由于人知道他自己是"我"。不仅如此，当人意识到自我是在与外部关系中的有限存在时，他同时就发现自我与周围世界的无限联系，从而使自我意识带上想象、理想的能力。这是一种力求突破有限规定的理想性能力，它使人面对外部关系而产生"应该怎样"的意识。这里的"应该怎样"，有对自然环境的，有对他人的，也有对自己的。这种"应该怎样"的意识不断重复，在语言中形成较为稳定的、约定俗成的词语，表达着"应该怎样"的观念，这就是初始的规范意识。

马克思恩格斯认为，规范意识的产生首先是人类从事生产活动和生活的需要。人们要把每天重复着的生产、分配和交换产品以及其他一切交往行为，用一些共同规则概括起来，使个人服从生产和交换的一般条件，于是产生了一些约定俗成的规定或规范。与此同时，还有人口生产及两性关系的需要，如防止危害人体健康和氏族利益的性交禁忌等。从人的主体性进化过程中可以看到，人的发展过程是"是怎样"和"应怎样"统一的过程。"应怎样"是从自我和环境的关系、自我与他人的关系中产生的，它是对实存规定的有限性的否定和超越。没有"是怎样"，人就没有规定，就不是现实存在的人。没有"应怎样"，"是怎样"就永远是实存的有限规定，而不能有人的主动性和超越。没有"应怎样"，人与人之间就永远是孤立的、原子式的个人，而不能形成社会的伦理关系。

伦理关系不只是思想的关系，它也是有思想渗透其中的实体性关系。从实体性来看，它就是生活的全部，亦如黑格尔所说，包括家庭、社会和国家的现实关系和过程。"伦理关系"这个概念只是思维中的一个抽象，它所蕴含的关系并非只是思想，而是有客观内容的实际存在的社会关系。任何事物和人都是以个别存在的形式呈现于外的，是人通过感官可以感知的。伦理关系或其他事物的关系，存在于人与人之间，存在于事物的内部、现象的背后，用感官是感知不到的，只能用理性、思维去认识和把握。从现实生活中抽出伦理关系，是在做科学研究时需要把外表与内在、个体与关系、现象与本质在思维中分开，以便认识人们之间的内在联系和规律性。在实际生活中，这些关系当然是不能分开的。当我们研究伦理关系的本质时，我们便把它从现象和现实中抽象出来加以分析。当我们考察实存的伦理关系时，则必须把它放回到实际生活中去，充分注意伦理关系的实体性和实体性伦理关系。

伦理关系的形成是以社会经济关系发展的必然性为基础的。一定历史时代的生产方式决定着人们的生活方式，因而也这样那样地决定着该时代人们的伦理关系。伦理关系的形成过程，反映着社会利益关系的调整过程。人们之间的利益差别、矛盾和对立，经常造成影响和破坏伦常秩序的纷争，因而一定伦理关系的建立和培植，正是这种社会秩序调节的必要性决定的。人们之间有一定的关系，同时就有一定的矛盾。有矛盾就有解决矛盾的客观要求，而认识到这种客观要求的道德表达方式就是"应该怎样"。正确反映客观必然性和必要性的"应该"，并不是什么主观"设计"或"策略"，而是使人有能力把生活与社会统一起来，使伦理与道德统一起来的社会存在方式。

伦理关系与政治关系是密切联系的。如果肯定伦理关系是经济关系决定的，那么政治是经济的集中表现，伦理关系也必然受政治关系的制约，或说政治关系强烈地影响着伦理关系，伦理关系也必然这样那样地体现着政治关系。事实上，社会的不平等的政治关系，决定了人们在社会地位和相互关系上的尊卑贵贱的伦理秩序。在资本主义社会，金钱决定着人们的尊卑贵贱，左右着人们的伦理关系和伦理秩序。许多近代西方伦理学家都把道德看作政治，把调节伦理关系的力量最终归于政府，归于国家，甚至像黑格尔那样把国家看作"伦理自身的丰富组织"和"伦理理念的现实"，其实质都是在揭示社会政治关系对伦理关系的影响和控制作用。正因为伦理关系与政治关系有着密切的联系，所以伦理关系的维护和调整，一般是由道德和法律共同实现的。普列汉诺夫曾作过这样一个结论："伦理学、政治学、法学、政治经济学，等等——所考察的其实是同一个东西：社会的人的活动。不过它们都是从它们各自的角度来考察。"①

———————————

① 《普列汉诺夫哲学著作选集》第 2 卷，生活·读书·新知三联书店 1961 年版，第 264 页。

任何一个现实的人，就其现实性来说，都是一定社会关系的规定。对于个人来说，当利益关系存在于生产和交换关系中时，它只是客观的经济事实，本身还不构成伦理关系。但是，当各个个人在经济关系中以主体意志相对待，表达着相互的目的和态度时，人们之间就形成了一定的伦理关系。或者说，人们之间的社会关系就具有了伦理的意义。这就是说，伦理关系不是独立存在的、任意的人为"设计"，而是与经济关系和其他社会关系结合为一体存在的。就人的主体性和能动的发展来说，人是目的，其他一切都是手段；但就社会历史的发展来说，人又是手段，是社会历史有规律地发展并借以实现的手段。从这种意义上说，伦理关系就是与经济、政治关系结合的、并有道德观念渗透其中的特殊的社会关系。在这个意义上，可以说，伦理学作为一种社会学的研究，不是讲"应当"的，而是讲实然和必然的。

《资本论》道德哲学思想的道德社会学研究，就是要研究资本运动中的伦理关系以及调节伦理关系的方式。资本作为一种自行增殖的价值，必然不断地从流通过程进入生产过程，又从生产过程进入流通过程。资本的这种循环过程相继经过三个阶段，采取三种形态。第一阶段，资本家在市场上购买劳动力和生产资料，完成从货币资本向生产资本的转化。第二个阶段，资本家把劳动力和生产资料投入生产，使之由生产资本转化为商品资本。第三个阶段，资本家在市场上把商品卖出去，由商品资本转化为货币资本。资本在正常循环中，货币资本、生产资本、商品资本三者按一定的比例同时并存，而且依次通过发展的三个阶段。因此，我认为，对《资本论》道德哲学思想的研究，可以按照资本运行的这三个阶段进行。这种研究对所有市场经济条件下的经济伦理研究、经济伦理的社会学研究，都是适用的。从这个意义上说，把马克思的经济学当作一般经济学对待，或当作一般伦理学和道德学对待，一定程度上都会造成对马克思道德哲学思想的误解。

第二节　资本对雇佣劳动的剥削关系

《资本论》中关于原始积累的这一章，是描述西欧的资本主义经济制度从封建主义经济制度内部产生出来的途径。这一章叙述了使生产者同他们的生产资料分离，从而把他们变成雇佣工人即无产者、而把生产资料占有者变成资本家的历史运动，揭示了资本原始积累的秘密。资本原始积累是一个历史过程。原始积累对资本主义经济和社会的发展具有历史之功，也有恶德劣迹。这需要进行历史的、辩证的批判分析。

一、"原始积累" 的历史和道德

资本的原始积累就是资本的历史起源，是资本主义生产方式的起点。它的起点和全部过程的基础是对农民的剥夺。马克思说，这个历史起点是"用血和火的文字载入人类编年史的"。资产阶级经济学家把它描述成"田园诗"，不符合历史事实，也掩盖了事物的本质。马克思在《资本论》中用大量的材料揭露了资本原始积累的秘密。①

资本原始积累是创造资本主义关系的历史过程，它一方面使社会的生活资料和生产资料转化为资本，另一方面使直接生产者变为雇佣工人。马克思从人类历史的宏观发展上看这个过程，认为它所推动的一切变革都是历史上划时代的事情。即使在原始积累中充斥着对封建生产方式的暴力，在马克思看来，这种暴力"本身就是一种经济力"，是"孕育着新社会的旧社会的助产婆"。② 因为没有资本的原始积累，就没有后来战胜封建主义势力的经济力量。所以资本原始积累是"工业骑士"战胜了"佩剑骑士"。它一反封建

---

① 参见《马克思恩格斯全集》第 44 卷，人民出版社 2001 年版，第 820—875 页。参见《资本论》第 24 章。

② 《马克思恩格斯全集》第 44 卷，人民出版社 2001 年版，第 861 页。

特权，争取了资本主义的平等；二反封建专制，争取了资产阶级的自由。资本原始积累有它深远的历史进步意义。马克思恩格斯在《共产党宣言》中这样写道："资产阶级在它已经取得了统治的地方把一切封建的、宗法的和田园诗般的关系都破坏了。它无情地斩断了把人们束缚于天然尊长的形形色色的封建羁绊，它使人和人之间除了赤裸裸的利害关系，除了冷酷无情的'现金交易'，就再也没有任何别的联系了。"① "资产阶级揭示了，中世纪那种深受反动派称许的蛮悍勇武举动，自然是和怠惰因循习气相辅相成的……它创造了同埃及金字塔、罗马水道、哥德式教堂根本不同的艺术奇迹；它举行了同民族大迁移和十字军东征完全异趣的远征。"② 结论很明确：资产阶级在历史上曾经起过非常革命的作用。

　　资本主义的原始积累达到了两个基本目的：一方面，产生了一个占有生产资料的资本家阶层；另一方面，产生了自由工人阶层。这种自由具有双重意义，既是指摆脱奴隶制和封建压迫的自由，也是完全丧失了生产资料的自由。必然的结果是，他们成了劳动力的出卖者，因为他们别无选择。封建剥削变成资本主义剥削，这是人类的进步，但并没有取代劳动者所受的奴役，只是奴役状态的形式变换。资本的原始积累并不是亚当·斯密所设想的"生产和生活基金的积累"（所谓"预先积累"），有这种基金积累的就成为资本家，没有的就是工人。马克思认为，所谓原始的"资本积累"，并不是资本的先行积累，而是"劳动能力和生产的诸条件的直接的所有关系的经济性分离"。③ "因此，对于资本的历史性生产来说重要的是，不是进行通过勤劳和禁欲先积累资产，而是弄清楚劳动能力和生产诸条件（包括生活手段）是如何被分离的，是怎样积累转化为产业资本的货币的这些问题。"④

① 《马克思恩格斯选集》第1卷，人民出版社2012年版，第402—403页。
② 《马克思恩格斯全集》第4卷，人民出版社1958年版，第469页。
③ ［日］田内弘：《新版〈政治经济学批判大纲〉的研究》，北京师范大学出版集团2011年版，第232页。
④ ［日］田内弘：《新版〈政治经济学批判大纲〉的研究》，北京师范大学出版集团2011年版，第233页。

在马克思看来，一部分资本可以通过等价交换而积累起来，但在资本原始积累的历史中这是微不足道的来源。

与此有必然联系的是，资本原始积累造成的所谓"劳动者的自由"，实际上是使劳动者失去生产资料变成出卖劳动力的无产者，同时造成社会的两极分化，为资本主义剥削创造有利条件。所谓"历史的必然"，同时伴随着资产阶级的极其残暴的掠夺和被掠夺者的苦难，可以说对农民土地的掠夺就是资本原始积累全过程的基础。从15世纪末到18世纪的近300年间，直到19世纪达到顶点。仅1801年到1831年农村就被剥夺了3511770英亩公有地，并通过议会赠给地主。它用公开的、无耻的、直接的、冷酷的剥削代替了由宗教幻想和政治幻想掩蔽着的剥削。英国贵族清扫式"圈地运动"的历史证明，资本原始积累借以兴起和实现的手段是卑鄙残酷的。萨特伦德伯爵夫人就是一个典型。

萨特伦德家族致富的历史，是苏格兰—盖尔居民破产和被剥夺的历史，是把他们从世代生息的土地上赶走的历史。萨特伦德伯爵夫人就是倚仗权势领导实行这种清扫式"经济革命"的人。她把家族领地上的1500盖尔人从他们生息的土地上赶走，代之以牧放131000只羊。清扫的田庄被破坏和焚烧，田地全部变成牧羊场，而且用国家军队执行保卫任务。她把自古以来属于克兰的794000英亩土地攫为己有，把这块地上的农民都赶到海边，再把那里的不毛之地租给农民耕种，使他们变成既下海又种田的"两栖动物"。经济学家萨默斯在评论盖尔人的处境时说，现在"鹿开始代替羊"，使盖尔人更加贫困。鹿林和人民不能并存。总有一方要让位。因为事实是，把一块山地辟为狩猎场，在很多情况下都比把它变为牧羊场有利得多。鹿有了更自由的活动场所，而人却被赶到越来越窄的圈子里去了。人民的自由接二连三地被夺去，压迫日甚一日。清扫和驱逐人民，像在美洲和澳洲的荒野上砍除树木和灌木丛一样，被当作固定的原则，当作农业上的必要措施，由地主们来实行。这一过程静静地、有条不紊地进行着。① 马克思说："掠夺教会地

---

① 参见《马克思恩格斯全集》第44卷，人民出版社2001年版，第840—841页。

产，欺骗性地出让国有土地，盗窃公有地，用剥夺方法、用残暴的恐怖手段把封建财产和克兰财产转化为现代私有财产——这就是原始积累的各种田园诗式的方法。"① 然而，这些掠夺者们竟把他们的掠夺行径说成是仁爱之举。是什么样的仁爱呢？马克思说："根据斯泰福和萨特伦德这两个名字是足以公正地评价英国贵族的仁爱的，这种仁爱就是，尽可能远离故乡，而且最好不在大西洋此岸而到彼岸去为自己寻找目标。"② 也就是说，最好是把他们的掠夺、剥削的方式推移到美洲，推到全世界去。

资本原始积累过程不但得到英国当时的国家法律保护，同时也是得到资产阶级道德支持的。因为，作为历史的变革，在实践上它是推翻封建制度的过程，在理论上它是批判封建道德的结果。资产阶级道德认为"道德是人的功能的发挥"，"竞争就是道德"，"强者的胜利就是道德"。所以，面对原始积累的惨剧，他们采取斯多亚主义"不动心"的态度，只注重理性地"确定耕地和牧场之间的适当比例"，而不管被剥夺的劳动者的困苦和死活。资产阶级伦理学家则用"正义""博爱"来掩饰资本积累的这种卑鄙行径。从下面这两段话可以看到他们的经济学家和伦理学家所说的"和谐"。他们对资本家和工人说：

"不管人们怎么说，应该承认：你们的利益是共同的、一致的；不管人们怎么说，它们融合在一起，它们的目标是一起去实现总的利益；这一代人的汗水与上一代人的汗水流淌在一起，必须有一部分报酬分配给所有从事这一事业的人；你们之间最为巧妙的、最为公平的分配应该通过顺乎天意的法则的智慧，在自由与自愿交易的支配下进行，千万别让多余的伤感主义将它的意志强加给你们，以损害你们的利益、自由、安全与尊严。"③

"资本使我们的需要高尚了，使我们的努力减轻了，使我们的满足洁净了，使自然降服了，使道德变成了习惯……它还通过最巧妙的方法使得公正

---

① 《马克思恩格斯全集》第 44 卷，人民出版社 2001 年版，第 842 页。
② 《马克思恩格斯全集》第 8 卷，人民出版社 1961 年版，第 570 页。
③ ［法］巴斯夏：《和谐经济论》，中国社会科学出版社 1995 年版，第 214 页。

无处、无时不在。因此，不管人们从什么角度来看待资本，只要将它与以上各点联系起来，只要它依照不脱离自然轨道的社会秩序去形成和活动，我们就能在它身上找到一切合乎上帝的伟大法则的特点：和谐。"①

这是法国经济学家、伦理学家巴斯夏在他的《和谐经济论》一书中所说的话。他完全回避、否认资本原始积累的历史，认为"人类的进步与资本的迅速形成是同时出现的"，"如果说在资本和劳动之间有不调和性的话，那可能就是这样，私人的道德可能与公共利益相矛盾"。②

难怪恩格斯晚年在《反杜林论》中评论资产阶级无偿占有剩余劳动和剩余价值时，仍然尖锐地指出，同奴隶主和封建主的剥削相比，资产阶级的剥削只在剥削形式不同，实质是一样的。因此，宣扬资本主义社会制度（即恩格斯说的"现代社会制度"）"盛行公道、正义、权利平等、义务平等和利益普遍和谐"，就是"虚伪的空话"。

资本原始积累的掠夺行径是违背人道的，是与人民的道德和无产阶级道德对立的。资产阶级暴发户的胜利，就是被剥夺者的苦难。萨特伦德公爵夫人及其家族成功的历史就是历史的证明。马克思对资本原始积累的分析是历史的、辩证的，一方面对资本主义生产方式代替旧生产方式的历史进步作用，对资产阶级推翻封建贵族和僧侣统治的革命作用，给予充分的肯定；另一方面对资产阶级在资本原始积累过程中做出的那些贪婪、残暴的非人道的行径，毫不留情地予以揭露和谴责。马克思指出，资本原始积累的掠夺行径是违背人道的，是"用最残酷无情的野蛮手段，在最下流、最龌龊、最卑鄙和最可恶的贪欲的驱使下完成的"；"资本来到世间，从头到脚，每个毛孔都滴着血和肮脏的东西"。正因为这样，在资本原始积累过程中，不断地激起社会主义和人道主义思潮对它的批判，也是历史的必然。

能不能从资本原始积累过程中得出"恶是历史发展的动力"这样的结

---

① ［法］巴斯夏：《和谐经济论》，中国社会科学出版社 1995 年版，第 216 页。

② ［法］巴斯夏：《和谐经济论》，中国社会科学出版社 1995 年版，第 211 页。

论？这里应当正确理解恩格斯肯定黑格尔关于"恶是历史发展的动力"的观点。黑格尔说过，"恶是历史发展的动力借以表现出来的形式"。恩格斯分析了这里包含的两重意思："一方面，每一种新的进步都必然表现为对某一神圣事物的亵渎，表现为对陈旧的、日渐衰亡的、但为习惯所崇奉的秩序的叛逆；另一方面，自从阶级对立产生以来，正是人的恶劣的情欲——贪欲和权势欲成了历史发展的杠杆。"① 恩格斯的分析对评价资本原始积累也是适用的。资本原始积累成就了推翻封建制度的力量，实现了人类历史的变革，它就是对陈旧的、日渐衰亡的，但为习惯所崇奉的秩序的叛逆；同时，也正是掠夺者、剥削者的恶劣的情欲、贪欲和权势欲成了历史发展的杠杆。这里体现着善恶转化的历史辩证法。"恶是历史发展的动力借以表现的形式。"这句话中的"历史发展动力"，就是指历史发展的矛盾。事物发展的动力就是矛盾。矛盾的两方面既相互联系又互相对立，既统一又斗争，从而推动了事物的发展。从这种意义上讲，善与恶两方面就是历史发展的矛盾借以表现的形式。

马克思对资本原始积累的分析正是这样，一方面对资本主义生产方式代替旧生产方式的历史进步作用，对资产阶级推翻封建贵族和僧侣统治的革命作用，给予充分的肯定；另一方面对资产阶级在资本原始积累过程中做出的那些贪婪、残暴的非人道的行为，毫不留情地予以揭露和谴责。历史分析和道德评价是相联系又有区别的。道德评价是历史分析的组成因素，它给历史分析增加一些砝码，不能用道德评价代替历史分析。历史分析是道德评价的基础，但历史分析也不能代替道德评价；科学的道德评价有利于深刻认识历史的真实，正确认识资本主义经济与社会发展规律。

二、 资本家与工人的雇佣关系

这里用的"伦理"概念不是"道德"的意思，而是指具有经济内容的

---

① 《马克思恩格斯选集》第4卷，人民出版社2012年版，第244页。

由法律、道德调节和维系的社会关系。这里当然是私有财产的关系。这里说的是经过资本的原始积累，奠定了资本主义市场经济的基础，开始了资本的阶段相递的循环运动。在这里，私有财产的关系潜在地包含着作为劳动的私有财产和作为资本的私有财产的关系，以及这两种表现的相互关系。当我们深入到资本主义生产过程中，具体地考察资本家和工人之间的伦理关系时，就会首先发现劳动力买卖中的不平等，这里不仅是买者有权被买者无权的不平等，而且存在着剥削被剥削的不平等，即作为商品的劳动力在使用过程中所创造的价值大于劳动力本身的价值，这个剩余价值被资本家无偿占有。这就意味着资本家对工人的剥削，资本对劳动的攫取。资本家在购买劳动力商品时，正是看中了这个价值差额，同时在内心里深藏着恶劣贪欲的秘密。

公平互利是资本主义生产方式和商品交换的基本原则，而劳动力商品买卖是否也遵循这样的原则呢？也就是说，资本家和工人之间是不是公平互利的买卖关系？对于这个问题有不同立场的人会作出不同的回答，站在资本家立场上与站在工人立场上就会得出截然相反的结论。但判断世事的立场和道德尺度的根据，必须建立在尊重事实和公正原则的基础上，才能据事实以求其是，依事理以求其正。马克思恩格斯站在工人阶级的立场上，肯定资本主义生产方式的历史进步性，同时毫不含糊地揭露资本家对工人的奴役和剥削。这种政治立场、科学态度与道德良心是一致的。资产阶级经济学家，特别是庸俗经济学家则站在中产阶级立场上，为资本家对工人的剥削和奴役的行为作辩护，认为工人和资本家的利益是一致的、和谐的，是相互服务的，甚至认为资本家养活了工人，资本永远对工人有益。工人应该宁可忍受资本家的剥削，也不要对立或反抗。工人应当按照资本主义制度和工厂法，出卖自己的劳动力，让出一部分劳动给资本家以获得生存的条件和"人身保险"，至于获得什么样的条件和多少保险，工人就无权过问了，只能像一张熏过的皮一样任人去揉。

上述资产阶级经济学家的辩护，无非想说明一个问题，即不是资本家剥削工人，而是相互提供服务，甚至是资本家为穷人提供服务，资本家为社会上的大众穷人增加了就业机会和生活用品。对此，马克思反驳说，按照这种说法，为什么资本家不把货币埋进地窖，而让它进入生产和流通过程去增殖呢？一切名为对别人服务和行善的事情，并非都是服务和行善。例如，放高利贷的行为就像盗窃和抢劫一样，不是为别人服务，而是损害别人。奸夫和淫妇之间的行为，骑士帮助罪犯拦路行抢、打家劫舍的行为，从当事人的角度看或者是提供了重大的服务，但实际上不能称为服务。服务是有严格社会界限和道德限度的，并非所有的人际之间的相互关系都是服务关系；也并非一切名为对别人服务和行善的事情，都是真正的服务和行善。

按照马克思的分析，商品交换中各交换主体之间彼此交换和相互服务的关系，与生产性雇佣劳动中的劳资关系之间有本质的区别。因为资本家购买工人劳动力，其主观目的并不是要为工人提供服务，而是要把工人当作自己发财致富的手段，他们之间并不是和谐的、相互服务的关系，而是剥削与被剥削的关系，甚至是有国家法和工厂法保障的奴役与被奴役的关系。判断一种行为是不是相互服务，必须把它放在一定的经济关系和社会关系中去，把握服务的基本性质和界限，而不能抽掉生产关系或经济关系的基本性质，不能抛开服务的社会限制和道德界限，否则就会混淆是非，颠倒善恶。

事实证明，劳资关系中的剥削是不容否认的，在一定的历史意义上还要承认它的历史正当性。恩格斯曾经说过，"马克思了解古代奴隶主，中世纪封建主等等的历史必然性，因而了解他们的历史正当性，承认他们在一定限度的历史时期内是人类发展的杠杆；因而马克思也承认剥削，即占有他人劳动产品的暂时的历史正当性；但他同时证明，这种历史的正当性现在不仅消失了，而且剥削不论以什么形式继续保存下去，已经日益愈来愈妨碍而不是促进社会的发展，并使之卷入愈来愈激烈的冲突中"①。马克思指出，当一个社会的社会结构和制度迫使其中的一个阶级交出未付酬劳动，供另一个阶级统治和使用时，这个社会就是剥削社会。剥削就是生产者被非生产者所隶

---

① 《马克思恩格斯全集》第21卷，人民出版社1965年版，第557—558页。

属，非生产者无偿占有生产者的剩余劳动，而且是持续占有。对于生产者或者被剥削阶级而言，付出这种无偿劳动不是自愿的，而是被迫的，这种被迫付出有时会表现为自愿。维持剥削的是暴力，不管这种暴力是采取有形的、激烈的方式，还是采取无形的、温和的形式。但是只要有强制，只要生产者不是自愿而是被迫地让出部分剩余劳动给非生产者，以维持自身的生存，就是剥削。

显然，剥削包含了三方面的基本含义：一是无偿占有他人的剩余劳动；二是持续占有；三是暴力和强制。因此判断一种制度或者一种所有制是否正义，是否存在剥削，首先就要看在这种制度中是否存在着无偿占有他人剩余劳动，这种占有是不是持续占有，维护这种占有的是不是强制和暴力。

资本主义社会的暴力则主要表现为，经济关系的强制执行着对劳动榨取的功能，而处于经济环境之外的直接暴力只在偶尔情况下被使用。在资本主义社会，工人不再拥有属于自己的生产资料，但他们有人身自由，有属于自己的劳动力；因此他们就以一种不同的方式被强迫劳动，即出卖劳动力。无论哪一种形态的剥削，其基本原理是一样的，都是拥有生产资料的阶级对不拥有生产资料的阶级的剥削。拥有生产资料，从根本上说，就是对维持生计的生存手段的拥有，不拥有生产资料的人为了生存不得不为拥有生产资料的人劳动。剥削就是这样产生的。马克思说的是人人明白的事实：凡是社会上一部分人享有生产资料垄断权的地方，劳动者无论是自由的或是不自由的，都必须在维持自身生活所必需的劳动的时间以外，追加超额的劳动时间来为生产资料的所有者生产生活资料。一个人只要是占有生产资料，他就拥有了从别人那里得到部分产品、而且不用拿自己的劳动相交换的权利的可能性，即有可能拥有无偿占有他人劳动的权利。就资本主义雇佣关系而言，导致工人被"强迫"出卖劳动力的原因，就是因为资本家占有生产资料，而工人主要缺乏对生产资料所有权的拥有，这使得工人必须向资本家提供某种有用的东西，以换得生活资料。他们只能提供劳动力，为资本家进行有用劳动，此外，没有任何其他别的补偿办法。因此，雇佣工人是被迫自愿地出卖自己。正是在这个意义上，马克思把资本主义制度看成是一个"强迫劳动的体系"，是一种必须改变的制度。

针对这类错误观点，马克思指出，资本家与工人之间的表面上平等的交换掩盖了实际上的不平等，表面的和谐掩盖了根本利益的对立。因为资本主义的商品交换应该是等价的，同等数量的价值应该换取同等数量的价值。但是工人出卖的劳动力这种商品具有特殊性，对这种商品的使用能产生出比它自身价值更多的价值，即剩余价值。这就使得资本对劳动的剥削成为可能，这种情况对买者即资本一方是一种强权式的特权，而对卖者来说则是一种无权的不幸，是一种不幸的被奴役和剥削。

三、 剩余价值生产中的劳资关系

马克思经济学的核心是剩余价值学说。讲绝对剩余价值和相对剩余价值，可变资本和不变资本，中心问题是讲资本主义生产的实质。资本主义生产的实质就是剩余价值的生产。资本主义生产过程有两个方面：一方面是劳动过程，即使用价值的形成过程；另一方面是价值增殖过程，即剩余价值生产过程。生产过程作为劳动过程和价值形成过程的统一，就是商品的生产过程；作为劳动过程和价值增殖过程的统一，就是资本主义生产过程，即商品生产的资本主义形式。劳动过程的劳资关系和价值增殖过程的劳资关系具有不同的性质，应该分别研究它们的伦理关系。

什么是资本家？马克思说，"资本不是一种物，而是一种以物为媒介的人和人之间的社会关系"。资本是带来剩余价值的价值。资本家就是"人格化的资本"[1]；"资本使用工人，而不是工人使用资本；只有那些使用工人的物，从而在资本家身上具有自私性、具有自我意识和自我意志的物，才是资本。"[2] 这里既揭示了资本家的本质，也揭示了资本人格化的道德本性。资

---

[1] 《马克思恩格斯全集》第 44 卷，人民出版社 2001 年版，第 683 页。

[2] 《马克思恩格斯文集》第 8 卷，人民出版社 2009 年版，第 488 页。

本是能增殖、能流动的一种特殊的物，但它要实现自己的增殖，就必须有一定的人对它关心，承担它的运转，实现它的增殖。就是说，使人成为资本的化身。这就是一般意义上的资本人格化。作为资本化身的人就是资本家。"资本家只有作为人格化的资本，他才有历史的价值，才有……历史存在权。"① 这里要注意，生产资料和生活资料作为直接生产者的财产不是资本，它们只有在同时还充当剥削和统治工人的手段的条件下，才成为资本，也只有剥削自由工人的劳动资料占有者才是资本家，或者说只有他利用自己的生产工具剥削他人的雇佣劳动时，他才成为资本家。

马克思在《资本论》中不仅深刻揭示了资本家作为资本家的时代条件和社会因素，而且还如实描述了资本家作为资本家的内在心理。资本家的目的就是攫取剩余价值，资本家的意志就是使资本增殖；资本家作为他的钱袋，在资本运行中是货币的出发点和归宿，作为资本家的行为动机不是使用价值，而是交换价值和最大利润；资本家所关心的是商品的质量和产量，目的还是为了保证价值的增殖和扩大的经营；资本家作为资本所有者是资本的有意识、有意志的执行者，维护和延续这种私有权就是他的使命；资本家关心的是他的实业发展和财富积累，从这种根本权利上说，他并不关心工人；他认为他提供了生产资料和手段，因而从生产过程中和生产者身上榨取一定量的不付等价物的剩余劳动是理所当然。这就是资本家作为人格化的资本存在的人性真实，也是包含在资本主义生产方式劳资伦理关系的内在必然性。

从上面对资本家的描述中我们可以看到，他的外在形式是资本的化身，其内在的方面，作为资本的活动主体，作为主体的内在精神活动因素或环节，就是一个有意识的、有意志的资本运动的攫取者，它的动机、目的、欲望、激情、理智、意志，就是资本家作为资本的代表的人格存在，是一个由剩余价值和利润构成的目的贯穿着的整个人格的剩余价值追逐狂。如果说哲学家是眼睛盯着真理的人，那么资本家就是眼睛盯着剩余价值的人。资本家

① 《马克思恩格斯全集》第44卷，人民出版社2001年版，第683页。

的意志被资本的力量驱使着，狂热地追求价值的增殖，因此具有绝对的致富欲。马克思说，这种绝对的致富欲，这种交换价值的追逐狂，是资本家和货币储藏者所共有的，不过货币储藏者只是发狂的资本家，资本家却是理智的货币储藏者。资本家以资本的名义对生产进行指挥，以资本的力量对社会进行统治，不仅具有致富欲，而且具有强烈的统治欲。资本家之所以是资本家，并不因为他们是工业的领导人，而是因为他们是资本家。

从外部条件来说，资本家作为人格化的资本，个人所做的"应该如何"的选择，也基于一种社会经济运动的必然性的。这里有一个规律，就是马克思所说的自由竞争规律："自由竞争使资本主义生产的内在规律作为外在的强制规律对每个资本家起作用。"① 在这种意义上，马克思说，"这也并不取决于个别资本家的善意或恶意"。这里有它的客观方面和积极意义，即这种力量也促使资本家努力去发展生产，扩大和发挥资本的作用。正如马克思所指出："在资本的简单概念中必然自在地包含着资本的文明化趋势等等。"②"资本的文明面"，即它榨取剩余劳动的方式和条件同奴隶制、农奴制相比，"都更有利于生产力的发展，有利于社会关系的发展，有利于更高级的新形态的各种要素的创造"③。

资本与劳动、资本家与工人，这是构成资本主义社会伦理关系的主体。在这种主体关系中，若要理解工人就必须了解资本家，同样，要理解资本家也必须了解工人和工人的劳动。马克思在《资本论》中首先分析的是商品，但分析商品最基本的内容则是劳动。分析劳动是揭示资本主义生产方式的伦理价值的出发点，也是马克思的劳动道德价值的基础。就其本身来说，劳动是人与物质对象结合的自然的过程，也是人的本质对象化和创造性力量的实现过程。正是在这里，体现了马克思道德哲学思想的社会学研究的基本点和科学基础。

---

① 《马克思恩格斯全集》第44卷，人民出版社2001年版，第312页。
② 《马克思恩格斯文集》第8卷，人民出版社2009年版，第95页。
③ 《马克思恩格斯全集》第46卷，人民出版社2003年版，第927—928页。

劳动过程就其简单的要素来说，是创造使用价值的有目的的活动，是为了人类的生活需要而占有自然物，因此它是人类生活的一切社会形式所共有的。但是，在不同的社会制度下，其意义是不同的。在资本主义社会，劳动过程对资本家和工人就有不同的意义。对工人来说，劳动是为了得到工资，以维持个人和家庭的生命和生活。对资本家来说，它是消耗他购买的劳动力创造剩余价值的过程。这样的劳动过程就有如下特点：

第一，工人在资本家（或代理人）的监督下以应有的强度进行劳动，其劳动由资本家指挥和控制。如通过延长劳动工作日时间，增加绝对剩余价值。

第二，工人劳动的产品不属于工人，而属于资本家所有。生产资料成为榨取工人劳动的手段，不是工人使用生产资料，而是生产资料使用工人。

从资本家的观点来看，劳动过程就是他购买劳动力后使用这个特殊商品，把其他的生产资料加进去，以劳动力为活酵母，经过必要的生产过程，得到他预计得到的产品。在这里，资本家关心的是两点：一是生产出使用价值，即能够出卖的商品；二是生产出商品的价值要大于生产该商品所需要的劳动力价值和生产资料价值的总和。就是说，不仅要生产出使用价值、交换价值，而且要生产出剩余价值。工人劳动之所以有价值，对资本家来说就在于能够满足他的这些需要，最终要满足他的生产剩余价值和资本增值的需要。由此可知，劳资之间的伦理关系在这里包含着深刻的对立：一者是为了剩余价值，一者是为了生存；一者把自己当目的，一者把自己当手段；一者是主人，有占有劳动的权利，一者是雇佣，把劳动力交给资本家使用，像一张皮一样被人揉。

工厂工人劳动日的道德界限就是最有力的证明。

19 世纪 40 年代，英国的工业部门发生了根本性的变革，工人不是在家里做工，而是在一个共同的大工厂房间里工作，手工业作坊被工厂所代替，简单的手工工具被复杂的机器所代替。一个 8 岁儿童使用机器比以前 20 个成年男子生产的还要多。自从使用蒸汽机和金属滚筒印染技术后，一个工人就能做二十几个人的工作。氯气漂白代替氧气漂白，就使漂白的时间从几个月缩减到几个小时。生产效率发生了突变，但是工厂的工作日时间过长和非人道的强制规定，仍是对工人的残酷迫害。所以马克思说："整个资本主义生产体系的中心问题，就是用延长工作日，或者提高生产率，增强劳动力的紧张程度等等办法，来增加这个无偿劳动"①。因此，要从实质上了解劳动力买卖的性质，就须到生产过程中去看个究竟。

核心的问题是工作日的劳动时间。工人工作日的时间多长是合理的、合乎道德的？这个劳动时间问题也包含着道德界限问题。在这里信用就受到了考验。劳动力的工作日本身是不定的，是变动的量。但它只能在一定的界限内变动，它的最高界限的确定取决于：（1）身体界限，也称自然界限，即人的生命力定量。生命的极限也是道德的极限。（2）道德界限，也称社会界限。即工人满足精神文化和社会需要的时间。因此工人的工作日是在身体界限和道德界限之内变动的。不过这两个界限都有很大的伸缩性，伸缩的权力在资本家手里。资本家作为人格化的资本，他执行资本增殖的职能，要尽可能多地榨取剩余劳动，工人劳动的时间就是资本家消费他所购买的劳动力的时间。如果工人利用这个时间做自己的事，就被看作怠工、偷窃，就要受到法律制裁。就是说，在界限内，劳资关系可以道德调节；在界限外，道德调节便转化为法律调节。一般来说，微观的调节，取决于工厂主对待工人的态度和具体经营情况。从宏观上看，这取决于工人阶级的力量和斗争情况，也就是取决于阶级斗争的情况。限制工作日不仅对于恢复构成每个民族骨干的工人阶级的健康和体力是必需的，而且对于保证工人有机会来发展智力，进行社交活动以及社会活动和政治活动，也是必需的。因此，"限制工作日是一个先决条件，没有这个条件，一切进一步谋求改善工人状况和工人解放的尝试，都将遭到失败"②。（3）工厂法对强化伦理关系的作用。工人虽然

---

① 《马克思恩格斯文集》第3卷，人民出版社2009年版，第441页。
② 《马克思恩格斯全集》第21卷，人民出版社2003年版，第268页。

没有决定工作日的权力，但是工人有斗争的呼声和斗争的力量。在生产过程中，资本家对工人的"使用"和"劫掠"是不同的。资本家进入生产过程就违反了商品交换规律和原定的契约，市场交换的平等变为不平等，信用变为失信。因此工人必然进行斗争，要求正常的工作日，要求得到应得的价值。这里出现了一个二律背反，即权利同权利对抗。而这两种权利都是商品交换规律所承认的。因此在平等的权利之间较量，实力就起着决定的作用。所以工作日正常化的过程，在资本主义历史上就是资本家阶级与工人阶级之间的斗争。伦理的问题就转化为政治的阶级斗争。在这里，正如马克思所说："资本永远都不会成为劳动的代表！要在资本家和工人之间建立一致的感情和利益，那比猛虎和羔羊媾和还难！"①

资本经历了几个世纪，才使工作日延长到正常的最大极限，达到 12 小时/自然日的界限。18 世纪后 30 年大工业的发展，使道德和自然、年龄和性别、白天和黑夜的界限统统被摧毁了。工厂法首先确定昼夜的界限，之后又确定儿童年龄的标准，之后又要确定工厂时钟的标准。工时从每天 14 小时降到 12 小时，再降到 10 小时。但随后就是工资的降低。"平等"地、"公正"地剥削工人的劳动，就是资本的首要的人权。这一切都是由资本主义的法律和工厂法保护的。资本主义的国家法律和工厂法，从根本上说来，起着维护和强化资本主义伦理关系的作用。考茨基在论述马克思的经济学说时说过："在人人必须遵守纪律的自由社会里，纪律对任何人都不是一种压迫。但是为了少数人的利益而强制执行纪律，这就是奴隶制度。在这种场合下，纪律被当作一种沉重的负担，极不自愿地接受下来，仅仅是因为任何反抗都将是徒劳无益的。"② 工厂的纪律是资本家规定的"厂内规则"和"法典"，用考茨基的话说，"它是企业老板对自己工人的极权统治的表现"③。

---

① 《马克思恩格斯全集》第 4 卷，人民出版社 1958 年版，第 380 页。
② ［德］考茨基：《马克思的经济学说》，生活·读书·新知三联书店 1958 年版，第 139 页。
③ ［德］考茨基：《马克思的经济学说》，生活·读书·新知三联书店 1958 年版，第 139 页。

要改变工作日，只有通过国家政权施行的普遍法律才能办到，甚至国家法律也要维护资本家的利益而压制工人的要求。为了抵御资本家阶级的剥削，工人必须团结在一起，变社会意识为社会力量，作为一个阶级强行争取一项国家法律，使自己不至于再通过自愿订立的契约把自己和后代出卖去给资本家阶级奴役。事实上，在当时的条件下，只有通过工人阶级集体的斗争，才能使工人自己得到许多分散的个人所无法得到的东西。工人们不会满足于 10 小时工作制的要求，不会满足于资本家赐给的小恩小惠，而是要彻底摆脱资本的残暴剥削和压迫，争取无产阶级的政治和社会的统治地位，从而自己来保护自己的劳动。英国大宪章运动就是这种斗争的体现。它推动了限制工作日的立法，影响了整个欧洲的工人运动。

1866 年美国纽约丹克尔克工人通过决议："一个工作日有 8 小时就够了，而且法律上应该加以承认；……凡拒绝给予这种支持的人，将被看作劳动改良和工人权利的敌人。"① 1866 年 8 月，于巴尔的摩全国代表大会上宣布。1866 年 8 月底，由马克思起草的国际协会《临时中央委员会就若干问题给代表的指示》中提出："我们建议把工作日在法律上限制为 8 小时。这种限制是美国工人的普遍要求；代表大会的表决将使它成为全世界工人阶级的共同行动纲领。"② 8 小时工作日是工人阶级斗争的结果，这一要求也是把劳动从资本主义奴役下解放出来的必要条件。

第三节　资本主义生产过程的协作和管理

资本主义生产中有竞争，也有协作。竞争和协作。一切规模较大的直接社会劳动或共同劳动，都需要有一定的指挥和管理，以便协调个人的活动，

---

① 《马克思恩格斯全集》第 44 卷，人民出版社 2001 年版，第 348 页注（196）。
② 《马克思恩格斯全集》第 21 卷，人民出版社 2003 年版，第 268 页。

并执行生产总体的运动。资本的劳动成为协作劳动或共同劳动，就要求有总体的管理、监督和调节。这种指挥、管理的职能是资本的特殊职能。资本家在这里真实地体现着"作为资本的人格化在直接生产过程中取得的权威"①。

一、 生产中的协作和集体力

资本主义生产中有竞争，也有协作。竞争和协作，是事物发展的一般规律。1875年12月17日，恩格斯在给拉甫洛夫的信中谈到事物发展中有斗争也有合作时说："自然界中物体——不论是无生命的物体还是有生命的物体——的相互作用既有和谐，也有冲突，既有斗争，也有合作。因此，如果有一个所谓的自然科学家想把历史发展的全部丰富多样的内容一律概括在'生存斗争'这一干瘪而片面的说法中，那么这种做法本身就已经对自己作出了判决，这一说法即使用于自然领域也还是值得商榷的。"② 就是说，不能只讲生存斗争，否认合作。在讲到人类社会时，他说，人类社会和动物社会的本质区别在于"人能从事生存"。因此，社会本能是从猿进化到人的最重要的杠杆之一。"为了斗争而团结起来。"在竞争中有协作，协作也是资本主义生产方式的基本形式。

所谓"协作"，按照马克思的解释，"就是许多人在同一生存过程中，或在不同的但互相联系的过程中，有计划地一起协作劳动的劳动形式"。人们通过协作，不仅可以提高个人的生产力，而且也创造一种生产力，即"集体力"。例如，有一吨重的物体，一个人拿不起来，10个人抬也有一定的困难，若50个人抬就轻而易举了。再如，建筑工站成一排，把砖头从远处传到建房地点，总体劳动如用24只手搬砖，比单个人用两只手搬要快。协作劳动在简单劳动中具有重要作用。由于许多力量融合为一个总合力，因而能产生一种新的合力。单是社会性的接触就会引起竞争心和持续的情绪，

---

① 《马克思恩格斯全集》第46卷，人民出版社2003年版，第997页。
② 《马克思恩格斯文集》第10卷，人民出版社2009年版，第410—411页。

从而提高个人的工作效率。

马克思引用亚里士多德的名言说，人"天生是政治动物"，又说人"天生是社会动物"。① 为什么协作可以提高劳动生产率？关键在于它能提高劳动力的机械力，扩大合作力量的空间作用范围，在规模上相对地缩小空间生产场所；在紧急时期短时间内可以动员大量劳动力，激发个人的竞争心，使个人劳动精神集中；可以使许多个人同种作业有连续性和多面性，同时进行不同的协作，使个人劳动具有社会平均劳动的性质；共同使用生产资料还可以节约。当然，对资本主义生产来说，把工人完成的剩余劳动即无酬劳动的一部分转化为资本，在作为资本职能的执行者那里，就是把他合并到的一部分利润转化资本，变为准备基金，常常被说成"节约"。

在资本主义工厂生产过程中，直接生产劳动的工人和监工、工程师、经理、伙计等的劳动，总之，在一定的物质生产领域内为生产某种商品而需要的一切人员的劳动，他们的共同劳动，就是生产商品所必需的协作。在这些情况下，结合起来的特殊生产力，都是劳动的社会生产力，或称社会劳动的生产力。这种社会生产力是由协作本身产生的。劳动者在同他人的共同工作中，摆脱了个人的局限，发挥出他的协作能力。"单个人的力量是很小的，但是结合起来所产生的总力量要比这个部分力量的总和要大。"所以，资本主义生产在把握竞争机制的同时，也极力推行协作，这是支撑资本主义生产方式的两大杠杆。

由此可见，协作的伦理也是生产力发展本身的要求，是从事物本身引申出来的。但是，在资本主义的协作关系中，伦理关系则是个人对个人的关系。因为，在资本主义经济活动中，劳动力只是在经济活动、生产过程上发生关系，而在价值上则互不发生关系，只是作为单个人与资本家、监工发生关系。资本家雇用的是单个人，即使上百人的工厂，资本家、监工对工人也是以单个人对待的。集体力的价值归于剩余价值的掌控者，而不归它的创造

---

① 《马克思恩格斯全集》第44卷，人民出版社2001年版，第379页。

者。因此，资本主义协作作为协作中的劳动者，作为一个工作机体的肢体，他们本身只不过是特殊的工具。其所值就是他们的劳动的特殊存在方式。资本主义协作是以有出卖劳动力的雇佣工人为前提的。它既是劳动过程转化为社会过程的历史必然性，又是资本剥削劳动的一种方法。"价值是人的活动（劳动）的一定的社会存在方式。"在这里，要注意分析单个人的活动，而不是协作的集体力。

由于竞争、协作的必然性，也就产生了管理的需要。一切规模较大的直接的社会劳动或共同劳动，都或多或少地需要指挥，以便协调众多个人的活动，并执行生产总体的运动所产生的各种一般职能。比如，一个单独的提琴手自己指挥自己就可以了，而一个乐队就需要一个乐队总体的指挥。一旦从属于资本的劳动成为协作的劳动，就要求有总体的管理、监督和调节，就如同乐队需要总指挥一样。因而这些职能就成为资本及其人格化资本家的特殊职能，并赋予它本身以特殊的性质。

首先，生产过程的动机和决定性的目的，是使资本尽可能地增殖，尽可能大地剥削劳动力。随着工人的增加，反抗的力量也会增大，因此资本施加的压力也必然会加强。因此，资本家的管理不仅是一种由社会劳动过程的性质所产生的特殊职能，而且同时也是剥削社会劳动过程的职能。这是由雇佣劳动和资本之间的对抗决定的。

其次，雇佣工人的协作只是资本使用他们的结果。他们在职能上的联系和他们作为生产所形成的统一，存在于他们之外，存在于把他们联系在一起的资本中。因此，他们之间的劳动联系，在观念上是作为资本家的计划，在实践上是作为资本家的权威，作为他人意志的权力，他们的活动必须服从这个意志及其目的，并和他的目的保持一致。

因此，资本主义管理就其内容来说，是二重的。因为它所管理的生产过程本身具有二重性：一方面，是制造产品的社会劳动过程；另一方面，资本的价值增殖过程。就其形式来说，资本主义的管理，是民主的；就按性质来说，它是专制的、独裁的。当然，这种专制形式也要随着生产和协作规模的发展而发生变化。

资本主义的管理必然形成的纵向关系，就是把直接监督的职能交给特种雇佣工人（监工、工头），他们以资本的名义进行指挥。这样，工人与资本家之间形成一个监工、工头关系，使工人与资本家的对抗变为工人与工头的直接对抗。资本家之所以是资本家，并不是因为他们是企业的领导人，而是因为他们是资本家所以才是企业的领导人。管理的最高权力是资本的力量。这是形成资本主义生产秩序中的伦理关系的决定力量。就是说，这里有两个不同的管理职能：一种是由共同劳动本身的性质而产生的管理职能，另一种是从价值增殖过程的资本主义性质而产生的管理职能。这两种职能不能混为一谈。这里有资本主义管理伦理的两重性：一种是共同劳动过程要求建立协作的管理伦理；另一种是对抗主体的矛盾调节所形成的统治、监督的伦理。前者是合理的协作的伦理，后者是剥削的伦理，其合理与不合理的程度和界限，需要从利益、伦理和管理三方面进行综合评价。

这里需要谈谈两种不同的分工——社会分工和工厂分工。

马克思研究了分工的不同种类。如社会分工，包括农业、工业、牧业等大类分工，也称为一般分工。马克思也把大类分为它的种、亚种，如蔬菜业、粮食业、农具业、家具业等，也称为特殊分工。另外还有工厂内部的分工，叫做个别分工。一定量的同时使用的工人，是工厂内部分工的物质前提。人口数量的密度是社会内部分工的物质前提。二者是相互联系的。工厂内部分工要求社会分工达到一定的发展程度，而工厂分工又会促进社会分工的发展。如生产工具分化了，社会分工必然增加，一旦工厂生产扩展到某种行业，原来联系在一起并由同一生产者经营的行业，立即就会发生分离和相互独立；反之也一样。在某种制品（如皮鞋）是由局部产品纯粹机械的组合成整体的地方，独立劳动就分成若干特殊的手工业。法律为维护这种生产，规定每个学徒始终只能从事一种产品的制造，不得同时学几种产品的制造方法。与此同时，产品的地区也进行了分工限制，以便于管理。这样就使工业发展获得了一种新的推动力。

　　但是，社会内部的分工与工厂内部分工不但有程度的差别，而且有本质的区别。资产阶级经济学家，如斯密认为它们之间无区别，要说有区别那也只是观察者主观的区别。工厂分工明显，社会分工不明显。因此，要分析这种区别并不只是经济理论问题，其中也有思想方法问题。例如分析社会分工，面对各种局部的劳动，如牧人、鞋匠、皮匠等的独立劳动，表面看来是分散在广大地域的，其实他们各自的产品都是商品，都是作为商品而存在的，因而有着内在的统一；反之，工厂内部分工的每个局部生产，看起来都不是直接生产商品，但他们的共同活动的结果的产品却是商品。

　　社会分工以不同劳动部门的产品的买卖为媒介发生联系，而工厂内部分工的各个局部的联系是以劳动力出卖给同一个资本家，这个资本家又把他们作为结合劳动力使用为媒介。前者以生产资料分散在互不依赖的商品生产者中间为前提；后者以生产资料集中在资本家手中为前提。在工厂内部的分工按照一定的比例和规定的铁的纪律使工人从事一定职能的劳动，而在社会分工中，生产资料的分配是竞争的任意性、偶然性在发挥作用，虽然经过市场调节经常力求平衡，但是也不断破坏着平衡。平衡不过是经常不平衡的反作用。在工厂内部则严格按照预先制定的计划和规则进行。

　　由此可以看到，在社会分工中，可以使独立商品生产者互相独立，不承认任何权威，只承认竞争的自由，只承认互利的压力加在他们身上的强制，只服从结果的自然必然性。而在工厂内部的分工，则必须以资本家对工人的绝对权威和专制为前提。个人只是资本家占有的总机构的部分和零件。因此，在社会分工中可以表现为自由、无政府状态，而在工厂内则必然表现为专制和不自由的奴隶状态。所以，工厂分工的细化、专业化、专门化，也为工人的固定化、片面化、奴隶化奠定了基础，其伦理关系当然也会发生相应的变化。所以有的经济学家就说，"我们成了奴隶民族，我们中间没有自由人"。

　　在资产阶级意识形态中，对这种现象，一方面，颂扬工厂分工，工人终生从事固定的工作，服从资本家的指挥，提高生产力；另一方面，又咒骂生产工厂的社会组织和监督的调节，认为这是侵犯他们的自由和权利。但是，在资本主义生产方式中，社会分工的无政府状态和工厂内部分工的严格专制是互相制约、相互为用的。这也为揭示资本主义社会占统治地位的伦理秩序的秘密提供了解密钥匙。尽管上层政府机构不断振荡，解体又重建，建了又垮台，但是，社会却依然如故。社会的基本经济结构、伦理秩序，不为政治领域的风暴所触动。因为它有工厂内部分工这种资本主义生产方式的特殊调节在起作用。

二、 资本主义企业管理的两重性

要说明资本主义企业管理的性质，就需要了解资本的特性是什么。马克思在把资本与土地、劳动相比较时说，土地是"粗糙混沌一团的天然物"，劳动则是"人类一般的生产活动"的抽象，而资本作为历史地形成的社会生产过程的因素之一，则"有一个确定的、乍一看起来极为神秘的社会形式"。"资本不是物，而是一定的、社会的、属于一定历史社会形态的生产关系，后者体现在一个物上，并赋予这个物以独特的社会性质。"① 这就是说，资本是一种以物为媒介的人和人之间的社会关系，在剩余价值的生产过程中，资本是能增殖、能流动的一种特殊的物，但它要实现增殖就必须有一定的人对它关心，承担它的运转，实现它的增殖。这样的人就是资本家。资本家就是资本的人格化。资本的这种规定性，既规定了资本家的本质和特征，同时也揭示了资本主义企业管理的两重性。因为作为资本家，他的动机就不是使用价值和享受，而是交换价值及其价值的增殖。他关心使用价值的质量、产量和服务，其目的是保证价值的增殖。因此，资本家不仅要作为资本所有者的身份出现，而且要作为资本的有意识、有意志的执行者、运作者和企业管理者，行使资本运动的职能，实现资本的价值增殖的历史作用。

一切规模较大的直接社会劳动或共同劳动，都需要有一定的指挥和管理，

① 《马克思恩格斯文集》第 7 卷，人民出版社 2009 年版，第 922 页。

以便协调个人的活动，并执行生产总体的运动。一旦从属于资本的劳动成为协作劳动或共同劳动，就要求有总体的管理、监督和调节。这一职能对工厂和各种企业经营，都是共同性的机制，并不只是工厂管理的特征。资本家在这里真实地体现着"作为资本的人格化在直接生产过程中取得的权威"①。

这种指挥、管理的职能是资本的特殊职能。它的特殊性质在于：

第一，资本主义生产过程和资本流通过程的动机和决定性的目的，是资本尽可能地增殖和最大限度地剥削剩余劳动。因此，工人和企业职工就会因权利地位、工资待遇和精神控制而产生不满和反抗。而且随着工人和职工的增加，反抗的力量也增强。资本家的管理或企业管理不仅是一种属于社会劳动过程的特殊职能（监督和管理等），而且同时也是剥削和控制工人的过程。从根本的关系上说，这是由资本和雇佣劳动之间的利益对立的性质决定的。

第二，雇佣工人、职工在生产和企业中的协作，是资本同时使用他们的结果。他们在职能上的联系和他们作为管理工作者总体所形成的统一力量，存在于他们之外，即存在于把他们集合、联系起来的资本中。因此，他们的劳动联系，在观念上只是体现着资本家的权威，体现着资本意志的权利，他们的活动必须服从这个意志的权利和目的，并和它相对立。

第三，他们的职业教育和道德教育，是紧密地服务于剩余价值生产的。在资本主义生产和企业管理中，工人和职工在经济活动和管理活动中是协作配合关系，但在劳动力的价值上则互不发生关系，而是作为单个人对待的，常常以特殊的形式和方法体现这种单个人的对待。因此，对整体的职业教育强调集体精神，互助合作，劳资一家；但对个人的道德教育，则强调忠于主人，忠于职守，勤劳守信。资本家用各种方式感化和鼓励工人、职工对工厂和企业表示忠心，对主人表示感恩。

由此可见，资本主义生产过程本身具有两重性，因而资本主义生产的管

① 《马克思恩格斯全集》第46卷，人民出版社2003年版，第997页。

理也具有两重性：一方面是制造产品和创造剩余价值的社会劳动过程；另一方面是资本的价值增殖和实现过程。就其形式来说，资本主义的管理是专制的，这种专制的形式会随着生产和协作规模的变化而变化。一般来说，资本家实施管理往往把监督职能交给监工（特种雇佣工人），他以资本的名义、也以资本家老板代理的名义进行指挥和控制。在这种情况下，一部分矛盾转移到工人与监工、指挥和职工之间。但管理的最高权力属于资本，属于资本家。这个领域的伦理关系和伦理秩序无疑是由资本的力量建立和维系的。

这里有社会劳动过程本身要求的管理，又有资本对工人、对职工统治和指挥的管理。这两种管理不能混为一谈。这就是说，要注意资本主义企业管理伦理的两重性：一是共同劳动、协作的经济过程要求的管理；二是劳资对立、指挥被指挥矛盾调节需要的伦理。前者是合理的生产劳动协作的伦理，后者是不合理的为实现剩余价值剥削的伦理。为了实现前者，在一定情况下资本家会改善与后者的关系，提高道德温度，以至于不断改进管理方式，推进劳资合作。在这方面，资本主义生产管理积累了丰富经验，创立了有价值的管理学和管理伦理学，值得借鉴。

在注意一般管理的情况下，马克思注意到资本主义生产极度发展的结果，使其在股份公司内的职能已经同资本的所有权相分离，因而也使劳动已经完全同生产资料的所有权和剩余劳动的所有权相分离。这个结果是使资本再转化为生产者联合而成立国际卡特尔，在更大范围调节分配和生产。但是，生产社会化的这种形式还要继续发展，各个公司的利益的对立，过于频繁地破坏它，助长竞争。因此，在有些部门，只要生产发展的程度允许，就会把该工业部门的全部生产，集中成为一个大股份公司，实行统一领导，从而形成托拉斯。单个工厂即原来的生产所必需的过渡点，不过这种财产不再是各个互相分离的生产者的私有财产，而是联合起来的生产者的财产，即直接的社会财产。这种财产形式的转化，也为伦理关系和秩序向新形态的转化准备了物质基础。

在这里，恩格斯对马克思的研究作了一个重要的补充。恩格斯指出，在马克思之后，新的工业企业形式发展起来。这些形式代表着股份公司的二次方和三次方。在大工业的一切领域内，生产现在能以日益增长的速度增加，与此相反，这些增产的产品的市场的扩大却日益变慢。大工业在几个月生产的东西，市场在几年内不一定都能吸收。加上本国生产能力的人为的变化，结果是全面的经常的生产过剩，价格下跌，利润下降甚至完全消失。这样，历来受人称赞的自由竞争就会受到打击，一些企业就不得不宣布破产。在一些企业破产的同时，一定部门的大工业家就会联合起来组成卡特尔，以便调节生产。在一定场合，甚至会有股票所有者以股票形式取得他们的全部投资的估定价值。技术的管理归原来的人，营业方面的领导则集中在总管理处。这样，竞争就被垄断所代替，并为将来由全民来实行剥夺做好了准备。这是资本主义生产方式在资本主义生产方式本身范围内的扬弃，因而是一个自行扬弃的矛盾，它表现为通向一种新的生产形式的过渡。

因此，马克思说："资本主义的股份企业，也和合作工厂一样，应当被看作是由资本主义生产方式转化为联合的生产方式的过渡形式，只不过在前者那里，对立是消极地扬弃的，而在后者那里，对立是积极地扬弃的。"① 马克思在 1858 年 4 月 2 日致恩格斯的信中说，"股份资本，作为最完善的形式（导向共产主义的）"②，随着资本集中和资本家对资本家的剥夺，规模不断扩大的劳动过程的协作形式不断发展，科学日益被自觉地应用于技术方面，各国人民日益被卷入世界市场网，从而资本主义制度日益具有国际的性质。这样，它与被资本主义制度剥削的广大劳动者和世界范围广大人民群众的矛盾，资本主义制度的超限度的消费和对生态的破坏所造成的人类与自然的矛盾，将会冲破资本主义制度外壳，实现世界性的改造。

---

① 《马克思恩格斯全集》第 46 卷，人民出版社 2003 年版，第 499 页。
② 《马克思恩格斯全集》第 29 卷，人民出版社 1972 年版，第 299 页。

从以上的研究可见，资本主义生产和经济发展过程，是一般生产过程和经济的历史规定形式。这种生产和经济发展的承担者以及他们之间的相互关系，他们借以进行生产和经济管理的各种关系的总和，就是从社会经济结构和伦理关系方面来看社会的。这个社会的发展是一个自然必然性的过程，也是人为调节和控制的伦理过程。这个必然性的王国会随着人的道义精神导向而前进。在这个过程中，人类的需要、能力和智力的发展本身就是目的。所谓"自由王国"，也就是人与自然和谐、人与人和谐的共同体的实现。那是一个以每个人的全面自由发展为基本原则的更高级的社会形式，即《共产党宣言》所说，"没有阶级和阶级对立的，每个人的自由发展是其他一切人自由发展的条件的联合体"。

实在说来，上述关于世界未来的发展，只是马克思提出的一个预见，但这不是一般的预见，而是以他的终生研究成果而得出和证明了的科学预见。如果就思想的高度来看，马克思的《资本论》最重要的内容不是劳动价值论，而是关于扩大再生产、资本积累的规律和相对剩余价值论的揭示。《资本论》不是只为了宣传鼓动而写的著作，也并不是像他以前的那些社会主义者和共产主义者那样，证明全部劳动产品应该属于工人阶级的公正，并不是利用劳动价值论进行道德说教。马克思向来反对把历史的发展和人类的解放当作道德说教，而是以科学的态度和方法去揭示社会进步的基础和历史发展的规律。马克思之所以对劳动价值论耗费心血，撰写巨著《资本论》，仅仅由于事实上唯有这个学说才是认识全部资本主义生产方式、开启人类思想解放的钥匙。马克思的预见是世界历史上第一个获得实践意义的远见卓识的科学预见。

三、 所谓"公平的工资"

19世纪30年代到80年代的50年间，英国工人运动中流行一个口号："做一天公平的工作，得一天公平的工资。"这也是当时的社会主义经济学的观点。这个口号对鼓舞工人为公平而斗争起了重要作用，但什么是公平的工作，什么是公平的工资？却没有科学的理解，只有道德感的呼声。事实上，从经济伦理的角度看，在道德上是公平的，从社会经济来看可能是不公平的。马克思对这个问题作了客观的、科学的解释。

什么是"做一天公平的工作，得一天公平的工资"？①

所谓"一天的工作"，就是消耗工人一天的劳动力，同时又不以损害他第二天的劳动为限度。所谓"工资"，就是保证工人必要的生活资料的货币，即保证工人的工作能力和他的后代延续的钱。从这两方面来看，工人和资本家在这种关系中是一种合法的交易。这种交易就是：工人把一天的全部劳动力交给资本家，得到的是生活必需品。但工人付出的多，得到的少。尽管如此，工人为了生存还是要到资本家门下去做工。而且，一者认为这是天经地义，一者以为"干一天活拿一天的钱"也公平。可是，实际上是不公平的，工人并没有拿到干一天活应得的工资。实际上在资本主义竞争中，工人不可能得到公平的工资。

首先，竞争不是在公平的起跑线上。资本家有工厂和资本，工人一无所有。资本家不愁没有人给他干活，工人没有工作就要挨饿。其次，工人和工人之间，为了生存的饭碗，相互之间也竞争，其结果使工资降低，增加了资本家的力量，削弱了工人自己的力量。最后，资本主义生产的总趋势是降低工资的平均水平，就是程度不同地使劳动力的价值降低到它的最低限度。此外，有些其他因素。②

这种资本家与资本家之间、工人与工人之间的矛盾以及资本主义生产的总趋势，这种客观历史不能用道德去调节，而要找到决定这种伦理关系的经济关系和决定人伦关系的物质利益关系。工资是劳动力的价值和价格的转化形式。一般来说，工资有两种形式，即计时工资和计件工资。计时工资是直接表现劳动力的日价值、周价值的转化形式；计件工资不过是计时工资的转

① 《马克思恩格斯全集》第25卷，人民出版社2001年版，第488页。
② 参见《马克思恩格斯文集》第8卷，人民出版社2009年版，第347页。

化形式。两种形式都包含着资本家玩弄的花样，以低于劳动力的价值支付工资。在计时工资里，资本家通过延长劳动时间来降低工资，往往不顾工作日的道德界限，把工作日延长到超过正常的限度而不给工人任何相应的报酬。在一个产业部门里，工作日越长，工人的工资就越低（这已得到1860年英国《工厂视察员报告》的证实）。计件工资是资本家"克扣工资和进行资本主义欺诈的最丰富的源泉"，是最适合于资本主义生产方式的工资形式。因为劳动的质量和强度是由工资形式本身控制的，因此对劳动的监督就变成寄生的中间盘剥的包工制，构成层层剥削、压迫制度的基础。中间人的利润完全来自资本家支付的劳动价格和中间人实际付给工人的那部分劳动价格之间的差额。这就是所谓"血汗制度"。当然，计件工资也给工人的个性提供了较大的活动场所，一方面促进了工人的个性的发展，从而促进了自由精神、独立性和自我监督能力的发展；另一方面也促进了工人之间的竞争。因此计件工资有一种趋势，在把个别工资提高到平均水平以上的同时，把工资水平本身降低，直至残酷剥削和奴役工人的"血汗工厂"制。这种情况的必然存在，是不是说工人阶级就应当放弃对资本掠夺行为的反抗、使自己的生活有所改善呢？马克思明确指出资本主义生产方式的这种客观必然性，但是支持工人阶级的反抗。因为，停止反抗就会沦为听天由命、任人宰割的奴隶。马克思始终支持工人阶级争取提高工资的斗争，认为他们的斗争是合理的、正义的："他们为工资水平而进行的斗争，同整个雇佣劳动制度有密切的联系；他们为提高工资所做的努力，在一百回中有九十九回都只是为了维持现有的劳动价值；他们必须就劳动价格与资本家讨价还价，因为他们已经把自己当做商品出卖了。他们在和资本的日常冲突中如果畏缩让步，他们就没有资格发动更大的运动。"①

在资本主义历史上，工人阶级为提高工资进行的斗争不断，正是说明工资最敏感地反映着资本主义经济制度所决定的利益分配关系的不公正。当

① 《马克思恩格斯文集》第3卷，人民出版社2009年版，第77页。

然，随着资本积累的增长，资本的需求也会超过劳动的供给，这时工人的工资也会有某种程度的提高。这种情况也会在一定程度上改善工人的生活条件和社会地位，使劳资紧张关系得到缓和。但是，马克思对劳资伦理的社会学分析，仍然把重点冷静地放在对待经济规律和劳资关系发展的历史进程上，而不是诉诸道德感。马克思认为，如果道德学家说，"这是不公平的，不应该这样分配"，那么这句话与政治经济学没有直接的关系。这不过是说，这些经济事实与道德感有矛盾。它不是"应该不应该"的问题，而是是与不是的必然性的问题，是经济发展的客观规律问题。在这里，马克思指出了劳资关系的一种客观规律：资本主义制度，市场经济的发展过程，是社会的客观伦理向个体化、主体化和理性化发展的过程。资本主义工厂制度的工资虽然包含着新的奴役，但它同时在更大的历史过程中又是文化史的一个阶段。这种个体化、主体化和理性化，意味着人从宗法关系下解放出来，这是人类历史发展和进步的标志。劳动的主体自我成为衡量事物和进行选择的标准，并对自身的行为和社会地位负责，这是从地位身份到契约意志，从服从老板到自我选择的发展。这种发展是个性、个人主义得到发展的基础和道德的合理性的根据。在这里，伦理关系不过是包含在客观社会关系中的伴随经济发展的秩序。如果把这种思想简单地解释为马克思只是对人在经济世界中的地位分析，并通过这种分析表示工人阶级对现实生活的道德诉求，那就如同海因岑的"道德化的批评"一样过于离谱和肤浅了。

劳资关系作为一种特殊的契约关系，固然包含着多方面的人与人的关系，除了雇佣与被雇佣的关系外，还有人际、情感关系，包括工资、工作时间、工作场所、休假、请假及安全卫生、福利设施和工种保护等。但是，这种"多因素"并不能抹杀资本主义雇佣关系的本质，如果抽掉经济关系的这个特定规定性，就看不清被各种外表形式和礼仪掩盖着的劳资伦理关系的本质，就会以为劳资伦理关系是平等的、公正的、和谐的，那就会被"现代社会制度盛行的公道、正义、权利平等、义务平等和利益普遍和谐这一类虚伪的空话"所蒙蔽，看不出"现代资产阶级社会就像以前的各种社会一样真相大白：它也是人数不多并且仍在不断缩减的少数人剥削绝大多数人的庞大机构"。①

　　当然，马克思对待工人的工资问题，并不是单纯的道德性批判，也不仅仅看到资本剥削工人的一面，在经济分析中仍然保持着全面分析的科学态度。马克思在谈到"什么叫对工人的剥取"问题时说："在我的论述中，'资本家的利润'事实上不是'仅仅对工人的剥取或"掠夺"'。相反地，我把资本家看成资本主义生产的必要的职能执行者……他不仅'剥取'或'掠夺'，而且迫使进行剩余价值的生产，也就是说帮助创造属于剥取的东西；其次，我详细地指出，甚至在只是等价物交换的商品交换情况下，资本家只要付给工人以劳动力的实际价值，就完全有权利，也就是符合于这种生产方式的权利，获得剩余价值。但是所有这一切并不使'资本家的利润'成为价值的'构成'因素，而只是表明，在那个不是由资本家的劳动'构成的'价值中，包含他'有权'可以占有的部分，就是说并不侵犯符合于商品交换的权利。"② 在这里，资本家好比是剩余价值生产这部机器的一种零件，它处在那个位置上，起着它必然起的作用，这本身并不是资本家个人道德的体现，而是经济运动规律的表现，换句话说不是"剥取"或"掠夺"，而是"帮助创造"，是实现剩余价值生产过程的一个方面；在付给符合劳动价值的工资的情况下，他也具有由这种生产方式决定的权利。美国社会学家伍德曾明智地指出："马克思在工人阶级运动中拒绝使用'平等的权利'和'公平的分配'这些'陈词滥调'和'意识形态的遁词'来批判资本主义并构想未来社会，如果这样看待马克思，将会使他给人留下一个缺乏远见和自我挫败的印象。"③

---

①　《马克思恩格斯选集》第 3 卷，人民出版社 2012 年版，第 726 页。

②　《马克思恩格斯全集》第 19 卷，人民出版社 1963 年版，第 401 页。

③　Allen W. Wood, "Marx on Right and Justice: A Reply to Husami", *Philosophy and Public Affairs*, Spring, 1979, Vol. 8. No. 3.

疑难问题讨论（五）
《资本论》价值概念之哲学意义

有一种现象人们也许会意识到，现在人们说事儿谈问题，几乎不怎么用"真理"一词而多用"价值"这个词了。遗憾的是，究竟什么是价值，却众说纷纭，莫衷一是。翻翻有关文章和书籍可以找出几十个不同或根本对立的价值概念定义，而流传的关于马克思的哲学价值概念定义又是误解。马克思有没有自己的价值论？马克思的经济学价值概念有没有哲学意义？看来还需要认真研究和讨论。

一

讨论马克思的经济价值概念的哲学意义，不能不注意马克思对瓦格纳经济学价值概念的批判。长期以来，很多人没有注意马克思对瓦格纳经济价值概念的批判，有人对马克思的《笔记》有所误解，甚至根本否认马克思对瓦格纳经济价值概念的批判。国内学术界经常有人引用马克思在《评阿·瓦格纳的〈政治经济学教科书〉》笔记中写的一句话，把它当作马克思关于哲学价值概念的定义，说它是"成熟的马克思从哲学意义上对价值概念作的界说"。那句话是："'价值'这个普遍的概念是从人们对待满足他们需要的外界物的关系中产生的。"① 其实，这句话所表达的并不是马克思的观点，而是马克思所批判的瓦格纳的错误价值概念。这一点早在 1987 年已有郝晓光先生根据德文原著作了考证，也有其他文章作了解说。现在引用这句话作为价值概念的经典定义者不多了，但当初由误解而引发的价值概念却仍然在流行，也还有文章和书本仍然这样引用。因此，有必要在这里重提马克思对

---

① 《马克思恩格斯全集》第 19 卷，人民出版社 1963 年版，第 406 页。

瓦格纳价值论的批判。

19世纪德国经济学家阿道夫·瓦格纳，在他1879年出版的《政治经济学教科书》中，歪曲马克思在《资本论》中阐述的价值论，阐发了他的经济学的"需要价值论"。他说："人作为具有需要的生物，同他周围的外部世界处在经常的接触中，并且认识到，在外部世界存在着他的生活和福利的许多条件。"① 又说："人的自然愿望，是要清楚地认识和了解内部和外部的财物对他的需要的关系。这是通过估价来进行的，通过这种估价，财物或外界物被赋予价值。"② 瓦格纳的这些话无疑是论述经济学的使用价值的，但它反映出瓦格纳对经济学价值概念的误解和造成误解的错误思维方法。

瓦格纳的思路可以概括为这样四步：第一步，从人出发，肯定人是有需要的，表现为满足需要的自然愿望；第二步，肯定人同他的周围环境处在经常的接触中，人的愿望是要认识并且能够认识外界物对需要的关系；第三步，人通过认识外界物能够满足需要是财富，于是对财富进行估价，估价就是赋予价值；第四步，按照德语的用法，把"使用价值"和"价值"两个词等同使用，从使用价值直接得出"价值"概念。结论是："'价值'这个普遍的概念是从人们对待满足他们需要的外界物的关系中产生的。"

这个结论是瓦格纳思路的结论。应注意，在这句话里，"价值"一词是打了引号的，显然是指瓦格纳所说的"价值"，而不是指马克思自己的价值概念。还应注意，马克思《笔记》原稿中删掉了一段话——"但是瓦格纳先生的这种演绎法还更妙，因为他谈的是'一个人'，而不是'人们'。这个非常简单的'演绎法'瓦格纳先生是这样来表现的：'一个人的'（应读作：一个德国政治经济学教授的）'自然愿望'是，使一种'关系'（在这种关系中，外界物不仅是满足人类需要的资料，而且在口头上加以承认，因而也就成为这样的资料）……"③ ——这段话在正文中是这样表述的："一

---

① 《马克思恩格斯全集》第19卷，人民出版社1963年版，第408页。
② 《马克思恩格斯全集》第19卷，人民出版社1963年版，第404页。
③ 《马克思恩格斯全集》第19卷，人民出版社1963年版，第406页注（2）。

位德国的政治经济学教授的'自然愿望'是，从某一个'概念'中得出'价值'这一经济学范畴。"这"某一个概念"就是指"使用价值"这一概念。这就是说，瓦格纳直接从"使用价值"概念推出了"价值"这个普遍概念、种概念，也就是上面说的那个"结论"。这段删掉的话也清楚地说明那个"结论"并不是马克思的观点，而是马克思要批判的瓦格纳的观点。

马克思的笔记在阐述《资本论》的经济学说基本原理的同时，深刻地分析和批判了瓦格纳的错误价值概念。马克思是怎样对瓦格纳的错误价值概念进行批判的呢？我认为，至少可以从《笔记》中归纳出以下几点。

第一，关于"人"。马克思首先指出，瓦格纳所说的"人"，是一般的人，而不是具体的人。如果是指"一般的人"这个范畴，那么它根本就没有任何需要；如果指的是孤立地站在自然面前的人，那么他应该被看作是一种非群居动物；如果是指生活在不论哪种社会形式中的人，那么他应该具有他所生活的那个社会的一定特性，因为他获取生活资料的过程已经具有这样或那样的社会性质。马克思认为，分析商品的价值应该"从一定的社会经济时期出发"，也就是从一定的社会生产关系出发，从现实的实践于一定社会关系中的人出发，而不能从抽象的人出发。而瓦格纳是以抽象的人为出发点进行商品价值推论的。这是两种根本不同的出发点，也是两种不同的方法论。

第二，关于人与外界物的关系。马克思指出，瓦格纳说人是"处在"与外界物的关系中的。这就意味着人与外界物的关系只是静止的、理论的关系，并不是实践的、现实的关系。实际上，人不是首先"处在"对外界物的关系中，而是通过实践首先是生产实践，积极地活动在与外部世界的关系中，并通过实践取得对外界物的认识，占有或改造一定的外界物，从而满足自己的需要。不仅如此，人在生产实践过程中，还经常同其他人相互之间保持着劳动的联系，并且为了物质利益而同其他人发生矛盾和斗争。因此，"一定的外界物是为了满足已经生活在一定的社会联系中的人的需要服务的"[1]。而不是

---

① 《马克思恩格斯全集》第19卷，人民出版社1963年版，第405页。

像动物那样直接同外界物发生关系，满足需要。

第三，关于"价值"概念的分析。马克思指出，瓦格纳没有把各种劳动的具体的性质和一切具体劳动所共有的劳动力的消耗区别开来。他接受了洛贝尔图斯的"价值即使用价值"的观点，犯了与洛贝尔图斯同样的错误。如果他进一步分析商品的交换价值，那么他就会在这个价值表现形式的背后发现"价值"。如果他再进一步研究"价值"，那么他就会发现使用价值只是当作人类劳动的物化，当作相同的人类劳动力的消耗，因而表现为物的对象性质。这样一来，他就会发现，"商品的'价值'只是以历史上发展的形式表现出那种在其他一切历史社会形式内也存在的、虽然是以另一种形式存在的东西，这就是作为社会劳动力的消耗而存在的劳动的社会性"[①]。

第四，关于价值概念的推论。在瓦格纳看来，物作为满足自己需要的资料就是"财物"，对财物的估价就是"赋予价值"。这就等于说，从抽象人对"财物"的自然愿望就能得出价值概念，不过是用"价值"一词代替"财物"一词而已。瓦格纳推论价值概念的手法，就是把使用价值和价值混在一起，把政治经济学中俗语叫作"使用价值"的东西，按照德语的用法改称为"价值"；反过来，在"价值"一词前面加上"使用"一词，就又得出"使用价值"。因为在他看来"使用价值"和"价值"两者都有"价值"这个共同的词。马克思说他始终是在玩弄文字游戏，偷运"价值"这个词，以摆脱"他没有能力胜任深刻研究价值的尴尬"。

有人不了解马克思的《笔记》，对"马克思批判瓦格纳的价值概念"这种说法有所质疑。其实，这也用不着争论，读读马克思的《评阿·瓦格纳的〈政治经济学教科书〉》那篇笔记，就可以得到共识，即使在批判的内容上做出不同的概括，也不会否认马克思对瓦格纳的价值概念作了批判。马克思对瓦格纳的批判和对自己的观点的阐述，不仅是对经济学的价值的分析，而且是对价值概念的深刻的哲学分析。不难看出，把价值归结为主体需要的

---

① 《马克思恩格斯全集》第 19 卷，人民出版社 1963 年版，第 420—421 页。

满足，或者归结为客体满足主体需要的有用性，如果不把人的需要纳入社会实践和一定的社会关系之中，去深入思考事物关系的本质规定和深刻意义，那就有可能还没有跳出瓦格纳构造价值概念的思维模式。实际上，这种思维模式在历史上是常见的。随便举两个例子，17世纪英国经济学家巴尔本讲经济价值时是这么说的："人生而有两种需要，饥渴、欲望，追求快乐和幸福的需要，世界上凡是满足这两种需要的东西都有用，因而都有价值。"19世纪德国哲学家费尔巴哈讲哲学价值时也是这么说的："价值就在于使人得到快乐和幸福，而快乐和幸福就在于无阻碍地满足人的本质和生存的需要。"他们所说的价值概念都是指物满足需要的有用性，其思维模式本质上与瓦格纳是一样的，并非如有人所说"只是碰巧"。黑格尔与费尔巴哈不同。黑格尔说盛行于18世纪的道德哲学是快乐主义。这种快乐主义就是追求特殊嗜好、愿望、需要的满足，因而是"把偶然的特殊的东西提高到意志所追求实现的原则"①。他认为，对存在物的规定来说，效用是必要的环节，但不是唯一的环节，对这种"启蒙观念"的研究应该继续深化。亚当·斯密在解释道德情操时就说过，才能的有用性是赢得赞赏的东西，但是，"毫无疑问，当我们注意到这一点时，会赋予这些才能以一种新的价值。可是，起初我们赞成别人的判断，并不是因为它有用，而是因为其恰当正确、符合真理和实际情况；很显然，我们认为别人的判断富有才能不是因为其他理由，而是因为我们发现自己的判断跟它是一致的"②。黑格尔在《法哲学原理》中，以他的思辨哲学方法对价值概念作了分析和界定，值得借鉴。

二

黑格尔在《逻辑学》和《小逻辑》中，描述了绝对精神通过抽象概念

---

① ［德］黑格尔：《小逻辑》，商务印书馆1980年版，第143页。
② ［英］亚当·斯密：《道德情操论》，商务印书馆1997年版，第20页。

实现自我发展的过程和环节，阐释了反映绝对精神发展过程及其各个环节的概念、范畴；从客观逻辑到主观逻辑，从存在的规定性直到善之理念，似乎有关的基本概念和范畴都作了阐发，但就是没有专门阐述"价值"这个概念，或者说没有把"价值"概念放到他的概念体系中去。我们在读他的逻辑学时会有这样的印象。可是当我们读他的《法哲学原理》时，就会改变这种印象。他在那里不但使用了"价值"概念，而且把"价值"概念贯彻到经济、法律、道德、审美等领域，还谈到了人生的价值、公共舆论的价值、公开性的价值等，并对"价值"概念作了规定。剥去其理念论的神秘外衣，我们可以从中得到关于理解"价值"概念的有益启示。

首先，关于"价值"的规定性。黑格尔是从经济关系入手规定价值概念的。在经济领域，他对"在使用中的物"作了分析。他指出，物一旦进入人的实践，被人所使用，那么它就是在质和量上被规定了的单一物，并且与人的特种需要有关。这样，一方面，物的特种有用性由于它具有一定的量，就可以与其他具有有用性的物作比较；另一方面，该物所满足的特种需要同时也是一般需要，因此它也可以与其他需要相比较。物的这种简单的规定性，是一种来自物的特殊性的普遍性。这种普遍性就是物的价值。按照黑格尔的理解，这种物的普遍性、一般性，就是物的实体性。而物的实体性就在这种价值中获得规定。有用性是个别性、特殊性，价值性是一般性、普遍性。有用性不等于价值性。正因为这样，价值才能成为意识的对象。如果它只是满足需要，那它还只是感觉的对象，而不是意识的对象。① 在黑格尔看来，价值是个量的概念。当我们考察价值概念时，我们是把质暂时排除了的。在价值里，质在量中消失了。假如不把质排除，就无法对不同的物进行比较，就无法在比较中规定其价值。就是说，当我们谈到需要的时候，我们所用的名称可以概括各种各样不同的事物；这些事物的内在共通性使我们能对它们进行测量和比较。这样，我们的思维就从质进到量，从感觉上升到意

① ［德］黑格尔：《法哲学原理》，商务印书馆1961年版，第70页。

识。黑格尔说，这种"由质的规定性产生的量的规定性，便是价值"①。

量的规定性不能离开质的规定性，后者是前者的载体，前者是后者的所值。当我们考察物的价值时，我们就把物看作量，看作符号（如货币），只把它当作所值来看。在这种意义上，价值也是意志的主观表现。从市场交换的经济关系来看，一旦交换双方订立了契约，那么当事人双方就放弃了各自的所有权，而保持着他们同一的所有权，也就是放弃了不同一的东西，而保持着"同一的东西"。在这种关系中，这个"同一的东西"就是价值。因此，价值不仅是"物的内在普遍性"，而且是物在比较中的同一性、通约性。

从这些论述中，我们可以看到黑格尔关于经济学价值概念的规定。这些思想显然直接影响了马克思关于经济学的价值概念的形成。如果仅仅到此，我们只能说这是经济学的价值概念，并没有解决我们的问题。但是，黑格尔并没有到此结束他的价值分析，他把这个概念的规定用到了法律领域。当黑格尔论到对各种犯罪行为进行处罚时，他强调必须由法律来规定。而法律的规定即在于找到由犯罪行为所造成的侵害的普遍性，即找到它的价值。黑格尔认为，当损害达于毁坏和根本不能恢复原状的程度时，损害的普遍性状即价值，就必须取代损害在质方面的特殊性状。这就是说，犯罪人作为具有理性的人做出的行为，各个都是特殊的行为，但每个行为都包含着它对作为法的普遍性的侵害，即包含着他的行为应有的价值。法律对犯法行为的惩罚就是使犯法行为体现其价值。犯法行为的价值就是它的侵害性质的普遍规定。法律就是适用于个别事件的一种普遍规定。

对犯法行为的惩罚是对犯法行为的报复。这种报复是对侵害的侵害，但不是与犯法行为特种性状的等同，即不是对犯法行为的同态报复（如以窃还窃，以眼还眼，以牙还牙），而是与侵害行为普遍性状的等同，即价值的等同（当然，杀人者偿命，这种"同态报复"是因为生命是人的整体，生

---

① ［德］黑格尔：《法哲学原理》，商务印书馆 1961 年版，第 71 页。

命是无价的，它的普遍性状与其特殊性状是同一性状）。这种法的等同性、价值的等同性，就是不同种犯罪行为的同等量刑的根据。在黑格尔看来，道德只是行为的主观方面，虽然与犯罪行为有关，但法律不能处罚其思想，而只能处罚其外在行为。法律所要处罚的即所要规定其价值的是行为的外在方面，即客观的、实存的行为。在这里，黑格尔给价值范畴作了规定："价值这一范畴，作为在实存中和在种上完全不同的物的内在等同性……通过这一规定，我们对物的观念就从物的直接性状提高到普遍物。"① 这个规定与经济学的价值规定是一致的。黑格尔说，通过这一规定，我们对事物就能够"从其直接的特殊性状提高到普遍物"，也就是把握它的价值。在法中，等同性是根本原则。把握等同性，就能对不同的犯罪行为加以比较，给犯人处以应处的刑罚。审判就是通过事实和理智去寻求犯罪行为的价值上的等同性。

这里应注意，黑格尔所说的"在实存中"，就是在一定的实际存在的关系中。不在实际关系中的存在只是抽象的存在，不是实存的存在。就法律行为而言，就是处在一定的社会关系中。这样来说，黑格尔的价值概念规定就是这样的：在一定社会关系中实际存在的不同事物的内在的等同性。简单地说，价值就是处在一定社会关系中的不同事物的内在等同性。这种内在等同性就是事物的内在本质，以概念体现的普遍性。黑格尔在《逻辑学》中有一段话可以体现这层意思。他说："在哲学的意义上，谈起仅仅是经验的实在的东西，就好像是在谈一个无价值的实有物一样。但是，假如说思想、概念、理论等都没有实在，那就是说它们都没有现实性；至于理念，譬如柏拉图的共和国，则无论就本身说，就其在概念中说，都很可以是真的。这里对理念并不否认其价值，而且让它与实在并列。但是与所谓单纯理念对比，与单纯概念对比，实在的东西却被当作是唯一真的东西——假如说一个内容是真的，取决于外在的实有，这种想法是片面的；那么，把理念、本质，甚至

---

① ［德］黑格尔：《法哲学原理》，商务印书馆1961年版，第105页。

内在的感觉，都设想为与外在的实有无关，甚至愈远离实在就愈高超，那也是同样片面的。"① 这里说的价值，显然是说概念与其实有的统一。没有实在的东西没有价值；同样，没有现实性的概念也没有价值。实在与其概念统一的、具有现实性和真理性的理念，才有价值。

其次，关于道德价值与审美价值。黑格尔所使用的"道德"概念，不是通常教科书所说的"规范体系"，而是指伦理发展的环节，即"意志的自我规定"②，是"经过思考、明确地认识到职责并按照这种认识去行事"③。大体上相当于通常所说的"德"。黑格尔强调职责，认为职责本身就是意志的法，是人凭自己的自由意志建立的法；人决定要完成这种职责，就必须依据这种职责及其道理，建立起做善事的信心，然后才能去做这善事。这种法本身，就是意志的抽象的普遍性。这种普遍性就体现着履行职责的行为的价值。其他方面，如感性的冲动、偶然的旨趣、自然的情欲等，只有与体现职责的普遍性相联系才有价值。正如公共舆论"作为人民表达他们意志和意见的无机方式"，其价值不是通过习惯，而是通过判断；它不仅包含着真正的需要，而且体现着实体性的正义原则；舆论的价值正在于它体现着"国家的普遍情况和真实内容"。黑格尔还说，道德的观点就是关系的观点，要求的观点，应然的观点。因此，道德的价值作为一种"应有"的东西，要从关系的要求去考虑。道德所追求的"应当"，是作为普遍物的善，即价值。这种善如果仅是在主观意志中设定的，就是主观价值，也是相对价值；如果它是在客观伦理中的实现，就是客观价值，其价值即具有绝对性。

按照黑格尔的理解，道德价值与其他领域的价值不同，在于它自始至终是包含在主观意志中的。这就是说，主观意志追求作为一种特殊物，应以善为目的，并实现善目的，才具有实体性的价值。怎样理解目的的价值？按照黑格尔的理解，人的每个具体行为都有两方面的意义：一方面是意图的特殊

---

① ［德］黑格尔：《逻辑学》上卷，商务印书馆1966年版，第104页。
② ［德］黑格尔：《法哲学原理》，商务印书馆1961年版，第111页。
③ ［德］黑格尔：《美学》第一卷，商务印书馆1979年版，第65页。

利益，另一方面是意图的普遍物（善）。行为通过特殊物而具有主观价值、相对的价值，通过普遍物（善）而具有绝对价值。这里显然存在着矛盾。但黑格尔认为，"道德不在于意志的这两方面（普遍性和特殊性）的调和，而在于两方面的斗争"①。这种斗争就产生一个要求，即各种与职责相矛盾的冲动、情欲、旨趣和特殊利益等，都应该尊重职责，应有法的规定。主观意志只有在见解和意图上符合于善，才具有道德的价值和尊严，其人也才能成为主体。之后，他讲到个人价值。他说："人必须成为某种人物，即他应该隶属于某一特定阶级，因为他就是某种实体性的东西。不属于任何等级的人是单纯的私人，不处于现实的普遍性中。如果个人设想他从属于普遍物就是屈从和卑贱，以为成为某种定在就是舍弃了自己，那是错误的。个人的价值就是，他作为处在现实的普遍性中的实体性的人物。"②

在这种意义上，黑格尔认为，"个人只有成为定在，成为特定的特殊性，从而把自己完全限制于需要的某一特殊领域，才能达到他的现实性"。在这一领域，道德具有独特的地位：个人对自己活动的反思、特殊需要和福利的目的，乃是支配的因素。因此人必须成为某种人物，个人的价值在于他作为处在现实的普遍性中的实体性的人物。③

是的，人有权把自己的需要作为自己追求的目的；同样，人也应当使自己上升到更高的境界。如果主体的行为是没有价值的，那么他的意志的主观性也是没有价值的。主观行为的价值要在客观的伦理关系中实现，即赋予客观的价值，才具有实体性。因为伦理性的实体是主体所具有的本质，在这种本质中主体才能感觉到自己的价值，否则只是空虚，自以为是。正如黑格尔所说，"人应该立大志，但是还要成大事，否则这种志向就等于零。个人的价值就在于他体现时代精神，参与创造"。在理性与感性、灵与肉的冲突中，

---

① ［德］黑格尔：《法哲学原理》，商务印书馆1965年版，第145页。
② ［德］黑格尔：《法哲学原理》，商务印书馆1965年版，第212页。
③ 参见［德］黑格尔《法哲学原理》，商务印书馆1961年版，第215页。

"心灵只有在虐待自然和剥夺自然的权利中才能维持它自己的权利和价值"①。

在伦理发展的这个环节上，黑格尔是肯定康德的责任道德的。区别在于：在康德那里强调的是特殊服从一般，在黑格尔那里强调的是特殊上升到一般，特殊与一般相统一。从特殊到普遍，从必然性到自由的过渡，是一个艰苦的过程。一个有德的人会自己意识到他的特殊行为内容的必然性和自在自为的义务性。由于这样，他不但不感到他的自由受到了伤害，甚至可以说，正是有了这种必然性与义务的意识，他才达到了内容充实的自由，才具有更高的主体性。一般说来，当一个人知道他自己是由必然性所决定时，他便达到了人的最高的独立性。这就是主体的"解放"。这种解放不是逃到抽象中去，而是更好地把握现实；不是跟着感觉走，而是用理性统帅感性，跟着真理走，向着善前进；实事求是就是一求真理，二求正义。这种解放，亦如黑格尔所说，就其自为存在的主体而言，便叫作自我；就其发展为整体而言，便叫作自由精神；就其为纯洁的情感而言，便叫作爱；就其为高尚的享受而言，便叫作幸福。

什么是审美？黑格尔认为在对艺术作品的审美中，应当没有任何利益念头或利害打算，若是有这种念头和打算，那么对象的价值就不是因它本身，而是因为审美者的主观需要，即价值仅仅是主观的价值。这样，一方面是对象，另一方面是与对象不同的主观性，这两者应当有一种正确的关系。比如，我们要把一个苹果吃掉来获得营养，满足需要，这个利益念头只是在我的心里，对于那个对象（苹果）却是不相干的。那么这里可能有两种观点，一种观点是，审美的判断允许先于外在事物的独立存在，它是由对象本身引起的快感出发的，就是说，对象本身自有目的。因此，美是这样一种性质：它无须借诸概念而被感觉为一种引起"普遍快感"的对象。因此，要评判美，具备一颗有修养的心灵即可。这是康德的观点：个别行为的善是要统摄于普遍概念之下的，它如果符合这概念就可以说是善的。美却不然，它不假

---

① ［德］黑格尔：《美学》第一卷，商务印书馆 1979 年版，第 67 页。

借于这种概念而直接引起普遍快感。所谓美包含着普遍性，是说它包含着目的性，如刀包含割，凳子包含坐，它们都是按照能割和能坐的目的制造的。与康德不同，在黑格尔看来，对客观对象的审美，要通过理性去把握它的普遍性。普遍的东西就其为普遍的东西来说，固然是一种抽象，"但是，凡是自在自为地真实的东西都包含有普遍的正确这一属性和要求"①。

刀之所以是刀，它本身就含有割的性质，凳子之所以是凳子，其本身就含有能坐的性质；人应包含着活，如不包含着活，他就不是人。从这个意义上说，尽管美的价值判断不是凭借概念而来，但美作为价值应该体现对象的普遍性，得到普遍的承认。按照黑格尔的理解，必须把概念及其显现统一起来，才能把握美，或者说把两者统一起来才能把握美的价值。黑格尔给美下的一般定义比较晦涩难解，但他强调"自然形象要体现概念的客体性"，"在生气灌注的客观关系中才能发现和感受自然的美"，"本质赋予形状以力量"等观点，也都是在强调价值的普遍性。② 这个思想同他对经济价值、法律价值、道德价值的分析是一致的。

最后，必然判断与概念判断。人们对具体对象可以作出各种不同层次的判断。黑格尔举例说，"黄金是金属"，这是个直接的必然判断，它揭示了构成黄金的不变的基础和实体本性。如果说出"黄金是昂贵的"这个判断，那它只涉及黄金与我们的嗜好、需要和费用等的外在关系。即使这种关系改变和消失了，黄金仍能保持其为黄金。而金属性却构成黄金的实体本性，失去了金属性，则黄金和一切属于黄金的特质，都将不能自存。同样，当我们说，"卡尤斯是一个人"时，我们所要表达的意思就在于："不管他一切别的情形怎样，只要它们符合他作为一个人的实体本性，它们才有意义和价值"。③

这里所说的价值，就是指事物的实体性、类本质。在必然判断中，就能发现对象的客观普遍性，也就是判断出对象与概念的关系。说"黄金没有

---

① ［德］黑格尔：《美学》第一卷，商务印书馆1979年版，第73页。
② ［德］黑格尔：《美学》第一卷，商务印书馆1979年版，第78页。
③ ［德］黑格尔：《小逻辑》，商务印书馆1980年版，第353页。

足赤"，在这里，作为黄金的概念是基础，它在与具体对象的关系中是作为一个"应当"关照对象的。就是说，在概念与对象的关系中，概念是对象的"应当"，是对象的本质。对象对这个"应当"来说，可能达到，也可能达不到，或者没有完全达到。只有这样的判断才包含一个真正的判断。说一对象是真的，是善的，是美的，这真、善、美作为宾词就表示对象在其普遍的概念里，即在全然事先建立的"应当"里。只有在概念里，在应当里，它才能得到衡量，才能判断它与其概念或本质一致或不一致，以及体现其本质的程度。① "无概念的东西通过概念才会获得价值"② 是与应当、真理与价值构成事物的灵魂。

从人的精神活动来说，人的意志和选择这种精神活动不能用力学来解释，也不能用生物学来解释，而必须与应当联系起来才能理解。但这个"应当"在价值上究竟有什么意义，还有待于进一步揭示。休谟从经验主义立场上发现"应当"是不同于科学判断的特殊的道德判断形式，他认为其价值根据在人的经验知觉中。康德作了理性主义的论证，从"善良意志"出发引申出责任，再由纯粹理性提出普遍形式，构成先验综合判断。最高的综合判断就是："你应当这样行动，使你的意志遵行的准则能够同时成为普遍的立法原理"这一"绝对命令"。在康德看来，人的意志是受理性支配的，"绝对命令"对于这个意志来说，就意味着"应当"。道德的"应当"就是无条件的命令，道德主体接受"绝对命令"完全是出于对规律、法则的尊重，出于义务，而不是出于任何其他的动机或目的。康德的伦理学归结为一句话，就是论证"应当"、发现"应当"的原则。但是他始终使"应当"停留在主观领域，因而陷入软弱无力的形式主义。

黑格尔发现了康德伦理学的弱点，在赞扬康德道德论的高尚精神的同时，强调客观伦理的必然性，把道德看作伦理的一个环节。从这个意义上

---

① 参见 ［德］黑格尔《逻辑学》（下），商务印书馆 1976 年版，第 333 页。

② ［德］黑格尔《逻辑学》（下），商务印书馆 1976 年版，第 279 页。

讲，他认为伦理学作为一种哲学的研究，不是讲"应当"的，而是讲"必然"的，要揭示和描述伦理秩序发展的必然性和规律性。国家就是伦理的现实。研究国家伦理，不是研究按照"应当"的理想构成国家，而是揭示国家的必然性和规律性，描述它的过程和形态，研究如何认识和治理国家。但黑格尔并不否认"应然"关系的存在和重要性，并对"应当"作出了自己的解释。[①]

从这里我们可以看到，主观的"应当"是与认识主体相联系的，每一客观的"应当"，都在人们的心中激起回声，它以知性、概念、目的等形式反映在主体的意识中。目的是由于否定了直接的客观性而达到的自由存在着的概念。但客观的要求与主体的内心回声（知性、概念、目的）或者发生矛盾，或者彼此一致，或者彼此对立，或者部分一致部分对立。因此，在实践中，原则上个人要服从外部世界的必然性和权威，但这种服从与服从自然界的规律是不同的。人们知道事物"应当是怎样的"，个人可以找到这个"应当"是否有效的证实，可以肯定，也可能否定。而且，因为"应当"与个人的利益有关，所以每个独立的人都有要求事物适合于他自己的标准。这里就有可能发生"存在"和"应然"之间的矛盾、争执。可是，恰恰在这里产生了一种必要性，就是对"应当"加以彻底的认识，对价值作出客观的判断。"思维活动的产物、普遍概念，就包含有事物的价值，亦即本质、内在实质、真理。"[②]

思辨哲学的传统观点是：唯有通过思维对事物的认识，从在事物身上所知道的东西，才是事物中真正的东西；真的东西并不是处在直接性中的事物，而是事物在提高到思维的形式、作为被思维的东西的时候，即对事物作出概念的把握的时候。马克思在讲到对事物的价值判断时也强调，判断事物的善恶不能靠感觉，因为感觉不能认识事物的"内在本质"，就像小孩子凭

---

① 参见本书第八章附释。
② ［德］黑格尔：《小逻辑》，商务印书馆1980年版，第74页。

感觉评价事物，不能真正认识事物一样。当然，价值评价要有主体的感觉、知觉、兴趣，要有对事物的需要、喜好、欲望，这也是作出评价的认识基础和条件。但是，单有这些条件还是不够的。要真正作出好坏、善恶评价，就必须透视事物的"内在本质"。事物的本质和事物的表现不同。人的感觉经验能够认识事物的表现，本质则只能靠理性去把握。理性的把握就是"由事物本性中得出客观的本质规定"。决定事物性质的，也是决定事物价值的。价值是事物的"内在本质"。马克思在抨击普鲁士政府压制出版自由时强调，"出版物的本质就是自由"，"自由是（合乎理性的）本质"。因此衡量、判断出版物的价值，必须用自由的尺度。马克思用"内在本质""内在特性""内在的共同性""大家共同的东西"这些概念，来表达出版自由的价值性。价值不过是表达事物所获得的社会意义的逻辑术语。对于社会事物就是要看透事物在历史和现实发展中的作用；要在与整体的联系中把握社会的内容和历史的尺度。在这一点上，马克思虽然没有专门给"价值"概念下定义，但在他使用的"价值"一词中，其概念的基本规定和方法论原则同黑格尔是一致的。当然，黑格尔的价值观，表现出他同普鲁士的统治秩序调和的愿望。黑格尔的保守观点在他的《法哲学原理》中表现得最突出。这一点也是我们在分析他的价值思想时应当注意的。

三

马克思的价值思想深受黑格尔价值思想的影响，也与对各种错误价值论的批判有着密切的联系。应该说，价值论并不是被马克思忽视的领域，他和恩格斯像重视真理一样重视价值，不但在对经济学价值论的批判中阐发了科学的价值论，而且提供了哲学的价值思考和价值概念规定的方法论。正如捷克学者布罗日克所说："价值学不是而且也不可能是游离于马克思主义哲学之外的独立的学科。"①

① ［捷］布罗日克：《价值与评价》，上海知识出版社1988年版，第6页。

　　马克思用毕生精力研究资本主义经济的结果是《资本论》。《资本论》不只是经济学的巨著，它还是揭示资本主义经济运动规律和人类社会发展规律的思想理论体系。它既是经济学的著作，又是历史学著作，也是哲学著作。它是一部宏伟的发展的正义论和价值论。

　　马克思在《资本论》中阐述了根源于劳动两重性的商品价值的两重性：一方面是每个商品都包含着一定的有目的的生产活动或有用的劳动。这种劳动创造了商品的使用价值。这种价值是人的主体性、创造性的体现，是"人的劳动活动的对象化"，是"人和自然之间的物质变换"。另一方面，它又是"一般劳动的对象化"，即商品的价值。劳动作为商品价值的创造者，是抛开特定的有用性劳动的"人类劳动力的消耗"，是"抽象的人类劳动"，是劳动的共同性。这种在商品的交换关系或交换价值中表现出来的共同的东西，也就是商品的价值。马克思说："完全不同的劳动所以能够相等，只是因为它们的实际差别已被抽去，它们已被化成它们作为人类劳动力的耗费、作为抽象的人类劳动所具有的共同性质。"①

　　在马克思的商品价值分析中，使用价值是"有用性价值"，而不是一般"价值"或价值一般。商品之所以又具有一般价值，只是因为它体现着抽象人类劳动，因而是一般劳动的对象化。马克思说，这种"价值对象性"不同于可感觉的使用价值的价值对象性，因为它是纯粹社会的一般劳动的结晶，只能在社会关系中才能体现出它的社会意义，可以说是"幽灵般的对象性"。这就是说，一方面，劳动创造的使用价值是与个人的特殊需要相联系的有用性，任何个人都可以通过感觉去体验和享受；另一方面，体现着一般劳动的价值又是社会的，这是个人所不能直接感受和享有的，但可以去认识、应该去认识。有用性和价值性是不同的。有用性体现的是个别性、特殊性、具体性、自然性，而价值性体现的是共同性、普遍性、抽象性、社会性，它不能用感觉去体验，而只能用理性去把握。马克思在这里说的是经济

───────────────

　　①　《马克思恩格斯全集》第44卷，人民出版社2001年版，第91页。

领域的价值，但是在这种分析中亦包含着价值分析的哲学意义，包含着分析哲学价值的科学的方法论。

在这里，马克思强调的是社会关系的规定。马克思在批评普鲁东时重申了这样一条基本原理："人们按照自己的物质生产率建立相应的社会关系，正是这些人又按照自己的社会关系创造了相应的原理、观念和范畴。"① 就经济领域来说，价值这一范畴"只不过是生产的社会关系的理论表现，即其抽象"②。马克思像批评瓦格纳的价值论一样，强调价值的社会关系规定，指出普鲁东的"构成价值论"，应当"把社会当作出发点，给我们指出社会怎样构成价值"，而不能从人的意见和意志引出价值。马克思在分析人的异化时，使用了"人的价值""人的贬值"概念。意思是说：在资本主义社会里，工人创造的价值越多，工人自己的价值就越小。人的价值就是人的社会地位高低贵贱的体现。因为在资本主义社会，人的活动是被一定的社会关系所规定的，所以"工人首先是工人，其次才是作为肉体的主体"，即首先是工人，其次才是人。所以，马克思说："劳动力的价值规定包含着一个历史的和道德的要素。"③ 这就是说，社会关系的规定是使用价值向价值转化的根本条件。

值得注意的是，马克思在批评重农学派的经济价值论时，在对其价值概念的否定中提出了一个肯定性的命题：价值是人的劳动（活动）的一定的社会存在方式④。分析一下这个经济价值概念的规定，可以从中看到它所包含的哲学价值概念的内涵。

其一，就人类的劳动这种社会存在方式来说，它体现的是经济的价值；但劳动本身还不是充分发展了的人的活动，人的充分发展的劳动是个性的劳动，而个性的劳动就不再是劳动，而表现为活动的充分发展，那时自由发展

① 《马克思恩格斯选集》第1卷，人民出版社2012年版，第222页。
② 《马克思恩格斯选集》第1卷，人民出版社2012年版，第222页。
③ 《马克思恩格斯全集》第44卷，人民出版社2001年版，第199页。
④ 参见《马克思恩格斯全集》第26卷I，人民出版社1972年版，第19页。

的需要代替了自然的需要。因此，就人类活动的充分发展来说，它的范围就比劳动宽泛得多了，如经济的、政治的、社会的、文化的、艺术的、宗教的活动等，人类的这些社会活动就包含着具有哲学意义的价值，如善恶、正义、自由、平等、仁爱、美丑等。说这些概念或范畴是人的活动的一定的社会存在方式，犹如说运动是物质的存在方式一样，是一种深刻的哲学概括。在这里，行为价值与经济学的价值是相通的，经济价值只不过是行为价值在经济领域的体现。理解了经济学价值，就能理解人的其他行为的价值；掌握了行为价值的规律，便可以通过各种社会活动方式调节人的行为。

其二，从劳动是人的本质方面来说，这一命题也正是人的自由自觉活动的表达。在马克思的理论体系中，劳动和自由始终是核心的价值观。劳动和自由作为人类本质和劳动本质体现的存在方式，正是构成马克思的价值概念的基础。自由作为价值并不是有用性的表达。这里可以再听听黑格尔的意见。黑格尔认为，不能把价值归结为需要的满足，如自由的价值就是这样，难道能把自由就规定为满足或不满足那种欲求能力的要求吗？黑格尔挖苦地说，"狗也是这样的"。

其三，在马克思看来，物的存在本身并不是价值的存在，物满足人的需要的关系也不能直接产生价值，只有通过人的社会实践和社会关系才能构成价值及其表现形式。正如经济价值是以交换价值的形式表现出来一样，人的行为的潜在价值变成显现的价值，也是通过社会关系并体现为政治、法律、道德、审美等规范体系表现的。这些价值虽然不直接是经济的价值，但用恩格斯的话说，它们不过是那个基本价值的"几次方"，亦可说是人类活动的"幽灵般的对象性"。

如何看待有用性？经济价值当然是作为有用性来表现自己的，如果没有用处，它就没有了价值。但是是否可以说价值就是有用性呢？不能这么说。因为，第一，那种有用性的价值还是潜在的价值，还不是现实的价值。它还必须与人的欲求和需要相联系，即必须是物与人统一才能成为现实的价值。人的劳动活动是对象化的。但作为对象化的劳动活动仅仅是对人而言的，并仅仅是为了人的欲求和需要而实现的。自在的物通过这样的途径和过程而被人化，因而成为现实的富有价值的物。在这里，价值的产生过程与价值的实现过程是不同的过程。对于人化的东西来说，要保存或体现某种东西的效用，就必须再现它的价值。第二，价值是作为对象化而产生，是作为满足被社会规定的对象的需要而实现的。因此，要想理解它的有用性，就必须同时把握它的社会关系的规定和历史意义。价值作为人的活动的一定的社会存在方式，可以通过一物一人体现，也可以通过一事一团体体现，也可以通过一事件一国家来体现。例如，说马克思以惊人的才能准确地把握住1851年路易·波拿巴政变的"性质、意义及其必然后果"①。这里说的"意义"就是指事变的价值。我们还可以用恩格斯一个观点来说明这个意思："某个作家有一点点天才，有时写点微不足道的东西，但如果他毫无用处，他的整个倾向、他的文学面貌、他的全部创作都一文不值，那么这和文学又有什么相干呢？任何一个人在文学上的价值都不是由他自己决定的，而只是取决于他对整体的态度。"② 前面说的那个"一文不值"显然是指它的使用价值，后面说的那个"价值"则是具有普遍意义的一般价值。就是说，一部文学作品，只能以其曲调、内容、效果在它的时代、社会环境中的意义体现它的价值，否则就会把作品的价值归结为与文学价值无关的个人爱好、趣味或市场叫卖的价值。在这个意义上，可以说事物的价值就是在其社会关系和历史发展中体现的意义，是具有形而上意义的价值。从马克思对价值概念的分析中可以看到，马克思对商品价值的分析和价值概念的界定表明，对于揭示哲学价值概念的本质而言，恰恰是对政治经济学价值概念的揭示更能提供对哲学价值的进一步思考，在一些基本点上提供了更为深刻的价值分析的方法论。

第一，马克思首先肯定商品作为有用物具有使用价值，同时作为交换关系、社会关系的体现又具有价值，是有用性和价值性的统一。这一点具有方

---

① 《马克思恩格斯选集》第3卷，人民出版社2012年版，第43页。
② 《马克思恩格斯全集》第2卷，人民出版社2005年版，第449页。

法论的普遍意义：一方面，它在精确计算量的经济活动中体现着经济的价值，而在其他非精确计量的人的活动中，就体现为相应的具有自身特殊性的价值形式，即各个领域的体现价值尺度的特殊规范体系。另一方面，价值作为一种普遍的社会形式或社会规定，不只是个人的意见、感受和效用，它也是活动着的人们的共同意志的体现。一物可以是使用价值而不是价值，但没有一物是价值而不是使用价值的。使用价值是价值的载体，没有使用价值就没有价值，但这里没有逆向的联系。价值是劳动、活动的对象化。价值的形成是社会的、实践的、主体性的。在这个意义上，正是马克思的经济学的价值分析提供了分析哲学价值概念的全面性的观点和方法。

第二，马克思对价值的分析，从劳动的两重性深入到商品的两重性，从使用价值的分析到价值形式和价值的分析，这是一个价值分析层层深化的过程。这个过程，也是从通过事物的表面去把握事物内在本质的过程。肯定有用性和效用是把握事物价值的外在层次，但仅仅把握这个层次仍有可能导致价值分析的主观主义和相对主义，以个人的感受、意见、喜好定价值，甚至根本否认任何价值的客观性、普遍性原则。马克思的价值分析方法，是在肯定事物的有用性和效用的同时，注意把握体现其内在本质的普遍性、共同性，即把握价值性。在准确计量经济价值的同时，又深刻把握它的社会的、道德的以及历史的延伸意义。正是马克思分析经济价值的历史辩证法提供了价值分析的典范，在这一点上，黑格尔在《哲学史讲演录》的"导言"里所说："因为历史里面有意义的成分，就是对普遍的关系和联系。看见了这个'普遍'，也就认识了它的意义"，这一思想与马克思的思想有着深刻的内在联系。

第三，马克思的价值概念意味改造世界的价值导向。马克思的哲学不只是解释世界，更重要的是改变世界。解释世界即用理性认识世界"是如此"，改造世界即通过意志和行动使世界"应如此"。马克思对价值概念的规定从有用性的直接性提升到价值性的普遍性，是对认识和实践活动的反思的把握，重在明确实现价值的根据和条件，亦即揭示"应当如何"的价值导向。"应当"作为改造外部世界的价值导向，就是按照一定的价值目标并化为具体的行动计划和方案，通过群众性、持久性、历史性的实践活动，实现对外部世界的改造。它的目的和它的历史任务已由其经济发展状况和社会的整个结构必然地预示出来，问题只在于清醒地意识到或预见这种必然性的预示，使它从"是"提升到"应是"的所值，使事物由潜在的价值变成现实的价值。

第四，马克思一贯认为，对价值的分析必须通过外表现象去认识对象的本质，也就是要把握特殊中包含的普遍性，并把特殊性和普遍性统一起来。马克思在早期著作中就多次指出，判断事物的好坏，不能只看外表，而要把握其"内在实质"，在衡量事物的存在时"应当用内在观念的本质的尺度"。[①] 马克思分析事物所坚持的原则是：事物借以互相区别的实质是事物的内在特征，借用黑格尔的话来说就是，"思维活动的产物、普遍概念，就包含有事物的价值，亦即本质、内在实质、真理"[②]。马克思一向反对用感觉来评价事物的价值，曾批评普鲁士《国家报》用鼻子来确定一般报纸的价值，他说："小孩超不出感性知觉的范围，他只看到个别的东西，想不到还有把这种特殊和一般联系起来的看不见的神经存在，这种神经在国家中也如在各处一样，把各个物质部分转变为精神整体的活的成分。"[③] 我还想说，我们不仅应看到马克思全力以赴地研究政治经济学的价值论，而且应该注意马克思为什么全力以赴从政治经济学入手去揭示"价值"的真正秘密。马克思、恩格斯也和黑格尔一样，没有再单独提出一个哲学的价值概念，而且在经济学或经济学问题以外使用价值概念时也没有作什么特殊声明，说他们所使用的价值概念与经济学中所说的价值概念不同。如果真有不同，深刻思辨的马克思和思维缜密的恩格斯，毫无疑问，一定会作出严格的逻辑界定和必要的文字说明。

---

① 《马克思恩格斯全集》第 1 卷，人民出版社 1995 年版，第 166 页。
② ［德］黑格尔：《小逻辑》，商务印书馆 1980 年版，第 352 页。
③ 《马克思恩格斯全集》第 1 卷，人民出版社 1995 年版，第 143 页。

四

这里有个怎样看待人的需要的问题。人有需要和欲望，这是一个科学事实。但人不是抽象的，欲望和需要也不是抽象的。作为生活在一定社会条件中的人的需要和欲望，其内容、原因、动力及满足需要的手段和方式，都是由一定的历史条件和社会关系制约的。马克思认为，正像产品的使用取决于消费者所处的条件一样，物的使用也取决于使用物的人的社会条件。并不是由于物本身有绝对的效用，就最能满足作为人的人的需要，而不是作为在一定社会关系中的人的需要。在资本主义社会，"工人首先是工人，其次才是作为肉体的主体"，即首先是工人，其次才是人。工人只能满足作为工人的人的需要，只能以作为工人的条件和方式满足自己的需要，只能消费最便宜粗劣的产品。因为，"建立在贫困上的社会中，最粗劣的产品就必然具有供给最广大群众使用的特权"①。人的主观需求、欲望、目的、激情等，看起来是自主的、自由的，但是各个人按其主观愿望活动的结果却是个人预料不到的整个社会的结果和历史过程。对于这个社会结果和历史过程来说，个人的主观愿望只具有从属的意义。在实践过程中，自由的主体就要变为被社会历史所决定的客体，主观的自由就要服从客观的必然性，借用黑格尔的一句话说，"必然性的观点就是决定人的满足不满足、亦即决定人的命运的观点"②。这也就是马克思强调需要和享受是以社会的尺度衡量，而不是以物品衡量的原因。

人的需要是不断发展、变化的，是千差万别的。其发展和殊异的原因固然有个性的原因，但根本的原因还在于社会生产力和生产关系状况。这种状况直接表现为利益，它直接或间接规定着社会各阶级、阶层和集团的利益。

正是这种客观的利益和利益关系，构成了所谓善、信、美、自由、平

① 《马克思恩格斯全集》第4卷，人民出版社1958年版，第105页。
② ［德］黑格尔：《小逻辑》，商务印书馆1980年版，第310页。

等、公正等基本价值概念的本质内容。所以，人们常常拿利益说价值，但利益只是价值的内容，并不等于通观利益的价值概念。由此可见，个人的主观需要和愿望并不能决定价值，因为它本身还是被决定和被规定的。

关于价值与事实、应然与实然问题。西方价值哲学喜欢这样的观点："事实推不出价值"。他们断言，价值不在事实中，而在人自身。按照休谟的说法，价值"不在对象内，而在你心中"。现代西方价值论对这个命题作了大量的论证，以致使人几乎把它当作不言自明的真理。其实，跳出瓦格纳式价值思维方式，就可以解开这个难题。所谓"事实推不出价值"，实际的根据是"价值是人按照自己的需要赋予外界物的"，那当然不能从事实中推出价值来。因为这个推论的大前提是值得商榷的，所以其结论也不能是科学的定论。

按照辩证唯物史观的价值论，人按照自己的需要赋予外界物的价值只是主观价值，并不等于就是对价值的认识。价值是人与物、人与人的关系。人的需要、物的效用，以及二者的关系，都是价值形成的环节和必要条件，还必须通过人的社会关系和实践活动才能形成价值观。价值是实然与应然的统一。人们在一定的生产关系中形成一定的利益关系，这种利益关系的规定同时也就是人们对外部现实的应然性要求。这是由利益关系规定的应当如何的社会尺度。价值产生于社会关系的事实，应然来自利益关系要求的实然。从这种意义上说，价值也是一种应然的存在。什么是"应当"？在事物的发展过程中矛盾内在否定性的要求就是"应当"。"应当"的提出是有客观根据和条件的。难道关于"应当"的思考、欲求、预见等，只是从主体头脑里想出来的、而不是从事实中揭示出来或有客观根据的吗？马克思说的"改造世界"不是以"认识世界"为根据的吗？"认识世界"就是对事实中存在的正在发展着的矛盾的认识。认识到什么东西才能作出"应该如何"的判断？那就是认识到事物本身包含的矛盾的否定性以及解决矛盾的现实条件。在这里，有用之意义和社会之意义是不同的。就是说，这种"应然性"并不仅仅是认识，而是事物在自身的矛盾中包含着"否定性"，即包含着解决矛盾发展"应当如何"的要求。谁把握了这个矛盾的要求，谁就把握了事物发展的真理和前进的价值导向。历史发展的矛盾提出"应当"的要求，问题只在于清醒地意识到或预见到这种要求。真理与价值、价值与真理是统一的，而且必须把它们统一起来，才能叫作"实事求是"。所谓实事求是，在这里，就是一求真理，二求正义。否则那"应当如何"的认识就没有客观根据，就仅仅是主体的利益之争，那就是"公说公有理婆说婆有理"。

在价值评价问题上，不能只见个别不见一般，只见树木不见森林。必须从哲学上确定个人评价与社会评价相遇的那个点的经纬度。价值和评价是相互联系又相互区别的。讲联系就是在价值形成过程中有评价因素和条件，价值也有评价的意义。讲区别，就是说，价值是人的社会关系的规定，对人的认识来说具有客观意义。而评价则是主观的，是人对已经形成的价值的认识和判断。被评价的不是客体本身，而是客体的价值对象性。从价值形成的微观过程来看，是有主体与客体的相互作用为载体的。在这里，主体不能没有主观，客体也不能脱离客观。主观对于主体来说，一方面是主体的属性，另一方面又是主体进行活动的认识条件和行动指南。人对客体的欲求和改造，固然要符合自己的需要，但这必须以对客观事物的正确认识为前提，即必须正确认识主客体，正确认识制约着主客体关系的社会关系和历史发展的必然性、规律性，而不能只是根据自己的需要和愿望，自以为是，自行其是。一个人的主观世界，只有通过理性正确地反映客观现实的要求，形成符合现实的目的、理论、计划和方案，才能使自己的需要和欲求摆脱狭隘性、主观性和片面性，而提升到社会利益所要求的普遍性和共同性，从而获得相应的价值或社会意义。

在社会生活中，评价的标准是多层次的。从主观性的极端到客观性的极端，这中间的标准掌握是复杂的，需要个人的经验和智慧，也需要集体的经验和智慧。正确的评价意见形式是主观的，但内容是客观的。对事物的评价虽然有很大的相对性，常常是因人而异，因时因地而异，但就社会的整体和过程来说，价值评价归根结底还是有客观标准的。评价的标准、尺度讲的就是普遍性。这里说的正是用理性去揭示事物本身的所值，或说是揭示特殊利益的普遍性。

中国有句俗话："穿衣戴帽，各好一套"，人们好用这句话说明价值完全是个人随意的，无所谓普遍性、客观性。可是，中国几千年的文化传统却形成了这样的美德观念："见人要有饰，不饰无貌，无貌不敬，不敬无礼，无礼不立。"① 穿衣戴帽是个人所好，但礼是社会群体约定俗成的文明规定；礼的精神在于敬人，对人不敬就是失礼，失礼就难以立身，这都是讲价值的普遍性。从这种意义上说，穿戴的价值不只是个人所好，也具有与他人相关的共同旨趣和社会意义。礼仪是维系和调节人类伦理关系和秩序的必要形式，失礼就难以立身行事。

---

① （清）孙希旦：《礼记集解·卷一·曲礼上之一》第一卷，商务印书馆 1931 年版。

第六章 《资本论》的道德哲学（下）

资本作为一种自行增殖的价值，在它通过资本原始积累确立自身的历史地位后，就不断地把劳动力投入生产过程，又把产品作为交换价值投入流通过程，以实现剩余价值。马克思揭示了这种循环过程相继经过的三个阶段及其运动形态。本章阐述的是商品投入市场、再由商品资本转化为货币资本的过程。这里主要是阐述资本流通过程中的两大支柱——竞争和信用以及商业资本运行中的伦理形态和道德论争。这是在人的经济社会关系和行为活动方面，表现着更为集中的资本主义社会的伦理秩序和道德景观。

第一节　商品交换中的伦理关系

人类伦理关系的变化、发展是一个历史过程。这个历史过程的进程及其表现形式，是由一定历史时期的生产方式决定的。在资本原始积累基础上建立起来的资本主义市场经济，在商品生产和商品交换过程中，交换双方以同等劳动的价值关系相互对待发生的经济关系，如前所说，同时也就发生了相互之间通过契约体现的伦理关系。商品生产通过使用价值的生产使人具有了独自性，又通过交换价值使个人与他人，或说与人人发生联系，失去其独自性，从而进入普遍的社会联系，进入并构成商品交换的伦理秩序。

一、 商品生产伦理关系的历史演变

商品体现的是人与人的关系，其中也包含一定的伦理关系。人类伦理关系的发展进程及其表现形式，是由一定历史时期的生产方式决定的。商品生产在奴隶社会就有，但是在奴隶制度下，商品生产和市场交换还只是处于从属的地位，还不是普遍的社会生产方式。奴隶社会基本的生产方式是奴隶制，其生产关系结构是奴隶主—监工—奴隶。如古希腊的雅典城邦，商业贸易比较发达，它在地中海的船只就有上百艘，向海外通商。但是雅典城邦的社会结构是奴隶主统治奴隶，社会主要是靠大批奴隶来养活的。整个社会还不是商业社会。罗马帝国时期也是这样，包括商业发达的拜占庭帝国，也不能说是商业社会。欧洲中世纪社会，形成领主与农奴、师傅与帮工、牧师与俗人、贵族与平民、诸侯与陪臣的关系。这些关系的基本特征是人身依附关系或服从关系。这种依附关系是封建社会统治和稳定的基础。因此，劳动产品直接以劳役、地租、贡赋的形式进入社会。人与人的社会关系表现为直接的个人之间的关系。劳动的自然形式、劳动的特殊形态，直接表现为社会形式，中间没有物的掩盖，表现着人与人之间的外在的、具体的、有限的关系。这一切也就在不同地位、不同身份的人之间，形成尊卑贵贱的伦理关系和秩序。与此相适应，形成不同的行为规范、举止礼仪，以至于不同的语言。

封建社会的这种基本的结构，使封建社会的伦理关系只讲个人与个人的关系，在个别特殊场合，虽然也有人提出个人与人民、个人与社会、个人与国家的关系，说出带有高度政治性的语言，但终究不能形成全社会普遍的伦理观念。这并不是古人道德境界不高，而是当时的生产关系发展和政治制度没有达到那样的地步，还没有产生造成那种社会关系的必然趋势和必要条件，这里不能凭借道德家的想象或智者的逻辑进行主观的或普遍性的推论，也不能凭借政治家的宣传或行政指令造成理想的道德风尚和伦理秩序。

欧洲15世纪发展了商品生产。17世纪工业革命后，商品生产成为普遍的经济形式。到 18 世纪，主要的民族国家已成为"商业的世纪"。在商品生产已经普遍化的社会里，生产者把产品拿到市场上去，作为交换价值进行交换。商品生产者和占有者以同等劳动的价值关系相互对待，发生经济关系，同时也发生了相互之间新的伦理关系。商品生产通过使用价值的生产使人具有了独自性，又通过交换价值使个人与他人（人人）发生联系，失去其独自性，而进入普遍的社会联系。这也就意味着新的伦理关系的产生。

马克思恩格斯在阐述历史发展过程中的阶段性时，提出了农业社会阶段（自然经济）和工业社会阶段（商品经济）的区别，并对这种区别作了简明精辟的概括：前者作为农业经济产生了地域的局限性，后者作为发达的分工和贸易产生了开放性；前者是个人必须聚集在一起，后者是本身作为生产工具与现存生产工具并列；前者是个人受自然界支配，后者是受劳动产品的支配；前者是财产表现为直接的、自然的统治，后者是表现为劳动的统治，特别是表现为积累起来的劳动即资本的统治；前者的前提是各个人通过某种联系（家庭、部落、土地本身等）结合在一起，后者的前提是各个人互不依赖，仅仅通过交换聚合在一起；前者的交换主要是人和自然之间的交换，即以人的劳动换取自然的产品；后者则主要是人与人之间的交换；前者，体力劳动和脑力劳动还没有完全分离，只需具备普通常识即可；后者，脑力劳动和体力劳动实际上已经分工，只有普通常识就不够了；前者，所有者对非所有者的统治可依靠个人关系，依靠这种形式或那种形式的共同体，在后者，这种统治必须采取物的形式，通过某种第三者，即通过货币才能实现；前者存在着小工业，它决定于自然形成的生产工具的使用，因此没有个人之间的分工，后者是大工业，只有在分工的基础上和依靠分工才能存在。①

怎样分析这种关系的伦理性呢？这里提出几点可以试行的分析。

首先，应该看到，在商品交换中，交换双方的关系既有主体对客体的关系，又有主体对主体的关系。单纯物与物的关系当然不构成伦理关系，单纯

---

① 参见《德意志意识形态（节选本）》，人民出版社 2003 年版，第 47 页。

的人与物的关系也不能构成伦理关系,因为双方不是以自觉意识和人格相对待,不是主体对主体的关系,因而还不能构成伦理关系。只有在人与人的自觉的关系中,在主体对主体的关系中,不仅是作为物的代表,而且是作为独立的人格相互对待时,才能构成伦理关系。这在商品交换关系中,就有了超出交换双方每个人的特殊需要(使用价值)的"人"的关系沟通着,并且也要求双方意识到这种相互关系。马克思说:"经济的形式规定正好构成这些个人借以相互交往(相互对立)的规定性。"① 这就是说,商品交换关系这种经济形式就规定了人与人之间的特殊的人道要求。

其次,在商品交换中,每个商品生产者和交换者,由于彼此作为商品所有者相对待,是同等人格相对待,因此就有了平等的关系。商品价值的等同性体现着所有权的平等关系和互利关系。从经济形式的规定性来看,价值的等同性正是个人之间的社会平等的体现,也是伦理关系的平等的要求,如马克思所说,"主体作为流通的主体首先是交换者,每个主体都处在这一规定中,即处在同一规定中,这恰好构成他们的社会规定"②。他们既是实现商品交换的人,同时也是实现平等的人。从伦理的视角看,交换本身不过是平等关系的体现和证明而已。

最后,每个主体都作为交换过程的最终目的,作为支配的主体而实现商品交换,因而也就是实现了主体的自由。因为商品交换是自愿的交易,任何一方都不是被强迫的。就是说,他们个人以自己的特殊活动而参与一般生产,参加社会享受,从而对个人的自由得到肯定。马克思说,这里"第一次出现了人格这一法的因素以及其中包含的自由的因素"③,如果说经济形式上的交换确立了交换主体的平等,那么同时也就确立了交换过程上的自由。

平等和自由是相通的。平等就是上述自由的平等。平等本来是法国用

---

① 《马克思恩格斯全集》第46卷(下),人民出版社1980年版,第462页。
② 《马克思恩格斯全集》第46卷(下),人民出版社1980年版,第473页。
③ 《马克思恩格斯全集》第30卷,人民出版社1995年版,第198页。

语，"平等就是有权行动"。平等就是"人在实践中对自身的意识"，也就是，意识到自己和别人是平等的人。思辨地说，就是"人和人的实际的、类行为的本质的同一"。人与人比较，平等才觉得自己是人，才像个人；不平等就觉得自己不像人，被人不当人看待。人们都会感到，这种关系在财产权和商品交换关系中体现得尤其明显。

因此，在商品交换中，不仅产生了平等和自由这种客观的伦理关系，而且道德上要求人们必须讲人道，尊重人的自由，尊重人的意志和尊严；要求人与人平等相待，反对任何特权和霸权。由此可见，揭示商品的价值，揭示不同商品之间的共同性，就是揭示人类劳动、人的价值的同等意义。价值就是人的活动的一定的社会存在方式。人的平等、自由关系，就是商品价值等同关系包含的伦理关系和道德要求。人道与合理的伦理秩序就在其中。

这里要说明一个问题，在商品交换中有没有人的道德参与呢？回答是肯定的，不但有而且具有重要作用。19 世纪英国经济学家威廉·汤普逊在论到商品交换对道德的影响时说："必须看到交换的利益和必须实行交换。如果把交换的作用取消，也就消灭了劳动的动机。"它特别注意到交换在道德方面的影响，认为"一个人不给任何别人什么东西，也不接受任何别人什么东西，没有意味着互换劳动的合作，这个人就成了他的同胞的畏惧的对象。在这种情况下，人们的心中能产生的什么友爱之情呢？在这种情况下，所产生的不会是什么宽厚仁慈的而一定是完全相反的感情。"① 但是，马克思在研究经济规律时是研究资本和劳动的关系及其运动规律，人的意见和情感因素已经融化在物质性劳动活动中、对象化为商品物和商品价值，体现为劳动力、劳动生产率、价值量、利息率等。这是要用社会学、统计学方法去解决的。简单地说，马克思把资本和劳动都人格化、作为人格化参与者来对待的。按照马克思的解释，商品价值的奥秘在于：它在人们面前，把人的劳

---

① ［英］威廉·汤普逊：《最能促进人类幸福的财富分配原理的研究》，商务印书馆 1986 年版，第 62 页。

动的社会性凝结为劳动产品的价值，反映为物的"天然的社会性"，所以才有作为"天生的平等派"的商品。人与人的平等、自由的伦理关系，就潜藏在物的交换价值之中。不是说人没有感情和心性，而是从经济学的客观规律研究来看，物的交换价值包含着超越感觉、感情的人与人的经济关系。不过，对于注重物质利益的市民来说，可感的使用价值和作为价值形式的货币是实在的，那里面的伦理关系则是虚幻的，看不见的；而对于思辨的伦理学家来说，可感的物、货币，只是身外之物，只有其中的伦理才是实体性的"活的善"。

当然，这只是简单商品交换关系的形式表现。在深入的考察中，我们会看到资本主义关系的深刻的本质。简单流通本身并没有暴露出各个交换主体之间的任何区别，因而呈现出形式的自由、平等和以劳动为基础的所有制的王国。把这种关系不加分析地应用到发达的、深层的商品经济关系中去，就会导致理论的错误。这在讨论剩余价值和剥削问题时就可以清楚理解。

二、 商品交换的伦理关系分析

商品交换过程的伦理，是研究资本主义生产关系伦理的一个切入点。正如从商品开始解剖资本主义社会一样，这个切入点也是从资本主义社会最直接、最普遍、最大量的现象开始的。人的认识有个盲点，就是对于最常见的现象往往熟视无睹，司空见惯，反倒不知其底里，不求其究竟。商品交换中的伦理，可以说就是这样一种现象。

商品交换原本是来自物与物的交换。但无论是物物交换或商品交换，都不能自己去自行交换，也不能表达自己的"心愿"，而必须由它们的主人即监护人代表它们进行交换。即使被交换的是能活动的人，作为被买卖的商品连带奴隶也是由监护人主宰的。这就是说，要使商品物彼此发生关系，实现商品物的交换，那就必须有商品所有者的自由意识和自觉意志体现在商品中，通过这样的人彼此发生关系才能实现交换。这样，在物对物或商品对商品的交换关系中，就产生了相互联系、互相作用的四类关系：

第一，以商品交换形式存在的物物交换。进入交换过程中的物是互不相同的。它们属于不同种的物，如果是相同的物那就不用进行交换。从交换的角度来看，每个商品体只是它本身的价值表现形式，它随时准备用自己的"身体"去同别的商品体进行交换，但它作为商品物本身没有意识，不知道自己的价值和对方的价值，感受不到它要与之交换的对象是美是丑，是好是坏。因此它要求人来补足它的无知，替它感受和思考，替它说话并进行交换。

第二，准备进行交换的商品物，不仅是不同种的物，而且是属于不同的人所有的物。每个人占有自己的商品，就是对自己的商品有占有权。这种所有权是交换的前提。双方必须承认对方的这种所有权，才能进行交换，否则就不能进行交换。从一方面说，承认这种所有权，就是肯定了具有契约形式的法权关系。从另一方面说，通过契约所成立的所有权，它的存在形式已不再是单纯的物，而是包含着意志在内的、具有法的意义的存在。不管这种契约形式是否用法律固定下来，它都使这种关系具有了法的规定性。所以，从一定意义上说，人唯有在所有权中才是作为理性而存在的。

第三，人把他的意志体现在物内，就体现为对物的所有权。反之，物的所有权必然要有人的意志体现在其中。在社会生活中，所有权在意志对物的关系上，一般表现为直接占有权、使用权、转让权和继承权。在商品交换中，为了实现交换，商品所有者必须把自己的意志贯穿在这些环节中，并通过人的意志作用，实现所有权的转化。不仅如此，每一方只有通过双方共同一致的意志，才能实现商品的让渡，从而占有别人的商品，实现商品的全面转手。在这里，契约是一个过程，它贯彻于商品交换的始终。在这种过程中，原来排除他人意志的独立所有者终止为所有人，进入"求同存异"的共同体。因此契约又只是一个中介，使对立的意志达到同一是它的使命。这种对立的同一，就是伦理的实现，借用荀子的话说就是"不同而一，夫是之谓人伦"①。在这里，公正和信用就成为约束立约双方行为和维系其伦理

————————

① 《荀子·荣辱》。

关系的行为准则，是具有法律意义和道德意义的行为规范。

第四，再进一步分析商品交换中的意志，那就要去分析构成意志初始的动机，也就是要分析行为发生的最初的原因。这种分析是特别重要的，因为商品交换中的人的行为，在由始点向后发展时向善还是向恶，是决定行为价值和归责的内部根据和动因。可以说，行为道德或不道德的价值，最初都是成立在这一意志的主观性基础上，它是行为者的心术和灵魂。黑格尔说它是"自我区分的观点"，很深刻。因为它没有任何外部的强制，或者说任何外部的强制对它都毫无意义，它完全是自我内心的东西，是法律也不能强制的内在心意，是个人自由意志的决定和选择。但不能说它是没有外部条件的，如有利益驱使，有法律约束，有他人监督，等等；但也正因为这样，对于社会群体的关系，对于商品交换的关系来说，就必然会有公共利益的要求和带有强制性的法律规定，借以协调个人的自由意志和主观任性行为，从经济发展的客观性、全局性和必要性上把握经济伦理秩序的健康发展。

从上述商品交换过程的分析来看，人们在交换关系中扮演的角色，不过是经济关系的人格化；反之，这种交换关系也是人格化的经济关系。人在这里作为经济关系的承担者和实现者，要代替商品物去感知、思考和交换。这里，我们可以进一步界说经济伦理概念，把它看作在经济关系中产生的、由一定的人格主体进行的、有一定自觉意志相对待的关系，就是经济伦理关系。维系和调节这种经济伦理关系的手段和机制，既有法律的，也有道德的，还有政策、规章等形式的。

然而，自从私有制产生以来，在商业交易中的利害对立都带有利益对立的性质，各个人都知道对方的意图是和自己的意图相反的，因此互不信任，常常采取不道德的手段达到不道德的目的。因此，马克思恩格斯始终认为，私有制社会的商业交易本质上带有不道德的性质，当然这是与人的合理需要和消费的对照而言的。正因为这样，商业道德要求人道、公正和信任，这是要由历史的发展去解决的。也正因为这样，人类总结自己的经验和教训，制定并不断修订相应的法律规定和道德规范，借以惩罚经济行为中的不法和犯罪，教育和提高人们的思想道德境界。在商品经济的实践中，商业活动也在实践中有所进步。因为明智的经营者知道，要是惹起它的供应者和顾客的不满或敌视，那就实在是太愚蠢了。明智之道是：越能提供好商品，做好经销服务，就越对自己和他人有利。于是商业的人道、文明，就在这样的过程中不断得到提高。资本主义商业的发展正是在这样的利益驱使下，在合理的法律约束和道德的激励下，逐步走上"以人为本""以信营商"的现代文明的商业诉求。

这里要说明一下在商品交换中的个人过程和社会过程。所谓个人过程，就是为了满足个人需要的交换。每一个商品所有者都只想让渡自己的商品，来换取别种对自己有使用价值的商品。就这一点来说，交换对于他只是个人过程。另外，他想把他的商品作为价值来实现，也就是和另一种具有同等价值的他需要的商品相交换，而不问自己的商品对另一商品所有者是否有使用价值。就这一点来说，交换对他就是一般的社会过程。在商品社会里，使用价值与交换价值的对立就是商品交换的个人过程与社会过程的对立。这种对立有它的历史发展过程，正是在长期的历史发展中，个人交换的不断重复使交换成为有规则的社会过程。随着时间的推移，有一部分劳动产品是为了交换而产生，这就使物满足交换需要的效用同满足使用的需要分离开来，并逐渐固定下来，这就是作为等价物的商品的产生。随后就是货币的产生。货币形式只是其他一切商品的关系固定在一种商品上面的反映。就其社会意义来说，这种货币形式不过是隐藏在物后面的人的关系的表现形式，是人的劳动所取得的社会价值形式。一般来说，人们容易了解货币是商品，但不容易了解商品究竟怎样、为什么和通过什么成为货币的。货币这种特殊商品带有不容易看透的"神秘性"，以至于经济学家罗雪尔竟说货币是"一种快意的商品"。这里有一个值得注意的问题就是，人们在自己的商品生产过程中的单纯关系，以及不以他们为转移的生产关系的物质形式，首先是通过劳动产品普遍采取商品形式而表现出来的，因此就产生了商品拜物教。而商品是以货币为等价物的，有了货币就可以买到一切东西。因此，由商品拜物教就产生了更加明显、更加耀眼的货币拜物教。

货币拜物教所造成的金钱文化，是资本主义社会拜金主义道德的温床。在金钱文化中，人们生活的目的，就是为了金钱。所谓"为生活目的的努力"，从根本上说就是追逐金钱和财富的努力。本来，人类才能的发展和财富的创造，是历史进步的表现，是社会生产力发展的结果。可是，为了积累金钱和财富，人们却无限制地进行获得金钱、积蓄金钱的竞赛。在这种金钱文化中，人们之所以追逐金钱，不只是为满足生存的需要，也不只是为满足一般物质享受的需要，更大程度上是为满足虚荣和地位的需要。金钱竞赛呈现出极富和极贫的分化和对比，而一旦正常的生活环境兴起社会心理的这种对比，社会风气就会由此而产生"歧视性对比心理"。在这样的社会风气之下，人们感到劳动是降低品格的。劳心者治人，劳力者治于人，就成为"天赋人权"和无可奈何的命运。正如美国制度经济学家凡勃伦所说，在这种金钱文化中，"不参加劳动就成为金钱上的优越成就的习惯标志，就成为声望所归的习惯指标；正相反，从事于生产劳动既然是贫困和屈服的标志，它同在社会上取得崇高地位这一点就冰炭不相容了。结果是，在盛行金钱竞赛的情况下，勤劳与俭约的习惯并没有获得普遍推进；正相反，这种方式的竞赛，对生产劳动的参与间接地起了消极作用。从很早的文化阶段起，积习相沿，劳动一向受到轻视；但是，即使没有这样的传统，劳动由于已成为贫困的证明，也仍将不可避免地带上不光荣的色彩"①。凡勃伦的这番话，确实说出了资本主义社会和一切剥削阶级社会的世态炎凉。歧视性对比造成病态的社会心理，有钱的人自以为高贵、荣耀，自有尊严感，而无钱或少钱的人，则自感卑贱、寒酸，生不如人。这样就在社会生活中有形无形地形成尊卑贵贱的伦理关系和道德观念。所以，在这样的社会里，礼貌大部分是身份、地位关系的表现，其价值在于它是特殊身份和地位的证明。这也就是黑格尔所说的："市民社会在这些对立中以及它们错综复杂的关系中，既提供

---

① ［美］凡勃伦：《有闲阶级论》，商务印书馆 1964 年版，第 32—33 页。

了荒淫和贫困的景象，也提供了为两者所共同的生理上和伦理上蜕化的景象。"①

三、 商品交换的目的和手段

这里阐述的不是总体的商品交换过程，如从这个总体过程上看，得到剩余价值就是目的，交换商品只是手段。这里说的是商品交换双方的关系。从这个方面来说，商品生产者和交换者进入市场，就使双方的利益关系成为现实的关系。这种关系的两方面——使用价值和交换价值，各有其表现。使用价值是可感的、实在的、外观的；交换价值是想象的、潜在的、内涵的。马克思形象地说，"商品作为使用价值放在仓库里，作为交换价值放在心上"。所谓"放在心上"，就是要用理性去思考，用自己的心去把握，去关切，也就是去分析、关心那被物掩盖着的价值关系，关心它所代表的实际的利益。这里就体现着理性经济或经济理性的特点。商品交换中的伦理关系正是在这里形成的。我们可以作这样几点分析：

第一，体现商品价值的劳动，是人类劳动的凝结，也是交换双方劳动的对象化，马克思说它是"同一幽灵的对象化"。商品的使用价值体现的是自然关系，商品价值体现的是生产的社会关系。这其中就包含着人的本质对象化的伦理关系。就是说，沟通各种具体劳动的价值的共同性，使各种不同的个人劳动相互联系而失去其独自性，具有了普遍的联系性和社会性，因而具有了"不同而一"的伦理性。这就是特殊的个人劳动转化为一般的社会劳动，主观的意志转化为客观的伦理。

第二，人的劳动一旦对象化，进入客观的相互关系，就通过交换价值的普遍联系发生了相互的利益关系，同时也就产生了个人利益与他人利益、个人利益与共同利益的关系问题。于是，那个使人联系在一起的"幽灵"，就钻进了人的心中，搅动着人的心思，形成人的强烈的欲望、意图、谋虑、心

---

① ［德］黑格尔：《法哲学原理》，商务印书馆 1965 年版，第 199 页。

术等。这样，在人的劳动对象化的过程中，不但存在着个人与他人之间的利益关系，而且存在着主观利益与客观利益的关系。因此，这里不但有客观利益关系的相互关联，而且需要对相关人的思想、行为加以规范和协调。

第三，商品交换中的关系，体现着人与人之间互为目的和手段的关系。商品交换有两个必然的前提：一是一切产品和活动转化为交换价值，必须以生产中的独立个人为前提；二是一切个人的生产必须以与他人的全面依赖关系为前提。这就是说，在这种关系中，每个人的生产依赖于其他一切人的生产；同样，个人的产品转化为本人的生活资料，也必须依赖于其他一切人的消费。这种相互依赖的关系，在经济活动中就表现为互为目的和手段的关系。如马克思所说，在这里，"每个人为另一个人服务，目的是为自己服务；每一个人都把另一个人当作自己的手段互相利用。这两种情况在两个个人的意识中是这样出现的：（1）每个人只有作为另一个人的手段才能达到自己的目的；（2）每个人只有作为自我目的才能成为另一个人的手段；（3）每个人是手段同时又是目的，而且只有成为手段才能达到自己的目的，只有把自己当作自我目的才能成为手段，也就是说，每个人只有把自己当作自为的存在才把自己变成为他的存在，而他人只有把自己当作自为的存在才把自己变成为前一个人的存在"①。马克思说，这种相互关联"是一个必然事实"，是"商品交换的前提"。在这里，独自性与依赖性、目的与手段、利己与利他的对立的统一，正是商品交换中的伦理关系的实现。

第四，相互服务是商品交换伦理的基本特点。商品交换通过交换价值提供使用价值，就是商品服务。这种服务一方不构成资本，另一方也不构成雇佣劳动，而是物化劳动与活劳动的交换。马克思说，从擦皮鞋的到国王，都属于这个范畴。这种服务是服从于一定的经济关系规定的，但它又带有一定的自觉意图，因而其中包含着一定的伦理关系。黑格尔生动地把这种相互关系比作人用一只手洗另一只手，两只手是相互为用，互相搓洗。在商品交换

---

① 《马克思恩格斯全集》第 30 卷，人民出版社 1995 年版，第 198 页。

中，这种相互利用也就是相互服务。当然，这是简单流通过程中商品交换的服务，与资本增殖过程中的"服务"，有性质上的区别。讲服务，不能抽掉经济关系的特定的形式规定性，否则，高利贷、奸夫淫妇、窝藏杀人犯，也可以说成相互服务了，这就混淆了服务的不同性质。

第五，关于共同利益。在交换关系中，双方行动的那个"共同利益"，虽然是双方互利的纽带，但它本身并不是双方自觉地"放到心上"的支配行动的动因，而是放到他们各自私人利益的背后，作为利益计算和权衡的条件加以考虑的。有利于他人和社会的结果，只是客观上实现的，而不是出于他们的自觉动机，甚至也不是出于清醒的意识，更难说出于高尚的道德意识。就客观过程来说，每个个别利益的满足正好就是共同利益的实现。正是这一点，才使得"为自己"的交换双方得到心理上的安慰和良心上的满足。这就是所谓"主观为自己，客观为别人"命题的一般意义。

从历史上看，"主观为自己，客观为别人"这种理论，是近代资本主义商品经济发展的产物。对这种理论作了系统表述的是英国经济学家兼道德哲学家亚当·斯密。在他看来，只要让每个资本所有者充分自由地去追求自己的最大利润，客观上就会增进他人和社会的公共利益。而且这种自私心越强烈，追逐利润的劲头越大，就会对他人和社会贡献越大。他说："在这场合，像在其他场合一样，他受着一只看不见的手的指导，去尽力达到一个并非他本意想达到的目的。也并不因为事非出于本意，就对社会有害。他追求自己的利益，往往使他能比在真正出于本意的情况下更有效地促进社会的利益。"① 这就是亚当·斯密在他的经济学理论中所阐述的"主观为自己，客观为别人"的基本理论。德国哲学家黑格尔在阐述市民社会的伦理时，有保留地肯定了"主观为自己，客观为别人"这个命题，并作了思辨哲学的解释。他认为，市民社会是一个需要的体系，这个社会中的每一个人都追逐

① ［英］亚当·斯密：《国民财富的性质和原因的研究》（下），商务印书馆 1974 年版，第 27 页。

自己的利益，他人和社会不过是实现个人私利的手段。个人的劳动和需要就是大家彼此互相满足的条件。在这种劳动和需要的相互依赖的关系中，"主观的利己心转化为对其他一切人的需要得到满足是有帮助的东西，即通过普遍物而转化为特殊物的中介"①。意思是说，在这样的市民社会里，在正常分工的条件下，个人在为自己的私利劳动生产的同时，也就创造了社会财富即"普遍物"，从而对满足别人的需要作出了贡献。这样，主观的利己心就转化为客观上对别人有利的东西。因此，黑格尔在这里提出了一个重要观点："良心如果仅仅是形式的主观性，那简直就是处在转向作恶的待发点上的东西。"② 前面说过，这个意思是说，主观上仅仅是为自己的行为，在其内心的确信和决定上，有两种可能性：可能为善，可能为恶。因为善和恶、道德或不道德都在他的内心里有其共同的根源。黑格尔这个观点触到了理解问题的关键。

马克思认为，对处于一定社会关系中的个人行为，以及个人与他人、个人与社会的关系，不能限于抽象的分析，不能离开一定社会关系对人的具体规定。在以私有制为基础的资本主义商品生产中，每个人的生产都依赖于其他人的生产；同样，每个人的产品要转化为自己本人的生活资料，也要依赖其他人的消费。这是一种互相依赖的关系。正是由于这种关系，才有了商品生产者之间不断进行交换的客观必然性。在这里，"共同利益"就是自己的手段互相利用。这是简单商品交换关系中的"必然事实"，也是"商品交换的前提"。不过，简单商品交换关系并没有反映出作为资本主义经济总体的、深层的复杂关系。因此，马克思批评资产阶级经济学家和哲学家，只从简单商品交换关系就得出主观为自己客观必然有利于他人和社会的结论。马克思指出，这种分析是抽象的，脱离了资本主义经济的现实。

首先，马克思指出，这种分析脱离了资本主义生产关系的客观逻辑。按

---

① ［德］黑格尔：《法哲学原理》，商务印书馆1965年版，第210页。
② ［德］黑格尔：《法哲学原理》，商务印书馆1961年版，第143页。

照这种分析，事情的逻辑恰恰相反。每个人如果只是为了自己，即都宣布自己是目的而不作手段，其结果必然导致霍布斯所说的那种"每个人对每个人的战争"的状态，那就不是什么对普遍利益的肯定，而是对普遍利益的否定。

其次，马克思指出，问题不在于是否每个交换者主观上把追逐个人私利当作行为的动因，而在于作为动因的私利本身在它成为个人行为动因之前，就已经是由现实的资本主义生产关系所规定了的结果。在资本主义生产关系中，每个人利益的实现都离不开社会条件的规定，并且只有使用社会提供的手段才能实现。资产阶级经济学家和哲学家的分析，掩盖了资本主义私有制和剥削关系，把资本主义生产关系所规定的剥削关系抽象掉了。马克思的分析是正确理解问题的一个基本的方面。但从商品经济的道德哲学方面，从这个命题所包含的积极意义来分析，还应该把马克思的分析和许多论述过这个命题的经济学家和哲学家的分析接起来，把握它的普遍意义。①

第二节　资本流通过程的伦理秩序

商品进入市场，即由生产领域进入流通领域，最主要的问题就是竞争和信用，竞争和信用是市场经济的两大支柱。讲竞争，就必须同时讲信用。商业信用是市场交易的保证，既能保障交易安全，又能提高交易效率。没有商业信用，交易行为将失去可预测性，交易主体就会失去交易信心，市场秩序就会无章可循。信用是市场经济运行的基础，同时就信用、信贷本身来说又是以对信用对方的不信任为基础的。

一、　资本市场竞争的伦理特征

竞争是马克思在《资本论》中所作的道德社会学研究的重要内容。马

---

① 参见本章的疑难问题讨论。

克思研究了资本主义竞争产生的历史必然性和它在调节资本主义生产中的必要性和重要性。

所谓"资本主义制度",从经济运行方式上看,亦可称自由市场经济或自由企业经济。在资本主义条件下,生产资料为大多数私人所有,主要是通过市场的作用来调节生产和分配收入的。从16世纪到18世纪,英国纺织工业的兴起引起了资本主义的发展。其特点是将生产超过消费的余额用于扩大生产能力,而不是用于兴建金字塔、大教堂和华丽宫殿。在伦理方面,受到16世纪宗教改革的激励,勤奋工作和发明创造受到鼓励,消极混世、轻视进取观念已被冷落,社会接受了自由和经济不平等观念。18世纪资本主义由商业转向工业,亚当·斯密的自由主义经济思想开始传播,资本主义生产和商业长足的发展,显示了资本主义生产和商品流通方式的生命力。从历史上说,资本主义经济的生命力有两大支柱,一个是竞争,一个是信用,而两者都密切地联系并体现着伦理和道德。

竞争是推翻封闭的、僵化的封建生产方式,开辟经济活跃发展新道路的推动力量,是给被束缚的个人提供较自由发展的活动场所的唯一可能的方式。它争取了没有贵族特权的平等,争取了个人支配自身的自由。所以,17、18世纪资产阶级所理解的"解放"就是竞争,即自由竞争。自由竞争揭示了披在封建剥削制度上面的政治、宗法、宗教外衣的世俗意义,可以说,它是政治、宗法和宗教世俗化在经济领域的体现。中世纪的欧洲国家是在封建制社会基础上的基督教教会统治的政治国家,不存在独立的市民社会和市场经济;人们受《圣经》神学和关于天国说教的严重束缚,没有独立思想、人权和行为的自由。如果说文艺复兴是欧洲社会生活世俗化的开始,那么此后的几百年,欧洲人生活的各个领域就是逐渐脱离教会统治和神学束缚的过程,就是说转向重视人的权利和财富,由人自己控制自己的生活。人在脱离"神灵""圣域"的同时也就走进了世俗生活。这是一个伟大的历史性转变。

什么是自由竞争?怎样对待自由竞争?在马克思研究资本主义制度的那

个时代，资产阶级学者们赞美自由竞争，社会主义者们诅咒自由竞争，如何给"自由竞争"一个合理的解释？马克思说："揭示什么是自由竞争，这是对于资产阶级先知们赞美自由竞争或对于社会主义者们诅咒自由竞争所作的唯一合理的回答。"①19世纪的英国空想社会主义者威廉·汤普逊，在他的《最能促进人类幸福的财富分配原理的研究》一书中，曾经从功利主义观点上对历史上的竞争作过比较分析。他首先肯定谋求利益的动机，对劳动者来说是一时也不可缺少的推动力。要充分发挥这种动力的作用，就要使劳动者有条件发挥自己的能力。这就是要使劳动者得到自己的劳动成果，并因努力劳动而得到奖励。如果用强迫劳动和专制统治的办法压抑劳动者，那么无论在经济上还是在道德上，都将是对社会的危害和损失。因此，他肯定个人竞争制度比起强制制度与非自愿制度来，具有更大的优越性。但是，鉴于资本主义私有制中的剥削制度和利己主义，使竞争成为贪得无厌、损人利己的手段，因此他试图寻求一种既能保持竞争的优越性，又能避免竞争所带来的流弊的制度。他找到的就是社会主义制度以及在社会主义制度下的合作制。按照他的理想，实行竞争加合作的社会主义制度，就能克服私有制竞争的弊端，实现个人利益与社会整体利益的结合。他的社会主义思想汲取了空想社会主义理论的精华，反映着资本主义发展的趋势和理论走向，当然会引起马克思的注意。

马克思对资本主义的竞争作了实事求是的科学分析。马克思指出了理论界对竞争的两种误解：一种是只从否定的方面理解竞争。从历史上看，竞争在国内表现为取消行会强制、政府调节、国内关税等；在世界市场上，表现为废除闭关自守、禁止性关税或保护关税。总之，表现为对作为资本的前导的各个生产阶段所固有的种种界限和限制的否定。这就是重农学派所说的自由放任。另一种是把竞争仅仅看作是摆脱了束缚的、仅仅受自身利益制约的个人之间的冲突，看成是自由的个人之间的相互排斥或吸引，从而把自由竞

---

① 《马克思恩格斯文集》第8卷，人民出版社2009年版，第181页。

争看作自由的个性在生产和交换领域内的绝对存在形式。马克思认为，后者比前者是一种更荒谬的看法。①

首先，怎样理解竞争的"自由界限"？马克思认为这种自由界限是历史的、相对的，对国家和地区来说又是内外有别的："如果说自由竞争消除了以往生产关系和生产方式的限制，那么，首先应当看到，对竞争来说是限制的那些东西，对以往的生产方式来说却是它们自然地发展和运动的内在界限。只有在生产力和交往关系发展到足以使资本本身能够开始作为调节生产的原则而出现以后，这些界限才成为限制。"② 就是说，在资本成为调节生产的本原之前，对竞争的那些限制并不是限制，而只是生产关系和交往关系发展的内在界限，还不是限制。只要资本的力量还薄弱，它本身就要在以往的生产方式中寻找拐杖或靠山，它们也是资本感到发展困难时候的避难所和支撑力量。当资本的力量大到足以成为调节生产和交换的本原时，这种界限就会成为对资本发展的限制。这时资本所要打破的界限，就是对资本的运动、发展和实现的限制。就是说，一旦资本强大起来、可以独立调节生产和交换的本原时，它就会抛开拐杖和靠山，按照它自己的规律运动。在这里，资本所要打碎的不是一切界限和一切限制，而只是要打破与它不相适应的、对它来说是限制的界限。资本在它自己的界限内是自由的，没有限制的，也就是说尽管它的界限从更高的角度看是限制，但它只受自身的限制，是受自己的生活条件的限制。如资本通过自由竞争对行会制度等所作的否定，这个历史方面只不过意味着：足够强大的资本借助于与它相适应的生产方式，摧毁了束缚和妨碍与资本相适应的运动的那些历史限制。资本的自然使命恰恰是通过竞争来为自己开辟自由的道路的。

其次，马克思认为，竞争是资本的现实行为和内在规律。竞争绝不仅仅具有历史的意义，不仅仅是对旧生产方式和限制否定性的东西。马克思认

---

① 参见《马克思恩格斯全集》第 46 卷（下），人民出版社 1980 年版，第 158 页。
② 《马克思恩格斯全集》第 46 卷（下），人民出版社 1980 年版，第 158 页。

为，自由竞争是资本同作为另一个资本的它自身的关系，即资本作为资本的现实行为。就是说，竞争是资本运动本身的关系和行为，是资本运动的内在规律。只有随着自由竞争的发展，资本的内在规律才确立为规律，以资本为基础的生产才在与它相适应的形式上确立起来。因为，在马克思看来，自由竞争就是以资本为基础的生产方式的自由发展，就是资本的条件和资本的不断再生产这些条件的过程的自由发展。

从上述马克思关于资本性质的分析可以看到，在马克思看来，在自由竞争中自由的并不是个人，而是资本。只要以资本为基础的生产还是发展社会生产力所必需的、还是社会生产方式的基础，因而是生产方式得以存在和发展的最适当的形式，个人在资本的纯粹条件范围内的运动就表现为个人的自由；正因为这样，人们往往又通过回顾被自由竞争所摧毁的那些限制来把这种自由教条地宣扬为自由。自由竞争是资本的现实发展。它使符合资本本性、符合以资本为基础的生产方式、符合资本概念的东西，表现为单个资本的外在必然性。各资本在竞争中相互施加的，以及资本对劳动等施加的那种相互强制，就是财富作为资本取得自由的同时也是现实的发展。"包含在资本本性里面的东西，只有通过竞争才作为外在的必然性现实地暴露出来，而竞争无非是许多资本把资本的内在规定互相强加给对方并强加给自己。"①这一点甚至使最深刻的经济思想家都把自由竞争的绝对统治作为前提，以便研究和表述与资本相应的规律，这些规律同时表现为统治着资本的生死攸关的趋势。

再次，自由竞争是与资本生产过程相适应的形式。自由竞争就是资本运动的实际过程，资本运动的实际过程就是自由竞争。这种过程表现为各资本以及其他一切由资本决定的生产关系和交往关系的相互作用。自由竞争越发展，资本运动的形式就表现得越纯粹。自由竞争不过是各资本的自由运动，也就是说，资本已不是在属于解体了的准备阶段的条件中运动，而是在资本

---

① 《马克思恩格斯全集》第46卷（下），人民出版社1980年版，第160页。

本身的条件中运动。资本的统治是自由竞争的前提。由此产生一种错误看法，认为自由竞争是人类自由的终极发展，认为否定自由竞争就是否定个人自由，否定以个人自由为基础的社会生产。马克思认为，这样的"发展"只不过是在有限性基础上的发展，即在资本统治基础上的自由发展。这种个人自由同时也是最彻底地取消任何个人自由，而使个性完全屈从于极其强大的物的权利，或者说屈从于这样的社会条件，这些社会条件采取物的权利的形式，而且是极其强大的、离开彼此发生关系的个人而独立的存在物。

在这里，马克思还提出了在自由竞争中的个人利益和普遍利益的关系问题。如果说，在自由竞争的范围内，个人通过单纯追求他们的私人利益而实现公共利益，或者说实现普遍利益，那无非就是说，在资本主义生产的条件下，他们的相互压榨，因而他们的相互冲突本身也只不过是发生这种相互作用所依据的条件的再创造。不过，一旦把竞争看作自由个性的所谓绝对形式这种错觉消失了，那么这种情况就证明，竞争的条件即以资本为基础的生产条件，已经被人们当作限制而感觉到和考虑到了，因而这些条件已经成为而且越来越成为这样的限制。当然，人们也会因此而思考代替资本主义制度的社会主义制度。断言自由竞争等于生产力发展的终极形式，因而也是人类自由的终极形式，无非是说资产阶级的统治就是世界历史的终结，这当然是暴发户最爱听的话。

由此，马克思得出三点结论：

第一，竞争是商品生产者的基本的交往形式。没有竞争，商品生产者就失去了交往的积极性和所要达到的目的。可以说是"英雄无用武之地"。当资本主义工厂中的分工全由企业主的权力来调动的时候，社会就要进行劳动分配、生产资料的分配和财富的分配，除了竞争之外，没有别的贵族和权力；除了竞争，社会没有别的办法。

第二，竞争是资本集中的有力杠杆，是使资本集中的动力。按照马克思的说法，它是商业竞争，而不是工业竞赛。它可以充分施展资本所有者的能力，实现竞争者的利润，同时也使资本走向有利于社会发展的需要，促使资本积累规模的扩大，形成以资本为核心的市场运行机制。

第三，竞争作为自由商品生产者基本的交往形式，是平等化的最大创造者。它创造了市民社会竞争的平等权利，是对封建贵族的宗法特权和教会特权、政治特权的否定，使世俗生活有了活力和历史意义；它显示了资本的力量，增强了资产阶级对抗封建统治的力量，提供了法律保障。因此，马克思说，法律面前的平等便成为资产阶级的决战口号。资本主义社会是建立在竞争基础上的。没有竞争就没有资本主义社会，也就失去了自由、平等的意义。如此说来，竞争正是资本主义社会交往关系和伦理关系的特色。正因为这样，个人主义必然成为这种交往的精神支柱，同时要求公正、公平的调节规则。

竞争和竞赛是不同的概念。在经济领域，以产品生产为对象的、不以利润为目的的活动是竞赛，叫作"工业竞赛"。以多出产品、少消耗、低成本、优质量为优胜。竞争是以获得利润为目的的，叫作"利润竞争"。在这个意义上，马克思说它是"商业竞赛"，即利润之争。在资本主义社会里，工业竞赛只是为商业而存在，即只是为利润而存在。所以，在资本主义条件下，为了利润竞争，人们都患了一种不事生产而专门去谋利润的狂热病。这种投机狂热，暴露了竞争竭力避免工业竞赛的必然性的真正性质。

这样，从竞争与竞赛的比较中，我们就看到竞争的消极方面：它把社会的活动、人们的心理、情绪和道德，都引向"谋求利润的狂热"，引向商业和金融投机。这对未来的社会主义社会来说就带有一定的消极因素，在一定条件下也包含着破坏因素。这在马克思对《哥达纲领》的批判中，已经表达了对这种发展结果的预见。

竞争进入道德领域就会进入人的意识和感情，影响社会伦理关系和秩序，使一些人的道德严重堕落，使社会风尚发生蜕化和变质。恩格斯早在青年时期写的《国民经济学批判大纲》中，就深刻地洞察到竞争对道德的消极作用。他说："竞争贯穿在我们的全部生活关系中，造成了人们今日所处的相互奴役状况。竞争是强有力的发条，它一再促使我们的日益陈旧而衰退的社会秩序，或者更正确地说，无秩序状况活动起来……竞争支配着人类在数量上的增长，也支配着人类在道德上的进步。"怎样理解这种"道德上的发展"？恩格斯说的是随着竞争的扩展，各种犯罪活动也在增长。"犯罪行为按照特殊的规律性年年增加，一定的原因按照特殊的规律性产生一定的犯罪行为。"① 这种规律性证明，犯罪也受竞争支配；证明社会产生了犯罪的需求，这个需求要由相应的供给来满足。在这种情况下，对犯罪行为的惩罚公正到什么程度也是很难说的。在这里，恩格斯提醒人们注意，竞争也扩展到了道德领域，并表明资本主义私有制下竞争会使一些人奋进，也会使一些人严重堕落，从而产生道德的强烈要求，促使善恶美丑的斗争和社会道德风尚有所改善。

二、 资本流通中的信用和投机

马克思是从资本的运动中考察信用的。他认为，信用是一种生产方式，是一种经济关系。信用是就交往关系而言的，用于经济领域，就是指经济交往关系。经济信用不是从道德诚信开始的，而是从商品交换活动中产生的，是商品交换活动和货币流通得以实现的必要条件。商品生产的结束，就是流通过程的开始。新的关系必然有新的要求，这里的第一个要求就是信用。

马克思在《资本论》中深刻地分析了资本流通过程的信用关系和信用制度。他说："信用作为本质的、发达的生产关系，也只有在以资本或以雇佣劳动为基础的流通中才会历史地出现。"② 商业信用是从劳动力买卖开始的。在资本主义市场上，确定劳动力买卖过程的形式是契约。由于劳动力商品的特殊性，劳动力买卖双方签订契约时，劳动力的使用价值还没有转到买者手中，劳动力的价值是在使用价值让渡给买主以后，投入劳动过程中才实现的，它的使用价值只是在以后的劳动力的表现中才实现。这就是说，劳动

---

① 《马克思恩格斯全集》第 3 卷，人民出版社 2002 年版，第 471 页。
② 《马克思恩格斯全集》第 30 卷，人民出版社 1995 年版，第 534 页。

力的让渡和实现，在时间上是分开的。而劳动力的价格则是在契约订立前确定的，资本家买到劳动力之后使用一段时间才付工资，例如在周末或月末，也就是说因而劳动力商品的让渡和工资的兑现有个时间差。工人在获得工资前就已经消费了劳动力，即工人先预付劳动力给资本家。"到处都是工人把劳动力的使用价值预付给资本家……到处都是工人给资本家以信贷。"① 这就构成了工人与资本家之间的一种信贷关系，而这种信贷关系是不利于工人的，因为工人承担了自己付出劳动力后却得不到工资的风险。经济学家说，"工人贷出了自己的勤劳"，资本家从这里得到利益。马克思说，商业信用就是从此开始的。当然，在资本主义以前也有信用关系存在，但那时的信用关系与资本主义市场经济条件下的信用关系不同。

在发达的市场经济中，商业信用是从事再生产的资本所有者互相提供的信用。这种信用是相互的，作为契约维系的商品或货币借贷就是债务和债权关系。在这种关系中，每个人都一面提供信用，一面又接受信用；每个人的支付能力同时就取决于另一个人的支付能力；每个人既有要求信用的权利，同时又有履行信用的义务。在这种关系中，信用体现的就是一种发达的经济关系；从整个信用体系来看，信用就是体现商品交换和货币流通速度的巨大调节器。当然，作为商品形态变化的过渡桥梁，信用也是再生产不同阶段转移的媒介；从对待责任、义务和支付资本的限度来说，信用又是兑现承诺、合同、契约的可靠程度；就其商业目的来说，也可以说信用是实现交换价值的手段。

在发达的生产关系中，信用是一种普遍性的、制度化的经济关系。作为一种经济制度，信用的作用是极其巨大的。这里不说信用作用的消极方面，只从它的积极作用来说：第一，通过信用可以使全部复杂的经济活动主体和社会关系联系起来，使市场经济、流通过程各个环节上的人都以信用为媒介而存在和活动。第二，通过信用可以节约货币，加速货币流通、资本运动和

---

① 《马克思恩格斯全集》第44卷，人民出版社2001年版，第202页。

资本形态变化的速度，从而加快社会再生产的进程。第三，通过信用可以调节公私、公公、私私的矛盾，促成资本所有者的联合，使分散的、孤立的资本形成社会资本，形成联合的股份资本。第四，通过信用可以加速社会生产力的物质发展和世界市场的形成，使这二者作为新生产形式的物质基础，推动世界资本运动完成其历史使命。

这就是说，信用制度是资本主义的私人企业逐渐转化为资本主义股份公司的主要基础。在资本主义信用制度中，生产资料和劳动力的社会集中直接采取社会资本的形式，而与私人资本相对立。在这里，剥夺已从直接生产者扩展到中小资本家本身，因此说信用制度创立了一种"联合的资本"。在这里，资本家变为单纯的经理，即别人的资本的管理人，资本所有者变为货币资本家。他所得的股息包括利息和企业主收入都是作为资本所有权的报酬获得的。经理的薪金只是某种熟练劳动的工资，这种劳动的价格同任何别种劳动的价格一样，是通过劳动市场加以调节的。因此，可以说信用作为制度是市场经济的基础，是整个商品生产和资本运动的灵魂。

信用在工业资本、商业资本、银行资本以及他们相互之间都有复杂的网络和环节，其中都包含着一定的伦理关系。国家通过国债、国库券与企业和个人之间，也存在着债权人和债务人之间的信用轮流关系。这些关系处理得好，就会使经济关系得到协调顺畅的发展，否则就会使经济发展受到损失，甚至陷入危机和倒闭。

信用给资本主义经济发展带来保障，同时也掩盖着投机。投机是确保市场流通的必备因素。期货交易和交易准则是西方发达国家经过数百年的实践逐步形成的。欧洲中世纪已有远期合约交易行为，17、18 世纪期货交易已有了普遍的发展。19 世纪中期出现远期合约交易方式的交易所，到 20 世纪初这种交易所大量涌现，迅速推动了期货交易的发展。到 70 年代发展起来各种证券和股票交易，后来又突破了传统的期货合约交易而发展为期权交易。这样，世界经济的相互依赖性增强，期货交易更趋于国际化，国家之间交易所互相联网，扩大和延长交易时间，这样就扩大了国际期货市场的联系，增加了交易市场的流动性，提高了资本运转的效率，促进了普遍直接的市场竞争。

有期货市场就有投机，可以说，期货市场是投机者的"乐园"。怎样看待交易市场上的投机？马克思恩格斯对资本主义私有制及其相应的市场运营方式，采取批判的态度，对市场交易、交易所、股票投机，侧重于批判和否定的方面。恩格斯在批评费尔巴哈的爱的平等观时，特别批判了资本主义证券交易所投机所造成的恶果。恩格斯在那里批判的是费尔巴哈的抽象的平等幸福权利，指出证券交易并不是建立在平等交易基础上的，也不会给人带来平等的幸福，而是弱肉强食，一些人得利、享福，另一些人破财、痛苦和不幸。在交易所里，每一个人都靠别人来满足自己追求幸福的欲望，如果他赌赢了还会成为富翁。费尔巴哈的抽象道德论完全是适合于资本主义社会的。不过，马克思恩格斯并没有否定交易所在经济发展中的作用。只要是市场经济形式还存在，期货交易就必然发展，交易投机就还具有积极作用。马克思、恩格斯的批判，否定的是它的资本主义性质，而不是否定市场经济的一般规律和必要的经营方式。

这里不妨说说马克思的一次炒股趣事。

那是 1864 年，马克思在英国伦敦全身心地创作《资本论》，因为没有经济来源，生活拮据，多亏了恩格斯和其他朋友的资助，才能勉强度日，继续工作。由于每天工作量巨大，吃住又太简陋，他的身体状况日益恶化。有一天，他不得不去看医生，医生说："你不能再这样继续从事无节制的脑力劳动了，找个方式，好好休息，缓解紧张，否则后果不堪设想。"马克思无奈地放下撰写《资本论》的工作，静心调养身体。但无所事事的日子，他实在难以忍受，更加抑郁烦闷。这年的 5 月 9 日，马克思的老朋友威廉·沃尔弗去世，留下遗嘱：将自己一生辛勤积攒的 600 英镑送给马克思。悲伤的马克思接受了遗产，决定不辜负老友信任，干出一番事业！这笔钱是存进银行还是投资生钱？马克思仔细研究了当时英国刚颁布的《股份公司法》，敏锐地意识到英国的股份公司一定会飞速发展，股票市场也会相继繁荣，他判断伦敦已到了可以凭机智和少量资金赚钱的时候了。于是，立即写信给恩格斯，请他在 10 天内办妥遗产交接手续，以便投资股票交易市场。恩格斯接到信以后，用 6 天就为马克思办好了沃尔弗的遗产交接手续，很快将 600 英镑汇给了他。马克思此时专心研究股市行情，每天都买份《金融时报》，留心关注股票每日的指数变化。终于看准时机，果断地把 600 英镑分 4 次购买了不同类别的股票证券。在股票价格上涨一段时间后，他毫不犹豫地逐一清仓，不到一个月时间，就以 600 英镑的本金，净赚 400 英镑的纯利润。这在当时是一笔不菲的收入。赚钱后的马克思颇为得意，他写信给恩格斯报喜地说：医生不许我从事紧张和长时间的脑力劳动，所以我就做起股票投机生意来了，不过效果还不错，我用那 600 英镑赚取了 400 多英镑，这下我暂时不用你和朋友们资助了，这段经历，也为我的研究工作提供了有益帮助。此后，有朋友劝马克思不妨继续股票投资，马克思说，老朋友威廉·沃尔弗赠送我的遗产确实是雪中送炭，我也小试牛刀赚了一把，但我觉得适可而止就行了。万一太过沉迷，又不巧赔个血本无归，我对不起威廉，也对不起自己一直在做的研究工作。我时刻清醒，对自己最重要的是什么。这是马克思第一次涉猎证券投资生意，也是资本世界证券投资可行性的一个证明。恩格斯自己也说过，他虽然做过工厂股东，但是，"如果我有把握明天在交易所赚它一百万，从而能使欧洲和美洲的党得到大批经费，我马上就会到交易所去"[1]。

当然，马克思、恩格斯很清楚资本主义证券投机的性质。在市场经济中，投机是促成市场流动的基本组成部分。投机商在期货交易市场上起着至关重要的经济作用。特别是在交易和金融风险中，投机商就是风险的承担者。如果没有这种风险承担者，套期保值者的价格协议就很难达成。所以，期货市场的投机，不仅促进市场流动，提供交易资金，而且有助于市场稳定；频繁的投机活动有利于缓和价格的波动幅度。投机商从这种价格的自然

① 《恩格斯与伯恩斯坦通信集》，人民出版社 1982 年版，第 244 页。

波动中获利，是合乎经济伦理的要求的，因而也是合乎市场经济道德的。

在肯定经济关系中的信用时，应当注意经济的信用和道德的诚信的区别。信用是经济概念，诚信是道德概念。诚信可以体现信用，但信用不等于道德的诚信。诚信作为一个道德概念，就是诚实、守信的意思。按照中国传统伦理的解释，诚者，信也；信者，诚也。两个字本是同义的，但根本之意在于以善相通，也就是北宋大儒张载所说，"诚善于心之谓信"。一般地说，诚信是一个道德规范，但它也可以体现为人的道德品质，也可以表现为人的道德境界；在人与人的交往关系中，它也通过信用关系体现出来。但是有一点要注意，诚信可以在经济的信用关系中体现，但并不等于说在经济信用关系中必然有道德的诚信。就资本所有者的心术来说，有的人可能在赚取利润的同时心术也正，与人为善；有的人可能是为善欠诚，半心半意，投机行事；也有的人可能是心术不正，唯利是图，资本原始积累的掠夺和高利贷剥削，以及各种在合同保证下的诈骗行为就是这种典型。事实上，在经济生活中通过契约形成信用关系，并不一定就有了道德的诚信，因为这种关系只是在外部经济利益和契约法的强制下形成的，其动机和目的可能纯粹是经济的，在商品生产和交易中就是为了增殖的利润，即马克思所说，其"动机和决定目的是把 G 转化为 G+△ G"①。在这里，资本的运动作为经济竞争的规律对资本所有者个人发生的作用，就构成了资本所有者个人意识中的动机。换个角度看，在经济交易中即使违背信用合同的行为，也不一定就是行为者的心术不善，或是道德品质问题，也可能是事出外部原因，有不得已的苦衷，虽然道心不容但也无奈。如果撇开这个经济人的头脑，从另一个方面来看，在履行契约的实践中，当事人在追求交换价值的同时，以各自的意志成善于心，公平正义，诚实守信，那就表现为当事人应有的诚信之德，也可以说是出于道德良心。

不过，诚信是指主体的主观方面，它体现为主体内在的道德动机和良

① 《马克思恩格斯全集》第 25 卷，人民出版社 1974 年版，第 365 页。

心。作为个人的主观意志，在它没有形成一贯坚定的道德人格之前，它往往是任性的，带有偶然性，虽然通过信用承诺和契约使个人的主观意志客观化，形成了共同意志纸面的文字规定，但是由于个人的主观性和任性，还仍然可能在信用双方的心里埋藏着失信和不法①，信用的实现仍然可能受到破坏。所以，不能说把市场经济建立在诚信道德的基础上。道德的诚信是维系市场经济的必要条件，但不能作为市场经济的基础；在这两者之中，法律强制要优先于道德约束，法制是市场经济的必要前提和基础。这正是市场经济作为法治经济、契约经济的本质所在。

我们平常说一个人"守信用"，而不说他"守诚信"；说"健全信用制度"，而不说"健全诚信制度"，就因为这两个词的含义有所不同。当然，当我们说要"讲诚信""讲信用"时，两者也都有讲道德的要求，二者也有相通的道德含义。讲道德就要讲信用。讲信用也意味着要讲道德，也是一种美德。说一个人讲信用，就是相信他会履行他应尽的义务，因而做出承诺，达成协议，签订合同，实现合作，否则就不会实现合作，甚至不会相交往。没有诚信就没有信用的道德保证；同样，没有信用也就没有诚信的基础。讲信用必然包含讲诚信的要求，否则社会信用体系就难以保证。要实行诚信也必然要建立信用关系和制度，否则诚信就缺乏可靠性和稳定性。确切地说，诚信体现在个体身上称为德或品德，诚信作为道德规范属于社会道德意识形式。诚信作为社会道德规范，是维系和调节伦理关系和秩序的手段，作为个人的德性或品德，则是道德主体的基本素质和本质体现。

三、 信贷道德的经济学评价

这里需要讨论马克思提出的这样一个论断："信贷是对一个人的道德作出的国民经济学的判断。"② 应当怎样理解马克思的这个论断？这里，我想

---

① 参见本书章附录：疑难问题讨论。
② 《马克思恩格斯全集》第42卷，人民出版社1979年版，第22页。

先说说在 1868 年 11 月 4 日给恩格斯的信。信的开头一句就说"实践胜于一切理论"，因此他请恩格斯准确地举例告诉他银行家进行业务联系的具体办法，如购买棉花的办法，特别是货币往来的期票；棉花出售的法；结账的业务活动等。信的最后说，"我要用论信贷的一章去揭露现代的投机活动和商业道德"①。上面引出的马克思的那个论断就是他对商业信贷道德的结论。

怎样理解这个论断？这要从马克思对圣西门主义者的批判说起。圣西门主义者对资本主义制度是持批判态度的，有些批判也相当尖锐、深刻。但是他们对历史问题的理解是建立在人性论基础上的，虽然意识到历史是有规律性的，但却不能正确地认识历史发展的规律。当他们看到资本主义信用业的发展出现了完善的银行业时，就以为这种银行业就是人的异化的扬弃，就是人同物、资本同劳动、私有财产同货币、货币同人的分离的扬弃，就是人向自己因而也向别人的复归，使人和人的分离重新回到人和人的关系之中。因此，他们建立社会主义的理想就是"组织起来的银行业"。这当然是一种幼稚的、肤浅的道德社会学。他们没有看透资本主义银行业的本质，也没有看透信用的道德本质。这种错误思想引起了马克思的注意。

马克思认为，这种所谓"复归"仅仅是一个假象；不仅是个假象，而且是一种卑劣的、极端的自我异化、非人化。因为，这种银行业的信贷不但不再是商品、金属、纸币，而是以"道德的存在、社会的存在、人自己的内在生命"②的身份出现的。实际上在这种信贷体现的信任假象下面，掩盖的正是"对人的极端的不信任"。马克思指出，信贷的本质是货币构成的。信贷的内容就是货币，是作为一个人向另一个人所表示的信任的货币。而这种信任就是一个人承认另一个人，把某种价值贷给他，并且相信他不是一个骗子，而是一个"诚实的人"。实际上从其内容来看就是相信那个人有支付能力，所谓"诚实的人"就是有支付能力的人，到时能够如数偿还他贷给

---

① 《马克思恩格斯全集》第 32 卷，人民出版社 1974 年版，第 191 页。
② 《马克思恩格斯全集》第 42 卷，人民出版社 1979 年版，第 22 页。

他的货币的人。

在这里，马克思说到，信贷关系可以有两种：一种是特殊的贷款关系，即富人贷款给勤劳和有信用的穷人。这是温情的、浪漫的信贷。但这种信贷只是例外，而不是常规。即使是这种情况，对富人来说，穷人的生命、才能及其劳动，也都是归还债款的保证，即偿还他的资本连同利息的保证。另一种是常规的信贷关系。在这种关系中，如果债务人是穷人，那么债权人除了有道德上的保证以外，还要有法律强制的保证以及债务人方面的实际财物保证。如果债务人是富人，那么信贷就直接成为便于交换的媒介，也就是把信用看作货币，也就是以货币来估价债务人。正因为这样，马克思才说在信贷关系中用货币来估价一个人是卑鄙的，信用或不信用，还是要看货币的实际，要看经济财物上的保证。在这种信贷中，人本身不是作为人存在的，而是作为某种资本或利息的存在。在这里，人被货币所代替，成为交换的媒介。如果从另一方面看，货币被人所代替，似乎就是货币从它的物质形式复归到人。实际上这不是货币被人取消，而是人本身变成货币，货币和人并为一体，人被货币所取消，于是道德本身也就成为买卖的物品，成为货币存在于其中的物质。这样，判断一个人的道德信用也就是判断一个人的信贷的货币价值含量。所以，马克思说："信贷是对一个人的道德做出的国民经济学的判断。"

马克思特别痛恨资本主义社会把信用当作道德的"虚伪制度"，他把这种制度内的一切进步都看作人性的倒退和始终一贯的卑鄙。在马克思看来，在信用业中对人的高度的承认只是人的异化的假象。因为，第一，它高度承认的是富人，至于穷人的存在要取决于富人的判决；第二，尔虞我诈和假仁假义达到了无以复加的程度，以致对一个得不到信贷的人不仅判断他是贫穷的，而且判断他在道德上也是不可信任的，不配得到承认的贱人；第三，由于货币的纯粹观念的存在，伪造货币就可以不用别的材料，而只用他自己的"人格"就行了，因而人不得不把自己变成赝币，以狡诈、谎言等手段来骗取信用，因而使信用变成买卖的对象，变成相互欺骗和相互滥用的对象。因此，马克思得出一个结论：国民经济学上的信任的基础正是不信任。

由此问题还引申出另一个同样重要的问题，即诚信是经济规律吗？

有学者认为，诚信是经济规律或带有经济规律性。其根据是恩格斯的一段话。这段话说："现代政治经济学的规律之一……就是：资本主义生产越发展，它就越不能采用作为它早期阶段的特征的那些小的哄骗和欺诈手段。……的确，玩弄这些狡猾手腕和花招在大市场上已经不合算了，那里时间就是金钱，那里商业道德必然发展到一定的水平，其所以如此，并不是出于伦理的狂热，而纯粹是为了不白费时间和辛劳。"① 作者认为这段话贯穿一个思想："诚信是现代经济规律。" 其实，这是对恩格斯这段话的误解。

从行文看，恩格斯所说的"政治经济学的规律之一"的内容，是在"就是"后面的整段文章阐发的，而不只是这一大段话的第一句。恩格斯的这一大段话的中心意思是讲，现代资本主义的发财之道有了变化，从原来的哄骗手段转变为注意时间和劳动的节约，从而使商业道德也达到了一个新水平；也可以说是讲经济发展和商业道德进步的关系。恩格斯说这里有一条政治经济学的规律。这个经济规律是什么呢？可以简单地概括为：经济发展必然引起商业道德的变化。具体地说就是：随着资本主义生产的发展，再用早期的那些哄骗和欺诈手段已经不行了，而要采取改良的或与此相反的手段，即讲诚信，因此商业道德随之发展到一个新水平。恩格斯在这一段话里虽然没有直接使用"诚信"这个概念，但从"哄骗和欺诈"推想出其反面是讲诚信，大体是不错的。这样概括恩格斯所说的经济规律是否合适还可以商量，但是由此得不出"诚信是现代经济规律"的结论。因为：

第一，无论是马克思还是恩格斯，从来都没有把道德说成经济，或把经济说成道德。他们强调经济和道德两者相互联系、相互作用，但从来没有说过道德能够成为经济规律。恩格斯在这段话里所说的"商业道德"，当然是

---

① 《马克思恩格斯选集》第 1 卷，人民出版社 2012 年版，第 65 页。

包括诚信在内的商业道德。可以说商业道德随着经济的发展而发展是符合经济发展规律的，也可以说诚信是这种变化、发展中的重要因素，起着重要作用，但是不能因此而说商业道德就是经济规律。

第二，这一大段话的最后一句说，"在英国，在工厂主对待工人的关系上也发生了同样的变化"。什么变化呢？就是：工厂主感到靠着对工人进行琐细偷窃的办法来互相竞争已经不合算了，事业的发展已经不允许再使用情要做。于是，工厂主实行了一些改良措施，尤其是大工厂主们还学会避免不必要的纠纷，默认工联的存在和力量，等等。与此同时，大工业也有了某些"道德准则"。恩格斯说，"所有这些对正义和仁爱的让步，事实上只是一种手段，这种手段可以使资本加速积聚在少数人手中，并且压垮那些没有这种额外收入就活不下去的小竞争者"①。

很清楚，这里所说的"同样的变化"，就是指上面所说的由于现代化大工业的发展引起发财手段的变化，从而引起道德的发展。这里说的"道德准则""对正义和仁爱的让步"，都是说由于资本主义经济的发展引起了赚钱手段的变化，从而使资本主义道德也有所进步。就是说，后面这一大段话，同样是在叙述经济发展引起道德变化的经济规律。

再进一步分析，为什么必然会发生这样的变化？恩格斯认为，那不是由于资本家的"伦理狂热"，而是客观经济的原因，迫使资本主义从哄骗、欺诈、低劣的谋财之道趋向于诚信和对仁义让步，他们这样做"纯粹是为了不白费时间和劳动"。

"纯粹是为了不白费时间和劳动"这句话很重要。正是这句话深刻地说明了生产发展的客观要求，点出了制约着道德的经济规律的实质。马克思说："一切节约归根到底都是时间的节约。正像单个人必须正确地分配自己的时间，才能以适当的比例获得知识或满足对他的活动所提出的各种要求，社会必须合理地分配自己的时间，才能实现符合社会全部需要的生产。因

---

① 《马克思恩格斯选集》第 1 卷，人民出版社 2012 年版，第 67 页。

此，时间的节约，以及劳动时间在不同的生产部门之间有计划的分配，在共同生产的基础上仍然是首要的经济规律。这甚至在更加高得多的程度上成为规律。"① 马克思把它简化为如下的公式："真正的经济——节约——是劳动时间的节约……而这种节约就等于发展生产力。"② "真正的节约——经济＝劳动时间的节约＝生产力的发展。"③ 在这个问题上，恩格斯与马克思是完全一致的。恩格斯所说的经济规律是否是指时间和劳动的规律，还可以再研究，但是可以肯定恩格斯所说的经济规律绝不是指道德的诚信。

总之，不要单从信用主体的主观方面去理解信用，不能只把信用理解为道德概念，那样就会缺乏从客观的经济规律方面对信用的把握；但是也不应把诚信说成是经济规律，那样就会模糊道德与经济的区别，或用马克思的话说，那就是把经济"从确定的物质事实的领域搬到或多或少是不确定的意见和感觉的领域中"④。在这种意义上，说把市场经济建立在诚信基础上就等于把市场经济建立在沙滩上也并不为过。

第三节 商业资本的伦理形态

在资本主义经济中，商业资本保持着交换价值的独立形式。它的职能是专门对作为商品存在的商品交换起中介作用，即通过为许多人买和卖进行交换商品。它把买和卖集中在自己手中，而且这种买卖不再与买卖者本人的直接需要相联系。商人在这里是资本自由运动方式的体现，具有资本人格化的独特形态，因此在伦理和个人德行方面也有其特殊性内容。

---

① 《马克思恩格斯全集》第46卷（上），人民出版社1979年版，第120页。
② 《马克思恩格斯全集》第31卷，人民出版社1998年版，第107页。
③ 《马克思恩格斯全集》第31卷，人民出版社1998年版，第619页。
④ 《马克思恩格斯选集》第3卷，人民出版社2012年版，第535页。

一、 商业资本的历史考察

马克思对商人资本的历史作了深入的历史的考察，指出商人资本与产业资本的分离的历史必然性和复杂过程。商业资本分为商品经营资本和货币经营资本。社会产品在社会各个成员之间的分配，无论是用于生产消费或个人消费，永远必须有商人和银行家做媒介，就像要吃肉必须有畜牧业，要穿衣就必须有服务业一样。在历史上，商业资本甚至商业要比资本主义生产方式出现得早，实际上它是资本在历史上更为古老的"自由的存在方式"，是资本本身最早的"自由存在方式"。资本作为商业资本而具有独立的、优先的发展，意味着生产还没有从属于资本，就是说，资本还是在一个和资本格格不入的、不以它为转移的社会生产形式的基础上发展。因此，商人资本的独立发展是商人资本形成的源泉。

在资本主义经济中，商业资本保持着交换价值的独立形式。它的职能是专门对作为商品存在的商品交换起中介作用，即通过为许多人买和卖进行交换商品。它把买和卖集中在自己手中，而且这种买卖不再与买卖者本人的直接需要相联系。商人的财产的独特形式是货币，而且是执行资本职能的货币。用俗话说，商人财产的特点就是有钱。其资本的运动形式是 G—W—G′。G 是交换价值的独立形式，G′是价值独立的目的。商人资本经营的动机和目的，就是把 G 转化为 G+△G；买和卖只是达到 G+△G 的过渡要素，是达到目的的手段。黑格尔说，"动机就是叫做道德的东西"。这里面包含着商业道德的真谛。

什么是经济交易的正义性？马克思在分析生息资本时，明确地阐述过经济交易的正义性。马克思说："生产当事人之间进行的交易的正义性在于：这种交易是从生产关系中作为自然结果产生出来的。这种经济交易作为当事人的意志行为，作为他们的共同意志的表示，作为可以由国家强加给立约双方的契约，表现在法律形式上，这些法律形式作为单纯的形式，是不能决定这个内容本身的。这些形式只是表示这个内容。这个内容，只要与生产方式相适应，相一致，就是正义的；只要与生产方式相矛盾，就是非正义的。在资本主义生产方式的基础上，奴隶制是非正义的；在商品质量上弄虚作假也是非正义的。"① 这段话中所体现的马克思的观点正如美国学者伍德所说，在马克思眼里，"正义不是决定于人类行为和利益的普遍兼容性，而是决定于一定历史条件下生产方式的具体要求"②。据此，伍德甚至还得出这样一个结论："资本主义社会在马克思那里是一个正义的社会。"这当然是在上述生产方式的历史分析意义上的判断。用伍德的话说："马克思之所以批判资本主义社会，是因为资本主义制度破坏了'非道德的善'。这种批判是基于对社会生产分析的总体批判，依据的是一种具有'综合理论'特征的历史科学而非伦理道德。"③ 如果考察商业资本形成的源泉，马克思认为，商人资本的独立发展与社会。一般经济发展成反比例这条规律，在17、18世纪的威尼斯、荷兰人经营的转运贸易的历史上表现得最明显。其主要利润的获得不是靠输出本国产品，而是靠对两个生产国家的剥削。这种资本是纯粹的商业资本，它同各个生产部门是分离的。这是商业资本形成的主要源泉。贱买贵卖是商业的规律。这里不是等价物的交换，而是由商人通过商业资本运动本身来确定的。这里隐藏着傅立叶所说的"商业就是欺骗"。只要商业资本是对不发达的共同体的产品交换起中介作用，商业利润就不仅表现为侵占和欺骗，而且大部分是从侵占和欺骗中产生的。因此，占主要地位的商业资本，到处都代表着一种掠夺制度。"商人是真正的资本家，他把剩余价值的最大部分装进了自己的腰包。"④

商品资本形态的转化，必须以商人的独立活动来完成，即以商人的买卖活动为媒介来完成，于是，商人的活动就形成一种特别的、与产业资本的其

① 《马克思恩格斯全集》第46卷，人民出版社2003年版，第379页。
② Allen W. Wood, "Marxian Critique of Justice", *Philosophy and Public Affairs*, Spring, 1972, Vol. 1, No. 3.
③ Allen W. Wood, "Marxian Critique of Justice", *Philosophy and Public Affairs*, Spring, 1972, Vol. 1, No. 3.
④ 《马克思恩格斯全集》第46卷，人民出版社2003年版，第374页。

他职能分离的因而是独立存在的业务。这是社会分工的一种特殊形式。表现为与生产者不同的、特别的流通当事人的专门职能。但是单有这一条件还不能说明它的独立性,因为生产者也可能通过自己的推销员或其他直接代理人来进行,就不能表现为它的独立职能。马克思在这里实际上已经说到了商品的直销,即取消独立的商人资本。在商业中比在产业中,不管是小规模还是大规模,都要花费同样多的劳动时间,批发业所使用的工人人数与营业量不成比例;众多小货栈的费用比一个大货栈的费用多得无法比拟。加入预付费用的运输费用也是相当大的。这正是现代商业直销业所要解决的问题。

这里有必要转述一下恩格斯在一次著名的演说中所介绍的英国和德国商业营销的情况。那是19世纪中叶,恩格斯在概述了工业的无政府状态、竞争造成贫富两极分化和商业秩序混乱后说:说明一个国家的工商业越发达这种不景气的现象也就越严重。由于商业发达,在进行生产的厂主和真正的消费者中间插入了许多投机者和经纪人,所以英国的厂主要比德国的厂主更难于知道现有的存货和生产同消费之间的相互关系;何况英国的厂主几乎向全世界的一切市场供应商品,他几乎从来不知道他的商品的去路如何,而且英国工业的生产力又非常巨大,所以经常发生各市场转瞬之间即为商品所充斥的现象。商业停顿,工厂开工半天,甚至完全停工,许多人破产了,存货不得不以低得荒唐的价格出售,过去处心积虑地积累起来的资本大部分因为商业危机而化为乌有。这样的商业危机每隔五六年就会发生一次,在大致条件相同的情况下,其他工商业发达的国家和地方也会发生。

在叙述了商业危机后,恩格斯详细述说了当时的现代商业:每一个产品必须经过多少人的手,才能到达真正的消费者手里。有多少投机倒把的多余的中间人插足于生产者和消费者之间!恩格斯举棉花为例,说在北美产出的棉花,从种植场主手里转到某个码头上的一个经纪人手里,然后顺流而下运到另一个城市把棉花卖出去,即第二次出售,假定卖给一个投机商,而投机商又转卖给出口商。后来这包棉花再运到另一个城市,再经过一个投机商的盘剥,然后再卖给一个经纪人,再经过十来个转运商之手,而且还要经过多次货物装卸，然后到达棉花加工制作厂家。这之后又经过纺纱、织布、印花，然后再把产品转给批发商，批发商再把布匹转卖给零售商，最后零售商才把商品卖给消费者。这里要经过十几次出卖、上百次装卸、上百次地从一个仓库运到另一个仓库，又有多少中间商、经纪人啊！所有这些成千上万的中间人，即投机商、代理人、出口商、经纪人、转运商、批发商和零售商都没有参加商品的生产，但是他们全都要生活，否则他们就无法生存下去。

说到这里，恩格斯提出了一个问题：难道除了这条必经的道路之外，就没有更简便的道路可走了吗？就没有更好的办法把商品送到消费者手里吗？恩格斯看到：这里有劳动力和大量人力的浪费，有运输的繁杂和无计划，根本的问题在于"人们的利益的背离"。怎么解决问题呢？恩格斯想到用批购、订购等方法，不经过中间人，取消投机商和大小商人的利润，直接实现商品的买卖和营销。这实际上就是后来在资本主义经营中发展起来并日益完善的直销体制和直销方式。但是，这是建立在资本主义私有制基础上的直销，并不是《共产党宣言》所主张的共产主义理想。所以，根本的出路还是建立"合理地组织起来的社会"，也就是建立没有剥削和投机的、建立在公有制基础上的共产主义的经济制度。①

从资本主义商业的历史考察和现实发现中，可以看到商品经营中的各种关系，包括商业资本家的双重身份，商业资本家和商业工人的关系，商业工人与产业工人的关系，商业工厂的内部分工和商人活动的外部关系，以及商人之间的债权债务关系，商人对消费者的关系。所有这些关系都体现着商业领域的伦理关系，其伦理秩序的状态直接关系到商业本身的危机或繁荣。

二、 商业资本伦理的论争

从古到今，商业的发展既有超凡的智慧和创举，又始终存在着激烈的冲突和普遍的误解。在欧洲，古希腊时代，雅典城邦商业发达，但视商业为

---

① 参见《马克思恩格斯全集》第 2 卷，人民出版社 1957 年版，第 605—609 页。

"贩卖的技术"，甚至把海盗看作正常的聚财职业。中世纪的基督教教义曾经要求商业经营者必须以上帝为目的，视以营私利为目的的商业行为为"卑鄙无耻的恶德"。即使是肯定商业的经济学家，也只是按照基督教教义宣传一些笼统的经济概念和抽象的道德要求。15世纪有位叫作若安内斯的葡萄牙人写过一本小册子《公平交易及贸易和生息方式》，其中各章分别讨论了商品交换和贸易、契约种类及其本质、合法利润和高利贷、对外贸易的法律和道德等问题。那时有许多商业著述也开始重新诠释金钱的价值和意义了。中世纪最卓越的商业民族意大利人，借助于十字军东征之机，冒着战乱的风险，推进了古代商业的复兴，甚至创立了具有现代意义的信用票据和信用理论，以至于无视神权，把某些教皇敕令也当作信用证券在市场上流通起来。

近代欧洲，由于商业在一些地区往往表现为欺诈、掠夺行为，由于资本原始积累中的野蛮和非人道，致使商业秩序混乱，商德声誉败坏，英国哲学家培根竟编制了一部统计表，详细列出了每种行业都存在的欺诈行为，加以道德谴责。不过，资本主义经济的发展也带来了商业的进步。17世纪英国经济学家托马斯·孟就赞扬商业是国家财富的创造者和管理者，肯定了商人的巨大贡献和荣誉，并概括出"全才商人"应有的优秀品质。18世纪的欧洲进入商业时代。生活在商业鼎盛时期的经济学家亚当·斯密看到了资本主义商品经济的弊病，但他更赞扬战胜野蛮掠夺、摆脱人身依附的自由经济的人道和文明。他力求揭示商业本质中的人道基础，证明商业是"各民族、各个人之间的团结和友谊的纽带"，并提出了著名的"无形之手"的资本运动规律和商品交换法则。当然他也看到了商业中的种种恶德，试图使逐利欲望与道德同情结合起来，因此既写作巨著《国民财富的性质和原因的研究》（简称《国富论》），又写了《道德情操论》。如果说《国富论》是以阐发自由竞争的经济规律为主旨，那么《道德情操论》就是弘扬同情和正义的核心价值观。他以乐观的态度，积极促进在激烈竞争中的商业文明。那时，经济的繁荣使人们对商业有了新的认识，不仅出版了浩如烟海的商业研究的著作和文献，而且商业的人道精神开始张扬，道德开始要求自己的权利了。表现在竞争中对正义和仁爱的让步，也使商业道德发展到一个新的水平。孟德斯鸠甚至不无夸张地说："商业能够治疗破坏性的偏见，因此哪里有善良的风俗，哪里就有商业；哪里有商业，哪里就有善良的风俗。"

与斯密和孟德斯鸠不同，19世纪的英国思想家傅立叶从他的社会主义信仰和制度设计出发，严厉地抨击资本主义商业的"欺诈"和不道德。他给商业下了这样一个定义："商业就是欺骗"，"商人乃是一群骗子"①，他亲自制作了列举商业72种还出的一览表，如果详细编制商业欺诈行为的细节可以编制成为百科全书式的巨著。他历数商业的种种罪恶，如证券投机、囤积居奇、危害健康、人为饥荒、工业跌落、宣告破产、弄虚作假、高利贷，以至于登峰造极的欺骗行为，使全部商品变质，甚至在巴黎找不到一杯纯牛奶和一杯纯白酒。他惊呼"整个社会都屈服于商人的掠夺行为"，揭露商业的"反射作用"把政府方面使它遭受的任何损失转嫁于劳动大众，"希望建立一种普遍的垄断制度，来作为对抗商业的防范性手段"②，甚至力主消灭以货币为媒介的商业，以实现理想的社会主义的社会和谐。他激烈地反对支持这种商业行为的经济主义或经济学派，认为在他们著作里，"道德乃是丧失人心的不通情理的废话，它就不敢高声反对宣告破产这类逍遥法外的罪恶；……至于什么也不能发现的经济主义，它只力图原谅自己的宠儿——商人的罪恶"③。

无独有偶，与傅立叶同时代的法国经济学家、被称为"自由主义宣告人"的巴斯夏，不仅反对傅立叶的空想社会主义，而且还讽刺和批判空想社会主义的经济观，提出了资本主义私有制下的"经济和谐论"。巴斯夏把他的"和谐论"作为他的经济学、伦理学的哲学基础，其理论的出发点是人的需要本性和利益共同性，来掩盖资本主义剥削和利益对抗，为资本主义

① 《傅立叶选集》第二卷，商务印书馆1959年版，第250页。
② 《傅立叶选集》第二卷，商务印书馆1959年版，第254页。
③ 《傅立叶选集》第四卷，商务印书馆1964年版，第96页。

制度和他们的剥削、欺诈行为辩护。在前面关于资本原始积累的部分，我们已用过巴斯夏在《和谐经济论》中讲的话可以清楚地看出，资产阶级经济学家，利用上帝、自然和人的本性来解释资本主义经济制度和商业秘密。

巴斯夏认为，人的基本动力就是个人利益，这种原本属于个人的动力因其普遍性而变为社会的动力。个人利益的发展包括关系人类命运的三个环节："需要、努力、满足。"① 他提出这样一个问题：人的利益确实必然是彼此对抗的吗？他的回答是："在我看来，上帝按其意愿创造的人既能总结过去，也能预见未来，具有日臻完善的特点。当然也不应否认，人确实钟爱自己。不过，一方面由于人们相互同情和关怀，另一方面由于在人的活动范围内人人都具有相同的情感，所以自我钟爱在一定程度上就受到了克制。"②

他采纳卢梭的社会契约论观点，认为社会并非来自自然，而是来自人的约定。社会不是别的，而是渐进的自愿联合，他的政治经济学就建立在这种假设的基础上。他认为，"政治经济学的主题是人。但是，政治经济学并不研究人的一切。宗教感情、父爱和母爱、孝心、爱情、友谊、爱国心、慈爱、礼貌，等等，凡是涉及人的同情心的和富有感染力的领域都属于伦理学，它留给姐妹学科政治经济学的只有个人利益这个冷冰冰的领域。"③ 在这种意义上，他反对把个人利益看作自私，主张以个人利益为本，反对自私自利；经济学应该证明个人利益的合理性和互利的自然必然性，伦理学依自己的研究领域，否则伦理学就无法存在。

巴斯夏认为，人的自然状态就是人的社会状态。劳动就是财富，一切财富来自劳动。因此他的结论就是：交换就是社会的全部。交换就是政治经济学。因此，他赞扬卢梭，欣赏蒙田："人在没有彼此联系、没有法律、没有语言、没有宗教的状态中生活时，是多么幸福啊！"④

---

① ［法］巴斯夏：《和谐经济论》，中国社会科学出版社 1995 年版，第 65 页。
② ［法］巴斯夏：《和谐经济论》，中国社会科学出版社 1995 年版，第 67 页。
③ ［法］巴斯夏：《和谐经济论》，中国社会科学出版社 1995 年版，第 69 页。
④ ［法］巴斯夏：《和谐经济论》，中国社会科学出版社 1995 年版，第 99 页。

当然，他也承认社会矛盾，但是他认为这种矛盾都是人为造成的，是人们违背自然和谐的结果。按照他的和谐论，在经济生活矛盾和冲突的发展过程中，每出现一种解决矛盾的方式，都会使人类生活呈现出新的和谐状态；"社会和谐并不意味着不存在邪恶，只是这种邪恶会在发展中逐渐缩小，因为社会也和人体一样具有祛痛的能力"①。这样，他就从基本理论上掩盖了资本主义社会的深层矛盾和冲突，为资本主义剥削制度作了经济学的论证，虽然他从一个方面看到并说出了资本主义社会的"祛痛的能力"。

巴斯夏喜欢抽象的逻辑公式，好做抽象的逻辑推论。他说："在孤立的状态中，我们的需要大于能力；在社会状态中，我们的能力大于需要"，"在孤立的状态中，我们的需要大于能力，通过交换，我们的能力大于需要"，"在孤立状态中，富裕的人们互不相容，通过交换，富裕的人们互相帮助"，如此等等。按照这样的公式，他就可以完全撇开社会存在阶级剥削和利益对抗的事实，依据他的逻辑公式推出人联合、合作、和谐的结论，并由公平交换推出全部完整的经济过程和经济交换的道德力量。他认为，这是人类社会自由的自然的发展规律，也就是他的《经济和谐论》的主要内容。显然，巴斯夏的"和谐论"是在为资本主义的生命力做辩护。但是他局限于对人的需要的抽象分析，把资本和劳动之间冲突的深刻原因归于人性的"道德心"，而看不到资本主义制度本身的根源，当然逃不过马克思对他的批判。

马克思在批判巴斯夏的"经济和谐论"时，并没有像傅立叶那样简单地从道德上对他的理论加以否证，而是从历史发展和社会制度的高度分析资本主义商业，肯定资本主义商业是"资本的自由存在方式"；肯定它在推动大工业生产方式的历史过程中，在打破封建贵族特权、人身依附关系的过程中，在创造更高级的文明要素的过程中，所起的推动历史进步的巨大作用。马克思也不是简单地指责商人"贱买贵卖"的动机不道德，而是指出商业行为就其正当经商行为来说不过是社会生产的特殊分工，表现为与生产者不

① ［法］巴斯夏：《和谐经济论》，中国社会科学出版社1995年版，第316页。

同的、特别的流通当事人的专门职能。商人作为社会物质变换或商品流通的中介不过是货币运动的代表，他的任务是把商品资本变为独立的商品经营资本。商人虽然不生产剩余价值，但是他的活动却能使剩余价值得以实现和间接增加剩余价值。它能缩短流通时间，从而提高剩余价值和预付资本的比率，即提高利润率。商业活动或行为取得利润的权利及其合理性根据，就在于产生它的资本主义生产方式和商品交换所包含的自由、平等原则。他的行为动机和决定性的目的就是他所预付资本的特殊增殖。在这里，资本的运动作为竞争的强制规律对资本所有者个人发生的作用，就构成了资本所有者个人意识中的目的和动机。马克思认为，这是社会分工决定的经济行为，也是个人生活经验条件所致，不是要由个人对制约其生存方式的社会制度负责的。马克思着力揭示的是制约商业行为动机的经济运动规律，着重阐明的是判断商业行为的正义和非正义的科学根据。

马克思讲的是资本主义生产方式，也肯定了在这种生产方式中的个人地位；讲的是资本主义经济交易秩序的共同意志，也肯定了等价交换的个人行为。马克思坚持的是客观的、历史的、科学的正义观。但是，社会经济的发展毕竟不能诉诸意愿和道德感。马克思和恩格斯都认为，近代道德哲学仍然没有摆脱传统的老路子。因为"利己"和"利他"，这两个方面同样是由个人生活条件所产生的，"都是一定条件下个人自我实现的一种必要形式"。问题在于揭示它们对立的物质根源。随着这种物质根源的消灭，这种观念的对立也就自然而然地会逐步消失。

问题还不至此，在米尔顿·弗里德曼的《自由选择》一书中，还有对亚当·斯密"无形之手"更新的解说。他认为，亚当·斯密所说"无形之手"不仅是在经济领域起作用，而且在其他领域也同样是在每个人追求自身的利益而同其他人合作的时候，自然而然地产生出互利的结果。它的发展同经济秩序通过市场而发展的过程很相似，也是由于个人之间自愿地相互作用造成的。科学知识的发展也是这样。学者们相互合作，因为他们发现这样做对他们相互有利。科学发明、音乐风格也同经济交换一样，是在自愿的交换和相互作用的过程中自然发展的。他认为，自愿交换发生作用的范围是巨大的，必须给予"私利"这一概念以广泛的意义。他认为，把追求私利就看作是目光短浅的自私自利，只是"经济人"对金钱刺激做出的反应，这是巨大的误解。①

如果说米尔顿·弗里德曼是在肯定个人追求私利的合理性，那么马克思早就是进一步把这种观点推移到人的普遍本性，他认为，人与动物不同，人的各种极不相同的才能和活动方式可以相互为用，因为人能够把各自不同的产品汇集成共同资源，每个人都可以从中购买东西。因为分工是从交换的倾向产生的，所以分工依交换的大小、市场的大小而发展或受到限制。在进步的状态下，每个人都是商人，社会则是商业社会。

马克思和恩格斯都不是非道德主义者。他们在证明经济发展的客观规律时是排除任何主观意见和道德感因素的。但他们在分析造成社会道德败坏和伦理秩序失常时，又是非常关注社会的道德意识和法律规章的公正的。他们并不要求资本家个人对资本主义生产方式和社会制度负责，但是他们认为资本家个人应对自己的不轨心术和丑恶行为负责，也就是对自己的道德品质和人格负责。马克思批判巴斯夏并不是因为他强调了道德，而是批判他用道德去解释经济规律，又把经济运行法则变成道德行为准则，从而陷入思路混乱和逻辑诡辩。马克思强调的是，必须根本改变资本主义制度，改变人们的经济生活条件，从而根本改变人的生活方式和思想观念。在现实社会里，必须从人们设想什么回到人们实际是什么，从他们想象什么回到他们这样行动并在一定条件下必须行动的问题上来。

不过，马克思在《资本论》中也设想过，在资本主义社会制度下改变营销的体制和渠道，以杜绝商业营销的恶德和不法行为。马克思清楚地知道，商品资本形态的转化必须以商人的独立买卖活动来完成，于是在商人与生产者之间，商人的活动就形成一种与产业资本职能分离的独立存在的业

---

① 　[美] 米尔顿·弗里德曼：《自由选择》，商务印书馆1982年版，第305页。

务。同一商品运动开始是在生产者那里,后来是在经商者那里;前者完成周转使再生产继续,后者完成周转回笼资金。因此,一方面,商人资本的周转直接影响生产进程,影响与生产者的利益关系;另一方面,商业资本的周转不仅受流通时间的限制,而且也受生产时间的限制。只经营某一种商品的商人资本的周转,不仅是受一个产业资本周转的限制,而且受同一生产部门的一切产业资本的周转的限制,影响预付金与回流货币的交替和平衡。这样,货币作为支付手段就发生了信用问题,而信用是资本大厦与竞争共存的两大支柱之一。信用混乱不仅会出现各种乱账和三角债,而且会使支撑资本运转的支柱倒塌。在商人与消费者之间,由于流通过程的复杂性和长期性,必然形成各级各种批发环节和零售形式,其机构设施的大量耗费不说,单就各种中间人来说,都要施展自己的智慧和技能,来分享生产的剩余价值,取得尽可能多的利润。这里是生产和消费沟通的渠道,是消费者选择享受物的天堂,同时也是藏污纳垢之地,短斤缺两、假冒伪劣、坑蒙诈骗,甚至阴谋凶杀等都在这里发生。

怎么办?除前面说的未来的计划经济一途,马克思还设想在资本主义制度下改造商业的独立性,使它与生产结合为一体,也就是使商品营销由生产者通过自己的推销员或其他直接代理人来进行。马克思在这里实际上已经说到了商品的直销,即取消独立的商人经营渠道,把商品直接送到消费者手里。这样就可以要求生产者保证产品质量和数量,同时排除从生产到消费过程的中间剥削和欺诈的环节。人类历史的发展表明,在经济发展的现阶段上,这种设想不仅是所有人的共同愿望,还是市场经济可以普遍采用的营销模式;资本主义制度可以采用,社会主义制度也可以采用,其他社会制度也可以采用。其实,进入现代社会以来,打破几千年传统的商业营销模式,探索和构建现代商业营销模式,已成为各国经济学家和商业营销家的使命,可以说是到了需要彻底思考和扪心自问的时候了。美国经济学家里奇·德沃斯在研究了资本主义自由经营后说:"除非资本主义不断地给予人民,不断地关心人民,否则它将不会生存下去。"他的话可以说是对传统市场经济和商业营销的深刻反思，是世界性的现代营销回归"以人为本"的觉醒和呼吁。

三、"人人为我，我为人人"

研究商品交换的伦理关系，自然会产生人和人之间在正常分工条件下的相互服务、互为目的和手段的关系，也就是"人人为我"与"我为人人"的关系。

在经济伦理思想发展史上，"人人为我，我为人人"这个命题，早已为经济学家和伦理学家所关注。从商品经济发展较早的欧洲来说，古希腊的毕达哥拉斯学派，就曾把正义界说为"一人为别人所做的，也就是别人为他所做的"。意思是一样的，只是表述不同。这就是说，毕达哥拉斯学派对"人人为我，我为人人"这个命题表述过类似的思想。不过，亚里士多德批评了这种看法，认为把它作为正义原则，就是把交易中的互惠推广到一切领域并提升为普遍原则。亚里士多德的批评有一定的道理，但他并没有进一步说明这个命题在商品交换中的特殊意义。

中世纪的基督教在交易范围内鄙视商人和商业活动，要求人们在商品交易行为的动机中，必须包含"为上帝"的崇高目的，否则行为就不具有善价值，而只是恶价值。托马斯·阿奎那在谈到交易活动时，强调交易双方必须"心中有上帝"，并且要为着"共同的利益"而进行活动，"爱人如己"。他从基督教道德上理解人与人的交换活动和关系，其原则就是《圣经》所训："你们愿意人怎样待你们，你们也要怎样待人。"这是以互爱互助为出发点的"上帝的律法"。恪守这种教义和律法当然理解不了"一人为别人所做的，也就是别人为他所做的"这个命题的真实意义。即使在世俗生活中，从事苦力劳动的农奴或"贱民"，也只能作为开发领地的工具为领主或地主做工，以换取绝对必需的生活资料，而不可能有平等的自由交换的意识和条件。[①] 在扩大的意

---

① 参见［法］布瓦松纳：《中世纪欧洲生活和劳动》，商务印书馆 1985 年版，第 147—150 页。

义上，这个命题体现的只是宪法所规定的臣民与国王的关系，即"大家为一人和一人为大家"。有趣的是，1839 年底，19 岁的恩格斯在给他的同学的信中，提到这个命题。他说到普鲁士国王在困难的时候曾向臣民许诺将有一部宪法，但困境一过他就宣布"谁也别想从他那里得到宪法"。这是为什么呢？恩格斯说："因为'大家为一人和一人为大家，这是普鲁士的治国原则'。"① 就是说，国王把这种关系只理解为他个人与臣民的关系。这显然是对普鲁士国王的讽刺，也是对封建专制统治下的政治伦理的揭露和批判。

17、18 世纪，随着资本主义商品经济的发展，人与人之间互为目的和手段的关系在生产劳动和交换中充分表现出来，表达方式也多种多样。例如，法国经济学家加尼尔说："每人为大家劳动，大家为每人劳动。"杜尔阁说："每一个工人都为了满足一切他种工人的需要而劳动，而各种工人也就为他而劳动着。"还有一种说法叫作："一人为大家幸福，大家为一人幸福"，如此等等。19 世纪德国哲学家黑格尔对这个命题作过思辨的分析。他在阐述劳动和交换的普遍意义时指出："现实的东西直接地也是普遍的东西"，因为现实的就是在普遍联系和关系中存在的，不是孤立自存的。因此，在劳动的联系中，"一个人劳动时，他既是为他自己劳动也是为一切人劳动，而且一切人也都为他而劳动"。他认为，人对人的相互关系在"双重方式下"具有"相互为用的性质"，像一只手洗另一只手一样，"他利用别人，也为别人所利用"②。后来他把这种关系概括为"他们为我，我为他们"。

19 世纪法国经济学家巴斯夏在他的《和谐经济论》一书中，详细地从劳动和交换方面论述过这个命题。他认为"人人为我"必然包含在"我为人人"之中。他不赞成把这个命题说成是"我为人人"和"我为自己"，即前者表达同情原则，后者表达个人主义原则；前者使人团结，后者使人分裂。按照这种观点，个人主义与联合就成为是互不相容的。他认为，如果只

① 《马克思恩格斯全集》第 47 卷，人民出版社 2004 年版，第 233 页。
② ［德］黑格尔：《精神现象学》（下），商务印书馆 1979 年版，第 98 页。

谈人的动机的话，这两者是对立的，但是如果从人群的社会联系来看，就不能只从个人的动机上看，而应当着眼于人的行为活动，考察人的行为活动的关系和规律。如果从人群活动的结果来看，那么在有偿劳务中实行的是个人主义原则，每个人在为自己工作时实际上是在为大家劳动。就一个从事某种职业的人来说，一方面，他的工作是为了满足他自己的需要；另一方面，他的工作也是依靠别人的劳动才能进行的，因而也要为别人工作。在合作意义上，只要一个人堂堂正正地为自己劳动，那同时就是在为他人劳动，为社会做贡献。即使个人受了利益的驱动，他们也还是要相互靠近，协调努力，联合他人的力量，互相提供劳务，达到共同生活和联合的结果。这里的客观联系就是：他们为自己利益的劳动需要相互地联合，而他们的联合正是为了个人利益。于是，个人的好处变成了共同的、社会的好处。在这种意义上，他也把这个命题所表达的原则称作"自由的法则"，他认为这一原则来自自由。①

巴斯夏从道德的角度看"我为自己"，发泄道德的愤懑。他认为"我为自己"这句话充满了个人主义气味，如果把"我为自己"变为全部行为和思想的原则，用它来指导我们的全部关系，那么这一准则就会扼杀人类的全部感情。这样的准则是可恶又可怕的。世界上没有一个人会在理论上宣布这一原则。但他认为这里不是同情的道德关系，而是由个人利益形成的关系。这后一种关系是在彼此互不相识而又承认公正原则的人之间形成的经济交换关系。这种关系的双方是自愿的，是经过自由协商后形成的公约（契约）来规范的。这种公约或契约既是经济的范畴，也是具有法的意义的规定。这种经济交易中要讲公平，但不能把这种交易建立在道德同情的基础上，而只能建立在利益原则和契约的基础上。

由此，巴斯夏作出这样一个推论：既然在劳动和交换方面，"我为自己"的原则不可避免地终将作为动机而发挥作用，那么事物的发展却能得

----

① 〔法〕巴斯夏：《和谐经济论》，中国社会科学出版社1995年版，第326页。

出意外的结果：利用"我为自己"这一原则在社会秩序中却实现了博爱的准则——"我为人人"。正是事物的这只巧妙的"看不见的手"把障碍变成了工具，把目的和手段统一起来，使普遍利益被置于个人利益之中，而成为最可靠的利益。正因为如此，个人利益也就无法被破坏了。①巴斯夏认为，个人利益不可能被普遍地取消，但是为了人们关系的平衡，又不得不限制个人利益。

与巴斯夏不同，马克思作的是纯粹经济学的论证。马克思证明这个命题的本义不过是表达着这样一种劳动和交换的关系：个别性劳动同时也是一般社会劳动，特殊产品采取了为每个人而存在的交换价值形式。这种相互依赖的关系，在商品交换活动中就表现为互为目的和手段的关系。在这里，每个人为另一个人服务，目的是为自己服务；每个人既是自我目的，同时又是他人的手段。人是互相依赖、相互服务的，就像一只手洗另一只手，两只手互相洗一样。实际上，从劳动和商品交换的经济关系来说，这个命题同"人人为我，我为人人"是同一种关系的不同方面，或同一命题的不同表述。这种在正常社会分工条件下的人与人之间的客观的经济交往关系，是一个必然事实，并不是什么道德关系。马克思认为，如果把它作为道德命题去解释，就会造成谬误。

为什么呢？马克思对加尼尔同类命题"每人为大家劳动，大家为每人劳动"的批判，清楚地作了说明和论证。马克思认为，所谓"每人为大家劳动"，只是表示每人的劳动表现为一般社会劳动。如果把"为大家劳动"理解为"每人"出于道德动机为了大家而劳动，就是荒谬的，显然不是事实。如果抛开个别劳动的一般社会意义去理解，那就应该说每一种具体劳动的劳动者不是为大家劳动，而只是为某种具体产品的消费者劳动。同样的道理，如果把"大家为每人劳动"理解为"大家"出于道德的同情，以使用价值去满足"每人"的需要，那也是不可能的。为什么不可能呢？因为，

---

① ［法］巴斯夏：《和谐经济论》，中国社会科学出版社 1995 年版，第 335 页。

所谓"大家"的产品，全都是特殊产品，而"每人"所需要的只是某种或某几种特殊产品，因此要能满足"每人"的特殊需要，每种特殊产品都只能采取"为每人而存在"的、对每人都同等对待的交换价值的形式，而不可能以使用价值的特殊形式存在。在这里，无论是"大家"为"每人"，或是"每人"为"大家"，都是受那个"看不见的手"的价值规律支配的，双方都不是出于道德动机和意志而建立的相互联系。正因为这样，马克思才不把"人人为我，我为人人"看作道德命题或道德准则。

在这里，马克思说到在商品交换中"使双方联系起来并发生关系的唯一动力是他们的利己心"。这里说的"利己心"是指商品交易要满足的个人利益，即"利己"的欲求，并不是指道德上损人利己的利己主义。应当注意，这里所用的"为"字，并不是表示道德动机或目的，而是意味着一种客观的经济活动趋向及其结果，按中文字义说就是"助成""造成"的意思。在商品交换的意义上，利己主义只表明人的"交换的倾向""谋利的欲望"，这种倾向正是交换的基础，是分工的原因和相互作用的因素。如果去掉这种"利己心"，就等于否定了个人的需要，就会失去使交换双方发生交换关系的唯一动力。可是这个"利己心"同时也具有两种可能性，可能向善，也可能向恶。因为利己的欲求是与他人利益、共同利益分不开的。个人的利己心在支配自己的行为时，就有可能如黑格尔所说，"处在转向作恶的待发点上"：在正常情况下去做既有利于自己也有利于他人或共同利益的事，而在某种特殊条件下，为了实现利己的欲求，或者以他的利己为原则对待这种利益关系，他就有可能做出损人利己或损公利己的事。这就是利己心转向利己主义。利己主义，就是通过我使别人受到损失的办法来为我自己取得利益。这种个人利益至上的利己主义严重地扭曲了人与人之间的关系，其行为也就转向了恶。

由此，人们反思自己的历史经验和教训，利用一切有利条件以"人人为我，我为人人"为启动点，弘扬这个命题包含的"互惠"的义务道德的积极意义。这里的代表作可以推荐富勒的《法律的道德性》一书。他谨慎地提出把"我为人人，人人为我"确定为个人对社会和对负责任的个人之间的义务原则。他说："在这种广泛的意义上，义务这个概念本身就蕴涵着某种互惠概念，至少就每一项对社会或另一位负责任的个人负有的义务来说是这样。……适合于这种情况的组织原则可能是'我为人人，人人为我'。"① 他还把这个命题所包含的互惠关系称为"匿名合作关系"，其意义在于"将不同的个人行动结合起来的某种社会主体的构成模式产生出来"；"通过人与人之间的这种合作，他的活动藉由一个有组织社会制度和程序而协调起来"。② 他的这种观点是可取的，至少从伦理学的角度。不过，他在讲了这种观点之后说："马克思似乎对任何使一个人服务于他人之目的的原则或安排都深恶痛绝，虽然这种强制不仅隐含在交换中，而且也存在于任何类型的正式社会组织中。"对于这样的言论，我不好说作者没有看懂马克思的著作，我只能说他没有读过马克思的有关著作，特别是《资本论》，否则他不会也不应该说出这种无知的也不值得讨论的言论。

马克思认为，资本主义社会的发展是一个自然必然性的过程。这个必然性的王国会随着人的发展而扩大，因为人的需要会扩大。当然，满足这种需要的生产力也会扩大。因此它向自由的发展，只能是社会化的人即联合起来的生产者，合理地调节他们和自然之间的物质变换，把它们置于他们的共同控制之下，在最适合于人类本性的条件下来进行这种物质变换。在这个过程中，人类的能力的发展和人与人的关系的发展本身就是目的。

人的自由全面发展作为社会发展的目的，必须有具体的社会运行机制和解决社会问题的手段。就近代而言，社会经济是商品经济，因此人的发展必然受商品经济的影响。马克思把商品经济看作实现人的自由全面发展的必经之路，这是《资本论》给我们的当代实践所提供的重要启示。马克思的《资本论》是以近代资本主义制度为背景的，但是它的基本原理也具有普遍

---

① ［美］富勒：《法律的道德性》，商务印书馆 2005 年版，第 27 页。
② ［美］富勒：《法律的道德性》，商务印书馆 2005 年版，第 27 页。

意义。现代资本主义经济制度和伦理关系并没有根本改变其"为利润服务"的本性，也没有根本改变剥削剩余劳动、维护不平等伦理的本质。因此，1999 年联合同开发计划署在《人文发展报告》中提出要改变全球化规则，使它"为人服务，而不是为利润服务"。这种提议虽然同一百多年前一样，不过是"道德感的呼声"，但它毕竟表达着人类在历史发展上具有进步意义的愿望。

疑难问题讨论（六）
关于"主观为自己，客观为他人"

这个问题前些年进行过讨论，有不少文章对它的错误作过批判或评析。现在，人们面对经济大潮中的市场交换和新的利益关系，又提出了这个问题。应该说，现在是解决这个问题的好时机。这里要从历史、现实、理论、政策四个方面谈谈对这个问题的理解。

一

从历史上看，"主观为自己，客观为他人"这种理论，是商品经济发展的产物。最初作为资本主义商品经济和自由竞争辩护的理论，流行于英国经济学家的著述中。稍后，这种理论被伦理学家引进了道德哲学。孟德威尔把它概括为"私恶即公利"。按照这种理论，人性是自私的，即人性恶。每个人都为满足自己的私欲而活动，为所欲为，就像蜂巢里的蜜蜂一样，每个蜜蜂都做着自己的事情，结果却造成了一个"快乐的幸福天堂"。他得出一个结论："人性的自私是社会生物的伟大原则。"马克思称之为孟德威尔的"积极活动的利己主义"。对这种理论作了系统表述的是英国经济学家兼道德哲学家亚当·斯密。他认为，商品市场上，利己心是每个资本所有者进行商品交易活动的动力。只要让每个资本所有者充分自由地去追求他自己的利润，客观上就会增进他人和社会的公共利益。而且这种利己心越强烈，追逐利润的劲头越大，就会对他人和社会贡献越大。为什么会这样呢？他认为这是因为在经济社会的运行中，有一只看不见的手在协调着人们行为活动的结果，个人的行为自觉或不自觉的都是受这只看不见的手支配的。他说："在这场合，像在其他场合一样，他受着一只看不见的手的指导，去尽力达到一个并非他本意想达到的目的。也并不因为事非出于本意，就对社会有害。他追求自己的利益，往往使他能比在真正出于本意的情况下更有效地促进社会的利益。"① 这就是亚当·斯密在他的经济学理论中所阐述的"主观为自己，客观为别人"的基本理论。马克思肯定了亚当·斯密的这个结论在经济理论上的合理性，但毫不掩饰地指出他为资本主义自由经济和自由竞争辩护的作用，所以把他称作"资产阶级暴发户的解释者"。

黑格尔在阐述法的发展环节市民社会的伦理时，有保留地肯定了"主观为自己，客观为他人"这个命题，并作了思辨哲学的解释。他认为，市民社会是一个需要的体系，在这个社会中的每一个人都追逐自己的利益，个人和他人之间是相互依赖的、互为目的和手段的关系。个人的劳动和需要就是大家彼此互相满足的条件。在这种劳动和需要的相互关联和依赖的关系中，"主观的利己心转化为对其他一切人的需要得到满足是有帮助的东西，即通过普遍物而转化为特殊物的中介"②。意思是说，在这样是市民社会里，在正常分工的条件下，个人在为自己的私利劳动生产和商品交易的同时，也就创造了社会财富即"普遍物"并满足了他人的需要，从而使自己的利己心和利己行为对满足别人的需要作出了贡献。这样，主观的利己心就转化为客观上对别人有利的东西。黑格尔把这称作"不自觉的辩证法"。

黑格尔是从发展过程来分析伦理关系的。他在分析市民社会的伦理关系时，描述了自私心向利他结果转化的辩证运动，"其结果，每个人在为自己

---

① ［英］亚当·斯密：《国民财富的性质和原因的研究》（下卷），商务印书馆 1974 年版，第 27 页。

② ［德］黑格尔：《法哲学原理》，商务印书馆 1961 年版，第 210 页。

取得、生产和享受的同时，也正为了其他一切人的享受而生产和取得"①。但是在法进一步发展达到国家伦理阶段时，他又揭示了市民社会伦理关系的片面性和自私性。他认为在法的发展过程中，市民社会的伦理还没有达到国家伦理阶段，即尚未达到个人利益、特殊利益与国家整体利益的统一，因此在市民社会的那种不自觉的辩证法，就还有一种离开其发展规律性的可能。

　　黑格尔的思想大体上是这样的：普遍性和特殊性是互相依赖、各为他方而存在的，并且又是互相转化的。我在促进我的目的的同时，也促进了普遍利益，而普遍利益反过来又促进了我的目的。在市民社会中，个人在照顾自身为自己工作的时候，也在为别人工作。但这毕竟是一种"不自觉的必然性"。单有这种"不自觉的必然性"做人是不够的，因为这种"主观上为自己的行为还处在转向作恶的待发点上"，即还有走向作恶的可能性。因为他不能自觉地向善，因此在一定条件下、当其行为只遵循他的利己心时，他就有可能甚至必然做出损人利己的事情。要改变这种状况，就必须加强职业道德教育，使个人在一定职业中从"不自觉的必然性"提高到"自觉的和能思考的伦理"，即自觉地、主动地考虑整体的利益、他人的利益。而职业集体又必须提高到国家利益的高度，使整体与局部、国家与个人统一起来。这才是伦理秩序的实现。哲学是思维的训练，是为思想合理扫清道路；伦理学是行为的训练，是为品行的提高扫清道路，即为合乎伦理扫清道路。

　　按照他的说法，就是个人为了私利的活动几乎还处在"动物的王国"里，每个人还只是一个"自私的孤立的个人"。虽然各个人之间是通过需要而互相依赖的，但是每个人的活动都不是为了共同的利益，而只是为了自己。因此，他个人主观上为自己的行为，既可能有利于他人，也可能不利于或有害于他人，就是说他既可能为善，也可能为恶。因此，黑格尔在这里提了一个重要的观点："良心如果仅仅是形式的主观性，那简直就是处在转向

_____

① ［德］黑格尔：《法哲学原理》，商务印书馆 1961 年版，第 210 页。

作恶的待发点上的东西。"① 意思是说，主观上仅仅是为自己的行为，在其内心的确信和决定上，有两种可能性，可能为善，可能为恶。因为善和恶、道德或不道德都在他的内心里有其共同的根源。黑格尔这个观点触到了理解问题的关键。

马克思认为，对处于一定社会关系中的个人行为，以及个人与他人、个人与社会的关系，不能限于抽象的分析，不能离开一定社会关系对人的具体规定。在以私有制为基础的资本主义商品生产中，每个人的生产都依赖于其他人的生产；同样，每个人的产品要转化为自己本人的生活资料，也要依赖其他人的消费。这是一种互相依赖的关系。正是由于这种关系，才有了商品生产者之间不断进行交换的客观必然性。在这里，"共同利益"就是自己的手段互相利用。这是简单商品交换关系中的"必然事实"，也是"商品交换的前提"。

简单商品交换关系并没有反映出作为资本主义经济总体的、深层的复杂关系。因此，马克思批评资产阶级经济学家和哲学家，只从简单商品交换关系就得出主观为自己客观必然有利于他人和社会的结论。马克思指出，这种分析是抽象的，脱离了资本主义经济的现实。

首先，马克思指出，这种分析脱离了资本主义生产关系的客观逻辑。按照这种分析，事情的逻辑恰恰相反。每个人如果只是为了自己，即都宣布自己是目的而不作手段，其结果必然导致霍布斯所说的那种"每个人对每个人的战争"的状态，那就不是什么对普遍利益的肯定，而是对普遍利益的否定。

其次，马克思指出，问题不在于是否每个交换者主观上把追逐个人私利当作行为的动因，而在于作为动因的私利本身在它成为个人行为动因之前，就已经是由现实的资本主义生产关系所规定了的结果。在资本主义生产关系中，每个人利益的实现都离不开社会条件的规定，并且只有使用社会提供的

---

① ［德］黑格尔：《法哲学原理》，商务印书馆 1961 年版，第 143 页。

手段才能实现。资产阶级经济学家和哲学家的分析，掩盖了资本主义私有制和剥削关系，把资本主义生产关系所规定的剥削关系抽象掉了。

马克思的分析是正确理解问题的钥匙。按照马克思的分析，资产阶级经济学家、哲学家的抽象分析和结论，既不区分"个人利益"和"普遍利益"的性质，又在讲实现个人利益的途径和手段时完全回避或抹掉资本对劳动的剥削关系，因此他们的"主观为自己，客观为他人"的理论，客观上为资本主义剥削作了理论的辩护。事实上，在资本主义生产关系中，私人利益是与其实现条件和手段的再生产相联系的。私人利益虽然是出于个人需要，但是它的内容、动力以及实现的途径和手段，则是由不以个人为转移的经济条件和社会条件决定的。在资本主义社会条件下，资本家和其他剥削者的"私人利益"与工人阶级和其他劳动者的"私人利益"，是两类性质不同的私人利益，它们实现的条件和手段也是根本不同的。因为这种被资本主义制度所规定的"私人利益"的不同，所以剥削者的"为自己"与劳动者的"为自己"也是性质不同的。工人和其他劳动者在为自己劳动的同时，创造了维持人类生存和发展的财富。尽管他们主观上没有意识到社会普遍利益，也不是为了"普遍利益"而劳动，但其客观结果却是有利于他人和社会的。相反，对于资本家和其他剥削者来说，事情就要作具体的分析。因为他们所为的私人利益本身，是以对劳动者的剥削为前提的，用卢梭的话说，是对劳动者血汗成果的"侵犯"。他们越是为自己，就越是增强对劳动者的剥削，这一点不应忽视。当然，"主观为自己，客观为他人"这个公式，在他们身上也从资本的社会作用方面体现出来。不过，17 世纪的英国经济学家达德利·诺思也不客气地揭露过他们的虚伪性："他们通常却把自己的眼前利益当作善恶的共同标准。还有很多人为了使自己的买卖获得一点利益，不顾别人遭受多大的损失；每人都力求迫使所有其他的人在其交易中卑躬屈膝地为他们的利润服务，但还借口说为了公众的利益。"①

---

① ［英］达德利·诺思：《贸易论》，商务印书馆 1982 年版，第 95—96 页。

从达德利·诺思的话中可以看到，实际上资产阶级思想家和政治家已经把"主观为自己，客观为他人"看作普遍的道德标准。这样，他们就不仅掩盖了事实上存在的资本主义剥削关系，而且使道德成为公开为资本主义剥削辩护的工具，把唯利是图、损人利己的行为奉为美德，把个人主义、利己主义宣布为道德原则。这一点当代西方经济学家也是承认的。美国芝加哥大学名誉教授、奥地利经济学家哈耶克认为，自洛克、孟德威尔直到斯密所主张的个人主义，是"真正的个人主义"。这种个人主义就是"努力使人们通过追求自己的利益尽可能对其他人的需要作出贡献"①。他把这种个人主义看作"决定人类社会生活的社会理论"和"政治行为规范"。这就是把"主观为自己，客观为别人"提升为社会基本原则和行为规范。

二

我国现在所大力发展的市场经济，不是资本主义那种自由市场经济，而是社会主义市场经济，其市场竞争的自由也受到一定的制约和控制。这是我们分析"主观为自己，客观为别他人"在我国现实中的表现时要正视的一个基本事实。

在我国现实社会条件下，生产资料所有者和参与市场交换的经济活动主体，有国有单位、集体单位，还有个体的、私营的、合资的单位。但不论属于哪一类主体，在生产和交换活动中必然存在着相互依赖的关系。这一点同资本主义市场上的需要体系有类似之处。在社会主义市场经济的相互依赖关系中，每个经济活动主体的生产，都要依赖于其他经济活动主体的生产；同样，每个经济活动主体的产品要转化为自己的生产、生活资料，也要依赖于其他经济活动主体的消费。就客观的经济关系来说，每个经济活动主体既是自我目的，同时又是其经济活动主体实现自我目的的手段。从这个意义上说，这种互为目的和手段的关系，就是"主观为自己，客观为他人"的关

---

① ［奥］哈耶克：《个人主义与经济秩序》，北京经济学院出版社1989年版，第20页。

系。这里所谓"客观为他人"，可以作两种分析：一是指客观经济关系的结果，其"为"并不是指行为主体的具体主观动机，有"助""造"之客观意义；二是指主体动机中对客观结果的考虑、计算，也包含着为善而不为恶的一般道德意识，但不是出于道德的同情。这就是在商品市场上，考虑到他人和社会的需要，计算自己经济活动的结果，使自己的产品或其他商品有更大的销路，以便得到更多的利润。这里的"为"，就是虑，就是功利的计算。其实，这两种情况是一致的，只要行为者主观上不为恶，客观上对他人就是有利的。只是行为者的自觉程度不同，其行为效果也会在对方的态度中有所反应。

在经济活动领域内，在市场角逐中，各经济活动主体的经济活动，主观上都是为了自己的利益的。共同利益、社会利益"只存在于他们所追求的私利的背后"。能够意识到这种利益关系，并遵循"只有作为手段才能达到目的"的通则去处理这种利益关系，那就是利益角逐场上的所谓"精明"。一般说来，在利益实现的正常情况下，经济活动主体自己的利益能够得到较为满意的实现，他们往往能够按照国家政策、法律的规定进行经济活动，合理合法地取得利润。在这种情况下，他们的经济行为，就是主观为自己，客观为他人和社会的。但是，当着他们自己的利益与国家利益、他人利益相冲突时，他们主观上"为自己"的强烈意识、利益欲望，就会成为左右他们行动的力量和价值取向的标准，他们的经济行为就有可能向着作恶即违法背德的方面转化。而这样的冲突是经常存在的。一旦有适当的时机和条件，他们就会私欲膨胀，不惜采取不正当手段，损公益私，损人利己，这就是黑格尔所说的"处在转向作恶的待发点上"。主观为自己的行为的"待发点"，有两种可能性，或者向善，或者向恶，这就看主体本身的情况及客观条件和情境。

就个人行为来说，这种情况也是存在的。我国现在生产力水平还不高，相当一部分人物质生活水平还比较贫困，因此人们的职业活动和市场经营活动目的还是为自己的经济收入，或者在事业动机中还包含着牟取个人经济利益的动机，或为自己，或为家庭，并非都是直接以国家利益、集体利益为目的。但是，他们也不是想用损公益私，损人利己的手段达到目的，而是通过正当劳动的手段，获得正当个人利益。这里所说的"正当"个人利益，就是由社会主义现实经济关系所规定的，由国家法律、政策和社会道德所规定的个人利益。这就是说，他们主观上所为的利益，是被现实社会主义经济关系所规定了的，所谓"正当"也就是社会主义法律、政策和道德肯定的。至于那些先富起来的一部分人，虽然不能说他们都是主观为自己的，但也不能否认他们中相当一些人是为自己的。只要他们的致富活动是在国家法律、政策范围内允许的，是正当致富的，那么他们的主观为自己的行为，客观上对他人和社会也是有利的。他们或生产，或经商，或服务，只要是正当的，就对发展经济，繁荣市场，方便群众有利。称作"社会主义经济的有益补充"，就是对他们的行为的肯定。他们的社会主义道德觉悟如有不高的表现，这是提高思想觉悟和道德境界的问题，而不能否定他们行为的正当性和道德价值。但是，正因为他们觉悟、境界不高，不能自觉地把个人利益同国家利益、集体利益结合起来，所以在一定条件和时机具备时，他们中有的人又往往采取不正当手段达到致富的目的，使行为的"待发点"转向作恶。

应当注意的是，我们肯定在现实经济活动中，"主观为自己，客观为他人"的行为是存在的，还可以说它是商品经济的"必然事实"，但并不是说"主观为自己，客观为他人"是社会主义社会普遍的行为法则，也不能说是市场经济活动中的普遍必然法则。如果把这个命题推广为普遍法则，那就会造成严重的错误。首先，从范围上说，此命题并非一切生活领域都适用，也并非一切行为都适用。挤公共汽车、抢占座位不给老幼病让座者，主观为自己客观又利于谁呢？盗贼、骗子、杀人越货者，主观为自己，客观能有利于他人和社会吗？其次，从发展上说，主观为自己的行为是"处在转向作恶的待发点上"，并不必然达到利人的结果。如果不加分析地把"主观为自己，客观为别人"这一命题推广为普遍的法则或"商品经济价值观"，不仅抹杀了社会主义与资本主义社会的本质区别，实际上也为一切违法、违纪和缺德行为提供了辩护理由。

三

"主观为自己，客观为他人"这个命题本身包含这样两种关系：主观与客观的关系，个人与他人的关系。

人的行为选择要能够成为正确的、正当的，首先必须正确解决主观与客观的关系问题。这里有两个相互联系的方面。一方面是认知，主观对客观反映。主观要正确反映客观，并在正确反映的基础上明确行为目的和选择达到目的的手段。目的的确立既表现着一个人的认知水平，也体现着一个人的思想道德觉悟和境界。人们的利益关系是客观的，个人利益、集体利益、国家利益之间的关系，以及个人对个人之间的利益关系，都是人们认知的对象，同时又是制约人的行为的客体。它需要人们正确地认识它，同时又给人们的行为提出"应当如何"的要求。对于认知水平低的人来说，处在一定的利益关系之中却常常"不识庐山真面目"。对于思想道德觉悟和境界低的人来说，常常是认知上聪明，而在取舍、荣辱方面自私、狭隘。这就涉及第二个方面。

个人行为中主观与客观关系的第二个方面，就是行为选择问题。选择是从认知向行动转化的关键。决定性的动因和选择标准是对待利益关系的觉悟，按中国传统伦理就是"义利之辨""义利之择"。有的人只以个人私利为标准进行选择，计较得失，叫作"计者从所多"；有的人以公义为标准，遵照道义去选择，叫作"谋者从所可"（《荀子·正名》）。"从所可"，就是按照"正当"和"应当"的标准去选择。在这里，人格的高低就看其心术如何。心术确定了行为内在价值，也提供了评价"主观为自己"的行为价值的内部根据。

对"主观为自己"这种行为的评价，涉及动机与效果、目的与手段的关系。一个行为的完成，是从动机到效果的过程，也是通过手段达到目的的过程。在过程中，动机与效果、目的与手段是有矛盾的，而且在实现目的、效果的过程中还交织着必然性和偶然性的复杂关系。

行为选择首先是动机的选择。一个关系到切身利益的行为，往往有几个动机同时出现。究竟哪一个动机应当并且能够成为主导的动机，并且形成作为行为动力的目的，这对行为的评价极为重要。从一定意义上说，具有善恶价值的动机和目的就体现着个体的道德良心。在这种选择中，"为自己"的动机和目的，如果是出于对自己的正当利益的考虑，那么它的"正当"，就是权衡了客观利益关系而作出的正当选择，其价值就是客观利益关系所规定的价值，其评价就是与这种客观规定相一致的评价。如果是出于不正当的私利考虑，其"不正当"，就是对客观利益关系作了不正确的判断和不正当的选择，其价值也是被客观利益关系所否定了的，对评价当然也是否定的。在这里，所谓"价值"，并不是人本主义价值论所说的"满足主体需要"，而是人的活动的一定社会存在方式，是一定社会关系的规定。如果把价值看作仅仅是"满足主体需要"，那么主观为自己的满足自己需要的行为，就成为最有价值的行为，每个主观为自己的人也都可以把自己的需要作为评价的尺度了。显然这是说不通的。

在行为过程中，从动机到效果，以目的择手段，并不是必然一致的。在一般情况下，好的动机和目的能够通过主体的努力达到好的结果，既定的目的得到实现或基本实现，从而得到好的评价。有时动机、目的虽正，但由于手段选择不当或不完善，或者行为过程中出现了事先未料到的偶然情况，也可能产生不好的结果。对这种行为及其结果的评价，当然要具体分析，不能简单地以结果推断动机，而应作出实事求是的全面评价。至于动机、目的原本就不好的行为，在一般情况下其结果也是不好的。那种"歪打正着"的情况，虽然在交易市场上经常可见，但从本质上看，从长远考察，还是会看到动机与效果、目的与手段之间的联系的。不能抽象地、笼统地断言：凡是主观上为自己的行为，客观上都是有利于他人和社会的；也不能断言：凡是主观为自己的行为，客观上都是不利于他人和社会的。要对具体情况做具体分析。

关于个人与他人、与社会的关系，实际上是主观关系所涉及的社会内容，因而也是理解"主观为自己，客观为他人"命题意义的关键。

这里首先碰到一个问题：个人有没有"为自己"的权利？人们是否有权利给自己确定仅仅满足自己需要的目的？大凡明智的思想家都会作出肯定的回答。中国古代儒家传统观念，强调先义后利，以义制利，但并不否定"以养生为己至道"的民德，认为在这方面对人和普通人"同欲"。西方思想史上，前有亚里士多德，主张"为生存而生存"也未必就是不幸和不德；后有黑格尔明确肯定"人有权把他的需要作为他的目的"。马克思和恩格斯，也充分肯定了个人生存和发展的权利，认为"任何人如果不同时为了自己的某种需要和为了这种需要的器官而做事，他就什么也不能做"①。但是，肯定这种个人的权利，第一，不是肯定抽象的"人的权利"，即自身封闭的、脱离一定社会关系的抽象的"个人权利"；第二，不是肯定利己主义的人的权利，即脱离人的社会共同体的孤立的个人权利。这种脱离了人的本质和共同体的利己主义的人的权利，就是资产阶级思想家所说的"人权"。正因为这样，马克思和恩格斯并不抽象地谈论人的需要，也不片面地强调个人"为自己"，而是强调社会的需要和需要的社会性；强调个人离不开社会共同体，个人只有在集体中才能生存和发展，并且批评施蒂纳，说他在强调个人需要时竟"把胃变成自己的主人"；批评这种人权论是使公民变成自私人的奴隶，而自私的人倒成为真正的人、本来的人了。

为什么要这样呢？因为人和动物、自然人的一个根本区别，就在于人是作为社会关系而存在的，就其现实性来说，人是一定社会关系的规定，人的本质就是社会关系的总和。有一定的社会关系就有一定的要求，有一定的要求就有一定的相互责任，尽到自己应尽的责任，就是对他人、对社会的贡献，同时也就表现出做人的品质和人格。人生的价值就在于人格价值与社会价值的统一，也就是责任与贡献的统一。"主观为自己，客观为他人"作为

---

① 《马克思恩格斯全集》第3卷，人民出版社1960年版，第286页。

客观的经济关系，是被那只"看不见的手"支配的，正如马克思所说，它只是在商品生产和交换中，"个别性劳动同时表现为一般社会劳动，特殊产品采取了为每个人而存在的普遍形式"，在这里个人与他人是互为目的和手段的关系，从一方面来说，"主观为自己，客观为他人"，自己是目的，他人是手段；但是，从另一方面来说，为了实现自我目的又必须为他人提供服务，就是以他人为目的，自己作手段，即"主观为他人，客观为自己"。这后一公式中的"为他人"，实际上还是为"为自己"服务的。不过，即使是这样，这种服务毕竟还是对他人有利的善事，因此也应该给予道德的肯定。我们分析这个命题要根据唯物史观和辩证法，而不能像潘晓那样从抽象人性出发，以人性自私来解释，并把利己主义、个人主义奉为普遍原则。

"应当"，意味着社会对个人的要求和个人对社会要求的内心认同和遵从。在个人与他人和社会的关系中，"应当如何"的根据存在于客观利益关系的规定中，存在于社会发展的必然性和必要性中。对于个人行为来说，就是要求个人按照正确规定的社会利益关系确定自己的行为取向，自觉地把个人利益与社会利益统一起来，使个人利益的特殊性提高到社会利益的普遍性，并在内心里把社会利益作为价值标准，把个人意志提高到共同意志的水平。一般来说，当一个人自觉到他所遵循的必然性、必要性以及社会责任的正当性和正义性并付诸坚定的实践时，同时也就达到了提高了他的主体性。这样的自为目的和手段不仅是明智的，而且是高尚的、伟大的。与此相对照，那种把"主观为自己，客观为他人"奉为普遍法则和人生原则的观点，应该说只是一个基本的底线原则。如果能主观也为他人那就是进入高尚道德的层次了。中国古代战国时期的大儒荀子讲"民德"："以从俗为善，以货财为宝，以养生为己至道，是民德也。"① 这种"民德"，照两千多年前的标准看，它不及士君子之德，更不及圣贤之德，但作为以劳动为生并养活圣贤君子的俗民之德，不是俗民百姓的善德吗？16 世纪英国经济学家托马

---

① 《荀子·儒效篇》。

斯·孟说："自然和国家试图维持的正是有价值的人的生命，而那些为公共和个人利益努力工作的人的生命，是最有价值不过的了。"① 这种价值观和评价方法就是比较实在、公允的了。

在我国社会主义现实生活中，如何对待"主观为自己，客观为他人"还有政策问题。在它出现于我国报刊上引起人们争论时，它所强调的是人的本性自私，人人都是为自己的，甚至说"人不为己，天诛地灭"。要为个人主义正名，要把这个命题推广并上升为普遍原则，作为社会主义商品经济条件下的价值观和道德原则。这就是人们一致批评它是"鸠山哲学"的原因。这种批评是正确的、必要的，否则就要改变社会主义社会的道德价值导向。

对待个人主义、利己主义问题，不能只作抽象的议论和解决，而应当从一定的历史条件上来分析才有实际意义，才能提出可行的解决方案。对待现实生活中特别是市场经济活动中的那些"主观为自己"的行为，应当作具体分析。"主观为自己"的行为具有个人主义、利己主义的性质和倾向，但既不能把它同个人主义、利己主义等同而加以提倡，也不能把它同个人主义、利己主义捆在一起加以反对。因为，个人采取什么方式生活，个人与社会之间的和谐一致，是由具体历史条件和环境决定的，是一个历史过程，有个具体条件中的个人存在方式问题。在这个意义上，怎样成全个人的正当的"为自己"的活动，使"为自己"与"利社会"相得益彰，怎样将个人品性中的那些弱点转变为有利于社会的长处，就不仅是抽象的理论，而且是制定政策的明智的政治家们所应重视的治国大道。

---

① ［英］托马斯·孟：《贸易论》，商务印书馆 1982 年版，第 26 页。

第七章　家庭伦理的人类学研究

马克思恩格斯在他们合著的《德意志意识形态》一书的原稿中曾说，历史可以从两方面来考察，可以把它划分为自然史和人类史，又说这两个方面是密切联系的。但历史学和社会学很长时期对人类史缺乏系统的研究。历史上第一个想给人类史前史建立确定系统的人摩尔根，自发地运用唯物史观，把野蛮时代和文明时代加以对比研究，在主要之点上达到了与马克思相同的结论。马克思对摩尔根的研究成果《古代社会》极为重视，详细地写了摘要和批语，并打算进一步研究摩尔根的成果，阐发它的全部意义，但未能如愿。恩格斯执行马克思的"遗言"，以《家庭、私有制和国家的起源》（以下简称《家庭》）一书，补偿马克思未能完成的工作。恩格斯坚持唯物史观，遵循着马克思的思路，对家庭、私有制和国家的起源作了深入的研究，阐发了许多重要的思想和结论，其中关于家庭伦理的思想和结论至今仍是家庭伦理研究的经典。[①] 在前面几章里，本书一般都使用"道德"概念，本章将遵照马克思在《论离婚法草案》一文中，在与道德概念相区别的意义上使用伦理、伦理关系等概念。[②]

---

① 美国社会学家罗斯·埃什尔曼在他的《家庭导论》中，对恩格斯关于家庭的理论作了歪曲的转述说，"恩格斯认为家庭是资本主义社会的基本单位，也是女性被压迫的主要根源。丈夫是资产阶级而妻子是无产阶级。……作为妻子、女性和母亲（被压迫者），他们开始意识到他们的共同利益，就联合起来一起去反对丈夫、男性和父亲（统治者），以力量去改变现状"。《家庭导论》在美国是作为大学教科书发行的，很有影响。仅从这一点，也有必要对恩格斯的著作和思想进行认真的研究和解说。

② 参见《马克思恩格斯全集》第1卷，人民出版社1995年版，第346—349页。

第一节　人类的生产和家庭伦理源头

家庭研究本身带有学科交叉性质。时间的久远，地理上的隔离，民族的特色，文化的变迁，都使家庭问题的研究涉及多种学科，没有一个学科能够综合、全面地研究家庭。人类学的研究注重于家庭和族群的历史沿革及其结构，以及跨文化的家庭典型和民族继承性。一般宏观人类学主要是研究家庭或族群制度的起源和进化，探讨从原始人到文明人演进的过程和阶段。恩格斯在《家庭》中所阐述的伦理思想，从基本理论和方法上说是遵循历史唯物主义，同时也与这种宏观人类学的视角相联系的，涉及人从其历史过程开始时所具有的本性的考察。所以，本书把恩格斯的这项研究成果视为一种以唯物史观为基础的对人类伦理的人类学研究。

一、两种生产和伦理的起源

从语源上讲，人类学是研究人的科学，或系统地把握人类知识的学科群。这门学科试图依据人类的生物特征和文化特征综合地研究人类。它一开始就注重对"原始的""野蛮的""部落的""前文字的"社会的研究。后来扩展到对社会内部人类行为的普遍性问题的研究。例如康德的《实用人类学》，按照他自己的说法，不但是把握人类知识的学说，而且是研究作为世界公民的人的学说。达尔文的进化论也是一种人类学的研究，它是一种人类进化史的研究。相对于实用人类学来说，也具有哲学人类学的意义。人类学的研究在经济领域就形成了经济人类学，如提出"经济人"，就是人类学的比较模式。一般来说，人类学分为体质人类学和文化人类学。体质人类学注重对作为类的个体人的研究；文化人类学注重从不同历史阶段和社会的文化中研究人类，从而确定人类进化的阶段和过程，可以说是人类史的线性解释。这种划分并不是很严格的，实际存在的人类学著作是极其丰富和多样的。因为，人类学著作不是按照划分后的界限去写作的。

恩格斯对家庭的人类学分析，遵循着历史唯物主义的基本观点，认为家庭、法律、道德、风俗都是建立在社会生产方式基础上的，它们随着社会生产方式的变化而变化。但是，19 世纪以后的人类学研究还深受宗教的影响，他们的理论不过是用宗教的观念代替一切。与这种观念相反，马克思恩格斯指出，任何历史的第一个前提无疑是有生命的个人的存在，因此第一个需要确定的具体事实就是这些个人的肉体组织以及他们和自然界的关系。这是科学人类学的出发点。但是，科学的人类学考察不能停留在这一点上，因为这样的考察还只是对与动物相似的自然人的考察，还不是对人的考察。人类学的考察必须进一步，从这种自然人在历史进程中的变化、发展出发，从他们生产必需的物质生活资料的实践把人与动物区分开。实际上，历史演化的过程正如马克思所说，"一当人开始生产自己的生活资料，即迈出由他们的肉体组织所决定的这一步的时候，人本身就开始把自己和动物区别开来"[1]。

恩格斯在《家庭》第一版序言中说，根据唯物主义观点，历史中的决定性因素，归根结底是直接生活的生产和再生产。但是，生产本身又有两种：一方面是生活资料，即食物、衣服、住房以及为此所必需的工具的生产；另一方面是人类自身的生产，即种的繁衍。这就是马克思恩格斯早在《德意志意识形态》一书中说过的两种生产——"通过劳动而生产自己的生命，还是通过生育而生产他人生命"[2]。

据考茨基说，在马克思恩格斯写了《德意志意识形态》书稿后 40 多年对其中的"生活生产的两重性"思想从未提过，显然并不是因为遗忘，而是在继续研究和思考，是在他们的意识中潜藏着，由于摩尔根的阐述才得到了新的研究推动。一定历史时代和一定地区内的人们生活于其下的社会制度，受着两种生产的制约。劳动愈不发展，劳动产品的数量、从而社会的财

---

① 《马克思恩格斯选集》第 1 卷，人民出版社 2012 年版，第 147 页。
② 《马克思恩格斯选集》第 1 卷，人民出版社 2012 年版，第 80 页。

富愈受限制，社会制度就愈是在较大程度上受血族关系的支配。所以，恩格斯说最初的社会结构是"以血族关系为基础的"。由此可知，最初的社会伦理关系也是以血族关系为基础的。恩格斯这里所说的"人本身的生产"，并不是如有些人所理解的生殖或分娩的生理行为，而是指婚姻和家庭发展的各种形式，这种婚姻家庭形式的变化对人的发展具有重大意义。当然两种因素并不是平行起作用的。

伦理是一种人和人之间的关系。从人类学的视角来看，人与人之间的关系首先当然是男人和女人的关系。男女之间的关系是人和人之间的最直接的、自然的、必然的关系。这种关系是怎样产生的？在进化论产生之前，人们是按照宗教观念解释的。如人类学家巴霍芬认为：历史上发生的男女之间的关系，起源于宗教观念，而不是起源于人们的现实生活条件。这种观点还不如中国古人的说法接近真理。中国古人说：有天地而有男女，有男女而有夫妻，而有父母，有子女……当然，如果对天地怎么产生男女不能作出科学解释，最终也免不了诉诸神话。人类学和进化论解决了这个问题。马克思在《1844年经济学哲学手稿》中使用"类行为"概念，来代替"性行为""性结合"概念，既科学，又文雅。"对单个人讲讲亚里士多德已经说过的下面这句话，当然是容易的：你是你父亲和你母亲所生；这就是说，在你身上，两个人的交媾即人的类行为生产了人。这样，你看到，人的肉体的存在也要归功于人。因此，你应该不是仅仅注意一个方面即无限的过程，由于这个过程你会进一步发问：谁生出了我的父亲？谁生出了他的祖父？等等。你还应该紧紧盯住这个无限过程中的那个可以通过感觉直观的循环运动，由于这个运动，人通过生儿育女使自身重复出现，因而人始终是主体。"[1] 男女两性关系的发展如何，其间表现着人类的进步和个人的教养程度。这种关系本来是自然的行为，它在何种程度上成为了人的行为。这正是人类伦理学要研究的问题。

---

[1]　《马克思恩格斯全集》第3卷，人民出版社2002年版，第309—310页。

在这个问题上，马克思恩格斯是遵循进化论的，同时又进一步用唯物史观解释从动物到人的转化。这就是劳动和直立行走实现了人到动物的转化。人类在劳动中形成了意识和语言。语言是一种实践的、既为别人存在并仅仅因此也为我自己存在的、现实的意识。语言和意识同时既在人类的实践中产生，又在人与人的交往关系中产生。人的初始关系是与人的原始意识相联系的。人的意识起初只是对可感知的环境的意识，包括对自然和对他人的关系的意识。这种意识是开始意识到自身的与以外的其他人和物的狭隘联系的一种意识。这就是说，人意识到必须和周围环境打交道，必须和其他人来往，这就有了自我与环境、自我与他人的区别意识，也就开始意识到自己作为人是生活在他人和社会之中的。这就为形成有一定社会意识渗透其中的社会伦理关系造成了精神条件。伦理关系就是由客观关系和主体意识统一形成的特殊的社会关系。人类的男女关系，夫妻关系，父母和子女之间的亲子关系，正是在这样的条件下进入了历史发展过程。

二、 前伦理时代的两性关系

恩格斯指出，在自然界还没有被历史的进程所改变的时候，人类对自然界的狭隘的关系制约着他们之间的关系，而他们之间的狭隘的关系又制约着他们对自然界的狭隘的关系。因此，虽然初始的人意识到必须和周围的人们来往，就开始一般地意识到是生活在社会中的，但这个阶段上的意识还是"纯粹畜群的意识"，因而这时的社会生活也还是动物性的，人们的行为还只是"被意识到了的本能的行为"，或者说只是刚刚代替了本能的自觉行为。这大体上就是恩格斯所说的人类的"蒙昧时代"。如果从伦理演进的过程来看，可以称为"前伦理时代"。这个时代的低级阶段，人类有一部分还住在树上，靠食坚果、根茎为生，开始有分节语言。这个时代大约延续了千年之久。在这个时间段上所发生的一切，虽然不能直接地得到证明，但既然肯定人类来源于动物界，那就不能不承认有这样一个从动物发展到人的相当长的过渡时期。

　　蒙昧时代的中级阶段，是从摩擦取火开始的。这是与采用鱼类为食物相联系的。他们沿着河流和海岸捕鱼为食，因此人们的生活可以不受气候和地域的限制；因为不断迁徙，更新环境，还可以使用石器和棍棒打猎，于是有了不断活跃的探索欲。但是由于食物的来源不能保证，所以也发生了食人之风，而且此风持续了许久。

　　蒙昧时代的高级阶段，是从弓箭的发明开始的。有了弓箭使打猎成为日常的劳动之一。弓箭的发明需要相当的智力和有关生活技术的掌握，甚至有了用木材建造的房屋。不过，高等动物的群和家庭并不是互相补充，而是互相对立的。因为在性交关系中，雄性的嫉妒既联系又限制着动物的家庭，使动物的家庭与群对立起来。由于这种嫉妒，作为共居生活最高形式的群，在一些场合就成为不可能，而在另一种场合就被削弱，或者被瓦解。单从这一点就证明，人类的社会与动物的"社会"、人类的家庭和动物的"家庭"是根本不同的。因此，做人类学的研究，不能根据动物"社会"的关系推断人类社会的伦理，也不能根据动物的"家庭"关系推断人类的家庭伦理。

　　那么，是什么因素使人类脱离动物状态，实现自然界的"最伟大的进步"呢？如果说从动物"社会""家庭"对于推断人类社会还有什么意义的话，那就是恩格斯所说的：这种推断具有反面的价值，即从动物的雄性嫉妒阻碍了群的发展来看，人类的起始和发展就是从这个雄性的嫉妒消除的关节点上开始的。人类为了在发展过程中脱离动物状态，实现自然界中的最伟大的进步，需要一种因素，即群的联合和集体行动的力量。只有这种力量才能弥补人类个体自卫能力的不足。可是，如何才能形成群的联合和集体行动呢？形成群的联合和集体行动的首要条件，就是恩格斯所说的，"成年雄者的相互宽容，没有忌妒"[①]。只有在这种相互宽容、消除了嫉妒的集团中，才能实现由动物向人的转变。在这种意义上，人类社会的第一种形式并不是家庭，而是游牧人群。在这种原始的人群里，团结、互助和友爱，才能有比

---

　　① 《马克思恩格斯选集》第4卷，人民出版社2012年版，第42页。

较充分的生活条件。这种包括两性关系在内的人群联合体，可能比较小的家庭联合体更重要，有的时候甚至家庭可能成为这种人群联合体的累赘或束缚。

人类蒙昧时代的两性关系是杂乱的性交关系，就是没有任何禁例的性交关系。所谓"没有任何禁例"，就是说对杂乱性交的危害还没有认识，即使有所认识也还没有意识到必须禁止。在那种情况下，不仅兄弟和姊妹之间性交关系没有禁例，而且父母和子女之间的性交关系也没有禁例。在"血亲婚配"的危害发现之前，这种性交关系并不引起憎恶和嫉妒。嫉妒是较后发展起来的感情。所谓杂乱，并不是乱得毫无秩序，因为还有自然之道，而是说还不存在后来才有的那些社会的习俗和规定形成的秩序。在那样的日常生活实践中，男女之间可能有短时期的成对的配偶。如果说男女在生子之前成对同居的一切场合都叫作婚姻，那么可以说，这种婚姻也是完全可以在杂乱性交关系状态下发生的，它与杂乱状态（即没有习俗规定限制的状态）并不矛盾。如果说这还不是道德，那只是说明当时还没有产生后来所说的道德。那么，道德是从什么时候产生的呢？应该说就产生于意识到"血亲婚配"的危害从而产生禁例的那一界限上。这里可能有各种假说，如恐惧说、危害说、羞耻说等，如黑格尔认为，"血亲之间通婚已为羞耻心所不容"，再者与生殖力和优生有关。因此发现"血亲婚配"的危害，是人类发展史上的极其伟大的发现。从此才有了真正的人类家庭史。用中国古代《中庸》的话说就是："君子之道造端乎夫妇。"

三、 从野蛮到文明的规范意识

人类的伦理关系是人对人即主体对主体的关系。只有人意识到自己的主体性并成为主体，才能真正形成人类社会的伦理关系。人与自然的对立、与环境的对立，使人意识到"我"的存在以及"我"与环境、他人的区别。人之所以异于禽兽，且因而异于一般自然，即由于人知道他自己是"我"。当人有了这个"我"的意识之时，人就成为自为的存在。不仅如此，当人意识到自我是处在与外部关系中的有限存在时，他同时就发现自我与周围世界的无限联系，从而使自我意识带上想象、理想的能力。这种能力可以说是野蛮人走向文明的第一步，这一步就是开始有了自我意识和思索的习惯。不过这是最低等的普遍的人类意识，只是走向文明的出发点。如果使这种意识特征有所提高、提炼，以至于能够对自我精神状态进行检验和比较，那就会产生价值观念；如果再能进一步运用批判精神分析事物，就会有发达的或高度的理性能力。这是一种力求突破有限规定的理想性能力，它使人面对外部关系而产生"应该怎样"的意识。这里的"应该怎样"，有对自然环境的，有对他人的，也有对自己的。这种"应该怎样"的意识不断重复，在语言中形成较为稳定的、约定俗成的词语，表达着"应该"的观念，这就是成熟的、稳定的道德规范意识。

这样，我们就看到人的主体意识进化的三个阶段：

第一阶段是人从动物状态脱离出来的状态，其主体性是意识到自己的本能的那种初级的自觉能动性。一般来说，动物也是主体，也有动物的主体性。但动物的主体性与人的主体性的区别在于：动物是出于低级意识支配的本能，而人的主体性则是意识到自己的本能的主体性。人的主体性是在劳动中形成和发展的。劳动是人类区别于猿群的基本特征，是人的主体性发展的推动力和社会定向。

第二阶段是原始的野蛮人的主体性。这个阶段上的人，如马克思所说，还没有脱掉自然发生的共同体的脐带，个人的眼界仅仅局限于原始部落，在情感、思想和行动上无条件地服从部落。可以说，这是还没有出现社会分工、权利和义务还没有差别的野蛮人群的主体性。这种主体性，是只具有人格的可能性而不具有独立人格的主体性。但人离开动物越远就越具有对社会关系的自觉，具有经过思考向着预想目标前进的特征。

第三阶段是人从原始的、野蛮的人中分离出来，成为开化的、文明的人。这个阶段上的人不是只有人格的可能性，而是具有一定善恶意识和意志的人，是知道自己"应该怎样"的主体。从这个意义上说，文明人的人格就表现为意识到自己"是怎样"和"应怎样"的统一的主体。"人是主体",但不是一般的主体,而是意识到自己"是怎样"和"应怎样"的统一的主体。人虽然还带有"野性",但这是在自知"应做什么"和"能做什么"的主体意识支配下的"野性",是有道德反思能力的人格主体。用荀子的话说就是"水火有气而无生,草木有生而无知,禽兽有知而无义,人有气有生有知亦且有义,故最为天下贵"。达尔文说,"道德感也许提供了一个最好而最高的差别,足以把人和低于人的动物区别开来"①。荀子以道德来比较人与动物的差别,与达尔文的观点不期而合,只是缺乏科学的证明。

从人的主体性进化过程中可以看到,人的发展过程是"是怎样"和"应怎样"统一的过程。"应怎样"是从自我和环境的关系、自我与他人的关系中产生的,它是对实存规定的有限性的否定和超越。没有"是怎样",人就没有规定,就不是现实存在的人。没有"应怎样",人就永远是实存的有限规定,而不能成为主动超越现有规定的人。没有"应怎样",人与人之间就永远是孤立的自然人,而不能形成自觉的群体和社会伦理关系。

第二节 家庭伦理关系的演变

有关家庭史的研究是在19世纪60年代才开始的,确切地说是从1861年巴霍芬的《母权论》出版开始的。在此之前还根本谈不上家庭史,整个历史领域都处在犹太教传统信奉的"上帝口传,摩西手录"的《摩西五经》的影响下,从属于神学。恩格斯汲取了霍芬思想的有价值的内容,进一步分析了人类早期发展阶段的历史,揭示了原始公社制度解体和以私有制为基础的阶级社会形成的过程,同时揭示了人类早期发展阶段上家庭关系演变的过程和特点。其中通过血缘关系和亲属制度的考察所阐明的伦理关系的发展,

① [英]达尔文:《人类的由来》,商务印书馆1983年版,第190页。

为家庭伦理的研究提供了科学的观点和方法。

一、　道德感分化对家庭关系的影响

巴霍芬的《母权论》，是根据古代世界的宗教和法权本质对古代世界的妇女统治的研究。巴霍芬研究了群婚、母权制、由母权制而产生的妇女统治，以及以妇女为中心的向个体婚制的过渡问题。他试图找出从杂婚到一夫一妻制、从母权制到父权制发展的过程和规律。他开辟了家庭史研究的新途径。但是，他并不是把家庭的发展看作人类的现实生活条件的发展，而是把它看作在人们头脑中的宗教反映过程。他把宗教看作具有世界历史决定性杠杆的作用，是宗教观念引起男女两性相互的社会地位的历史性变化，是神创造奇迹推翻了母权制，建立了父权制。显然，巴霍芬的研究陷入了纯粹的神秘主义。恩格斯在1891年所写的《家庭、私有制和国家的起源》德文第四版序言中，把他同摩尔根并列称作"两个天才的外国人"，同时又严格地批判了他的神秘主义，纠正了他的一些错误结论。

恩格斯科学地分析了人类的早期发展，揭示了人类早期发展阶段上家庭关系演变的过程和特点。恩格斯指出，在原始的婚姻状态下，男子过着多妻制的生活，而它们的妻子同样也过着多夫制的生活。所以，它们两者的子女都被看作大家共有的子女。这种状态，在彻底过渡到个体婚制以前，经历了一系列的变化。这种变化是这样的：被共同的婚姻纽带所连接的范围，起初是很广泛的，后来越来越缩小，直到最后占主导地位的成对配偶为止。根据摩尔根的考察，美洲的易洛魁人奉行一种双亲可以轻易离异的个体婚制，即"对偶家庭"。这种家庭的夫妻的子女是大家公认的，对谁该用什么称呼是没有疑问的。易洛魁人的男子不仅把自己亲生的子女称为自己的儿子或女儿，而且把他兄弟的子女也称为自己的儿子或女儿，而他们都称他为父亲。另外，他把自己姊妹的子女称为外甥或外甥女，他们称他为舅父。相反，易洛魁人的女子，把自己妹妹的子女和她亲生的子女都称为自己的儿子或女儿，而他们都称她为母亲。她把自己兄弟的子女称为自己的内侄或内侄女，她自己被他们称为姑母。同样，兄弟的子女们互称兄弟姊妹。反之，一个女人的子女和她兄弟的子女，则互称为表兄弟和表姊妹。这些称呼并不是无意义的，而是实际上流行的对血缘关系的亲疏异同的观点的表现。这里包含着家庭伦理发展的三个环节：首先是血缘关系，由这种关系产生、决定了辈分、亲戚关系；其次是亲疏关系，由血缘关系的远近、强弱制约的亲戚关系的远近；最后是义务关系，在这种血缘、亲疏关系范围内形成的道德义务关系以及相应的秩序。血缘——亲疏——义务；辈分——等级——秩序。后来的发展使氏族——胞族——部族，成为代表着不同程度的血缘关系的社会组织。这就是说，从家庭发展、扩大到不同级次的社会组织表明伦理关系的远近、亲疏，说明在原始氏族、部落阶段就已经明显地产生了道德情感的分化，已经有了亲与疏的观念和情感，因而也相应地使伦理关系日益复杂化。

这种观念和亲疏程度是完备的亲属制度的基础，而这种亲属制度可以表现单个人的数百种不同的亲属关系。亲属关系在一切蒙昧民族和野蛮民族的社会制度中起着决定的作用。父亲、子女、兄弟、姊妹等称谓，并不是简单的荣誉称号，而是一种负有完全确定的、异常郑重的相互义务的称呼。由亲情而产生的义务观念，是维系伦理关系的情感纽带，而这些义务的总和便构成这些民族的社会制度和伦理关系的实质部分。与家庭比较，亲属制度是相对稳定的，或者说是比较被动的，它只不过是在一个相当长的时间内把家庭发生的进步记录下来，只有在家庭发生急剧变化时才发生变化。因此，可以根据历史上遗留下来的亲属制度断定曾经存在过的与家庭制度相适应的家庭形式。按照摩尔根的意见，在杂乱性交关系的原始状态中，已发展出几种家庭形式：

第一种是血缘家庭。这是家庭的第一个阶段。在这里婚姻集团是按照辈分来划分的：在家庭范围内的所有祖父和祖母，都互为夫妻；他们的子女，即父亲和母亲，也是如此。同样，后者的子女构成第三个共同夫妻圈。而他们的子女，即第一个集团的曾孙和曾孙女们，又构成第四个圈子。这样，在这一家庭形式中，仅仅排斥了祖先和子孙之间、双亲和子女之间互为夫妻的权利和义务。但同胞兄弟姊妹之间则一概互为夫妻。恩格斯说："兄弟姊妹的关系，在家庭的这一阶段上，也自然而然地包括相互的性关系。"① 关于这种两性关系，马克思曾在一封信中说："在原始时代，姊妹曾经是妻子，而这是合乎道德的。"② 马克思这里所说的道德，应当理解为恩格斯所说的"自然而然的事"，并不是说当时已经有了一定的道德规范。确切地说，那时的道德就是原始习俗。

第二种是普那路亚家庭。原始婚姻的进步与血亲婚配的限制成正比。凡是血亲婚配受到限制的部落，其发展就比那些没有受到限制的部落迅速和健康。旧家庭的分裂和新家庭的形成，以一列或数列姊妹或兄弟为核心的氏族公社的出现就是证明。这就是说，在家庭的原始阶段上，是否有利于人类种族的保存和发展是道德发展和伦理进步的标准之一，或者说是基本的标准。

值得注意的是，在家庭的这一发展阶段上，第一次发生了内侄和内侄女、外甥和外甥女、表兄弟和表姊妹这些类别的划分。如我母亲的妹妹的子女，依然是我母亲的子女；我父亲的兄弟的子女，也依然是我父亲的兄弟的子女，他们全都是我的兄弟姊妹。但是，我母亲的兄弟的子女，现在却是我母亲的内侄，我父亲的妹妹的子女，现在却是我父亲的外甥或外甥女，而他们全都是我的表兄弟和表姊妹了。这种类别的划分已经清楚地表明了亲属的等级，并逐渐凝化为伦理的等级制度。这种划分的根据是自然的，是合理的，因而也是伦理的必然发展，是道德的进步。"由此可见，原始历史上家庭的发展，就在于不断缩小最初包括整个部落并在内部盛行两性共同婚姻的那个范围。"③ 由于次第排斥亲属通婚，任何形式的群婚终于在实际上成为不可能的了。这种家庭的主要特征是一定的家庭范围内相互的共夫或共妻，只是要把彼此的兄弟或姐妹除外，起初是同胞的，后来及于血统较远的。马克思曾在古代社会史笔记中说过，"共产制生活方式看来是起源于血缘家庭

---

① 《马克思恩格斯选集》第4卷，人民出版社2012年版，第44—45页。
② 《马克思恩格斯选集》第4卷，人民出版社2012年版，第33页注①。
③ 《马克思恩格斯选集》第4卷，人民出版社2012年版，第55页。

的需要，它在普那路亚家庭中继续存在"①。

第三种是对偶家庭。对偶婚在群婚时期也偶有发生和短期的存在。但是随着氏族的发展和兄弟、姊妹类别的增多，这种对偶婚就逐渐巩固下来。由于婚姻禁例越来越严格和复杂，群婚就越益受到限制而成为不可能，于是对偶家庭就代替了群婚。氏族公社的形成对禁止血亲婚配起了推动作用。在这一阶段上，一个男子和一个女子共同生活，多妻和通奸偶尔也会发生，这是男子的权利；同时要求女子严守贞操的义务，否则就要受到残酷的处罚。在这里，道德的界限受两方面的制约：一方面是受经济条件的制约，另一方面是自然选择的制约。由于这种制约，在这种对偶家庭的婚姻中，男子还没有经济实力实行多妻制，而女子由于属于母亲又比较容易撕破婚姻关系。因此，同任何事物的发展一样，在进步中也伴随着退步，随着对偶婚的发生和发展，便开始出现抢劫和购买妇女的现象，也出现了普遍的包办婚姻。这是在原始道德进步中出现的道德的退步。

人类古代婚姻形式是很复杂的，归类只是取其同的考察方法。据人类学的研究，在世界各地各民族中所能发现的婚姻形态和家庭形态以及在上古民族中所能发现的婚姻形态和家庭形态多到难以置信，在同一个民族中也往往同时存在着很不相同的婚姻形态。可以说在人类不同的发展阶段上，几乎有可以想象得到的一切婚姻形态，就如同寻求吃的东西一样，它也是能够采取任何一种可以采取的婚姻形态的。

二、 家庭关系的质变和夫权

对偶家庭产生于蒙昧时代和野蛮时代的交替时期，是野蛮时代特有的婚姻形式。要使这种家庭形式成为巩固的婚姻形式，自然选择的动力已经很小了，新的动力是什么呢？新的动力就是社会的选择。这是与家庭经济的发展相联系的。有家庭经济的发展，产生了前所未有的财富来源，于是产生了新

---

① 《马克思古代社会史笔记》，人民出版社 1996 年版，第 153 页。

的社会关系和制度，这就是财产的私有制。首先是牧民的畜群私有制。人类学家证明，在文明历史的初期，畜群乃是一家之长的特殊财产。这时人类也就到达奴隶制的门口了。这种财富一旦转归于家庭，私有制就迅速发展起来。这就给以对偶婚制和母系制氏族为基础的社会一个决定性的打击。这时家庭内就有了确定的父母和亲子关系，同时也有了新的分工和责任。丈夫的责任是获得食物和必需的劳动工具，同时也获得了劳动工具的所有权，后来又获得了牲畜和奴隶的所有权。由此就发生了家庭内的男女关系和地位的重大变化，即丈夫在家中的地位超过妻子在家中的地位。可以说，男女结合组成一个家庭是男女两性在获取食物的任务上产生分工的必然结果，丈夫在家里掌握了权柄，而妻子则被贬低，被奴役。于是两性在家庭中的地位最后影响了两性在社会中的地位，母系制就很自然地被父权制所代替。夫权家族标志着人类发展的特殊时代，它使个别人的个性开始上升到氏族之上，而女性的地位和个性就被湮没。这正如恩格斯所说，"母权制被推翻，乃是女性的具有世界历史意义的失败"[1]。可以说，这是人类早期所经历的最激烈的伦理关系的变革之一。

一夫一妻制家庭是在野蛮时代的中级阶段和高级阶段上，在两个阶段交替时期从对偶家庭中产生的。它的产生是文明时代开始的标志之一。与社会的奴隶制相适应，这种家庭是建立在丈夫的统治之上的，其明显的目的就是生育确凿无疑地出自一定父亲的子女，以便确定父亲的财产继承权。一夫一妻制家庭与对偶婚家庭不同的地方，在于前者的婚姻关系比后者的婚姻关系更加牢固。也就是说，这种婚姻的伦理关系已经不能任意解除了，其权利和义务的关系不仅有一定的经济基础，而且已经有了片面的法律规定和道德约束。丈夫有解除婚姻的权利，妻子有保持贞操的义务。忠诚的道德只是对妻子的要求，破坏忠诚的道德则是丈夫的权利。这种伦理不仅有习俗为证，而且有 19 世纪初的《拿破仑法典》的规定。所以，"正是奴隶制与专偶制的

---

① 《马克思恩格斯选集》第 4 卷，人民出版社 2012 年版，第 66 页。

并存，正是完全受男子支配的年轻美貌的女奴隶的存在，使专偶制从一开始就具有了它的特殊的性质，使它成了只是对妇女而不是对男子的专偶制"①。一夫一妻制或专偶制不是个人性爱的结果，而是权衡利害的婚姻形式。一夫一妻制也不是以自然条件为基础的，而是以经济条件为基础的，即以私有制对原始自然长成的公有制的胜利为基础的第一个家庭形式。"个体婚制是一个伟大的历史的进步，但同时它同奴隶制和私有制一起，却开辟了一个一直继续到今天的时代，在这个时代中，任何进步同时也是相对的退步，因为在这种进步中，一些人的幸福和发展是通过另一些人的痛苦和受压抑而实现的。"② 由此，把历史的现象联系起来看，现代女性主义的出现和发展就是自然而然的事情了；现代女性主义伦理学正是从这里建立起道德呼唤的根据，确定了女性主义伦理学研究和实践的历史使命。

三、 家庭伦理关系的制度化

"制度"概念指出了在人类社会生活的某些特殊领域存在的极为广泛的各种典型组织。制度是一种组织。组织是规范的系统，它能使人的行为规范化。制度表示一种围绕社会发展的基本目标的规范化的组织、价值、状况和角色。任何社会都必须容许正常的性活动，把性关系变成一种社会关系，以保证子女的生育和抚养。家庭制度是社会制度的组成部分。制度化是指建立期望的、典型的、需要的和可以预测的行为模式或组织，它是对非制度化行为的抑制和克服，因为非制度化的行为是本能的、无规则的，因而是不可预测的。如夫妻打架是非制度化的行为，夫妻结婚和离婚是制度化的行为。

原始氏族公社伦理关系的制度化是从什么时候开始的？这很难说出确切的时间点，但可以确定大体的时期和起决定作用的根据。应当说这种制度化是在氏族公社形成和确立时期。大体说来，从杂乱的性交中产生出级别制

---

① 《马克思恩格斯选集》第4卷，人民出版社2012年版，第73页。
② 《马克思恩格斯选集》第4卷，人民出版社2012年版，第76页。

度，从级别制度中产生出各种家庭制度，与家庭制度相联系的又有从母系制分化出来的父系制度，以及从家庭分化的集团形成的氏族公社制度，等等。伦理的制度化是原始家庭伦理发展的必然趋势。例如，从普那路亚家庭发展出来的等级制度，① 已经有了相当严格的形式。恩格斯曾分析过英国传教士劳里默·法森对澳大利亚芒特—甘比尔地区黑人家庭形式的研究。恩格斯指出，在那里，整个部落分为两个级别：克洛基和库米德。每个级别内部都严格禁止性交关系；反之，一级别的每个男子生来就是另一级别的每个女子的丈夫，后者生来也是前者的妻子。这里不是单个人，而是整个集团相互结婚，即级别和级别结婚。

制度化是一个过程，不是一个固定的时间和固定的模式。在发展过程中，这种制度化实际上是经历了几个不同的阶段，在每个阶段上都有自己的特殊形式。从血缘家庭到普那路亚家庭，再到对偶家庭、一夫一妻制家庭，每一步伦理关系的变化都有相应的家庭制度形成，并通过家庭制度的确立使伦理关系即辈分、等级、秩序等确定下来。恩格斯常用"家庭组织"这一概念，组织也意味着结构和秩序，因而也都是制度的体现。各个社会的基本的家庭组织或制度可能是一致的，如结婚、亲属关系、孩子培养、家庭角色等。但是，也不能忽视在世界范围内家庭的这些方面又有很大的差别。其差

---

① "母权制""父权制"是摩尔根的用语，恩格斯在《家庭、私有制和国家的起源》一书中，为了简便起见，仍然保留了这一名称，但恩格斯同时申明这种名称是不大恰当的，因为在社会发展的这一阶段上，还谈不上法律意义上的权利。实际上，在一切群婚家庭中，孩子的父亲虽然不能确定，但孩子的母亲是知道的、确定的。即使母亲把共同家庭的一切子女都叫作自己的子女，对于他们都担负母亲的义务，她也能够把自己亲生的子女同其他一切子女区别开来。因此，只要是存在着群婚，那么世系就只能从母亲方面来确定，也只能称为女系，其社会称为母系制也最为恰当。到父系产生的时代已经是奴隶社会，已经有了法律意义上的权利，因此父系制称为父权制是恰当的。在有些氏族那里，如在希腊、罗马氏族那里，还通过氏族直接进入了文明时代。氏族公社的规模是由原始共产制的家庭经济决定的。氏族的规模虽然有时因条件的变化而变化，但由于氏族公社的经济的确定性，其规模也是相当确定的。由于同母所生子女血亲婚配的禁止而使家庭公社发生分化，同时也产生了亲属等级和财产继承问题。

别表现在多方面，如同一个家庭的妻子数量，新婚夫妇是否离开父母建立小家庭，家庭大事由谁决定或共同作出决定，继承权归于谁，婚前性行为是否自由，教育、培养子女的方式，以及可能给社会带来的影响，等等。家庭伦理制度化，是稳定婚姻和家庭关系的必然结果。它有利于家庭经济建设，有利于家庭成员的团结和子女教育，有利于家庭成员的个性培养，有利于世家技艺的传承，也有利于社会的稳定和发展。按照《家庭导论》一书作者所说，家庭作为初级群体，有它的特殊功能。这就是：第一，家庭是实现社会化的基本单位，它使人的观念和态度社会化和内在化。第二，家庭是实现满足人的各种需要的初级群体，它为每个人提供福利、友谊、保障和爱的温暖。第三，家庭是社会建设人才的源泉，是实现社会稳定的基础。他以有效的方式惩罚恶行，奖励善行。所以，形成合理的、健全的家庭伦理秩序是极其重要的。这就是"家法"形成和强化的根据。恩格斯在1870年5月写给马克思的信中谈到家法问题。他说古代爱尔兰法律中最好的就是家法。其中有关于多妻的地位规定、财产权利的规定以及相关的道德要求。恩格斯说，"这总比现代的英国法律要文明一些"①。

四、 家庭权利关系的转化

从前面所述，男女家庭伦理的演变，有自然的因素，更有社会的因素。而社会的因素，首先的、决定性的是经济因素。在对偶制家庭中，由于共产制家庭经济的存在，妇女在家庭中占统治地位，妇女不但居于自由的地位，而且受到高度的尊重，这正如在母系氏族制家庭内妇女不仅是自由的，而且还受到高度的尊重一样。在共产制家庭经济中，全体或大多数妇女都属于同一氏族，而男子则属于不同的氏族。这种共产制家庭经济是原始时代到处通行的妇女统治的经济基础。在易洛魁人中做过多年传教士的阿瑟·莱特，曾描述这种情形说：通常是女方在家中支配一切。不管男子在家里有多少子女

---

① 《马克思恩格斯全集》第32卷，人民出版社1974年版，第487页。

或占有多少财产，仍然要随时听候命令，收拾行李，准备滚蛋。对于这个命令，他不可有反抗的企图。妇女在氏族里，乃至一般在任何地方，都有很大的势力。有时，她们可以毫不犹豫地撤换酋长。① 在共产制家庭经济中，全体或大多数妇女都属于同一氏族，而男子则属于不同的氏族。这种共产制家庭经济是原始时代到处通行的妇女统治的物质基础。原始共产制的共同的家庭经济，盛行到野蛮时代中级阶段的后期，正是这种经济决定着家庭公社的最大限度的规模和女性的权利，这种规模虽然依条件而变化，但是只要经济条件没有大的变化，这种家庭关系就是稳定的。

在母系氏族社会里，婚姻关系是一氏族的一群子弟与另一氏族的一群姐妹之间互相群婚。在两性结合不稳定的情况下，子女自然只知其母，不知其父，世系也只能按照母系计算，财产由母系血缘亲族继承。从我国仰韶文化遗址发掘的元君庙可以发现母子合葬墓，在半坡墓地发现四男子合墓和四女子合墓，未发现成年男女（夫妻）合葬的墓地。这说明当时是母系氏族和男性外婚制。在母系氏族社会里，人类强烈地依赖于自然，生活资料基本上是取自于自然界现成的东西。在劳动中自然按照性别和年龄分工，妇女采集植物，男人渔猎。采集植物要比渔猎对维持生活更有保障，妇女的劳动对维持氏族的生存起着特别重要的作用，因而妇女成为主要的劳动力，成为生活资料的主要提供者。同时，也使妇女更受到尊重，统帅氏族的责任自然落到妇女的身上，从而更强化了母权制。

恩格斯指出，"决定两性间的分工的原因，是同决定妇女社会地位的原因完全不同的"②。在古代，妇女的受尊重的地位是与她们所从事的劳动和创造的财富相联系的，文明社会的贵妇人的表面受尊重而实际地位低下，也是与她们的脱离劳动相联系的。如果说家庭经济是原始时代妇女统治的物质基础，那么，同样的原因，男子在家庭中上升为统治的地位，也是由于家庭

①　参见《马克思恩格斯选集》第4卷，人民出版社2012年版，第57页。
②　《马克思恩格斯选集》第4卷，人民出版社2012年版，第57页。

经济发生的原因。在母权制社会，由于生产力低下，人们必须共同劳动，才能维持生存。生产劳动的这种直接的集体性质，使全体氏族成员（包括氏族首领在内），只能平均分配产品，过着平等的生活。因此，调节人们之间的社会关系是靠长期形成的习俗和传统力量以及氏族首领的威信来维系的。没有专门用于统治的特殊机关，也没有任何强制手段。由于这种情况，所以社会的基本单位只能是氏族，而不是家庭，因为丈夫与妻子必然属于两个不同的氏族。既然如此，也就不可能形成家长制。但是，随着生产力的发展和氏族内私有制的出现，随着父亲在家庭中作用的增大和家庭结构的变化，父权的家长制的产生就成为不可避免的了。父权的家长制产生的根本原因，是社会生产方式由牧业转向农业和手工业，大规模的农业、畜牧业和陶冶劳动，使男子在劳动中起着举足轻重的作用，对氏族的生存和发展起着决定性的作用，因而在家庭经济中男女的地位和作用就发生了根本性变化，男子处于主要地位，妇女降到次要地位，从而使母权制转变为父权制。在这种转变的同时，原来母权制家庭的平等关系就变为不平等的关系。丈夫对妻子、家长对家庭成员的关系是统治和被统治、治理和服从的关系。这一次革命性的变化，使人类家庭伦理关系和社会伦理关系都发生了深刻的变化。

首先，由于家庭经济的变化，在家庭中出现了家长，形成了家长制。这一形式的主要特点是：自由人和非自由人在家长的父权下组成一个家庭。而这种组织的目的不是脉脉温情的家庭生活，而是为了在一定地域范围内照管畜群。所以"家庭"（Familia）这个词，起初甚至不是指夫妻和子女，而是指属于一个人的全体奴隶。"家庭"作为一种新的社会机体，就意味着父权支配着妻子、子女和一定数量的奴隶。

其次，由于经济地位的变化，丈夫作为家长不但有家庭的统治权，而且改变了传统的财产继承权。有了这个变化，就可以规定氏族男性成员的子女留在本氏族内，而女性成员的子女应该离开本氏族，转到他们父亲的氏族中去。这样就废除了按母系的继承权，确立了按父系的继承权；同时也就废除了按女系顺序的伦理，而确立了按男系顺序的伦理。

最后，由于经济地位的变化，促使婚姻关系迅速向着个体婚制转化。古代传下来的两性关系，越是随着经济条件的发展，从而随着古代共产制的解体和人口密度的增大，而失去朴素的原始的性质，就越使妇女感到屈辱和难堪；妇女也就越是迫切地要求取得保持贞操、只同一个男子结婚的权利，哪怕这种权利是暂时的。像澳大利亚盛行的那种级别婚姻，即分布在全大陆的整个一级别的男子和同样广布的一级别的女子群的婚姻，大体上是与他们的生产水平低下和漂泊不定的生活相适应。而普那路亚家庭作为群婚的高级阶段，则是与他们的生产发展和比较稳固的定居生活相联系的。

第三节　家庭伦理关系的调节

伦理是一种关系和秩序，道德是调节这种关系和秩序的手段。这种调节手段还有法律、宗教、习俗等。原始家庭伦理的调节方式是多方面的，要作伦理关系的人类学考察，有必要研究多种调节发生。"伦"字表示辈分、等级、秩序，这在古代人类社会中是一致的。"理"表示治理、整理、条理等，这在古代大体上也是一致的。伦理就意味着伦理关系和关系的治理、调理。这在恩格斯的《家庭、私有制和国家的起源》一书中已体现得很明显。

一、　自然选择和性关系禁制

随着家庭经济的发展，社会的发展也随之加快，并进而改变了家庭与社会的关系，形成社会对家庭的控制。关于这一点，考茨基在他的《唯物主义历史观》一书中有过专门论述。他认为，两性在家庭中的地位最后影响到两性在社会中的地位，因此社会往往极力干预家庭，以种种规则干涉男女两性在家庭中的权利和义务。这些规则有一部分只是道德律令，有一部分同时也是共同体的既定的硬性规定，有的采取判决的形式，有的已经采取法律的形式。这些规则有时执行得很松，但是有时却执行得非常严格，执行它们的常常不是官厅，而是集体的舆论。舆论为什么要严格地干预家庭呢？他认为这涉及家庭所具有的经济意义。家庭所获得的经济意义越大，社会的繁荣就越依赖于家庭的兴旺。如果家庭的成员脱离家庭或停止对家庭效劳，这个家庭的存在就会受到震动，从而影响社会的存在和发展。因此，社会不能听任个人任性所为，而要设法管制个人，保护家庭，调节家庭关系，维护社会共同体的稳定和健康发展。

恩格斯在《家庭、私有制和国家的起源》一书中，曾描述过最初的两个级别生来就互为夫妻；根据母亲属于第一级别或第二级别，她的子女就属于第三或第四级别；这后两个同样结婚的级别，其子女又加入第一或第二级别。这样，一代总是属于第一或第二级别，下一代则是属于第三或第四级别，第三代又重新第一和第二级别。根据这一制度，兄弟姊妹（母方的）不得为夫妻，但是兄弟姊妹的孙子孙女却可以结为夫妻。这一复杂的制度由于母权制氏族的插入而更加复杂。在这里，阻止血亲婚配的意向，一而再再而三地表现出来，但这是本能地自发地表现出来的，并没有明确的自觉的目的。这就是两性关系的自然调节。自然调节是自然选择的结果。在原始婚姻中，排除血缘亲属结婚的行为，最初不是自觉的、有优生目的的行为，而是自然选择的结果。摩尔根在《古代社会》一书中写道："没有血缘亲属关系的氏族之间的婚姻，生育出在体质上和智力上都更强健的人种；两个正在进步的部落混合在一起了，新生代的颅骨和脑髓便自然地扩大到综合了两个部落的才能的程度。"① 这样，实行氏族制度的部落便会对落后的部落取得上风，其他部落也会仿效这样的部落。这就是人种的自然选择。自然选择通过不断缩小婚姻关系的范围而对血缘亲属关系之间的婚姻起着调节作用。按照摩尔根的意见，普那路亚家庭是自然选择的最好例证。在普那路亚家庭关系中，排除了兄弟姊妹之间的性交关系。这是一个进步的过程：先排除同胞的兄弟和姊妹之间的性交关系，最后禁止旁系兄弟和姊妹之间结婚。起初这是

---

① 转引自《马克思恩格斯选集》第 4 卷，人民出版社 2012 年版，第 55 页。

个别场合的偶然现象，后来逐渐成为惯例，成为习俗，以至于成为普遍性的行为规则。但从人类文明的发展来说，这也是人类认识了自然选择规律的结果，是以更文明的方式调节血亲关系范围内的人与人之间关系的进步，因而也是伦理的进步。

两性关系的人为调节是从禁忌开始的。禁例从个别到普遍的进展，从偶然到自觉的进步，就是道德规范形成过程的必要阶段。由于血亲婚配给生命和氏族造成了严重危害，经过一再反复的生活体验，引起人类对两性关系"应怎样"的自觉，于是产生了男女杂乱性交关系的禁忌。它之所以成为普遍的规则，是因为在群体生活中守规则对大家都有利，不守规则只对个别人有利。① 恩格斯说，这种禁忌在处于野蛮时代的易洛魁人那里曾有过数百种。禁忌（Taboo）一词本身具有两种意义：一义是崇高的、神圣的、神秘的；另一义是危险的、不洁的、禁止的。据弗洛伊德研究，最初的禁忌还不具有宗教和道德的意义。禁忌先于宗教，待宗教观念产生后就与宗教观念相融合了。禁忌也还不是道德，因为它没有明显的、可以观察到的说明，也没有明确的理由或规范。但它是人类最古老的"法律"。这主要是与原始人对人的生命和种族的自觉意识相联系的，因此也可以说禁忌起于恐惧和对种族利害的考虑，出于对后代的关怀，使后代生育不受数量和质量的危害。可以说它是人类对两性伦理关系的自觉，是对原始状态下的性自由的自觉限制。

乱伦禁忌的问题是人类学讨论得最多和最困难的问题之一。因为这种现象是与族外婚和婚姻的原始形式，以及与远古的杂婚相联系的。人类学家马林诺夫斯基研究了原始人的乱伦禁忌的问题。他认为，族外婚不过是乱伦禁忌的扩大。动物之间的乱伦对生长、发育是无害的。但人类则相反。一切社会最强烈的壁障和禁令，都是对待乱伦的。其原因是人类的文化、伦理的影响。马林诺夫斯基把已经形成分工的家庭成员之间的关系看作是一个"文

---

① 参见［英］安东尼·德雅赛：《重申自由主义》，中国社会科学出版社 1997 年版。见该书第五章第二节"惯例的出现"。

化工厂",而不是一个"生物工厂"。

家庭伦理的第一个进步,就是自觉排除父母和子女之间的性交关系;第二个进步是自觉排除兄弟姊妹之间的性交关系。这后一种进步比前一种进步更重要,但也更困难,因为在成年雄性之间的相互宽容比较困难。这一进步是逐渐实现的。起初是个别场合,以后逐渐成为惯例,再后来就严格禁止同胞兄弟姊妹的子女、孙子女以及曾孙子女之间结婚。开始是偶然的、个别的禁例,后来逐渐成为氏族生活中普遍的禁忌和习俗,禁例在发展过程中变为通例,即变为普遍的原则或通则。由于对血亲婚配的认识而逐渐扩大禁例的范围,一旦兄弟和姊妹间,甚至母方最远的旁系亲属的性交关系的禁例确立,已经分化的兄弟和姊妹集团便转化为氏族,即组成一个确定的、彼此不能结婚的女系血缘集团。从此时起,这种集团就由于其他共同的社会制度和原始宗教制度而日益巩固起来,并且与同一部落的其他氏族区别开来。如前所说,两性关系"应怎样"的观念,就产生于意识到两性关系血亲婚配禁忌的那一界限上,也可以说是产生于由动物向人转变的那一界限上。这个界限上的道德表现,在两性间就是"宽容",在不同辈分之间就是"尊敬"。如中国古代的《尚书·舜典》中记载,舜帝使契实施"五教",即"五品"之教:父义、母慈、兄友、弟恭、子孝。强调五教在"宽"。应该说,这"宽"是自古传下来的基本观念。实际上,有禁忌,又有宽容,正是人类伦理关系最初形成的道德条件。

禁例是限制血亲婚配范围的。由于生活实践经验的积累,个别的禁例就成为普遍的禁例,成为通例,偶然的行为就成为大多数人的行为,以至成为习俗。在原始的民族中,普遍存在着决定两性相互关系的复杂规矩。谁要是破坏了这些规矩,氏族就要进行严格的追究。因为,这关系整个氏族的利益。这些复杂的规矩,最初就是一些禁忌,后来逐渐形成为道德规范。与此相联系的是图腾,还有文身产生。野蛮人通过图腾和文身,记录着自己的一生,同时也标志着个人与氏族之间的关系。实际上,原始氏族对禁忌的最早的戒律就是两条:禁止杀害图腾动物和禁止与同图腾的异性发生性关系。这

种禁忌规定从禁例到习俗，再到传统，到道德和法律。虽然这种禁忌通例是
外在的，但在原始社会，决定是否道德的首先是它的外在性和一定程度的强
制性。正如法国著名社会学家涂尔干（又译迪尔凯姆等）所说，"要确定一
项戒律是不是道德的，我们应该看它是否具有道德的外在特征。这种特征表
现在一种普遍的制裁措施上面，即表现在一切违反戒律的行为受到舆论谴责
上面。每当我们遇到具有这种特性的事实，都没有权利否认它的道德之名，
因为这表明它与其他道德事实具有同样的性质"①。当然，从另一方面说，
也不能排除对禁忌的内在自觉性。从这方面来说，与禁忌、图腾相联系的正
是良心。什么是良心？弗洛伊德说，良心与人的"确实的自觉"有关。他
提出了一个值得注意的定义：良心是我们对某些特殊欲望由拒绝而产生的一
种内在自觉。这种自觉不必寻求任何支持。② 人类在原始阶段，如何从外在
的禁忌、禁例、禁制转化为内在的良心？这就是我们现代的德育要特别加以
研究的"内化"问题。摩尔根在《古代社会》一书中，说到印第安部落的
易洛魁人，"易洛魁氏族的全体成员都是人身自由的人，都有相互保卫自由
的义务，在特有权利和个人权利方面一律平等"。因为"他们是由血亲纽带
结合起来的同胞。自由、平等、博爱，虽然从来没有明确表达出来，却是氏
族的根本原则，而氏族又是社会制度和管理制度的单位，是组织起来的印第
安人社会的基础"③。

二、 从习俗到规范调节

习俗在人类的原始生活中，起着重要作用，其中婚俗的作用尤其重要。
古往今来，各个国家和各个民族都把婚姻的缔结看作人生中的重大事件。美
国社会学家凯温女士，把人生的全过程分为七个阶段，其中前三个阶段都是

---

① ［法］迪尔凯姆：《社会学方法的准则》，商务印书馆1995年版，第60页。
② ［奥］弗洛伊德：《图腾与禁忌》，商务印书馆1992年版，第88页。
③ 《马克思古代社会史笔记》，人民出版社1996年版，第211页。另见马克思的《摩尔
　根〈古代社会〉一书择要》，人民出版社1965年版，第86页。

结婚的准备阶段，第四个阶段是结婚，后三个阶段是结婚的表现期。这种把婚姻贯彻于人生各个阶段的观点虽然有些片面，但确是有一定的道理的。因为就其普遍性来说，婚姻确实是贯彻并制约着人的一生的。在古代，结婚、成家、立业，是重人伦、广继嗣的大事。当然，把婚姻的意义夸大也是错误的。因为还有比婚姻更重要的事业。中国传统道德叫作"修身、齐家、治国、平天下"，齐家只是一个重要环节，而不是全部。

恩格斯曾描述过印第安人氏族制度的"风俗调节"：他们没有军队、宪兵和警察，没有贵族、国王、总督、地方官和法官，没有监狱，没有诉讼，而一切都是有条有理的。一切争端和纠纷，都由当事人的全体即氏族或部落来解决，或者由各个氏族相互来解决；家庭经济都是由若干家庭按照共产制共同经营的，土地乃是全部落的财产，仅仅有小小的园圃归家庭经济暂时使用。他们也没有臃肿复杂的管理机关，一切问题都由当事人自己解决，在大多数情况下，历来的习俗就把一切调整好了。他们没有贫穷困苦的人，因为共产制的家庭经济和氏族都知道他们对于老年人、病人和战争残废者所负的义务。大家都是平等、自由的，包括妇女在内。这种野蛮人的自尊心、公正、刚强和勇敢，证明了这样的社会能够产生怎样的男子和怎样的妇女。

习俗的调节在原始婚姻中是常见的。① 群婚时代的澳大利亚，有一种级别婚，是分布在全大陆的整个一级别的男子和同样广布的一级别的女子群的群众性夫妻关系。这种群婚中有一种调节法则，根据这种调节法则，一个外地的澳大利亚黑人在离开本乡数千公里的地方，在双方语言不通的地方，往往仍然可以在部落里找到甘愿委身于他的女子，而有几个妻子的男人也愿意让一个妻子去陪客人过夜。这在现代社会看来是不道德和不可理解的行为，

---

① 习俗的稳定性：如某些古老的少数民族，自古传下来的婚前性自由、一夫多妻的习俗，就是原始群婚的残余表现。婚前性自由，女子生子后不离开母家，男子可能再到女子家，也可能从此散伙，没有稳定的家庭，子女只知母不知父。一夫多妻往往是男子入赘，姐妹共夫，甚至还有母女共夫的现象。还有一妻多夫现象。这都是以氏族外婚为通婚原则的原始群婚残余。但是这种原始遗风仍被人们接受，而且认为是道德的表现，起着调节男女关系的作用。

在那时的原始部落生活中，却是有严格的法则调节着的。这些女子属于客人的通婚级别，因而她们生来就是他们的妻子；把他们彼此结合起来的那个道德法则，同时又用剥夺权利的方法禁止相互所属的通婚级别以外的任何性交关系。甚至在经常抢劫妇女的地方，也很慎重地遵守着级别法则，某些地方还把它当作通例，成为通行的法则。在文化发展到一定阶段上，这种通行的法则就被道德规范和法律规定所代替。法律也是家庭伦理调节的必要手段。不过，从习俗调节的过程来看，对于个体的道德内化，急不得，对于广大民众来说，它是一个从俗的生活过程，是一个潜移默化的熏陶过程。对老百姓来说，能从良俗就是"以从俗为善"的民德价值取向了。

《家庭》中还讲到夏威夷习俗，也是典型的一例。夏威夷长期处于普那路亚家庭状态。若干数目的姊妹——同胞的或血缘较远的即从表姊妹，再从表姊妹或更远一些的姊妹——是她们共同丈夫们的共同妻子，但是在这些共同丈夫中，排除了他们的兄弟；这些丈夫彼此也不再互称兄弟，他们也不必再成为兄弟了，而是互称普那路亚（伙伴）。同样，一列兄弟——同胞的或血缘较远的——则跟若干数目的女子（只要不是自己的姐妹）结婚，这些女子也互称普那路亚。这就是原始群婚的习俗的延续。这种习俗就是当时的秩序。习俗之所以能够起到调节作用，是因为习俗具有稳定性和承继性。当然，习俗中有良善之风，也有陈规陋习；有精华，也有糟粕。

三、 婚姻离异的理论和实际

在传统的德国哲学特别是在黑格尔哲学中，对婚姻的离异抱有一种理想主义的观点，强调婚姻本身在本质上是不可离异的。这种观点早在1842年就被马克思批评过。马克思在《论离婚法草案》一文中曾指出，这种观点完全没有表明婚姻所具有的特殊的东西。"婚姻不能听从结婚者的任性，相反，结婚者的任性应该服从婚姻。"[①] 就婚姻这种伦理关系的概念来说，也

---

① 《马克思恩格斯全集》第1卷，人民出版社1995年版，第347页。

就是从它的本质上说，是不可离异的。但是，如果以婚姻的真实性为前提，从实际存在的婚姻事实来说，那就不同了。因为任何事实上的婚姻都是不完全符合它的概念的，因而也是可以离异的。任何实际存在的伦理关系，都不符合自己的本质，或说并不必须符合自己的本质。如黑格尔所说，"婚姻应该是不可离异的，但我们也只是说应该而已"。只是说离婚不能听凭任性去决定，而只能通过伦理性的权威来决定，如由教堂和法院决定。问题在于确定在什么条件下可以离异、应该离异。马克思指出，离婚仅仅是对这样一个事实的确定：某一婚姻已经死亡，它的存在仅仅是一种外表和骗局。婚姻是否已经死亡，不是由个人的任性或立法者决定的，而是要由婚姻事实的实质来决定，要由无可怀疑的婚姻死亡的征象来确定。法律调节者的权利和义务，首先是"保护伦理关系的生命"。法律所应当规定的只是在什么条件下婚姻是可以离异的，在什么条件下婚姻实质上已经离异了。"法院判决的离婚只能是婚姻内部瓦解的记录。"①

在婚姻的离异问题上，恩格斯的观点同马克思是完全一致的。恩格斯从现实的婚姻关系上，强调指出，婚姻的离异是与一夫一妻制的财产关系相联系的。一夫一妻制由于与财产关系紧密联系，所以具有两个特征：一是男子的统治；二是不可离异性。在这种条件下，婚姻的不可离异性，部分的是一夫一妻制所赖以产生的经济状况的结果，部分的是这种经济状况和一夫一妻制之间的联系还没有被正确地理解和缺乏必要的传统。正因为这样，在现代婚姻中，这种不可离异性已经遭到严重的破坏。所以恩格斯说："只有以爱情为基础的婚姻才是合乎道德的，那么也只有继续保持爱情的婚姻才合乎道德。"② 在做出这个结论之后，恩格斯又说，如果感情确实已经消失，或者已经被新的热烈的爱情所排挤，那就使离婚无论对于婚姻双方或对于社会都成为幸事，省得使人们陷入离婚诉讼的无益的泥潭中。

① 《马克思恩格斯全集》第 1 卷，人民出版社 1995 年版，第 349 页。
② 《马克思恩格斯选集》第 4 卷，人民出版社 2012 年版，第 94 页。

恩格斯对离婚问题的思考是非常实际的。1888 年 10 月，他在给考茨基的信中，谈到离婚的问题。他对考茨基说，"如果你们感情不和是那么明显，以至你真的决定离婚，那我认为首先应当考虑到现在的情况下妻子和丈夫地位的不同。离婚，在社会上来说，对于丈夫绝对不会带来任何损害，他可以完全保持自己的地位，只不过重新成为单身汉罢了。妻子就会失去自己的一切地位，必须一切从头开始，而且是处在比较困难的条件下。因此，当妻子说要离婚，丈夫可以千方百计求情和央告而不会降低自己的身份；相反，当丈夫只是暗示要离婚，那么妻子要是有自尊心的话，几乎就不得不马上向他表示同意"。由此，恩格斯向要离婚的丈夫提出以下三项要求：（1）对离婚应当慎重考虑，只是在万不得已的时候才做这种决定；（2）要在考虑成熟以后，只是在完全弄清楚必须这么做之后，才有权利采取这一极端的步骤；（3）即使正式提出离婚也只能用最委婉的方式。

恩格斯还谈到第三者插足的问题。他说根据他自己的经验，每个家庭的父母很难公正地对待违背他们意志的新入家门的媳妇或女婿，父母的好意图常常给新人造成痛苦。在家庭中，每个丈夫都会发现自己的妻子的某些缺点，同样，妻子也会发现丈夫有某些缺点。这本来是正常的。但是由于第三者的插足"过问"，这种批评态度就会转化为感情不和或长期不和。这就是第三者插足对合法伦理关系的破坏。

伦理使人庄重。恋爱和婚姻都不可轻率。恩格斯强调，现代社会的爱情，必须以所爱者为前提，以双方的互爱为基础。如果自己的爱没有引起对方的爱，没有成为被爱的人，这样的性爱就是不幸。因此与什么人发生性爱关系，在什么情况下发生性爱关系，对男女双方来说都不是无所谓的事情，而是关系到做人的品质和人格尊严。性爱的轻率不仅会导致失足，甚至会影响一生。婚姻也是如此，已经成家立业，就应当对家室老小负起责任。一个严肃对待自己的生活和对他人负责任的人，在任何情况下都要保持心性端正，使行为合于道德和法律。那种只顾自己"自由"、不顾别人痛苦的婚恋行为，是不严肃的，也是不道德的，其结果也不会是真正的自由。

性爱是排他的，但不是自私的。所谓"爱情自私"是混淆了两种不同的伦理关系。夫妻关系是以爱为基础的家庭共同体，应当是无私的。在这种伦理关系中，如同眼睛里容不得沙子一样，有一分自私就会减少一分爱情。这种关系不容第三者的插入，是维护正当婚姻的权利，而不是自私。理想的婚姻不是没有矛盾，而是通过矛盾的妥善解决，不断增进双方的感情，维护家庭共同体。这种第三者插足，虽然可能有一定的爱情因素，但他（或她）不是促进他人的家庭和睦，而是有意破坏他人的婚姻，因而不但是自私的，而且是不法的行为。当然，如果夫妻双方的感情确已消失，再强行保持婚姻已经是不幸，在这种情况下离婚就是正当的，而且对双方都是脱离争吵和痛苦的幸事。离婚后的再恋，具体的伦理关系已经发生变化，其行为的性质也就另当别论了。

"婚姻是具有法的意义的伦理性的爱"，黑格尔这句话说得很对。婚姻关系作为实体性伦理关系，不仅具有道德意义，而且具有法律意义。因此，对婚姻伦理关系的调节，不仅有道德的方式，还要有法律的方式。

第四节　私有制和现代婚姻道德

私有制和婚姻的平等要求是历史的必然。男女之间的性爱，按其本性来说是排他的。那么以性爱为基础的婚姻，按其本性来说就是个体婚姻。在人类历史上，由群婚向个体婚的过渡，主要是妇女的功劳；由对偶婚向一夫一妻制过渡主要应归功于男子。在人类历史上，这后一个进步实质上是使妇女的地位恶化。

一、 个体婚制的道德意义

原始婚姻的个体婚制与现代意义上的个人性爱是不同的。原始婚姻的个体婚制是由于禁忌不断缩小两性婚姻的范围的结果。由于次第排除亲属通婚，起初是血统较近的，后来是血统越来越远的亲属，最后是仅有姻亲关系的，这就使任何群婚形式在实际上不可能，而为个体婚制的形成准备了前提条件。个体婚制在历史上绝不是作为男女之间的和谐友爱而出现的，更不是作为这种和谐友爱的最高形式而出现的；相反，它是作为女性被男性所奴役，作为整个史前时代所未有的两性冲突而出现的。马克思恩格斯指出，人类最初的分工是男女之间生育子女而发生的分工。不用说，男女在生育方面是有自然分工的。在生育以后，当男子从事打猎或打仗的时候，妇女就采集野生植物和果实，或者在有条件的地方采集贝壳，照看孩子，操持一般家务。在历史上出现的阶级对立也是同个体婚制下的夫妻间对抗的发展相联系的，最初的阶级压迫也是与男性对女性的奴役同时发生的。个体婚制是一个伟大的历史性的进步，同时也是同奴隶制和私有制一起的退步。个体婚制是文明社会的细胞形态，它包含着文明社会充分发展的对立和矛盾。个体婚制发展的几千年的结果，却是伴随着杂婚制及其极端形式卖淫的现代婚姻制度。从这里我们可以看到恩格斯所说的，"自文明时代开始分裂为阶级的社会在其中运动的、既不能解决又不能克服的那些对立和矛盾的一幅缩图"①。个体婚制的家庭，并不是在任何时候和任何地方，都必然表现为古典的粗野形式。在具有远大见识的古代罗马人中间，妇女就享有更多的自由和尊重，妇女和男子一样，可以自由解除婚姻关系。个体婚制发展的最大进步，是在德意志人中发生的。大概是因为德意志人贫穷，一夫一妻制在那时还没有从对偶婚中发展出来。恩格斯的结论是根据塔西佗所说的下面三种情况得出的：（1）尽管他们以一个妻子为满足，但是他们的显贵和酋长还是盛行多妻制；（2）从母权制向父权制过渡的时间比较晚，因此他们的观点与美洲印第安人相一致，婚姻方式与斯巴达人相一致；（3）在德意志人中间，妇女享有很大的尊敬，对公共事务也有很大的影响，这是与一夫一妻制男子特有的统治相矛盾的。由此，人类婚姻史上出现了一个新的因素，在一夫一妻

---

① 《马克思恩格斯选集》第4卷，人民出版社2012年版，第78页。

制中使丈夫的统治具有了比较温和的形式，而使妇女至少从外表上看来有了古代所未有的更自由和受尊重的地位。这就造成了一种可能性，在此基础上，从一夫一妻制中发展起来最伟大的道德进步，这就是：整个过去的世界所不知道的个人性爱。这一进步不是由于德意志人爱好道德所致，而是因为当时在德意志人中实行的对偶婚制并不具有明显的矛盾。相反，德意志人在其迁徙时期，特别是在向黑海沿岸草原游牧民族区迁徙时期，在道德上堕落得很厉害，甚至染上了丑恶的反自然的恶习。当然，这并不是说只有一夫一妻制才是性爱在其中发展的唯一形式，因为丈夫统治下的个体婚制，本质上是与此相排斥的。所以，历史上出现的第一个作为热恋的性爱形式——骑士之爱，根本不是夫妇之爱，恰好相反，正是要破坏那种没有热恋自由的夫妻关系。严格地说，中世纪的伦理是从古代世界随性爱的萌芽而告停顿的时候开始的，就是文艺复兴时期的小说《十日谈》所反映的，从通奸开始的。中世纪并没有真正的爱情。对于王公贵戚、达官贵人、佩剑骑士来说，结婚本身往往是一种政治行为，是借联姻来扩大势力的机会；或者是受种种人为规定的限制结成某种婚姻，起决定作用的还是家世的利益和家庭利益，而绝不是出于个人的意愿，也不是基于真正的爱情。直到中世纪末期，在绝大多数场合，婚姻的缔结仍然不是由婚姻当事人自己决定的。它或者是人一出世就被订下了亲事，同整个一群异性订了亲；或者是由母亲给自己的子女安排婚事；或者是在父权制、私有制条件下对财产继承权关切的考虑。

历史的发展具有讽刺意味的是：正是资本主义社会把这种婚姻方式打开了一个缺口。资本主义生产方式产生后，传统的群体性和共同性的力量削弱，个人的特殊性和独立性逐渐显现，首先在城市，随后在乡镇，先是知识分子、独立资产者和资本家，最后在乡村中也成为普遍现象。这种状况对婚姻的发展发生了决定性的影响。资本主义生产方式把一切变成了商品，从而消灭了过去遗留下来的古老的关系，用买卖、自由、契约代替了世代相传的习俗、道德和法，同时又进一步发展了现代社会的性爱。所以，从根本的历史原因来说是资本主义决定了现代婚姻的特点。当然有的是直接的有的是间接的，而且是充满矛盾的：一方面是伴随着金钱交易，另一方面也比过去任何时代都更加成为个人自由选择的事情。这种状况归根到底是被决定的，是婚姻中的个人主义起了决定性作用。

现代的性爱，同单纯的性欲和古代的爱是根本不同的。第一，它是以所爱者的互爱为前提的。在这方面，妇女同男子同样有平等的地位，而在古代这种情况是很少的。第二，性爱常常达到这样强烈和持久的程度，如果不能结合和彼此分离，对于双方来说都是一种极大的不幸。仅仅为了能够彼此结合，双方敢冒挨打，受罚，乃至冒生命的危险。第三，对于性交关系的评价，也产生了新的道德标准；按照这种标准，不仅要问：它是结婚的还是私通的？而且要问：是否由于爱情，由于相互的爱而发生的？这样的道德标准，即使在实际上并不被特别重视，在理论上和纸面上也还是要承认的。人类文明时代的婚姻表明，就其关系的底线来说，婚姻不过是以性交和生育为目的的比较持久的男女结合，影响这种结合的因素也将随着文明的发展而有所变化。

恩格斯在讲到英国工人阶级的婚姻道德时，说他们在道德和智力方面同农民一样，遵守习俗和严格的生活规律。年轻人在幽静淳朴的环境中、在和婚前的游伴互相信赖的气氛中长大，虽然婚前发生性的关系几乎是普遍现象，可是这仅仅是在双方都已经把结婚看作道义上的责任时发生的，只要举行婚礼，就一切都正常了。

当然，爱情不是抽象的，而是具体的。马克思曾在给燕妮的信中说过，爱情，不是对费尔巴哈的人的爱，不是对无产阶级的爱，而是对亲爱的你的爱，是使一个人成为真正意义上的人。马克思认为，人与人之间的伦理关系并不是费尔巴哈所说的男人与女人的关系，但男女关系却是人与人之间最直接、最自然的关系。马克思恩格斯指出，把性欲看作爱情，把爱情看作只是生命力的表现的观点，是错误的。爱情是人的固有规定性的对象化，是人的社会规定性的表现。爱情与性欲相联系，但不能归结为性欲，它具有特殊的社会意义。从男女关系摆脱自然性关系的程度，可以判断人的教养程度和人类进步的阶段。爱情也从男女关系上，表明人与人的伦理关系合乎人的本质的程度。

男女之间的性爱是爱情的自然基础，没有它不能算是健全的爱情。这是一种自然的亲和力。但是，单有性爱也还不是健全的爱情，只有性爱升华为社会的、道德的情感，才会有健全的爱情。人来自自然，但结成社会以后就不只是以自然为基础的生活，更重要的是社会的生活。社会的生活就是在一定的社会关系中的生活。夫妇关系之所以形成，不仅有生理的自然条件，更因有共同的兴趣、爱好、理想及其他社会背景，包括经济的、政治的、文化的、道德的、审美的种种因素。所有这些因素都构成夫妇伦理关系的社会基础。这个方面是更重要的、更根本的方面。假如没有这个方面，单有自然的爱欲，那种夫妇关系就不是伦理的，而是生理的；不是人类的，而是与动物的两性关系类似的东西。假如这个方面脆弱，那么即使有较优越的自然、生理基础，也会是不巩固、不稳定的婚姻，面和心不和，以至于在生理要求厌腻之后，互相抛弃，甚至仇杀。健全的婚姻应当包括自然性基础、双方的情感和维系婚姻关系的理性，还应当重视个人的权利和双方对婚姻共同体的义务。健全的婚姻是情感与理性、权利与义务的统一。

二、 现代一夫一妻制的伦理

马克思在注意一般社会问题的同时，也注意到德国社会的婚姻问题。当然，马克思对待这个问题也是与他关注普鲁士国家和政府的政治问题相联系的，对 1842 年普鲁士《离婚法草案》的批判就是典型事例。

讲到婚姻伦理问题，必然涉及普鲁士颁布和实施的法律传统。马克思曾说，单是离婚、赡养和处女身份方面的法律，就可以给德国长篇小说创作提供足够几世纪用的原料了。《莱茵报》在发表马克思的文章的按语中，明确地提出"要从一般法学观点出发阐述婚姻的概念"，批评离婚法草案的立法，"不是把婚姻看作合乎伦理的制度，而是看作一种宗教的和教会的制度，因此，婚姻的世俗本质被忽略了"。马克思提出"婚姻是合乎伦理的制度"，阐述了离婚的概念及其产生的后果，批判了莱茵法学的观点和旧普鲁士法的观点及其实践。

在这里，马克思提出了一系列质疑的问题：（1）离婚法草案是满足于关于婚姻本质的纯粹抽象的规定，还是尊重现实婚姻的世俗本质？（2）婚姻的本质是人的伦理性还是宗教的神圣性？（3）婚姻是上天注定还是自己做主？（4）结婚是超自然的恩准还是内心的自然的奉献？（5）婚姻是顺从凌驾于伦理关系本性的戒律，还是忠诚地服从伦理关系的本性？（6）能不能把婚姻分为宗教的本质和世俗的本质，使一种本质与教会和个人信仰相联系，另一种本质与国家和公民的法的意识相联系？（7）法律能不能一方面颁布法令让人去做合乎伦理的事情，另一方面又承认不合乎伦理的事情是合法的？（8）是按照对象世界所固有的规律来对待对象世界，还是满足于任意的主观臆想或无内容的"理智的抽象"？（9）婚姻立法能不能没有明确规定什么是"合乎伦理的行为"，就宣布对"不合乎伦理的行为"的立法？这些问题都深刻、尖锐地击中普鲁士政府颁布离婚法的实质。①

关于婚姻与宗教的关系，以及宗教与法律的关系。马克思发表的前两篇文章，都是指责宗教干预法律，但没有阐述婚姻本身就其本质来说在多大程度上是宗教的或非宗教的。因此，也就不能说明一贯彻底的立法者遵循事物的本质并且不满足于该本质的抽象的规定。这里有两种态度：一种是宗教立法者的态度，认为婚姻的本质不是人的伦理性，而是宗教的神圣性，因而以上天注定代替自己做主，以超自然的恩准代替内心的、自然的献身，以消极的顺从凌驾于这种婚姻关系之上的戒律代替忠诚地服从婚姻关系的本性，因而把婚姻从属于教会，把世俗的婚姻置于教会最高当局的监督之下。另一种态度是，把婚姻看作它本身所是的东西；认为婚姻的本质是人的伦理性与宗教性相对的世俗性，应当按照婚姻所固有的规律来对待婚姻；彻底的立法必须遵循事物的本质，并且不应满足于关于事物本质的抽象规定。马克思认

---

① 参见《马克思恩格斯全集》第 1 卷，人民出版社 1995 年版，第 315—316、346 页。

为，对婚姻问题的批判如果仅仅指出宗教立法与婚姻的世俗本质是矛盾的，那是驳不倒宗教立法的。因为宗教立法者并不是反对世俗婚姻的离异，它反对的是婚姻的世俗本质，它要维护的是婚姻的宗教本质。它一方面竭力使世俗婚姻失去其世俗本质；另一方面，在做不到的地方，它就适当容忍并对其世俗性加以限制，力求消除其罪恶的后果。

按照传统的莱茵法学观点，婚姻被分成两种本质：世俗的本质和宗教的本质。其世俗的本质只同国家和公民的法律意识相联系；其宗教的本质只同教会和个人的信仰相联系。马克思认为，这样把婚姻划分为两个不同的领域，区分为两种本质，并不能消除矛盾；相反，这样划分的结果必定会在两个至关重要的领域之间制造矛盾和无法解决的冲突。同时，也不能使立法者持二元论的两重世界观（婚姻观也体现着世界观）。其实，在有良心的立法者那里，应该坚持良心与真理的统一，如马克思所说，"应当把在教会世界和宗教形式中他认为是真理本身的东西，他作为唯一力量来崇拜的东西，看作现实世界和世俗形式中的唯一力量"①。

19 世纪德国离婚的理由繁多和轻率是不能容忍的。而现行的婚姻法又不能解决现实问题。马克思认为，现行的普鲁士婚姻法是不合伦理的。新离婚法草案只是对旧法进行了修订，但并没有进行彻底改革。主要的问题在于，"立法不是把婚姻看作一种伦理的制度，而是看作一种宗教的和教会的制度，因此，婚姻的世俗本质被忽略了"②。"如果任何立法都不能颁布法令让人们去做合乎伦理的事情，（这就是不能使道德法律化的根据）那么任何立法更不能承认不合乎伦理的事情是合法的。"这里所说的《普鲁士法》是指《总普鲁士法》。该法于 1794 年颁布，包括刑法、教会法、国家法和行政法等，反映出封建普鲁士私法的落后性。

这里说的"婚姻的意志"，是指婚姻双方结合而形成的共同意志，它体

---

① 《马克思恩格斯全集》第 1 卷，人民出版社 1995 年版，第 316 页。
② 《马克思恩格斯全集》第 1 卷，人民出版社 1995 年版，第 346 页。

现为家庭共同体。这种共同意志，也就是区别于个人道德意志的婚姻的伦理意志，在黑格尔的法哲学中就被称作"伦理实体"。马克思甚至还用黑格尔的法哲学思想说，法律仅仅是"把精神关系的内在规律表现在有意识的现行法律之中"。因此，两个人只要结了婚就必须服从婚姻法，而服从婚姻法就是服从"精神关系的内在规律"，如同游泳者必须服从水和重力的本性一样。婚姻是双方共同意志所产生，由共同意志所创立。所以婚姻不能听从已婚者的任性，而应该服从婚姻的本质，即服从共同意志的法，服从"精神关系的内在规律"，也就是服从作为法律的人民意志的自觉表现。

"爱是生命的表现"，这句话包含深刻的爱的道德哲学。马克思说："我们现在假定人就是人，而人对世界的关系是一种人的关系，那么你就只能用爱来交换爱，只能用信任来交换信任，等等。如果你想得到艺术的享受，那你就必须是一个有艺术修养的人。如果你想感化别人，那你就必须是一个实际上能鼓舞和推动别人前进的人。你对人和对自然界的一切关系，都必须是你的现实的个人生活的、与你的意志的对象相符合的特定表现。如果你在恋爱，但没有引起对方的爱，也就是说，如果你的爱作为爱没有使对方产生相应的爱，如果你作为恋爱者通过你的生命表现没有使你成为被爱的人，那么你的爱就是无力的，就是不幸。"①

马克思不同意黑格尔关于婚姻"就其概念说不能离异"的观点，认为黑格尔的观点只强调了婚姻的普遍性，而忽视了它的特殊性。马克思认为，一切伦理的关系就其概念来说都是不可解除的，这个命题如果是以伦理关系的真实性为前提的，那是可以相信的。就其概念来说，真正的国家，真正的婚姻、真正的友谊，都是牢不可破的、永恒的（只从概念、本质出发看问题，常常会注重事物的普遍性而忽视事物的特殊性，注意其抽象性而忽视其具体性。后来马克思反对抽象谈论"真正社会主义""人的本质"，也是这个道理）。但是实际上，任何实际存在的伦理关系都不符合自己的本质，也

---

① 《马克思恩格斯全集》第3卷，人民出版社2002年版，第364—365页。

并不必须符合自己的本质。任何国家、任何婚姻、任何友谊，都不完全符合自己的概念，因为它们都是特殊的、有限的、有条件的。婚姻和离婚都仅仅是对一定事实或特殊情况的确定。某一婚姻已经死亡（"伦理的死亡"）决定于事物的本质，而不决定于当事人的主观愿望。因此，保护"伦理关系的生命"不仅是当事人的权利，同时也是他们的义务。法律只是确定婚姻的存在或离异的条件。立法者的观点应当是必然性的观点，而不能把任性上升为法律。尊重婚姻、承认它合乎伦理的本质，就应当尊重伦理的本质和伦理的理性。

马克思指出：谁责难实施严格的离婚法的国家伪善，谁就是冒失。"只有那些眼界没有超越自己周围的道德沦丧现象的人们，才敢发出这样的指责。"法律的制定是"为了尊重人"。法律不应服从超伦理的和超自然的权威，而应服从伦理的自然力量。①

马克思在《论新离婚法草案》中讲了以下几个思想：（1）对离婚法的批判方法有三种：一种是从莱茵法学的观点进行的批判；另一种是从旧普鲁士法及其实践进行的批判；再一种是从一般法哲学的批判。前两种批判只是阐述同意或反对离婚的个别理由，后者则阐述离婚的概念及其产生的后果。（2）婚姻与宗教的关系（以及宗教与法律的关系）。马克思发表的前两篇文章，都是指责宗教干预法律，但没有阐述婚姻本身就其本质来说在多大程度上是宗教的或非宗教的。因此，也就不能说明一贯彻底的立法者遵循事物的本质并且不满足于该本质的抽象的规定，那他必须怎么办？这里有两种态度：一种是宗教立法者，认为婚姻的本质不是人的伦理性，而是宗教的神圣性，因而以上天注定代替自己做主，以超自然的恩准代替内心的、自然的献身，以消极的顺从凌驾于这种婚姻关系之上的戒律代替忠诚地服从婚姻关系的本性，因而把婚姻从属于教会，把世俗的婚姻置于教会最高当局的监督之下。这样做是无可指责的必然结果。这里有两个方面：一方面是"内心的、

---

① 参见《马克思恩格斯全集》第 1 卷，人民出版社 1995 年版，第 349 页。

自然的献身"，另一方面是"忠诚地服从婚姻关系的本性"。再一种是把婚姻看作它本身所是的东西，婚姻的本质是人的伦理性，与宗教性相对的世俗性，按照婚姻所固有的规律来对待婚姻。彻底的立法必须遵循事物的本质，并且不应满足于关于事物本质的抽象规定。

按照青年黑格尔派的"批判"观点，如果仅仅指出宗教立法与婚姻的世俗本质是矛盾的，那是驳不倒宗教立法的。因为宗教立法者并不是反对世俗婚姻的离异，它反对的是婚姻的世俗本质，他要维护的是婚姻的宗教本质。它一方面竭力使世俗婚姻失去其世俗本质，另一方面在做不到的地方，它就适当容忍并对其世俗性加以限制，力求消除其罪恶的后果。

三、 对婚姻幸福主义的批判

马克思批评抱着幸福主义观点的人，是"仅仅想到两个个人而忘记了家庭"；说他们注意的仅仅是夫妻的个人意志，或者说仅仅是夫妻个人的任性，却没有注意到"婚姻的意志"，即婚姻关系的"伦理实体"。马克思在这里使用了用黑格尔《法哲学》关于伦理和道德的概念和用语，来阐述自己的思想。在黑格尔的《法哲学》中，道德是体现为个人品德和操守的主观精神，伦理是体现为家庭、社会、国家的客观精神。

这里说的"婚姻的意志"，是指婚姻双方结合而形成的共同意志，它体现为家庭共同体。这种共同意志，也就是区别于个人道德意志的婚姻的伦理意志，在黑格尔的法哲学中就被称作"伦理实体"。马克思甚至还用黑格尔的法哲学思想说，法律仅仅是"把精神关系的内在规律表现在有意识的现行法律之中"。因此，两个人只要结了婚就必须服从婚姻法，而服从婚姻法就是服从"精神关系的内在规律"，如同游泳者必须服从水和重力的本性一样。婚姻是双方共同意志所产生，由共同意志所创立。所以婚姻不能听从已婚者的任性，即不能只以自己的意志为原则让对方服从自己的意志，而应该服从体现共同意志的法，服从"精神关系的内在规律"，也就是服从作为"人民意志的自觉表现"的法律。

婚姻的任性的行为，是仅仅考虑个人的主观欲望和意见，是非理智的行为，把婚姻看作自己专有的特权。所以，康德认为，这种只顾"心爱的自我"就表现为个人主义：表现在思想中的就是"逻辑的个人主义"，或者叫作"理性的狂妄"；表现在审美鉴赏方面就是"审美的个人主义"，或者叫作"鉴赏的狂妄"；表现在实践上的就叫作"道德的个人主义"，或者叫作"实践利益的狂妄"。总之，"一切幸福论者都是实践上的个人主义"①。康德所说的这三个方面，实际上说的是一种观念和行为，即包含着理性、情感和行为统一的婚姻的个人主义。马克思对婚姻幸福主义的批评同康德、黑格尔的思想是一致的。

马克思强调婚姻的理智行为是服从婚姻的本质，即服从伦理关系共同意志，服从一切人都可以做的体现"精神关系的内在规律"的自然法。所以，在离婚问题上，马克思不同意幸福主义的观点，认为家庭是包括子女和共同财产的伦理制度的体现，不是应由父母随心所欲决定和处理的。婚姻是伦理的制度，这种制度是家庭的基础，有相应的法律来调解，不能把个人的任性和特权作为处理婚姻关系的根据，不能把任性和个人特权提升为法律。"法律是人民意志的自觉表现。"②

现代社会的合理的婚姻形式是一夫一妻制，男女平等、夫妻和睦、互助互爱，应该是一夫一妻制家庭的伦理关系和道德准则，男女双方都有维护婚姻的权利和义务。不过，一夫一妻制也有两种：一种是事实上的一夫一妻制，另一种是法律上的一夫一妻制。在第一种制度下，丈夫只有一个妻子，而法律可以允许他有几个妻子。在第二种制度下，法律禁止一夫多妻。事实上的一夫一妻制在许多种动物和原始氏族中并不少见，与法律所规定的制度具有同样的普遍性。在原始人散居在大地上时，个人之间的"社会联系"是很少的，每个人各自独立生活，一个男子就力求有一个妻子，因为在那种

---

① ［德］康德：《实用人类学》，重庆出版社 1987 年版，第 5 页。
② 《马克思恩格斯全集》第 1 卷，人民出版社 1995 年版，第 349 页。

孤立生活的状况下，一个男子很难有几个妻子。相反，强制的一夫一妻制只能见于文明社会。因此，两种一夫一妻制有着不同的意义。

现代社会的一夫一妻制不是以自然条件为基础的，而是以经济条件为基础的。一夫一妻制的产生是由于大量财富集中于一人之手，并且是男子之手。这种财富必须传给这一男子的子女，而不是传给其他任何人的子女。为此就需要一夫一妻制，当然是妻子方面的一夫一妻制。一夫一妻制相对于以前的家庭形式，是"伟大的历史进步"，但在一定的历史时期又包含着退步，以卖淫、通奸、嫖妓作补充。恩格斯指出，只有在被压迫阶级中间，在无产阶级中间，性爱才可能成为对妇女的关系的常规，而且事实上也已成为常规。为什么事情是这样的呢？第一，因为在这里没有了古代一夫一妻制那种体现男子统治的财产基础，也没有使男子达到统治的手段，因而也就没有建立男子统治的任何刺激条件。第二，被官方肯定的维护男子统治的资产阶级法权，对于没有钱的工人以及工人和妻子的关系来说，是没有意义的。第三，自从大工业迫使妇女走出家庭，进入劳动市场和工厂后，妇女在一定程度上也成为家庭生活的供养者，虽然在家庭中还可能有某种虐待行为存在，男子的统治也就失去了任何基础。在这里起决定作用的是另一种个人和社会的关系。这种关系的一夫一妻制只具有词源学的意义，而不具有任何历史意义。

这里可以讲一下关于家庭文明的解体。早在马克思恩格斯两人共同合作《德意志意识形态》批判施蒂纳时，他们就指出，"在18世纪，家庭的概念被哲学家取消了，因为现实的家庭在文明的极盛时代已经开始解体。家庭的内在联系瓦解了，包括在家庭概念中的各个因素如服从、尊敬、夫妇间的忠诚等等瓦解了；但家庭的现实的躯体、财产关系、对其他家庭的排他关系、勉强的共同生活……这一切虽遭到无数次的破坏，但都保存下来了，因为家庭的存在必然会受它和不以资产阶级社会的意志为转移的生产方式的联系所制约的。这种必然性最明显不过地表现在法国革命时代，那时家庭曾经一度几乎完全被法律所取消。但家庭甚至到19世纪还继续存在着，不过它的解体过程变得更为普遍了，但这不是由家庭概念而是由工业和竞争的更高的发展所引起的"①。

不过，婚姻是一种极其复杂的社会现象。它在稳定的常态中包含着无数的变化因素。按照人类学的方法，这种变量分为自变量（假定上的原因）和依变量（假定上的结果）。自变量在先或同时，依变量在后，依原因和条件而变。如家庭成员的素质和能力是自变量，那么家庭收入就是依变量。在通常情况下，当一个变量发生规律性变化时，依变量也会发生相应的变化。在现代社会，随着工业化的增长，扩大家庭将会解体，工业化和扩大家庭的变化成反比关系：一个增长，另一个下降。1971 年，美国社会学家威廉姆·古德、伊丽莎白·霍普金斯、海伦·麦克鲁尔在《社会制度和家庭模式：一个命题的发现》一书中，提出了有关家庭命题的变量有 10000 个。②所以，未来的婚姻如何变化，除了基本的社会制度原因之外，还会有许多变量影响婚姻和家庭的变化。家庭群体或组织，就像其他社会组织那样，是古老的又是可以预测的单位，但必须在极其复杂的社会关系和变迁中去观察它。这里既有历史发展观的问题，也有人类学、社会学和伦理学的问题，不能简单化地对待，如人口繁殖问题。

恩格斯批判马尔萨斯的人口论时，提出了人口繁殖的道德界限问题。恩格斯批判马尔萨斯人口论，并不是主张人口越多越好，而是主张应科学地控制人口的繁殖，以与自然和社会的经济发展相协调。他认为实现这种协调要通过社会变革，教育群众，"从道德上限制繁殖本能"③。在这一点上他与马尔萨斯是一致的，但是在根本解决途径上是不一致的。马尔萨斯单纯看到并期望于道德的解决，认为道德的解决是"最有效、最简单的办法"。他宣布超生是"人类的极端堕落"。这无异于他的基督教经济学思路。恩格斯赞成道德教育和科学教育，但更主张从根本上、从根源上消灭私有制、消灭私有

---

① 《马克思恩格斯全集》第 3 卷，人民出版社 1960 年版，第 196—197 页。
② ［美］罗斯·埃什尔曼：《家庭导论》，中国社会科学出版社 1991 年版，第 53 页。
③ 《马克思恩格斯全集》第 3 卷，人民出版社 2002 年版，第 468 页。

制的竞争、消灭社会利益对立，即变革社会关系、使对立的利益融合、使私有制归于消灭，从而根除这种"人类堕落"。在理论上，恩格斯首先阐述的是生产力与人口的关系，在这里，他讲了科学发展和知识增长的速度，地球上可耕地的使用情况和耕作方法的改良等。这里的内容是有关经济学和科学技术的问题，但是有一点是不能忽视的，那就是限制人口繁殖和消除对人口过剩的恐惧，不能只靠宗教和道德去解决，还必须对经济发展规律有正确的认识，必须依靠科学技术，根本地消灭所有制，改变落后愚昧的生活方式。恩格斯相信，"竞争支配着人类在数量上的增长，也支配着人类在道德上的进步"①。注意：这里说的是"支配着"道德的进步，说"支配"什么可以是推进它，也可能是阻碍它或使其倒退。所以，恩格斯在讲了犯罪率也受竞争规律支配以后又说，"我认为这里重要的是：证明竞争也扩展到了道德领域，并表明私有制使人堕落到多么严重的地步"②。恩格斯在考察过资本主义竞争对道德的影响之后作出了这样的结论："现代社会里的家庭正日益解体这一事实，只不过证明了维系家庭的纽带并不是家庭的爱，而是隐藏在财产共有这一外衣下的私人利益。"③

四、 人类婚姻发展的前景

恩格斯早在 1847 年作《共产主义原理》时，就明确地回答了未来共产主义制度将会对于家庭产生什么影响的问题。恩格斯指出，在未来共产主义制度下，两性间的关系将成为仅仅和当事人有关而社会无须干涉的私事。这一点之所以能实现，是因为废除私有制和社会负责教育儿童的结果。由私有制产生的现代婚姻的两种基础，即妻子依赖丈夫、孩子依赖父母，也会消灭。恩格斯还驳斥了关于共产主义"共产共妻"的谎言，指出公妻制完全是资产阶级社会特有的现象，卖淫就是这种公妻制的充分表现。卖淫是以私

---

① 《马克思恩格斯全集》第 3 卷，人民出版社 2002 年版，第 471 页。
② 《马克思恩格斯全集》第 3 卷，人民出版社 2002 年版，第 471—472 页。
③ 《马克思恩格斯全集》第 2 卷，人民出版社 1957 年版，第 433 页。

有制为基础的，未来的社会变革，至少要把绝大部分耐久的、可继承的财富——生产资料——变为社会所有，从而把这一切传授遗产的关切减少到最低限度，最后使它随着私有制的消灭而消失。共产主义并不实行公妻制，正好相反，共产主义要消灭公妻制。私有制的废除将会对家庭产生极大的影响。

恩格斯在批判了资本主义社会的婚姻之后，提出一个问题：取而代之的新的婚姻是什么？他说，这要在新社会的条件和新一代人成长起来的时候才能确定。新一代的男子，在他的一生中将永远不会用金钱或其他社会权利手段去买得妇女的献身；而妇女除了真正的爱情以外，也永远不会再出于其他某种考虑而委身于男子，或者由于担心经济后果而拒绝委身于她所爱的男子。婚姻的自由，只有在消灭了资本主义生产和它所造成的财产关系，从而把对选择配偶还有影响的考虑消除以后，才能普遍实现。到那时，除了相互的爱慕以外，就再也不会有别的动机了。这样的人们一经出现，对于今日人们认为他们应该做的一切，他们都将不去理会，他们自己知道他们应该怎么行动，他们自己将造成他们的与此相应的关于个人行为的社会舆论。

请注意，恩格斯在这里并不是主张放任主义，在一定条件下还可能对家庭有一定的干预。恩格斯在 1847 年 6 月为共产主义者同盟第一次代表大会起草的纲领《共产主义信条草案》中曾写道："只有在保持现有的各种形式会破坏新的社会制度时，我们才会干预夫妻之间的私人关系和家庭。"① 恩格斯在《摩尔根〈古代社会〉一书摘要》中，摘引了摩尔根写的这样一段话："自从进入文明时代以来，财富的增长是如此巨大，它的形式是如此繁多，它的用途是如此广泛，为了所有者的利益而对它进行的管理又是如此巧妙，以致这种财富对人民说来已经变成了一种无法控制的力量。人类的智慧在自己的创造物面前感到迷惘而不知所措了。然而，总有一天，人类的理智一定会强健到能够支配财富，一定会规定国家对它所保护的财产的关系，以

① 《马克思恩格斯全集》第 42 卷，人民出版社 1979 年版，第 379 页。

及所有者的权利的范围。社会的利益绝对地高于个人的利益，必须使这两者处于一种公正而和谐的关系之中。只要进步仍将是未来的规律，像它对于过去那样，那么单纯追求财富就不是人类的最终的命运了。自从文明时代开始以来所经过的时间，只是人类已经经历过的生存时间的一小部分，只是人类将要经历的生存时间的一小部分。社会的瓦解，即将成为以财富为唯一的最终目的的那个历程的终结，因为这一历程包含着自我消灭的因素。管理上的民主，社会中的博爱，权利的平等，教育的普及，将揭开社会的下一个更高的阶段，经验、理智和科学正在不断向这个阶段努力。这将是古代氏族的自由、平等和博爱的复活，但却是在更高级形式上的复活。"① 恩格斯在《家庭、私有制和国家的起源》一书的最后作为全书的宗旨性结论又引用了这段话。这段引文，可以说表达了恩格斯《家庭、私有制和国家的起源》一书所要表达的中心思想，对理解和把握恩格斯所阐发的道德哲学思想具有重要意义。

疑难问题讨论（七）
爱情的圣与俗以及婚外恋

爱情是什么？一般地说，爱情是一种感情的表达，它与理智和欲望相结合而体现人性的真实。爱如果只是感性嗜欲，而没有理智的蕴涵和人性的充实，就会陷入低俗甚至兽行；如果能使智、情、欲三者协调一致，就能升华为淳朴爱情的高尚和圣洁。所以有卢梭的名言："爱情——心的生命。"② 卢梭的意思是："真正的爱情是一切关系中最纯洁的一种。是它，是它那圣洁的火才能净化我们自然的习性"，"真正的爱情总是庄重的，它不会用厚颜

---

① 《马克思恩格斯选集》第4卷，人民出版社2012年版，第195页。
② ［法］卢梭：《新爱洛漪丝》第一、二卷，商务印书馆1990年版，第46、160页。

无耻的手段来攫取它的欢心"。① 在这种意义上，爱情中的俗与圣，并不是互相割裂、对立的：一说圣洁就理解为虚幻的神圣，因而否定世俗的性欲；一说世俗的性欲，就认为那毫无圣洁，就是纯粹的感觉、肉欲。这都是对人性的割裂和扭曲。人与禽兽的区别在于他的社会性的理性，同时也在于理性的主导，心只在需要感官时跟随感官，而在成为一个"人"这种意义上它始终是感官的主导和引导。

以中国民间故事为例，牛郎织女的爱情虽然是传说，但它反映的是世俗爱情生活的真情和忠贞，在于对自由和正义的理想追求。反过来说，他们爱情的忠贞和圣洁，就存在于他们朴实的劳动和生儿育女的俗世生活中。这就是在现实中的理想，在世俗中的高尚和圣洁。当然，在人性的显现中，具体的个人由于生活条件和个人的性格差异，可能有所偏颇，或有高低之别，但都不会是只有一面，纯粹又纯粹，如康德的绝对命令所建构的道德，那在现实生活中是不可能的。"道不可见，可见者化而已；化不可见，可见者形而已。"爱情如何体现道和化的神韵，体现爱情的圣与俗的统一，不单是理论的事，自守其道，更有心血的灌注和生活的具体应对；既不能陷于空想的、虚幻的神圣，也不能流于低俗，陷入庸俗和呆傻。

古希腊哲学有种说法，说人性本身有理性、情感和欲望，三者呈高低等次。如果只显露欲望，就是动物；如果只显露理性，就是神；如果三者都显露，且以理性为指导，那就是人。人性是最全面的。不过在人性的显现过程中，有的人趋于情欲，近乎世俗；有的人执着于理性，则近乎天神。照东方佛教哲学来说，前者有情有欲即是近俗；后者断欲忘情即是入禅。其实，在人们的日常生活中，世俗和禅机并不是互不相干的。世俗的人生百态，人际交往的各种礼仪，都要追求某种道，如花道、酒道、茶道、柔道等，讲究一种合理合情的法式或样式，也就是要在人生世事的过程中使精神与行动合一，使世俗的自我能够凝神静气，在悟道的同时体悟禅机，而又能以道和禅

---

① ［法］卢梭：《新爱洛漪丝》第一、二卷，商务印书馆 1990 年版，第 160 页。

的精神力量净化灵魂，融自我于自然，享受生活的真善美。

有种流行说法："爱情是自私的。"这正是爱情归结为情欲的伦理的结论。马克思在批判 19 世纪德国思辨哲学"批判的批判"学派的爱情观时曾指出，这种爱情观"竟把一个人变成另一个人所'迷恋的这一外在客体'，变成满足另一个人的私欲的客体"。这种把另一个人当作满足自己的私欲客体的概念和行为的爱情观，就是自私的爱情观。为什么说它是自私的呢？马克思回答说："这种欲望之所以是自私的，是因为它企图在别人身上寻求自己的本质，但这是不应该的。"① 当然，19 世纪德国的思辨哲学的"批判的批判"学派是不懂得人的现实生活和真正的爱情的。其实，真正的爱情恰恰相反，是无私的奉献，而不能是自私的获得。什么是爱？用黑格尔一句思辨的话说："爱是意识到我和我爱的人的统一，是在自我否定中肯定自己。"② 通俗地说，真爱就是心心相印，亲密无间，无私奉献，是自觉的意志、意志的自愿和互爱的共同体。这里是自愿奉献，自我牺牲，黑格尔形象地称之"作茧自缚"。这里不应也不能有自私。因为有一分自私就会减少一分爱，有十分自私就会减少十分爱，自私到极端，就是爱的彻底完结。当然，现实生活中的爱情不会那样纯粹，只是程序问题，但爱情之理则不能扭曲，否则人类的爱情就会在自私、猜忌、纷争乃至恶斗中趋向混乱和堕落。

当然，马克思也反对扼杀人性情欲的抽象爱情论。马克思说，"抽象情欲"的爱情论，"把人的爱情变成爱情的人，把'爱情'作为特殊的本质和人分割开来，并使它本身成为独立存在的东西"。他们通过这样一个逻辑思辨的过程，就"把人所固有的一切规定和表现都批判地改造成怪物和人类本质的自我异化"③。他们把情欲变成灾祸、妖魔，变成凶神，或变成人类祭拜的神，从而使人成为牺牲品，成为祭品。真正的爱情是真实的。正因为爱情的真实，它才能在实际生活的俗中有圣，成为俗与圣、善与美的统一。

---

① 《马克思恩格斯全集》第 2 卷，人民出版社 1957 年版，第 25 页。
② ［德］黑格尔：《法哲学原理》，商务印书馆 1961 年版，第 175 页。
③ 《马克思恩格斯全集》第 2 卷，人民出版社 1957 年版，第 24 页。

《美育书简》的作者席勒说得好："使人成其为人的正是人不停留在单纯自然界所造成的样子，而有能力通过理性完成他预期的步骤，把强制的作品转变成他自由选择的作品，把自然的必然性提高到道德的必然性。"① 又说："作为人，他有权利去摆脱盲目必然性的统治，正如他在其他许多方面通过他的自由而摆脱了这种统治那样，例如通过道德性使性爱的需要所驱使的那种鄙俗特性消失了，并通过美使之高尚化。"②

这里要特别说明马克思的一个重要思想，即如何对待男女关系方面的文明和教养。马克思在批判资本主义私有制时，批判了把妇女变成私有财产的"公妻制"或"共妻制"，说过婚姻"确实是一种排他性的私有财产的形式"③。有人以此为根据论证"爱情是自私的"。这里涉及的问题需要认真地分析。

马克思认为，男人对妇女的关系是人对人的直接的、自然的、必然的关系。在这种关系中，人对自然的关系直接就是人对人的关系；同样，人对人的关系直接就是人对自然的关系。这是自然对他（她）的规定。由此，马克思提出两方面引人思考的问题和结论：

一方面，是人的自然性和感性。这种关系是通过感性自然的形式表现出来的相互感应的事实。这个事实启示：人，作为人已经是脱离了自然物，已经不是动物了，而在这种关系中又回到自然，直接与自然合为一体。既然如此，那么："人的本质在何种程度上对人来说成为自然，或者自然在何种程度上成为人具有的人的本质。"这里有个"何种程度"的问题，是保持仍然是人的自然性？或是完全成为同动物一样的自然性？抽象地说就是，人性自然化，还是自然性人化？因此，从这种关系的性质就可以看出，人在何种程度上对自己来说成为并把自身理解为类存在物、人。就是说在这种关系中，人还是不是人，还能不能保持自己是人类，而不是和动物一样的兽类。这是

---

① ［德］席勒：《美育书简》，中国文联出版社1984年版，第39页。

② ［德］席勒：《美育书简》，中国文联出版社1984年版，第39—40页。

③ 《马克思恩格斯文集》第1卷，人民出版社2009年版，第183页。

在感性程度上体现的人和自然的本质区别。马克思把它比作卑劣的"公妻制"，实质上并没有脱离动物性、低级性和卑鄙性。

另一方面是人的本性与社会性。这种关系表明人的自然的行为在何种程度上是合乎人性的，或者说人的本质在何种程度上对人来说成为自然的本质，他的人的本性在何种程度上对他来说成为自然。"这种关系还表明，人的需要在何种程度上成为合乎人性的需要，就是说，别人作为人在何种程度上对他来说成为需要，他作为最具有个体性的存在在何种程度上同时又是社会存在物。"① 马克思说，这是人自觉地向自身也是"向社会的即合乎人性的人的复归"。这是从人的需要的自然性和社会性统一的程度上体现人的本质的把握和人道主义与自然主义的统一，也就是马克思所说："人和自然界之间、人和人之间的矛盾的真正解决，是存在和本质、对象化和自我确证、自由和必然、个体和类之间的斗争的真正解决。"由此，马克思说："从这种关系就可以判断人的整个文化教养程度。"② 其实，这种历史发展的客观必然性的结果也就是马克思所说的"历史之谜"的解答。

黑格尔有这样的说法："婚姻是具有法的意义的伦理性的爱。"这个说法包含着值得汲取的合理思想。婚姻的核心是爱，但这个爱不是任性，因为它在客观的家庭伦理关系之中。既然在关系之中，那就不仅是内在的作茧自缚，而且是外在婚姻关系约束和规定的认同。所以它是伦理关系共同体中的爱与情，而不只是个人孤立自在、孤芳自赏的爱与情。因此，维系和调节这种关系就应有相应的法，包括道德之法、法律之法，或者还有家庭和习俗之规。没有规矩不成方圆。爱情、婚姻也是一样。古代有古代的规矩，现代有现代的规矩，将来也会有将来的规矩；不同的民族也会有不同的规矩。不过这种规矩不能是牛郎织女所遭遇的那种"王母娘娘"的神规王法，而只能是合乎人道、人伦的法规，是人性文明的道德自律。可以设想，人类文明总

---

① 《马克思恩格斯文集》第 1 卷，人民出版社 2009 年版，第 185 页。
② 《马克思恩格斯文集》第 1 卷，人民出版社 2009 年版，第 184 页。

不会蜕化到不顾人伦、不要任何规矩的时代吧!

由此联系到婚外恋、包二奶和第三者插足问题,也值得讨论。

这里先说说恩格斯对考茨基离婚一事的评论。① 考茨基原来的爱人叫路易莎,在路易莎去老家照顾有病的母亲期间,他跟一个乡村姑娘勾搭上了,路易莎原谅了考茨基,表示不破坏他们的关系,随后给恩格斯写信说明了事实真相。然而,当考茨基卖掉家具去会那个姑娘时发现她爱上了另一个更令她满意的人,于是考茨基落得个两头空,陷入尴尬境地,后来的破镜难圆就可想而知了。虽然这里可能有考茨基母亲和妹妹从中作梗,但恩格斯还是严厉地批评考茨基。恩格斯说,路易莎通情达理,是一位了不起的女人;说这是"考茨基在其一生中干出的最大蠢事",认为道德败坏造成了所有这一切的结果。

男女两个人恋爱,就形成双方情感交融的关系,如果结婚,那就进一步形成共同体的家庭关系。这两种关系都是由男女双方共同意志形成的并有其物质基础的客观的伦理关系。有关系就有要求,有要求就有"应该如何"的道德规范;不同的时代和不同的社会生活圈又有些不同的道德要求。古代等级制社会有男尊女卑的道德,现代社会关系要求平等。在现代社会关系中,男女相互之间就应当平等相待,互相敬重,并自尊、自重。所谓"伦理使人庄重",就是说,婚姻的双方应当以庄重、敬重的态度相互对待,中国传统伦理叫作"相敬如宾"。

男女之间的性爱是爱情的自然基础,没有它不能算是健全的爱情。但是,单有性爱也还不是健全的爱情,只有性爱升华为社会的、道德的情感,才会有健全的爱情。爱情与性欲相联系,但不能把爱情归结为性欲,因为那是禽兽也有的。健全的婚姻应当包括自然性基础、双方的情感和维系婚姻关系的理性;还应当重视个人的权利和双方对婚姻共同体的义务。健全

---

① 《恩格斯与保尔·拉法格、劳拉·拉法格通信集》(二),人民出版社 1981 年版,第 168 页。

的婚姻是情感与理性、权利与义务的统一。这就是恩格斯所说，如果说只有以爱情为基础的婚姻才是合乎道德的，那么也只有负起责任、竭尽义务保持爱情的婚姻才合乎道德。这两个方面，是不能分割的统一的爱情婚姻道德。恩格斯有一次在给马克思的信中，幽默而富有深意地说，"谋事在男人，成事在女人"。

这不只是他针对马克思当年家庭生活拮据而心情不安说道，实际上也是说出了世俗婚姻的常理，家业和事业是共同的，男女互补，缺一不成事。人类的爱是自觉的，是有理性贯彻其中的感觉和激情，是"情中理，理中情"。正常人的感觉和情感是离不开理性的，无理性的性爱不是真正爱情的表达。情感是重要的，但仅有情感既可能成为婚姻结合的因素，也可能成为婚姻关系不稳定的因素。只有把理性和情感结合起来，才能稳定爱的情感和欲望，把握婚姻权利和义务的统一。古人说，"止欲于未萌，消欲于既生；防纵于未形，反纵于既形"。这是说，对不正当的欲望应止于它未萌发之时，消灭它刚刚萌生；要在纵欲之前就加以防止，在纵欲形成之时要加以反对。在止欲和消欲、防纵和反纵问题上，没有理性和义务感是不行的。感情也应当自知、自主、自制、自止、自省、自律；也应当有个可与不可、当与不当的分寸和界限。有理性的男女双方，应当对个人的情感和任性自觉地加以控制和约束。所谓"感情的事说不清"，往往是某些人掩饰其不负责任的轻率、失德行为的借口。

恋爱和婚姻都不可轻率。现代社会的爱情，必须以所爱者为前提，以双方的互爱为基础。马克思说得对，如果自己的爱没有引起对方的爱，没有成为被爱的人，这样的性爱就是不幸。因此与什么人发生性爱关系，在什么情况下发生性爱关系，对男女双方来说都不是无所谓的事情，而是关系到做人的品质和人格尊严。性爱的轻率不仅会导致失足，甚至会影响一生。一个严肃对待自己的生活和对他人负责任的人，在任何情况下都要保持心性端正，使行为合于道德和法律。那种只顾自己"自由"、不顾别人痛苦的婚恋行为，是不严肃的，也是不道德的，其结果也不会享有真正的自由和幸福。

所谓"爱情自私"是混淆了两种不同伦理关系的误解。夫妻关系是以爱为基础的。荀子说,"不同而一,夫是之谓人伦"。男女恋爱、喜结良缘,成一个家庭共同体,是人之大伦。夫妻之间的爱情应是无私的。在这种伦理关系中,如同眼睛里容不得沙子一样,双方有一分自私就会减少一分爱情。这种关系中的一方不容第三者的插入,是维护婚姻双方正当婚姻的权利,而不是自私。理想的婚姻不是没有矛盾,而是通过矛盾的妥善解决,不断增进双方的感情,维护家庭共同体。在生活中,每个丈夫都会发现自己的妻子有某些缺点,同样,妻子也会发现丈夫有某些缺点,这完全是正常的。可是由于第三者的插足,这种"发现"就会变成不和,甚至相互反感,从而扩大夫妻关系的裂痕。这种第三者介入或插足,虽然可能有一定的爱情因缘,但他(或她)作为第三者,不是促进他人的家庭和睦,而是有意破坏他人的婚姻,因而不但是自私的,而且是不法的行为。当然,如果夫妻双方的感情确已消失,再强行保持婚姻已经是不幸,在这种情况下离婚就是正当的,而且对双方都是脱离争吵和痛苦的幸事。离婚后的再恋,具体的伦理关系已经发生变化,其行为的性质也就另当别论了。

第八章　道德哲学思想体系

19 世纪 30 年代，德国哲学家欧根·杜林以"社会主义改革家"的姿态著书立说，对马克思的思想和主要著作进行了严重的曲解和攻击，在德国社会民主党内造成了严重的恶劣影响。1868 年春，马克思在给恩格斯和库格曼的信中，批评了杜林对经济学价值论和辩证法理解的错误。转年，恩格斯接受马克思的委托，从 1876 年 5 月到 1878 年 7 月，以辩论的形式陆续发表了系列批判文章，后来以《欧根·杜林先生在科学中实行的变革》（即《反杜林论》）书名汇集出版。这部著作涉及哲学、政治经济学、社会主义等广泛领域，竟成为对全部马克思主义思想的连贯性的阐述。其中的哲学部分通过对杜林道德哲学的批判，系统地阐发了马克思和恩格斯共同的道德哲学思想。10 年后，恩格斯又出版了《路德维希·费尔巴哈和德国古典哲学的终结》，系统阐述了辩证唯物主义—历史唯物主义基本原理，进一步加深了他们共同的道德哲学基础。

第一节　道德观的形成和发展

恩格斯对杜林道德哲学思想的批判，是在"道德和法"的总标题下进行的，分题目是：永恒真理，平等，自由与必然。一般说来，永恒真理是哲学认识论问题，但它同时也是与道德和法密切相关的问题。在这里，恩格斯是针对杜林的"道德真理"提出的，其中论及道德哲学方法论，道德观的形成和发展，道德观的基础和道德原则的适用性、善恶观的来源和善与恶的辩证法等。如果说这些问题在《德意志意识形态》等著作中已作了基本原理的论述，那么这里可以说是对已确立的基本原理的进一步系统化，将其纳入马克思所创立的世界观、价值观和方法论的理论体系，并运用于道德哲学思想的批判性理论论争，具有更特殊的意义。

一、 杜林道德观的先验主义

按照杜林的说法，他的"现实哲学"是对世界和"意识的最高形式"以及"意愿的原则"的阐发。这些意识的最高形式和意愿原则一旦被发现，就不仅对于直接知道和接触到的东西，而且对于不知道和接触不到的世界也都有意义。他的"现实哲学"的任务就是规定一般"世界模式"，提出自然的原则和关于人的学说。问题集中在道德和法的领域：前者的对象是体现意识和情感的良心，后者在于强制的社会国家规定，在两个领域的研究对象统一于正义时，则归于同一根源"天然的标准"和"天然的必然性"。① 因此逻辑的结论就是：意识是先在的，存在是派生的；原则是本原的，现实是派生的。用杜林的话说就是："适用于一切存在的那些形式的原则走在前面，而运用这些原则的对象性领域则按其从属次序跟在后面。"② 显然，这里渗透着一种典型的唯心主义先验主义方法论。因此，恩格斯对杜林道德观的论战首先就是针对他的先验主义方法论。

首先，思维和存在的关系问题。思维和存在的关系问题是哲学基本问题的一个方面，也是与道德哲学密切联系的基本问题，其特殊性是道德作为社会意识（在杜林那里是作为意识和情感）同社会存在的关系。杜林认为，思维的形式原则应当运用于外部世界，而外部世界则应当适应于思维形式原则。杜林所说的"原则"，是从思维中得出的主观形式原则，而不是通过思

---

① ［德］杜林：《哲学教程》，商务印书馆1991年版，第二章"天然的法律观"。
② 《马克思恩格斯选集》第3卷，人民出版社2012年版，第409页。

维抽象从外部事物和现象中得来的反映客观规律性的原则。

但是，人的思维是从什么地方获得这种形式原则的呢？是从人的思维自身获得、引申出来的吗？不是。恩格斯明确地回答：就外部世界的存在形式而言，思维永远不能从自身中汲取和引申出这种形式。"原则不是研究的出发点，而是它的最终结果；这些原则不是被应用于自然界和人类历史，而是从它们中抽象出来的；不是自然界和人类去适应原则，而是原则只有在符合自然界和历史的情况下才是正确的。"①

恩格斯质问：如果按照杜林的先验主义理解，把"意识""思维"和"原则"当作某种现成的先在的东西，当作一开始就和存在、自然界相对立的东西，那么如何理解意识和自然、思维和存在、思维原则和自然规律密切而持久地相适合呢？如果进一步追问：思维和意识本身是从哪里来的呢？恩格斯说，那就不能不承认"它们都是人脑的产物，而人本身是自然界的产物，是在自己所处的环境中并且和这个环境一起发展起来的；这里不言而喻，归根到底也是自然界产物的人脑的产物，并不同自然界的其他联系相矛盾，而是相适应的"②。对这个问题的解释，恩格斯在《反杜林论》再版时曾追加过一个注释，强调对这种理论思维应当辩证地理解，不要以为理论思维只是人类精神的纯粹"自由创造物和想象物"，应当承认客观世界不但是实际存在的，而且对这一切的想象都提供了样本。所以，不是思维决定存在，而是相反，是存在决定思维。杜林完全颠倒了思维和存在的关系，把他凭直觉想象的先于经验的形式原则变成了幻想，最终不能不陷入他曾经坚决反对的神秘主义。

不仅如此，杜林"现实哲学"的先验主义还表现为"世界模式论"。杜林把存在的唯一性看作存在的统一性，用概念的同一性证明存在的统一性。在杜林看来，思维的本质就是"把事物综合为一个统一体"，而存在一旦被

---

① 《马克思恩格斯选集》第3卷，人民出版社2012年版，第410页。
② 《马克思恩格斯选集》第3卷，人民出版社2012年版，第410—411页。

思维综合为一个统一体，那么"存在"概念就成为统一而不可分割的了。恩格斯指出，杜林的这种证明就是："当我们思考着存在的时候，我们是把它作为一个概念来思考的。综合在一个概念中的东西是统一的。因此，如果存在不是统一的，那么它就不符合它本身的概念。所以它一定是统一的。"①这种证明本来是宗教教义式的对上帝存在的本体论证明，而在杜林那里则成为"存在统一性"的本体论证明，尽管杜林一再声明他并不赞成上帝存在的教义。

那么，从存在的唯一性怎样转化为存在的统一性呢？杜林认为这很简单，靠人的"想象"就可以实现。他认为思维的本质在于"把意识的要素联合为一个统一体"，因此它能够像发明数学公理一样地想象出适用于一切的"世界模式"，也就是把存在的一切对象综合成为一个统一体。恩格斯坦率地指出，杜林的这种主观想象的推论是错误的、荒谬的。第一，思维既然把相互联系的要素联合为一个统一体，那么它同样也把意识的对象分解为它的要素。因为没有分解就没有综合。第二，思维如果正常进行的话，它只能对已经存在的意识要素或者是对它们的现实原型综合为统一体，否则就是假定了统一体的先前存在。实际上，他无论怎样综合思维也不可能把鞋刷子综合到哺乳动物类中就能使它长出乳腺来。因为哲学和自然科学长期和持续的发展证明，世界的统一性并不在于它的存在；相反，世界的存在是它的统一性的前提。由此，恩格斯提出了一个重要结论："世界的真正的统一性在于它的物质性"②。这个辩证唯物主义哲学的基本原理，指明了如何对待现时还在人类视野之外的一切悬而未决问题应有的正确方向和科学态度。

其次，关于事物的普遍联系和内在矛盾。一般地说，杜林的自然观是与唯心主义对立的。他承认自然界、事物和外部世界的客观存在。但是，他所理解的自然界、事物和外部世界却是没有任何内在的差别、矛盾和运动的

---

① 《马克思恩格斯选集》第3卷，人民出版社2012年版，第418页。
② 《马克思恩格斯选集》第3卷，人民出版社2012年版，第419页。

"虚无"。按照他的说法："只是从这样的存在—虚无，才发展出现在的分化
了的、变化多端的、表现为一种发展、一种生成的世界状态。"① 显然，杜
林这是在模仿黑格尔的逻辑学，但又没有真正理解黑格尔从存在到本质的概
念发展的辩证法。虽然他有时也说"任何一个事物都是一个矛盾体"②，但
他并没有真正理解黑格尔所说的"内在的对立和矛盾"，尤其是在事物的普
遍联系中的内在矛盾。他根本否认事物本身的内在矛盾推动的发展，因为在
他看来任何矛盾都是"背理"③。杜林把世界的一切运动都归结为机械力这
样一种所谓"运动的基本形式"，这就使他不可能理解物质和运动之间的真
实联系，不能理解物质运动的多样性和复杂性，不能理解观念、理论和意识
形态的本质，因而也就不能真正理解"哲学的思辨"，最终不得不背叛自己
的初衷。难怪恩格斯讥讽他的所谓"道德真理"不过是自大狂的吹嘘。

　　比较才能见真伪。恩格斯指出，杜林的"普遍有效的世界模式"，并不
是什么创造的体系，它只不过是对黑格尔《哲学全书》的拙劣抄袭。不过
在黑格尔那里称为"逻辑学"的东西，在杜林这里就叫作"世界模式论"。
按照黑格尔的"逻辑学"，绝对精神作为概念是自身运动。由于概念自身的
内在差别和矛盾而推动概念外化为运动的中介环节，并通过艺术、宗教、哲
学而提高为自身完成的自由存在。杜林拙劣地模仿黑格尔式的思辨，把他的
逻辑范畴套用于自然界、人类社会和历史，并最后归结为想象的"自由"，
因此在黑格尔那里是所谓"精神哲学"，在杜林这里就叫作"世界模式论"。
所不同的是，杜林没有黑格尔式的严格的辩证法体系，甚至也没看懂黑格尔
的辩证法。他根本否认事物本身的矛盾和矛盾推动的辩证发展，虽然他厌恶
和嘲笑黑格尔的唯心主义思辨。他不懂得"思辨的思维就在于它能把握住

---

① 《马克思恩格斯选集》第 3 卷，人民出版社 2012 年版，第 419 页。
② ［德］杜林：《哲学教程》，商务印书馆 1991 年版，第 183 页。
③ 《马克思恩格斯选集》第 3 卷，人民出版社 2012 年版，第 438 页。文中"背理"一词
　　的德文是"Widerseinn"，"矛盾"一词的德文是 Widerspruch。两词的前缀相同，都是
　　"wider"。这里说的"背理"相当于违反形式逻辑矛盾律的概念，不是辩证法或辩证
　　逻辑的矛盾。

矛盾，又能在矛盾中把握住自身，而不是像表象那样受矛盾支配"。正因为这样，恩格斯说杜林不仅是在黑格尔的范畴模式论的笼子里谈哲学，而且也如同在宗教哲学的笼子里一样，不分此岸和彼岸的对立，把"世界统一性"当作上帝信仰的绝对要求。可以说，杜林所展示的本质思维和想象力，借用康德的话来说，就是"模糊"，"要模糊！"要用模糊"诱使人们通过人为的模糊来埋葬智慧"。①

针对杜林的这种荒谬观点，恩格斯强调了科学认识的系统性和有限性，指出关于自然界的一切过程都处在系统联系中这种认识，推动着科学从个别、部分和整体的关系上去证明系统联系。但是对这种系统联系作出恰当的、毫无遗漏的、科学的陈述，并形成精确的思想映象，这对所有时代来说都是不可能的。因为这里必然碰到一个矛盾："一方面，要毫无遗漏地从所有的联系中去认识世界体系；另一方面，无论是从人们的本性或世界体系的本性来说，这个任务是永远不能完全解决的。但是，这个矛盾不仅存在于世界和人这两个因素的本性中……事实上，世界体系的每一个思想映象，总是在客观上受到历史状况的限制，在主观上受到得出该思想映像的人的肉体状况和精神状况的限制。"② 然而，杜林却宣布他的思维方式是排除任何主观主义限制的世界观趋向的，其普遍有效性是无所不在，无所不知的，它不但包括一切天体而且解决了科学的最终课题。这样，恩格斯不得不断言：杜林的思维原则体系"不仅是科学发展走向未来的障碍"，而且简直是"纯粹的胡说"。

针对杜林的错误观点，恩格斯再次强调，人们的社会存在是其道德产生和发展的基础。这不论是对作为社会意识形态的道德，或是作为杜林所理解的作为个人意识、情感和良心的道德都是适用的，个人的道德感和道德观念不过是更带有个人的个性特征而已。就社会意识形态而言，任何民族的法律

---

① ［德］康德：《实用人类学》，重庆出版社 1987 年版，第 14 页。
② 《马克思恩格斯选集》第 3 卷，人民出版社 2012 年版，第 412 页。

和道德归根结底都为其特有的经济关系所决定，这些经济关系同时也间接地决定着思维与想象的其他创造活动。这样，在不同的所有制形式上，在人们生存的社会条件上，就形成由各种不同的情感、思想、理论和世界观构成的社会意识形态。社会、国家和阶级集团，通过传统和教育等形式影响和塑造着个人的意识和观念，使个人认同和承受某种情感、思想和理论观点，以至于形成个人比较稳定的世界观、人生观和道德观。这样，由于许多中介的作用，个人往往以为这些情感和观念就是从他们的自我意识中直接产生的，如杜林所说个人的感觉、欲望、冲动、意志，是出自个人自己的自由想象和创造，是从一开始就起作用的"天然的原动力"，等等。

恩格斯指出，杜林忘记了，道德科学也像数学科学一样，是从人的生活实践和需要中产生的，虽然它的形式是抽象的、模式化或公式化的，但是正像在其他一切思维领域一样，"从现实世界抽象出来的规律，在一定的发展阶段上就和现实世界脱离，并且作为某种独立的东西，作为世界必须遵循的外来的规律而同现实世界相对立。社会和国家方面的情形是这样，纯数学也正是这样……正是仅仅因为这样，它才是可以应用的"①。真实地说来，问题应是这样：从生活实践中经过思维的分析综合，概括出一般原理和原则，这就是认识世界；在实践中再把所得出的一般原理和原则应用于特殊的目的和实践，以推动实践的进一步发展，这就是改造世界。早在批判杜林之前30多年的《关于费尔巴哈的提纲》中，马克思就明确地写下了这样经典性的结论："全部社会生活在本质上是实践的。凡是把理论引向神秘主义的神秘东西，都能在人的实践中以及对这种实践的理解中得到合理的解决。"②这个结论对批判费尔巴哈的形而上道德观和杜林的先验主义道德论，都是适用的。费尔巴哈和杜林并没有真正懂得实践，没有真正理解实践和理论、原理、原则和公理的关系，因而他们的道德哲学以不同的形式把理论、意识形

---

① 《马克思恩格斯选集》第 3 卷，人民出版社 2012 年版，第 414 页。
② 《马克思恩格斯选集》第 3 卷，人民出版社 2012 年版，第 135—136 页。

式引向了神秘主义，或者是以"爱的宗教"包裹着自然道德论，或者是以"世界模式"的面目出现的先验道德论。

二、 道德观基础和道德原则适用性

在杜林看来，道德观也像他的真理观一样，是适用于一切世界和一切时代的"终极真理"，那么这种"道德真理"又是如何产生的呢？杜林认为，道德的观念来自人的主观愿望或意志，是愿望和意志的派生物，而"愿望是从冲动、激情和知性认识的联合体中产生的。如果把意志仅仅理解成愿望，那就可以从意志中推论出道德"①。杜林在解释道德概念的本义时说，"道德的要素是一些简单的决定，并且必定以协调一致的方式……重新出现于人以外的一切生物中"，"道德的世界和一般知识的世界一样，尽管都有其缺陷和不足之处，但都有它们的恒久的原则和单纯的要素"。他认为只要认识了它的"最终基础"，就可以像数学一样具有类似的适用性和有效性，甚至在其他天体上也是适用的。

杜林所说的"道德"与"道德观"是同义的。按照杜林的辩解：人的本性不仅在发育不正常的情况下会有缺陷，而且在人的伦理机能的禀赋中也会有缺陷。为了克服这种缺陷，有必要设置一些既带有共同性又带有"独特性的功能模式"。道德的原则是凌驾于历史和民族特性差别之上的，它一开始有天然的推动力，在发展过程中组成比较完全的道德意识和所谓良心的那些特殊真理。因此，道德基本法则的真理性是普遍恒久有效的。杜林的这种道德真理论把道德观念和原则产生的基础和动力，完全归于脱离历史和社会生活特性的"天然的推动力"，不仅是先验主义而且也是用"现实哲学"掩饰的神秘主义。

针对杜林的先验主义、神秘主义"道德真理论"，恩格斯提出了这样的问题：人的思维是什么？恩格斯指出，当我们说"思维"时那是指人类的

---

① ［德］杜林：《哲学教程》，商务印书馆 1991 年版，第 184 页。

思维，是指人的类特征。作为人类的思维是作为无数过去、现在、未来的个人的思维而存在的，类的特征是通过个体特征体现的。因此，就其本性来说，人的思维是至上的，又是不至上的。也就是说，就它的认识能力来说是无限的，就它实现认识的个体来说又是有限的；按它的本性、使命、可能和终极目的来说，是至上的，按它的个别实现和每次的实现来说又是不至上的。所谓"绝对的、终极的真理"根本是不存在的。同样，所谓"永恒道德真理"也是这样：人的道德也是指人类的道德，是作为无数过去、现在、未来的个人的和特殊的道德而存在的。因此，杜林的"永恒道德真理"论和他的"终极真理"论一样，都是站不住脚的。

　　人的道德观念究竟是从哪里来的？在人类伦理思想史上，历来有抽象的人性论，或论人的善性，或论人的恶性，或论人性的既善又恶的两重性，且以不同的形式反复再现。对人性的看法不同，其萌发和表现的道德观念也有所不同。从古希腊的人性善论到中世纪基督教的性恶论，再到近代欧洲哲学和伦理学的人性善恶混同论，尽管各有独到见解，但都没有摆脱从人性本身求解道德观来源的老路子。在欧洲近代思想史上，黑格尔的道德哲学是典型的先验主义体系，但它以思辨的辩证法透视传统人性论的弱点，力图从人性的历史性和社会性上去解释人的道德观念的发生和发展，把自由意志这块道德基地移植到社会的历史发展之中，从而推动了对人性论的反思和道德思考的进步。但是他的抽象理念论又使他的探索陷入唯心主义、神秘主义思辨。费尔巴哈对黑格尔唯心主义思辨的反叛具有革命性意义。他的人本主义从形式上看，是很实在的，把人作为出发点时，也常以男人和女人来说明人的关系。但是关于这个"人"及其生活在复杂的现实世界的本质，他却根本没有论及。他所论及的"人"始终还只是一种哲学的抽象，是从"一神教的神羽化"而来的"纯粹人"，甚至主要不是存在着这种纯粹人的关系，而是要把这些关系看作新的"真正的宗教"。费尔巴哈从"宗教"（religion）一词具有联系的意思，就直接推出"两人之间的任何联系都是宗教"的结论。在他那里，只有这种关系盖上宗教的印记以后才能被认为是完满的。因此在费尔巴哈的伦理观里，两个人之间的任何联系都是宗教性的。这样的认识不可能对道德观的来源问题提供正确的答案。

比照费尔巴哈，杜林则更进一步。杜林把人看作生物，认为人的道德观念是人作为生物的"能动的悟性"自觉表现出来的"本能的生命活动"，道德就是生物中存在的"协调一致的方式"和"愿望的派生物"。因此，他认为道德观念和原则是"永恒不变的真理"。实质上，他和费尔巴哈两个人的道德观都是以抽象人性为基础的。从方法论上说，尽管他们两个人都主张自然观上的唯物主义，但正如上面所说，都是形而上学、机械论的唯物主义，在社会历史领域实质上还是唯心主义。他们共同的缺点在于不懂得辩证法，脱离人的社会关系和现实生活，脱离人的历史发展，从抽象的人和人的不变本性（如"本能""类本质"等）出发，推出道德观念和道德原则。这样的道德论不可能摆脱理论体系的肤浅和不彻底性，最终必然把道德观念导向荒谬或神秘。

恩格斯对杜林的"永恒道德论"的批判，彻底结束了这种探索的迷茫。道德观像任何其他领域的观念、思想一样，有它的起源、发展和改变的历史，不可能是永恒不变的。恩格斯从对近代历史上的三大阶级道德的分析中，得出了两个重要的根本性结论：

其一，"人们自觉地或不自觉地，归根到底总是从他们阶级地位所依据的实际关系中——从他们进行生产和交换的经济关系中，获得自己的伦理观念"[①]。（《马克思恩格斯全集》第 1 版的译文是："人们自觉地或不自觉地，归根到底总是从他们阶级地位所依据的实际关系中——从他们进行生产和交换的经济关系中，吸取自己的道德观念。"[②]）其二，"我们拒绝想把任何道德教条当做永恒的、终极的、从此不变的伦理规律强加给我们的一切无理要求，这种要求的借口是，道德世界也有凌驾于历史和民族差别之上的不变

[①] 《马克思恩格斯选集》第 3 卷，人民出版社 2012 年版，第 470 页。

[②] 《马克思恩格斯全集》第 20 卷，人民出版社 1971 年版，第 102 页。

的原则。相反，我们断定，一切以往的道德论归根到底都是当时的社会经济状况的产物"①。(《马克思恩格斯全集》第 1 版的译文是："我们驳斥一切想把任何道德教条当做永恒的、终极的、从此不变的道德规律强加给我们的企图，这种企图的借口是，道德的世界也有凌驾于历史和民族差别之上的不变的原则。相反地，我们断定，一切已往的道德论归根到底都是当时的社会经济状况的产物。"②) 这两段话中，有两个词的译文新旧版有改动。一是"道德观念"改为"伦理观念"；二是"道德规律"改为"伦理规律"。

　　恩格斯在这里说的是"道德论"，而不是一般地作为个人操守和群体风尚的道德观和状态，也不是指导人的具体行为的道德规范体系。道德论是关于道德的观念或道德观念的系统化理论。道德观作为一种观念当然是源于人们的实际生活，是人们的意识对实际生活的积极的反映。如前所说，人的生活和人与人之间的社会关系最基本的是经济关系。从整个社会的宏观结构来看，道德观念是建筑在一定的经济关系基础之上的社会意识，在归根结底的意义上，它必然要受社会的经济基础所制约或被决定，同时也受社会政治制度、政治观念和文化氛围的强烈影响。这个思想从黑格尔以来就已成为一般人的意识，但口头上承认是一回事，实际上把这个思想运用于现实的研究领域则又是一回事。由此，恩格斯连续作出了几个推论：如果人们在研究工作中始终从这个观点出发，那么关于"最终解决"和"永恒真理"的要求就永远不会提出了；人们就始终会意识到他们所获得的一切知识必然具有的局限性，意识到他们在获得知识时所处的环境对这些知识的制约性；人们对于还在不断流行的旧形而上学所不能克服的对立，即真理和谬误、善和恶、同一和差别、必然和偶然之间的对立也不再敬畏了；人们知道，这些对立只有相对的意义，今天被认为是合乎真理的认识都有它隐蔽着的、以后会显露出来的错误的方面，同样，今天已经被认为是错误的认识也有它合乎真理的方

① 《马克思恩格斯选集》第 3 卷，人民出版社 2012 年版，第 471 页。
② 《马克思恩格斯全集》第 20 卷，人民出版社 1971 年版，第 103 页。

面，因而它从前才能被认为是合乎真理的；被断定为必然的东西，是由纯粹的偶然性构成的，而所谓偶然的东西，是一种有必然性隐藏在里面的形式，如此等等。①

从这一点，可以联想到马克思恩格斯在《德意志意识形态》中回答普鲁东提出的一个问题：人类是否可能在运用道德原则方面长期地受骗？是怎样和为什么受骗？普鲁东的看法是：一切谬误都构成科学的阶梯，最不完善的判断也包含着一些真理，这些真理对于某些归纳推理和实际生活的一定领域还是完全够用的。关于道德规则的不完备的知识在一定的时间内也可能足够社会进步之用。按照马克思和恩格斯的观点回答就是：观察的正确与否取决于问题的解决，即取决于实践。在道德方面也像在其他一切知识领域一样，"谬误构成科学的阶梯"，因为人民不会总是受同样的欺骗。② 实践使人吃一堑长一智。这个道德知识和道德规则相对性和有限性的道理，在这里也是适用的。在这种意义上，恩格斯说："在道德方面也和人类认识的所有其他部门一样，总的说是有过进步的。"③

恩格斯还指出，由于远离经济基础的高级意识形态采取抽象的形式，所以人们往往对观念和它的物质存在条件之间的联系模糊不清，以为道德观念可以脱离它的物质存在条件而独立存在，这是错误的。实际上这里的联系是存在的，只不过意识形态也有它自己相对独立的发展。"任何意识形态一经产生，就同现有的观念材料相结合而发展起来，并对这些材料作进一步的加工；不然，它就不是意识形态了，就是说，它就不是把思想当做独立地发展的、仅仅服从自身规律的独立存在的东西来对待了。人们头脑中发生的这一思想过程，归根到底是由人们的物质生活条件决定的，这一事实，对这些人来说必然是没有意识到的，否则，全部意识形态就完结了。"④ 人们的社会

---

① 参见《马克思恩格斯选集》第4卷，人民出版社2012年版，第353页。
② 参见《马克思恩格斯全集》第2卷，人民出版社1957年版，第147页。
③ 《马克思恩格斯选集》第3卷，人民出版社2012年版，第471页。
④ 《马克思恩格斯选集》第4卷，人民出版社2012年版，第261页。

存在决定人们的社会意识，这是认识道德发生、发展的基本原理。

总之，杜林的道德观与费尔巴哈的道德观表现形式不同，但实质是一样的。他力图像建立数学体系那样建立他的道德论，揭示"永恒道德""永恒正义"，建立一切时代、一切地域、一切民族都适用的道德体系，实际上也和费尔巴哈的道德论一样，它对任何时间、任何地域、任何民族都是不适用的。

三、　善恶观的来源及其辩证关系

在善恶观的来源以及善与恶的辩证关系问题上，杜林的道德哲学也同他的"道德真理论"一样，跳不出形而上学思维方式和先验主义教条。

杜林在谈到人的善恶观来源的时候，常常仿效法国唯物主义者的词句，标榜从经验出发，重视人的经验和知性。他在讲"道德的原本含义"时说："任何一个有知性思考能力的人，都会程度不同地按照他自己经历过的善恶标准，自觉地、有目的地进行活动。"① 但是，若问这种善恶观念是从哪里来的？他则根本不谈人的现实经验和生活方式，直接断定"善恶观念是由感觉的、冲动的和激情的器官决定的"②。在他看来，在生活中，一个人的周而复始的活动方式如同单纯的行为习惯一样，并不能形成真正的"伦理和风尚"，因为低下的行为活动和交往方式，根本不能用伦理标准加以衡量。如果作为活动方式的行为习惯属于高尚的伦理风尚，那么首先就要断定这些行为习惯和方式是"伦理上的善，还是伦理上的恶"？这就是说，问题只在于人是否有知性的思考能力通过感觉、冲动和激情去决定。这样，杜林的高论就使善恶问题超出了人的现实生活和经验范围，而进入先验的领域。除去杜林的故弄玄虚，他的观点实际上就是"人本性善"，因为他深信"道德世界也有凌驾于历史和民族差别之上的不变的道德教条"。由此，他也同

---

① ［德］杜林：《哲学教程》，商务印书馆1991年版，第180页。
② ［德］杜林：《哲学教程》，商务印书馆1991年版，第180页。

样坚持善和恶也是非此即彼的、永恒不变的道德标准。善不是恶，恶不是善，善恶不能混淆，否则一切道德都将完结。正是针对杜林的这种形而上学思想，恩格斯说问题并不这样简单。如果问题这样简单，那么每个人都会知道什么是善，什么是恶，关于善和恶的争论就根本不会发生了。

在这里，恩格斯阐述了善恶观的历史相对性和社会根源。恩格斯指出，善与恶的对立属于道德领域，是在历史领域中运动的，而在这个领域里"最后的终极真理"恰恰是最稀少的。恩格斯概括地说明：现代社会有多种道德观，有基督教的封建主义道德观，包括天主教和新教道德观、资产阶级道德观和与它对立的无产阶级道德观。但是只有现在代表着现状的变革、代表着未来的那种道德，即无产阶级道德，肯定拥有最多的能够长久保持的因素。"善恶观念从一个民族到另一个民族、从一个时代到另一个时代变更得这样厉害，以致它们常常是互相直接矛盾的。"① 由此，恩格斯得出了两个重要结论：其一，是说道德观或伦理观的来源："人们自觉地或不自觉地，归根到底总是从他们阶级地位所依据的实际关系中——从他们进行生产和交换的经济关系中，获得自己的伦理观念。"② 其二，是说道德论的阶级性："一切以往的道德论归根到底都是当时的社会经济状况的产物。而社会直到现在是在阶级对立中运动的，所以道德始终是阶级的道德；它或者为统治阶级的统治和利益辩护，或者当被压迫阶级变得足够强大时，代表被压迫者对这个统治的反抗和他们的未来利益。"③

恩格斯总结说："在这里，在道德方面也和人类认识的所有其他部门一样，总的说是有过进步的。但是我们还没有越出阶级的道德。只有在不仅消灭了阶级对立，而且在实际生活中也忘却了这种对立的社会发展阶段上，超越阶级对立和超越对这种对立的回忆的、真正人的道德才成为可能。"④ 请

① 《马克思恩格斯选集》第 3 卷，人民出版社 2012 年版，第 469—470 页。
② 《马克思恩格斯选集》第 3 卷，人民出版社 2012 年版，第 470 页。
③ 《马克思恩格斯选集》第 3 卷，人民出版社 2012 年版，第 471 页。
④ 《马克思恩格斯选集》第 3 卷，人民出版社 2012 年版，第 471 页。

注意，恩格斯在这里所讲的"道德"，都是指"道德观""伦理观"或"道德论"，都属于观念、理论认识的领域，是关于有没有终极真理的问题，而不是指个体的德行或品德、操守。因此，对这两个基本原理性的结论，恩格斯都明确地限定在"归根结底"的意义上，而不是在道德观念和道德论的任何方面和任何发展阶段上，否则就会产生误解或曲解。这里说"总的说是有过进步的"，并不等于说任何时候、任何阶段都是进步的。发展并不等于进步，也有倒退，如同说"进一步，退两步"。

在对道德观的辩证理解上，尽管杜林的谈论很多，但是同费尔巴哈一样，他并没有真正理解道德观的本性。恩格斯指出，比较黑格尔关于伦理的学说，费尔巴哈的道德论是极其贫乏的。黑格尔的伦理学或关于伦理的学说就是他的法哲学，其中包括抽象法、道德、伦理；伦理又包括家庭、市民社会、国家。"在这里，形式是唯心主义的，内容是实在论的。法、经济、政治的全部领域连同道德都包括进去了。"① 在善恶对立的研究上，同黑格尔比较起来费尔巴哈也是肤浅的，特别是费尔巴哈的"人性善"论。他虽然把人作为出发点，但是他对人所生活的世界却没有真正了解。他所理解的人只是在他的宗教哲学里的抽象的人，而不是历史地产生和生活在现实世界里的人。

恩格斯引出黑格尔的这样一段话："有人以为，当他说人本性是善的这句话时，是说出了一种很伟大的思想；但是他忘记了，当人们说人本性是恶的这句话时，是说出了一种更伟大得多的思想。"② 恩格斯引出黑格尔的这段话并不是要肯定人性恶论，而是针对费尔巴哈的形而上学的抽象"人性善"论，阐发关于人性善恶的辩证法。

形而上学的道德哲学认为，存在着永恒不变的人性，这种不变的人性或者是善性，或者是恶性，而且善性和恶性是根本对立的。黑格尔反对这种形

---

① 《马克思恩格斯选集》第4卷，人民出版社2012年版，第243页。
② 《马克思恩格斯选集》第4卷，人民出版社2012年版，第244页。

而上学的人性论，认为人的本性不是不变的，也不只是单一的纯善性或纯恶性，而是因内在差别和矛盾而自在自为发展的。在上面所引的那段话里，黑格尔就针对性善论以他的思辨方式阐述了性恶论的实质和善恶发生、发展的辩证法。

按照黑格尔的分析，人性善论所说的人的"本性善"，是指人的意志本源善，即没有恶混在其中的"纯善性"。对此，黑格尔提出了这样的问题：如果说人性本源是纯善的，那么人的恶性又是从哪里产生的呢？既然人的本性是善的，何以可能又是恶的？对第一个问题，基督教求救于"上帝创世论"，由上帝或假设的上帝去解决。不过，如果上帝的创世是绝对肯定的东西，那么无论怎样穿凿也不能在这肯定的东西中找出否定的东西来，否则就等于把恶归于上帝，那是自相矛盾的。对于第二个问题，形而上学的回答只能是这样：既然肯定了人的意志本性善，那么恶性只能在善性之后出现，或者是与善性并列存在，或者是从外面加到善性里面去的。人的意志本性善又何以可能是恶的？按照形而上学的思维，无论怎样穿凿也不能在善意志里面生出恶意志。那么怎样解开这个谜？唯一的出路就是求教于辩证法。

黑格尔的辩证法讲的是概念的辩证法。在他的思辨体系中，概念是自由精神的出发点，它本身是自在自为的，就是说它自身包含着差别和矛盾，能够主动地自己发展，用黑格尔的话说就是，概念"本质上具有区分自己并否定地设定自己的因素"。因此，"从概念的观点出发，肯定性被理解为积极性和自我区分。所以恶也同善一样，都是导源于意志的，而意志在它的概念中既是善的又是恶的"①。因此，要辩证地理解或把握概念，以及概念加定在构成的理念，就不能仅仅停留在抽象的无差别和矛盾的肯定性上。如果仅仅停留在抽象的无差别和肯定性上，那就是"理智的空虚"。

黑格尔所说的概念"肯定性"，也叫作"定在"，概念及其定在就是"理念"。这实际上就是指事物本身存在的"规定性"。"定在"中包含着

---

① 〔德〕黑格尔：《法哲学原理》，商务印书馆 1961 年版，第 144 页。

自身发展中的两个因素：一个是现实性即肯定性；再一个是非现实性，即否定性。"定在"就其是存在着的规定性而言是现实性、肯定性；就其为否定性而言，是非现实性、"异在"。这个否定性作为"定在"的"异在"，就是包含在"定在"或规定性之中的否定因素。这样，规定就是肯定地建立起来的否定，规定就是否定。有否定才有规定，没有否定就没有规定，因此否定就是规定的生命。不仅如此，否定既能规定"定在"，又能扬弃"定在"，所以它是自身否定和发展的力量所在。所谓"积极性"，正是指这种发展的主动性、能动性。所谓"自我区分"，就是指概念、理念本身包含着差别和矛盾的否定性。黑格尔把这种概念本身的否定性叫作"内在的不安定"。

不过，事物作为"定在"，在与他物的关系中是区别于他物的稳定的质，就这质的存在本身来说，它只是潜藏着他物的存在。尽管这种存在有一种"内在的不安定"，但它仍然是暂时的自身同一，它还是相对肯定或安定的东西。正因为这样，形而上学的思维方式总以为特定的事物只有肯定性的、同一性的一面，只有存在的形式，而看不到它也同否定性一样；不懂得任何特定的事物都同时还有否定性的、"异在"的一面，还有非存在的形式。在日常生活中，人们通常只是想到自己的意志跟自己是处在肯定的关系中，而自己意志的希求所面对的又是某种被规定了的善的东西，因而很难理解或不愿意去理解自己的意志本身还存在"内在的不安定"，还有可能是恶的。在黑格尔看来，这种形而上学的思维和日常生活中的肤浅识见，当然不能真正理解概念和事物本身内在的否定性和善恶关系的辩证法。

上面的思想，在黑格尔那里是唯心主义的概念辩证法。这种概念辩证法见之于现实事物，就是现实事物的辩证法，即客观事物的辩证发展。按照事物的辩证法，事物之所以具有能动性，能够自我发展，就在于它本身包含着内在的差别和矛盾，包含着内在的否定性。就现实规定的肯定性是善来说，那么相对于这肯定性的否定性就是恶。这里的恶作为否定性是具有现实性的否定性，是有其合理的根据和条件的否定性，但相对于规定的肯定的善来说就被看作恶。"恶无非是存在对应当的不相适合。"① 按照事物发展的客观辩证法，凡是合理的必将在发展过程中变为现实的。在这种一般哲学意义上，可以说与肯定性相联系并构成矛盾的这种合理的否定性，就是矛盾发展的动力。

就人的德性而言，善与恶是在意志中体现的。在人的实际行为中，直接的意志被看作"自我同一"的规定，是内在的、肯定的，因而被看作善，所以人们就说人的本性是善的。但作为意志的自然性，作为欲望、冲动、意向等，它们是与人的精神的普遍性相对立的，也就是与自由意志是对立的，因而是一种否定性，所以人们又说人的本性是恶的。当然，单就自然性本身来说，无所谓善恶；但如若这自然性与人的本质相关联时，也就是与一定的社会追求和普遍性的意志相矛盾时，它就含有不自由和非本质的规定，因而就是恶的。正是这种作为恶的否定性，构成意志的内在矛盾，推动着意志通过自我设定而扬弃自己，也就是使自我摆脱特异性、自然性的纠缠，向社会性、普遍性的精神提升。这种设定或扬弃就是自由意志的主体性和自由。所以，黑格尔说，"唯有人是善的，只因为他也可能是恶的。善与恶是不可分割的，其所以不可分割就在于概念使自己成为对象，而作为对象，它就直接具有差别这种规定"②。这可以说是黑格尔对自己上述思想的总结，也是黑格尔的法哲学对"恶的根源"问题的辩证的解决。对于这个结论，黑格尔提醒人们注意它是与通常的见解相反的，因为通常的见解恰恰把自然的意志规定设想为"善的意志"。黑格尔认为，单纯作这种设想的只能是小孩子和无教养的人，而不是"具有自我意识的人"。在这种意义上，我的本能理解俄国伦理学家左谢伊诺夫的观点，而认为"社会规律是在否定意义上包含着道德的可能性的，也就是说，道德只能是作为对社会规律的否定而存在于这些规律之中"。否则就会陷入小孩子的思维水平。

---

① ［德］黑格尔：《精神哲学》，人民出版社2006年版，第301页。
② ［德］黑格尔：《法哲学原理》，商务印书馆1961年版，第144页。

那么，为什么说说出人本性恶就是"更加伟大得多的思想"呢？这可以从以下几个方面理解：

第一，它说出了善与恶的辩证关系。人并不具有先天的善性或恶性，按其本然之性的意志无所谓善，也无所谓无恶，纯属自然。而现实的人，则是在一定的社会关系中实践着的人，是有一定意向和意志规定的人。因此，现实的人作为社会人不仅可能是善的，也可能是恶的，或者是有善有恶的，而且是能自知、自觉、自为的。当我们说到具体的人时，如说人是善的，那只是因为他也可能是恶的，因为这个善是相对于恶而言的。善与恶是不可分割的。其所以不可分割，就在于人自身直接具有善恶差别和矛盾的规定，而且人是有自我意识的，能意识到自身具有的差别和矛盾的规定。

第二，它说出了发展的动力和杠杆。正因为恶是事物内部的一种否定性，所以它使人的意志不能停留在自然性、特殊性上，而要向着精神性和普遍性提升。另外，人的意志要从初步的主观动机和意图向高级的善目的提升，要克服冲动、狭隘和自私等向善提升的阻力，这种低级的、阻力的因素作为恶同时就成为意志道德进步的杠杆。没有恶作为对立面，就没有矛盾的发展；没有恶作为善借以发挥作用的杠杆，善的作用就无所施展，事物就不能发展，道德就不能进步。在这种意义上，黑格尔认为，道德与其说是和谐，莫如说就是斗争。通过斗争促使矛盾向善的转化。

第三，它说出了不应存在的东西。肤浅的道德哲学把良心看作"自我确信"。其实，抽象的"自我确信"仅仅是一种主观性，它还可能把自己的特殊欲求作为行为的普遍原则，死抱住不放，因而使自己的特殊意志"处在转向作恶的待发点上"。因为特殊意志作为个别意志，它具有主观性，任意性、偶然性，如任性、冲动、自私等，因而它本身并不等于善，相对于善来说则属于恶。要求人们自觉地克服那些不应存在的任性、冲动、偏激等特殊性，自觉地抵制意志向恶的转化。① 但这不是要否定特殊性以及特殊性和

---

① 参见高兆明：《黑格尔〈法哲学原理〉导读》，商务印书馆 2010 年版，第 288 页。

普遍性的矛盾，而是要克服那种对待矛盾的无理性和虚无主义。正是在这种包含着否定性的应然性中，预示着人的行为和人生的理想性；同时也向人们表明：认识善以及善与恶的辩证关系，从而扬善去恶，乃是每个有自我意识的人的道德义务。

第四，它说出了行为责任的根据。人与动物不同，人对自身内在的矛盾和对立性是自觉的，是知道不应该停留、固守在自然性上的。如果这种自觉性是自以为是的主观性，是自为的任性，那么他所作出的恶行，就要自己绝对负责。正是在这种意义上，人的意志的自然性已经不是纯粹自然的东西，而是与其本质相联系的社会化的意志。对个人来说，行为的向善或向恶是自觉选择的结果，恶的本性就在于人能希求它，而不是不可避免地必须希求它。人的决心是他自己的活动，是本于他的自由意志作出的。因此，只要不是完全被强制的行为，他就必须对自己的行为负责。在这个意义上，如谢林所说，自由就是"善和恶的能力"①。当然，马克思恩格斯强调，人类的自由更是去恶扬善的能力。

在《反杜林论》中，恩格斯说在黑格尔那里，"恶是历史发展的动力的表现形式"②。这句话所说的"历史发展动力"，就是指历史发展的矛盾。矛盾的两方面既相互联系，又互相对立，既统一又斗争，从而推动了事物的发展。从这种意义上，善与恶两方面就是历史发展的矛盾借以表现的形式。历史发展的动力不只是恶这一种形式，还有善这种形式。所以，从严格的辩证思维来说，不能说恶这一个方面就是历史发展的动力，也不能说善这一个方面就是历史发展的动力。一个巴掌拍不响，只能说由善和恶两方面构成的矛盾才是事物和历史发展的动力。前面所说"恶是历史发展的动力"，是就矛盾本身包含的否定性而言，在这种特定意义上说，作为推动历史发展的否定性的恶，就是历史发展的动力。但就历史发展的一般意义上说，善和恶构

---

① ［德］谢林：《对人类自由的本质及其相关对象的哲学研究》，商务印书馆 2008 年版，第 65 页。
② 《马克思恩格斯选集》第 4 卷，人民出版社 2012 年版，第 244 页。

成的矛盾是历史发展的动力所表现的形式。这对道德发展的历史来说，同样也是适用的。这种观点并非只是恩格斯对黑格尔辩证法观点的转述，它也是恩格斯的观点，当然是经过批判、剥取其合理内核的辩证唯物主义观点。

第二节　平等伦理观与社会公正

恩格斯在《反杜林论》中对杜林平等观的批判，首先是针对杜林研究社会现象的数学公理方法，揭露杜林先验主义方法论的一种特殊表现形式。进一步阐述平等的社会意义、平等与正义以及平等观的历史演变。最后论述无产阶级平等观的形成及其历史意义。如果说"道德和法"这一章的第一部分（永恒真理），主要是讲一般道德、善恶观的话，那么这一部分（平等），就是着重阐述社会伦理的平等、公平正义问题；最后部分（自由和必然），主要是阐述个人的自由意志、责任、自由和必然的关系，可以说是道德和伦理的统一，综合把握道德哲学的基本逻辑——自由及其秩序。

一、　所谓"平等的基本公理"

杜林的哲学虽然是庞杂的折中主义大杂烩，但他一向标榜严格的科学方法。在对社会现象的研究中，他主张"应当以纯数学和合理的力学原理作为自己的牢固基础"。他认为，对待社会生活领域的问题，包括道德和法的问题，也应当像对待数学问题一样，"从简单的基本形式上，按照公理来解决，正如对待简单的……数学原则一样"①。杜林在社会平等观的研究中使用的就是这种纯数学的公理方法，可以说是他习惯的先验主义方法论的特殊表现形式。按照恩格斯的概括，他的方法就是："把每一类认识对象分解成它们的所谓最简单的要素，把同样简单的所谓不言而喻的公理应用于这些要

---

① 《马克思恩格斯选集》第3卷，人民出版社2012年版，第416页。

素，然后再进一步运用这样得出的结论。"① 他认为这样得出的结论才具有数学或力学公理那样的确切性和不变的真理性。杜林的这种方法的特点是：研究某一对象不是从对象本身去认识，而是从对象的概念逻辑地推论出对象。先是从对象构成对象的概念，然后颠倒过来，再用对象的概念去衡量对象。其结果不是概念应当和对象相适应，而是对象应当和概念相适应，这就如同当年青年黑格尔学派的思辨，是纯粹的玄想。这种玄想所依据的素材，不是来自青年黑格尔派的"自我意识"，而是运用一些可以作为抽象基础的现实内容的零星材料，还有从有关文献上抄下来的关于道德和法的观点，再加上他个人的主观想象。杜林自以为是，以为他自己"制定了适用于一切世界和一切时代的伦理学说和法的学说"；实际上，他的道德观和平等论，只是为他那个时代的保守潮流或革命潮流制作了一幅扭曲的、头足倒置的画像。

那么，杜林构造平等论的"最简单的要素"是什么呢？就是它设计的两个人。杜林把社会分解为它的最简单的要素，而最简单的社会至少由两个人组成，所谓"两个人的模式"。由此他得出这样一个道德的基本公理："两个人的意志，就其本身而言，是彼此完全平等的，而且一方不能首先向另一方提出肯定的要求……互不损害，也就是说，尊重别人的意愿就像尊重自己的意愿一样，是公共道德的第一个基本法则。"② 杜林认为，只要说明两个人十分简单和基本的关系，公共道德的基本法则和法的正义的基本观点就同时被表述出来了，因为出发点是"两人的意志彼此完全平等"。恩格斯对杜林的"过度夸张"的平等论，作了尖锐求实的辨析和批判。

首先，恩格斯指出，两个人在性别上就可能是不平等的。社会的最简单的要素如果不是两个男人，而是一个男人和一个女人，如果两个人建立起以生产为目的的家庭，即使是原始家庭也不可能构造出两个人在道德上和法上

① 《马克思恩格斯选集》第 3 卷，人民出版社 2012 年版，第 472 页。
② ［德］杜林：《哲学教程》，商务印书馆 1991 年版，第 187 页。

有平等的地位。如果设想两个人是家长，那么这种简单的两个人的平等模式，就会变成它自己的反面，不是证明两个人的平等，至多只是证明两个家长的平等，同时证明不能成为家长的妇女的从属地位，因而证明男女权利的不平等。从社会思想史上看，这种"两个人关系"的模式，是 18 世纪所共有的，在卢梭以及亚当·斯密和李嘉图的著作中都可以看到。不过，他们都证明了与杜林的结论相反的结论。所不同的是，他们只是用作举例来说明问题，而不是像杜林那样把它提升为社会科学的基本方法和评价历史形态的尺度。所以，杜林所设想的"两个人完全的平等"，只能是除去一切内容的纯粹概念的"完全平等"。

其次，恩格斯指出，两个人的意志也不可能在道德上是完全平等的。杜林用人性中的善性来解释人的意志平等的原因。他把人看作"善良的动物"，认为"人类实际具备而且必须具备的、值得咒骂的一切冲动和激情，都是用来调整人们互相交往关系的"①。甚至那些嫉妒和复仇的情感所支配的行动，也都是道德的，因为它们是对危害天然正义和平等权利的反应。同情心、怜悯心，是人的天然本性，并且包含着高尚的天然本能。真正的邪恶激情只有在野兽中才能找到，而这种野兽邪恶激情就是人压迫人和人剥削人的基础。恩格斯指出，"人来源于动物界这一事实已经决定人永远不能完全摆脱兽性，所以问题永远只能在于摆脱得多些或少些，在于兽性或人性的程度上的差异"②。把人分为人性的人和兽性的人、善人和恶人、压迫者和被压迫者，有其社会历史的根源，并不是自然性原因可以解释的。杜林宣扬的绝不是科学思想，至多不过是基督教和旧道德的传统观念。人的精神方面的复杂性和差别也证明人的意志不可能完全平等。恩格斯指出，人的精神活动是极其复杂的，不同人的意识、情感、理性、智慧等千差万别，人类精神上的不平等也足以排除意志上的完全平等。

---

① ［德］杜林：《哲学教程》，商务印书馆 1991 年版，第 194 页。
② 《马克思恩格斯选集》第 3 卷，人民出版社 2012 年版，第 478 页。

最后，所谓"两个意志中一方不能向另一方提出任何肯定的要求"，也只是杜林的主观臆想，而不是历史的事实。恩格斯以卢梭为例，说卢梭早就按照公理、通过两个人证明了相反的结论：即使是漂流到一个孤岛上的两个人组成的社会，他们的意志在形式上是平等的，但在素质上却存在着巨大的不平等。事实上，在历史的发展过程中，强者往往以不同的方式，把自己的意志强加给后者，形成奴役关系并长期存在，以至于形成世袭的奴役制。在人类历史上，由于精神上的不平等而发生的暴力和压服现象从未间断过。平等常常是通过暴力实现的平等化，是一方意志在另一方的意志压服下承认为有平等权利。两个意志以及与之相伴的智慧在质量上的任何区别，可以说都是为上升到那种"压服的不平等"辩护的。两个人的意志完全平等只能在两个意志什么愿望也没有的时候才存在。一当它们不再是抽象的人的意志而转为现实的人的意志、转为两个现实的人的意志时，所谓平等的自主权、意志完全平等的"两个人的模式"，就不再有效，杜林所建立起来的"平等大厦"也就从根本上坍塌了。

的确，平等可以用很实在的方法加以简单化的表述。一方面，平等表示相同性；另一方面，平等又包含着公正。两个人或多个人，只要在某些方面或在所有方面处于同样的、相同的或相似的状态，就可以说它们是平等的。不过相同性，如果是指物体或动物，不好说它们是平等的，只能说它们是相同的，如说这两张桌子是相同的，不好说它们是平等的；那两条狗是一样的，也不好说它们是平等的。这是为什么呢？因为，它们的相同性是两个客体的结构和状态、形象的自然性比较，是非伦理性的。两个人的相同性则不是指他们的结构和形态的自然性比较，而是指他们作为人的本质和人的自觉性活动的社会性的比较，因而是伦理性的。

由此就发生一个问题："人生而平等"这种观点对不对呢？从上面所说的道理来看，这种观点是不对的。人生来是什么？是个自然事实的问题。从人类学的意义上说，人作为同类具有相同性，应当以"同类"相对待。不过这里所说的是抽象的类的平等性，是应当平等的一个自然性根据。这种观点对于呼唤人类平等，反对种族歧视和非人道的、不平等的社会制度来说，有一定的号召力和鼓动性。但它不能解释人在社会上为什么不平等，为什么在历史上又有不同性质和类型的不平等。而且就其自然事实严格来说，没有两个人是同样的，就像没有两片相同的树叶一样。因此在"人生而平等"这个观点提出之后，很快就有了相反的观点产生："人生而有别""人天生是不平等的"。因此不平等也就有它的天然的根据。亚里士多德就曾用这样的论据来论证奴隶制的不平等的天然合理性。

研究社会现象，包括研究道德现象，应当遵循什么样的原则，运用什么样的方法，才能得出客观正确的结论呢？马克思在批评特权者的习惯法时曾指出，对法的分析不能离开人类的社会制度。人类社会的不平等与动物世界的不平等性质不同，它的不平等现象"不过是平等的色彩折射而已"，前者是类的关系，后者是特定的种的关系。在实行单纯的封建制的国家即实行等级制的国家里，人类简直是按抽屉来分类的，那是"精神的动物王国"，因为在那里"他们所要求的并不是法的人类内容，而是法的动物形式"①。正是在这种意义上，恩格斯批评杜林形而上学的抽象方法，强调研究某一对象的特性，应从对象本身去认识，而不能从对象的逻辑概念中推出来；应在社会生活及其历史发展中，寻求它得以产生和发展的根据和前提，而不能像杜林那样，一遇到寻根究底的问题就求助于"天然"。平等表明的是人对人的社会关系。研究人的意志就应当研究人的意志的真实内容，即人的意志对外部世界关系、人所特有的社会实践本性。恩格斯在批判杜林的经济学时深刻地指出："在哲学上，当他不是简简单单地胡说八道的时候（像在自然哲学中那样），他的观点是对 18 世纪的观点的歪曲。在他看来，这里所涉及的不是历史的发展规律，而是自然规律，是永恒真理。道德和法这样的社会关系，不是由当时历史地存在的条件决定的，而是由著名的两个男人来决定的，两人中的一人或者压迫对方，或者不压迫对方，可惜后一种情况直到现

① 《马克思恩格斯全集》第 1 卷，人民出版社 1995 年版，第 249 页。

在还从来没有出现过。"① 不仅如此，杜林还把他的经济学也归于为"最后的真理""永恒的自然规律"，是"更高级的、在更高的研究领域中已被完成的真理"，等等。恩格斯借用德文"ausmachen"一词的双义——"完成"和"熄灭"，讥讽杜林的"喋喋不休的自夸"，不过是同义反复的毫无内容的"公理"，完成得就像熄灭一根冒着烟的蜡烛一样。

二、 平等观的历史发展

平等的观念是历史的产物，是在历史发展过程中发展变化的。古老的平等观念是一切人都有某些共同点，在这共同点所及的范围内人们是平等的。如在原始公社中，土地是公有的，也会有相当平等的产品分配和使用。如果在古老的公社成员之间在分配方面发生了较大的、较长时间的不平等，这就可能标志着公社解体的开始。在人类历史上，一般的普遍的平等观念的出现比较晚。在古代的原始公社中，最多只有公社成员之间的平等权利，妇女、奴隶、外地人是没有平等权利的。在古希腊、罗马奴隶制时代，不平等要比平等更受重视，不平等是天经地义的。在古希腊，人和野蛮人、自由民和奴隶、公民和被保护民之间讲平等，在当时的人看来简直是发疯。在亚里士多德时代，较大的城邦，如雅典，城里居民有 9 万人，奴隶有 6 万人。斯巴达居贵族地位的有 9 千户，平民户口有 3 万户，奴隶约 30 万人。这里的阶级区别和阶层的差别是明显的，而且是制度化的。在思想和理论观念上，亚里士多德的著作留下了清楚的记录。他的政治学、伦理学，在自由民、贵族和奴隶之间划了严格的界限，这个界限就是"不平等"，不平等就是公正，平等就是不公正。在贵族和一般平民之间也有不平等的界限。一般来说在自由民之间，他肯定了平等的公正性，在这里不平等就是不公正。

在罗马时代，除自由民和奴隶外，其他差别都消除了。这样，在自由民之间就有了平等，但还谈不上一般人特别是与奴隶之间的平等。讲谦恭要区

① 《马克思恩格斯选集》第 3 卷，人民出版社 2012 年版，第 530 页。

分等级，遇事要分清人们的阶级和社会地位，否则那不仅是不平等，而且是不公正。古罗马时代记录农事的经典文献《论农业》，把奴隶划归会说话的工具，同牲畜和犁锄等工具一样，都是作为农庄的设备对待的，不仅用作工具，还可以买卖。这里的人群是不可能平等的。[1] 事实上还是延续着古希腊时代亚里士多德的观念，平等就是不公正。

中世纪的基督教，主张在上帝面前人人平等，承认人都是上帝的子民，有一种原罪的平等观和作为上帝子民的平等观。早期基督教作为被压迫者的宗教，还有财产平等的观念，要求富人必须放弃财产才能进天国。后来，产生了僧侣和俗人的对立，发展出严格的教阶制，基督教的平等连同它的平等观念也就逐渐消失了。剩下的就只有一种平等，即上帝子民的原罪平等。但这种平等也只在有限的时间和范围内存在。在欧洲社会发展和精神文明史上，只有在民族国家形成后才有可能谈论人的平等和人权。与此同时，发展了封建制度的不平等，诸如诸侯和陪臣、领主和农奴、牧师和俗民、师傅和帮工、族长和族员以及家长和家奴等，不平等构成宗法社会的基础，并形成了民族国家体系，为资本主义社会的人权平等的要求作了准备。资产阶级的"人的平等"和"人权平等"的要求，正是针对着宗教神权和封建特权的。

恩格斯在批判了幼稚的古代平等观后指出，现代平等观是与古代平等观不同的，这种平等观应当是从人的共同特性中，从人就他们是人而言的这种平等中，引申出这样的要求："一切人，或至少是一个国家的一切公民，或一个社会的一切成员，都应当有平等的政治地位和社会地位。"[2] 这里强调的是，作为公民和社会成员的政治地位和社会地位，也就是要求在国家和社会中有平等的权利。这种平等权利的要求，在人类发展史上已经是千年陈账了。

政治地位的平等，是在国家中作为国家公民的权利平等。社会地位的平

---

[1] 参见［古罗马］M. T. 瓦罗：《论农业》，商务印书馆1981年版，第十七章。
[2] 《马克思恩格斯选集》第3卷，人民出版社2012年版，第480页。

等，是作为社会成员的权利平等，一般说来，就是人权的平等。前者讲的是个人和国家之间的关系，后者讲的是社会成员个人与个人之间的关系。这个问题，马克思在 1843 年批判黑格尔法哲学和论犹太人问题时，作过深刻的论述。按照马克思的论述，要在政治国家和市民社会的区别上，理解公民政治地位和市民社会地位的区别。这种地位实际表现为权利。政治地位表现为公民权，剥夺一个人的公民权就是剥夺他的政治权利。社会地位表现为人权。人权之作为人权是和公民权不同的。不同就在于这个"人"是市民社会的成员。为什么市民社会成员的权利是人权？马克思说，这个事实只有用政治国家和市民社会的关系来解释。

资产阶级的平等，最初是从资本主义商品经济中表现出来的。这就是商品所有者的自由、平等交换的平等权利，是劳动者自由订立契约的权利，以及所有人作为人的劳动的平等权利。这样的平等权利，就表现在经济学的等价交换的价值规律中。面对封建专制制度和行会特权，对资产阶级来说，最重要的就是要有自由通行的平等和交易机会的平等，就是要求消灭封建特权。这种资产阶级要求的平等权利，在它日益强大并超出个别国家范围时，就被宣布为"普世价值"的"天赋人权"。这种"天赋人权"也就是被法国大革命提到首位的"人权"。与此同时还提出了作为政治权利和社会权利的公民权，开创了平等发展的一个新的历史阶段。平等观念的科学内容的确立，将决定它对无产阶级的价值。

恩格斯指出，从资产阶级社会的经济条件导出资产阶级的平等观念，首先是由马克思的《资本论》作出的。马克思分析资产阶级的平等观念，不是什么"天赋观念"，而是资本主义商品经济发展的必然结果。"自由、平等、所有权和边沁"，正是这种历史事实的反映。自由、平等是资产阶级的生产资料和财产所有权的要求，而边沁即利己主义、功利主义则是反映自由、平等要求的道德原则。马克思在《哥达纲领批判》中批判拉萨尔关于"分配的平等权利"观点时曾指出，在历史发展的这个阶段即资本主义阶段上，期望实现这种平等权利只是幻想。因为，任何一个社会消费资料的分配，都不过是生产条件本身分配的结果，而生产条件的分配则体现着生产方式的性质。在资本主义生产方式基础上，作为生产资料的资产和地产掌握在资本家和地主手中，无产阶级和人民大众只有作为生产力的人身条件，没有参与分配的平等权利。消费资料的分配必然与这种分配相适应，它也不能平等地属于社会的一切成员。正因为资本主义的平等不是天赋的，而是从资本主义经济结构中产生出来的，所以与资产阶级平等观念同时发展起来的还有无产阶级的平等观。正如资产阶级在反对贵族的斗争中抱有神学的世界观一样，无产阶级起初也从资产阶级那里也学来了法学的思维方式，从法律中寻找反对资产阶级、争取平等权利的武器，只不过性质不同而已。

杜林赞同费尔巴哈自然观的唯物主义和人本主义平等观，赞扬卢梭是平等思想的先驱和奠基者，但他反对卢梭把"人民的主权"作为出发点，反对"让个人的意志屈服于多数人的意志"。他还把这种"两个人平等"的原则进一步用于"自由社会"的政治伦理设计，宣扬必须放弃与暴力相联系的国家概念，而代之以"自由社会"的概念。恩格斯在批评杜林的形而上学平等论时，以卢梭的平等论为例，阐述了关于平等观的辩证法。卢梭认为，人在自然和野蛮的状态中是平等的，由于自然状态的原因而存在的"没有语言的"兽类人也是平等的。但是他认为那些彼此平等的兽人具有其他兽人所没有的趋于完善的能力，即往前发展的能力；而这种能力就成为不平等的原因。因此，卢梭把不平等的产生看作一种进步。当然，这种进步是对抗性的，所以它同时也是一种退步。由此，恩格斯得出一个重要结论："文明每前进一步，不平等也同时前进一步。随着文明而产生的社会为自己所建立的一切机构，都转变为它们原来的目的的反面。"① 恩格斯举出封建专制的不平等为例，说明不平等的登峰造极必然再走向平等，因为在封建暴君面前的人人平等等于暴君袍下的臣民人人等于零。这样，不平等就超过自发的不平等而转到更高级的社会制度和契约的平等。在卢梭的平等论的阐述

---

① 《马克思恩格斯选集》第 3 卷，人民出版社 2012 年版，第 518 页。

中，包含着同马克思几乎相同的思想进程，即辩证的思考，包含着矛盾的过程，对立面的转化，经过否定的否定达到更高级的平等。

历史的发展已经显示出来，无产阶级的平等观是从资产阶级的平等观中得出来的：既然资产阶级向封建社会提出平等要求不能只是表面的，不仅要在国家领域实行，而且还应当实际地在社会经济领域实行；那么，无产阶级就必然针锋相对地向资产阶级统治的社会提出自己的平等要求，也就是要求有政治地位和经济地位的平等。法律上规定的平等还只是形式的，它必须体现为社会的平等。恩格斯说，"无产阶级所提出的平等要求有双重意义。或者它是对明显的社会不平等，对富人和穷人之间、主人和奴隶之间、骄奢淫逸者和饥饿者之间的对立的自发反应……或者它是从对资产阶级平等要求的反应中产生的，它从这种平等要求中吸取了或多或少正当的、可以进一步发展的要求，成了用资本家本身的主张发动工人起来反对资本家的鼓动手段；在这种情况下，它是和资产阶级平等本身共存亡的。在上述两种情况下，无产阶级平等要求的实际内容都是消灭阶级的要求。任何超出这个范围的平等要求，都必然要流于荒谬"①。这是为什么呢？恩格斯回答得很实在：因为现代大工业造成了无产阶级，这个阶级能够在历史上第一次要求根本消灭阶级；这个阶级所处的地位，使他们不得不贯彻这一要求，否则就有沦为苦力的危险。这就是说，在消灭阶级之前，无产阶级向资产阶级要求并实现政治地位和社会地位的平等，实际上是不可能的。

如何解开这个谜？恩格斯指出，就是通过政治革命实现社会的解放，把人的世界和人的关系还给人自己。就是一方面把人变成市民社会的成员，变成现实的、独立的个人；另一方面使人成为公民，成为法人。只有当现实的个人同时也是共同体的公民，并且作为个人，在自己的经验生活、自己的个人劳动、自己的个人关系中间，成为大写的人的时候，只有当人认识到自己"原有的力量"，并把这种力量组织成为社会力量，因而不再把社会力量当

---

① 《马克思恩格斯选集》第 3 卷，人民出版社 2012 年版，第 484 页。

作政治力量跟自己分开的时候，只有到了那个时候，人类解放才能完成。因此，平等在马克思、恩格斯那里，就是代表着无产阶级的要求：消灭阶级，实现人的解放和人的自由全面发展。所以"平等，作为共产主义的基础，是共产主义的政治的论据。这同德国人借助于把人理解为普遍的自我意识来论证共产主义，是一回事"①。这个所谓"一回事"，就是"扬弃现实的私有财产"。② 在德国是哲学自我意识，在法国是平等，在英国是现实的物质的需要。而要扬弃现实的私有财产，则必须有现实的共产主义行动。历史将会带来这种共产主义行动，而我们在思想中已经认识到的那正在进行自我扬弃的运动，在现实中将经历一个极其艰难而漫长的过程。

三、 正义的根据和"自由社会"

平等观和正义观是相联系的。古希腊的亚里士多德把公正看作人对人的关系，如前所说，"公正性与公正就是对于什么才公正，在什么之中的公正"③。显然，亚里士多德的公正是相对的。杜林模仿亚里士多德的思路，以平等推论公正。不过他把前者的思辨的逻辑变成简单的两个人的关系模式。在杜林的"现实哲学"体系中，正义的讨论被归于道德和法的领域。他在《哲学教程》第二章的"天然的法律观"一节，比较集中地论述了道德的和法的正义问题。他认为，道德和法出于同一根源，像一棵树一样出土又分株，就是说在道德和法的研究对象汇合时，它们作为保护个人法则的方式就有了区分：道德重在良心，进入人的内在意识和情感的领域；法则重在强制，成为对肉体和行为强制的手段。两者有时也会相互渗透地转化，道德的东西成为强制的法，而应该强制的东西要听命于道德的社会舆论。但是，杜林强调，在人和人的关系中，有一个"牢固的核心"是始终存在的，这个核心就是不能使用暴力。按照简单的"两个人意志平等的公理"，如果作

---

① 《马克思恩格斯全集》第3卷，人民出版社2002年版，第347页。
② 《马克思恩格斯全集》第3卷，人民出版社2002年版，第347页。
③ 《亚里士多德全集》第八卷，中国人民大学出版社1992年版，第279页。

为平衡和维持两个单个人的关系的必要手段，当然没有理由使用暴力。如果在拥有足够的集体道德力量的情况下，就更应避免暴力的强制手段，否则就会导致非法行为。他认为这里只能按照两个人的模式，以完全自由为前提的天然的正义为相互关系的准则，去反对非法行为，因为"这是自由的利益所在"。这样的结论，明显地表现出杜林的正义论是完全脱离实际的天真幼稚的"两个人的模式"图解。

杜林论述正义涉及道德的正义、政治的正义和经济的正义。在这三个领域，杜林都诉诸他的最基本的"两个人的模式"。相应地，恩格斯对杜林的批判也是从道德、经济和政治等方面进行，扩展为哲学、经济学和社会主义三个领域。

按照杜林正义论的简单模式，首先，实现两个人的平等意味着两个人的意志完全平等，同时要有一个最高原则即"天然的正义"。只有以"天然的正义"为标准，两个人的意志才能达成合作的协议，愿意根据经济利益或其他目的联合起来，互相支援。在发生争执的情况下，正义的道德纽带就能起到调停的作用。如果设想两个人拥有同样的实力和智慧，并且也拥有同样的攻防手段，双方就不会诉诸武力，因为它不会给哪一方带来胜利的希望。在这种情况下，一方面双方就会放弃对抗的尝试而呼吁谅解与和平；另一方面，两个人之间任何一个人都没有权利把自己的意志强加于另一个人，从而产生一种有计划的合作关系，就会形成"一切完美的、人类共同生活的最高基本原则"，并永远消除奴役和统治关系的"自由社会"①。

其次，要有公共道德的基本法则。杜林认为，既然两个人的意志是完全平等的，那么一方提出高于对方的意愿就构成隶属关系。造成这种隶属关系的原因就在于缺陷或自我规定不足。在两个人的意志平等的情况下，放弃要求就是个重大的义务。由此，杜林得出一个结论："互不损害，也就是说，尊重别人的意愿就像尊重自己的意愿一样，是公共道德的第一个基本法

---

① 参见［德］杜林:《哲学教程》，商务印书馆 1991 年版，第 245 页。

则"，同时也就有了"一切知性正义的基本观点"。① 由此，他又得出了一个结论："个人的意志并不包含奴役他人的意志，同时也没有奴役别人意志的权利。涉及道德义务的一切东西，都有相互节制的问题。个人的意愿一旦去奴役他人的意愿，它就超越了自己的范围。"② 由此，"只有不逾越自己的范围去奴役他人的意志的意志，才是自由的"，"只有这种真理才能同个人的尊严和自由相一致"。③ 就是说，杜林认为他所说的正义原则不仅是权衡平等的尺度，而且也是个人自由和尊严的保证。

最后，正义原则也应当归为两个人的简单模式。按照杜林的设计，在三个人中如果有两个人没有得到正义的保证而请求力量大于他们的第三者来对他们的冲突进行斡旋和执法，他们所得到的必然是"专制的恩赐"和"做奴隶的权利"。他们之间就会形成奴役和被奴役的关系，形成真正的奴隶制。在这种情况下，无论哪一方胜利，都谈不上正义和非正义，斗争的结果就只是权力问题。因此，杜林认为斗争不分胜负才是比较理想的结局，势均力敌的局面才是权力不能代替正义的可靠保证，是正义原则能够发挥深远和持久影响的可靠保证。期望第三者力量确保正义与和平则只能是一种幻想，只能埋葬自由与和平。

不必把杜林关于正义的言论一一列举，仅从以上几例就可以看出，无论在哪个领域，也无论在哪个时代，杜林都是毫无例外地、极其自信地贯彻他的简单的"两个人的模式"。他说："对道德，特别是对正义所作的合乎自然规律的论证，是通过天然的特性的学说，以及这种特性同食血动物的特性或者同敌对的动力混杂在一起的学说展开的。历史的第二个时期，即未来的时期，是以自由社会的、贯彻始终的概念为特征的。"④ 杜林所说的"天然特性的学说"，就是指"人的本性善"论，它使人有良心、仁爱、同情、和

---

① ［德］杜林:《哲学教程》，商务印书馆1991年版，第187页。
② ［德］杜林:《哲学教程》，商务印书馆1991年版，第187页。
③ ［德］杜林:《哲学教程》，商务印书馆1991年版，第188页。
④ ［德］杜林:《哲学教程》，商务印书馆1991年版，第521页。

平；另外，是少量的动物性，表现为人的恶性、冷酷、残暴、自私等。他认为，人类历史的第一个时期是动物性尚未清除，因此有争斗、压迫、暴力，以及强权和专制。第二个时期，则是人类发扬善性、制伏恶性的"自由社会"。他的道德哲学就是建立在"人性善"和"两个人的意志完全平等"的概念基础上，他的最高原则就是保持两个人的意志完全平等的"正义"。他也同吉尔巴特一样，崇尚"天然正义原则"，把正义看作"在一切历史之上"，认为"历史是由高尚的思想创造的"。由此，他否定达尔文进化学说，反对马克思的历史唯物主义理论，这是符合他的暧昧的政治自由主义和道德思维逻辑的。

与杜林不同，马克思恩格斯坚持符合历史发展规律的、社会关系规定的、体现人民利益的正义观，是辩证的历史唯物主义的正义观，而不是"天然正义"和"永恒正义"。什么是正义？这里一必要重审马克思在《资本论》中阐发的正义观。马克思在讲到生息资本时批评了吉尔巴特的"天然正义"论，提出了正义的社会历史根据。他说："在这里，同吉尔巴特一起说什么天然正义，这是毫无意义的。生产当事人之间进行的交易的正义性在于：这种交易是从生产关系中作为自然结果产生出来的。这种经济交易作为当事人的意志行为，作为他们的共同意志的表示，作为可以由国家强加给立约双方的契约，表现在法律形式上，这些法律形式作为单纯的形式，是不能决定这个内容本身的。这些形式只是表示这个内容。这个内容，只要与生产方式相适应，相一致，就是正义的；只要与生产方式相矛盾，就是非正义的。在资本主义生产方式的基础上，奴隶制是非正义的；在商品质量上弄虚作假也是非正义的。"[1] 马克思在这里是针对交易关系讲的正义，但根本的问题在于它否定了自然正义，指出这之中包含着人的意志，个人意志和共同意志，这种共同意志以国家强制性的契约体现出来，表现在法律形式上，就是"正义"。这种正义不是自然产生的，也不是当事人个人主观意志的产

----

① 《马克思恩格斯全集》第 46 卷，人民出版社 2003 年版，第 379 页。

物，而是由个人意志结合而成的共同意志的体现。他体现的实际内容是那种生产关系和社会关系的要求，是那种关系的历史发展大趋势的要求的，绝不是杜林所说的两个意志相等的人的"道德意愿"。

对此，恩格斯作过历史的具体分析。他说："每一种社会的分配和物质生存条件的联系，如此深刻地存在于事物的本性之中，以致它经常反映在人民的本能上。当一种生产方式处在自身发展的上升阶段的时候，甚至在和这种生产方式相适应的分配方式里吃了亏的那些人也会热烈欢迎这种生产方式。大工业兴起时期的英国工人就是如此。不仅如此，当这种生产方式对于社会还是正常的时候，满意于这种分配的情绪，总的来说，也会占支配的地位；那时即使发出了抗议，也只是从统治阶级自身中发出来……而在被剥削的群众中恰恰得不到任何响应。只有当这种生产方式已经走完自身的没落阶段的颇大一段行程时，当它有一半已经腐朽了的时候，当它的存在条件大部分已经消失而它的后继者已经在敲门的时候——只有在这个时候，这种愈来愈不平等的分配，才被认为是非正义的，只有在这个时候，人们才开始从已经过时的事实出发诉诸所谓永恒正义。"① 道德和法的规定不过是历史上发展着的生产方式及其现实利益关系的表现形式，道义的呼声并不能代替公正和正义的科学分析。恩格斯特别指出："在考察财富的分配时，我们最好还是遵循现实的客观的经济规律，而不要遵循杜林先生关于正义和非正义的一时的、易变的主观想象。"② 如像他在 1889 年底写给施米特的信中所说，那时德国有一种气氛："老头们仍然相信'和谐一致'，而青年们却在嘲笑一切说劳资双方利益一致的人。老头们排斥任何社会主义者，而青年们除了公认的社会主义者外，坚决不要任何其他的领导人。"③

恩格斯在评价马克思的功绩时说，马克思的唯物史观是与达尔文的进化论并列的对人类的伟大贡献。正是在唯物主义历史观与进化论的比较研究

---

① 《马克思恩格斯全集》第 20 卷，人民出版社 1971 年版，第 162—163 页。
② 《马克思恩格斯选集》第 3 卷，人民出版社 2012 年版，第 536 页。
③ 《马克思恩格斯全集》第 37 卷，人民出版社 1971 年版，第 320 页。

中，恩格斯揭示了二者之间的内在联系，即和谐与竞争的统一。有一段鲜为人知的事实，是为佐证。

在达尔文的《物种起源》出版后不久，即1887年春，恩格斯在给马克思的信中说："我正在研究达尔文，他是非常卓越的。目的论在这方面还没有破产，现在却破产了。证明自然界历史的发展，至今大规模的尝试，而且从没有这样成功的。"① 一年后，马克思也读了达尔文的《物种起源》，回信说"这是含有我们见解的自然史基础的书"。后来，马克思再读《物种起源》时就表示了不同的态度，恩格斯也有了与马克思一致的看法，这主要是对自然界物种之间的生存竞争。在恩格斯的《自然辩证法》中有这样一段话："在达尔文以前，他的今天的信徒们所强调的恰好是有机界的和谐合作，植物界怎样给动物界提供食物和氧，而动物界怎样给植物界提供肥料、氨和碳酸。达尔文的学说刚刚得到承认，还是这些人立刻到处只看到斗争。这两种见解在狭小的范围内都是有道理的，但两者也都同样是片面的和褊狭的。自然界中无生命的物体的相互作用既有和谐也有冲突；有生命的物体的相互作用则既有有意识的和无意识的合作，也有有意识的和无意识的斗争。因此，在自然界中绝不允许单单把片面的'斗争'写在旗帜上。但是，想把历史的发展和纷繁变化的全部丰富多样的内容一律概括在'生存斗争'这一干瘪而片面的说法中，是极其幼稚的。这等于什么也没有说。"② 接着又说："达尔文的全部生存斗争学说，不过是把霍布斯关于一切人反对一切人的战争的学说和资产阶级经济学的竞争学说以及马尔萨斯的人口论从社会搬到生物界而已。变完这个戏法以后（它的无条件的合理性，特别是同马尔萨斯的学说相关的东西，还很成问题），要把这些学说从自然界的历史中再搬回到社会的历史中去，那是很容易的；如果断言这样一来便证明这些论断是社会的永恒的自然规律，那就过于天真了。"③

① 《马克思恩格斯书信集》第2卷，生活·读书·新知三联书店1957年版，第523页。
② 《马克思恩格斯选集》第3卷，人民出版社2012年版，第986—987页。
③ 《马克思恩格斯选集》第3卷，人民出版社2012年版，第987页。

　　这段话如此清楚准确地表达了他和马克思一贯坚持的唯物辩证法原理，显然不是恩格斯一时兴起所写。马克思也和他一样，在斗争中理想着和平，在艰苦的奋斗中憧憬着未来的和谐社会。在解决现实斗争问题和理论问题时，他们始终明确地维护对辩证法的正确理解，把握和谐与冲突、合作与斗争的对立和统一。任何片面强调"斗争"的观点和行动，他们都敏锐地察觉并予以纠正，包括他们自己的失误和错误。当然，事物在发展的具体复杂的情况下，矛盾的哪一方面居于主导地位，那是由事物发展的具体情况和条件决定的。至于个人对具体情况和条件的判断如何，不免要受到个人的经验积累、当下的认识程度和情绪的影响。例如，马克思在 1862 年回答女儿问"您对幸福的理解"时，他说是"斗争"。他对这个问题的回答是与回答"您对不幸的理解"是同时的，回答是"屈服"。显然，马克思对"斗争"观念的强调是由于"不幸"的激发，是相对于"不幸"和"屈服"回答的，并不是在任何情况下都主张用"斗争"来对待。还有一例，马克思在一次因养病在海边漫步与朋友谈话，朋友问他："人生是什么？"，他面对咆哮的大海回答的是"斗争"两个字。显然这是与马克思当时的境遇和心情相联系的。他在长期经历着与各种敌对势力进行的重大斗争，同时还要与自己身上的病魔做斗争，这是不难理解的。

　　值得注意的是，杜林在发挥他的两个人的正义论时，大谈理想的"自由社会"。在这方面，杜林追随 18 世纪欧洲思想启蒙运动，特别崇尚卢梭的自由政治和社会契约论，在一定意义上也崇尚影响近代和现代社会的法制精神。杜林也像德国一些年轻哲学家一样，力求建立庞大体系和科学方法论证自由的秩序。从康德到黑格尔的德国道德哲学的思辨，力求证明每个人意志自由同时又不要妨害他人自由的公正法则，认为公正法则是确保社会自由的必要而充分的条件。康德致力于确立一个自由的公正法则，并期望人类朝着不断改善的体制"一步一步地人道化"，力图以其道德的"绝对命令"建立普遍的、必然的、高尚的自由社会。黑格尔以其辩证法体系和历史和谐论，提出了法与福利、权利和义务统一的社会共同体。但是，这样的自由社会的设计，并不能改变存在着阶级和阶级对立的社会秩序。在这方面，杜林不满意康德、黑格尔式的思辨，努力把他的理论体系设计结合德国的社会现实，建立区别于康德、黑格尔的思辨哲学的"现实哲学"。但是，他的折中主义的理论和简单幼稚的思想方法和自由社会模式，使他不得不陷入既承认阶级又反对阶级斗争、既想回归现实又摆脱不掉德意志小市民自由的幻想、既要摆出科学创造的架势而又力所不及的尴尬和狂妄。马克思恩格斯对杜林的社会历史观的批判，应该说也是对直到 19 世纪后半叶仍然存在的空想社会主义、空想共产主义的批判，尽管并不是最后的批判。

期盼自由、和谐和建立自由和谐的社会，是马克思和恩格斯一生的理想，也是他们的理论研究关注的历史使命。正如恩格斯在分析卡莱尔时所说，如果从人的整个无限性去理解人之为人，那么就不会产生这种想法："再把人分成两群——山羊和绵羊，统治者和被统治者，贵族和贱民，老爷和愚人；他就会发现天才的真正社会使命不是用暴力统治别人，而是激励别人，引导别人。"[1] "利益的一致是人类惟一应有的状况。"[2] 所以恩格斯认为，从一定意义上说，社会主义从产生时起，就是构建和谐社会的实验。恩格斯在评论英国、法国和德国三个国家的社会主义思想和欧文的社会主义实验时说："我一向认为，建立'和谐'组织只是一种实验，表示实行欧文先生的计划的可能性，促使社会舆论更赞赏解除社会贫困的社会主义计划。"[3] 他认为，当时英国社会主义者构建和谐社会组织的计划不能向法国人推广，因为法国人的处境使他们不得不把注意力集中于政治行动，他们要进行的是争取政治独立、自由、平等的斗争。因此，英国人的这种社会主义实验在法国人那里就可能碰到冷淡和漠不关心。但是要向他们表明，"真正的自由和真正的平等只有在公社制度下才可能实现；要向他们表明，这样的制度是正

---

① 《马克思恩格斯全集》第 3 卷，人民出版社 2002 年版，第 522 页。
② 《马克思恩格斯全集》第 3 卷，人民出版社 2002 年版，第 523 页。
③ 《马克思恩格斯全集》第 3 卷，人民出版社 2002 年版，第 482 页。

义所要求的"①。

马克思和恩格斯一生都在为工人阶级和人类的解放而奋斗。在他们的意识和理论思考中，和谐与冲突、合作与斗争，都是与他们所处的社会状况和历史条件相联系的。从他们的著述中我们可以看到和体会到，他们的斗争正是为了实现人与自然、人与人、人与社会之间的和谐，实现人的自由全面发展的社会理想。正因为这样，马克思和恩格斯才反对在实现社会主义和共产主义道路上不能够理智地对待资本主义社会，认为资本主义是创建社会主义的出发点和基础，社会主义必然要从资本主义中发展出来，反对对资本主义的消极否定，反对彻底否定资本主义的一切、在废墟上重新建立社会主义的"左派幼稚病"。

按照马克思和恩格斯的理想，一个社会最高的任务是追求公正，建立民主、平等的社会生活关系，以保证所有的社会成员能够得到安全的生存和生活，使所有有能力的人能够充分发挥自己的才能，得到自由全面的发展。正义和公正是人所共走的康庄大道，是树立良序社会秩序的道义基础。在这条大道上任何人都没有特权。"在这个水平上，社会全体成员的平等的、合乎人的尊严的发展，才有可能。"②

平等和公正的实际社会内容，是权利和义务的关系均衡或平衡。社会伦理围绕运行的轴心，就是权利和义务及其相互关系。权利和义务是互相联系的。肯定了权利，同时也就肯定了义务。因为从相互作用来说，肯定了权利也就肯定了义务。凡是一个人所享有的权利也就是另一个人所享有的权利，因而拥有并保障这种权利就成为每个人的义务。因此，马克思恩格斯总是强调：没有没有权利的义务，也没有没有义务的权利，必须使权利和义务统一起来。权利和义务的分裂，就是社会的不平等、不公正，就必然导致社会伦理秩序的破坏和道德的滑坡，甚至是历史性的倒退。这已是无数历史事实证

---

① 《马克思恩格斯全集》第 3 卷，人民出版社 2002 年版，第 482 页。
② 《马克思恩格斯选集》第 2 卷，人民出版社 2012 年版，第 77 页。

明了的。实现公正是全社会的责任，而社会的公正又是各种责任实现的社会基础。公正、责任和平等，是相辅相成的、统一的历史进步过程。可以说，在马克思恩格斯的道德哲学思想中，最深层的观念，就是在尊重和保障自由的基础上实现以平等为特征的公平正义，从而实现自由及其秩序的新时代。这是共产主义高于资本主义的价值追求和历史使命。

第三节　意志自由和必然性

《共产党宣言》提出的未来社会的"自由人联合体"，它不仅是未来社会的社会理想和道德理想，而且也是现代和谐社会建设的价值导向。在《反杜林论》中，恩格斯通过对杜林的批判，论述了自由意志、人的责任、自由和必然性的关系，揭示了自由的本质和发展规律，并以道德与法的关系问题贯穿自由及其秩序的道德哲学体系。

一、自由意志和意志自由

"自由意志"和"意志自由"两个词有时互用，有时也区别使用。"自由意志"和"意志自由"，都说的是人的意志。人是理性的存在者，理性（精神）的本性是自由。人的理性功能的发挥体现为意志和行为就是德，而这德也就是理性自由的体现。所以可以说"自由意志"与"意志自由"说的就是意志。但是，严格说来，"自由意志"是侧重于指体现自由理性的意志自身，而"意志自由"则涉及意志对主体行为全过程内外多方面关系的影响和规定，所以它是作为理性功能的意志自由的实现及其过程。这样一种意志，它是作为能思维的理智，是自由意志贯彻于行为过程，使之提高到普遍性的道德的动力和毅力。意志自由是就意志对内部和外部必然性的关系而言的，即意志是否认识和把握必然性，表现为驾驭必然性使之为自己的一定目的服务的能力。直接地说就是"自由意志"的意志自由。

在《反杜林论》的论述自由与必然的关系这一部分，恩格斯首先提出法律问题，是有其特殊用意的。当时的普鲁士王国法律汇编，还称为《普鲁士邦法》，是维护贵族特权、扼杀平等、自由的典型。普鲁士邦法则以其含糊性、不确定性的道德说教为这种邦法助威。它掩盖了普鲁士法的本质，肯定了普鲁士邦法的"半宣判"，忽略了明确的法兰西法和含糊的普鲁士邦法的不确定性之间的本质差别，因此必须首先揭露普鲁士邦法的真相，揭示法律和道德的区别。杜林认为，在法律审判中，只有在"完美的社会"中，才能有陪审员票的完全一致的规定。他不知道，在现代法律审判中，如英国法，法兰西法，美国法，这些民族的法律关系都有相应的规定，而法兰西现代法则是"以法国大革命的社会成果为依据并把这些成果转化为法律的唯一的现代民法典"①。恩格斯指出，在现代法的规定中，陪审员的一致是绝对必要的，这是现代社会民主的要求。至于集议机构和个人责任，在现代民主的国家，在实施保障个人自由的英吉利法的地区，审判庭的每个成员必须在公开开庭时单独提出自己的判决，并陈述其理由。而普鲁士制度和邦法实行的集议，不经过选举、不公开审理、不公开表决、不公开陈述理由，这样的行政集议机构只是封建专制的普鲁士制度和邦法的特征。这种集议机构实质上是专制主义在法律领域的体现，是"宗法制的专制主义的法典"。标榜"现实哲学"的杜林，完全不了解现实社会和现代国家法和法的发展，凭他的主观想象构造"未来共同社会"的法律制度，讲什么空洞的"法定的道德"，"法定的道德组合"，"伦理方面的基本的本能形成的组合"等②，不过表明他的无知正是普鲁士邦法的宗法制度的专制主义的掩饰。

讲自由为什么要讲道德和法律的问题呢？因为，道德和法关系到自由的实现和存在的限度。道德是关乎其内的，法和法律是关乎其外的。恩格斯通过英国、法国与德国法律的比较，肯定了前者包含的民主、自由因素，否定

---

① 《马克思恩格斯选集》第3卷，人民出版社2012年版，第487页。
② 参见［德］杜林：《哲学教程》，商务印书馆1991年版，第184页。

了后者的专制主义性质。这是对杜林对法和法律的无知而又狂妄的讽刺和回答。

　　这里有两点应当注意：一是对法律的"道德方面的注释"，即对法律规范的道德解释。这种对法律规定的道德解释，实际上是使法典失去确定性和稳定性的解释。二是真正地体现道德的法律，是法兰西民法和英国那种具有独立性的、保障个人自由的民法。这两点都是关于道德和法的关系的思想。一是法律的规定是确定性、稳定性的，道德的规范是不确定、不稳定的；二是真正体现道德的法律应是体现独立、民主和保障人民自由的法律。在通过对现代法的几个典型分析之后，恩格斯提出了道德与法的关系问题。恩格斯说："如果不谈所谓自由意志、人的责任能力、必然和自由的关系等问题，就不能很好地议论道德和法的问题。"① 这就是说，不能正确地理解道德和法律的关系，就不能正确地理解"未来共同社会"的公民道德和社会和谐。

　　法律和道德都与人的自由相关。对人的自由来说，如果说法律对人发生约束力，人本身必须知道它但不必自愿地希求它，那么人对道德约束力本身不但必须知道它，而且必须诚心、自愿地希求它，实现"自化""自律"。所以说道德就是自由，是自由体现在人的内心里，体现在自觉主体的人的自身。因为法律对人来说是国家对个人强行的约束，个人对法律来说是不能不遵守的；而道德虽然是公共利益对个人的要求，个人应当与之相一致，但它只能是通过个人内在良心的认同和自觉自愿的希求，否则它就不具有实际的约束力，所以道德又必须以尊重人的自由为前提，否认这种前提往往是由于对"自由"理念的误解，或者只是出于某种专制主义的强制。正因为如此，社会对个人的道德要求必须尊重个人的权利，而只有自由的负责任的道德选择才能真正体现它作为有教养的公民的价值和尊严，也才能体现社会管理的民主和宽容。事实上，人们对道德要求的自知、自择、自为这种内在的良心活动，以及在主体内部达到的理性、情感、欲望的中和状态，在其与外在社

---

　　① 《马克思恩格斯选集》第3卷，人民出版社2012年版，第490页。

会的相互作用中所铸成之德性和操守，也就是有教养的道德行为之内在的必然，即它必然向善的伦理秩序。个人的内在行为一旦表现于外，进入现实生活的伦理关系，就处于各种行为关系相互作用的偶然性与必然性的交叉点上。从这方面看，个人做出一种行为选择就等于委身于自由与必然相互转化的规律，个人在社会伦理秩序中的自由就是对这种通过偶然而呈现的必然性规律的认识和驾驭。客观关系的结构及其法则的伸张，对于社会成员均是一种拘束，然而这种拘束仅仅对于无视法则或以为所欲为为自由的人才存在，在这个伦理秩序之内自觉适应伦理秩序的行为则是自由的。我们可以进一步理解恩格斯所说，"如果不谈所谓自由意志、人的责任能力、必然和自由的关系等问题，就不能很好地议论道德和法的问题"①。

怎样理解意志自由？近代欧洲道德哲学支脉奇异，学派纷呈，但都关注人的意志自由问题。特别是文艺复兴之后，肯定人的理性和自由，颂扬意志自由的思想成为哲学和道德哲学的主流。在英国，道德哲学在经验哲学的基础上关注人的意志自由。洛克表达了一种独特的观点，认为人的意志是人心的选择能力和特殊作用，它在主体内要受意欲的支配和思想的指导，依据心理选择才能作出意志的决定；在主体外部要受到外部世界条件的影响和支配，苦乐感受决定意欲的动机和行为选择。所以他断言："自由只乃是按照人心的指导来发生动作或停止动作的一种能力"；"因为意志底决定是直接跟着理解的判断来的"。② 所以在他那里，意志自由实际上是心的指导、理性判断的自由。密尔沿着洛克的路线看重人的思想自由，强调个人的自由必须要有制约的界限。"个人的自由必须制约在这样一个界限上，就是不使自己的自由成为他人的妨碍。"③ 在法国，以伏尔泰为代表的自由思想把自由看作最高原则，认为意志自由就是"去做你的意志绝对必然要求的事情的

---

①　《马克思恩格斯选集》第 3 卷，人民出版社 2012 年版，第 490 页。

②　[英] 洛克：《人类理解论》（上），商务印书馆 1959 年版，第 252—253 页。

③　[英] 约·密尔：《论自由》，商务印书馆 1959 年版，第 59 页。

那种权利"①。或者去做应该做的事情，而不被强迫去做不应该做的事情。在卢梭那里，自由是人的本性和意志的最高原则。但他在肯定个人意志自由的同时，又肯定公意，肯定团体的意志和人民的意志，因此，意志自由必然是、也应该是两者的统一，而不是对立。这就是他的社会契约论的基本精神或宗旨。引起争议的是法国唯物主义者，他们从感觉主义的物理感受性出发，承认感觉和外部环境的决定作用，而否定意志自由，因而陷入机械论的困境，客观地给德国思辨道德哲学更高地举起意志自由的旗帜开辟了道路。

近代德国道德哲学的特点在于突出地重视意志自由，把意志自由作为实践哲学的对象。康德把意志自由化为道德的善良意志，构建了道德自律论的道德形上学原理；黑格尔以自由意志为基地，演绎出主观意志与客观伦理相统一的法哲学体系，在思辨的道德哲学领域纵横捭阖，各显神通。康德认为，意志是存在于渴望中的作出决定的理性能力，就它可以决定自愿选择的行动而言，它就是实践理性自身。康德把这种选择区分为出于有意的意志选择和出于纯粹理性决定的意志选择。"这种可以由纯粹理性决定的选择行为，构成了自由意志的行为。"② 在康德的道德哲学体系中，这种意志不是仅仅遵从法则的意志，它更是制定法则的意志，它规定的理性法则就是禁止做的或必须做的绝对命令。康德把这种作为绝对命令的法则，看作必然性法则。这必然性与一般理解的必然性不同，仅仅在于"它们能够合乎理性地建立在先验的原则之上并被理解为必然的"③。

黑格尔承袭着德国道德哲学传统，重视意志自由，并把意志自由作为道德哲学的出发点。他所理解的自由是意志的根本规定，但不是康德所说的形式的规定，而是实质的从抽象到具体的规定。也不是法国机械唯物主义的理解，否定意志自由，只看到"物理的感受性"。黑格尔看出了问题的差距，清楚地指出："关于意志的自由，最好通过同物理的自然界的比较，来加以

---

① 《十八世纪法国哲学》，商务印书馆 1959 年版，第 95 页。
② ［德］康德：《法的形而上学原理》，商务印书馆 1991 年版，第 12—13 页。
③ ［德］康德：《法的形而上学原理》，商务印书馆 1991 年版，第 15 页。

说明。可以说，自由是意志的根本规定，正如重量是物体的根本规定一样。……重量构成物体，而且就是物体。说到自由和意志也是一样，因为自由的东西就是意志。意志而没有自由，只是一句空话；同时，自由只有作为意志，作为主体，才是现实的。"① 那么。自由作为意志如何才是现实的呢？那就只能抽掉黑格尔体系的"绝对理念"，使主体落到现实的基地上，使意志成为人的实践的意志，否则它仍然是虚而不实的。有一种值得回味的界定：自由意志是什么？就是把自己意识为原因而不意识为结果的人的幻想。这是18世纪法国哲学家狄德罗的界说。19世纪俄国哲学家普列汉诺夫对此评论说："狄德罗的这个出色的定义既适用于单个的人，也适用于社会的人……当人们认定一定的关系是他们的自由意志所建立的时候，那就是在重复那个人们因之而不把自己意识为结果的永恒幻想。任何一定的关系体系都在很大程度上决定于人的意志，但是人的意志是基于不以人为转移的原因去建立这种关系的。意志在它成为原因之前已经是结果，而社会学作为一门科学的任务，就在于把这个旨在支持或者建立一定的社会关系的社会的人的意志，当作结果来加以了解。"②

　　什么是意志自由？马克思恩格斯从踏入哲学研究领域，就聚精会神地关注人的意志自由问题。他们虽然注重的不是意志自由的逻辑定义，但是他们坚持辩证唯物主义和历史唯物主义观点和方法，肯定自然界和客观事物的必然性是第一性的，人的意识和意志是第二性的，就已经规定了自由意志的地位。恩格斯在《反杜林论》中，从多方面描述了意志自由的本质和特征。他说："意志自由只是借助于对事物的认识来作出决定的能力。"③ 这就是说，意志作为实践理性，具有两方面的作用，一方面是正确认识事物；另一方面是正确抉择行动。人在面对世界事物时是否有自由，与指导行动的判断

① ［德］黑格尔：《法哲学原理》，商务印书馆1961年版，第11—12页。
② 《普列汉诺夫哲学著作选集》第2卷，生活·读书·新知三联书店1961年版，第227页。
③ 《马克思恩格斯选集》第3卷，人民出版社2012年版，第492页。

是否正确有关，又与能否做出正确果断的抉择有关。前者是行动自由的前提，后者是能否实现自由的关键。在其他条件正常的情况下，对事物的判断和行动抉择正确，就能够获得预想的自由。在社会生活和历史发展中，存在的不只是一个人的活动，而是许多个人的各不相同甚至相反的活动，存在着各种形式的集体意志的作用。在现实生活中，每个人的自由意志是否同其他人的或集体的意志自由相协调，或者得到适当的处理？这就是人的意志表现于外时必然发生的境遇，就是陷入个人意志与他人意志、群体意志的交错复杂的关系中，也就是黑格尔所说"处在偶然性和必然性交叉点上"。如一个人要做某一件事，想实现他的某一愿望，他的这个意愿是他自由想出的，而且他要采取行动的意志同样也是自由的。但是，如果他周围的人与他的意愿不同或与他的行为决定相冲突，而且他们各自的想法和行动选择也同样有他们各自的自由，但是正因为这样进入人与人之间的意愿和行动选择的矛盾和冲突，人的意志又受到了意外的限制或障碍。那么，在这种情况下，他怎样去克服这样的限制或阻碍，解除意志自由的对立、冲突局面，达到协调或和谐的状态呢？可以设想，他去和他、他们以及有关方面沟通、商谈或谈判，去说服他们，或者去表示妥协、存异求同等。但是他怎样知道这样做会得到什么结果呢？法国唯物主义者认为，理性永远是正确的，所以人的理性能保证人的判断和选择正确。可是理性为什么永远正确、怎样才能是正确的呢？那就只有正确地认识与他的意愿和行动有关系的他人或群体的实际情况及其变化的可能性、趋势或规律性。就是说，如果他能够从他人或群体行动的可能性、趋势或规律性方面去对待和他人的相互关联或关系，相信他们在认识到事情需要那样、应当那样、以至于必然那样做时，他们就会有与他们一样或近似的意愿。这样，他就会得到别人或众人的支持，实现他自己的愿望，同时也能在和谐的关系交往中实现共同的目标。如果人的活动没有可预见的可能性或必然趋势，如果与他相关的人的意愿和行动没有任何沟通的可能性，那么任何人的行为活动的意志自由也就没有可能了。如果在群体的行动中没有任何必然性和趋势，或者不能从他们活动的必然性和趋势方面去理解他们，那么人们除了期待神意、运气或偶然性之外，就别无生存之道了。在这里，我们不应忘记马克思恩格斯对不可知论和蒙昧主义的批判。正是人类行为和生存的这种矛盾，这种偶然性与必然性、可能性与现实性的矛盾，使人类通过经验和智慧找到了自由和必然的辩证法。揭示这种自由与必然的辩证法，就是哲学和科学的任务，特别是辩证唯物主义—历史唯物主义哲学和道德哲学的力量所在（后面要讲自由与必然的关系）。

当然，从必然性到自由的过渡，对社会群体来说，有错综复杂的矛盾演化，是个历史发展过程。对个人来说，也是一个艰苦的磨炼过程。一个理性的、有德的人会自己意识到他的特殊行为内容的必然性和义务性。由于这样，他不但不感到他的自由受到了伤害，甚至可以说正是有了这种必然性与义务性的意识，他才具有更高的主体性，才能达到内容充实的自由。一般说来，当一个人知道他自己是由必然性所决定即所谓"身不由己"时，他便可能达到人格的高度独立性，这就是主体的"超脱"。这种超脱不是逃到抽象命运中去逃避，而是更好地去把握现实的生活条件，驾驭事物发展的必然趋势或规律性。不是跟着感觉走，而是用理性、意志统帅感性和情绪，跟着真理走，向着真理和善的目标前进。在这里，所谓"实事求是"，就是一求真理，二求正义。

二、 行为选择和责任能力

杜林按照"两个人的意志完全平等"和"三个人的关系"模式，论及道德和法以及责任和义务。他肯定个人的意志并不包含奴役他人的意志，也没有奴役别人意志的权利，认为"涉及道德义务的一切东西，都有相互节制的问题；……个人的意愿一旦去奴役他人的意愿，那么它就超越了自己的范围"。于是他由此得出了下面的结论："没有庄严的要求的可能性，没有真正的义务，真正的责任是难以设想的。"① 如果一个人企图把自己的意志

---

① ［德］杜林：《哲学教程》，商务印书馆1991年版，第187页。

强加在另一个人身上，而且这种企图已被后者所认识，那么两个人的这种关系就成了一种纯粹的武力要求。在这种情况下就只能产生武断的命令，而不能产生责任。因此，他认为高级的道德领域不能以孤立的义务原则为基础，而应辨明提出诸种义务的原因，辨明各自的责任。因为，义务是一般的规定，责任则是具体的。

什么是道德义务的原因呢？杜林认为，就是以自由意志为基础的责任心，而责任心的基础是自由。由此，杜林得出了一个自相矛盾的结论：一方面，他认为有自觉性的具有理性的个人，不允许被隐没在集体或权威的背后，使个人的意志外化为纯粹的工具。因为"只有个人才是道德责任心的承担者"，道德败坏的原因就在于压制和削弱个人的责任心。另一方面，他又断言，"正视基本的集体力量，对于测定文明的未来命运是决定性的"①。只有在具有共同利益的集体中，人对人才能提出这样的要求："无论谁犯了错误都是一种罪过；每个人都有责任防止这种罪过和惩罚这种罪过。"② 这种自相矛盾思考的原因，就在于他不能正确理解个人意志和集体意志、个人自由选择和社会行为的关系，就像他给自由概念下两个定义前后自相矛盾一样。

在社会生活中，权利和义务规定着个人的社会责任，同时也使个人成为主体。个人作为权利和义务的主体，同时也就是一个责任主体。责任意识就从主体方面集中体现着一个人的精神境界和人格。按照马克思的一贯思想，自我的本质在于社会性，在于社会特质。只有这样的自我才有人格。这样的自我才是作为能动的主体。作为具有自觉性和自主性的个人，是通过特殊性、个性体现着社会普遍性和共性的个人。在这个意义上，自我是他自己，同时又是类，或者说，他是一个特殊的个体，也是作为人的生命表现的总体。

---

① ［德］杜林：《哲学教程》，商务印书馆 1991 年版，第 287 页。
② ［德］杜林：《哲学教程》，商务印书馆 1991 年版，第 258 页。

就人的直接行为来说，责任与行为主体的动机和故意相联系。康德在谈到认识能力的可行性时指出，不能把德行解释为在自由的合法行为中的熟巧，那样就会把德行看作是机械的运用能力。康德把德行界定为："信守其职责的道德上的坚强。"① 他认为这种职责并不是习惯，而是全新地、本源地出自于思维方式。出自于思维方式而且总是全新的，那就是出于主体的故意。凡是出于故意的行为，都要负有一定的责任。这里有两方面：一方面是行为的外部归责，另一方面是行为的内部责任。前一方面对法律行为特别重要，后一方面主要是认识问题、道德问题。在黑格尔看来，自由意志行为指向的外在对象是有限的，人的意志必须对外在的对象有所认识。有限性意味着主体自身的限度和外部力量对主体的限制，这就是意志自由受到的限制，因此它就要听命于内部力量和外部力量的约束。但是外部力量有必然的也有偶然的，而什么是必然的，什么是偶然的，往往难以确定。因为有限东西的内在必然性是作为外在必然性，即作为个别事物的相互关系而达到规定状态的，偶然性后面都有或近或远的必然性联系。在这种情况下，个人作出某种行为，就是进入一种必然性与偶然性的复杂的交错关系之中。因此不能把行为的全部外在结果都归责于该行为，而只应把自由意志所意图和行为造成的结果归责于他，因为这个结果之中包含着许多外部侵入的偶然性因素，是不能由行为者负责的。因此论行为不问其后果是不对的，但只把后果就当作评价的根据，也是不对的。就行为的内在意图和目的来说，它既包含着特殊的内容，同时又包含着外在事物的相互联系的普遍性。行为的道德性关系到这两方面。如果行为主体只注意到自己意图的特殊方面，如个人利益、好处，而不顾及普遍方面，如他人利益和共同利益，那就有损于行为的内在价值。如果只注意普遍方面而不顾及特殊方面，完全没有个人利益，行为就不能实现，良好的意图只能是空洞的愿望。道德的价值在于两者的统一。黑格尔把这种统一叫做法与福利的统一，其原则就是："行法之所是，并关怀福利；

---

① ［德］康德：《实用人类学》，重庆出版社 1987 年版，第 25 页。

不仅个人福利，而且普遍福利，即他人福利。"杜林没有吸取康德和黑格尔道德哲学的合理思想，只看到一个是"空洞的思辨"，一个是"混乱的体系"，这只能说明他始终不能摆脱无知和偏见的纠缠。

马克思恩格斯认为，自由与责任是历史发展的产物，也是与特殊的历史条件相联系的。在一般道德哲学意义上，它就是意志自由与客观必然性的关系。个人行为选择的自由度不仅受到历史条件的制约，而且要直接受制于环境条件和个人能力的限制。一个人一旦作出某种选择，承担了某种家庭的、社会的、国家的责任，这种选择和承担非他莫属，就是社会的需要选择了他。从另一方面看，也是出于他个人的意愿所作的自主、自愿的决定，是它的自由意志的选择。他之所以能够作出这样的选择和决定，是因为客观上具备个人作出选择的条件，主观上是他个人也具备做出这种选择的眼光和能力，是他履行个人责任的承诺，同时也是家庭、社会或国家要求于它的一般义务的实现。

现在可以提出一个问题：为什么一个人要把自己的生命献给一个社会的目的？这里究竟是现实的生活所是，还是可能的生活所是，或应该的生活所是？这种献身的根据在哪里？这里必须正视生活的关系，必须实事求是。

首先，现实和理想的关系问题。一个人选择了远大目标，是他考虑到未来前景的理想的选择。马克思恩格斯从年轻时起，就确定了远大的理想：即为人类的利益服务。他们的这种理想是从哪里来的呢？是来自他们所生活于其中的资本主义社会现实。如我们前面所说，从封建社会到资本主义社会的发展，以及资本主义社会本身的矛盾，就是他们身临其中的社会现实。他们的理想就是这个现实社会矛盾发展的要求，就是未来可能实现的、将要实现的现实。说未来可能实现、将要实现的现实，并不是因为马克思恩格斯主观的智慧所产生的理想，是他们有作为人而与生俱来的预见，而是因为历史和现实社会矛盾的发展本身提出了未来的要求，是因为在现实中已经存在着发展出未来的根据和条件，而且从可能性到未来的现实性的发展，是有其本身的内在规律的，就像人对自身发展的认识而产生对自己未来如何的预见一样。马克思恩格斯不过是从他们所生活的社会现实的发展中，深刻地认识到社会的矛盾和发展的要求，洞察了社会发展的趋势和个人选择的条件，因而作出了自己的人生选择和职业选择的决定，而他们的选择也具有一定的代表性，在大体相同或相似的条件下，别的人也可能作出大体一致的选择，所谓"时势造英雄"这句格言就包含着这样的道理。

其次，社会的要求和个人的责任问题。如果说，个人的选择要归因于现实的根据和客观的要求，那么他为什么要用自己的一生去干预现实呢？没有他个人的干预不行吗？这就是个人的认识、选择和责任问题。显然，这里存在两个方面：从客观方面看，现实在它从一种形势转化为另一种形势的过程中，社会的问题特别是重大的社会问题的解决，需要人们去承担或者就是直接与他们的利害相关，那么，社会就把他们当作行将到来的社会变革的必要的工具之一，即使不是他们两人，也会选择另外的其他什么人。从主观方面说，他们两人都非常适合，并且愿意参与历史运动，认为这是他们应当承担的责任和历史使命。他们的参与及无数人的参与，就是历史发展规律实现的中介，就像自然规律的实现有物质作用的中介一样。马克思恩格斯的参与活动就起着他们所能起的历史发展中介作用，而且是巨大的作用。在这里，责任和使命，责任对他们个人来说就意味着应当履行的义务。遵循这样的"应当"，去建立一个保障人的正常生活的社会，建立一个没有剥削和压迫的公平正义的社会，就是马克思恩格斯人生选择的愿望和幸福所在。

在这里，普列汉诺夫的话能够很好地表达出这里包含的深意。他说："一个伟大人物之所以伟大，并不是因为它的个人特点使各个伟大的历史事变具有其个别的外貌，而是因为它自己所具备的特点使它自己最能致力于当时在一般和特殊原因影响下所发生的伟大社会需要。伟大人物是发起人。他的见识要比别人远些，他的愿望要比别人强烈些。他把先前的社会理性发展进程所提出的紧急科学任务拿来加以解决；他把先前的社会关系发展过程所引起的新的社会需要指明出来；他担负起满足这种需要的发起责任。他是个英雄。其所以是个英雄，并不是说他能阻止或改变客观自然事变进程，而是说他的活动是这个必然和不自觉进程的自觉自由的表现。他的作用全在于此，他的力量全在于此。"①

一般地说，人有选择自己行为的自由，同时也要对自己的行为选择承担责任。不仅要对自己内心的希求负责，而且要对外部行为的结果负责。对行为过程中的责任的自觉意识，是人的道德行为的本质特征。责任意识的形成，是成人的行为成熟的标志，也是人格成熟的标志。要作出正确的、恰当的行为选择，不仅要有对行为负责的严肃态度，而且要正确地处理选择过程中的各种关系，即正确处理动机与效果、目的与手段、理智与情感、选择与责任、自由与必然的关系。所谓成人的行为能力，主要就是行为选择能力。价值的认知能力和评价能力固然重要，但不善于运用这种能力作出正确的行为选择，仍然得不到行为的自由。

三、 自由和必然性的关系

在西方近代历史上的自由观，一般说来是与摆脱千年宗教统治和世俗贵族专制相联系的。文艺复兴运动带动了普遍的思想解放，同时也促进了主张独立、自由的思想。经验主义和机械唯物主义，重视现实生活和经验，主张独立自由，也重视客观事物的必然性，但不能正确理解自由与必然性的关系。斯宾诺莎第一次明确地提出了"自由是认识了的必然"的命题。他认为，人的意志本身并不是自由的，作为意愿它是由一定的原因所推动。因为意志不是"自由因"，只能说它是必然的。人的意志与理智是同一的，作为理智意志的自由就是对必然的认识，或说自由就是认识了的必然。英国经验主义哲学否认人的意志的自由，只认为意志服从必然性。法国唯物主义也否定意志自由，强调意志的被动性和物理的感受性。德国思辨唯心主义哲学继承了斯宾诺莎关于自由与必然统一的思想，也针对经验主义和机械唯物主义

---

① 《普列汉诺夫哲学著作选集》第 2 卷，生活·读书·新知三联书店 1961 年版，第 373 页。

否定意志自由的片面性，系统地论证了自由与必然统一，建立了思辨的自由与必然统一的理论体系。

德国思辨哲学家认为，脱离了必然性的自由是不可思议的。在黑格尔之前，还处在进步时期的谢林比较系统地论述过自由和必然的关系。他是这样提出问题和进行推论的：历史是进步的过程。历史的进步体现为理性的普遍的法制状态。这种普遍的法制状态是自由的条件，因为如果没有普遍的法制状态，自由便没有任何保证。"自由必须以一种制度作保证，这种制度就像自然秩序那样昭然在目和不可移易。"① "然而，这种制度又要由自由来实现，它的建立唯独依赖于自由，这是一个矛盾。正因为如此，外在自由的首要条件就像自由本身一样是必要的，虽然这个条件只有通过自由来实现，就是说，这个条件的产生是靠偶然性的。"② 这个矛盾如何才能统一起来呢？谢林说："只有自由本身又包含着必然性，才能把这个矛盾统一起来。"所以他得出一个思辨哲学的重要结论："自由应该是必然，必然应该是自由。"③

谢林之后，黑格尔在他的绝对精神发展逻辑体系中，用他的辩证法进一步解释和论证了这个二律背反。在黑格尔看来，"自由本质上是具体的，它永远自己决定自己，因此同时又是必然的"④。黑格尔解释说，一说到必然性，人们总以为只是从外面去决定的意思，例如一个物体受到另外一个物体撞击而发生运动，运动的原因和方向都是被决定的。这可以说只是一种外在的、机械的必然性，而不是内在的自由的必然性。内在的必然性就是自由。这就是说，只有在精神体现为认识规律并且遵从规律的限度内，人作为主体才是自由的。在黑格尔那里，自由是对必然的认识，"必然只是在它没有被了解的时候才是盲目的"。恩格斯肯定了黑格尔的这个观点，说他"第一个

---

① ［德］谢林：《先验唯心论体系》，商务印书馆 1976 年版，第 244 页。
② ［德］谢林：《先验唯心论体系》，商务印书馆 1976 年版，第 244 页。
③ ［德］谢林：《先验唯心论体系》，商务印书馆 1976 年版，第 244 页。
④ ［德］黑格尔：《小逻辑》，商务印书馆 1980 年版，第 105 页。

正确地叙述了自由和必然之间的关系"。

然而，在德国哲学家们热烈讨论自由的哲学并有了重要结论时，杜林竟仍然死抱住他的先验主义和形而上学方法，对自由作了两个相互矛盾的规定：其一，自由就在于理性认识和本能冲动的相对进行的运动。自由就是认识和冲动、悟性和非悟性之间的平均值；其二，自由是人的先天的或后天的悟性对自觉动机的感受，而这样的动机总是以不可回避的自然规律性起着作用。杜林想按照黑格尔的方式，把自由和必然联系起来，但是他把黑格尔的辩证法庸俗化了：一方面，他把自由看作是纯主观的意向性的东西；另一方面，又把自由作为自觉的动机说成是被不可回避的自然规律强制的。这种对自由概念的逻辑规定，显然是自相矛盾的。恩格斯说杜林对自由的第二个定义轻易地给了第一个定义一记耳光。

恩格斯遵照马克思和他共同的坚持的辩证唯物主义和历史唯物主义观点，严格、深刻地阐释了意志自由以及自由和必然性的关系。恩格斯指出："自由不在于幻想中摆脱自然规律而独立，而在于认识这些规律，从而能够有计划地使自然规律为一定的目的服务。"① 由此，恩格斯对"意志自由"作了这样的一般规定："意志自由只是借助于对事物的认识来作出决定的能力。"②

恩格斯还从人的认识表现为对问题的判断方面指出，"人对一定问题的判断越是自由，这个判断的内容所具有的必然性就越大"③；说明人对规律性的判断内容所具有的必然性越大，认识的自由就越大。而犹豫不决是以无知为基础的，看起来它好像是在许多不同的和矛盾的可能的决定中可以任意进行选择，但这恰好证明它的不自由，证明它被应该由它支配的对象所支配。

恩格斯在对自由和必然性的关系作了辩证分析后，进一步强调，"自由

① 《马克思恩格斯选集》第3卷，人民出版社2012年版，第491页。
② 《马克思恩格斯选集》第3卷，人民出版社2012年版，第492页。
③ 《马克思恩格斯选集》第3卷，人民出版社2012年版，第492页。

就在于根据对自然界的必然性的认识来支配我们自己和外部自然；因此它必然是历史发展的产物"①。恩格斯解释说，从动物界分离出来的最初的人，在一切本质方面是和动物本身一样不自由的；但是，"文化上的每一个进步，都是迈向自由的一步"②。恩格斯以生产力发展为例，说明人类自由进展的历程，指出人类唯有借助于生产力的发展，才有可能实现不再有任何阶级差别，不再有对个人生活资料忧虑的，同已被认识的自然规律和谐一致的"真正的人的自由"③。由此，恩格斯也批判了杜林把人类历史看作谬误、无知、野蛮、暴力和奴役的庸俗幼稚的历史观，把自由观建立在历史唯物主义的基础上。

应当注意的是，恩格斯在论述自由与规律的关系时指出了两类规律：一类是外部世界（或外部自然）的规律；另一类是支配人的肉体和精神存在的规律。这两类规律作为自然规律是统一的，我们只能在观念中把它们分开，而不能在现实中把它们分开，就像不能在现实中把精神和肉体分开一样。这两类规律在人类的实践活动中是相互区别又密切联系的。在这里，外部自然界的规律就是自然界发展的必然性趋势，是不以人的意志为转移的。不管人是否认识它，它总要客观地按照它自身固有的规律发生作用。当人们还没有认识它时，人的行动就处于盲目的状态，被它支配，而没有驾驭和支配它的自由。但是，一旦认识了它的规律，人就能驾驭它、利用它来为自己服务，达到自己的目的。这时原来人对自然规律的盲目性就转变为自觉性，被支配的地位就转变为主动的地位，从而就使必然性变为自由。这种自由就是对必然性的认识，就是在认识自然必然性的基础上，使自然规律为人的一定的目的服务。

人的存在是自身肉体与精神统一的存在，同时又是与外在世界关系的存在。因此，人要在对外部世界的关系中取得自由，就必须有能够认识和驾驭

① 《马克思恩格斯选集》第3卷，人民出版社2012年版，第492页。
② 《马克思恩格斯选集》第3卷，人民出版社2012年版，第492页。
③ 《马克思恩格斯选集》第3卷，人民出版社2012年版，第492页。

外部规律的内在能力。换句话说，人要能够得到外部行动的自由，必须能够充分发挥人的功能，使精神和肉体有能力取得自由。这就是要协调构成人这个主体的内部各要素之间的关系，充分发挥各要素的作用和能力。古希腊哲学强调用理智支配情感和欲望，"认识你自己""做自己的主人"，其基本精神就是教人认识自身的规律性，得到支配自己、发挥主体性的自由。一般来说，这是对主体自身的理性、情感、欲望和意志等因素作用的自我调节，也是个人对自身的自律过程。

简单说来，欲望与主体的需要直接相关，是激发人的意识活动的基本动力。人的需要转化为主体意识的第一种形式就是欲望。一般说来，欲望总是发自个别性冲动，通过个别性冲动与外部世界的个别对象发生关系，因此具有自发性、即时性、多向性。如果单纯从欲望出发支配行为，就其实质来说，就是与动物行为没有什么本质区别的本能行为。欲望在意识活动中包含着动机。动机表达着一定的愿望目标，作为一种目的意识，已具备了人的行为的特征和道德性。正如恩格斯所说，"就单个人来说，他的行动的一切动力，都一定要通过他的头脑，一定要转变为他的意志的动机，才能使他行动起来"①。动机对人的道德行为的作用很大。就个别人来说，行动的一切动力都必定要通过他的头脑，一定要先有某种动机和愿望，才能使他行动起来。这就是说，人的自觉行为是从具有一定社会意义的动机开始的，动机就体现着行为追求的动因。在这个意义上，行动的动机就构成行为应对其结果负责的内在原因。

但是，欲望和动机，作为从需要到行为过程的最初环节，还仅仅是主观性的东西，还带有随意性或任性的弱点，在向行为实践的转化过程中，可能要受到主体已有的主观因素的影响，如功名心、对真理的热忱、正义感，甚至是各种纯粹的怪癖。因此，从需要转化为欲望、愿望和动机时起，原来的需要就有可能被主体的任性予以变形、分割或颠倒。这就需要进一步使动

---

① 《马克思恩格斯选集》第 4 卷，人民出版社 2012 年版，第 258 页。

机、意图，稳定、专一和明确化，并集中为行动的意志。

意志作为实践理性，决定和调节着主体内部和外部行为活动过程，通过发动或抑制某些欲望、动机、情感，调动信念和理想的力量，为实现确定的目的做出积极的努力，从而实现行为的道德价值和社会价值。行为的外部表现是一种复杂的综合。做出一种自觉行为，就是进入一种客观存在的社会关系。行为即表现于外，追求实现价值意识中的目的，就必然要受外部力量的制约。由于各种外在条件的作用，行为的结果常常与预想的目的相殊异。这就是说，行为的结果虽然构成行为的外在价值，但由于后果中包含着复杂的外部条件的作用，常常出现许多意外或偶然情况，因而也使内在价值向外在价值的转化发生困难。所以做出一个行为，就等于委身于一种复杂的、变动不定的关系之中。这种关系有必然的，也有偶然的；有预料之中的，也有意料之外的；有本然的，也有机遇和运气……自由就是在这些关系中作出选择实现的。所以，没有纯粹的、绝对的自由。自由总是在具体环境中的自由，在具体活动中经过选择的自由。因此自由总是伴随着不自由，不是内部状态、心理的不自由，就是外部行为的不自由。所以，要达到自由，就必然涉及从外部到内部、从内部到外部的交互关系，必然要经历并处理两个领域的自由与必然性的关系。

从人类的社会生活来说，重要的是把握社会历史发展的大趋势和规律。恩格斯指出，社会发展史有一点是和自然发展史根本不相同的。在自然界中，如果不说人对自然界的反作用，那全是没有意识的、盲目的动力，这些动力彼此发生作用，而一般规律表现在这些动力的相互作用中。在所发生的任何事情中，无论在外表上看有无数表面的偶然性，或者在偶然性内部的规律性的最终结果中，都没有任何事情是作为预期的自觉目的。在这种意义上，可以说："历史不是从有意识的目的开始的"，重要的是"人们未曾意识到而作为人们活动的结果表现出来的东西"。① 这不等于说人类的行动就

---

① 《列宁全集》第 55 卷，人民出版社 2017 年版，第 270—271 页。

只能是盲目的，问题在于把握正确的、科学的历史观。"正是历史唯物主义的历史观，给人类指出了从必然性的领域引向自由的领域的道路。"① 人的自由在社会历史中的体现是否是有规律的呢？恩格斯对这个问题作了肯定的回答。不过，在说明恩格斯的回答之前，如不因人废言，这里可以介绍一下德国哲学家谢林的一段话。

谢林在论述自由与必然关系时，说到人的自由和必然在实践中统一的规律性：人们以毫无规律的自由表演来突出自己，但在最后却产生了某种合乎理性、协调一致的秩序。他提醒那些"目空一切、旁若无人的自由生物"注意这种事实的必要前提。他说："在一切行动中的客观东西都是某种共同的东西，它把人们的一切行动都引导到唯一的共同目标上。因此，不管人们怎么做作，不管怎么任意放肆，都会不顾他们的意志，甚至于违背他们的意志，而为他们所看不到的必然性所控制，这种必然性预先决定了人们必然会恰好通过无规律的行动，引起他们预想不到的表演过程，达到他们不打算达到的境地，而且这种行动越无规律，便越确实会有这样的结果。而这种必然性本身只有通过一切行动的绝对综合，才能加以设想；从这种综合中发展出了一切业已出现的事物，因而也发展出了全部历史，并且综合既然是绝对的，所以在这种综合中必然预先审查和估计过一切事物，使它们不管怎样发生，不管看起来是多么矛盾和不协调，毕竟都会在其中具有和找到自己统一的根据。"② 谢林这一段话是先验主义逻辑的结果，而且是隐含地假设了上帝的无限力量，这是应当批判的。但是他的思辨却透视出个人自由和无数自由行动综合结果的历史必然性，揭示了自由和必然在人的实际中的统一。按照他的理解，这也就是在伦理学中实现的"理论理性和实践理性的统一"③。

恩格斯继承了德国思辨道德哲学的深厚的历史感和辩证思维的传统，依

① 《普列汉诺夫哲学著作选集》第 2 卷，生活·读书·新知三联书店 1961 年版，第 205 页。

② ［德］谢林：《先验唯心论体系》，商务印书馆 1976 年版，第 248 页。

③ ［德］谢林：《先验唯心论体系》，商务印书馆 1976 年版，第 244 页。

据辩证唯物主义和历史唯物主义哲学，剔除谢林以及一般思辨哲学的神秘主义和先验方法，简明、准确、深刻地阐明了历史进程的内在规律性："历史进程是受内在的一般规律支配的。因为在这一领域内，尽管各个人都有自觉预期的目的，总的说来在表面上好像也是偶然性在支配着。人们所预期的东西很少如愿以偿，许多预期的目的在大多数场合都互相干扰，彼此冲突，或者是这些目的本身一开始就是实现不了的，或者是缺乏实现的手段的。这样，无数的单个愿望和单个行动的冲突，在历史领域内造成了一种同没有意识的自然界中占统治地位的状况完全相似的状况。行动的目的是预期的，但是行动实际产生的结果并不是预期的，或者这种结果起初似乎还和预期的目的相符合，而到了最后却完全不是预期的结果。这样，历史事件似乎总的说来同样是由偶然性支配着的。但是，在表面上是偶然性在起作用的地方，这种偶然性始终是受内部的隐蔽着的规律支配的，而问题只是在于发现这些规律。"① 如果对这两段话作出必要的比较和概括，会有助于理解自由及其秩序的思考。

　　这就是自由在历史领域体现的规律性。自然界有自然的规律，自由意志也有自由的规律。这两类规律能不能统一呢？人们的社会关系是不是自觉活动的结果？从一方面来说，人们自觉、自由地追逐他们自己的目的，如改善自己的生活状况和地位等，但无数个人活动的总和所产生的社会结果，却不是他们所希望的或不完全是他们所希望的，甚至也不是他们所预见的。这样，从一些个别的人们自觉的自由的行为中就会产生出他们意料不到的社会结果，即影响于他们的相互关系总和的结果。这样，人们就从自由的领域转入不以他们的意志为转移的必然性领域。从另一方面看，如果这种个人行为的社会结果或迟或速引起一定的社会变革，那么在人们面前就又会产生新的目的，新的愿望，于是人们又进行着新的、抱着个人自主目的的、出于自由意志的活动。这样，人们就又从必然的领域转到自由的领域。无论从自由到

———————

① 《马克思恩格斯选集》第 4 卷，人民出版社 2012 年版，第 253—254 页。

必然性，还是从必然性到自由，都是有规律地发生、发展和转化的过程。对个人来说的许多偶然性只不过是必然性发展过程的具体表现。理论哲学应该去研究、发现这些规律。如果理论哲学提供了正确的结论，它就给实践哲学铺垫了牢固的根基。

从一般社会生活中的个人活动和交往来看，每个人的活动单独看来是偶然的，但许许多多的偶然活动并不是没有关系的，而是直接或间接、这样或那样地相互联系着的。这种相互联系和关系的总体同世界事物运动是有规律的一样，是有规律可循的，这样的规律如上所述有恩格斯的精辟概括，也有众多哲学家的描述。但如果把这种规律性再进一步概括，从每个人的成长和发展来说，那将是什么样呢？那就是马克思恩格斯在《共产党宣言》中所说："代替那存在着阶级和阶级对立的资产阶级旧社会的，将是这样一个联合体，在那里，每个人的自由发展是一切人的自由发展的条件。"① 马克思恩格斯在这里所说的自由，其高度是他们以前的思想家所没有达到的。这就是马克思、恩格斯的社会历史观。这样说正是根据恩格斯的指示。1894年1月3日，意大利社会党人卡内帕给恩格斯写信，请求恩格斯为1894年3月在日内瓦出版的周刊《新纪元》写一段题词，用简短的字句来表述未来的社会主义纪元的基本思想，以区别于但丁曾说的"一些人统治，另一些人受苦难"的旧纪元。恩格斯1月9日回信说："我打算从马克思的著作中给您找出一则您所期望的题词。我认为，马克思是当代唯一能够和伟大的佛罗伦萨人（指但丁——编者注）相提并论的社会主义者。但是，除了《共产党宣言》中的下面这句话，我再也找不出合适的了"："代替那存在着阶级和阶级对立的资产阶级旧社会的，将是这样一个联合体，在那里，每个人的自由发展是一切人的自由发展的条件。"这表明恩格斯是把这句话看作马克思主义的本质的，即可以代表马克思主义的。

马克思恩格斯认为，个人的"自由发展"，或"全面自由的发展"，

① 《马克思恩格斯文集》第2卷，人民出版社2009年版，第53页。

就是在共产主义社会中，"即在个人的独创的和自由的发展不再是一句空话的唯一的社会中"，这种发展正是取决于个人间的联系，而这种个人间相互联系的意识，既不是"爱的原则"或"自我牺牲精神"，也不是"利己主义"原则，而是实际生活创造的原则——创造"个人自由发展的共同条件"①。

当然，人在社会生活中认识了社会发展规律和社会生活各个领域的条件，还远远不等于有了行动的自由。人的社会自由决定于人对社会生活规律的认识，决定于对应当遵循的社会规范的认同和遵守，同时也决定于社会制度和具体生活条件能够给予个人多少自由和多大范围的自由。自由必定是历史发展的产物。社会的每一个进步，文化的每一个进步，可以说都是迈向自由的一步。而真正实现人的社会自由，只有随着生产力的高度发展，消灭阶级差别，通过社会主义社会，实现共产主义社会。只有在不再有任何阶级差别，也不再有个人生活资料的忧虑的制度下，才能谈得上"真正的人的自由"，才能谈得上自由及其秩序的实现。

疑难问题讨论（八）
怎样理解道德的"应当"？

把道德的"应当"从认识中提炼出来，表明人类对伦理关系和道德生活的自觉。马克思和恩格斯在早期的道德思考中，就意识到"应有"与"现有"的对立。他们热切地期望着理想的"应有"，又冷静地估量着复杂变化、风险深藏的"现有"。可以说，马克思和恩格斯的一生都是为解决这个矛盾而做的坚持不懈的奋斗。正确地理解和在实践中解决"应有"与"现有"的矛盾和对立，正是道德哲学的基本命题和道德责任。道德行为在

---

① 参见《马克思恩格斯全集》第 3 卷，人民出版社 1960 年版，第 516 页。

于自我选择，而自我选择的关键就在于对行动的"现有"和"应有"正确思考后作出的抉择。

一

在第七章中，我们讲过在人类初始的进化过程中，这种意识首先萌发于男女杂乱两性关系的危机感。在长期的原始生活中，由于血亲婚配给生命和氏族造成了严重危害，因而引起人类对两性关系"应怎样"的自觉，产生了男女杂乱性交关系的禁忌。开始是偶然的、个别的禁例，后来逐渐成为氏族生活中普遍的禁忌和习俗，逐渐延续形成家庭和氏族伦理的规范。两性关系"应怎样"的观念，就产生于意识到两性关系血亲婚配禁忌的那一界限上，也可以说是产生于由动物向人转变的那一界限上。从这个意义上说，意识到血亲婚配禁忌对于从动物向人类的转变，是极其伟大的发现。当然，最终把人同动物界分开的是发现摩擦生火，制造生产工具。这就是另一方面的生产，即解决吃、穿、住、用的物质生活资料的生产。与这种生产活动相联系的又有物质交换和社会交往的需要。人们把每天重复着的生产、分配和交往行为用一些共同的规则概括起来，使个人服从于生产和交往的一般条件和生活常规，使人们之间的利益关系协调和交往和顺，于是逐渐形成了一些约定俗成的社会行为规范。

从上述意识发生过程来看，"应当"意识的产生使人类真正成为主体。人的意识是在与外部世界的对立中发展的。一是与外部自然环境的对立，使人意识到与自然界不同的"类"的存在；二是与个人之外的他人的对立，使人意识到"自我"与他人的区别。当人意识到自我是在与外部关系中的有限存在时，同时就发现自我与周围世界的无限联系，从而使自我意识带上"应怎样"的想象能力。这就是"在应有中开始了对有限性的超出，即开始了无限性"，"应有"就意味着超越有限性的无限性。这种"应有"的意识经过千百万次的重复，便形成较为稳定的、约定俗成的词，表达着"应当"的观念，并且在人们的意识中有了先入之见的巩固性和公理的性质。在中国传统伦理思想中，对道与德的诠释就体现着这种哲理的运用。如北宋大儒张载《正宗·神化篇》所说，无形之谓道，有形之谓德（或自守之谓德）；求之谓行；过程之谓变、之谓比；应当以实现之谓正。这种正，就通过道德规范体系作出价值规定和评价。

道德以应然的方式表现自己，在道德的这种应然表现方式中体现出强烈的主体性。然而，如果道德是种纯粹的主观性，那么，道德的应当也只不过是个人的主观要求、愿望，道德就不能成为具有普遍意义的客观的伦理，就不可能对社会生活起着强大的引导与调节功能。道德的"应然"不是纯粹主观性的，有它的现实性、客观性。这个现实性和客观性具有双重含义：一方面，指个体的自由意志不是任意，它须有普遍性内容、须与自由精神概念一致；另一方面，指个体的自由意志绝不是一种仅仅停留于内心而不见诸于现实行动的内心涵养，它还须见诸于行动。这也就是说，"应然"有内容及其实现的双重问题。[①] 我们不能仅仅注意其内心选择的合理性一面，而忽视将主观变为客观的行动、实践一面。黑格尔特别强调了这一点。他特别强调由主观应当变为客观现实的道德行动、道德践履。

黑格尔上述关于"应然"观点两个方面的内容，前一方面是关于"应然"的合理性依据问题，后一方面是关于"应然"的行动、实践问题。二者统一理解，正是行动合理性选择问题。黑格尔以其思辨方式对此作了肯定性的回答，认为"应然"有其"实然"性根据，有其客观性、确定性。黑格尔并从抽象与现实双重角度对此作了事实上的论证。在抽象的角度，黑格尔以自由精神、自由概念规定道德的"应然"的普遍（客观）内容。[②] 在现实的角度，黑格尔则以伦理实体、伦理关系规定"应然"的客观内

---

① "主观意志与之处于某种关系中的这种他物具有两重性，一方面它是概念这种实体性的东西，另一方面它是外部定在的东西。即使人们在主观意志中被设定了善，但这并不就是实行。"——［德］黑格尔：《法哲学原理》，商务印书馆 1982 年版，第113页。

② 这里仍然面临着自由精神是什么、主体所理解的自由精神是否就是自由精神本身等一系列基本学理的质疑。

容——这正是他在其后所说的那个伦理实体中所熟知的。

值得注意的是，黑格尔所说伦理实体中的客观性及其确定性问题，面临着两个重要的理论问题：其一，此客观性、确定性乃为历史过程的确定性，乃系历史积淀而至，故摆脱不了感性确定性的偶然性。其二，此客观性、确定性乃为主体生活世界的具体性，它是那个具体伦理环境、伦理关系的具体要求。这个"实然"、客观规定使生活在特定境况中的人被其生活于其中的伦理实体、生活世界所承认，认为他是一个人。不过，这就进一步提出了两个问题：其一，正如黑格尔自己所说，实存的未必就是合理的，实存、熟知的那个伦理关系、伦理秩序未必就是真实的。其二，历史、生活环境是一个开放性过程，这种开放性本身就决定了确定性的开放性。因而，所谓"应然"的客观规定、确定性，又是一个不确定的确定性。这个确定性本身就是开放的确定性，因而，具有不确定性。

这样看来，应然与实然的关系、应然的实然基础问题，也必须在绝对相对的统一中加以理解。应然有其实然基础与客观内容，应然并不是一个纯粹主观性的东西，但是，这种客观内容，除了那种纯粹抽象自由精神以外，亦是一个相对的开放性的规定。这种开放性，一方面表明了这种客观性的生命性、多样性，另一方面表明了这种客观性的历史性、具体性。黑格尔在讲到道德的应然时还表达了这样一个思想："道德中的应然在伦理的领域中才能达到。"① 黑格尔的这个思想可以换为另一种表达：道德中的应然在道德领域不能实现。为什么道德中的应然在道德领域不能达到，只有在伦理领域才能达到？

其一，道德领域中的应然，还只是立足于个体、主观性的应然，个体自身无法对其应然内容予以客观规定，它必须从伦理领域获得。正是具体的伦理关系具体规定了个人应当的具体内容。从这个方面看，黑格尔说："这个应当具有许多意义，而且由于偶然目的也同样有应当的形式，这个应当就具

---

① ［德］黑格尔：《法哲学原理》，商务印书馆1982年版，第113页。

有无限多的意义了。"①

其二，道德领域的应然还没有变为现实"外部定在"，正是在这个意义上，它还是抽象空洞的，它须通过现实活动、实行使之变为现实。一个人有了善观念并不能说明这个人就是善的，只有这个人在现实的社会生活中，在与他者的交往过程中，使这种善观念呈现出来，成为现实的，这个人才是真实善的。即自由意志必须外在化，必须成为现实的道德行为。

从人的主体性进化过程可以看到，人的发展是"实存"和"应当"统一的过程。没有对"应当"的自觉，就没有人和人类生活。人类有了"应当"的自觉，就有了道德意识和伦理精神，就有了反映生活的伦理学。如何对待"应当"，是17、18世纪直到19世纪欧洲道德哲学关注的焦点。休谟把"应当"作为道德哲学的基本范畴提了出来。康德继休谟之后对道德的"应当"作了系统的论证，建立了思辨的伦理学体系。他的道德哲学的集中点可以说就是论证"应当"，确立体现道德"应当"的普遍必然性的法则——"绝对命令"。但是康德道德学的"应当"只停留在主体的主观领域，因而受到黑格尔的批评。黑格尔重视客观伦理的发展，把道德只看作伦理发展的一个环节。在家庭、社会、国家伦理关系中，"应当"就表现为权利与义务的统一。后来的伦理学虽然有的反对黑格尔的绝对主义，有的走出规范主义另辟蹊径，甚至反对讲道德的"应当"，但总的说来主流还是肯定"应当"在伦理学中的核心地位，把伦理学看作是研究个人、社会的善和正义的学问。从这个意义上说，没有对"应当"的自觉和理论认识，就没有科学的道德哲学和科学的发展观。可以说，人类要获得自由不仅要认识和把握自由与必然性的关系，而且要认识和把握必然性与应然性的关系。只有科学地认识和把握这两类关系，才能把握人类的自由发展，构建和谐社会秩序。

---

① ［德］黑格尔：《精神哲学》，人民出版社2006年版，第301页。

二

科学的"应当"是有根据的，没有根据的"应当"是虚空的、骗人的。在历史上，人们转向主体、主观方面探求"应当"的根据是有原因的。因为人们在上千年的中世纪遭受封建权威主义和宗教信仰主义"应当"的压抑太久了，要求"回到人自身"，在人自身确立"应当如何"的根据。启蒙思想家为此作出了重大贡献。马克思创立了辩证唯物史观，为理解和实现理想的"应当"找到了正确的方法和理论。马克思说："哲学家们只是用不同的方式解释世界，而问题在于改变世界。"① 这就是说，哲学面临两个任务：一是解释世界，即用理性认识世界"是如此"；二是改造世界，即通过意志和行动使世界成为"应如此"。马克思把对世界的"应当"的反思，从抽象的思辨推向改造世界的科学认识和革命实践。

按照马克思的理论，要解释"应当"必须首先到客观世界去找根据，即认识事物发展的必然性和调节利益关系的必要性，以及实施计划和方案的合理性。在历史领域，事物发展的总体进程是有必然性的。当事物的发展同人的需要、利益相联系时，就产生了变革事物和调节利益关系的必要性，并形成一定的思想和实践目的，再把实践的目的变为实施计划和方案，这就是从事实中引申出"应当"。"应当"作为对外部世界的理想性要求，就是通过实践、按照一定的目的、计划和方案实现对世界的改造。毛泽东把这后一过程看作比得到"是如此"的认识"更重要的一半"。它之所以更重要，就在于它能够指导行动达到改造世界的目的。

什么是"应当"的根据？"应当"的根据就是矛盾。任何事物都是规定，任何规定本身都包含着矛盾，因而都包含着要求解决矛盾的"应当"。由于事物本身包含着矛盾，亦即包含着对自身限制的否定性，因而要不断冲破已有规定，向他物转化。事物和人由于自身包含着矛盾才能运动，才有冲

---

① 《马克思恩格斯选集》第 1 卷，人民出版社 2012 年版，第 140 页。

动和活动。所以，矛盾是一切运动和生命力的根源，也是"应当"由以产生的根据。在客观的辩证法中，这种在事物之内包含的对自身规定的否定关系就是"应当"。因此，在事物的发展过程中，解决矛盾的要求就表现为"应当"。"应当"就包含在事物的规定中。规定若不包含"应当"就不能发展，"应当"若不在规定之中就没有现实的根据，而无现实根据的"应当"就只是虚无缥缈的幻想。

马克思在分析等价交换的平等权利时，讲了权利平等或不平等的应当的根据。平等就是以同一的尺度——劳动——来计量。从原则上说，生产者的权利与他提供的劳动成比例，即权利和义务的关系是合理的、相对应的。但是，对于能力和天赋不同的劳动者来说，它是不平等的权利。等价交换原则在形式上是平等的，但就其内容来说则是一种不平等的权利。平等只是使用同一个尺度，取一个特定方面进行比较，所以从实际情况来看，加上各种具体的个人条件，就必然在实事上所得多少不同，出现穷富差别。马克思想到这种情况，所以又说，"要避免所有这些弊病，权利就不应当是平等的"。这里的应当、不应当是根据什么确定的呢？

从一方面看，是根据原则或衡量的尺度，但原则和尺度又是根据什么呢？必须根据实际情况，确切地说是根据事物本身发展的客观要求。

马克思和恩格斯在分析人的自身异化、说明无产阶级在资本主义社会应当做什么时指出，"它的目的和它的历史任务已由它自己的生活状况以及现代资产阶级社会的整个结构最明显地无可辩驳地预示出来了"。这也就是把矛盾本身包含的"应当"向无产阶级预示出来了，问题只在于意识到这种预示，而且英法两国的无产阶级中有很大一部分人已经意识到自己的历史任务，并且努力使这种"应当如何"的意识达到了明显的地步。

按照这个道理，我们就可以理解，一个伟大人物之所以伟大，并不是因为他个人有什么奇特的特点，而是因为它自己能致力于当时所发生的伟大社会需要。他的见识要比别人看得远些，他的愿望要比别人更强烈。他把社会发展进程所提出的紧急任务拿来加以解决；他把社会关系发展过程所引起的新的社会需要指明出来；他担负起满足这种需要的发起责任。他成为一个英雄。他之所以成为一个英雄，并不是说他能阻止或改变客观事变的进程，而是说他的活动是这个必然和不自觉进程的自觉自由的表现，"应当"就意味着这种自觉自由的表现，他就是指出并把握了这种"应当如何"的人。他的作用全在于此，他的力量也全在于此。

历史是由社会人造成的，社会人始终是历史的唯一因素。社会人自己造成自己的社会关系。社会关系有它自己的逻辑：当人们还处于某种相互关系时，他们的感觉、思维和行为也就一定是这样。然而如果我们知道社会关系变化的原因，就会知道社会关系变化的方向，我们就会知道社会心理发展的方向，我们就会知道应当怎样做和做什么；这样，我们就能影响社会心理了。影响社会心理，也就是影响历史事变。因此说，人能够影响历史，能够创造历史，而不必等待历史自行造成。社会历史的改造从来不是自行发生的，而是始终需要由人们来干预的，因此人们担负有伟大的社会任务。所谓伟大人物，也就是最能帮助解决"应当如何"这种历史任务的人物。

然而，客观事物不会说话，需要人在改造客观世界的实践中认识到事物发展所出现的矛盾和矛盾的预示，从而把握住解决矛盾的"应当"，表达客观世界和历史发展的要求。在道德领域，这就表现为善恶矛盾和人们向善的追求。矛盾促使人们积极地行动，根据对外部世界的认识提出对个别外部现实的要求。善就是对外部现实性的要求，就是人的实践。人们向善的追求就是按照外部世界的规律性和行动的必要性改造世界的实践。这样的实践才是"应当"的；否则就不是"应当"的。道德的"应当"就是反思的、被把握的规定。在这个意义上，善、真、"应当"是同一层次的范畴。实事求是就是一求真，二求正。如果说从实然求应然是由实而求虚，那么从应然到实然就是由虚而求实。前一过程是求知，后一过程就是践行。

如前所说，自由意志是与对必然性的认识相联系的。必然性是根据，责任是中介，必然性经过责任达到自由。人们对事物的必然性认识越清楚，越是尽到自己应尽的责任，他也就越能得到自由。这也就是说，人们越是准确地把握合理的"应当"的要求，就越能够使自己的行为具有现实性和正当性。狄慈根说得好："我们的头脑的任务不是代替世界现实状况，而是理解一个时代、一民族、一个人始终是一定环境中能够是的样子，因而也始终是应当是的样子。"①

当然，人类的行为是极其复杂的。判断"应当"的正当性的具体依据也是多样的，极具个性。有各种职业角色的依据，有各种义务、职责的依据，有各种习俗、传统的依据，甚至还有宗教、习惯和各种怪僻的依据。个人对"应当"的判断可能会与"应当"的理想要求相去甚远。这可能有多种原因。在客观方面，有时要受到许多人为因素的影响，如组织的控制、领导的意见、权威的误导、社会的舆论、习俗的影响，以及家庭和亲友的阻拦等。在主观方面，主要是个人的主观判断能力问题，如知识、经验积累，理论水平和智慧高低，以及个人性格和心理因素等。人的本质是社会关系的总和。在现实生活中，每个成年人所承担的社会关系的规定就像蜘蛛网一样，牵动着个人的心理、感情、理智和价值取向。因此每个人的现实存在都是多维度的，不能用简单的方法去对待。这里不仅要提出个人"应当怎样"，而且要看个人"实际怎样"，在一定条件下"他能够怎样"，甚至"必然会怎样"。"应当"的根据是复杂的，对不同的"应当"要用不同的方法去把握和对待。人类生活的各个领域都是离不开"应当"的，只是要对各种"应当"的要求加以辨别、权衡和认真地对待。

值得注意的是，黑格尔所说的伦理实体中的客观性及其确定性问题，面临着两个重要的理论问题：其一，这种客观性、确定性是历史过程的确定性，是历史积淀而成，故摆脱不了感性确定性的偶然性。其二，这种客观性、确定性乃为主体生活世界的具体性，它是那个具体伦理环境、伦理关系的具体要求。这个"实然"、客观规定使生活在特定境况中的人被其生活于其中的伦理实体、生活世界所承认，认为他是一个人。不过，这就进一步提

① 《狄慈根哲学著作选集》，生活·读书·新知三联书店1978年版，第92页。

出了两个问题：其一，正如黑格尔自己所说，实存的未必就是合理的，实存、熟知的那个伦理关系、伦理秩序未必就是真实的。其二，历史、生活环境是一个开放性过程，这种开放性本身就决定了确定性的开放性。因而，所谓"应然"的客观规定、确定性，又是一个不确定的确定性。这个确定性本身就是开放的确定性，因而，具有不确定性。

这样看来，应然与实然的关系、应然的实然基础问题，也必须在绝对相对统一中加以理解。应然有其实然基础与客观内容，应然并不是一个纯粹主观性的东西，但是，这种客观内容，除了那种纯粹抽象的自由精神以外，亦是一个相对的开放性的规定。这种开放性，一方面表明了这种客观性的生命性、多样性，另一方面表明了这种客观性的历史性、具体性。

三

"应当"从必然性、必要性到应然性，是主观与客观的统一。从客观方面来说，"应当"首先意味着客观的要求。这种要求如果是有根据的、现实的、合理的，它在客观上就是大体上确定的，甚至是带有必然性的。从主观方面来看，"应当"的要求是与主体的意志和自由选择相联系的，因而所提出的"应当"往往带有很大的相对性，甚至带有个人的任性和偶然性。在上述两种情况下，"应当"也都意味着一种不确定性，如客观根据本身具有的不确定性，从实存到应当之间过渡的可能性，事情发展的曲折性和反复性，以及各种道德规范的模糊性给个人寻求行为选择理由带来的不确定性，等等。正因为"应当"包含着不确定性，所以有人说对于任何一个"应当"都可能提出"不应当"，也是有道理的。因为任何一个"应当"作为一种判断，都要有理由。可是任何事物的理由在逻辑上都不可能是充足的。从这种意义上说，对任何"应当"都有可能提出"不应当"。当然，就其有正当根据和比较充分的理由来说，凡是被判断为能够做的和能够达到的，同时也就是应当的。这里要区分社会整体要求和个人特殊情况。社会的要求不是从个人角度权衡的。看到"应当"的不确定性可以防止僵化，看到个人的特殊情况可以避免盲从。

我们在这里指出"应当"的不确定性，第一，不是要贬低"应当"的理想价值；恰恰相反，正是要把握"应当"的辩证法，增强对"应当"目标的信心和理想的信念。我们在评价人的行动时，重要的是看他在何种程度上把握了这个"应当"的确定性和不确定性的辩证法，在何种程度上把合理的"应当"吸纳在自己的信念中。这种信念是"应当"的最高价值根据。第二，我们指出"应当"的确定性和不确定性，还是为了防止"道德的诡辩"。所谓"道德的诡辩"，就是按照自己的主观臆断或凭借手中的权力，把恶的意志说成善，或者用虚伪的手段造成善的假象。"这种学说，只有当道德和善由权威来决定时才会发生；其结果，有多少个权威，就有多少个把恶主张为善的理由。"①

"应当"意味着义务。道德义务的"应当"是非强制性的、劝导性的，它的理由往往是多元的。从道德的善和恶无非是存在与应当的适合或不适合来说，应当就具有许多意义，甚至如黑格尔所说，"由于偶然目的也同样具有应当的形式，这个应当就具有无限多的意义了"②。所以，关于某种应当的判断或设想，常常存在二律背反或相互矛盾的冲突，其强制力也往往互相抵消。可以说，多元性和诸多分歧几乎以相等的程度影响着道德"应当"的确定性。因此，单一的客观性的道德"应当"的要求，并不能解决一切道德难题和二律背反，也就是说不可能有单一的道德"应当"或单一的方法足以解决道德判断的分歧。在复杂的现实生活中，存在着有关道德价值的不同态度和观点，各有不同的具体的"应当"的根据，而且常常是互相不可通约。

应当也意味着预见。预见不论是哪一类预见，包括马克思、恩格斯关于社会主义、共产主义社会的预见，都是以一定历史阶段的经验为依据的。既

---

① ［德］黑格尔：《法哲学原理》，商务印书馆 1961 年版，第 159 页。
② ［德］黑格尔：《精神哲学》，人民出版社 2006 年版，第 301 页。

然是从经验或已经有的事实中看到发展前景的根据，他就必然受到已有经验和事实的局限，就不易看到比经验事实更远的东西。因此，它的界限是确定的又是不确定的。作为不确定的东西，有可能在后来依据新的情况作出某些修正，如果把它看作固定不变的东西，尘封高阁，那就会变成顽固僵化的教条主义。

但是，这绝不是说在一定的时期或特定的条件下，对某一确定的事物和对象的评价，可以并容许模棱两可，不分是非。马克思和恩格斯都一贯反对这种态度和相对主义的思想方法。这里仅引出他们在青年时期评论新闻出版自由的两段话。

马克思在评论莱茵省关于新闻出版自由的辩论时、批驳过以人类的不成熟为理由来反对新闻出版自由的错误观点。马克思说："即使人类的一切按其存在来说都是不完善的，难道我们因此就应该混淆一切，对善和恶、真和伪一律表示尊重吗？"[1] 正确的结论只能是："在衡量事物的存在时，我们应当用内在观念的本质的尺度，而不能让片面和庸俗的经验使我们陷入迷误之中，否则任何经验、任何判断都没有意义了"[2]。

恩格斯在批判普鲁士的新闻出版法时说，"为了谴责某一事物，除了有意让别人相信被谴责的事物的不完善性（用温和的字眼来说），也就是说，除了以此来激起别人对被谴责的事物的不平，又能怎样做呢？我怎么能够又谴责又夸奖，我怎么能够同时认为某一事物是好的又是坏的呢？这根本办不到"[3]。

"应当"从不同角度看具有不同的意义，从一种角度看它是关系，从另一角度看它也是要求；它是价值导向，又是价值取向；它是道德命令，又是价值标准。"应当"绝不只是对现实的适应和导向，它还是对现实的批判和权衡。但是，这一切都要以"应当"的合理性和正当性为前提。

---

① 《马克思恩格斯全集》第 1 卷，人民出版社 1995 年版，第 165 页。
② 《马克思恩格斯全集》第 1 卷，人民出版社 1995 年版，第 166 页。
③ 《马克思恩格斯全集》第 2 卷，人民出版社 2005 年版，第 471 页。

讨论"应当"的价值正当性问题，是对"应当"作价值判断。西方伦理学有所谓自然主义、直觉主义、非认识主义、规约主义、描述主义等流派。流派不同，对价值和价值正当性的看法也不同。自然主义认为，价值是事实的标志，价值问题就是事实问题，可以通过经验确证事实的方法确证价值的正当性；主张从事实中派生出"应当"，或把"应当"还原为"事实"。这种方法有利于避免价值判断的任意性和相对主义。但问题在于如何理解经验和事实。如果把"价值"看作就是兴趣，这就很难客观地确证价值的正当性。直觉主义反对自然主义，但也不能提出令人信服的解决方法，其结果往往走向自然主义。直觉主义认为，价值性不是事实的属性，不能像触摸物体的属性那样认识价值性，不需要经过经验检查和逻辑推理就能直接领悟"应当"的正当性。但在对待道德分歧时如何确证各种判断的正当性？回答是：必须对互相冲突的价值进行估价，而估价就是直觉。这几乎是同义反复。

非认识主义认为价值既不是陈述事实，也不能说明真假，价值表达的只是情感和态度。强调情感者认为价值判断不能用理由来证明，只能说是情感的表达。遇到价值观念的分歧，不能去证明谁正当谁不正当，而只能说他们的情感不同，无所谓正当不正当。强调态度者把价值看作态度的表达，认为价值判断只是以态度对他人施加的影响，只是态度上的互相施加影响。至于态度分歧怎样解决，态度主义者说要靠"信仰一致"。可是面对复杂尖锐的社会冲突和乱纷纷的任性，人的信仰能够一致吗？

从上述几种主义来看，基本上是两种倾向，一种是趋向客观实存，把价值归于实存；另一种是倾向于主观意欲，把实存归于价值。就像绘画中的自然主义与自我表现主义，各有所好和体现价值的方式。不过，如果把"应当"归于实存但并不承认客观事物发展的必然性、规律性，而是归于主体经验或描述主义所说的事实，那就有可能把"应当"放到"哈哈镜"里去判断；如果把实存归于价值，但不是把价值看作人的思想、情感和活动的社会意义，而是看作人的主观兴趣、态度、情感、欲求本身，那就很难正确地把握道德的"应当"，在理论思维和生活实践中就会走向极端。

"应当"作为关系，表现在人类经验中就是一般与特殊、将来与现在的关系。在这种关系中，"应当"就意味着一般对特殊的要求，将来对现在的要求。就一般与特殊来说，没有特殊就没有一般，但一般作为特殊的本质，又是特殊的根据和规定。因此，"应当"的价值正当性的逻辑证明，就被归结为对道德原则和规范的正当性的证明。在这方面，上述各种学派都做了大量的研究，也都提供了一些有价值的思想。一般来说，从逻辑上证明"应当"的正当性，可采取演绎方法或归纳方法。用演绎方法就要找到比正当更大的概念，如善、合理性。如说凡是善的、合理的都是正当的，某道德规范是善的、合理的，因此是正当的。可是这个三段论的大前提还是需要证明的。善、合理性又是根据什么判定的？要找到根本性的标准就要回到价值正当性的根据，也就是要回到社会实践，归于社会历史的发展。在马克思那个时代的德国，有一种"充分理由论"，主张实质性理由的证明，就是以确实的道德内容加上规范性方式进行推理，证明道德行为的正当性。注意到确实的道德内容，也就应当注意到客观的社会内容。如果用归纳方法证明，要根据大量的、尽可能多的事实作出归纳结论，但完全归纳正像充足理由一样是困难的。功利主义伦理学主张把普遍性原则与现实的内容结合起来进行推论，但这样它就必须回到社会生活中去，归于社会历史的发展和现实的利益关系。这就是说，无论是演绎还是归纳，最终都不能离开社会和历史的根据，都必须回到现实和实践中去得到客观的实质性证明。

这种思路，实际上就是西方哲学、伦理学所走过的路。他们经过千百年的探索和争论，从上帝到人自身，从经验到理性，从主观意志到客观伦理，从自我意识到世界历史，阐发了丰富的思想、理论，但是没有从根本上解决问题。27岁的马克思博士透彻地理解这段历史。他在1845年研究费尔巴哈的笔记中写道："人的思维是否具有客观的真理性，这不是一个理论的问题，而是一个实践的问题。人应该在实践中证明自己思维的真理性，即自己思维的现实性和力量，自己思维的此岸性。关于思维——离开实践的思维——的现实性或非现实性的争论，是一个纯粹经院哲学的问题。"① 这段话是讲思维的真理性的，也适合于对"应当"的正当性的思考。只有真知才能使一时的意愿成为产生确定行为的规范，也就是应当。规范原文是 sollen，意即"应当"。

这里有一个问题，就是在价值关系中，主体和客体间的联系词是"应当"，是应然性关系，那么这里还有没有"是什么"的联系，还有没有因果关系呢？休谟是否认这种因果关系的，他把应当的根据最后归于主体的心灵。这是与他的不可知论相联系的。他并不否定人的意志自由，但按照他的观点，人的自由是可以随心所欲的。他之所以坚持这样的主观主义应然论，是因为他没有考察或不承认那些影响和决定人的意志的客观因素。但是人在实际生活中，通过自己的社会行动常常会自觉或不自觉地感到随心所欲要受到阻碍，这里有自然现象的阻碍自不必说，社会关系中也有因果关系的制约，人的自由意志也要受到因果必然性的决定。不管个人将其认作必然或看作运气，总之要承认有不以个人意志为转移的因素在起作用。假如在行动中，个人如果不预见到他的行动会引起别人某种形式的反映或反应，他就不会把自己设定为别人行动的原因，犹如交通规则规定右侧通行，你左侧通行就会成为别人正常通行的障碍一样。这个道理无论对人与自然现象的关系或人对社会现象的关系，都是相通的，社会现象可能更复杂更难如愿。可是，假如个人所要应对的他人个个都是意志绝对自由的，因而他们的行动就成为完全不可预料的，那么自己对他人的影响、个人在社会中的一切行动就都不过是盲目的、茫然的了，对自己行动的结果也就只能听凭偶然性的摆布。这样说来，休谟式的意志自由论或心灵应然论就遇到了行为确定性的困难。

行为的意愿、目的当然是重要的，没有这个方面就不能构成人要追求的价值。如果没有那种与达到目的有关的清醒认识，要做出合乎目的的行动并有效地实现目的，那也是不可能的。但不管我们遵循的行为规范是来源于直

---

① 《马克思恩格斯选集》第 1 卷，人民出版社 2012 年版，第 134 页。

接的知识，还是来源于过去流传下来的传统知识，只要它对我们的行为起到规范的作用，它便是关于因果联系的知识的产物；只要我们的知识是正确的，它便是合目的的。它告诉我们应当怎样行动，至于是否能行动起来，却不是这种知识所能起的作用，还必须有行动的条件、需要和激情。道德规律和政治规律都不是通过人们对自然界的观察和研究而被认识出来的，它们并不是与人的意愿无关而独立存在的东西。它们之所以被人们宣布，被人们贯彻，就是因为它们合乎人们的心愿，能达到人们的一定的目的。表面看起来，人们的意愿和目的好像是不受因果性支配的，而是受目的论、预定的目的支配的，但实际上在人们的行动过程及其结果中，仍然受探求目的和应当如何的规律支配，仍然要服从事物发展的因果规律；犹如生育学不等于计划生育学，但实施计划生育还必须结合生育学。后者虽然是自然科学，但前者必须在把握自然知识的因果规律基础上，认识和把握对人的生育应当如何的规律，把自然科学和应用科学结合起来。它不但要求其"是"，而且要求其"正"。它永远要研究必然的因果联系，探求目的的确定性和行动规范的合理性、正当性以及达到目的规律性，作出正确的价值判断。可以说，这里的实事求是就在于：一求其是，二求其正。在这里，就是自由与必然性、应然性的统一。

"应当"是一种价值判断，是对存在的反思性把握。它与实然的描述不同，但也是对现实世界的反映。不论是合理性或正当性，都离不开思维和认识，都必须建立在真理的基础上，必须在此岸通过实践来证实它的现实性和力量，而不能只凭思维或到彼岸去证实。当然，价值问题不等于真理问题，但价值的正当性问题绝不能离开真理的认识。道德上的价值正当性问题，实际上是个道德观问题。思维的真理性问题，道德的善恶观问题，是对客观事物和现实生活的反映，最终还要得到实践的证明，都要归到现实生活和历史发展才能得到科学的解释。所以，"应当"的价值正当性的证明归根结底还是实践的、历史的证明。某个"应当"的提出，是否具有现实性、合理性，要看它是否符合社会大多数人的利益和历史发展的规律，以历史发展的必然性及其所包含、预示的应然性证明其历史正当性。

价值是"应当的存在"。强调现实的证明，不是让"应当"去等同于现实和迁就现实。当合理的、正当的"应当"提出时，它来自现实，认可现实，而又高于现实、超越现实。虽然许多现存事物都还不是它应当所是的样子，但"应当是"本身不会去迁就现实，把自身限制得与现实一样。即使现实没有达到它"应当是"的存在，它也不会放弃"应当"的正当性，不会放弃它对现实的要求和批判的权利，正如我们对现实生活中的假、恶、丑拥有批判的权利一样。

"应当"的价值正当性，实质上也是个价值评价问题。价值的评价是人们根据一定的标准作出肯定或否定的判断，或者作出部分肯定、部分否定的判断。在道德领域，所谓肯定的评价，就是作出正确、正当、高尚等评价；所谓否定评价，就是作出错误、不正当、卑贱等评价。在肯定与否定之间，其层级或程度，是与价值的层次和等级相关联的。从个人的视角来看，评价总是有局限性的，即局限于个人的视野范围和判断能力。因为评价是与人们的利益相联系的。主体的利益在自身尚未被意识到以前是客观存在的。在被主体意识到并作出评价以后。就在主体意识中形成"应当如何"的目标和理想追求，于是在主体意识中就形成了某种特殊的评价标准，即内在尺度。这种尺度从形式上看是主观的，但其内容却是客观的。正确的评价标准，应当是正确认识各种利益关系，正确认识社会公共利益和个人利益、局部利益和全局利益、眼前利益和长远利益，以及物质利益和精神利益、生存利益和享受利益的关系，而不能单凭主观好恶、任性或一时情绪作出评价。不能正确对待这些关系，就不可能有正确的"应当如何"的评价尺度。张载有句话说得好，"心既虚则公平，公平则是非较然易见，当为不当为之事自知"。张载的这一思想倒是悟出了"应当"的本义以及应当与公平正义、是与非的内在联系。

"应当"是价值关系的一个基本特征，也是价值评价的基本形式。严格说来，合理的、科学的"应当"，本身就是包含着正当性，否则它就不是

"应当的"或是"不应当的"。价值评价虽然有时因人而异，因评价主体而异，但就整个社会的发展来说，就事物本身的性质来说，价值评价还是有确定的客观标准的。任何阶级的、集团的和个人的评价标准，如果不与这种根本标准相一致，就不能作为评价的普遍标准，就不会得到社会成员的普遍认同和遵行。当然，世界上没有永恒不变的评价标准。追求永恒不变的评价标准，必然导致价值评价的绝对主义。这是应当反对的。但是，抛弃价值评价的绝对主义，不应当否认价值评价标准的客观性，陷入价值评价的主观主义和相对主义。否认"应当"的价值正当性，抛弃"应当"的价值思考是不可能的，也是不明智的。

社会要求个人服从社会发展提出的"应当"，但这种服从与服从自然界的规律是不同的，而且也不只是道德的"应当"。人们知道事物"应当是怎样的"，但个人可以找到它是否有效的证实，这种证实可能使他对"应当"给以肯定，也可能不加可否。因为"应当"与个人利益和个人的主观认识有关，每个独立的人都有权利要求自己的正当利益和表达自己的意见，只不过需要明智地审视道德与法律的区别。"应当"意味着选择。从选择的角度说，"应当"是在选择的冲突中指导和影响行动的。在这里产生了一种必要性，就是要对各种"应当"加以认真的审视，作出理性的分析，要依法律、以道德的良知维护自己的正当权益。总之，对"应当"的思考，总体上要寻求自由与必然、理想与现实、主体与客体、主观与客观、个人与社会、权利与义务的统一。只有正确地理解和把握这些统一，才能找到对自由与必然、必然性与应然性的科学理解。

疑难问题讨论（九）
怎样理解伦理秩序？

伦理关系和伦理秩序这两个概念是相互蕴涵的，很难严格分开。但在学理上还是应该作点区分的。"伦理关系"这个词是现代用语，在中国古代文化中就是"伦理"。"伦"字作辈分、等次、秩序解，引申其义可解释为人的关系，又称作"人伦"；"理"作治理、整理、调理解，引申之义为道理、理论、规则等。因此，伦理或人伦这样的概念，既意味着人与人之间的关系，又意味着关系之理、关系之则。这些字或词，在文化史上有各种不同的解释，在不同的场合或语境中也有不同的含义。如果作字源、字义的诠释，对理解概念会有一定的帮助，但也必定会有很多的歧义。要真正把握伦理关系概念的真实意义，还应依据对实存的人伦关系的透视和分析。

一

我们这里先以古代家庭关系为例，来说说伦理关系。古代中国人的一个说法是：有天地而有男女，有男女而有夫妻，有夫妻而有子女。男女结合成夫妻而有子女后，就形成以两性和血缘关系为基础的包括父母兄弟子的家庭，于是有夫妻关系，父母子女关系，兄弟姐妹关系，概说为亲子、长幼关系（古代也有把主仆或主佣关系归于家庭关系的，这里只说血缘基础的典型家庭关系）。夫妻关系是男女两性的结合，哪一姓氏与哪一姓氏的男女结合带有偶然性，但一旦形成家庭的亲子、长幼关系，那就形成了以两性和血缘为基础的、个人不能自择的家庭共同体。这种共同体是客观的、实在的，是形成家庭伦理关系的客观基础，这是一方面。

另一方面，这个共同体的成员还必须意识到这个共同体及其成员之间的关系，自觉地对待共同体及其成员的相互关系，以成就健康的家庭生活。据《尚书》记载，古代人已经认识到和睦的家庭关系应当是父义、母慈、兄友、弟恭、子孝，并要有相应的礼规来约束个人的行为。这种渗透着义、慈、友、恭、孝观念并以礼规相维系的亲子、长幼关系，就是以两性和血缘为基础的家庭伦理关系。这就是说，构成实体性的家庭伦理关系不仅要有客观物质性的条件，还要有自觉意识或主观精神条件。没有这后一方面的条件，也不能形成作为人的实存的家庭伦理关系。实存的家庭伦理关系只能是这两个方面的有机结合和历史性的统一。

道理不难理解，如果没有自觉意识的精神条件，人类的家庭和动物的群居就没有什么区别了。人类与动物之所以不同，在于人是有精神思想的自觉自为的主体。如果说动物也是动力在其自身的主体，那也只能如黑格尔所说，是"不自觉其为主体的主体"。人们可以用拟人说法，描述它们之间的"亲情"关系，但实际上它们之间只是自然关系，并没有人类之间的亲情关系。因为它们之间没有相互以亲子关系对待的自觉意识和意志，也没有形成相互交往的基础。人类的夫妻之间的爱情、父母与子女之间的亲情关系，不但有自然的以两性和血缘为基础形成的关系，而且有以自觉意识的理性、情感和意志支配的个人行为和相互交往的社会关系。因其自觉意识，在家庭中，人们才能够意识到自己是在共同体之中，从而使自己成为其中自觉的一个成员，并能够做一个应该做的人。

这里有一个值得思考的问题，就是人的主体性问题。讨论这个问题，就是要说明人类的伦理关系实质上是人对人的主体性关系。应该说，只有人意识到自己的主体性并成为自觉主体时，才能真正形成人的伦理关系。不难理解，人与自然的对立、与环境的对立，使人意识到自我的存在，以及自我与环境、与他人的区别。人之所以异于禽兽，且因而异于一般自然物，即由于人知道他自己是"我"。当人有了这个"我"的意识之时，人就成为自主、自为的存在。不仅如此，当人意识到自我是在与外部关系中的有限存在时，他同时就发现自我与周围世界的无限联系，从而使自我意识带上想象的能力，也使自己具有了意识到自己"应该怎样"的行为选择能力。这是一种主动突破有限性规定或犹豫不决的进取性。它使人在"应该怎样"和"可能怎样"面前思之虑之，并依据自己的条件作出现实的行为选择。这就是说，现实的人就表现为意识到自己"是怎样"和"应怎样"的统一的主体；换句话说，现实的人是善于使自己从可能状态变为现实状态的人，是不会就在被规定中丧失自己的人。

人是主体，但不是因有脊柱挺立而成为主体，也不是低等动物式的主体，而是意识到自己"是怎样"和"应怎样"的统一的主体。这就是说，"应该怎样"的意识，是文明人之所以文明的关键。这里说的"应该"，是人对自身有限性的自觉否定和超越，是从自我规定中产生的理想性，因而是一种反思的意识，是更高的思维。中国传统道德的"反躬自身""反省吾身"也具有这种意义。本来，按其男女两性和亲情来说，家庭是以爱为纽带的。对于人的行为来说，感觉、欲望的作用固然重要，是生命的根基，但仅有这一方面是不够的，还需要有理性的主导，需要有自觉的思想内容，要有人为的行为规范。有了这种自觉意识，人才能意识到家庭共同体的实质和相互关系的道理，并自觉遵行其应守的礼规。行为选择所依据的礼规，包括道德、法律之礼规以及习俗之礼规，不仅是公共利益的要求，而且是个人行为合理、正当、得体的内在愿望。没有规矩不能成方圆。合理有序的家庭伦理关系的建立，没有一定的规矩是不行的。在人类历史上，两性的伦理关系从最原始的与动物相区分的性禁忌开始，在其从野蛮向文明发展的每一阶段上，都是必须如此、应该如此的。它之所以是必需的，是因为其种类的生存和发展之必然要求；它之所以是应该的，是因为那不但是必然的而且是必要的，不然共同体就会因伦常混乱而走向衰亡。这个必然性、必要性和应然性的逻辑，正是婚姻家庭由习俗、道德和礼法所维系和调节的伦理关系演进的历史。因此，在家庭伦理关系中，个人能以道自守、以礼操行，不仅是生存的需要，而且也是个人的美德表现；家庭能以道自守，以礼治家，不仅是良善的家风，而且是共同体稳定和发展的保障。在中国传统伦理中，这也就是所谓"礼以定伦""德以叙位"。

再来看古代对社会国家形态的描述。元《文献通考·职役考一》中有这样一段话："昔黄帝始经土设井，以塞争端，立步制亩，以防不足。使八家为井，井开四道而分八宅，凿井于中。一则不泄地气，二则不费一家，三则同风俗，四则齐巧拙，五则通财货，六则存更守，七则出入相司，八则嫁娶相媒，九则无有相贷，十则疾病相救。是以性情可得而亲，生产可得而均。"不仅如此，在黄帝治下的帝国之中还有相应的国家行政划分："井一为邻，邻三为朋，朋三为里，里五为邑，邑十为都，都十为师，七师为州。夫始分于井，则地若计之于州则数详，迄乎夏殷不易其制。"

从这里可以看出，当时已是脱离了原始时代的社会形态，其中个人利益、家庭利益和社区、国家利益之间的矛盾已经明显，不得不设井"以塞争端"，划地以"牧之于邑"。经土设井，协作生产，互通财货，邑以牧民，这已经超出了家庭范围，具备了相当规模的进行社会治理和人际关系调节的行政组织系统。这幅图景所展示的既是一种经济、行政、人伦的组织方式，又是一种农业社会伦理关系和秩序的模式。家庭伦理有"五典"，即关于父母兄弟子相互关系的伦理规定；社会秩序有"五礼"，即关于天子、诸侯、卿大夫、士、庶民的地位和从属关系的制度规定。中国古代体现为"五伦"的规范就是：君臣有义，父子有亲，夫妇有别，兄弟有悌，朋友有信。这君臣、父子、夫妇、兄弟、朋友，是包括家庭在内的社会关系；这"义、亲、别、悌、信"，就是调节和治理人伦关系的具有礼法意义的道德规范。这种伦理关系后来又有演化，有所谓"七伦""九伦"，等等。比较典型的是近代的"十伦"，即夫妇、亲子、长幼、亲族、姻戚、里党、师生、朋友、主佣、首从等。至于伦理关系的治理和调节，两千多年普遍通行的常规就是五个大字：仁、义、礼、智、信。按照道家《化书》的演绎："旷然无为之为道，道能自守之谓德，德生万物之谓仁，仁救安危之谓义，义有去就之谓礼，礼有变通之谓智，智有诚实之谓信，通而用之之谓圣。"这种阐释是极富思辨智慧的，也是生活经验的概括和总结。现代社会的人际关系更加复杂了，但是在现代意义上，仁、义、礼、智、信，仍然可以作为调治人伦的常规，"天道调四时，人道治五常"，且"道简而易行"。

可见，实体性伦理关系是现实的社会结构中的关系，亦如黑格尔所说是"合理的社会关系中的秩序"，不但是人伦之实，人伦之理，还有人伦之规，表现为道德规范、法律和习俗等人的活动的社会存在方式。从具体的实体性来看，伦理关系就是生活的全部，它就是现实的家庭、社会和国家等复杂的组织系统，体现为超出个人主观意志和偏好的规章制度与礼俗伦常，表现为维系和治理社会秩序和个人行为的现实力量。但是，伦理关系作为本质的关系，它存在于人与人之间，存在于人间事物的内部和现象的背后，用感官是感知不到的，只能用理性、思维之抽象力去认识和把握。从现实生活关系中抽象出伦理关系，是在作学理研究时需要把外表与内在、个体与关系、现象与本质在思维中分开，以便认识家庭、社会关系和秩序的规律性和规则性。当我们思考具体实存的现实关系和秩序时，则必须把这种抽象放回到具体的实体中去，从其内在本性和规律性上去把握；必须把它看作与物物关系、动物关系不同的具有思想精神本质的关系，是通过思想观念而形成的关系，或者用黑格尔的说法，"在客观的东西中充满着主观性"，是充实着向善的追求的实体性伦理。

二

在理论的阐释中，该书作者对"道德"和"伦理"两个概念是在有联系又有区分的意义上使用的。简单地说，伦理被看作人与人之间合理的经过人为治理的关系，道德被看作伦理秩序应有的调节规范和人之德操。道德作为人的活动的社会存在方式，一方面塑造着个体的德性或德操，另一方面又形成着群体的道德风尚。那些被社会所确定并推广的道德观念、规范的总和，就构成所谓社会道德的意识形态。由此可知，伦理意味着客观的关系，也意味着这关系之"理"。这关系之"理"，也就是关系之"道"。这"理"和"道"都是精神的东西，若能指导人生行为就还要构成礼，礼再成为规，成为仪，如君子礼仪、绅士礼仪等，由此而塑造个人的德操和群体的风尚。德是普遍性的道应用于体现着个性的特殊方面；换句话说，道在个体那里才有显现的形态和现实性。按照道家《化书》的思辨，道不但是自在的，而且是变化的，所谓"道在天地间不可见，可见者化而已；化在天地间不可见，可见者形而已"。道—化—形，这个简单的公式体现着道与德的历史和逻辑的统一。"化"的本义是变化，是道与德转化的中介。这是道之由虚而实，由隐而显，由体而用，由变而常，由道而成德的过程。这个过程使道有个"定在"。所谓"定在",是说道虽有其理但无其定形,必须有所作为行事才有实在的定形。从道德本身来说,这就是由道而化德,由德而守道,所谓"道能自守之谓德"。这也正是人类道德文明进步所蕴含的哲理奥秘。因此应当说,所谓道德,就是道与德的统一,是由道而成德的过程。阐明这种统一和过程,应是道德哲学的任务。

在伦理学史上,对伦理关系的本质和特点肯定者不少,但真正从理论上阐明伦理关系者不多。我在这里几次提到黑格尔,那是因为黑格尔是世界伦理学史上唯一一位以思辨的形式系统阐述了这两个概念的区别和联系的人。黑格尔说,他的伦理学研究对象"包括伦理和道德,有时单指伦理"。可以说,黑格尔的法哲学也就是他的伦理学,即关于伦理的学说。在德国近代伦理学史上,康德是道德启蒙思想大师,他高扬道德自由和"应该"的道德义务,论证了道德自律的原则和绝对命令,建立了道德自律伦理学体系。但是他贬低伦理,认为伦理是他律,是对自由的束缚。黑格尔与康德不同,他在继承自由思想传统的基础上,对法权、道德、伦理作了有内在联系的哲学思考,建立起他的"法哲学"体系,主张自律和他律、自由与必然的统一。他在《法哲学原理》中给"伦理"作的界定就是:"伦理是自由的理念。"黑格尔所说的"理念",不是单纯抽象的概念,而是概念与其定在的统一。作为"自由"的理念,不是康德所理解的单纯主体的自律和主观的应该,而是"主观的环节和客观的环节的统一"。就是说,一方面是它在自我意识中的知识和意志,并通过行动而达到它的现实性,即伦理性的存在;另一方面它又在现实性即伦理性的存在中有其绝对的基础和善的目的追求。所以,黑格尔说它是"在客观的东西中充满着主观性"的"活的善"。

在黑格尔那里,所谓"客观的东西",就是客观精神的发展在伦理阶段上体现的客观规律性,它的具体的实体性内容就表现为不依个人意见和偏好而存在的合理的礼俗伦常和规章制度。对于个人来说,这是充实着主体自律性的他律,而不是康德式主体的绝对自律;是具有客观必然性的存在,而不是单纯主观的"应该"。从"主观性"方面看,他的伦理绝不是教人做他律的奴仆，而是强调对伦理必然性的主体自主的把握，也就是诉诸自由意志和责任的内在良心。这种内在的良心，是主体的主观意志摆脱了个人狭隘性而达到的对共同意志的反思，也就是在主体内心中达到了特殊性与普遍性、个人利益与他人利益、个人意志与共同意志统一的"绝对的自我确信"。由于客观精神发展的规律性只有通过个人主体的道德意识和意志才能实现，所以这种良心对于义务来说具有"更崇高的地位"，因为它体现着现实人的正当要求和不为任何外在强力所左右的道德权利。黑格尔的思辨并不神秘，无非是对经验的东西在其综合的思辨中去把握，在实证中贯通着辩证的思维。对于他的伦理学体系，不管人们赞成还是不赞成，都应该对他的著作有所分析，从他的丰富思想和深刻的思辨中汲取一些有益的东西。

中国传统伦理思想的一个重要特点，是重视经验的伦理关系；不仅重视人与人的伦理关系，而且也把人与天的关系、人与物的关系，都纳入统一的"宇宙大化"秩序之中。在这样的观念中，伦理就意味着天、地、人统一的合理的秩序，其理在天道，"道之大原出于天"，伦理关系不过是"天道"之体的显现和作用，因此，人间的伦常秩序被称为"天秩"。这种视野无疑是广阔的，但同时又是极为局限的。因为从总体看来，虽然有时极为思辨，但一般多限于对现象的经验观察，局限于一种知性的认识，而缺乏系统的反思的把握；有时又陷入对天道的直观或近乎神秘的推测，而缺乏对社会和历史的科学分析。因此，流传几千年的道德学说虽然建立了大规模的纲常规范体系，有所谓"经礼三百，曲礼三千"，但是对伦理和伦理关系并没有作出科学的解释。不过，从积极方面去看"天人合一""宇宙大化"的秩序，倒是可以从更广泛的意义上去理解伦理关系和伦理秩序。

宇宙万物是统一的。万事万物在相互关系和作用中存在和发展，物对人或人对物总会作出自己的反映或反应，人若粗心地对待物，物就会对人进行报复，犹如脚踢石头会被碰得脚痛，破坏大自然的平衡必定遭到报应。19世纪英国哲学家斯宾塞把进化论应用于伦理道德研究，提出"自然进化过程"与"社会进化过程"相连续的生命进化过程，论证了伦理秩序和道德进化的等级，认为人类道德只是宇宙伦理演化的高级阶段。现代应用伦理学，从人类社会系统与地球生态系统性命攸关来思考统一的地球伦理秩序，强调人类社会只是自然生态系统的子系统，必须尊重生态系统统一的原则。因此人类不仅应对人讲道德，还应对一切非人类的物种讲道德，对生态系统负起道德责任。当然，这是与人类中心主义的传统基督教相矛盾的，而这种矛盾也正在促使哲学家和宗教家的联合，积极增强"宇宙风度"，扩大人类道德关怀的范围和宇宙统一的伦理秩序。

再看看印度人生论。在印度人生论中，提出一种伦理的等级和提升过程，即从非伦理、下伦理、反伦理，到半伦理、伦理，再到超伦理。所谓非伦理，是指无生命的物质世界的关系或秩序。除了非伦理，在一般动物中的伦理就是下伦理；在有灵性的动物中产生的是反伦理；与下伦理、反伦理相比较，不文明的人只是半伦理。只有在自省、自律的文明人之间才有真伦理。至于"超伦理"，那就进入宗教哲学思考的范围了。印度人生论认为，伦理是生命进化、提升的一种机制。借助于伦理，人类就能从低等的关系进入到高等的关系和更高的精神境界。就是说，应当从宇宙统一体和生命进化的连续过程上，去考虑道德、伦理和伦理秩序的发展，从而获得伦理的奥义。在发展的过程中，共同的东西是生命共同体的连续性及其相互作用和个性表现。人类如果破坏了这种生命发展的连续性或平衡，就会危害借以生存和可持续发展的高级生命即人类自身。

这样说来，我们就可借以理解"天人一体"的观念，而不得不承认人和动物之间也有一定的伦理关系。当然，理性的思考之后，我们还是不能模糊人和动物之间的区别。人和人之间的伦理关系与人和动物之间的伦理关系还是有本质区别的。那么，人和动物之间的伦理关系应当怎样看呢？我在《日本采风》一书中提出一个"亚伦理关系"概念，或简称"亚伦理"。"亚"者，次也，有低等之义。亚伦理就是较低次级的伦理关系。借用印度人生论的说法，这个"亚伦理"就是处于下伦理、反伦理与半伦理、伦理之间的一种特殊伦理关系，可以说是"不自觉其为主体的主体"与"自觉其为主体的主体"之间的关系，因此是一种特殊主体与主体之间的关系。怎样理解这种"特殊"？就是前面所说，动物作为"不自觉其为主体的主体"与作为"自觉其为主体的主体"的人类之间的关系。这样，我们就可以从生命对生命、主体对主体的关系上去考虑"厚德载物"，以增强对动物、生物，乃至一切物的关怀和爱护，更好地促进和维护生态伦常和人的生存环境。

三

一般来说，秩序作为事物的常规和次第也就是事物的关系，但作为关系它是事物的某种规则状态的体现，是事物的有规则的存在方式，又可以说是事物的存在秩序。从伦理秩序的视角来看，伦理关系首先是一种客观性关系，这种客观关系自身具有客观规律性，可以把它看作伦理关系的内在秩序；这种内在秩序通过人的行为活动表现于外，作为现象性的交往秩序就是伦理关系的外在秩序。对这种客观规律性和交往秩序的自觉意识与主体表达，就是一定的社会行为规则体系和意识形式。正因为伦理关系本质上是现实合理性秩序中的关系，是有主体精神渗透其中并通过道德、法律、习俗等规则体系维系的关系，所以作者强调这里首先应当关注的是这个秩序的合理性和正当性。如果把伦理关系比作大厦，那么合理性和正当性就是它的基础和支柱。

伦理秩序作为一种社会秩序，在于人际关系的合理性和正当性，也在于人们活动的有效合作，在本质上意味着生活在这种关系和秩序中的人可以合理地、有效地运用自己的知识和能力，并且能够预见从其他人那里所可能得到的合作，使自己的行动为正确的预期所引导，从而使行动比较主动和自由。这个特点在亚里士多德那里已有所认识。他所描述的在公民范围内的健康、幸福的城邦伦理秩序，就是以伦理实体为基础的自由、平等的公民合作的秩序。那是一种（奴隶除外的）公民共享、合作的伦理秩序，是城邦公民与公民、公民与城邦关系的结构性存在。一般说来，家庭、社会、国家都是个人因伦理实体而聚集起来的，其中既有个人利益的追求，又需依据对共同体的组织和行为规则的认识，做出正确的或大体正确的行动预见。人们之所以能够作出个人的行为选择和预见，就在于共同体生活中客观地存在着公共生活规则和伦理秩序的规律性。个人对这种规则和规律性是必须正视、尊重并根据自己的条件和个性加以体现的。在社会交往关系中，每个人的行动、每一具体伦理关系，都是伦理实体的动点和环节，体现在整体运动中就是社会的发展和伦理秩序的演进。

社会的伦理秩序和行为规范的要求应当是一致的，但是无论在历史上还是在现实中，都会存在着现存伦理关系秩序和应有的规范要求彼此错位的现象，有些合理的、适宜的规范往往难以在现实生活中实行，而有些已失去合理性的规范要求也还在外力强制之下发生作用，有些本不正当的、非规范的东西却常以隐藏的潜规则在起作用，成为正常社会中的"隐蔽的秩序"。这就是说，生活中有秩序并不能证明它的伦理秩序本身就是合理的、正当的。一般说来，社会结构的转型时期同时也就是新旧伦理关系、行为规范的更替时期。在这样的社会结构和状态中，社会不仅充满着矛盾和冲突，而且也会伴随着某种暂时的伦理秩序的紊乱和污浊。这种紊乱和污浊状态的风险及其消长，在根本上有赖于新的伦理关系及其和谐秩序的确立，有赖于社会发展的主导力量自觉地、有力有效地实施社会引导、调节和控制。

伦理关系、伦理秩序就其最初形成而言，是人们于实践中自生自发的产物，然而，一旦伦理关系、伦理秩序被人们自觉意识，并通过恰当的方式将其中的一部分固定为社会的制度性安排时，伦理秩序事实上就已经成为某种特殊的被设计的秩序；或者说，伦理秩序这种原初"自生自发的秩序"，在其充分展开过程中，至少会有部分被提升为"人造的秩序"。例如，中国古代的封建社会，在小农经济和三纲五常制度中形成的尊卑贵贱的伦理秩序，既是生产方式使然，也是"教化的秩序"。按照朱熹的说法，即使"三纲五常"造成的尊卑贵贱，人之等级区分，"看似不和，但使之各得其宜则甚和"。当然，这种专制的压抑的伦理秩序必然要被民主、平等、活泼的伦理秩序所代替，人类历史已经做了回答。在这种意义上，黑格尔的法哲学突出了伦理关系、伦理秩序的精神性本质，是有道理的。因为就其本质来说，伦理关系和伦理秩序恰恰在于其精神性，在于其对关系和秩序的必然性在精神上的把握。在这个意义上，他认为伦理学作为一种哲学的研究，不是讲"应当"的，而是讲"必然"的，要揭示和描述伦理秩序发展的必然性和规律性，对国家的治理也是这样。

文明是人类力量不断地完善和发展，也是人类对外在的自然界和内在的本性的有限度的控制。文明的这两个方面是相互联系、相互依赖的。如果不能对内在方面加以控制，就很难实现对外部自然界的控制。但是，如果不能实现对自然界的不断改善的控制，人类也就不可能有日益改善的幸福生活。社会和谐是一种社会调节和控制。社会调节和控制的主要手段是法律、道德，在一定范围和限度上还有习俗和宗教，其中法律的控制对于社会、国家的治理是根本的。法律控制不仅是刚性的，而且是最具普遍性和最有效力的。但法律也带有依赖强力和强制的一切弱点，难以直接调控人的隐秘的内在良心。比较法律来说，道德的调节是非强制的，它是外在规范导向和内在良心的主宰；它不仅要规范人的外在行为，而且能养育人的内在良心，也就是中国传统伦理所说的"谨乎其外"，且"养乎其内"。教化就在于通过科学、道德和法律文明，培养人的良好心性和行为，形成文明和谐的社会风尚。

法律和道德都与人的自由相关，但法治的秩序并不是道德的秩序。对人的自由来说，如果说法律对人发生约束力，人本身必须知道它但不必自愿地希求它，那么人对道德约束力本身不但必须知道它，而且必须诚心、自愿地希求它，所以说道德就是自由，是自由体现在人的内心里。因为法律对人来说是国家对个人强行的约束，个人对法律来说是不能不遵守的；而道德虽然是公共利益对个人的要求，个人应当与之相一致，但它只能是通过个人内在理性、良心的认同和祈求，否则它就不具有实际的约束力，所以道德又必须以尊重个人的自由为前提。正因为如此，社会对个人的道德要求必须尊重个人的权利，而只有自由的负责任的道德选择才能真正体现它作为有教养的公民的价值和尊严；否则就会产生阻滞或破坏正常伦理秩序的后果。事实上，人们对道德要求的自知、自择、自为这种内在的良心活动，以及在主体内部达到的理性、情感、欲望的中和状态，在其与外在的公平正义的政治、法律制度相互作用中所铸成之德性，也就是有教养的道德行为之自由的必然，即他自觉、自愿地必然求真、向善。从这方面看，个人做出一种行为选择就等于委身于外部关系的偶然与必然相互转化的规律，个人在社会伦理秩序中的自由就是对这种通过偶然而呈现的必然性规律的认识和驾驭。客观关系的结构及其法则的伸张，对于社会成员均是一种拘束，然而这种拘束仅仅对于无视法则或以为所欲为是自由的人才存在，在这个伦理秩序之内自觉适应伦理秩序的行为则是自由的，犹如荀子所说"有法而无志其义，则渠渠然；依乎法而又深其类，然后温温然"。渠渠然即因不理解法而呆板和拘束状，温温然则是深刻认识和把握了规律性的自由、泰然自若状态。由此，我们可以进一步理解恩格斯所说，如果不谈谈所谓自由意志、人的责任、必然和自由的关系等问题，就不能很好地讨论道德和法的问题，也可以深刻理解马克思在《共产党宣言》中提出的"各个人自由发展为一切人自由发展的条件的联合体"这一理想的和谐社会的基本原理。

从必然性到自由的过渡，是一个艰苦的过程。一个有德的人会自己意识到他的特殊行为内容的必然性和义务性。由于这样，他不但不感到他的自由受到了伤害，甚至可以说正是有了这种必然性与义务性的意识，他才具有更高的主体性，才能达到内容充实的自由。一般说来，当一个人知道他自己是由必然性所决定即所谓"身不由己"时，他便达到了人的最高的独立性。这就是主体的"超脱"。这种超脱不是逃到抽象命运中去逃避，而是更好地去把握现实的必然性，驾驭事物发展的规律性；不是跟着感觉走，而是用理性、意志统帅感性和情绪，跟着真理走，向着善的目标前进。在这里，所谓"实事求是"，就是一求真理，二求正义。从这个意义上说，马克思主义道德哲学就是关于自由及其秩序的学问，是帮助人们追求真理和正义的学问。

四

伦理与道德两个概念在严格意义上应当区分，但是如果我们主要不是关心其主观与客观、个体与社会的差别，而是着重于它们都体现着社会精神的实质，那么关于道德存在特殊性方式的上述分析，在学理上同样也适用于伦理秩序。伦理秩序是"无所在又无所不在"的秩序。正是这种"无所在又无所不在"的特质，才使得伦理秩序本身具有丰富的多样性。这种丰富的多样性并不是指善恶内容区别意义上的，而是指它贯通生活领域本身的丰富多样性。这样才使得我们能够认识小至日常生活，大到社会国家乃至世界的伦理秩序。

伦理关系作为一种关系不同于血亲、经济、政治等具体关系的重要区别之一，就在于它本身不是有形独立实存的，它在本质上属于以思想精神维系的关系，它必须附着于那些有形实存的具体关系，并通过它们成为现实的存在，如此才"无所在又无所不在"。一切合理的、应然的关系，即为伦理关系，亦成其为伦理秩序。就是说，伦理关系为其他一切具体社会关系存在提供合理性、应然性基础。这样，作为伦理关系结构性存在的伦理秩序，同样为其他一切具体社会领域的秩序，诸如法律秩序、政治秩序、经济秩序以及日常生活秩序等，提供合理性、应然性基础。当然，伦理秩序自身亦有个合理性根据的问题。伦理秩序自身的合理性根据在于伦理实体的具体内容及其规定性。当生活世界及其社会交往方式发生了根本变化，伦理实体的现实规定性亦会发生相应变革，与此相应，社会伦理秩序亦会在这种变革过程中经历一个由肯定到否定、再到否定之否定的辩证运动过程。这个运动的过程和结果，使自由服从必然，又使必然转化为自由，从而使矛盾从对立达到化解。和谐社会的实现过程正是这样一种必然和自由的辩证运动过程。

"社会和谐"是一个历史的概念，也是个相对的概念。对于人和人类社会来说，和谐并不意味着完美，而是意味着改革和改善。因为，可改革和可完善性总是在某种程度上意味着过去和现在的不完善、不完美和将来的善美追求。如果人类可一蹴而就、永久地进入善美极乐的希望之乡，那人类就不需要智慧和感觉了，人类也就不再是人类了。真正的社会和谐是在正义原则主导下不断改革和完善的社会和谐。这里的要点是正义。正义的关系和秩序总是和谐的，但和谐的关系和秩序未必都是正义的。和谐总是与不和谐相因又相对而存在的。社会的和谐是从社会的不和谐经过渐进或飞跃曲折地走向和谐的历史过程。利益的一致或对立是社会和谐或不和谐的根本内容和实质。利益根本对立的社会也有特殊时期或局部状态的相对和谐，利益根本一致的社会也有特殊时期和局部状态的不和谐甚至动乱。社会的和谐从其内容和实质来说，指的就是不同利益集团之间的协调共处的状态，但这种和谐状态又总是以矛盾和冲突的调节为前提的，没有矛盾、没有冲突和不和谐状况的社会，也没有和谐可言。从这种意义上说，和谐社会不是没有矛盾和冲突的社会，而是存在着矛盾和冲突但又能适当地调节、控制矛盾和冲突、实现相对和平发展或兴盛的社会。和谐社会应当是以公正支撑的合理的伦理秩序的社会，也就是民主、法制、公平、正义的社会。只有这样，才能建设团结合作、安定有序、人与自然界协调发展的社会。

人类伦理生活的发展受制于社会经济、政治的发展和历史进程，也决定于人本身的发展程度。尽管世界各民族、各国家的发展，要经历不同的生产方式和社会形态的更迭，但随着人类摆脱人对人的依赖、人对物的依赖，向着自由全面发展的时代进步，世界各民族的伦理都将或先或后地进入实现自由和秩序的时代。那时，每个人的自由发展是一切人的自由发展的条件，个人的自由和社会的秩序将达到更高的和谐。站在这样的高度俯视当代正在形成的多极世界，理性地分析各个国家和地区的分歧，就会看到，分歧远远没有全球的共同利益和人类的共同目标更重要。和平与发展，仍是当今世界伦理秩序的客观要求。地球人类的整体性和相互依赖性，要求人类超越国家、民族、文化、宗教和制度的差别，同舟共济、通力合作，推进全球伙伴关系和精神文明。任何无视人道和正义的行径，都会受到人类道义的谴责和进步力量的反对。这就是说，世界各国文化的交流，还会随着各种利益冲突的存在而遇到种种障碍，人类道德理想的实现还须经过种种磨难和斗争，但是，求同、融合、和合，是世界伦理精神发展的大趋势，它必将伴随着经济全球化和社会信息化的进程，以及争取和平和进步的斗争，不断孕育和推进人类伦理新秩序。

主要参考文献

一、 中文文献

《马克思恩格斯全集》第 1 版，1—50 卷，人民出版社 1956—1986 年版。

《马克思恩格斯和白拉克通信集》，人民出版社 1978 年版。

《恩格斯与保尔·拉法格、劳拉·拉法格通信集》（一），人民出版社 1978 年版。

《恩格斯与伯恩斯坦通信集》，人民出版社 1982 年版。

《马克思恩格斯全集》第 2 版，第 1—3、10—13、30—33、44—48 卷，人民出版社 1995—2009 年版。

《马克思古代社会史笔记》，人民出版社 1996 年版。

马克思：《摩尔根〈古代社会〉一书择要》，人民出版社 1965 年版。

《马克思恩格斯文集》第 1—10 卷，人民出版社 2009 年版。

《马克思恩格斯选集》第 1—4 卷，人民出版社 2012 年版。

《列宁选集》第 1—4 卷，人民出版社 2012 年版。

列宁：《哲学笔记》，人民出版社 1974 年版。

［德］考茨基：《马克思的经济学说》，生活·读书·新知三联书店 1958 年版。

［德］考茨基：《伦理与唯物史观》，教育研究社，中华民国十六年。

《普列汉诺夫哲学著作选集》第 1—4 卷，生活·读书·新知三联书店 1962 年版。

［德］弗·梅林：《马克思传》（上、下），人民出版社 1972 年版。

［德］海因里希·格姆科夫：《恩格斯传》，生活·读书·新知三联书店 1975 年版。

《普列汉诺夫哲学著作选集》第 5 卷，生活·读书·新知三联书店 1984 年版。

［英］戴维·麦克莱伦：《卡尔·马克思传》，中国人民大学 2005 年版。

中共中央编译局编：《回忆马克思》，人民出版社 2005 年版。

〔美〕乔恩·埃尔斯特：《理解马克思》，中国人民大学出版社 2008 年版。

〔德〕亨利希·库诺：《马克思的历史、社会和国家学说》，上海译文出版社 2006 年版。

〔英〕戴维·麦克莱伦：《马克思思想导论》，中国人民大学出版社 2008 年版。

〔加〕罗伯特·韦尔、凯·尼尔森编：《分析马克思主义新论》，中国人民大学出版社 2002 年版。

〔德〕黑格尔：《哲学史讲演录》第一、二、三、四卷，生活·读书·新知三联书店 1956 年版。

〔英〕约翰·密尔：《论自由》，商务印书馆 1959 年版。

〔法〕孟德斯鸠：《论法的精神》（上、下册），商务印书馆 1961 年版。

〔德〕黑格尔：《法哲学原理》，商务印书馆 1961 年版。

〔法〕卢梭：《论人类不平等的起源和基础》，商务印书馆 1962 年版。

〔德〕费尔巴哈：《费尔巴哈哲学著作选集》（上、下卷），生活·读书·新知三联书店 1962 年版。

〔德〕黑格尔：《逻辑学》（上、下卷），商务印书馆 1966 年版。

〔古希腊〕亚里士多德：《政治学》，商务印书馆 1965 年版。

〔法〕霍尔巴赫：《健全的思想》，商务印书馆 1966 年版。

〔美〕摩尔根：《古代社会》第一、二、三册，商务印书馆 1971 年版。

〔英〕亚当·斯密：《国民财富的性质和原因的研究》，商务印书馆 1972 年版。

〔德〕亨利希·海涅：《论德国宗教和哲学的历史》，商务印书馆 1974 年版。

〔德〕谢林：《先验唯心论体系》，商务印书馆 1976 年版。

〔法〕霍尔巴赫：《自然的体系》（上、下卷），商务印书馆 1977 年版。

〔德〕黑格尔：《精神现象学》（上、下卷），商务印书馆 1979 年版。

〔英〕休谟：《人性论》，商务印书馆 1980 年版。

〔法〕卢梭：《社会契约论》，商务印书馆 1980 年版。

〔英〕威廉·葛德文：《政治正义论》第一、二、三卷，商务印书馆 1980 年版。

〔德〕叔本华：《作为意志和表象的世界》，商务印书馆 1982 年版。

〔古希腊〕柏拉图：《理想国》，商务印书馆 1985 年版。

〔法〕P. 布瓦松纳：《中世纪欧洲生活和劳动》，商务印书馆 1985 年版。

〔英〕霍布斯：《利维坦》，商务印书馆 1985 年版。

〔法〕伏尔泰：《风俗论》，商务印书馆 1985 年版。

〔英〕威廉·汤普逊：《最能促进人类幸福的财富分配原理的研究》，商务印书馆 1986 年版。

［爱尔兰］理查德·坎蒂隆:《商业性质概论》,商务印书馆 1986 年版。

［德］康德:《实用人类学》,重庆出版社 1987 年版。

［德］E. 卡西勒:《启蒙哲学》,山东人民出版社 1988 年版。

［法］皮埃尔·勒鲁:《论平等》,商务印书馆 1988 年版。

［罗马］查士丁尼:《法学总论》,商务印书馆 1989 年版。

［德］F. 谬勒利尔:《家族论》,商务印书馆 1990 年版。

［美］罗斯·埃什尔曼:《家庭导论》,中国社会科学出版社 1991 年版。

［德］康德:《法的形而上学原理》,商务印书馆 1991 年版。

苗力田主编:《亚里士多德全集》(Ⅷ),中国人民大学出版社 1992 年版。

［法］霍尔巴赫:《自然政治论》,商务印书馆 1994 年版。

［法］奥古斯特·孔德:《论实证精神》,商务印书馆 1996 年版。

［英］赫伯特·斯宾塞:《社会静力学》,商务印书馆 1996 年版。

［英］亚当·斯密:《道德情操论》,商务印书馆 1997 年版。

梁志学主编:《费希特选集》,商务印书馆 1997 年版。

［德］康德:《实践理性批判》,商务印书馆 1999 年版。

［英］休谟:《道德原理探究》,中国社会科学出版社 1999 年版。

［英］边沁:《道德与立法原理导论》,商务印书馆 2000 年版。

［古希腊］柏拉图:《法律篇》,商务印书馆 2001 年版。

［古希腊］亚里士多德:《尼各马克伦理学》,商务印书馆 2003 年版。

［美］菲利克斯·格罗斯:《公民与国家》,新华出版社 2003 年版。

［美］约瑟夫·熊彼特:《资本主义、社会主义与民主》,商务印书馆 2004 年版。

［德］卡尔·洛维特:《从黑格尔到尼采》,生活·读书·新知三联书店 2006 年。

［美］詹·韦·汤普逊:《中世纪经济社会史》(上、下册),商务印书馆 1961 年版。

［法］保尔·拉法格:《财产及其起源》,生活·读书·新知三联书店 1962 年版。

［法］路易·勃朗:《劳动组织》,商务印书馆 1962 年版。

［法］保尔·拉法格:《思想起源论》,生活·读书·新知三联书店 1963 年版。

［美］索尔斯坦·凡勃伦:《有闲阶级论》,商务印书馆 1964 年版。

［英］埃里克·罗尔:《经济思想史》,商务印书馆 1981 年版。

［德］弗·梅林:《保卫马克思主义》,人民出版社 1982 年版。

［俄］巴枯宁:《国家制度和无政府状态》,商务印书馆 1982 年版。

［苏］尼·布哈林:《历史唯物主义理论》,人民出版社 1982 年版。

［匈］卢卡奇:《历史与阶级意识》,商务印书馆 1982 年版。

［英］达尔文:《人类的由来》,商务印书馆 1983 年版。

〔德〕威廉·魏特林：《现实的人类和理想的人类》，商务印书馆 1984 年版。

〔德〕威廉·魏特林：《和谐与自由的保证》，商务印书馆 1984 年版。

〔英〕梅因：《古代法》，商务印书馆 1984 年版。

〔奥〕弗落伊德：《图腾与禁忌》，中国民间文艺出版社 1986 年版。

〔德〕马克斯·韦伯：《新教伦理与资本主义精神》，生活·读书·新知三联书店 1987 年版。

〔美〕科恩：《论民主》，商务印书馆 1988 年版。

〔美〕悉尼·胡克：《对卡尔·马克思的理解》，重庆人民出版社 1989 年版。

〔德〕麦克斯·施蒂纳：《唯一者及其所有物》，商务印书馆 1989 年版。

〔奥〕A. 哈耶克编著：《个人主义与经济秩序》，北京经济学院出版社 1989 年版。

〔德〕E. 杜林：《哲学教程》，商务印书馆 1991 年版。

〔英〕罗素：《伦理学和政治学中的人类社会》，中国社会科学出版社 1992 年版。

〔英〕鲍桑葵：《关于国家的哲学理论》，商务印书馆 1995 年版。

〔法〕弗雷德里克·巴斯夏：《和谐经济论》，中国社会科学出版社 1995 年版。

〔英〕安·德雅赛：《重申自由主义》，中国社会科学出版社 1997 年版。

〔英〕弗里德利希·冯·哈耶克：《自由秩序原理》（上、下），生活·读书·新知三联书店 1997 年版。

〔法〕蒲鲁东：《贫困的哲学》第一、二卷，商务印书馆 1998 年版。

〔法〕E. 迪尔凯姆：《社会学方法的准则》，商务印书馆 1999 年版。

〔德〕卡尔·曼海姆：《意识形态与乌托邦》，商务印书馆 2000 年版。

〔美〕约翰·罗尔斯：《政治自由主义》，译林出版社 2000 年版。

〔加〕罗伯特·韦尔、凯·尼尔森编：《分析马克思主义新论》，中国人民大学出版社 2002 年版。

〔美〕乔治·H. 米德：《十九世纪的思想运动》，中国城市出版社 2003 年版。

〔英〕亚当·弗格森：《道德哲学原理》，上海人民出版社 2005 年版。

〔美〕朗·L. 富勒：《法律的道德性》，商务印书馆 2005 年版。

〔德〕亨利希·库诺：《马克思的历史、社会和国家学说》，上海译文出版社 2006 年版。

〔英〕阿兰·巴纳德：《人类学——历史与理论》，华夏出版社 2006 年版。

〔德〕T. W. 阿多诺：《道德哲学的问题》，人民出版社 2007 年版。

〔美〕约翰·罗尔斯：《正义论》，中国社会科学出版社 2009 年版。

〔捷〕弗·布罗日克：《价值与评价》，知识出版社 1988 年版。

〔苏〕B. л. 图加林诺夫：《马克思主义中的价值论》，中国人民大学出版社 1989

年版。

　　［美］J. N. 芬德莱:《价值论伦理学》，中国人民大学出版社 1989 年版。

　　［苏］A. 古谢伊诺夫等:《西方伦理学简史》，中国人民大学出版社 1992 年版。

　　［日］内田弘:《新版〈政治经济学批判大纲〉的研究》，北京师范大学出版社 2011
年版。

　　陈先达:《走向历史的深处》，上海人民出版社 1987 年版。

　　罗国杰主编:《中国伦理学百科全书·卷3》，吉林人民出版社 1993 年版。

　　宋惠昌:《马克思恩格斯的伦理学》，红旗出版社 1986 年版。

　　章海山:《马克思主义伦理思想发展的历程》，上海人民出版社 1991 年版。

　　安启念:《马克思恩格斯伦理思想研究》，武汉大学出版社 2010 年版。

　　李德顺:《价值论》，中国人民大学出版社 1987 年版。

　　俞吾金:《意识形态论》，人民出版社 2009 年版。

　　王锐生、景天魁:《论马克思关于人的学说》，辽宁人民出版社 1984 年版。

二、 外文文献

Eugene Kamenka, *The Ethical Foundation of Marxism*, Routledge & Kegan Paul, Boston, 1972.

Derek P. H. Allen, "The Utilitarianism of Marx and Engels", *American, Philosophical Quarterly*, Vol.10, No.3(July) , 1973.

Alan. G. Nasser, "Marx's Ethical Anthropology", *Philosophy and Phen-mentological Research*, Vol.35, June, 1975.

George Brenkert, "*Marx and Utilitarianism*, ", Canadian Journal of Philosophy, Vol. 5, No.3, Nov., 1975.

A. Wood, *Karl Marx*, Routledge & Kegan Paul, Boston, 1981.

Allen E. Buchanan, *Marx and Justice: the Radical Critique of Liberalism*, Methuen & Co. Ltd, 1982.

Richard W. Miller, *Analyzing Marx: Morality, Power, and History*, Princeton University Press, 1984.

Sean Sayers, *Marxism and Human Nature*, London: Routledge, 1998.

усейнов А.А.учение о жизни Александра зиновьева вапросыфилосоФии, No.7, 2008.

后　记

　　我研究马克思恩格斯道德哲学思想始于 1993 年。此前虽然对马克思恩格斯的哲学著作有所研读，但不专题、不系统。这一年因准备开设马克思恩格斯伦理思想的研究生课程，开始对马克思恩格斯原著作比较系统的专题学习和研究。12 年后，申报了该课题的社科基金项目，批下来的是个"一般项目"。不过，那时我没有考虑这个"一般"该写多少字，写成个什么样子，只是按照我的教学和课题研究内容的要求在电脑键盘上敲起来，初稿敲了 50 多万字。停停打打，修修改改，一晃三年期限到，因家有难事，不得清静，只好延期一年，于 2009 年底基本结项。意想不到，结项文稿经过专家匿名评议通过，得到好评，再作了一些修改删减，压缩成 42 万字的书稿，于 2011 年申报"国家哲学社会科学成果文库"。入选后又作了局部修改加工，直到 2011 年底算是基本完成《马克思恩格斯道德哲学研究》专著书稿。从讲课到成书，断断续续熬过了 18 个春秋，日储月伴，甘苦自知。

　　承担马克思恩格斯道德哲学研究这个项目，我本着这样的原则：进行索本求源的研究，依据中文权威译本，通读马克思恩格斯的原著，进行道德哲学思想的系统梳理；力求全面系统地思考，在至今少有系统梳理和综合评价的情况下，尝试做一件开拓性工作；在思想资料梳理的基础上，作出实事求是的理论概括，提炼出马克思恩格斯道德哲学的基本思想。这样说当然是我的一种愿景，只是实现愿景的根据和条件并不充分，不仅对原著文本文献的掌握不够，而且对原著思想理论的理解和阐释也水平有限。我对本书的研究成果的自评只能说是初创的成果，有待进一步提高，也愿意在真诚的批评和真理面前修正错误。

我深知，马克思恩格斯的道德哲学思想研究是个宏大艰巨的工程，是哲学和伦理学者难于攀登而又必须进入的思想圣地。这种研究对我来说有相当大的困难。单说中文译本就有多种类型和几个版本，全集、选集、文集、单行本，旧版、新版、特殊版。我依据的主要是中央编译局的译本，也参照个别专家的特殊译本。我的研究不在于文本考证，而在于把握马克思恩格斯道德哲学的基本思想内容，力求准确地理解和阐述他们的理论观点和思想体系。这种研究难在马克思恩格斯道德哲学思想的博大精深，即使仅限于道德哲学领域，在短时间内也难以全面系统地掌握；也难在文本和文献之多杂，必须反复阅读、推敲和提炼，还常要在引文核对、调换方面花费时间。这都增加了我作为研究和阐释者担当的责任。尽管如此，我还是力求在《马克思恩格斯道德哲学研究》一书中，系统地梳理和总结马克思恩格斯的道德哲学思想，对他们在不同时期有关道德哲学的论述进行具体分析和归纳，以求对马克思恩格斯道德哲学思想作出比较合理的、内容充实而有根据的阐释。

如果说本书有什么新意的话，我感到主要是忠实于马克思恩格斯的原著，以马克思恩格斯的文本为依据，系统梳理和总结了马克思恩格斯的道德哲学思想；对马克思恩格斯不同时期的有关的伦理道德问题的论述进行了具体分析，并作出了必要的理论概括；重点分析了《德意志意识形态》中历史唯物主义道德观的基本原理，特别是《资本论》中的道德社会学和道德哲学思想，并在对《反杜林论》的探讨中，对马克思恩格斯道德哲学的基本思想作了概括和提炼，提升为马克思恩格斯道德哲学思想体系，并有针对性地回应了与马克思恩格斯道德哲学思想有关的疑难或争议问题。

本书把马克思恩格斯的道德哲学思想体系归结为"关于自由及其秩序的思想"，主要是考虑马克思恩格斯作为德国伟大思想家，他们汲取了人类创造的思想文明的优秀成果，但主要还是继承了西方伦理道德的思想、理论发展成果，特别是德国道德哲学的传统。这无论是从内容还是从形式上说，都是不可忽视的特色。正是在这种意义上，马克思恩格斯的道德哲学都注重人的自由意志，从个人的自由意志扩及群体的自由意志，把个人的自由意志、责任、自由和必然的关系纳入道德哲学体系；把作为实践理性的道德意志导向争取自由、平等、民主和公平正义的改造世界的历史行动。正是在这一点上，本书始终注意把马克思恩格斯的道德哲学思想同他们的革命实践活动结合起来，注意逻辑和历史、思想和实践的统一。

本书在章法、体例上，采取了以阐述马克思恩格斯道德哲学思想为主体，分设八章，每章之后辅之以疑难问题讨论的安排。这样的章法安排，在解说内容上难免有个别解说上的重复，但这也有助于通过问题讨论贯通全书，灵活地解说一些理论问题，以至于可以有针对性地讨论一些理论与实际结合的现实问题。其中有些文章曾在《伦理学研究》《伦理学》《思想理论教育导刊》《江苏社会科学》《首都师范大学学报》等刊物上发表过，收在这里时都适应问题讨论的需要做过修改。

这里需要交代的是，对疑难问题的讨论和理论解说，一般是直接扣着讨论的主题，但对理论的展开分析，就要有对马克思恩格斯道德哲学思想的整体把握和贯通理解，还要有一定的伦理思想史知识，特别是近代西方伦理思想史的知识。所有这些疑难问题的讨论，都有一定的独立性，也可以看作理解全书的几篇辅助文章。例如，附在第一章之后的关于道德自律与他律的问题，直接是起于马克思第一篇政论文章中的一句话，但对这句话的解说却涉及伦理学原理、西方伦理思想史和马克思恩格斯的道德哲学思想。不了解西方伦理思想史和伦理学基本原理，不了解该书的前后面联系的有关内容，理解和讨论这个问题就会感到困难。困难在于：问题只是一句话，讨论可有一本书。

关于《资本论》价值概念的哲学意义问题，直接涉及的是施蒂纳规定价值概念的方法，同时又是针对价值观的相对主义的讨论。这里的问题域是有限的，不是对哲学价值概念或价值论的广泛讨论。第六章后面的疑难问题讨论"主观为自己，客观为他人"同"人人为我，我为人人"，是有内在联系的两个命题，应从马克思在《资本论》中的分析得出切实的、符合经济学理论的理解，并正确地理解它们的道德意义。最后的两个问题讨论，关于道德的应当和伦理秩序的问题，并不只是与最后一章的内容有关，而是与全书各章都有关的基本理论问题。实际上是又回到道德和伦理两个基本概念上来，理解道德和伦理的特殊规定性及其内在联系，理解其主观性和客观性、内在性和外在性、个体性和社会性、应然性和必然性的辩证关系，从而更好地理解马克思恩格斯道德哲学的核心价值观：自由及其秩序。

本书虽然是我申报立项的国家社科基金项目，但它的实施和完成却是一个同舟共济的结果。项目立项得到中国人民大学哲学院吴潜涛教授、葛晨虹教授、龚群教授的支持和李茂森副教授、伦理学与道德建设基地办公室的具体帮助。在结项申报和文库申报中得到全体匿名评议专家的支持并提出宝贵的修改建议。在修改书稿的过程中，得到河北经贸大学党委书记王莹教授、马列教学部主任柴艳萍教授和山西师范大学副校长卫建国教授的大力支持，以及两校有关部门的具体帮助。书稿的外文资料和翻译方面，得到清华大学韦正翔教授、《求是》杂志牛京辉编审、中国人民大学李萍教授、湘潭大学黄显中教授、北京大学胡林英副教授、北方工业大学李志强副教授的具体帮助。在审读、修改书稿过程中，先后得到李萍教授、卫建国教授、黄显中教授、李志强副教授通读全部书稿并提出具体修改建议，特别是卫建国教授不但通读全部书稿，而且在体例、内容方面都认真推敲，提出许多宝贵意见；还得到南京师范大学高兆明教授、中南财经政法大学胡真圣教授、湘潭大学黄显中教授的网上通信讨论；得到光明日报高级记者张业清提供研究资料、中国工商报高级记者李清栋提供作者介绍相关资料；还得到首都师范大学王淑芹教授、靳海山副教授，河北师范大学田秀云教授，北京市委党校郜爱红教授，中央民族大学孙英教授，中央社会主义学院王彩玲教授，中国劳动关系学院曹凤月教授，湖南科技大学关洁副教授等的支持和帮助；还有河北经贸大学的秦学京老师，研究生李海霞、王俊延、屈荣、张立英、申婧婧、陈雅莹、郭富余，以及山西师范大学研究生杨淑琴、刘海霞、倪慧慧等，在查阅文献、核对引文方面做了大量工作。应该说，这本书所以能够在我古稀之年完成，是这个群体共同工作的结果。在此表示衷心感谢！

中国社会科学出版社编辑徐申博士，对书稿精心审阅、把关，提出了许多宝贵的修改意见；中国人民大学罗国杰教授带病通读书稿并作序，在此一并表示衷心感谢！

最后尚需交代几句。在我研究和写作《马克思恩格斯道德哲学研究》一书的十多年间，我的家人克制病患，支撑家政，助我攻关。但愿此书的出版能够给家人带来些许慰藉，也补偿多年来对同学、同事和朋友的义礼亏欠。不过，此项工作结束之时我还有另一重要任务在进行，精神生活仍然不得轻松，甚至因年老心力不济而更加艰难。因此我仍然期待家人、同学和朋友们的支持，实现新的理想目标；也期待同行专家、学友和广大读者对本书的批评和建议，以便有机会进行必要的修订。

2012 年 2 月 6 日

作者谨识于北京市海淀区圆明园花园别墅三镜斋